'회심'을 주제로 성경신학과 실천신학을 융합한 저자는 바울과 마가복음의 메시지를 교회 현장에서 적용하고 살아낼 수 있는 통찰을 제공한다. '회심'은 구약과 신약의 중심 주제 중 하나일 뿐 아니라 목회와 선교의 핵심 목표 중 하나이지만 양쪽을 모두 만족시키는 자료를 구하기는 쉽지 않다. 저자는 성경 본문이 말하는 회심의 세 가지 범주(깨달음, 돌이킴, 변화)를 삶에서 점진적으로 나타나야 하는 과정으로 이해한다. 저자는 먼저 바울의 생애를 추적하면서 회심의 세 가지 범주를 찾고 이 범주가 마가복음에 묘사된 제자들의 회심에도 발견되는 사실을 탁월하게 논증한다. 특히 마가복음 분석은 작은 주석서에 버금가는 수준이다. 저자는 마가복음의 흐름 속에서 분석한 회심의 주제를 교회의 전도 방식에 적용한다. 많은 교회에 익숙한 '만남 전도'의 문제를 지적하고 마가복음의 '회심'에 근거한 '과정 전도'의 방안(소그룹 전도, 성장 중심의 전도, 영적 훈련을 통한 전도, 예배 전도)을 현장감 있게 소개한다. 독자는 본 책을 통해 '회심'의 성경신학적 목소리를 들을 수 있고 회심 사역의 성경적인 원리와 실현 가능한 예를 배울 수 있다.

강대훈 개신대학원대학교 신약학 교수

바울의 '급진적 회심' 모델이 거의 유일한 회심의 방식으로 여겨지던 시대에 저자는 마가복음의 전체 구조 연구를 통해 '점진적 회심'의 모델을 제시했다. 바울같이 한순간에 회심을 통과하여 이전과는 다른 사람이 되는 모델이 아니라 제자들같이 예수님과 함께했던 3년여의 시간과 그의 죽으심 및 부활까지 경험하면서 차근차근 변해가는 회심의 모델도 있다는 것이다. 저자는 조금 확장해서 역사상 교회 안에서 일어난 대부분의 회심도 급진적이기보다는 점진적이었다고 주장한다.

저자는 바울의 사례에서 찾을 수 있는 '급진적 회심' 모델과 예수님의 제자들에게서 찾을 수 있는 '점진적 회심' 모델을 비교하면서도, 이 두 모델 간의 차이보다 회심의 세 가지 공통 분모인 '깨달음, 돌이킴, 변화'가 더 중요하다는 점을 강조한다. 회심의 형태는 다를지라도 회심의 본질에서는 동일하다는 것이다. 저자는 결론을 통해 이러한 회심 모델의 다양성을 인정할 때 새로운 전도와 선교의 기회가 열릴 것이라고 제안한다.

저자의 치밀한 학문적 논증을 따라가기가 쉽진 않다. 그러나 이러한 치밀한 성경적 근거 없이, 대부분이 상식으로 가지고 있는 '급진적 회심' 모델과는 다른 회심의 모델을 제시하여 공감을 얻기 어려웠을 것을 생각하면 저자의 엄밀함을 이해하게 된다. 탁월한 학자의 세심한 지도를 받아 회심이라는 주제와 마가복음의 구조를 읽다 보면 어느새 저자가 도달했던 결론에 이르게 된다. 회심은 성경을 연구하는 성도의 삶에서 가장 중요하게 다루어야 할 주제 중 하나다. 그 회심에 관하여 견고한 토대를 세우기 원하는 이와 이 새로운 모델을 기반으로 우리의 전도와 선교를 고민하고 싶은 이들에게 중요한 책이며 필독을 권한다.

조영민 나눔교회 담임 목사

회심 분야의 이정표가 될 만한 작품이다. 학문적 도구를 제대로 사용할 뿐 아니라 노련한 선교 현장 실무자로서 리처드 피스는 신약성경이 말하는 회심, 즉 어둠에 사로잡혔다가 그리스도의 빛으로 나아오는 순간부터, 교회에 편입되고 마침내 도움이 필요한 이웃에게로 나아가는 때까지를 아우르는 회심의 전환점들을 탐색한다. 회심을 바라보는 이 충실한 연구물이 복음 전도를 위한 오늘 우리의 모든 수고에 큰 힘을 더해줄 것이다.

가브리엘 팩크리(Gabriel Fackre) 앤도버 뉴튼 신학교

『신약이 말하는 회심』은 복음주의 공동체에서 중요한 역할을 감당할 운명을 짊어진 책이다. 피스는 사울의 회심과 예수님의 열두 제자들의 회심을 비교하고 신약 성경에서 드러나는 두 가지 형태의 회심—극적인 회심과 점진적인 회심—이 존재함을 분명하게 보여준다. 나아가 회심을 바라보는 우리의 지평을 넓혀줌으로써 피스는 사람들을 예수 그리스도에게로 인도할 무수한 창의적 방법의 물꼬를 터놓았다.

벤 캠벨 존슨(Ben Campbell Johnson) 컬럼비아 신학교

선교 현장에서 복음을 전해본 다년간의 경험 및 성경학과 심리학에 대한 최고의 학문적 경험을 바탕으로, 피스는 복음 전도학 분야에서 오랫동안 필요로 했던 결정적인 연구물을 제공한다. 목회 지도자들은 하나님의 은혜에 늘상 동일한 방식의 반응이 뒤따른다는 식의 복음주의 패러다임에 당연히 의구심을 갖는다. 복음 전도자들은 영적 생명의 결정적인 탄생을 폄하하는 식의 발달 이론에 당연히 의구심을 갖는다. 피스가 저술한 이 세세하고도 민감한 책은 이러한 두 갈래의 우려 사안에 대해 합리적인 해결책을 내놓는다. 이 책은 오랫동안 종교 소비주의의 낡은 기술에 신물난 수많은 교회에 새로운 전도 모델 마련을 위한 촉매제가 될 것이다.

데이비드 로스 왓슨(David Lowes Watson) 연합감리교회 테네시연회 은퇴 목사

이 책은 저자의 관심사가 독특하게 혼합되어 있다는 점에서 특별한 매력이 있다. 저자는 단순 성경신학자가 아닌, 심리학을 전공한 학문적 바탕 위에 영성 형성을 지도한 이력까지 겸비한 복음주의 전도학 교수로서 신약을 연구했다. 이러한 혼합된 관심사 덕분에 저자는 '회심'이라는 주제를 다양한 각도에서 바라볼 수 있었다. 특히 한때 영화제작자로서 활동했던 저자의 배경을 고려한다면 이 책은 더더욱 매력이 있다.

로버트 뱅크스(Robert Banks) 『1세기 교회 예배 이야기』 저자

신약이 말하는 회심

신약이 말하는 회심

리처드 피스 지음 | 김태곤 옮김

바울과 열두 제자를 중심으로
탐색한 회심에 관하여

신약이 말하는 회심: 바울과 열두 제자를 중심으로 탐색한 회심에 관하여

초판 1쇄 발행 2001년 7월 23일
재조판 1쇄 발행 2021년 9월 30일

지은이 리처드 피스
옮긴이 김태곤
펴낸이 신은철
펴낸곳 좋은씨앗
출판등록 제4-385호 (1999. 12. 21)
주소 (06753) 서울시 서초구 바우뫼로 156, 402호 (양재동, 엠제이빌딩)
전화 (02)2057-3041 팩스 (02)2057-3042
이메일 good-seed21@hanmail.net
페이스북 facebook.com/goodseedbook

ISBN 978-89-5874-361-3 03230

내 아이들,

리사, 제니퍼, 스티븐 그리고 조나단에게

사랑과 감사를 전한다.

차례

추천사

회심은 오늘날에도 논의할 가치가 있는 중요한 주제이므로 매우 조심스럽게 접근해야 한다. 리처드 피스 교수가 쓴 이 책은 이 분야를 더욱 발전시킬 것이다. 회심은 고대 유대주의와 초기 기독교를 기술한 학술 문헌에서 특히 부각되는 주제다. 또한 우리 시대의 다양하고도 다분히 도전적인 다양한 종교를 비롯해, 개종을 둘러싸고 교회 일치 운동에서 일어난 논쟁, 심지어 존 그리샴의 베스트셀러 소설『성경』(*The Testament*)에서도 이 주제를 다루고 있다.

신학계에는 학문 간 통합과 교류를 갈망하는 분위기가 형성되어 있다. 하지만 목적 달성은 까마득해보인다. 많은 사람들이 "이런 일이 가능하겠는가" 하며 고개를 젓는다. 그런데 이 책은 최소한 두 학문, 신약학과 전도라는 실천신학 분야를 진지하게 묶는 데 성공을 거두고 있다. 사실 이 책은 종교 심리학 문헌들에서 다루는 종교적 회심과 신비주의 경험의 명료성에 대한 문제를 제기하고 있다. 신약학 학위가 있고 전도자로서 경험이 풍부한 피스 교수는 이 중요한 작업을 할 수 있을 만큼 충분히 준비된 사람이다. 그는 전도학의 권위자이며 교수이고 종교 경험에 관한 심리학 연구서를 널리 소개한 작가이기도 하다.

그가 밝힌 연구 결과는 독자들에게 깊은 감명을 준다. 신약성경과 요즘 대두되는 다양한 종교 경험, 전도, 회심, 제자도 개념을 통합한 피스의 연구는 매우 설득력 있으며 번뜩이는 통찰력이 남다르다. 또 많은 자료를 읽고 소화했다. 학자들 사이에 오가는 여러 견해도 두루 섭렵하고 있다. 그가 내린 판단은 매우 공정한 것처럼 보이며 좀처럼 이의를 제기하기 어렵다. 종종 다른 이의 연구 결과에 너무 의존하는 게 아닌가 싶을 때도 있지만. 그때마다 자기 목소리를 담은 비평과 판단을 잊지 않는다.

나는 크리스터 스텐달의 제자요 열렬한 지지자다. 그렇지만 나는 스텐달의 유명한 명제, "바울의 다메섹 경험은 회심이 아니라 부르심이었다"라는 주장을 뒤집는 피스 교수의 견해를 인정할 뿐만 아니라 이 비판에서 한 수 배우기까지 했다. 예를 들자면 이렇다. 바울의 경험은 천상의 주님으로부터 사도로 부르심을 받았다거나 낙원까지 이끌려간 점에서 바울 자신만의 것이므로 기독교인들이 으레 겪는 대표 경험이라 해석해서는 안 된다는 게 일반적인 생각이다. 하지만 그는 바울이 양쪽 의견에 모두 접근할 수 있으며, 한 걸음 더 나아가 사도행전에 그려진 바울의 모습에서 얼마든지 회심의 한 모델을 발견할 수 있다고 주장한다.

피스 교수는 제1장에서 사도행전에 기록된 바울의 다메섹 경험을 통합적인 입장에서 조심스럽게 다루고 있다. 이 경험을 바울이 어떻게 표현하는지 파악하기는 좀 어렵다. 누가가 자기 나름의 의제를 가지고 사도행전에 그려나간 바울의 모습보다는 바울이 스스로에 대해 증언한 바를 훨씬 더 신뢰하는 사람들이 더러 있기 때문이다. 그러나 이 책은 그렇지 않다. 오히려 신약에서 바울이 일종의 회심 모델로 그려지고 있음을 내세운다. 피스의 연구는 신약학과 다른 학문들 간에 간격을 좁힌 세련된 대화라 할 수 있다. 피스 교수는 이 책 후반부에서 열두 제자의 회심이 초기 교회에서 가장 먼저 기록된 마가복음의 핵심이라고 주장한다. 피스는 제자들이 겪은 '과정이 동반된 점진적 회심'이 예수님의 정체를 좀 더 이해한 데서 나왔다고 '진지하게' 증거한다. 여기서 우리는 선택해야 한다. "마가복음을 꿰뚫는 원리는 회심인가 기독론인가?" 피스는 기독론에 초점을 맞추면서도 회심 쪽으로 무게를 싣는다. 마가복음 구조를 깊이 파고 들어간다는 점, 특히 버논 로빈스를 자주 인용한다는 점에서, 그는 독자적이면서도 상당한 통찰력을 보여준다.

피스 교수가 열두 제자와 예수님의 나머지 모든 제자들 사이의 상관성을 더 파고 들기를 바라는 사람이 있겠지만 논의가 여기에 그친다고 해서 마가복음에 기록된 점진적 회심 모델로서의 기본적인 가치가 떨어지지는 않는다. 명성 높은 스코틀랜드 자유교회 신학자인 알렉산더 벌메인 브루스(Alexander Balmain Bruce, 1831-1899)가 1871년에 출간한 유명한 저서 『열두 제자의 훈련』(*The Training of the Twelve*)이 각주로만 달려 있을 뿐 참고 문헌에 들어 있지 않은 점은 참 이채롭다. 우리가 새로운 세대이기는 한 모양이다.

제3부는 피스 교수가 '만남 전도'와 '과정 전도'라고 명명한 이론을 다루고 있다. 전문가가 아니라 잘 모르겠지만 이 부분은 실제 유용한 자료로 공감을 불러일으킨다. 소그룹, 영성 그리고 예배가 미치는 영향과 위치를 미리 염두에 둔 피스 교수의 접근법은 내게 훨씬 통합적이며 신학적으로 보인다. 그렇다고 피스 교수가 '전통적인 전도법'의 가치를 무시한 것은 아니다.

몇 마디 개인적인 말을 덧붙이겠다. 이 책의 가장 큰 뼈대는 마가복음에 기록된 열두 제자를 다루고 있는 제2부다. 그 내용들은 피스 교수의 박사 학위 논문을 근거로 한다. 어드만스 출판사가 로버트 메예의 박사 학위 논문인 「예수님과 열두 제자: 제자도와 마가복음의 계시」(Jesus and the Twelve: Discipleship and Revelation in Mark's Gospel, 1968)를 책으로 출간한 지 30년이 넘는다. 당시 메예 교수는 풀러 신학교에 있지 않았지만 나중에 이곳 학장이자 신약학 교수로 남

다른 명성을 쌓았고 현재는 명예 학장이자 교수다. 이제 풀러 신학교 교수인 피스가 같은 주제로 다룬다. 이 두 권의 책은 20세기 후반 전도학 분야에서 단연 돋보인다. 나 또한 내 인생에서 밥 메예(Bob Meye)와 딕 피스(Dick Peace)를 절친한 친구로 사귈 수 있어서 기쁘다. 딕 피스와는 벌써 25년 지기다.

이 책을 많은 이들에게 권하고 싶다. 특히 목회자, 기독교 기관 지도자, 평신도 지도자, 전도 기관, 제자 훈련 기관, 전도학, 종교 경험 연구 분야, 신약학 학자들이 읽으면 좋겠다. 이 책이 복음의 중심이자 우리 삶의 중심을 관통하는 '회심'을 다룬다는 점에서 독자들이 깊게 생각하고 지혜롭게 행하는 계기를 만들어주는 길잡이가 되길 바란다.

데이비드 숄러

풀러 신학교 신약학 교수, 신학연구소 부소장

1999년 8월 6일

헌사

1960년대 중반부터 부지런히 책을 읽고 연구했지만, 한 25년 정도 쓰고 쉬기를 반복하다가 겨우 이 책이 나오게 되었다. 그래선지 이 책을 출간하는 데 정말 많은 사람들이 도움을 주었다. 일일이 이름을 열거하지는 못하지만 거기엔 학문의 동지, 조언자, 동료 교수, 이 주제로 함께 토론한 수많은 학생들이 있다. 또 이 책을 탈고하기까지 오랫동안 나를 후원해준 이들이 있다. 아내 주디, 나의 아이들 리사, 제니퍼, 스티븐, 조나단에게도 고마운 마음을 전한다. 이 책을 쓰느라 함께 나누지 못한 시간을 참아준 식구들의 사랑과 인내를 무슨 말로 답할 수 있으랴. 글을 쓰도록 도와주고 참고 성경 목록을 정리해준 수잔 우드(풀러 신학교 출판부), 출간에 크게 기여한 존 윈슨(프런트라인)과 브루스 로빈슨(어드만스)에게도 각별히 감사한 마음을 전한다.

서문에 밝혔지만 나의 박사 학위 논문에서 다룬 내용이 이 책의 중심 논제다. 이 논문을 완성하는 데 25년이 넘게 걸린 셈이니 피터마리츠버그(남아프리카

나탈)에 자리잡은 나탈 신학대학교에게도 감사드린다. 이 학교는 내가 논문을 제대로 마칠 때까지 기꺼이 나를 기다려주었다. 안식년을 맞은 내게 후원을 아끼지 않은 고든-콘웰 신학교 이사들에게도 감사드린다. 안식년을 맞아 비로소 이 박사 학위 논문을 마칠 수 있었다. 또 풀러 신학교 이사진에게도 감사드린다. 풀러 신학교가 안식년을 허락한 덕분에 학위 청구 논문을 보강할 여유가 있었다. 영국 케임브리지에 있는 틴데일 하우스에도 깊은 감사의 뜻을 전하고 싶다. 성경 연구에 몰입할 수 있었던 그곳의 분위기 덕분에 마가복음 연구의 뼈대를 세울 수 있었다.

마지막으로 특별한 설명을 붙이지 않은 성경 구절은 모두 미국교회협의회에서 1989년에 발간한 NRSV임을 밝힌다(한글 성경은 개역개정 4판을 사용했다—편집자 주).

서문

회심, 무엇을 알아야 하는가?

회심에 관심을 가진지는 제법 오래 되었다. 직업상 관심을 가진 면도 있다. 나는 40년 가까이 전도 방법을 연구해왔는데 알다시피 전도의 핵심은 회심이다. 효과적으로 전도하려면 회심의 본질을 정확하고 민감하게 파악해야 한다. 여기에 어려움도 있고 매력도 있다. 교회가 회심을 언제나 명쾌하게 정의내리지는 않기 때문이다. 아니 사실은 무엇이 회심인가를 놓고 이견이 분분하다.

어떤 사람들은 회심을 아주 특별한 용어로 본다. 즉 '다메섹 도상에서 사도 바울에게 일어났던 일', 이런 식으로 말이다. 이때 회심은 그리스도와 신비하게 마주침, 기독교 원리와 사상을 축으로 일생 일대의 혁신을 일으킴, 기독교 공동체에 초점을 맞춘 인간관계의 재정립 등으로 설명할 수 있다.

그런데 회심을 더욱 폭넓게 이해하려는 사람도 있다. 즉, 회심이란 아주 빨리 또는 천천히 자신을 그리스도. 교회와 일치시키려는 결단이라는 것이다. 또 어떤 이는 회심하는 순간에 수반되는 세례나 믿음의 인증 같은 예전적인 행사를 강조한다. 그런가 하면 회심이 과연 필요한 것인지 묻는 사람도 있다. 이들은 과거 경험이 중요한 게 아니라 영적 실재를 계속 찾아나가는 구도(求道)와 어떤 길이든지 그것을 추구하겠다는 개방성이 바로 그러한 자각, 곧 회심을 일으키는 중요한 요소라고 말한다.

아내와 나 그리고 몇 명의 풀러 신학생들이 모여 시작한 '아프리칸 엔터프라이즈'(African Enterprise) 모임에서 나는 회심에 관한 모든 전형적인 복음주의 전제를 가지고 전도 사역을 시작했다. 내 생각에 회심이란 기독교인으로서의 삶을 출발하는 경험이었다. 짧은 회개 기도와 믿음을 가지고 예수님께 "예, 주님"이라고만 하면 되는 일이었다. 참 기독교인과 명목상의 기독교인은 바로 이 회심 경험에 따라 나뉘어진다고 생각했다. 대개 회심한다고 하면 사도 바울처럼 되는 것이라 여겼다. 갑자기 한 차례 감정이 움직이며 순간적으로 변화가 일어난다고 본 것이다.

이러한 나의 회심관은 착실한 자기 반성의 결과라고 볼 수는 없다. 이것은 내가 자라온 교회에서 얻은 양분으로 형성된 전제이기 때문이다. 하지만 2-3년 사역을 하고 나서는 회심이 가끔은 내가 가진 선입견대로 일어나기도 하지만 그렇지 않을 때도 있음을 분명히 알게 되었다. 나는 조금 혼돈스러웠다. 때로는 사람들이 너무나 조용히 하나님나라로 들어가기 때문이었다. 사람들이 성경공부 모임에 참석해 몇 과를 공부하다보면 그 모임에 나오는 여느 사람들마냥 생각하고 말하고 행동하며 기도하기 시작했다. 심지어 그 속뜻을 잘 모르면서 말이다. 당신 삶을 그리스도에게 의탁했느냐고 물으면 다른 사람들처럼 정해진 답을 내놓는다. 언제 그런 헌신의 순간을 맞았는지 기억하지도 못하면서 말이다.

더 혼란스러운 경우도 있다. 내가 보기에 어떤 사람들은 제대로 된 '회심 경험'을 하는 것 같았다. 그런데 그 사건이 그들의 삶을 바꿔놓지는 못했다. 그들은 회심한 후에도 이전과 그다지 달라지지 않았다. 남아프리카 상황에서 '회심했다' 하면 다른 인종을 대하는 태도가 달라졌음을 가리키는데 이들의 회심은 그렇지 않았다.

또 어떤 사람들은 우리가 전도하기 위해 그렇게 노력했는데도 불구하고 우리 일에 점점 더 의심을 많이 품었다. 그들은 이른바 '행복한 이교도'에서 하나님께서 정말 살아 계신지, 예수님이 정말 하나님의 아들인지 알고자 고투하는 '화난 구도자'가 되었다. 이 '구도자들'은 교회 안의 '회심한' 백성들보다는 사회 정의에 더 관심을 가졌다. 회심을 경험하지 않고서도(우리의 목표는 '급작스러운 회심'이었다) 전도에 나선 봉사자도 있었다. 그들은 언제나 예수님을 사랑했고 다른 사람들도 예수님을 만나길 원했다.

그렇다면 대체 회심이란 무엇인가? 전도 사역을 하면서 이 근본적인 질문에 온전히 답할 수 있는지 스스로에게 묻지 않을 수 없었다. 이전에는 회심을 정확하게 묘사하거나 정의내릴 수 있다고 자신했다. 그렇지만 위에 열거한 한계에 부딪치면서 나는 연구 방향을 잡아갔다. 지금에서야 돌이켜보면 내가 가진 회심관은 너무 제한적이고 소극적이었다. 성령님께서는 나보다 훨씬 더 개방적인 회심관을 가지고 계셨다. 개인적인 차원에서 나는 회심에 관심을 가졌다. 나는 '삶의 변화'라는 주제에 상당히 매력을 느낀다. 성장과 변화가 내게 그리 쉽지 않은 문제이기 때문일 것이다. 회심은 얼핏 보기에 하나님의 역사하심으로 만들어지는 온전한 변혁, 바로 그것을 보장하는 일종의 삶의 변화가 아닌가 싶었다. 예수님이 십자가에서 행하신 구속의 능력을 믿고 자기 삶을 하나님께 열어놓기만 하면 새로운 피조물이 된다니 얼마나 놀라운 일인가!

그러나 문제는 그리 간단하지 않다. 이 점은 회심하기 전의 나를 보아도 잘 알 수 있다. 그렇다. 예수님께 자신을 의탁하고 하나님께 마음을 열면 한 사람의 인생이 근본적으로 달라진다. 성령님께서 사람의 '마음'을 변화시키는 것도 맞다. 예수님께로 돌아오면 새로운 삶을 살 수 있다. 그러나 어느 것 하나 너무 쉽거나 필연적이지는 않다. 회심의 열매는 서서히 맺힌다. 대부분 상당한 시간이 필요하다. 다시 한번 나의 '즉각적' 회심관은 흔들렸다. 그래서 나는 책을 읽고 관찰하기 시작했다. 다른 사람들은 회심을 어떻게 생각하는가? 회심을 어떻게 경험했는가?(또는 경험하지 않았는가?)

이러한 개인적인 궁금증은 몇 년 후에 박사 학위 과정으로 이어졌다. 일은 이렇게 시작되었지만 연구는 빨리 끝나지 않았다(회심은 가끔 즉각적으로 일어나지만, 연구는 그렇지 않은 모양이다). 사실 나는 박사 학위 논문을 20년 넘게 쓴 셈이다. 물론 이 질문에만 전적으로 매달릴 수 없었던 생활 탓도 있다. 하지만 내가 잡은 연구 분야가 너무 광범위하다는 사실을 감안해야 한다. 연구를 시작하고 얼마 지나지 않아 회심을 깊게 연구하기 위해 여러 갈래의 신학적인 우회로(교회사. 조직신학, 성경신학, 실천신학, 성경연구)와 사회과학 이론(심리학, 사회학. 커뮤니케이션 이론)들을 알아야 했을 뿐더러, 회심의 의미를 자세히 들여다봐야 했다. 특히 사회과학을 공부할 때는, 20세기 초 미국 심리학자들이 회심이라는 주제에 왜 그리 열심이었는지(미국에서 심리학이 태동하던 초기에 심리학과 종교심리학은 거의 동의어처럼 쓰였다)에 대해 호기심을 가졌다. 그러다 수년 동안 윌리엄 제임스(William James)에서부터 칼 융(Carl Jung)에 이르기까지 공부하게 되었다. 「종교학회지」(*Journal of the Scientific Study of Religion*)에 수록된 수많은 논문들을 뒤적이기도 했다(물론 다른 저널들도 보았다).

어느새 회심에 관한 개인적 관심은 마가복음으로 이어졌다. 이전부터 마가복음은 내가 가장 관심 있었던 성경이다. 나는 다양한 맥락 속에서 귀납법으로 마가복음을 강의했다. 나 혼자의 생각인지는 모르지만 마가복음은 그 간결함과 직설적인 성격 때문에 이제 막 회심한 사람들이 읽기에 딱 알맞다. 마가복음을 읽으면 읽을수록, 마가가 예수님을 기록하는 방식에 빨려들어갔다.

특히 마가복음을 축조한 방법에 궁금한 점이 많았다. 마가는 예수님에 관한 구전들을 세심하게 골라내고 그것들이 단지 개별적이고 주변적인 이야기로 끝나는 데서 그치는 것이 아니라 하나의 전체적인 의미를 전달하도록 잘 구성했다. 마가의 마음속에 우선순위가 있었음이 틀림없다. 마가복음을 붙들고 씨름

할수록, 회심에 대한 의문을 결정적으로 깨닫게 해줄 것이라는 확신이 들었다.

언뜻 보아도 마가가 예수님 이야기를 쓴 목적은 복음을 전하기 위해서다(막 1:1). 아직 복음을 듣지 못하고 깨닫지 못해서 반응이 없는 사람들에게 복음을 전하는 것이 바로 전도다. 마가복음의 첫 단원(1:16-4:34)은 예수님에게 반응한다는 것이 무엇인지 그대로 보여준다. 마가는 독자들이 좋은 열매를 맺기 원했다(4:20). 그는 복음서를 써나가면서 분명히 회심이라는 의미를 사용한다. 1장에서 그는 이렇게 말한다. "요한이 잡힌 후 예수께서 갈릴리에 오셔서 하나님의 복음을 전파하여 이르시되 때가 찼고 하나님의 나라가 가까이 왔으니 회개하고 복음을 믿으라 하시더라"(막 1:14-15). 회개와 믿음(신앙)은 회심을 규정하는 신약의 언어다.[1] 이어지는 장들에서 마가는 제자도(이 말은 예수님을 계속 따른다는 뜻이다)뿐 아니라 회개와 믿음을 더 자세히 밝힌다. 그러면서도 전도한다. 그는 사람들이 회심하길 원했다. 이 일을 하는 그를 찬찬히 뜯어본다면 회심의 본질이 무엇인지 알게 된다.

마가가 바울의 경우와 다른 회심 패러다임을 제시하고 있음을 포착한 것은 마가복음의 구조(그가 어떻게 복음을 전파하느냐)를 붙들고 고민하던 무렵이다. 그는 복음서에 열두 제자의 회심을 기술했다. 그가 복음서에서 전달하려고 애쓴 것은 이 열두 사람이 오랜 시간에 걸쳐 점차 변화한 '과정'이다. 그들은 관습상 예수님을 위대한 선생쯤으로 여기다가 그분이 하나님의 아들인 진짜 메시아이심을 경이롭게 발견한다. 마가는 열두 제자가 어떻게 한 걸음씩 예수님에게로 돌아서는지 보여주면서, 마가복음을 읽는 독자들도 열두 제자가 경험한 회심 과정을 밟도록 인도한다.

이러한 시각이 어떤 의미를 함축하는지는 너무도 분명하다. 교회는 사도 바울에게 일어난 일, 즉 예수님을 만남으로써 갑작스럽게 맞은 변혁을 다른 사람

---

1 이 책의 부록, '사전식으로 요약한 회심'에 나오는 토론을 보라.

들도 경험케 하려고 전도하는 데 힘썼다. 전도를 오직 한 가지 주제, '지금 이 시간에 예수님을 구주로 받아들이라는 것'에 초점을 맞추었다. 모든 사람이 어느 때건 "예수님을 영접하겠습니까?"라는 질문에 즉각 응답할 수 있다는 것을 전제로 했다. 예수님을 이해하는 과정 중에 있는 사람들을 위한 시간적 배려는 없다. '그리스도를 향한 결단'을 즉각 받아내기 위한 전도법들이 고안되었다. 대형 집회의 마지막 순서에는 앞으로 나와 예수님을 향해 결단하라는 메시지가 반드시 들어 있었다. 예수님을 그 자리에서 당장 영접하지 못하고 죽어서 천당에 못 가는 일이 있어서는 안 된다는 생각을 심어준 게 초대 전도 대화법이다. 결신 기도로 끝을 맺는 전도 소책자들도 나왔다.

그때나 지금이나 이런 노력이 불신자들을 자극할 수는 있다. 성숙한 기독교인들은 자기가 체험한 삶의 변화를 다른 사람들도 맞기를 간절히 바란다. 하지만 이런 전도법들은 바울이 경험한 회심을 표준 모델로 삼은 데서 나왔다. 예수님을 향해 결단해야 한다고 순식간에 사람들을 몰아가는 것도 같은 맥락이다.

그러나 신약에 다른 회심의 패러다임이 있다면, 다른 방법으로도 전도할 수 있을 것이다. "많은 사람들이 예수님을 믿는 데 긴 시간이 필요하다는 사실을 인정한다면 전도는 어떤 모습을 띠게 되겠는가?" 이 질문에 대한 내 생각을 제12장과 제13장에서 만날 수 있다. 회심의 본질을 알려는 노력은 결국 내 박사학위 논문의 주제가 되었다. 이 책은 신약성경에 또 다른 회심 패러다임이 있다는 주장을 바탕으로 전도 사역의 방향을 연구한 책이다.

회심을 일회적 사건이 아닌 '과정'으로 본다면 교회에 엄청난 유익이 있으리라 본다. 영성에 관심을 보이고 기독교에 호감을 가진 수많은 사람들이 있는 바로 이 시대에, 성령님께서 일으킨 이 갈망을 잘 키워 하나님을 알고자 하는 사람들의 필요에 부응하는 것이 우리의 의무다. 사도 바울과 똑같은 경험을 하지 않으면 안 된다고 고집한다면 우리는 이들을 도울 수 없다. 물론 갑작스런 회심은 계속 일어난다. 그러나 언제나 그랬듯이 이것은 예외적인 상황이다. 마가복음에 나타난 과정 중심의 회심 패러다임을 면밀히 살피면서 좀 더 다수를 포용한 전도법과 마가가 동시대인들에게 원했던 바로 그 좋은 열매를 우리 시대에도 맺을 수 있는 전도법을 개발하길 바란다.

회심의 정의

회심이 무엇인지 구체적으로 정의하는 일은 언뜻 '식은 죽 먹기'처럼 보인다.[2] 회심은 누구나 겪을 수 있는 현상이기 때문이다. 교회사의 한 인물을 가리켜 "자, 봐라. 이게 바로 회심이다"라고 말하기란 어렵지 않다. 그러나 문제는 여러 세대에 걸쳐 각 개인이 회심한 이야기를 주마간산 격으로 읽는다 할지라도 그 경험이 서로 다르다는 것이다.[3] 기독교 회심만을 보아도 수많은 유형의 회심이 있다. 예를 들어보자. 어떤 사람들은 각별한 동기 없이 단 한순간에 신앙을 갖는다. 찰나의 시간에 회심을 경험한다. 그리고 그 순간부터 전혀 다른 질서 속에서 산다. 그렇지 않은 사람도 있다. 어떤 사람들은 수년 동안 고투한다. 구원받을 소망이 없어질 무렵에 가서야 드디어 절망에서 빠져나오는데 그것도 과거에 기울였던 노력과는 별 상관없어 보이는 방법으로 회심을 경험한다. 절망은 언제 있었느냐는 듯이 증발해버린다. 어떤 사람들은 간헐적으로 회심을 경험한다. 과거

2 "영어 사용권에서는 '회심'의 정의가 자명하다, Jacob W. Heikkinen에 따르면, William James, "Conversion: A Biblical Study," *National Faith and Order Colloquium*, World Council of Churches, June 12-17, 1966, p. 1에서 제시한 정의를 거의 인정하는 분위기다. Heikkinen이 넌지시 제시한 정의는 William James, *The Varieties of Religious Experience*(『종교적 경험의 다양성』, 한길사 역간)의 생각을 그대로 따랐다. Heikkinen은 회심의 정의를 다음과 같이 인용한다. "'회심한다', '중생한다', '은혜를 받는다', '종교를 경험한다', '확신을 얻는다' 등은 점진적이든 급작스럽든 '과정'을 가리킨다. 양심의 가책을 느껴 분열하고 열등한 자아가 일관되고 양심에 떳떳하며 우수하고 행복한 자아가 되는 것이다. 이런 일은 종교적 실재를 확고하게 붙들 때 일어난다."

3 Hugh T. Kerr and John M. Mulder, *Conversion: The Christian Experience* (Grand Rapids: Wm. B. Eerdmans Publishing Co., 1983)을 보라.

를 돌아보면 본격적으로 회심하기 전에 일련의 전환이 일어났음을 알 수 있다. 게다가 그 전환점 하나하나는 전혀 다른 위기 순간에서 맞이한 것이다. 어떤 사람은 자기가 무엇을 하는지, 무슨 일이 일어났는지 신학적으로 숙지하지 못한 상태에서 신앙을 갖는다. 심지어 회심했는지 안 했는지 기억조차 못하는 사람들도 있다. 하지만 누가 진정한 기독교인인지 가르는 기준을 열거한다 해도 그들은 합격이다.[4]

회심의 본질에 관해 어떤 말을 더해도 하나님께서 회심을 경험할 수 있도록 우리를 지으셨다는 사실만은 분명하다. 본질상 동물 세계에서는 도무지 일어날 수 없는 일이다. 곰으로 태어나면 영원히 곰이고, 고래로 태어나면 죽을 때까지 고래다. 하지만 인간 본성에는 인지, 정서, 행동, 사회, 종교적으로 의미심장한 변혁을 맞을 수 있는 능력이 있다. 인간은 자신의 삶을 송두리째 뒤집어놓을 수도, 새롭고 긍정적인 방향에서 전혀 다른 삶을 시작할 수도 있다. 이것은 중요한 단서다. 왜냐하면 회심의 본질이 경험 자체가 아니라 경험의 내용에 달려 있기 때문이다. 그렇다면 사역을 염두에 둘 때 "회심은 한 사람이 무엇으로부터 무엇으로 돌아서는 것인가?"라는 질문을 반드시 해야 한다. "어떤 류의 경험을 했는가", "우리가 규정한 틀에 그 경험이 잘 들어맞는가?"라고 물어서는 안 된다. 이런 단서를 단다 해도 문제는 여전히 남는다. 진정한 회심이란 무엇인가?

---

4 회심의 유형론에 관한 논의는 Owen Brandon, *The Battle for the Soul: Aspects of Religious Conversion* (London: Hodder & Stoughton, 1960), pp. 27-33; Richard Peace, *Pilgrimage: A Workbook on Christian Growth* (Los Angeles: Acton House, 1976), pp. 73-80을 보라.

문제 접근 방식

회심의 본질을 알아내기 위해 씨름하는 방법에는 여러 가지가 있다. 그중 가장 간단한 방법은 여러 자료들에 나오는 이런 저런 숱한 회심기를 파고들어 그것들로부터 포괄적인 정의를 얻는 것이다. 하지만 이 접근법은 회심을 증거하는 문서들이 너무 많다는 문제가 따른다.[5] 게다가 회심 기록의 성격과 수준, 완성도 역시 가늠하기 어려울 정도로 천차만별이다. 왜냐하면 회심 경험자들은 회심을 의식하든 못하든 자신의 경험을 개략적으로 설명하기 때문이다. 이런 자료에서 뽑은 정의라면 너무 광범위해서 현실적인 가치가 낮다.

이 결론의 의미는 무엇인가? 그것은 조사자가 특정 유형의 회심만으로 연구 범위를 한정해야 한다는 것이다. 그러므로 영국 국교회에서 가톨릭교회로 옮기는 것처럼 한 교단에서 다른 교단으로 이적하는 경험을 회심이라 말할 수도 있다.[6] 또 외식하는 신앙을 내면화하는 경우, 즉 이름뿐인 신앙을 유지하다가 활력 넘치는 믿음을 갖게 되는 경우도 조사 대상이 된다.[7] 공산주의에서 기독교로의

---

5 George Jackson은 *The fact of Conversion* (New York: Revell, 1908)에서 이렇게 말한다. "회심 분야는 얼마나 광범위하고 다양한지 모른다 누구도 개관을 만들 엄두조차 내지 못할 것이다. 사도 바울, 아우구스티누스, 존 번연, 존 웨슬리 같은 인물들이 겪은 위대한 영적 변혁에 관해서는 다소 알지 모른다. 하지만 얼마나 많은 사람이 신약에서, 위대한 부흥 시대에 쓰인 저 진실한 인간 기록물들의 의미를 헤아려보겠는가? 아니 모든 교회에 실재한 경건한 사람들에 관한 전기와 자서전, 찬송시와 기도문, 고백문들이나마 살펴보려고 했겠는가." 여기에 Edmund S. Conklin, *The Psychology of Religious Adjustment* (New York: Macmillan, 1929), p. viii에서 한 말을 덧붙여야 한다. "이 주제를 진지하게 고찰해본 사람만이 여기 관계된 문헌이 얼마나 많은지 실감한다.…누군가가 이것들을 다 읽었다고 말한다면, 나는 그 사람을 불쌍할 정도로 무지하거나 정신적으로 문제가 있는 사람이라고 제쳐놓을 것이다." 위의 글을 Conklin은 1929년에 썼고, Jackson은 1908년에 썼는데, 모두 Barbara E. Jones, "Conversion: An Examination of the Myth of Human Change," (Ph.D. diss., Columbia University, 1970), pp. xxviii-xxxix에 인용되었다. 그 이후 회심에 대해 기록하고 토의한 자료들은 놀라울 만큼 증가했다.

6 예를 들면 Kerr and Mulder, pp.121-28에 나오는 John Henry Newman이 그렇다.

7 G. W. Allport, "Religious and Prejudice," *Crane Review 2* (1959): 1-10; Allport, "The Religious Context of Prejudice," *Journal for the Scientific Study of Religious 5* (1966):

회심 같은 세속 신념에서 종교적인 신앙으로[8] 돌아오는 것도 연구 주제다. 사교(邪敎)에 조종당하거나 정부가 새로운 세계관을 심어주는 것과 같은[9] 강제 회심도 연구 주제가 될 수 있다. 예컨대 '세속적인 회심'[10]도 얼마든지 있다. 이를테면 알콜 중독자가 술을 절제하고 취하지 않으며 사는 것 따위다.[11] 또한 일본의 신도(神道)를 믿다가 유대주의로 귀의하는 경우처럼[12] 기독교와는 전혀 이질적인 이념으로 회심하는 경우도 있다.

모든 사례들은 호기심을 가지고 덤벼들어볼 만한 영역이지만 이 책의 목적상 기독교로 회심하는 경우만 살피겠다. 그중에서도 특히 기독교로 개종한 1세기의 일부 유대인들(바울과 열두 제자들)이 경험한 회심으로 한정했다. 이 분석은 신약성경에 나오는 회심 경험의 패러다임이라 생각되는 경우만으로 한정시킬 것이다.

'회심의 본질'에 접근하는 두 번째 방법은, 회심을 경험한 사람들을 모집단으

447-457; Allport and J. M. Ross, "Personal Religious Orientation and Prejudice," *Journal of Personality and Social Psychology* 5 (1967): 432-43을 참조하라.

8 예를 들면, Douglas Hyde, *Dedication and Leadership: Learning from the Communists* (London: Sands & Co., 1966)을 보라.

9 Flo Conway and Jim Siegelman, *Snapping: America s Epidemic of Sudden Personality Change* (Philadelphia: Lippincott, 1978); Robert Jay Lifton, *Thought Reform and the Psychology of Totalism: A Study of "Brainwashing" in China* (New York: Norton, 1961); Duane Arlo Windemiller, "The Psychodynamics of Change in Religious Conversion and Communist Brainwashing: With Particular Reference to the Eighteenth Century Evangelical Revival and the Chinese Thought Control Movement" (Ph.D. diss., Boston University, I960) 등을 보라.

10 Jones, p. xx.

11 B. Jones는 세속적인 회심과 종교적 회심이 얼마나 유사한지 밝힌다. "희망 없는 주정뱅이가 술을 멀리하고 건전한 사회인으로 변화되어가는 과정에 고전적인 회심 교리에 암시된 절차들이 그대로 나타난다. 절망감, 패배 인정, 포기, 간증과 선행 같은 절차를 밟는 것이다." A.A.(익명의 알콜 중독자 모임)의 치료 과정에서 회심이란 단순히 기술적인 방법이 아니라, 단일하고 본질적인 구성 요소였다고 존스는 말한다. Jones, p. xx.

12 Abraham Kotsuji, *From Tokyo to Jerusalem* (New York: Geis, 1946)를 보라. 위에서 다룬 모든 범주들보다 훨씬 더 다양한 회심 유형을 보려면, Bernard Dixon, *joumeys in Brief* (London: George Allen & Unwin, 1968)을 보라.

로 설문 조사(심리학적, 신학적 검사 방법도 무방)를 하는 것이다. 그래서 그들의 반응을 통계학적으로 분석한 후 회심의 정의를 도출한다. 이 방법은 첫 번째 접근법에 비해 폐쇄적이다. 연구 대상을 특정 집단으로 한정하다보면 초기에 회심을 정의하려던 심리학자들의 전철을 똑같이 밟을 수 있기 때문이다.[13] 이 방법은 심리학자들 입장에서는 손쉬운 접근법이겠으나, 결과는 피상적이어서 일반화하기 다소 힘들다(적절한 검사 도구와 기법이 부족하기 때문이다).[14] 더 발전된 검사지와 기법이 나왔다는 요즘까지도 제임스가 1901-1902년에 '종교적 경험의 다양성'이라는 강의에서 보여준 번뜩이는 직관력을 넘어서는 진보한 방법은 거의 나타나지 않았다. 그의 강연은 지금까지도 종교심리학의 고전으로 남아 있다. 세부 질문 항목이 추가된 검사지가 나왔음에도 불구하고 지금까지의 경험 조사들은 스타벅(Starbuck)이 1890년대에 채택한 설문 방식을 거의 그대로 답습하는 형편이다.[15]

이뿐 아니다. 어떤 경험적 접근은 하나님의 실재라는 좀 더 큰 질문을 아예 상정조차 하지 않는다. 하나님께서 어떻게 회심 과정에 개입하시는지의 문제는 순전히 현상 연구만으로는 알 수 없다. 교회에 출석하는 많은 사람들이 기독교의 회심을 단순히 인간의 귀의(歸依)라고 보지 않고 하나님의 역사라고 이해한

13 William G. T. Douglas and James R. Scroggs, "Issues in the Psychology of Religious Conversion," *Journal of Religion and Health 6* (1967): 204-5를 보라. 또 이런 연구 결과도 참고할 수 있다. James Bissett Pratt, *The Religious Consciousness* (New York: Macmillan, 1921; Eduin Diller Starbuck, *The Psychology of Religion* (New York: Scribner, 1899). 위 두 저자는 모두 이 방법을 차용했다.

14 Douglas and Scroggs, pp 204-5.

15 Douglas and Scroggs, pp 205. John P. Kildahl이 믿을 만한 최신 검사 방법을 사용한 학자로 손꼽힌다. John P. Kildahl. "The Personalities of Sudden Religious Converts", *Pastoral Psychology 16*, no. 156 (september 1956): 37-44를 보라. Joel Allison, "Recent Empirical Studies of Religious Conversion Experiences," *Pastoral Psychology 17* (september 1966): 21-23; Steven M. Silverstein, "A Study of Religious Conversion in North America," *Genetic, Social, and General Psychology Monograph* (1988): 261-305를 참고하라.

다는 점에서 이 점을 중요하게 고려해야 한다. 이 경험을 회심이라는 관점에서만 정의하려는 시도는 신의 영역을 무시한 처사다.[16] 최소한 어떤 개인들이 자신에게 일어난 일을 이해하고 기록하는 내용과 관련해 이 질문을 반추해봐야 한다. 내가 신약에 표현된 기독교의 회심을 살피기로 한 이유 중 하나도 바로 이 때문이다. 이런 문서에서 우리는 특정 개인의 경험을 볼 수 있을 뿐 아니라 일어난 사건의 신학적인 해석 또한 발견할 수 있다.

회심의 본질을 연구하는 세 번째 방법은 이른바 아리스토텔레스가 제시한 귀납법이다. 회심자나 기록자가 주관적인 해석에 의존해 나열한 뒤죽박죽인 경험 자체를 들여다보는 것보다 회심을 규정한 여러 정의들을 차곡차곡 모아보는 것이다.[17] 그런 다음에 사전을 기준으로 삼아 이 정의들을 분석하고 일반적인 정의를 도출해낼 수 있다.[18] 이 방법은 우리가 회심 이야기들을 다룰 때 발생하는 똑같은 문제를 안고 있다. 수없이 많은 정의에서 도출된 서로 다른 관점 간의 오해, 관점들을 떠받치고 있는 잘못된 기초, 일관성 없는 분석이 그러하다. 이렇게 되면 결국 지나치게 일반화되어 교회 사역의 실제적인 문제로 고민하는 사람들에게는 별반 도움이 안 되는 결론만 얻을 뿐이다.

내 연구 방법은 위 세 가지 접근법과는 사뭇 다르다. 회심의 본질은 우선 방향 면에서 성경 본문에 뿌리를 둔다. 방법상으로는 귀납법이다. 또 복음주의 신

---

16 신약은 개인의 경험을 기술할 때는 '회심'을 쓰고, 그 개인 안에서 하나님의 역사하심을 기술할 때는 '중생'이라는 용어를 썼다.

17 Douglas Clyde Macintosh, *Personal Religious* (New York: Scribner, 1942)에는 이런 정의 모음이 나온다.

18 예를 들어 Barbara Jones, "Converson: An Examination of the Myth of Human Change"를 보라. 그녀는 여러 가지 회심 사례를 다룬 후 이렇게 분석한다. "여러 학문들을 주도면밀하게 살펴보아야 한다. 먼저 한 가지 조사 기법으로 자료를 검토한 후 다른 기법으로 또 본다. 여러 관점에서 자료들을 구체화시켜야 한다. 회심을 정의하기 위해 일관된 이론을 형성하는 어떤 사실이나 가설을 뽑아내려면 이렇게 해야 한다"(p. xxx). Jones가 회심에 관한 한 가설들을 뽑아냈는지는 모르나, '그 가설들의 해석을 가리는 어떤 막을 치지 않으려고' 노력했음은 분명하다. 위의 방법은 그자체가 자료를 구성하고 이 구성된 자료로 계속 생명을유지하며 전진해가는 하나의 과정일 뿐이다.

학 패러다임 안에서 연구가 수행된다. 단일하고도 대표적인 회심 경험인 사도 바울의 다메섹 도상의 회심을 먼저 자세하게 살피자고 제안한다. 이 회심은 특정한 전통(기독교)에서 유래한 것이고 구체적인 문서(신약성경. 더 구체적으로는 사도행전. 그러나 사도 바울의 회심도 언급된다)에 적시된 내용이다. 바로 여기에서 귀납법으로 기독교를 이루는 요소를 추출하려는 것이다. 이미 언급한 한계가 따르겠지만 이렇게 회심을 표준적으로 이해한 후, 바로 그것과 똑같은 종류의 변화가 열두 제자들의 삶에서도 일어났음을 입증하겠다. 열두 제자들은 바울과 다른 회심을 경험했지만 그들의 삶은 분명히 변했다. 연구 목적을 달리 말하자면, 기독교가 말하는 회심의 정의가 있고 공통 분모가 있긴 하지만 서로 다른 삶에서 저마다 다른 양상으로 회심이 일어날 수 있음을 입증하는 것이다. 경험은 서로 다르지만 신학적으로 볼 때, 바울에게 일어난 일과 열두 제자들에게 일어난 일은 동일하다. 나는 이렇게 회심을 연구한 결과를 정리해 이를 궁금하게 생각하는 교회를 돕고자 한다. 더불어 이런 결과가 심리학계에서 회심을 논할 때 참고 자료가 되었으면 한다.[19]

요약하면 나는 회심 주제를 절충법으로 연구했다. 이 방식은 전통적인 연구 범주에서 약간 비껴간다. 각 성구들을 살피기는 했지만 석의적인 분석은 하지 않았다. 일차적으로 사도행전과 마가복음에서 끌어모은 다양한 재료들을 조합했다. 이렇게 한 이유는 이들 문서가 내비치는 한 주제를 이해하기 위해서다. 그

19 이 책에서 심리학 자료들을 어떻게 검토했는지 한마디 해야겠다. 내 연구의 영역은 일차적으로 성경신학에 속한다. 하지만 회심 주제를 논하면서, 여러 분야에서 연구하는 심리학자들의 작업을 무시하고 지나칠 수 없었다. 독창적인 William James, *The Varieties of Religious Experience*에서부터 *Journal for the Scientific Study of Religion*에 수록된 최근 논문에 이르기까지, 회심이라는 주제는 심리학계의 관심거리였다. 참고 문헌을 보면 알겠지만 나는 이런 자료들을 상당 부분 검토했다. 그렇다고 이런 심리학 자료들에 원천적으로 논쟁을 걸겠다는 뜻은 아니다. 성경 자료들을 적절히 다루는 것만도 엄청난 작업이기에 심리학 자료들을 비판적으로 섭렵한다면 책의 내용이 산만해질 수 있다. 그러나 본문 여러 곳에 심리학적인 통찰을 적시하겠다. 그러한 통찰이 주제의 특정 국면을 이해하는 데 도움이 된다면 자료를 비판하기보다는 논증을 풍성하게 전개하는 방법으로 이용하겠다.

러나 성경신학은 아니다. 물론 내가 교회의 가장 중요한 교리 중 하나에 손을 대기는 했다. 그렇다고 조직신학도 아니다. 심리학에서 얻을 수 있는 다양한 통찰을 열거했지만 사회과학의 이점만을 고집하지는 않는다.

사실 나는 실천신학이라는 말로 가장 잘 표현할 수 있는 작업을 하려고 한다. 다시 말해 이 연구는 복음주의 패러다임 안에서 이루어졌다. 연구 주제가 인간 경험이라는 '컨텍스트' 속에 들어 있으므로, 이 작업이 결국 사역 현장에 있는 사람들에게 실제적인 도움이 되기를 소망한다.

전체 개관

제1부는 기독교에서 말하는 회심의 기초를 이해하는 것이 목표다. 회심 경험의 중심부에 무엇이 있는지 정확하게 말하려고 한다. 제1부 마지막에서는 많은 사람들이 표준으로 받아들인 경험, 바울이 다메섹 도상에서 경험한 회심을 검증해보겠다.

제2부에서는 사도 바울의 경험에서 뽑아낸 회심 현상을 아주 다른 종류인 열두 제자의 경험에 적용하겠다.[20] 바울의 회심을 기준으로 본다면, 열두 제자는 예수님과 함께 이스라엘 전역을 여행한 사도단(使徒團)이었음에도 불구하고 회

20 나는 바울로부터 많은 자료를 넘겨받은 누가의 글에서 많은 통찰력을 얻고 또 그것을 전혀 다른 성격의 저자인 마가의 작품에 적용하고 있다. Witherup이 보여주듯이 신약이 말하고 있는 회심의 개념이 다른 어떤 문서에서보다 확연히 일관되게 나타나기 때문에 이러한 시도가 괜찮다고 본다. "세밀한 검토끝에 신약이 회심에 관해 상당히 통일된 가르침을 보여주며, 그 가르침이 개념적으로 세련화 과정을 겪은 증거가 희박하다는 사실을 믿게 되었다. Ronald D. Witherup, *Conversion in the New Testament* (Collegeville, Minn.: Liturgical Press, 1994). p. 2. 마가복음과 누가복음 사이에 일종의 문헌적 연계성이 있음을 증명하지는 않겠다(누가가 그의 복음서에서 마가의 자료들을 사용하고 있음은 주지의 사실이다). 다만 회심에 대한 일반적인 이해를 채용하고 마가가, 사실은 내가 열두 제자들의 회심이라고 부르는 바로 그 현상을 기술하고 있음을 드러내 보이겠다.

심하지는 않았다는 것이 내 논점이다. 그들은 회심 근처에도 가지 않았다. 하지만 그들은 분명히 기독 교회의 기둥으로 설 만큼 변화하는 경험을 했다. 그러므로 그들이 언제, 어떻게 회심했으며, 제1부에서 전개한 회심에 대한 정의가 과연 열두 제자들이 경험한 실체를 조명하는 유용한 통찰인지 밝혀보겠다.

마가복음에서 열두 제자들이 (바울과 다른 방식으로) 연속해서 회심을 경험했음을 확인할 수 있다고 자신한다. 마가복음은 예수님과 열두 제자들의 관계가 가장 돈독해보이는 문서다. 나중에 밝히겠지만, 마가복음에 드러난 통합적인 주제는 열두 제자들이 회개와 믿음으로 예수님께 한 걸음씩 나아간 과정을 보이는 것이다. 그들은 예수님이 누구신지, 자신들이 어떤 상황에 처했는지 제대로 파악하지 못했다. 다시 말해 회개하지 않았다. 이 점은 마가복음 처음부터 명확히 확인할 수 있다. 솔직히 제자들은 예수님의 죽음이 임박한 순간까지 그러한 사실들을 몰랐다. 회심의 진정한 의미로 볼 때, 제자들에게 믿음이 없었다는 사실이 여기서 밝혀진다. 예수님이 누구신지 제대로 이해하지 못했기 때문에 그분을 올바로 믿을 수도 없었다. 예수님이 십자가 처형을 당하고 부활하실 즈음에도 그들은 전통적인 메시아관을 믿었을 뿐 있는 모습 그대로 예수님을 믿지 않았다. 이렇게 사도행전은 제1부 연구를 위한 재료가 되고, 마가복음은 제2부 연구를 위한 바탕이 된다.

사도 바울의 회심 모델을 통해 회심에 대한 성경적인 이해를 얻고 나면 열두 제자들이 어떻게 믿음을 가질 수 있었는지 이해하게 될 것이다. 성경신학에서는 열두 제자들이 예수님의 사도단에 가세한 행위가 회심에 상응하는 사건인 양 전제한다(여기에 이의를 단 학자는 거의 없다).[21] 정말 그러한가? 그들은 사람 낚는

---

21 André Godin이라는 심리학자가 이 문제를 걸고 나온 것은 참 재미있다. "사도들이 밖에서 보거나 들은 것은 그들의 내면적 소원과 전혀 어울리지 않았다. 그들의 내면적 소원이란 그들이 받은 유대 교육에서 뽑아낸 자기 이상(ego-ideal)이었다. 따라서 그들이 신앙을 확인하는 과정은 점진적인 변화일 수밖에 없다. 이 점은 복음서들에 기록된 여러 대화들이 지적하는 바다." André Godin, *The Psychological Dynamics of Religious Experience* (Birmingham,

어부로 만들어주겠다는 예수님의 초대에 응하는 순간 회심했는가?(막 1:17-18) 아니면 사도로 위임된 순간 회심했는가?(3:13-15) 어쩌면 예수님이 진정한 메시아이심을 인정하는 순간 회심을 했는지도 모른다(8:29). 아니면 두 번째 접촉의 기적[22]이 일어난 순간이었을지도 모른다. 그러나 바울의 경험을 회심으로 볼 경우 이 중 어느 것도 회심 사건이라고 말할 수 없다. 다만 이들 하나하나는 최종적인 회심에 이르기까지 거쳐가는 중요한 매개체가 된다.

이 책은 이렇게 전개된다. 제1부에서는 다메섹 도상의 바울 경험을 분석한다. 기독교 회심의 정의를 얻기 위해서다. 제1장에서 바울 회심의 중심 유형을 세 부분, 즉 깨달음(insight)과 돌이킴(turning), 변화(transformation)로 제시하겠다. 제2장에서는 자기 자신과 하나님의 뜻을 새롭게 들여다볼 수 있게 한 바울의 깨달음과 계시를 받은 그의 반응(회개)을 살핀다. 제3장에서는 바울이 부활하신 예수님을 만나 돌아선 일(신앙)을 다룬다. 제4장에서는 바울이 예수님의 복음을 만방에 전하는 소명을 실천함으로써 그의 생애 가운데 일어난 변화(제자도)를 살피겠다.

제2부에서는 바울 회심에서 뽑은 회심 정의를 기준으로 열두 제자들의 경험을 검증한다. 제5장에서는 마가복음을 관통하는 주제가 열두 제자의 회심인지 논의한다. 마가복음의 개요가 제시되는데, 이 개요에는 열두 제자들이 예수님이 누구신지 점진적으로 이해해가는 6단계의 과정이 담겨 있다. 제6장에서는 이 개요의 증거를 세세하게 검증한다. 제7-10장에서는 마가복음의 세부 사항들을 점검한다. 마가복음이 각 단원마다 예수님의 호칭을 다르게 사용하고 있음과, 각 단원의 부제(副題)가 제자들의 회심 국면을 보여주고 있음을 명확히 하기 위해서다. 구체적으로 말해, 제7장은 열두 제자들이 예수님이 메시아이심을 어

Ala.: Religious Education Press, 1985), p. 202.

22 마가는 10:46-52에서 이 사건을 상징적으로 묘사한다.

떻게 알게 되었는지 주목한다. 제8장은 열두 제자들이 예수님이 하나님의 아들이심을 어떻게 이해하는지 주목한다. 제9장은 마가복음 첫 부분에 나오는 회심 주제들(예수님, 신앙, 회개)에 초점을 맞췄다. 제10장은 마가복음 후반부에 나오는 회심 주제인 제자도를 살핀다.

마지막으로 제11-13장은 전도 사역을 하는 교회를 위한 내용이다. 여기서도 신약에 나타나는 두 가지 회심 패러다임을 놓치지 않았다. 사람들이 즉각 회심하기를 바란다면 교회가 어떻게 전도 사역을 전개할지는 뻔하다. 그러나 좀 시간이 걸려도 회심이 이루어질 수 있다고 믿는다면 다른 식으로 전도를 해야 한다. 마가복음의 개요가 전도 사역을 총체적으로 수행할 방법을 안내할 수 있을지는 앞으로 짚어볼 일이다.

제1부 바울의 경험

제1장
사건: 바울 회심의 핵심 유형

평범한 기독교인에게 "회심이 뭡니까?" 하고 물으면, "다메섹 도상에서 사도 바울에게 일어난 일"이라는 대답을 듣기 쉽다. 따라서 이 연구를 시작하기 위해 맨 먼저 사도 바울의 회심을 면밀하게 검토하는 것이 당연한 순서일지도 모른다. 바울의 회심 이야기는 초기 교회에 관한 기사에서 매우 중심적인 위치를 차지하기에 사도행전에서만 무려 세 번이나 언급된다. 사도행전이 간결체 문장으로 기록되었다는 점을 생각할 때 이는 놀라운 일이 아닐 수 없다. 예수님의 부활 이후 교회 성장을 말하지 않거나 생략한 부분이 많은데, 한 사건을 세 번씩이나 반복해서 기록한다는 것은 바울의 회심이 초기 교회에서 얼마나 중요한 사건이었는지 간접적으로 드러내준다.

세 가지 바울 회심기를 검토함으로써 그의 회심을 규정하는 핵심적인 요소

들과 신약은 회심을 어떻게 말하는지 규정하는 요소를 발견할 수 있을 것이다.[1]

바울 회심이 지닌 중요성

바울의 회심은 교회에 매우 큰 영향을 미쳤다. "그리스도의 강생을 제외하고 바울의 회심과 위임보다 더 교회 역사를 좌지우지한 단일 사건이 없다는 게 중론이다."[2] 바로 이 사건에서 사도 바울의 선교가 흘러나왔고, 바울의 사역에서 이방교회가 나왔다.[3] 이 이방교회에서 오늘날 서방교회가 태어났다. "바울 회심과 그것으로부터 그가 끌어낸 결과는 대단히 의미 깊다. 그는 이방교회를 독자적으로 발전시켰다. 한 사람의 기독교인으로 거듭났을 때 율법을 대하는 그의 태도는 바리새인의 열심만큼이나 편파적이었다. 하지만 그가 계율 종교의 한계성을 통찰력 있게 지적하지 않았다면 기독교는 유럽 사회에 뿌리내리지 못했을 것이다."[4] 한 걸음 더 나아가 많은 사람들이 바울 회심을 기독교의 신빙성을 입증하는 핵심적인 '증거'라고 본다. F. F. 브루스도 이렇게 말한다. "다메섹 경험에 대한 바울의 자기 진술을 받아들이는 사람이라면 '제대로만 연구를 한다면 사도 바울의 회심과 사도됨 그 자체가 기독교의 신적 계시성을 입증하는 충분한 증거'라고 말한 18세기 한 작가의 말을 부인하기 어려울 것이다."[5]

---

1 회심 개념에 관한 세 가지 핵심 단어의 성경적 기원을 살피려면 부록을 보라.

2 F. F. Bruce, *Apostle of the Heart Set Free* (Grand Rapids: Wm. B. Eerdmans Publishing Co., 1977), p. 75.

3 바울이 세우지 않은 교회도 물론 있다. 로마 교회가 그러하다. 그러나 대다수 이방교회들은 바울의 사역으로 말미암아 탄생했다.

4 H. G. Wood, "The Conversion of St. Paul: Its Nature, Antecedents and Consequences," *New Testament Studies 7* (1955), p. 280.

5 F. F. Bruce, *Paul*, p. 75. G. Lyttelton, Observation on the Conversion and Apostleship of St. Paul (London, 1747)의 1단원에서 인용함. Joseph Lilly도 이러한 관찰에 동의한다. 그는 "The Conversion of Saint Paul: The Validity of His Testimony to the Resurrection

바울의 회심이 외부적으로 어떤 영향력을 끼쳤든 그 자신의 생애에서는 가장 획기적인 일이었다. 다메섹으로 향하던 길에서 부활하신 예수님을 만났기 때문에 그는 가던 발걸음을 멈췄고, 인생 전체가 새롭게 변했다. 교회를 궤멸시키는 일에 전심했던 바리새인 중의 바리새인(행 9:1, 빌 3:4-6)인 그가 지칠 줄 모르는 복음 전도자로 변신해 온갖 개인적인 어려움과 환난(고후 11:16-33)을 딛고 지중해 근방에 교회를 개척했다. 바울에게 일어난 이 변화는 예수님 부활을 입증하는 생생한 증거다. 많은 사람들은 살아 계신 예수님을 만나는 급진적인 변화가 아니고서는 바울이 이방 교회 선교에 자진해 달려들진 않았을 것이라 주장한다.

> 바울이 가진 어떤 동기 또는 바리새인으로 자란 성장 배경에서 나온 동기를 보아도…그는 이방 선교에 투신할 사람이 아니다. 회심 전에 그는 유대주의적 우수성에 대한 자부심이 너무 커, 이제 자신을 박해하지 못해 안달이 난 유대인들처럼 교회를 박해하는 일에 혈안이 되어 있었기 때문이다. 따라서 바울이 이방 선교를 하게 된 근본 원인은 그의 성장 배경과는 무관하다. 바울이 직접 밝힌 동기는 살아나신 예수님이 자신에게 나타나셨기 때문이라는 것이다. 하지만 이것만으론 충분한 설명이 되지 않는다. 초자연적인 설명을 가할 수 있는 유일한 증거는 예수님의 부활이다. 그가 이방 선교에 나선 동기를 설명할 수 있는 길이라고는 이것밖에 없다.[6]

---

of Jesus Christ," *Catholic Biblical Quarterly* 6 (1944): 181-82에서 다음과 같이 말한다. "Tricot도 이렇게 언급한다. '바울 회심은 예수님의 부활 다음으로 기독교 운명을 결정할 만한 기적적인 사건이다. 전통적인 신앙에서 신빙성이라는 주제가 지니는 가치는 바로 이 두 사건에서 비롯되기 때문이다'(*Saint Paul, Apotre des Gentils* [1928], p. 44). 예수님의 부활을 증거한 가장 믿음 가는 증언자는 역사적으로 볼 때 사도 바울이다.…그의 증언이 초기 문서들에 기록되어 있기 때문이다.…사실 바울의 부활 신앙은…주님의 부활 사건 이후 3년 또는 5년 후에 일어난 그의 회심 시기로 거슬러 올라간다. 그러므로 예수님의 부활에 대한 바울의 증언은 예수님의 부활과 실제적으로 동시대의 것이며, 역사적으로 우리가 아는 가장 값진 증언이다."

6 Daniel P. Fuller, *Easter Faith and History* (Grand Rapids: Wm. B. Eerdmans Publishing

바울의 회심은 또 다른 면에서도 중요하다. 여러 세대의 수많은 사람들에게 '기독교가 말하는 회심이란 바로 이런 것'이라는 모델이 되어 왔다는 점이다. 사람들이 이 경험의 핵심 요소에 초점을 맞추든 아니면 부차적인 주제(갑작스러운 회심만이 옳은 것인지 아닌지 하는 문제)에 관심을 뒀든, 그것은 별반 의미가 없다. 많은 기독교인들에게는 바울 회심이야말로 회심의 순전한 형식을 보여주는 원형이다.

이런 일련의 이유 때문에, 다메섹으로 향하는 길에서 일어난 사건을 아주 조심스럽게 검증하는 일은 중요하다. 제1부의 첫 네 장을 분석하는 순서는 이렇다. 첫째, 사도행전에 나오는 이 사건에 대한 세 군데의 기록을 살펴보고 약간의 해설을 단다. 그런 다음 평가한다. 그것은 바울 회심이 규정하는 핵심 유형을 밝혀내기 위해서다(제1장). 다음으로, 이 핵심 유형이 가진 세 가지 요소에 따라 바울 의 경험을 자세하게 토의에 붙이겠다. 제2장에서는 회심 자체를 다루기 앞서 우리가 지닌 회심관을 되짚어본다. 제3장에서는 돌이킴이라는 중심 개념을 중점 토의한다. 그리고 제4장에서는 회심 후 변화의 본질을 알아본다.

바울 회심을 증거한 세 가지 기사

사도행전에서 바울이 처음 등장하는 곳은 스데반을 돌로 치는 장면이다. 누가가 기록한 이 사건은 스데반이 산헤드린 공회원들에게 연설하던 때다. 스데반은 그들이 하나님의 선지자를 박해하고 살해했노라며 고소한다. 이에 산헤드린 공회원들은 격노했다. 스데반은 곧 '하나님 우편에 서신' 예수님을 환상으로 본다(행 7:56). 이것은 산헤드린 공회원들에게 날린 최후 일격이었다. 그들은 이 말

Co., 1965), p. 219. 이 추론은 제3장에서 더 자세히 전개된다.

을 듣고, "큰 소리를 지르며 귀를 막고 일제히 그에게 달려들어 성 밖으로 내치고 돌로" 쳤다(행 7:57-58). 누가는 이런 말로 기사를 마친다. "증인들이 옷을 벗어 사울이라 하는 청년의 발 앞에 두니라."[7] 누가는 바울이 스데반을 죽이는 일에 가담한 사람들의 옷을 맡을 만큼 그들의 믿을 만한 동료였을 뿐 아니라 "그의 죽임 당함을 마땅히 여기더라"(행 8:1)고 덧붙인다.

여기가 바로 사도행전의 변곡점이다. 스데반이 돌에 맞아 죽은 사건을 기점으로 교회에 대대적인 박해가 가해진다. 그 결과 유대와 사마리아로 신자들이 흩어진다(8:1). 이로써 복음이 유대에서 다른 지역으로 뻗어나간다. 이 대대적 박해는 또한 바울이 교회를 대놓고 핍박하는 전기가 되기도 한다. "사울이 교회를 잔멸할새 각 집에 들어가 남녀를 끌어다가 옥에 넘기니라"(8:3). 사도행전 9장은 이렇게 시작된다. "사울이 주의 제자들을 대하여 여전히 위협과 살기가 등등하여 대제사장에게 가서 다메섹 여러 회당에 가져갈 공문을 청하니 이는 만일 그 도를 따르는 사람을 만나면 남녀를 막론하고 결박하여 예루살렘으로 잡아 오려 함이라"(1-2절).

바울의 회심은 격분(26:11)[8]하여 다메섹으로 가던 길에서 일어난다. 그는 이제 막 부흥하기 시작한 교회를 박살내기 위해 혈안이 되어 있었다. 그의 회심은 이런 앞뒤 정황 속에서 일어났다. 그리고 상황은 전혀 예기치 않게 놀라울 만큼 급격히 반전한다. 박해자가 박해받는 사람들 중 한 명이 된 것이다. 이 눈여겨볼

---

7 행 7:58. 헬라어 본문에는 세 가지 이름이 나온다. Krister Stendahl, *Paul among Jews and Gentiles* (Philadelphia: Fortress, 1976), p. 11에서 이렇게 지적한다. "13:9까지는 '사울로스'(Saulos,사울)가, 13:9 이후로는 '파울로스'(Paulos, 바울)가 쓰인다. 단, 그의 부르심 사건을 쓴 기록에서 주님과 아나니아가 '사오울'이라는 히브리 이름의 음역을 쓴 것은 예외다(9:4, 17; 22:7, 13; 26:14). Stendahl은 사울에서 바울로의 개명이 회심·부르심에 기인하지 않고 로마 민정관 앞에서 '세르기우스 파울루스'(Sergius Paulus)라는 이름으로 등장한 이후부터 이루어졌다고 말한다. 행 13:9에 "바울이라고 하는 사울…"이 나오는데, 이후로 모든 본문에서 바울이라는 이름이 쓰였다. 이제 초점이 로마에 맞춰졌기 때문이다. 이 점을 명료하게 하기 위해 이 책에서는 헬라 이름만 사용하겠다. 이는 사울이라고 부르는 본문에서도 마찬가지다.

8 NIV는 '사로잡혀서'(obsession)로, NRSV는 바울이 "그들에게 불같이 분노해서"로 번역한다.

만한 종교 상의 대변환은 바울의 입장에서 보자면 부활하신 예수님을 만난 결과로 일어났다.

첫 번째 기사(행 9:1-19)

바울 회심에 관한 첫 번째 기사는 사도행전 9:1-19 사이에 나온다. 이 기사는 여러 면에서 나머지 두 기사와 대별된다. 첫째, 이 기사는 교회가 성장하는 과정 중에 다음 단계로 넘어가기 위한 하나의 묘사로서 누가가 기록했다. 반면 두 번째와 세 번째 기사는 바울의 설교 가운데 나온다. 둘째, 바울과 아나니아가 동시에 본 이른바 '이중 환상'이 9:10-16에 기록되어 있다.[9] 바울은 "아나니아라 하는 사람이 들어와서 자기에게 안수하여 다시 보게 하는 것을"(9:12) 환상으로 봤다. 아나니아 역시 환상을 봤는데 그 환상에서 "일어나 직가라 하는 거리로 가서 유다 집에서 다소 사람 사울이라 하는 사람을 찾으라"(9:11)는 명령을 받는다. 이 두 환상은 서로 연결된다. 이 둘은 서로를 뒷받침하며 하나님께서 이 사건의 배후에 개입하심을 증명한다.

아나니아는 이 일을 맡기에 적임자다. 나중에 성경이 말하듯 그는 "율법에 따라 경건한 사람으로 거기 사는 모든 유대인들에게 칭찬을 듣는"(22:12) 이였다. 아나니아는 하나님께서 이 임무를 자기에게 맡기시자 어리둥절해한다. "주여 이 사람에 대하여 내가 여러 사람에게 듣사온즉 그가 예루살렘에서 주의 성도에게 적지 않은 해를 끼쳤다 하더니 여기서도 주의 이름을 부르는 모든 사람을

9 '이중 환상'이라는 말은 Gerhard Lohfink가 썼다. 그는 누가가 다메섹 에피소드에 소개한 헬라 문학적 주제를 이중 환상으로 보았다. 제10장에서도 비슷한 이중 환상이 나온다. 고넬료 는 환상 중에 욥바에서 가이사랴로 베드로를 청하라는 말씀을 듣는다. 베드로는 환상을 봄 으로써 이방인들에게 품었던 편견을 깬다. 베드로는 환상 중에 고넬료가 보낸 사람들과 함께 가라는 말씀을 받는다. Lohfink는 이렇게 결론을 내린다. "고넬료 이야기는 누가가 이중 환상의 주제를 통해 얻고자 하는 게 무엇인지 잘 보여준다. 누가는 교회가 이방 선교를 지향할 바로 그 즈음, 하나님께서 친히 사건을 한 걸음 한 걸음 인도하고 계심을 보여주려 한다"(*The Conversion of St. Paul: Narrative and History in Acts*, trans. Bruce J. Malina [Chicago: Fransiscan Herald Press, 1976], p. 76).

결박할 권한을 대제사장들에게 받았나이다 하거늘"(9:13-14). 하지만 주님은 그에게 확신을 심어주신다. "이 사람은 내 이름을 이방인과 임금들과 이스라엘 자손들에게 전하기 위하여 택한 나의 그릇이라 그가 내 이름을 위하여 얼마나 고난을 받아야 할 것을 내가 그에게 보이리라 하시니"(9:15-16). 그래서 아나니아는 바울의 눈에 안수하고 그의 시력을 회복시켜준다. 게다가 자신을 바울이 머무는 집으로 인도한 환상을 바울에게 얘기해주며 자신을 보내신 분의 정체를 밝힌다. 다메섹으로 가는 길에서 바울을 찾아오신 예수님이 아나니아에게 이르기를 바울에게로 가라 하셨다(9:17).

두 번째 기사(행 22:3-21)

바울 회심을 언급한 두 번째 기사에서 바울은 예루살렘 성전에 가득 모인 사람들 앞에서 자기가 겪은 회심을 스스로 말한다(22:3-21).[10] 이 기묘한 역전으로 바울은 한때 그가 속했던 무리로부터 배척당한다. 이것은 다메섹 도상에서 일어난 일 이후 바울의 삶에 얼마나 많은 일이 일어났는지 보여준다. 바울은 이방인들을 성전의 출입 금지 구역까지 데리고 들어와 성전을 더럽혔다는 오해 때문에 체포되었다. 소요가 일어났고 성전 밖으로 쫓겨날 판에 바울은 군중 앞에서 한마디 하게 해달라고 청원한다(21:27-40). 이렇게 바울은 자기를 변호하기 시작한다(22:1). 그는 거기 모인 사람들에게 골수 유대인인 자기가 어떻게 예수님의 추종자가 되었는지 설명한다. 그러나 군중들은 도무지 그의 말을 들으려 하지 않는다. "이러한 자는 세상에서 없애 버리자 살려둘 자가 아니라"(22:22).

두 번째 기사는 첫 번째와 비슷하다. 바울 자신이 유대인이라는 신빙성을 근거로 내세우면서 말을 시작한다는 점이 다를 뿐이다(22:3). 한편 그는 예수님에

---

10 물론 기술자는 모두 누가다. 따라서 여러 기사에서 다른 목소리가 나오는 점에 그다지 신경 쓸 필요는 없다. 두 번째와 세 번째 기사에서 누가는 바울을 '인용'하려고 하기 때문에, 이 증언을 바울이 직접 했다는 점이 중요하다. 이것은 단순히 제3자가 전한 기사가 아니다.

관해 보고 들은 바를 모든 민족에게 증거하는 증인으로 부름받았다고 말한 아나니아의 전언을 첨가한다(22:14-15).

또 다른 차이점이 있다. 그것은 한참 후에 예루살렘 성전(지금 바울은 성전에서 말하고 있다)에서 본 환상에 관한 언급이다. 그는 자신의 증언이 사람들로부터 배척당할 것이라는 예수님의 말씀을 환상으로 받는다. 그리고 사람들이 그의 증언을 거부할 바로 그 순간에 적절한 조치도 받는다. 이 두 번째 환상에서 주님은 바울이 이방인에게 보냄 받은 자임을 확인시키신다(22:14-15, 22:21 참조).

세 번째 기사(행 26:1-23)

바울의 회심이 논의되는 세 번째 기사는 그로부터 몇 년이 지난 뒤의 일이다. 바울은 지금 아그립바 왕 앞에 서 있다. 성전 유대인들 앞에서 그랬듯 바울은 자신이 유대 관습에 얼마나 충실했는지 주장하면서 말문을 연다(26:4-8). 그러나 이번에는 자신의 유대인 됨이 핵심 사안이 아님을 지적하고, 자신에게 어떤 믿을 만한 구석이 있는지 열거하며 증언을 마무리한다. 핵심 내용은 죽은 자 가운데서 살아나신 예수님의 부활이다. 바울은 이렇게 반문한다. "당신들은 하나님이 죽은 사람을 살리심을 어찌하여 못 믿을 것으로 여기나이까"(26:8).

바울이 부활에 대해 말한 것은 이번이 처음은 아니다. 여러 차례 심문을 받으면서 그는 부활에 초점을 맞춰왔다. 첫 번째 언급은 로마의 천부장이 성전에서 일어난 소요의 원인을 알고자 그를 산헤드린 공회원들 앞에 세웠을 때 있었다. 바울은 산헤드린 공회원의 일부는 사두개인, 다른 일부는 바리새인임을 알았다. 또한 한편은 부활을 믿고 다른 한편은 믿지 않는다는 점도 간파하고 있었다(23:6-7).

바울은 "죽은 자의 소망 곧 부활로 말미암아 내가 심문을 받노라"(23:6)고 주장해 사두개인들에게 신학적인 시비를 걸고 바리새인들을 잠깐이나마 자기 편으로 끌어들이는 데 성공했다(23:9-10). 하지만 결과는 썩 좋지 않았다. 논쟁이

격한 나머지 천부장은 바울을 빼내 군인으로 하여금 따로지키게 했고 결국 방면시키지 않았다(23:10).

바울이 두 번째로 부활을 들고 나온 것은 벨릭스 앞에서 벌어진 2차 심문 때였다. 수비대 천부장은 안전을 이유로 바울을 가이사에게 보낸다. 그리고 산헤드린 공회에는 이 건을 제출하라고 명령한다(23:30). 산헤드린 공회는 며칠 후 그렇게 한다(24:1-9). 이에 바울은 유대인인 자신의 신분(24:14, 16)과 미래 부활에 관한 자신의 소망(24:15)을 피력한다. 그는 이번에도 예수님의 부활을 논점으로 삼지 않고 일반적인 의미에서 부활을 거론할 뿐이다.

벨릭스가 부활 사상을 유대인 신앙의 합법적인 요소로 인정할 경우 예수님의 부활이라는 논제로 넘어갈 수 있기 때문이다. 예수님이 죽은 자들 가운데 부활했음을 벨릭스가 이해만 한다면 바울이 말하고자 하는 바가 선명히 떠올랐을 것이다. 또 '그 도'(24:14)의 추종자가 된다면 바울이 한 일의 전모를 이해할 수 있었을 것이다. 사실 바울은 전심으로 그렇게 만들려고 했고, 이렇게 하는 것만이 이스라엘의 하나님을 신실하게 믿는 자기의 본분이라 생각했다. 이 점은 그가 주장하는 대로다. "내가 죽은 자의 부활에 대하여 오늘 너희 앞에 심문을 받는다"(행 24:21).

바리새인들은 산헤드린 공회 앞에 서기 며칠 전 열린 심문에서 바울이 일반적인 부활 개념을 처음 제기할 때 그의 의도를 알아차렸다. 그들은 얼른 그것을 부활하신 예수님을 만난 바울의 증언과 연결했다. "혹 영이나 혹 천사가 그에게 말하였으면 어찌 하겠느냐"(행 23:9). 그들은 바울이 제기하는 문제가 최후의 부활이 아니라 예수님의 부활이고 그가 예수님을 만났다는 주장임을 알고도 이렇게 말한다.

어쨌든 심문은 2년 후 베스도 앞에서 열린다(24:27). 쟁점은 일반적인 부활에서 예수님의 부활이라는 특정 주제로 옮겨갔다. 베스도는 아그립바 왕에게 바울 소송의 쟁점이 무엇인지를 정리한다.

"원고들이 서서 내가 짐작하던 것 같은 악행의 혐의는 하나도 제시하지 아니하고 오직 자기들의 종교와 또는 예수라 하는 이의 죽은 것을 살아 있다고 바울이 주장하는 그 일에 관한 문제로 고발하는 것뿐이라."[11]

바울은 아그립바 앞에서 변호할 때, 자신은 예수님의 부활을 믿는 믿음 때문에 심문을 받는 정통파 유대인이라고 주장한다. 그러고 나서 과거에 자신이 기독교인들을 핍박한 사실을 말한다. 이런 이야기를 배경으로 자신의 회심기를 들춘다.

바울은 세 번째 회심 이야기에서 앞의 두 차례에서는 밝히지 않은 몇 가지 구체적인 사항을 덧붙인다. 예를 들어, 그에게 들려온 목소리는 아람 방언이었다. 또 "사울아 사울아 네가 어찌하여 나를 핍박하느냐"라는 물음 후에 "가시채를 뒷발질하기가 네게 고생이니라"(26:14)는 음성도 들렸다고 추가 진술한다. 하지만 가장 중요한 첨가는 주님께 받은 위임의 말씀이다.

> "일어나 너의 발로 서라 내가 네게 나타난 것은 곧 네가 나를 본 일과 장차 내가 네게 나타날 일에 너로 종과 증인을 삼으려 함이니 이스라엘과 이방인들에게서 내가 너를 구원하여 그들에게 보내어 그 눈을 뜨게 하여 어둠에서 빛으로, 사탄의 권세에서 하나님께로 돌아가게 하고 죄 사함과 나를 믿어 거룩하게 된 무리 가운데서 기업을 얻게 하리라 하더이다"(26:16-18).

이에 앞서 아나니아에게 계시된 내용(9:15-16), 아나니아가 이를 바울에게 전달한 말(22:14-15), 바울이 예루살렘에서 본 환상(22:17-21)에서도 이같은 위임

---

11 행 25:18-19. 바울은 자기가 회심한 이야기를 풀어놓으면서 마지막으로 한번 더 부활을 말한다. "하나님의 도우심을 받아 내가 오늘까지 서서 높고 낮은 사람 앞에서 증언하는 것은 선지자들과 모세가 반드시 되리라고 말한 것밖에 없으니 곧 그리스도가 고난을 받으실 것과 죽은 자 가운데서 먼저 다시 살아나사 이스라엘과 이방인들에게 빛을 전하시리라 함이니이다 하니라"(26:22-23).

이 암시된다. 한편 바울이 이를 직접 주님으로부터 들었다는 내용도 밝혀진다(바울은 이를 갈라디아서 1:15-17에서 말한다).[12]

또한 여기서 최초로 바울이 행한 이방인 사역의 본질도 드러난다. 독자는 사도행전 26:18에 나오는 위임 말씀에 이방인이 하나님 앞으로 나오기까지 세 가지 요소가 들어 있음을 알게 된다. 첫째, 눈이 열려야 한다("그들에게 보내어 그 눈을 뜨게 하여"). 이방인들은 하나님과 관계에서 자신들의 실상이 어떠한지 보아야 한다. 변화가 일어나려면 반드시 인식이 있어야 한다. 둘째, 보았으면 돌아서야 한다. 걷고 있는 길에서 돌아서야 한다. 그 길은 어둠의 길, 사탄의 길이다. 빛의 길, 곧 하나님의 길로 돌아와야 한다. 셋째, 보고 돌아섰으면 용서 받음과 믿음으로 말미암는 거룩함을 얻는다. 새로운 생명을 얻게 되는 것이다.

이방인들이 이 도(道)로 돌아오는 과정은 한편으로는 다메섹 도상에서 바울이 겪은 바로 그것이다. 이 세 가지 요소가 바울 회심의 본질을 규명하고, 바울 회심의 핵심 요소들을 이해할 수 있는 전반적인 윤곽을 드러낸다. 이것이 바울의 회심, 즉 회심 자체를 설명하는 패러다임이다.

회심의 핵심 유형

바울의 회심 경험의 중심축에서도 이와 똑같은 세 가지 요소가 있다. 즉 깨달음, 돌이킴이 합하여 변화를 낳는다.

---

12 바울과 예수님이 나눈 대화가 앞에 나오는 두 차례 회심 기사의 간결하고 짧은 문체와 다른 이유를 왜 독자들이 미리 감지하지 못하는지 의문이 생길 수 있다. 그러나 F. F. Bruce는 *Paul*, p. 75에서 이렇게 주장한다. "그 자체가 천상의 환상을 훨씬 뛰어넘는 의사소통으로 다음의 바울 진술에 은근히 드러난다. '내 어머니의 태로부터 나를 택정하시고 그의 은혜로 나를 부르신 이가 그의 아들을 이방에 전하기 위하여 그를 내 속에 나타내시기를 기뻐하셨을 때'"(갈 1:15-16).

첫째, 깨달음. 바울은 진리를 보았다. 그가 본 것은 두 가지다. 좁은 의미에서 하나님 앞에서 자신이 진정 어떤 상태인지 보았다. 넓은 의미에서는 예수님이 진정 누구신지 보았다. 이 두 깨달음은 연결된다. 예수님이 '하나님의 아들'이심을 보게 된(그는 며칠 뒤 스스로 이 사실을 설교한다—행 9:20) 그는 자신이 아주 구체적인 방법으로 하나님을 대적했음을 알게 된다. 율법을 소홀히 지킨다든지 율법에 반하는 행동을 한다 해서 하나님께 불충을 저지른 것이 아님을 다메섹 도상에서야 알게 되었다. 이전의 그는 자신이 열심 있는 유대인의 표상이며 하나님께서 요구하시는 모든 일을 다하고 있노라는 확신이 있었다. 그가 본 진리는 구체적이었다. 그는 교회를 박해함으로써 예수님을 핍박했는데, 그 순간 예수님이 하나님 같은 분이심을 알게 되었다. 하나님을 위해 일한다고 생각한 자신이 실상 하나님을 훼방하고 있음을 발견한 것이다. 이것이 바울이 회심하게 된 개인적인 정황이다.

둘째, 돌이킴. 돌이킴은 두 부분으로 구성된다. 하나는 '…에서 돌이킴'이고 다른 하나는 '…로 돌이킴'이다. 그는 교회를 핍박하던 위치에서 교회에 편입하는 쪽으로 돌아섰다. 그는 예수님을 반대하는 데서 따르는 데로 돌아섰다. 사탄의 길이라고 생각한 데서 하나님의 길이라고 확신하는 데로 돌아섰다. 돌이킴 역시 추상적이지 않고 구체적이다. 바울은 앞으로는 잘 해보겠다거나, 장차 하나님께서 원하시는 바를 더 잘 하겠다고 마음먹는 데서 끝나지 않았다. 그의 신학적 이해에 가벼운 교정이 가해진 정도가 아니었다. 그는 예수님의 핍박자에서 그분의 선전자로 돌아섰다. 이것이 신학의 뿌리를 재정립한 사건이다. 그렇다고 한 신학 체계를 거부하고 전적으로 새로운 신학 체계를 포용한 사건은 아니다. 그는 이후에도 계속 정통파 유대인으로 남아 있었다.[13] 하지만 새로운 맥락에서

13 Fuller, p. 209를 보라. 그는 바울이 사역 말기에도 유대교 관행을 지켰다고 지적한다. "그가 마지막으로 예루살렘에 올라갈 때, 교회의 지도자들은 유대주의를 존중한다는 사실을 입증하려면 7일 간 결례를 행하라고 바울을 종용한다. 이에 바울은 기꺼이 응한다. 그것은 그가

"메시아가 오셔서 십자가에 달려 돌아가셨고, 하나님의 권능으로 죽은 자 가운데서 살아나셨다"라는 옛 사실들을 보았다. 바울은 하나님께서 이 세계 안에서 새로운 방법으로 움직이심을 보았다. 전에는 보지 못한 점이었다. 이제 그는 새 로운 현실을 본다. 그리고 온 마음으로 이 사실을 포용한다. 이후부터는 율법이 아닌 예수님이 신학의 초점이 된다. 한편 '하나님께서는 누구시며 무엇을 원하시는가' 하는 이해가 이 새로운 중심에서 흘러나온다. "사도행전은 그 회심 이야기를 다룬다…그러나 어떻게 바울이 불신 유대인에서 예수님의 추종자가 되었는지 설명하려는 단순한 목적이 아니다. 그가 어떻게 교회를 핍박하던 사람에서 사도, 즉 '예수님을 선포하는 자', '그분이 하나님의 아들이다'라고 선포하는 자가 되었는지 과정을 보여주려는 목적을 가지고 있다"(행 9:20).[14]

셋째, 예수님을 대하는 바울의 반응에 일대 변혁이 일어난다. 바울의 인생은 바뀌었다. 그가 보인 첫 반응은 세례를 받고 교회에 가입하며, 예수님의 복음을 전파하는 것이었다. 또한 모든 민족에게 예수님이 누구신지 증거하는 증거자의 사명에 순종한다. 열성 바리새인에서 열성 사도로 변한 것이다. 앞으로 그의 인생은 전혀 다른 방향으로 흘러간다.

이것은 그리 낯선 유형만은 아니다. 사도행전 26:18에서 추출한 패러다임과 바울이 다메섹 도상에서 경험한 사건은 회심을 정의한 신약 용어들의 사전적 의미와 서로 연결된다.[15]

첫째, 회개(메타노에오[*metanoeō*])다. 회개는 한 사람이 하나님 앞에서 자신의 진면목을 발견했음을 전제로 한다. 지금까지 반대로 가고 있었다는 자각 없이는 하나님을 향해 새로운 방향으로 나아가겠다고 결심할 수 없다. 유대인, 이방

유대인으로서, 은혜로 받은 구원이 유대교 관행들을 무시하는 것이 아님을 보여주기 위해서였다."

14 Charles Buck and Greer Taylor, *Saint Paul: A Study of the Development of His Thought* (New York: Scribner, 1969), p. 220.

15 신약 용어는 부록을 참조하라.

인(26:17)도 그렇고 바울이나 다른 열두 제자도 마찬가지다. 둘째, 26:18이 말하는 '돌이킴'은 '에피스트로페'(*epistrophē*)인데, 이 말은 '전환하다'(invert)로 옮길 수 있다. 이 돌이킴을 떠받치는 두 기둥은, 하나님(빛)과 사탄(어둠)을 양극으로 대치한 두 가지 생생한 비유를 통해 윤곽이 더 분명해진다. 셋째, 26:20에서 이 연관은 바울의 진술을 통해 더욱 강화된다. 여기서 바울은 하늘로부터 본 환상에 순종한 일을 묘사한다. 바울은 "회개하고 하나님께로 돌아와서 회개에 합당한 일을 하라"고 전파했다. 이 진술에도 세 가지 똑같은 요소들이 들어 있다. 회개(하나님 앞에서 자신의 상태를 직시함에 따름. 아마도 바울의 전파로 회개가 일어난 것 같음), 돌이킴(하나님을 향해), 변화(행위로 알아볼 수 있는)가 그것이다. 달리 말해 바울 회심을 이해하는 데 사용된 범주들은 누가의 기술에 뿌리를 두고, 더 나아가 회심 현상을 묘사하는 신약 용어들과 일대일로 대응한다.

부르심인가, 회심인가?

사도행전 26:18이 바울 회심뿐만 아니라 모든 기독교인의 회심에서도 빠질 수 없는 핵심 요소를 담고 있다는 주장이 제기되어 왔다. 이제 크리스터 스텐달이 1963년 '유대인과 이방인 사이에 있었던 바울'(Paul among Jews and Gentiles)[16]이라는 강좌에서 제기한 중요한 질문을 잠시 살펴보자. 스텐달은 다메섹 도상의 경험을 회심으로 여겨서는 안 된다고 주장한다. 그는 이를 소명이라 부른다. "이 기사에서 강조점은 항상 위촉(委囑)에 있다. 결코 회심이 아니다. 바울은 '회심'이 아닌 구체적인 직무, 즉 이방인의 사도가 되는 직무를 받았다. 유대인과 이방

16 이 강좌는 1976년에 책으로 출간되었고 여기에는 다른 에세이도 들어 있다. Krister Stendahl, *Paul among Jews and Gentiles* (philadelphia: Fortress, 1976).

인에게 한 분이신 하나님을 위해 예수 그리스도를 통해 일방적으로 부르심을 받은 것이다."[17] 만약 스텐달이 옳다면 바울의 다메섹 도상 경험과 사도행전, 바울 서신서들에서 보여준 회심 경험을 다양한 측면에서 해석하는 일은 없어야 한다. 그에 따르면, 다메섹 도상에서 일어난 일은 회심의 전형을 보여주기보다는 스스로 열심에 겨워 좌충우돌하던 한 사람이 사역자로 부르심 받는 과정을 보여주는 하나의 사례다.

하지만 스텐달의 이같은 주장은 자신의 회심관을 바탕으로 한다. 그는 회심을 두 가지 요소로 보았다. 첫째, 종교를 바꾸는 것이다. "회심이라는 말은 바울이 '종교를 바꿨다'라는 생각을 금세 떠오르게 한다. 즉 유대주의자가 기독교도가 된 것이다."[18] 그는 바울이 다메섹 도상에서 회심 경험을 하기 전과 후에 상당한 연속성이 있다는 이유를 들어 다메섹 도상 경험을 회심으로 보지 않는 것이 옳다고 했다.[19]

그런데 성경은 '종교를 바꿈'이라는 맥락에서 회심을 거론한 적이 거의 없다. 구약에서 '슈브'(*shubh*: 돌다 또는 돌아서다)라는 말이 약 1천 회 이상 나오는데, 대개 이스라엘 백성이 하나님께로 '돌이키는' 것을 일컫는다.

위더럽이 구약의 회심을 요약한 대목을 보자. "어떤 사람에게는 좀 충격이겠지만, 구약에서 정의한 회심의 의미는 하나님의 백성들을 향해 내부적으로 외친 것이지 다른 민족을 향한 촉구는 아니다. 다시 말해 회심은 '다른 종교로 귀의한 사람을 얻는 선교 활동이 아니다."[20] 물론 이교도 중에 회심자가 없었던 것

---

17 Stendahl, p. 7.

18 Stendahl, p. 11. p. 7, 9, 11도 보라. Stendahl은 바울의 다메섹 경험을 이렇게 기술한다. "여기서는 회심이라는 말에서 흔히 볼수 있는 '종교를 바꿈'이라는 흔적이 전혀 묻어나지 않는다"(p. 7).

19 Stendahl, p. 7. 이 점은 다음 장에서도 논의하겠다.

20 Ronald D. Witherup, *Conversion in the New Testament* (Collegeville, Minn.: Liturgical Press, 1994), p. 18.

은 아니지만(행 8:26-39에 나오는 구스인 내시처럼) 신약조차 종교를 바꾸는 것을 회심으로 보지 않았다. 회심의 강조점은 예수님의 정체를 발견하는 데 있다(행 8:32-35; 16:30-31; 17:1-4, 10-12).

둘째, 스텐달은 마치 루터처럼 회심을 '죄책감을 느끼는 양심'쯤으로 이해했다. "우리는 루터에게서 거대한 율법의 강요에 허덕이는 한 사람을 본다. 그 사람은 절망에 빠져 있으며 '내가 어떻게 은혜로우신 하나님을 발견하지?' 등의 신학적이며 실존적인 질문을 한다."[21] 스텐달은 "내향적 양심…말하자면 서구가 발전시킨 서구의 전염병"[22]을 설명하면서 바울에게서 이런 징후를 찾을 수 없다고 주장한다. "심리학적으로 볼 때 바울이 양심 때문에 시달린 흔적은 발견되지 않는다."[23] 다메섹 도상의 경험이 있기 전 바울의 심리 상태를 말한 스텐달의 주장은 옳다. 이 점은 제2장에서 논의하자.

그렇지만 성경이 말하는 회심을 '죄책감을 느끼는 양심'으로 뭉뚱그릴 수는 없다. 도리어 회심자들이 이전까지 하나님의 길로 가지 않기 때문에 회개해야 한다고 깨닫는 경우가 많다. 구스 내시는 예언에 관심을 가지다가 예수님에게 이끌렸다(행 8:31-35). 빌립보 감옥 간수가 회심한 것은 두려움 때문이었다(행 16:27-30). 경건한 이방인인 고넬료와 그의 가정은 성령이 임하셔서 회심했다(행 10장). 그들이 하나님께로 돌아온 것은 하나님의 권능을 체험했기 때문이다. 이들은 회심하기 전에도 "집안 모두가 하나님을 경외하는 경건한 사람으로서 사람들에게 선을 베풀고 쉬지 않고 하나님께 기도하던"(행 10:2) 자들이었다. 회심을 죄책감에 민감한 양심으로 규정하려는 의도는 회심의 개념을 매우 제한한다. 아니 성경이 말하는 바와 다른 쪽으로 회심을 규정한다. 따라서 바울이 죄책감 때문에 양심상 괴로워하지 않았다고 해서 그의 경험이 회심이 아니라고

21 Stendahl, p. 12.
22 Stendahl, p. 17.
23 Stendahl, p. 13.

말하는 것은 옳지 않다.

바울의 경험이 회심이 아니라 소명이었다는 스텐달의 주장은 자신의 회심관에 기인한다. 게다가 스텐달은 그 정의조차 성경이 아닌 사회, 그것도 자신이 논문에서 비난하는 서구 사회로부터 도출했다. 성경에서 회심은 '양심의 가책을 덜기 위해 종교를 바꿈'이라는 뜻을 갖지 않는다. 바울의 위임이 그의 회심에서 중요한 요소임에는 틀림없지만, 위임이 경험 전체를 규정하지는 않는다. 회심이냐 소명이냐를 놓고 왈가왈부하기보다는 회심과 소명에 대해 말하는 편이 더 낫다.

바울의 회심 경험 술회

사도행전의 바울 회심 기사를 살펴보았다면, 바울 서신들에서 이 사건이 어떻게 언급되는지도 보아야 한다. 이 점은 로핑크가 잘 지적했다. "바울이 자신의 서신서들에서 다메섹 경험을 증거한다는 점은 매우 중요하다."[24] 그런데 학자들은 바울이 자신의 회심을 자주 언급하지 않는다고 지적한다. 로핑크도 바울이 자신의 회심을 분명하게 언급한 곳은 단 두 군데뿐이라고 말한다.[25] 가벤타(Gaventa)는 이 두 주요 본문과, 바울이 회심하기 전에 겪은 심리적 동요를 그린 본문이라 볼 수 있는 한 군데를 지적한다.[26] 반면 김세윤은 네 군데로 본다.[27] "이

---

24 Lofink, p. 21.

25 Lofink, p. 21. 두 군데 본문은 고전 15장과 갈 1-2장이다.

26 Beverly Roberts Gaventa, *From Darkness to Light: Aspects of Conversion in the New Testament, Overtures to Biblical Theology* (Philadelphia: Fortress, 1986), p. 22. 그녀가 말하는 본문은 갈 1:11-17, 빌 3:2-11, 롬 7:13-25이다.

27 Seyoon Kim, The Origin of Paul's Gospel (Grand Rapids: Wm. B. Eerdmans Publishing Co., 1981), p. 3. 그가 말하는 본문은 고전 9:1, 15:8-10, 갈 1:13-17, 빌 3:11이다.

본문들은 바울이 편지를 보낸 여러 교회 중 약 절반에 해당하는 교회를 대상으로 하므로 회심을 언급하는 본문이 몇 군데 없다고는 쉽게 말할 수 없다."[28] 그러면서 그는 바울이 서신서들에서 자신의 회심을 넌지시 말한 몇몇 본문들을 지적한다. 로마서 10:2-4, 고린도전서 9:16-17, 고린도후서 3:4-4:6, 5:16, 에베소서 3:1-13, 골로새서 1:23b-29, 디모데전서 1:11-14이 김세윤이 지적한 본문들이다.[29] 하지만 많은 학자들은 이 본문을 바울의 2차 저작으로 생각한다.

바울이 스스로에 대해 말한 본문을 보면 다메섹 도상에서 일어난 일을 어떻게 이해하는지 알려주는 듯하다. 김세윤이 말한 네 군데 주요 본문은 이런 주장을 뒷받침한다.

예를 들어, 갈라디아서 1:11-17을 보자.

> "형제들아 내가 너희에게 알게 하노니 내가 전한 복음은 사람의 뜻을 따라 된 것이 아니니라 이는 내가 사람에게서 받은 것도 아니요 배운 것도 아니요 오직 예수 그리스도의 계시로 말미암은 것이라 내가 이전에 유대교에 있을 때에 행한 일을 너희가 들었거니와 하나님의 교회를 심히 박해하여 멸하고 내가 내 동족 중 여러 연갑자보다 유대교를 지나치게 믿어 내 조상의 전통에 대하여 더욱 열심이 있었으나 그러나 내 어머니의 태로부터 나를 택정하시고 그의 은혜로 나를 부르신 이가 그의 아들을 이방에 전하기 위하여 그를 내 속에 나타내시기를 기뻐하셨을 때에 내가 곧 혈육과 의논하지 아니하고 또 나보다 먼저 사도 된 자들을 만나려고 예루살렘으로 가지 아니하고 아라비아로 갔다가 다시 다메섹으로 돌아갔노라."

여기에 관해 몇 가지 논평할 것이 있다. 첫째, 바울은 복음에 관한 한 누구의

28 Kim, p. 3.

29 Kim, pp. 3-31.

자료도 참고하지 않았다고 한다.

> 바울은 복음—즉 예수 그리스도가 하나님의 아들이며 부활하신 주님이시다—을 다메섹 도상에서 계시받았다. 그가 교회를 열심히 핍박할 때 예수님에 관한 소문을 듣지 못했을 리 없다. 그러나 확신하게 된 것은 박해받던 제자들의 증언 때문이 아니었다. 오히려 그는 그들의 증언을 참람하다고 생각했다. 이런 태도는 그가 하늘로부터 직접 진리를 계시받을 때까지 계속된다. 반면 예수님의 생애와 가르침, 죽임 당함과 장사 그리고 부활 후 나타나심에 대한 지식은 회심 이후 이미 예수님을 따르던 자들로부터 전수받았다.[30]

달리 말해, 예수님의 삶과 죽음에 관한 자세한 일들을 다른 제자로부터 들었음에도 불구하고 바울 신학의 핵심은 직접 그리스도를 만나 회심한 사건으로 귀착된다. 율법이 아닌 복음을 발견한 것도 이 때문이다.[31]

바울은 분명히 예수님을 만나 큰 변화를 겪었다. 가벤타가 말하듯이 예수 그리스도의 계시는 바울의 삶을 송두리째 바꿔놓았다. 그가 알고 있던 세계는 십자가에 못박혔다(갈 6:14 참조).[32] 그는 유대주의의 맹신으로 인한 지나친 열심으로 교회를 핍박하던 사람에서, 예수님을 전파하고 사람들을 교회로 이끄는 사

---

30 F. F. Bruce, *The Epistle to the Galatians: A Commentary on the Greek Text*, The New International Greek Testament Commentary (Grand Rapids Publishing Co., 1982), p. 88.

31 F. F. Bruce, Paul, pp. 87-88을 보라. Bruce에게 박사 학위를 받은 Seyoon Kim도 *The Origin of Paul's Gospel*에서 이같은 논의를 매우 길고 설득력 있게 펼친다. Christiaan Beker, *Paul the Apostle: The Triumph of God in Life and Thought* (Philadelphia: Fortress, 1980)에서는 Bruce와 Kim이 펼치는 이런 주장에 의문을 제기한다. Beker는 바울과 그의 회심에 대해 우리가 아는 바가 별로 없기 때문에 여기서 바울 신학의 비밀을 찾아낼 수 없다고 주장한다. Gaventa, pp. 18-21에 나오는 Bruce와 Beker의 서로 다른 견해도 참조하라.

32 Gaventa, p. 28.

도로 바뀌었다. 바울의 회심은 그야말로 그의 생애를 완전히 바꿔놓았다.

바울이 자신의 회심을 언급한 두 번째 본문은 빌립보서 3:4b-11이다. 여기서 다메섹 도상에서 겪은 일이 바울에게 얼마나 깊은 영향을 끼쳤는지 엿볼 수 있는 대목이 나온다. 바울은 이렇게 술회한다.

> "만일 누구든지 다른 이가 육체를 신뢰할 것이 있는 줄로 생각하면 나는 더욱 그러하리니 나는 팔일 만에 할례를 받고 이스라엘 족속이요 베냐민 지파요 히브리인 중의 히브리인이요 율법으로는 바리새인이요 열심으로는 교회를 박해하고 율법의 의로는 흠이 없는 자라 그러나 무엇이든지 내게 유익하던 것을 내가 그리스도를 위하여 다 해로 여길뿐더러 또한 모든 것을 해로 여김은 내 주 그리스도 예수를 아는 지식이 가장 고상하기 때문이라 내가 그를 위하여 모든 것을 잃어버리고 배설물로 여김은 그리스도를 얻고 그 안에서 발견되려 함이니 내가 가진 의는 율법에서 난 것이 아니요 오직 그리스도를 믿음으로 말미암은 것이니 곧 믿음으로 하나님께로부터 난 의라 내가 그리스도와 그 부활의 권능과 그 고난에 참여함을 알고자 하여 그의 죽으심을 본받아 어떻게 해서든지 죽은 자 가운데서 부활에 이르려 하노니."

바울은 자신이 경건한 유대인임을 입증할 만한 예전의 신분을 상기시킨다. 자신은 누구도 반론을 제기할 수 없을 만큼 종교적 음덕을 입고 태어났을 뿐 아니라, 그 자신의 업적으로 1세기 유대주의 영성의 최고봉에 올라섰다고 공포한다. 이것은 4절 중반에서부터 6절까지 기술한 내용과 같다. 그러나 8절에서는 이 모든 것이 무가치하다고 말한다. "모든 것을 해로 여김은 내 주 그리스도 예수를 아는 지식이 가장 고상하기 때문이라." 명망의 벽을 일순간 무너뜨린 계기는 다메섹 도상에서 예수님을 만난 사건이다. 그가 예수님을 만났을 때 그의 명

예와 공적을 그저 '배설물'[33]로 여겼다. 이 본문은 바울의 옛 생활과 새 생활을 비교하며 마친다. 그는 율법에 기반을 둔 의를 거부하고 예수님의 가르침에 합당한 새로운 의를 얻었다. "바울이 5-6절에서 묘사한 의로운 생활을 살았음에 이의를 제기할 필요가 없다. 그 의는 출생과 공로로 획득한 것이며 또한 율법에서 나온 것이다. 바울은 그리스도를 믿는 믿음에서 오는 의를 위해 율법에 바탕한 의를 거절했다."[34]

"빌립보서 3장뿐 아니라 갈라디아서 1장에 나오는 회심에 관한 바울 자신의 증언을 보면, 그의 회심과 파송이 그의 설교와 신학의 내용, 그리고 '특별한 계시'(*revelatio specialissima*)를 받았다고 하는 전횡적인 주장에 의한 것임을 어떻게 이해해야 할지 알 수 있다"라는 권터 보른캄(Günther Bornkamm)의 주장은 주목할 만하다. 김세윤은 먼저 바울이 예수 그리스도의 특별한 계시를 받았고, 이 계시가 그의 복음의 원천임을 공공연히 주장하고 있다고 지적한다. 그리고 이렇게 말한다.

> '바울의 설교와 신학 내용'이 회심과 파송에 대한 개인적인 이해로부터 결정되었다고 말하는 것이 그 반대 경우보다 더 타당하며 그것이 그 자신의 증언과 일치한다. 바울이 회심 전에 가졌던 '설교와 신학 내용'으로 다메섹 경험을 해석했다고 보는 주장은 이해하기 힘들다. 바울 신학에서 볼 때 다메섹 경험의 핵심이 다른 요소에도 영향을 줬음은 현대 해석자들도 대체로 받아들이고 있는 형편이다.[35]

---

33 여기 쓰인 단어는 헬라어로 스쿠발론(*Skubalon*)이다. Walter Bauer, *A Greek-English Lexicon of the New Testament and Other Early Christian Literature*, (trans. William F. Arndt and F. Wilbur Gingrich, 4th Ger. ed., 1952 (Chicago: University of Chicago Press, 1957), p. 765에 보면 찌꺼기, 오물 또는 똥으로 번역할 수 있다.

34 Gaventa, p. 32.

35 Seyoon Kim이 이 주제를 논의한 부분인 pp. 101-2를 참조하라.

마지막으로 바울이 부활하신 주님과 마주친 일에 대해 말한 고린도전서의 두 기사를 간략하게나마 살펴볼 필요가 있다. 그는 9:1에서 이렇게 말한다. "내가 자유인이 아니냐 사도가 아니냐 예수 우리 주를 보지 못하였느냐 주 안에서 행한 나의 일이 너희가 아니냐." 이어 15:8-10에서 부활하신 주님과 관련해 이렇게 말한다. "맨 나중에 만삭되지 못하여 난 자 같은 내게도 보이셨느니라 나는 사도 중에 가장 작은 자라 나는 하나님의 교회를 박해하였으므로 사도라 칭함 받기를 감당하지 못할 자니라 그러나 내가 나 된 것은 하나님의 은혜로 된 것이니 내게 주신 그의 은혜가 헛되지 아니하여 내가 모든 사도보다 더 많이 수고하였으나 내가 한 것이 아니요 오직 나와 함께 하신 하나님의 은혜로라." 고린도전서 15:8-10은 바울이 고린도 사람들에게 전한 복음의 본질에 대해 말하고 있다. 바울은 복음을 정의하면서 부활한 예수님이 여러 사람에게 나타나셨음을 열거한다. 그는 예수님이 자신에게도 나타나셨다고 말하며 이 부분을 맺는다. 그는 이미 고린도전서 9장에서도 이런 주장을 했다. 드러내놓고 말하지는 않았지만 그가 부활하신 예수님을 보았다고 말할 때 다메섹 도상의 경험을 넌지시 비추고 있다고 보는 게 합당하다.

다메섹 도상 사건을 은근히 암시하는 다른 본문들도 있다. 바울은 로마서를 이렇게 시작한다. "예수 그리스도의 종 바울은 사도로 부르심을 받아 하나님의 복음을 위하여 택정함을 입었으니."[36] 로마서 1:5은 더 직설적이다. 이 구절에서 바울의 소명뿐 아니라 소명의 본질 또한 엿볼 수 있다. "그로 말미암아 우리가 은혜와 사도의 직분을 받아 그 이름을 위하여 모든 이방인 중에서 믿어 순종하게 하나니." 로마서 15:15-16에도 비슷한 선언이 나온다. "그러나 내가 너희로 다시 생각나게 하려고 하나님께서 내게 주신 은혜로 말미암아 더욱 담대히

36 바울의 다른 서신서들의 초두에 등장하는 비슷한 진술도 살펴보라. 예를 들어 고전 1:1, 고후 1:1, 갈 1:1.

대략 너희에게 썼노니 이 은혜는 곧 나로 이방인을 위하여 그리스도 예수의 일꾼이 되어." 고린도후서 5:18-20과 13:10에서도 관련 진술이 발견된다. 진술 하나하나는 바울이 이방인을 위한 사도로 부름받았음을 말하는 듯하다. 바울의 소명은 그의 사역을 이해하는 열쇠다. 누가는 사도행전 26:16-18에서 바울의 회심을 기술하면서 소명을 정확하게 기록한다. 바울은 위에서 인용한 서신서 본문에서 자신의 소명을 회심과 연결지어 구체적으로 말하지는 않지만 마치 그런 것인 양 보이기도 한다.

사도행전 26:18에 쓰인 어휘들을 보면서 떠오른 다른 본문은 고린도후서 4:6이다. "어두운 데에 빛이 비치라 말씀하셨던 그 하나님께서 예수 그리스도의 얼굴에 있는 하나님의 영광을 아는 빛을 우리 마음에 비추셨느니라." 로핑크는 이렇게 말한다. "누가가 다메섹 도상 사건을 기술한 데서 보면 빛이 얼마나 중요한 의미를 가지는지 알 수 있다. 사도행전 22:11도 '독사'(doxa, '영광'이라는 뜻의 헬라어), 즉 예수님에게서 나오는 광채를 구체적으로 말한다." 하지만 로핑크는 다메섹 도상 경험과 이 구절 어휘들의 연관을 선뜻 인정하지 않는다. "바울이 받았다는 소명에 대한 환상이 그가 고린도후서 4:6에서 말한 내용과 맞는다고 딱 잘라 말할 증거는 없다."[37] 그러나 다른 학자들은 연계를 발견한다. 대표적인 좋은 예가 김세윤이다. 그는 "고린도후서 4:6에 나오는 빛과 영광의 모티프는 다메섹 사건을 가리킨다…바울은 다메섹 도상에서 본 그리스도의 빛나는 얼굴을 염두에 두고 이 글을 썼다"라고 말한다.[38]

요약하자면, 다메섹 도상 사건에 대한 바울 자신의 언급은 누가가 언급한 세 군데의 기사와 전혀 다르지 않다. "본문은 서신서들에 나오는 바울 자신의 고백과 일치한다…사도행전 보도들 간에 유사성이 있고, 바울 서신서와도 유사성이

37 Lohfink, pp. 22-23.

38 Kim, p. 8. 이 본문을 해석한 그의 탁월한 논의는 pp. 5-13에 나온다.

있다. 따라서 우리는 사도행전에 나오는 세 군데 기사가 모두 바울의 진술에 뿌리를 둔 것이라 생각할 수 있다."[39]

바울이 서신서에서 자신의 회심을 소상히 반복 설명하지 않는 것만은 분명하다. 갈라디아서 1:1에 다메섹이라는 말이 나오기는 하지만 다메섹 여행에 대해서도 직접 말한 바는 없고, 기적 사건(빛, 음성, 시각을 잃음) 중 어떤 것도 언급하지 않는다. 그러나 이 점은 로핑크가 지적한 대로다. "이것은 분명 다른 형태의 문체 때문이라 볼 수 있다. 사도행전은 이 사건을 구술해야 했지만 서신서는 편지 수신자들에게 이미 일러준 내용을 슬쩍 언급만 하고 지나가도 되었기 때문이다."[40] 로핑크는 그래도 이 설명에 크게 만족하지 못한다. 갈라디아에서 바울의 사도권이 의심받던 사실을 생각한다면 좀 더 소상한 기사가 나와야 하는 것 아니냐고 본다. 자신의 회심과 소명을 반복해서 설명했다면, 이 까다로운 교회 앞에서 자신을 변호하는 데 더욱 도움이 되었을 것이다. 하지만 로핑크도 말하듯, "정보가 부족한 것은 바울의 성품상 말을 절제한 탓이다."[41]

바울은 서신서에서 회심 경험을 자세히 적지 않는다. "드러내거나 직설적으로 말하지는 않지만 아무튼 이 변화가 갑작스럽고 예기치 못한 것이었다는 인상을 계속 남긴다."[42] 갈라디아서 1:11-17과 빌립보서 3:4-11에는 그의 과거와 현재 생활이 대조된다. 다메섹 도상 경험만이 이러한 급진적인 변화를 제대로 설명할 수 있다. 바울 역시 이 변화의 중심에 예수님과 만난 사건이 있음을 서신서에서 명확하게 설명한다(갈 1:16, 빌 3:8, 15:8을 보라). 다시 한번 확인하지만 이것은 사도행전의 저자가 주장하는 바와 정확히 맞아 떨어진다. 이 본문들을 보

39 Kim, pp. 30-31.

40 Lohfink, p. 24. Kim, p. 28도 참조하라. "누가는 역사를 기술한 반면 바울은 그 사건에 대해 이미 들은 교회들에 편지를 쓴다."

41 Lohfink, p. 24.

42 Gaventa, p. 37.

면 회심이 바울 그의 개인적인 인생과 사역, 신학에 얼마나 중심부에서 일어난 사건인지 확인할 수 있다. 다메섹 도상 경험 때문에 바울의 행보는 저지당했고 인생의 방향은 바뀌었다. 그는 여생 동안 한 방향으로만 걸어갔다. 사도행전과 바울 서신서들의 기사는 이 점을 여실히 입증한다.

그렇다면 바울은 왜 서신서에서 회심 경험을 말하는가? 여러 차례에 걸쳐 자전적인 고백을 하는 목적은 무엇인가? "바울이 꺼리는 심정으로, 거의 언제나 변명하는 입장이기는 하지만 자전적인 편지를 쓰기 때문"[43]이라는 것이 전통적인 답변이었다. 하지만 조지 라이언스는 다른 주장을 편다. "바울은 자전적인 편지를 자주 쓰고 있음에도 불구하고 오히려 그러한 편지 쓰기를 명백히 꺼리는 눈치다. 이는 겸손한 성격 때문이라기보다는 상대방을 자극하지 않으려는 의도일 것이다. 자서전이란 게 원래 거만하게 보이기 쉽기 때문이다."[44] 한편 바울이 취한 자기 변호적인 태도는 반박 태세를 갖춘 데서 나온다. 이것은 고대 저술가들이 자주 취하던 기법으로서 거만하게 보여 사람들을 자극하지 않으려는 의도에서 나왔다.[45] 라이언스는 '거울 독법'(mirror reading)이라는 개념 자체에 시비를 건다. 반사 독법이란, 바울 자신의 언급에서 반대 자들을 추출해내는 기법이다. 이 개념은 바울의 글이 자전적임을 전제할 때 성립한다. 라이언스는 이런 방법으로 추출해낸 역사적 상황은 "정확한 주해보다 해석자의 결론에 근거를 둔 것"[46]이라고 주장한다.

라이언스는 바울이 갈라디아서에서 밝힌 자전적 고백을 쓴 이유를 달리 설명한다.

---

43 George Lyons, *Pauline Autobiography: Toward a New Understanding*, SBL Dissertation Seres, no. 73 (Atlanta: Scholars Press, 1985), p. 223. 각주 41번에서 인용했듯이 Lohfink가 이 의견에 동의함을 확인할 수 있다.

44 Lyons, p. 224.

45 Lyons, p. 224.

46 Lyons, p. 72.

> 바울은 '자서전'을 자유케 하는 복음의 패러다임으로 내세운다. 그는 반대자들이 일으킨 위험에 직면한 독자들이 이 자유를 기억하길 바란다.
> 바울은 갈라디아서 1:11-12에서 주장한 내용을 압축해 갈라디아서 1:13-2:21에서 자신이 지닌 복음의 본질과 기원을 자전적으로 고백한다. 이것은 어떤 의미에서 자신을 복음의 축약판 또는 더 나아가 복음의 화신으로 여기고 있음을 암시한다.…그는 이방인들 사이에 뻗어나가는 복음의 패러다임이다. '전에는—지금은', '사람—하나님' 따위의 공식 안에 자전적인 문체를 씀으로써 유대주의에서 기독교로 개종한 자신과 갈라디아 사람들의 역개종을 당당하게 대조한다.[47]

바울의 자전적 언급을 이런 식으로 해석하는 것을 뒷받침해주는 다른 증거도 있다. 적대자에게 핵심을 입증하기 위해서 이런저런 말을 늘어놓기보다는 차라리 예수님이 경험적 차원에서 어떤 영향을 끼쳤는지를 조명하는 것이 신빙성을 더하는 것이다. 라이언스는 바울이 이런 동기로 자전적인 진술을 했다고 보았다. "바울이 자전적인 진술을 하는 이유는 자신과 이방인 개종자들을 구별하기 위함도 아니요 자신의 인격이나 권위를 방어하기 위함도 아니다. 그것은 예수 그리스도 복음의 '화신'인 자신을 내세우려 함이다.…그는 자기를 본받음으로써 이방인 개종자들 역시 복음을 체화할 수 있다고 말하고 싶은 것이다."[48] 바울은 예수님에 대해 말하기 위해 다메섹 도상에서의 경험을 적는다. 독자들이 예수님을 알아 끝까지 신실한 사람으로 남길 원하기 때문이다. 바울이 겪은 예수님 경험은 그가 앞으로 행할 신학 연구와 사도로서 소명을 완수하는 버팀목이 된다.

---

47 Lyons, p. 171.

48 Lyons, p. 226.

제2장

깨달음: 회심의 맥락

회심 이후에는 돌이킴이 있다. 돌이킴의 한 면에는 돌이킴(깨달음)이 일어나도록 만드는 조건들이 있다. 다른 한 면에는 돌이킴에 대한 산출 또는 결과(변화)가 있다. 이것이 사도행전 26:18에 정의된 회심 유형이다. 이 정의는 다음 세 장에서 바울의 회심을 비추는 거울로 활용된다. 이렇게 살펴보는 이유는 두 가지다. 첫째, 사도행전 26:18이 기독교 회심의 본질을 나타내는 전제임을 증명하기 위해서다. 깨달음. 돌이킴, 변화라는 세 가지 범주로 다메섹 도상에서 바울에게 일어났던 일을 적절하고도 빠짐없이 소개할 수 있을 것이다. 따라서 회심 패러다임을 보여주는 사건은 이런 범주 안에서 잘 설명된다.

둘째, 바울 회심을 세부적으로 뜯어보기만 해도 회심 개념이 구체적으로 형성되기 때문이다. 제2부에서는 열두 제자들의 사뭇 다른 경험을 평가해보려고 한다. 이로써 회심의 성격을 훨씬 자세히 이해하게 된다면 좋겠다.

이 장의 초점은 첫 번째 주제, 즉 한 사람이 돌아서는 깨달음에 맞춰진다. 돌이킴이 일어나려면 어디로부터 돌아서 어디로 향하는지 알아야 한다. 게다가 어디로 돌아서면 나쁘거나 부적절하고, 또 어디로 돌아서면 옳고 바람직한지 인식해야 한다. 죄책감, 상실감, 고통 등의 내적 인식이든 갑자기 진리, 희망을 발견하거나 어쩔 수 없이 만나야 할 예수님을 만나는 등의 외적 인식이든 전혀 문제가 안 된다. 사람은 특별한 동기나 종교적 헌신 없이는 돌아서지 않는다. 아니 돌아설 수 없다.

박해자 바울

바울의 경우를 보자. 그의 회심 계기가 된 깨달음은 그가 교회 박해자였다는 사실과 연관되어 있다. 바울과 누가는 이 사실을 연거푸 이야기한다. 바울은 박해자다. 박해 중독자다(행 26:11). 바울은 자신이 추적하는 사람들을 죽음에 몰아넣을 지경으로 박해한다. 이 사실을 보여주는 본문을 모아보자. 바울의 박해를 말하는 본문들에는 네 가지 범주가 있다. 첫째, 사도행전 본문들은 바울을 이런 식으로 말한다.

> 사도행전 8:1—"사울은 그가 죽임 당함을 마땅히 여기더라 그 날에 예루살렘에 있는 교회에 큰 박해가 있어 사도 외에는 다 유대와 사마리아 모든 땅으로 흩어지니라." (이 문구는 스데반의 순교에 이어 나온 것이다. 바울은 스데반을 돌로 치는 일을 적극 주도하지 않았다.)

> 사도행전 8:3—"사울이 교회를 잔멸할새 각 집에 들어가 남녀를 끌어다가 옥에 넘기니라."

사도행전 9:1-2—"사울이 주의 제자들에 대하여 여전히 위협과 살기가 등등하여 대제사장에게 가서 다메섹 여러 회당에 가져갈 공문을 청하니 이는 만일 그 도를 따르는 사람을 만나면 남녀를 막론하고 결박하여 예루살렘으로 잡아오려 함이라."

사도행전 9:13-14—"아나니아가 대답하되 주여 이 사람에 대하여 내가 여러 사람에게 듣사온즉 그가 예루살렘에서 주의 성도에게 적지 않은 해를 끼쳤다 하더니 여기서도 주의 이름을 부르는 모든 사람을 결박할 권한을 대제사장들에게서 받았나이다 하거늘."

사도행전 22:4-5—"내가 이 도를 박해하여 사람을 죽이기까지 하고 남녀를 결박하여 옥에 넘겼노니 이에 대제사장과 모든 장로들이 내 증인이라 또 내가 그들에게서 다메섹 형제들에게 가는 공문을 받아 가지고 거기 있는 자들도 결박하여 예루살렘으로 끌어다가 형벌 받게 하려고 가더니."

사도행전 22:19-20—"내가 말하기를 주님 내가 주를 믿는 사람들을 가두고 또 각 회당에서 때리고 또 주의 증인 스데반이 피를 흘릴 때에 내가 곁에 서서 찬성하고 그 죽이는 사람들의 옷을 지킨 줄 그들도 아나이다."

사도행전 26:9-11—나도 나사렛 예수의 이름을 대적하여 많은 일을 행하여야 될 줄 스스로 생각하고 예루살렘에서 이런 일을 행하여 대제사장들에게서 권한을 받아 가지고 많은 성도를 옥에 가두며 또 죽일 때에 내가 찬성 투표를 하였고 또 모든 회당에서 여러 번 형벌하여 강제로 모독하는 말을 하게 하고 그들에 대하여 심히 격분하여 외국 성에까지 가서 박해하였고."

둘째, 바울의 서신서 진술도 이 부분을 강조한다.

고린도전서 15:9—"나는 사도 중에 가장 작은 자라 나는 하나님의 교회를 박해하였으므로 사도라 칭함 받기를 감당하지 못할 자니라."

갈라디아서 1:13—"내가 이전에 유대교에 있을 때에 행한 일을 너희가 들었거니와 하나님의 교회를 심히 박해하여 멸하고."

갈라디아서 1:23—"다만 우리를 박해하던 자가 전에 멸하려던 그 믿음을 지금 전한다 함을 듣고."

빌립보서 3:6—"열심으로는 교회를 박해하고 율법의 의로는 흠이 없는 자라."

디모데전서 1:13—"내가 전에는 비방자요 박해자요 폭행자였으나 도리어 긍휼을 입은 것은 내가 믿지 아니할 때에 알지 못하고 행하였음이라."[1]

셋째, 사도행전의 다른 부분에 핍박을 강조하는 구절이 나온다. 바울의 박해 활동을 보여주는 문맥임에도 불구하고 핍박이 늘 그와 관련해서 일어나지는 않는다.

사도행전 7:52—"너희 조상들이 선지자들 중의 누구를 박해하지 아니하였느냐 의인이 오시리라 예고한 자들을 그들이 죽였고 이제 너희는 그 의인을 잡아 준 자요

1 바울이 과연 목회서신을 저술했는가를 놓고 논쟁이 벌어진다. 하지만 바울이 이 구절을 직접 쓰지 않았더라도, 이를 통해 바울의 초기 성격을 알 수 있다.

살인한 자가 되나니." (스데반이 산헤드린 공회 앞에서 행한 설교 마지막 부분이다. 이 말로 군중들은 몹시 화가 나고 그 결과 마침내 예견한 일이 일어난다. 스데반의 설교는 막 시작되려던 바울의 박해를 미리 보여주는 그림자다. 바울은 성질대로 행동할 것이다. 바울의 동료 역시 마찬가지다. 그들은 율법을 모독한 사람들을 박해했다.)

사도행전 8:1—"그 날에 예루살렘에 있는 교회에 큰 박해가 있어…." (바울이 앞장선 박해는 스데반과 관련 있는 개인들에게 퍼졌다.)

사도행전 11:19—"그 때에 스데반의 일로 일어난 환난으로 말미암아 흩어진 자들이 베니게와 구브로와 안디옥까지 이르러 유대인에게만 말씀을 전하는데." (누가는 이 흩어짐의 유익을 계속 강조한다. 구체적으로 헬라인들이 개종하기 시작했다. 예루살렘 교회는 바나바를 안디옥으로 보내 이 상황을 조사토록 했다. 바나바는 이 일이 하나님께서 하신 일임을 확인하고 바울을 찾는다. 그리고 안디옥에서 함께 사역했다. 역설적으로 바울의 공식 사역은 자신이 주도한 박해 때문에 시작되었다. 행 1:19-26을 보라.)

사도행전 12:1—"그 때에 헤롯 왕이 손을 들어 교회 중에서 몇 사람을 해하려 하여."

사도행전 13:50—"이에 유대인들이 경건한 귀부인들과 그 시내 유력자들을 선동하여 바울과 바나바를 박해하게 하여 그 지역에서 쫓아내니."

마지막으로, 가장 중요한 범주가 있다. 바울이 부활하신 주님을 만나는 장면을 담은 본문들이다. 이 만남의 중심에는 박해 상황이 놓여 있다. 다음 세 군데 본문에서 볼 수 있는 대화는 약간 변형되었을 뿐 별 차이는 없다.

사도행전 9:4—"땅에 엎드러져 들으매 소리가 있어 이르시되 사울아 사울아 네가 어찌하여 나를 박해하느냐 하시거늘." (행 22:7-8과 26:14-15도 보라.)

회심하기 전의 마음가짐이나 회심을 일으킨 계기가 무엇이었든 그것이 박해의 진원지였다는 사실을 바울은 스스로 인정한다. 누가는 이 점을 여러 번에 걸쳐 상기시킨다. 바울 또한 회심 후 수년 뒤에도 이 점을 잊지 않는다. 어디 그뿐인가! 부활하신 주님께서도 바울에게 주시는 말씀의 초점을 박해에 두신다. 바울이 회심할 수 있었던 개인적인 요소는 그가 교회 핍박자였다는 것이다.[2]

그가 박해자였다는 사실은 무엇을 의미하는가? 어떤 구절은, 바울이 회심하기 전까지는 스스로를 박해자이기는커녕 스스로 하나님의 길로 행하며 그분의 뜻을 행하는 자라고 생각했음을 보여준다. 그의 인식(자신과 하나님께서 원하시는 바)과 살아온 태도(도덕적 행위)의 중심부에 무엇인가 엄청난 일이 일어난 모양이다. 바울의 회심 전의 자아관(그는 율법에 맹종했다)과 기독교인들에게 자행한 회심 전의 행동(그는 살인에 연루되었다)을 잘 살피면 그 비밀을 알 수 있다.

열심: 박해의 뿌리

바울은 율법을 열심히 지키기 위해 교회를 박해한다. 성경 본문은 바울의 행위를 이렇게 전한다. 바울의 열심은 1세기 가장 모범적인 유대인으로 살려는 노력에 뿌리를 둔다. 회심 전 바울은 자신의 열심과 그 열심 때문에 택한 방향이 선하여 하나님의 뜻에 맞는다고 굳게 믿었다. 그러나 예수님이 날카로운 질문으로 그 믿음을 뒤흔들자, 그는 마침내 진정한 자아를 보는 창을 얻는다. 그래서 열성적인 바리새인으로 살아온 삶이 하나님을 기쁘시게 하기는커녕 오히

2 바울의 생애에서 스스로 큰 죄라고 말하는 죄는 '교회를 박해한 죄'(고전 15:9)다. Kirster Stendahl, *Paul among Jews and Gentiles* (Philadelphia: Fortress, 1976), p. 14.

려 적대하는 것이었음을 알게 되었다. 이것이 회심을 일으킨 결정적인 동기이자 깨달음이다.

바울이 내세우는 신뢰의 조건은 본문에서 세 가지 유형으로 나타난다. 각 경우에서 바울은 자신이 쌓은 신뢰가 1세기 유대 신학에 비추어 흠잡을 데가 없음을 힘주어 말한다.

첫째, 바울은 사도행전에서 자신의 회심 경험을 두 번 회상한다. 이 두 경우 모두 자신의 배경을 말하며 회심기를 시작한다.

> 사도행전 22:2-3—"그들이 그가 히브리 말로 말함을 듣고 더욱 조용한지라 이어 이르되 나는 유대인으로 길리기아 다소에서 났고 이 성에서 자라 가말리엘의 문하에서 우리 조상들의 율법의 엄한 교훈을 받았고 오늘 너희 모든 사람처럼 하나님께 대하여 열심이 있는 자라." (이어 자신이 얼마나 그 도의 추종자들을 핍박했는지 술회한다.)

> 사도행전 26:4-7—"내가 처음부터 내 민족과 더불어 예루살렘에서 젊었을 때 생활한 상황을 유대인이 다 아는 바라 일찍부터 나를 알았으니 그들이 증언하려 하면 내가 우리 종교의 가장 엄한 파를 따라 바리새인의 생활을 하였다고 할 것이라 이제도 여기 서서 심문 받는 것은 하나님이 우리 조상에게 약속하신 것을 바라는 까닭이니 이 약속은 우리 열두 지파가 밤낮으로 간절히 하나님을 받들어 섬김으로 얻기를 바라는 바인데 아그립바 왕이여 이 소망으로 말미암아 내가 유대인들에게 고소를 당하는 것이니이다"

둘째, 바울은 산헤드린 공회에서 신문을 받으면서 이 점을 재차 말한다.

> 사도행전 23:6—"여러분 형제들아 나는 바리새인이요 또 바리새인의 아들이라."

마지막으로, 바울은 서신서들에서 자신의 배경이 얼마나 모범적인지 소상히 말한다.

> 갈라디아서 1:14—"내가 내 동족 중 여러 연갑자보다 유대교를 지나치게 믿어 내 조상의 전통에 대하여 더욱 열심이 있었으나."

> 빌립보서 3:5-6—"나는 팔일 만에 할례를 받고 이스라엘 족속이요 베냐민 지파요 히브리인 중의 히브리인이요 율법으로는 바리새인이요 열심으로는 교회를 박해하고 율법의 의로는 흠이 없는 자라."

바울의 정체(유대주의에 전적으로 헌신한 유대인)와 행위(교회를 핍박함)를 잇는 공통점은 '열심'이다. 그가 새로운 기독 교파를 곱게 보지 않은 까닭은 유대주의가 표방한 진리에 이미 깊이 헌신했기 때문이었다. 율법에 열심인 그는 박해라는 구체적인 행동으로 유대주의 진리를 표현할 수밖에 없었다. 바울은 빌립보서 3:6에서 이 열심을 자신과 연결한다. "열심으로는 교회를 박해하고."

자크 뒤퐁은 이 구절을 다음과 같이 주해한다. "바울은 교회를 핍박하며 가한 폭력을 '열심'이었다고 해석한다. 당시 그는 이 열심에 이끌렸다. 완전 무결하게 율법을 준수하려는 그의 열정과 초대 기독교를 반대한 정염은 서로 관계가 깊다.…핍박자로서 그가 보여준 행위는 '열심'의 표출이며 증거라 볼 수 있다."[3]

뒤퐁은 마카비1서 2장을 예로 들어, '열심'이 어떻게 '황폐케 만드는 분노'[4]로 변하는지 보여준다. 본문에서 마카비 추종자들은 율법을 지키려는 열심 때문에

---

3 Jacques Dupont, "The Conversion of Paul, and Its Influence on His Understanding Salvation by Faith," *Apostolic History and the Gospel*, ed. W. Ward Gasque and Ralph P. Martin (Grand Rapids: Wm. B. Eerdmans Publishing Co., 1970), p. 183.

4 Dupont, p. 184.

안티오쿠스 에피파네스가 보낸 사자들의 강요에 못 이겨 우상 제사를 드릴 수 밖에 없었던 동료 유대인들을 살해했다. 또한 이스라엘 남자와 종교 관련 일에 종사하는 미디안 창녀를 죽인 비느하스의 열심도 제시한다. 아합 왕가를 몰살(왕하 10:16-17)시켜 여호와를 향한 열심을 드러낸 예후 왕도 예로 든다.[5]

요점은 간단하다. 유대주의에는 여호와를 위한 열심이 폭력적인 행동으로 드러나더라도 정당하다고 보는 오랜 전통이 있다. 바울이 교회를 핍박한 행위는 종교적 헌신의 반영이었다. 아니 폭력적인 행동이 그의 헌신을 뒷받침한다고 말해야 옳다. 그는 핍박을 가하는 일을 하나님께서 원하신다고 단정했다.

갈등: 바울의 내면 싸움?

이 모든 논점들은 바울의 회심을 논의할 때마다 불거져나오는 주제, 즉 회심하기 전의 내면 상태다. 신학적·심리학적인 관점에서 이 심리를 바라본 견해가 다양하지만 상당수는 서로 상충한다. 바울이 다메섹으로 향할 때 회심을 일으킬 만한 심리적 갈등이 있었는지 논의가 분분하다. 어떤 학자들은 일종의 내적 갈등으로 회심이 일어났다고 주장한다.

잉글리스가 좋은 예다. 그는 1929년에 발표한 논문에서 회심 경험 하나하나에는 '무의식적인 콤플렉스가 발전하면서 형성되는 준비 단계'가 있다는 가설을 내세웠다. 잉글리스는 이 가설이 마치 정설인 것처럼 말한다. 이 가설에 대한 논의도 더 이상 전개하지 않는다. 입증할 생각은 더더욱 없다. 물론 그의 견해는 동시대 심리학(구체적으로 말하면, 융이 말하는 전제들이다. 융은 '콤플렉스'라는 말을 만든 장본인이다)에서 말하는 전제를 그대로 반영한다. 잉글리스는 회심이 이렇게 발생한다고 주장한 후, 바울이 가진 '콤플렉스'의 정확한 정체를 벗겨내는 작

5 또한 왕상 19:10, 시 106:30-31, 집회서 45:23, 마카비1서 2:26, 54, 마카비4서 18:12, 유딧 9:4을 보라. Dupont, pp. 184-85.

업에 손을 댄다. 회심 전 바울이 기독교적인 관점으로 점점 기울어가고 있었으나 바울 자신은 정작 이런 사실을 몰랐다고 전제한다.

> 자신의 내면이 점점 기독교로 기울어지고 있음을 바울이 몰랐다는 사실은 무엇보다 그가 쓴 편지들에 이런 '기울어짐'이 전혀 언급되지 않았다는 점으로 알 수 있다. 그는 회심하기 전 율법 안에서 얻은 의에 근본적인 불만을 품고 있음을 알게 된다(빌 3:6). 그러나 회심 전에는 그리스도 신앙을 받아들임으로 문제를 해결할 수 있을지에 대해 갈등한 흔적은 보이지 않는다.…바울은 스승 가말리엘의 호방한 기질, 나사렛 사람의 성경 논쟁 그리고 스데반의 죽음에서 받은 인상 때문에 거부하고 저항하던 신앙에 더 확신을 갖게 된다. 그러나 박해라는 광신적 분위기 때문에 무의식의 목소리는 수면 아래로 가라앉고 만다.…기독교인의 콤플렉스는 여러 요인 때문에 발생한다. 사람이 환경과 조건에 반응하는 것도 비슷한 맥락이다. 바울이 자신의 업적을 말하면서 동시에 육체적인 연약을 언급하는 이유(고후 11-12장)는 자신이 극도로 예민한 인성을 지녔기에 민감한 에너지를 받아 사는 섬세한 사람임을 간접적으로 드러내는 표시다. 환상, 어투, 무아지경에 빠진 태도를 보면 그가 다분히 정신병적인 기질을 가지고 있음을 알 수 있다.[6]

나는 잉글리스의 글을 길게 인용했다. 왜냐하면 그가 성경과 심리학 양쪽에서 쉽게 볼 수 있는 많은 이론들을 건드리기 때문이다. 그의 주장을 요약하면 다음과 같다. 첫째, 바울은 자신이 핍박한 기독교인들이 믿는 신앙에 은근히 매료되었다.[7] 둘째, 바울은 스데반이 죽을 때 자신이 한 행위 때문에 일종의 도덕

---

6 G. J. Inglis, "The Problem of St. Paul's Conversion," *Expository Times* 40 (1929): 228.

7 "Goguel은 예수님의 부활과 그분이 외친 새로운 도덕적 이상에 기독교인들이 워낙 강렬한 태도를 보였기 때문에, 바울의 무의식 깊은 곳에서는 이러한 기독교적 요소들과 조상에게 물려받은 종교 편견 사이의 갈등이 있었을 것이라고 말한다." H. G. Wood, "The Conversion of St. Paul: Its Nature, Antecedents and Consequences," *New Testament Studies* 1(1955),

적인 위기를 맞는다. 셋째, 바울은 율법 안에서 얻을 수 있는 의에 만족을 느끼지 못했다(잉글리스는 여기서 빌 3:6을 오해한다. 이 구절은 이런 뜻으로 한 말이 아님이 분명하다).[8] 넷째, 바울은 연약한 육신과 예민한 심리적 기질을 가졌다(사실은 정신병적인 기질의 소유자다).[9]

위의 네 가지 이론을 뒷받침할 유용한 자료가 없다는 게 아쉽다. 성경은 바울이 회심하기 전에 기독교에 호감을 가지고 있었다고는 어디서도 말하지 않는다. 스데반을 죽이는 데(또는 이런 연고로 다른 사람을 죽이는 데) 가담했다고 해서 도덕적인 갈등을 겪었다고도 말하지 않는다. 또한 하나님의 뜻에서 벗어났다고 자책하는 본문도 없다. 바울의 '기질'에 대한 평가는 학자들이 주장한(아래에서 다루게 될 것이다) 인성 이론(personality theory)에 근거를 둔다. 게다가 잉글리스가 쓴 '기질'이란 말은 더는 폭넓게 받아들여지지 않는 낡은 심리학에서나 통용된다. 미미한 증거가 있다 해도, 바울의 주요 인성이 어떻게 형성되었는지 가지각색의 해석이 나올 수 있다. 또한 이 증거들을 오늘날의 상황에 맞게 재구성해 어떤 유사점을 찾아낸 후 바울의 마음가짐이 이러이러했다고 주장할수 있다 해도 모두 추론에 지나지 않는다.

---

p. 279. Goguel의 현학적인 비판을 보려면 Daniel P. Fuller, *Easter Faith and History* (Grand Rapids: Wm. B. Eerdmans Publishing Co., 1965), pp. 247-50을 보라. 한편 A. D. Nock, *St. Paul* (New York: Harper & Brothers, 1938), p. 73에서는 이렇게 말한다. "보기에는 어떻든 바울의 회심이 급작스러운 일이 아니었다는 의혹이 제기된다. 기독교라는 운동이 바울에게 매력적으로 보이기도 했겠지만, 그는 동시에 깊은 적개심을 가졌다. 그는 기독교를 드러내놓고 고민할 수 없는 의문으로 여겼음에 틀림없다."

8 "그는 모호한 태도를 보인다. 그것은 물론 율법을 지킬 능력에 관한 것이 아니라, 획득한 의의 가치에 관한 것이었다." Wood, p. 279.

9 Albert Schweitzer, *The Mysticism of Paul*, p. 153는 다음과 같다. "바울은 일종의 간질 발작에 시달렸다. 하지만 그를 실제 간질 환자로 볼 필요는 없다는 가설이 가장 자연스러울 것 같다. 이 가설은 다메섹 도상에 쓰러져 있는 동안 그가 들었다는 음성, 그 후 간질 때문에 간헐적으로 고생했다는 점과도 잘 들어맞는다. 그가 간질 발작 중에 회심을 경험했다면 이는 더없이 자연스러운 가설이 된다." Joseph L. Lilly, "The Conversion of Saint Paul: The Validity of His Testimony to the Resurrection of Jesus Christ," *Catholic Biblical Quarterly* 6 (1944): 189 n. 41에서 재인용.

본문은 바울이 돌아서게 된 것이 예수님과 대화를 나눔으로써 갑작스럽게 자신을 깨달았기 때문이라고 말한다. 예수님의 간단한 질문으로 바울은 사람들을 핍박하기까지 이르게 한 자신의 열심이 하나님을 위한 것이 아니라 도리어 그분을 배척하는 것임을 직시하게 되었다.

회심 전 바울의 심리 상태를 놓고 신학자들 사이에 관념적인 견해가 오고 가는데, 심리학자들은 여기서 한술 더 뜬다. 로버트 무어가 그러하다. 그는 여러 심리학적 이론들을 조사했는데,[10] 1972년에 나온 리처드 루벤스타인(Richard Rubenstein)의 『나의 형제 바울』(*My Brother Paul*)을 요약하면서 논의를 전개한다. 루벤스타인은 1세기 유대주의가 상당히 억압적이었다고 주장한다. 1세기 유대주의는 "원아(原我, Id)가 지닌 본능적인 충동을 만족시키는" 기제를 전혀 갖지 못한 초자아(super-ego) 문화였다고 말한다.[11] 바로 이런 정황 속에서 천재 바울에 대해 다음과 같이 말한다.

> 유대주의에서 억눌려온 것을 보상받으려 했다. 바울의 갈등은 이미 알다시피 전능과 불멸을 갈망하는 유아성과, 조상의 신앙으로 무장한 무의식적이고 완고한 현실원리 세계를 통합하면서 빚어진 것이다(p. 35). 바울은 다메섹 도상 회심에서 정상적인 자아 기능은 상실했지만, 이는 '창조적인 퇴행'으로 발전했다. 이 때문에 비로소 갈등이 해결된다. 루벤스타인은 바울이 문제를 해결한 것이 자신뿐 아니라 인류 역사를 위한 심리학의 획기적인 개가였다고 주장한다.[12]

루벤스타인의 이런 견해에 적잖은 비판이 쏟아졌다. 흥미로운 것은 기독교

---

10 Robert L. Moore, "Pauline Theology and the Return of the Repressed : Depth Psychology and Early Christian Thought," *Zygon* 13 (June 1978): 158-68.

11 Moore, p. 159.

12 Moore, p. 159.

신학자들이 아니라 유대주의 학자들로부터 반론이 쏟아졌다는 점이다. 그들은 루벤스타인이 초기 기독교와 1세기 유대주의를 잘못 파악했다고 생각했다. 어니스트 래퍼포트(Ernest A. Rappaport)가 쓴 책을 예로 들 수 있다. 무어는 다음과 같이 말한다.

> [래퍼포트는] 바울이 '이상 심리자'라는 루벤스타인의 견해를 일축한다. "다분히 정신분열적인 사건을 겪은 여파로 바울의 천재성은 한낱 박해라는 망상이 빚어낸 것이며, 바울이 과대망상증 같은 정신병으로 인한 불안정한 마음 때문에 선교라는 목표에 집착했음을 루벤스타인은 간파하지 못했다"라고 그는 보았다(p. 34).
>
> 시드니 태러코우(Sidney Tarachow)는 루벤스타인이 바울과 초기 기독교를 해석한 입장에 더욱더 강력히 반격한다. 태러코우와 루벤스타인이 내린 바울 해석은 이렇게 차이가 난다. "회심한 후 바울은 충동적인 성격을 조절하는 방어 기제를 상실했다. 율법을 지키려는 종교적 순종심마저 버렸다. 그는 이제 공격성과 동성애적 지향에 휘둘리는 사람이 되었다. 이런 경향이 바울이 눈을 돌린 새로운 종교 체험 과정 안에 얼마간 무의식적으로 흐른다. 그 아들(예수)은 아버지와 동등한 지위를 얻었다. 동시에 이제는 난폭한 아버지가 아닌 십자가에 처형된 아들과 동일시된다. 이러한 동일시는 여러 모양의 피가학성과 동성애적 지향을 암시한다."[13]

무어는 '프로이트적인 시각'[14]에서 본 바울 회심의 구조를 말한 후 융의 논리에 가까운 평가를 내린다. 어떤 면에서 (명상 또는 무엇인지 분명하게 밝히지는 않지만 다른 기술을 동원해서라도) 바울은 성령을 받을 준비가 완벽했다고 말하는 것 같다.[15] 이런 정신병의 경계선상에서는 원형 에너지(archetypal energies)를 쉽게

---

13 Moore, p. 164.

14 Moore, p. 166.

15 Moore, p. 166-67. 더 자세한 논의를 위해서는, J. W. Bowker, "'Merkabah' Vision and

받을 수 있다. 이렇게 인간의 정신 깊숙한 곳에서 마주친 만남이 다메섹 도상의 경험을 이끈 것이다.

우리는 이런 가정들을 어떻게 평가해야 하는가? 회심 이후 변한 바울의 심리 상태를 논한 이론들을 분석하는 데 따르는 어려움은 크게 세 가지다. 첫째, 특정 인성 이론에서 주장들이 나왔다는 점이다. 이를테면 프로이트가 인간 정신의 본질을 정확하게 밝혀냈다고 가정한다면 루벤스타인, 래퍼로트, 태러코우의 주장을 귀담아 들을 만하다. 하지만 프로이트가 인간 정신의 본질을 제대로 밝혀냈는지는 분명하지 않다.

이 점은 프로이트를 따르지 않는 인성 이론들이 넘쳐나는 것을 봐도 알 수 있다. 프로이트의 기본 이론에 대한 신뢰는 그만 두고라도 바울의 회심 전 심리를 추측한 이론들은 전혀 인정을 받지 못한다. 둘째, 프로이트적인 견해를 인정한다 하더라도 초기 기독교와 1세기 유대주의의 심리학적 상태를 정리한 주장을 펴야만 한다. 그러나 위에서 살펴본 세 명의 프로이트 신봉자들조차 서로 근본적인 차이를 드러내듯 이런 주제들은 그렇게 명확치 않다. 셋째, 이런 해석이 유효하려면 신약 본문들을 무시해야 한다. 특히 죽었다가 다시 살아난 역사적 예수님을 실제로 만났다고 주장하는 문장은 더욱 그렇다. 루벤스타인은 이런 가능성을 극명하게 부인한다. "바울은 부활한 그리스도를 환상으로 봄으로써 마음에 사건을 일으키는 근원적인 힘과 마주쳤다."[16]

바울이 불만에 가득 차 있었는가? 누가는 아무 말도 하지 않는다. 누가가 말하는 회심 전 상태는 교회의 핍박자로서의 바울이 전부인데. 이때도 바울의 회심이 임박했다는 식의 심리학적인 추론을 펴지 않고 그저 사실을 덤덤히 기술

the Vision of Paul," *Journal of Semitic Studies* 16 (1971): 157-73을 보라. 그는 바울의 다메섹 도상 경험이 일종의 메르카바 명상(merkabah contemplation) 때문에 일어났다고 주장한다. 이 이론에 따르면 바울은 에스겔의 바퀴장(1, 10장)을 명상하다가 그리스도의 환상을 보게 된다.

16 Moore, p. 159.

했다. 다메섹 도상 경험 이전에 박해자였다는 사실 때문에 바울이 죄책감을 느끼는 것을 암시조차 하지 않는다. 바울 자신도 자신의 회심을 말할 때 심리 변화에 대해 설명하지 않는다. 열심 있는 바리새인이기 때문에 교회를 핍박했다는 것이 누가에게 기대할 수 있는 유일한 정보인 것 같다. 릴리는 갈라디아서 1:12-17을 주해하면서 이렇게 말한다. "그가 어떤 내면적 갈등을 겪고 있거나 의구심에 사로잡혀 고민하다가 점차 기독교를 바라보는 시각을 바꾸게 되었다는 미세한 징후도 보이지 않는다. 오히려 바울은 자신의 회심이 완전히 갑작스런 사건이었으며, 자신이 주장하는 교리들은 예수 그리스도의 개입으로 말미암았다고 말한다."[17]

로마서 7장은 바울의 내적 갈등을 엿볼 수 있는 증거로 자주 제시되는 본문이다. 바울은 1인칭을 써서 이렇게 말한다. "그러므로 내가 한 법을 깨달았노니 곧 선을 행하기 원하는 나에게 악이 함께 있는 것이로다 내 속사람으로는 하나님의 법을 즐거워하되 내 지체 속에서 한 다른 법이 내 마음의 법과 싸워 내 지체 속에 있는 죄의 법으로 나를 사로잡는 것을 보는도다"(21-23절). 그러나 뒤퐁은 다음과 같이 주해한다.

> 바울이 하나님 보시기에 흠잡을 데 없는 열성 바리새인이었음을 입증하는 바울의 자아관에 대해서는 두말할 필요가 없다. 로마서 7장은 율법에 지배당한 죄 있는 인간의 파산 상태를 그리고 있다. 퀌멜은 1929년에 출간한 논문에서, 바울이 유대주의에서 겪은 경험의 흔적을 찾아서는 안 된다고 했다. 본문은 처음부터 구속을 경험함으로써 죄의 신비를 묵상하는 기독교 신학자의 모습을 그리고 있다.[18]

17 Lilly, p. 198-99.

18 Dupont, p. 183.

메누는 여기에 이런 진술을 더한다. "로마서 7장을 사도 바울 개인에게 적용해서는 안 된다. 다른 논증을 제시할 수도 있겠지만 한 유대인이 율법을 짐스럽게 생각했음을 미루어볼 수 있는 다른 어떤 사례가 없다. 이것은 유대 율법에 대한 기독교적 해석일 뿐이다. 반면 유대인에게 율법은 민족의 특권이요 자부심이다."[19]

그러면 회심 전 바울은 자기를 어떻게 평가했는가? 위의 여러 본문들을 볼 때, 우리는 하나님과의 관계에 확신을 가진 한 사람을 발견한다. 그는 무엇보다 인류를 향한 하나님의 요구를 그대로 계시한 율법에 맞춰 살고 있었다. 아니 다른 어떤 사람들보다 율법을 진지하게 생각했다. 엄격한 바리새파였고 열심이라는 행위를 통해 율법에 대한 깊은 헌신을 입증했다.

뒤퐁은 이렇게 말한다. "바리새파가 견지하던 많은 신학적 특징에 비추어 바울은 스스로를 괜찮은 사람이라고 여겼다." 이어서 "선택된 민족의 일원이라는 자부심, 영적 엘리트라는 자각, 열성파 중에서도 열성파였다는 점, 율법의 규정, 그것도 가장 엄격하게 해석한 율법의 규정을 당당하게 지켜내는 열성, 그래서 모자람이나 결점 없이 완벽함에 이르게 한 열성"[20]을 지적한다. 뒤퐁은 이런 결론을 내린다.

> 이러한 증거들을 보아도 그는 도무지 이룰 수 없는 이상 때문에 동요를 느끼지는 않았다. 바울은 회심 전날까지도 자신을 선택된 민족이며 소수 엘리트로서 자랑스럽게 생각했다. 종교적인 의무 준수로 하나님과 사람들, 자신의 양심 앞에서 흠잡을 데 없이 완벽한 의를 얻었다고 확신했다.[21]

---

19 Philippe H. Menoud, "Revelation and Tradition: The Influence of Paul's Conversion on His Theology," *Catholic Biblical Quarterly* 6 (1953): 133. Wood, p. 278의 결론도 같다.

20 Dupont, pp. 182-83.

21 Dupont, p. 183. Menoud, p. 132, 역시 동의한다. "바울의 증언에 따르면 그는 유대인이었을 때조차 도덕적으로 전혀 동요되지 않았던 것 같다. 그는 진짜 바리새인이었기에 하나님의 교

스텐달은 바울을 다음과 같이 묘사한다. "매우 행복하며 성공을 거둔 유대인…그에게는 곤혹스러움, 문제, 양심의 가책이 없었다. 어떤 부족함도 느끼지 않았다. 사도행전의 기사를 그대로 믿는다면(22:3) 그는 걸출한 문하생, 비싼 학비를 들여 학위를 얻은 가말리엘 신학교 졸업생이었다."[22]

끝으로 바울의 회심 이전 심리 상태를 보자. 심리학에 근거해 그가 회심 전에 필연적으로 갈등을 겪었다는 증거가 있다는 설도 있고, 이런 내면적 갈등이 실제로 회심을 일으키게 한다는 가정이 있기 때문이다.[23] 그러나 이런 추측은 신약 문헌이 주장하는 것과 전혀 다르다. 신약은 이 문제를 아주 간단 명료하게 밝힌다. 바울은 모델이 될 만한 유대인이다. 그는 율법에 애착이 컸으므로 기독교인들이 율법이 아닌 예수님을 구원에 이르는 길이라고 주장하자 분기탱천한다. 그는 율법을 향한 열심 때문에 이단자들을 핍박했다. 그의 신앙 선조들 역시 율법을 가벼이 대하던 자들을 핍박했다.

그에게는 내면의 좌절감 따위는 없었다. 자신의 의를 의심한 적도 없었다. 그러나 그가 다메섹으로 갈 때 주님께서는 그의 길을 가로막았고 그동안 자행한 핍박에 대해 물으셨다. 예수님이 하나님이심을 발견하면서 바울은 교회를 핍박하는 것이 곧 하나님을 핍박하는 것임을 매우 급작스럽게 알게 되었다. 하나님의 도를 행한다고 철석같이 믿고 있었지만 그렇지 않았던 것이다.

이것 하나는 분명하다. 회심은 깨달음에서 시작된다. 하나님 앞에서 자신이

회를 파괴하려 애쓰고 다니면서도 영적으로 괴로워하지 않았다. 그는 타고난 박해자였다."

22 Stendahl, pp. 12-13.

23 "다음에는 심리학적인 설명이 뒤따라야 한다. 이 이론은 사도 바울의 회심이 전적으로 급작스러운 것이라고 말한다. 예수 그리스도와 그분의 제자들에게 점점 더 강한 호감을 갖고 모세 율법에 불만을 갖기까지 오랜 시간이 걸렸다. 한편 종교적인 진리와 평화를 구하는 가운데 그리스도인들을 모질게 핍박하면서 정의감에 대한 환멸과 의심이 일었다. 결국 다메섹 근처에 이르러 그 같은 생각이 극에 달했고 너무나 갑자기 기독교가 진리라는 확신이 강렬하게 일어난 것이다. 그로서는 부활하신 주님을 보았고 그분의 말씀을 들었다고 상상하지 않을 수 없는 노릇이 었다." Lilly, p. 196.

처한 실제 상황을 볼 때 잘못된 길에서 이탈할 수 있는 다른 방편이 생긴다. 한 번 깨달은 사람은 옛날에 걷던 길을 거부하고 새로운 길을 단단히 부여잡을 수 있다. 하나님 앞에서 자신이 어떤 상태인지 진정으로 깨닫지 못하고는 새로운 길을 받아들일 이유가 전혀 없다. 깨달음이 없으면 회심도 없다.

살인: 바닥에 깔린 문제

바울이 자신을 어떻게 평가했는지, 예수님을 만나면서 어떻게 변했는지 더 짚어보자. 바울을 박해자로 묘사하는 기사를 보면 글에는 나타나지 않은 주제가 있으므로 세심한 읽기가 필요하다. 바울은 네 가지 상황에서 기독교인들의 죽음과 인연을 맺는다.

첫째, 스데반을 돌로 쳐죽인 사건이다(행 7:54-8:1). 살해에 직접 연루되지 않았지만, 누가는 바울이 "그(스데반)의 죽임 당함을 마땅히 여겼다"라고 말한다. 둘째, 누가는 바울이 예수님의 제자들에게 가한 위협을 묘사하면서 형용사인 '살의가 있는'(murderous, NIV)이라는 말을 쓴다. 한편 그는 "주의 제자들에 대해 위협과 살의가 등등했다"(9:1, NRSV). 셋째, 바울은 자신의 회심 경험을 성전에 모인 군중들 앞에서 이렇게 말한다. "내가 이 도를 박해하여 사람을 죽이기까지 하고"(22:4, NIV). 마지막으로 바울은 아그립바 왕 앞에서 이렇게 변호한다. "예루살렘에서 이런 일을 행하여 대제사장들에게서 권한을 받아 가지고 많은 성도를 옥에 가두며 또 죽일 때에 내가 찬성 투표를 하였고"(26:10).

바꾸어 말하면 바울의 박해는 사람들을 위협하거나 겁주는 정도가 아니었다. 사람을 투옥하는 정도도 아니었다(이런 일도 자행한 바, 이것만으로도 충분히 잘못 행한 것이다). 그는 사람을 죽였다. 이것은 열심 정도가 아니라 피에 굶주려 날뛰는 모습이었다. 유대주의 전통에 율법을 부인한 범죄를 죽음으로 다스리는 형벌이 있지만, 제6계명 '살인하지 말라'(출 20:13)는 계명도 있다. 부활하신 주님께서 핍박이라는 문제를 제기했을 때 바울은 자신이 사람을 잘못 알고 핍박했음을 깨달았다. 그들은 하나님의 백성들이었던 것이다. 그뿐만 아니라 무고한 그들의 죽음이 자신의 책임임을 알게 되었다. 그랬을 때 그가 당연시하던 도덕률(그가 지킨 율법)과 잘못된 신학(그는 예수님을 잘못 알고 있었다)이 함께 재고 대상으로 떠올랐을 것이다.

본문에는 호기심을 부추기는 말이 담겨 있다. 다른 본문에서는 바울이 기독교인들을 죽였다는 이유로 기소를 받았다는 내용은 없다. 그는 언제나 배후에 있었다. 그는 스데반을 죽이려는 군중들의 살의를 묵인했다. 예수님의 제자들을 위협하면서 묵시적으로 살인을 용인했다. 기독교인들을 추적해서 공회당 법정에 세워 재판을 받게 했다. 그들을 죽이는 데 찬성표를 던졌다. 이것은 도덕적 타락의 한 단면이다. 사실 바울은 뒤에 숨어 조종했다. 그는 자기 손으로 기독교인들을 죽일 필요가 없었다. 다른 사람들이 기독교인을 죽이는 것을 보기만 하면 되었다. 한낱 공상에 불과하지만 사람들을 죽인 것은 자신이 아니라고 시치미를 뗐다. 율법과 법정이 합법적인 절차를 밟아 사형 판결을 내린 양 호도했다. 하지만 다메섹 도상에서 예수님의 질문을 받고는 이런 태도가 산산조각났다. 살인을 금할 뿐더러 분노를 살인의 한 형태라 규정한 분은 예수님이셨다(마 5:21-22, 19:18). 또한 아래와 같은 일들로 바리새인들(바울도 그 일원이었다)을 고소한 분도 예수님이셨다.

> 화 있을진저 외식하는 서기관들과 바리새인들이여 너희는 선지자들의 무덤을 만들고 의인들의 비석을 꾸미며 이르되 만일 우리가 조상 때에 있었더라면 우리는 그들이 선지자의 피를 흘리는 데 참여하지 아니하였으리라 하니 그러면 너희가 선지자를 죽인 자의 자손임을 스스로 증명함이로다…그러므로 내가 너희에게 선지자들과 지혜 있는 자들과 서기관들을 보내매 너희가 그 중에서 더러는 죽이거나 십자가에 못 박고 그 중에서 더러는 너희 회당에서 채찍질하고 이 동네에서 저 동네로 따라다니며 박해하리라(마 23:29-31, 34).

바리새인들은 바로 이같은 일을 예수님께 자행했다. 그들은 호시탐탐 예수님을 죽일 계책을 짰다(마 26:4). 결국 바울이 다메섹 도상에서 만난 예수님은 바울의 동료들에게 살해당했다. 그리고 바울도 예수님이 말씀하신 이 박해의 길을 따르고 있었다. 스데반 역시 예수님이 말씀하신 일들이 일어나리라 예견했다. 아마도 바울은 이 말을 들었을 것이다. "목이 곧고 마음과 귀에 할례를 받지 못한 사람들아 너희도 너희 조상과 같이 항상 성령을 거스르는도다 너희 조상들이 선지자들 중의 누구를 박해하지 아니하였느냐 의인이 오시리라 예고한 자들을 그들이 죽였고 이제 너희는 그 의인을 잡아 준 자요 살인한 자가 되나니"(행 7:51-52). 훗날 바울은 서신서에서 살인하지 말라는 계명의 합법성을 재천명한다. 그는 이 점을 아주 잘 알고 있으며, 로마서 13장에 나오는 '살인하지 말라'는 계명을 사랑의 법과 연결시킨다(9-10절).

예수님은 요한복음 8:44에서 바리새인들을 향해 재미있는 말씀을 하신다. 사탄과 살의를 연결시킨 것이다. "너희는 너희 아비 마귀에게서 났으니 너희 아비의 욕심대로 너희도 행하고자 하느니라 그는 처음부터 살인한 자요." 바울에게 사명을 맡기시며 사람들을 '사탄의 권세에서'(행 26:18) 구출하는 일을 언급하신다. 아마 바울은 바리새인으로서 사탄의 권세로부터 나온 살의를 품었던 자였으나 이제는 예수님에게 구출받은 자로서 사람들을 사탄에게서 돌이키는 일에 택하심을 받은 것으로 보인다.

전제의 변화

바울에게 의미심장한 변화가 찾아왔다. 예수님을 만나면서 하나님의 뜻을 따르려던 한 유대인이었던 자신을 보는 눈이 달라진 것이다. 이런 마주침이 있기 전에 그는 스스로를 의롭다 생각했다. 철저히 율법을 따랐으므로 하나님을 향해 옳은 사람이었다. 그는 출생 배경의 이점을 듬뿍 누리기도 했다.

바울은 충분히 자신에게 만족했다. 하지만 예수님을 만나면서 자신을 바라보는 눈을 의심하게 되었다. 그의 자아관은 "사울아 사울아 네가 왜 나를 핍박하느냐"라는 간단한 질문 때문에 산산조각났다. 비로소 자신의 진면목을 본 것이다. 하나님께서 원하시기 때문에 일을 하며, 진실로 하나님의 길로 행한다고 믿은 믿음이 모두 그릇된 것임을 깨달았다. 달라진 상황은 없다. 그러나 바울은 새로운 통전적인 틀을 가짐으로써 전에 값지다 여겼던 것을 무용지물로 보게 되었다. 빌립보서에서 바울은 자신의 출생 배경과 도덕적 우월감을 고백한다. "그러나 무엇이든지 내게 유익하던 것을 내가 그리스도를 위하여 다 해로 여길뿐더러…배설물로 여김은 그리스도를 얻고 그 안에서 발견되려 함이니 내가 가진 의는 율법에서 난 것이 아니요 오직 그리스도를 믿음으로 말미암은 것이니 곧 믿음으로 하나님께로부터 난 의라"(빌 3:7-9). 바울은 회심 전에도 기독교의 주장을 전혀 모르지 않았다.[24] 그러나 회심하기 전에는 기독교라는 도의 의미와 진리를 이단으로 여겼다. 그것은 단지 분쇄할 대상이었다. 하지만 그는 회심을 통해 기독교를 전혀 새로운 관점에서 보게 되었다. 다메섹 도상의 경험 이후로 완전히 새로운 눈으로 현실을 보게 되었다. 불트만은 이렇게 말한다.

> 이것이 회심이다. 그는 회심을 통해 전에 지녔던 자아관을 완전히 포기했다. 그때까지 자신의 인생에서 의미 있던 것들을 깡그리 버린 것이다. 자부심과 기쁨이었던 것도 포기했다(빌 3:4-7). 그의 회심은 내면적 도덕의 붕괴 때문에 일어나지 않았다(롬 7:7 이하를 자기 고백으로 해석한 데서 이런 오류가 심심찮게 제기된다). 그의 회심은 원함과 행함의 분열로 생긴 절망감에서 구출된 것이 아니다. 또한 회개의 회심도 아니며 무지를 벗긴 계몽 과정도 아니다. 그것은 그리스도의 십자가에

24 Nock, p. 67.

서 드러난 하나님의 심판, 즉 인간의 모든 성취와 자랑을 무효로 만드는 심판에 복종한 사건이었다. 따라서 바울의 회심은 그의 신학에 그대로 반영된다.[25]

바울이 갖게 된 새로운 관점은 억지로 짜낸 것이 아니다. 오랜 연구나 교리화의 산물도 아니다. 동료들의 강요로 생긴 것도 아니다. 오직 그가 처한 상황에 예수님이 하신 질문이 새로운 빛을 비춘 것이다. 예수님은 그를 고소하거나 심판하지 않으신다. 도리어 바울을 대하는 목소리에는 애잔함마저 배어 있다. 피하지 못할 위엄이 바울을 누르지만 꼭 대답을 들어야겠다고 밀어붙이는 식이 아니다.[26] 그 위엄은 진리와 진실에서 나왔다. 바울은 이 질문에 자극을 받아 현실을 있는 그대로 보게 되었다. 기독교인들을 색출하여 체포, 심문하고 살해까지 몰고간 자신의 그릇된 종교적·문화적 전제들을 본 것이다. 이것이 깨달음의 전후 맥락이다. 예수님을 만나면서 자신에게 내재된 전제들은 거짓이었으며 부적절했음이 드러났다. 현실과 냉정하게 마주친 결과 옛 전제들이 박살났다. 옛

25 Rudolph Bultmann, *Theology of the New Testament*, trans. Kendrick Brobel (New York: Scribner, 1965), p. 188. Bultmann이 정리한 개관은 옳다. 그러나 바울 회심에 회개가 들어 있지 않았다는 말은 옳지 않다. 회개는 정확히 관점의 변화를 드러낸다. 바울은 하나님을 기쁘시게 하는 수단으로서의 율법 및 자기 자신에 대한 전제를 완전히 폐기했다. 그 대신 하나님을 향해 나아가기 위해 십자가의 도를 받아들였다. 그는 문자 그대로 '생각을 바꿨다'. 이것이 바로 회개다.
Wood, p. 281에서 바울의 회심이 무지에 빠져 있다가 새로운 사실을 알게 된 계몽의 회심이 아니었다는 Bultmann의 주장을 유보한다. 그는 Bultmann이 "회심 경험 후에 일어난 매우 중요한 바울의 신앙과 신학을 간단하게 뭉뚱그려 놓는 것 같다"라고 느낀다.
Menoud, pp. 131-132의 해설도 살펴볼 필요가 있다 그는 바울 회심이 도덕적 혁신에서 나오지 않았다는 Bultmann의 의견에 동의한다. 바울은 본성적으로 윤리적인 골수 바리새인으로서 보통 사람보다 훨씬 더 도덕적으로 살았다. 바리새인인 사울은 모세 율법을 준수하면서 얻은 의를 굳게 믿었다. 그는 조상의 하나님을 신봉했기에 마지막 심판에서 넉넉히 구원받으리라 확신했다. 그에게 회심이란 이스라엘의 하나님께서 말씀하신 새로운 계시, 그리스도 안에서 일어난 하나님의 새로운 거사였다. 결국 이는 기존의 유대적 메시아 신앙과 소망을 재구성하는 계기가 되었다. 한마디로 말해, 그의 회심은 신학적 회심의 모델이다. 회심의 결과는 새로운 영적 또는 윤리적 생활보다는 새로운 신학적 입장으로 드러난다. 사도 바울이 획득한 영적 생명은 전혀 다른 신학 진리에 근원을 두기 때문이다.

26 "가시채를 뒷발질하기가 네게 고생이니라"(행 26:14, NIV)는 구절의 주해는 다음 장에 나온다.

전제로는 더 이상 현실을 담아낼 수 없음을 알게 되자 새로운 전제를 얻는다. 그것은 현실을 더 많이 담는 새로운 틀이다.[27]

진리는 바울을 송두리째 뒤엎고 스쳐 지나갔다. 다른 형태의 회심과 구별되는 갑작스러운 회심의 특징이 여기에 있다. 즉 '신속한 돌이킴'보다 '찰나의 깨달음'이다. 진리, 하나님, 자신, 세상이 돌아가는 방식을 깨달을 때 돌이킴이 있다. 서로 떨어져 연결되지 않았던 것들이 갑자기 제자리를 잡아 혼란스러움을 몰아낸다. 이럴 때 우리는 '아하, 그래서 그랬구나!' 하고 무릎을 친다. 바울의 깨달음에는 '예수님이 그런 분이셨구나. 내가 이런 사람이구나'라는 양면성이 있다. 이전까지 바울은 이 두 가지 모두를 잘못 알고 있었다. 그는 예수님을 거짓 메시아로 보고, 자신을 하나님의 뜻대로 충실히 행하는 사람이라 자신했다. 그런데 다메섹 도상 사건이 일어나면서 모든 것이 변했다.

깨달음은 회심을 촉진시킨다. 깨달음이 없으면 진정한 회심이 일어날 수 없다. 깨달음의 속도가 완만하든 급작스럽든 관계 없다. 또한 진리를 찾기 위해 사실들을 면밀히 분석한 결과 깨닫게 되었든 번뜩이는 창조적 직관으로 깨닫게 되었든 역시 문제가 안 된다. 회심을 재촉하는 요인이 내부 심리에 있든 외부 환경에 기인하든 상관없다. 사람을 밀어부치는 죄책감이든 또는 새로운 길을 열어주는 마주침이든 별로 중요하지 않다. 하지만 깨달으려면 돌이킴이라는 기폭제가 반드시 있어야 한다.

회심은 하나님을 바라보는 자신의 상태를 아는 깨달음에서 시작된다. 이런 깨달음이 없으면 변화의 동기조차 없다. 깨달음은 첫 걸음일 뿐이다. 바울이 자신의 모순을 알고도 여전히 깨달음을 거부한 채 바리새인의 대표로서 기독교인들을 체포하기 위해 다메섹으로 향하던 발걸음을 재촉했다고 가정할 수도 있

---

27 옛 전제와 새 전제 사이에는 연계성이 있다. 이 점은 다음 장에서 논의하겠다. 요점은 현실과 맞닥뜨리면서 새로운 의미가 부가되었다는 것이다.

다. 하지만 이것은 그야말로 '가정'에 불과하다. 그와 예수님을 만나게 했던 신묘 막측한 힘을 생각한다면 깨달음을 거부하기란 도저히 어려웠을 것이다.

그러나 깨달음의 순간이 그다지 인상적이지 않다면, 깨달음 자체를 무시할 수도 있다. 심리치료사들은 환자들이 자신에 대해 새로운 깨달음을 얻어도 일주일이 지나면 그 사실을 부인하거나 억압한다고 말한다. 내가 말하려는 것은 회심이 일어나려면 두 번째 단계가 필요하다는 것이다. 깨달음 뒤에는 결단이 있어야 한다. 과연 옛 길을 버리고 새 길로 돌아설 것인가? 이 두 번째 단계에 해당하는 말이 '회개'다.[28] 깨달음이 회개보다 먼저 온다. 깨달음 없이는 옛 길을 버리고 새 길을 따르겠다고 결단할 수 없다.

따라서 열두 제자들의 회심에 대한 첫 번째 질문이 이것이다. 그들의 회심에는 하나님께서 하시는 일, 하나님과 자신들의 관계에 대한 깨달음이 전제되었는가? 그렇다면 '언제, 어떻게, 왜' 그런 일이 일어났는가? 사도 바울에게 일어난 것과 비슷한 새로운 깨달음이 없다면 그들이 회심했다고 볼 수 없다.

28 부록에 나오는 헬라어 '메타노에오'(*metanoeō*)에 관한 논의를 보라.

제3장
돌이킴: 예수님을 만남

사도행전에 나온 세 군데의 회심 기사를 볼 때, 바울의 회심에는 핵심적인 단계가 분명히 있다. 첫째, 깨달음의 단계다. 바울은 예수님의 정체를 알게 된 것처럼 하나님 앞에 놓인 자신의 현실을 자각했다. 둘째, 돌이킴의 단계다. 바울은 예수님을 붙들었다. 셋째, 변화의 단계다. 바울은 새 생명을 받아들였다. 제2장에서는 이 세 단계 중 첫 번째 단계를 살폈다. 바울 회심을 둘러싼 전후 사정에서 엿볼 수 있는 깨달음의 본질을 보았다.

이 장에서는 두 번째 단계가 분석된다. 바울은 예수님과 마주친 이후로 방향을 전환해 새 방향, 새 길로 걷기 시작했다.

예수님을 본 환상

바울이 완전히 변화한 계기는 나사렛 예수님을 만난 사건이다. 바울이 알기로 예수님은 십자가에 처형된 사람이었다. 그렇다면 다메섹으로 향하는 한낮의 길 위에서 무슨 일이 일어났는가? 다른 모든 것은 제쳐놓더라도, 사도행전에 나오는 세 가지 기사들은 특이한 형상들을 전한다.

빛이 있었다.

> 사도행전 9:3—"사울이 길을 가다가 다메섹에 가까이 이르더니 홀연히 하늘로부터 빛이 그를 둘러 비추는지라."
> 사도행전 22:6—"가는 중 다메섹에 가까이 갔을 때에 오정쯤 되어 홀연히 하늘로부터 큰 빛이 나를 둘러 비치매."
> 사도행전 26:13—"왕이여 정오가 되어 길에서 보니 하늘로부터 해보다 더 밝은 빛이 나와 내 동행들을 둘러 비추는지라."

음성이 있었다.

> 사도행전 9:4—"땅에 엎드러져 들으매 소리가 있어 이르시되 사울아 사울아…."
> 사도행전 22:7—"내가 땅에 엎드러져 들으니 소리 있어 이르되 사울아 사울아…."
> 사도행전 26:14—"우리가 다 땅에 엎드러지매 내가 소리를 들으니 히브리 말로 이르되 사울아 사울아…."

빛 가운데서 음성이 들리며 한 사람이 환상으로 보였다.

사도행전 9:5, 22:8, 26:15—"주여 누구시니이까."

이런 현상은 바울과 함께 있던 사람들도 느꼈다.

사도행전 9:7—"같이 가던 사람들은 소리만 듣고 아무도 보지 못하여 말을 못하고 서 있더라."

사도행전 22:9—"나와 함께 있는 사람들이 빛은 보면서도 나에게 말씀하시는 이의 소리는 듣지 못하더라."

사도행전 26:14—"우리가 다 땅에 엎드러지매…."

그리고 바울의 몸에 물리적인 충격이 가해졌다.

사도행전 9:8—"사울이 땅에서 일어나 눈은 떴으나 아무 것도 보지 못하고 사람의 손에 끌려 다메섹으로 들어가서."

사도행전 22:11—"나는 그 빛의 광채로 말미암아 볼 수 없게 되었으므로 나와 함께 있는 사람들의 손에 끌려 다메섹에 들어갔노라."

도대체 이러한 기사가 어떻게 나왔는지 몇 가지 의문이 든다. 첫째, 이 세 본문은 모두 진실을 말하고 있는가? 이 일은 정말 일어났는가? 아니면 이해력이 약한 사람들에게 예수님이 정말 거기 계셨다고 믿게 하려고 극적 요소를 덧칠한 경건한 허구에 지나지 않는가? 둘째, 일이 일어났다면 과연 그 일은 어떤 일이었는가? 환상이란 다 무엇이며, 어떻게 이런 일을 전할 수 있는가? 역사적으로 볼 때 이런 일이 일어난 다른 사례가 또 있는가? 셋째, 바울은 예수님과 무슨 대화를 나누었길래 충격을 받았는가?

기사의 신빙성

본문들은 역사적 진실을 기록하는가? 이 질문은 위의 기사뿐 아니라 신약 전체에 던지는 질문이다. 이와 관련해 쏟아진 글이나 논쟁만 해도 수없이 많다. 따라서 이 책에서는 사도행전의 기사가 실제 사건의 요지며, 사도행전을 기록한 누가의 기록 목적에 맞게 구성된 것이라는 학자들의 결론이 보편적임을 밝히는 것에 만족해야겠다. 로핑크는 바울의 회심을 다룬 책 마지막 장에서 이 점을 명확히 언급했다.

> 누가의 다메섹 이야기와 역사적 사실 사이의 관계에 대해 짤막한 결론을 내리고 싶다. 사도행전 기사는 실제 일어난 일을 한 글자도 틀림없이 기록한 것이 아니다. 물론 순전히 허구도 아니다. 이것은 전통적으로 받아들여지던 문학적 형식 또는 문학적 기법으로 표현한 역사적 전승을 누가가 해설한 것이다. 아울러 잘 검증된 역사적 전승(바울의 서신서들이 그 예다)의 기록이다.[1]

바울의 회심 경험이 과연 신빙성이 있는지 몇몇 문헌들을 살펴보자. 이렇게 함으로써 바울의 회심을 이해하는 데 유용한 정보들이 더 많이 쌓일 것이다.

잉글리스의 관점이 논쟁의 한 축을 차지한다. 그는 바울의 예수님 경험이 순전히 주관적이라고 말한다. 자신의 정신 상태 외에는 다른 어떤 동기를 찾을 수 없는 내적이며, 정신적인 과정에서 나왔다는 것이다. 잉글리스는 이런 가정 하에 본문에 접근한다. 따라서 바울 회심이 일어날 때 나타난 여러 가지 현상을 받아들이는 데 큰 문제가 없다. 불안한 정신 상태에 있는 사람에게 일어날 만한 일이라고 생각하기 때문이다. 잉글리스에게 문제가 되는 대목은, 빛을 보고 음

1 Gerhard Lohfink, *The Conversion of St. Paul: Narrative and History in Acts*, trans. Bruce J. Malina (Chicago: Franciscan Herald Press, 1976), p. 101.

성이 아닌 소리를 들었다는 동행인들의 증언이다. 바울이 환상을 보았다고 하는 것과 바울과 동행하던 사람들이 보았다고 하는 것은 다른 문제다. 누가가 직접 그들과 대면해 증언을 들었을 리는 없기에, 이 환상이 보여준 외부 영향에 대해서는 바울의 기록에 의존하지 않을 수 없었을 것이다.

> 환상이 동행인들에게 끼친 영향에 관해서는 오직 바울의 말만이 증거로 제시될 뿐이다. 따라서 이 증거의 신빙성을 의심하는 것은 당연하다. 바울은 권위를 내세워 자신이 보고 들은 것에 관해 어떠한 의심도 허용하지 않는다. 하지만 자신이 겪은 영적 경험이 다른 사람에게 영향을 끼쳤다고 말하는 대목에서 그의 말은 신빙성을 잃는다. 이 기사가 사도 자신의 관찰에 근거를 두었을 가능성은 없다. 빛이 홀연히 비쳤을 때, 주변 사람들의 행동을 기록할 의도를 가지고 있다거나, 기록할 기회가 있었다는 암시도 전혀 없다. 그는 너무 눈이 부셔서 즉시 땅바닥에 쓰러졌고 환상이 사라졌을 때는 앞을 볼 수 없었다. 따라서 이 정보는 동행인들로부터 전해 들은 것이다. 그러니 동행했던 사람들이 마음먹기에 따라 얼마든지 내용이 꾸며질 수 있다. 홀연히 지상에 나타나신 주님의 모습을 보고 사람들은 놀라움과 두려움에 사로잡힐 수밖에 없었다. 바울은 그들에게 자기가 겪은 일을 미주알고주알 늘어놓을 수 있는 몸 상태가 아니었다. 이런 점들로 미루어 동행한 사람들이 전한 증거에 의심의 눈길을 보낼 수밖에 없다. 이와 관련한 세 군데 기사들이 상충하거나 적어도 일관되지 않다는 점에서도 이러한 의심이 드는 것은 당연하다.[2]

잉글리스는 심리학의 권위를 빌린 일정한 전제를 갖고 바울 경험의 본질을 들여다보려고 했기 때문에 본문을 특정한 방식으로 읽었다. 물론 이것은 신빙성과는 전혀 관계 없다. 어떤 렌즈를 끼고 읽어야 본문이 믿을 만하지 못한 기

---

2 G. J. Inglis, "The Problem of St. Paul's Conversion," *Expository Times* (1929): 230.

록으로 취급되는지에 관한 문제만 제기했을 뿐이다. 잉글리스는 세 군데에 등장하는 기사들이 상충한다고 말한다. 이것은 비단 세 가지 기사만은 아니다. 릴리는 자기 논문에서 상충 관계에 있는 본문들을 제법 세밀하게 살펴본 후 이런 결론을 내린다. "사도행전에 기록된 바울의 회심 부분이 '역사적 신빙성'을 지녔는지 미리부터 모순을 찾아낼 필요는 굳이 없다. 왜냐하면 그런 모순은 없기 때문이다."[3]

릴리가 보여주려고 한 것은, 이 본문들을 믿을 만한 것으로 여기고 접근할 경우 결국 모순되지 않는다는 믿음을 가지고 읽게 된다는 것이다. 바꾸어 말하면, 이 본문들의 신빙성은 다른 근거 위에서 다룰 문제다(그리고 그것은 이 책의 논의 범위를 넘어선다).

로핑크는 이 본문들의 신빙성을 다른 각도에서 제기한다. 그는 '보수적인 방법'(본문 간 차이점들을 해소하는 방법으로 릴리가 이 입장에 서 있다)이라 이름 붙인 것[4]과 '문학 비평을 통한 해결책'[5] 양쪽을 모두 거부한다. 문학 비평을 통한 해결책은 '문학 양식의 표현과 문학적 구성의 문체'를 고려해 현대 석의 방법론 또는 '형식 비평적 사고'를 중시한다.[6] 그는 이러한 관점에서 본문들에 대한 결론을 본장 처음부터 내렸다.[7] 또 여기에 다음처럼 촌평을 덧붙인다. "이 사건들을 바라보는 누가의 해석은 자신의 견해가 아니다. 여러 가능한 역사 해석 중 하나도 아니다. 역사 해석은 인간의 노력에 끼어들기 마련인 실수가 있을 가능성이 있다. 누가가 내린 해석은 성령이 생산한 해석이다. 또한 이 해석은 저자가 말하려는

---

3 Joseph L. Lilly, "The Conversion of Saint Paul: The Validity of His Testimony to the Resurrection of Jesus Christ," Catholic Biblical Quarterly 6 (1944): 189.

4 Lohfink, pp. 33-40.

5 Lohfink, pp. 40-46.

6 Lohfink. p. xii.

7 본서 p. 92, n. 1을 보라.

바를 담고 있기에 오류 가능성이 없다."[8]

바울 회심 기사의 신빙성에 가장 인상적인 논쟁을 제기한 사람은 『부활 신앙과 역사』의 저자 대니얼 풀러다. 풀러는 논리와 역사에 바탕을 두고, 부활하신 주님을 만나는 일이 일어날 수밖에 없었고, 그렇지 않다면 역사적으로 확실한 사건들마저 적절한 설명이 불가능함을 입증하려고 했다. 바울이 부활하신 예수님을 만난 것이 역사적으로 높은 개연성이 있음을 풀러가 입증할 수 있다면 그 사건을 기술한 누가의 기록 역시 신빙성이 높다고 볼 수 있다.

이제부터 풀러가 그의 책 제7장과 제8장에서 전개한 기본적인 논의를 요약하면서 확대 해석해보자. 여기에서 풀러는 바울이 스스로 주장하고 누가가 기록한 것과 같은 회심이 없었다면 초기 교회가 왜 이방 선교를 했는지 설명할 길이 없음을 입증하려고 한다. 누구도 이의를 제기하지 않는 이방 선교라는 역사적 사실은 바울이 예수님을 만나 회심하지 않았다면 결코 제대로 설명할 수 없는 주제다.

풀러는 바울과 같은 정통 바리새인이 어떻게 기독교의 이방인 선교에 열심을 내게 되었는지 의문을 품는 데서 출발한다. 그는 이러한 의문은 바울이 성전에서 체포된 후에 겪는 다양한 심문과 그 맥을 같이 한다고 본다. 그리고 "바울이 헬라인을 데리고 성전에 들어가서 이 거룩한 곳을 더럽혔다"[9]라는 헛소문 때문에 소요가 일어났음을 지적한다. 체포된 바울은 소요를 일으킨 사람들 앞에서 자기 변호의 기회를 얻었다. 여기서 바울은 정통파 유대인인 자신이 어떻게 이방 선교를 하게 되었는지 설명하려 했다(이 소요는 이방인들때문에 일어났다).

바울은 자신의 이력을 열거하기 시작한다. 이는 그가 조상들의 신앙에 헌신한 진짜 유대인임을 보여주기 위해서다. 그는 너무 열심이었던 나머지 기독교인

---

8 Lohfink, p. 101.

9 Daniel P. Fuller, *Easter Faith and History* (Grand Rapids: Wm. B. Eerdmans Publishing Co., 1965), pp. 209-10.

들을 핍박하는 핍박자가 되었다(행 22:1-15). 그런 다음 그는 다메섹 도상에서 부활하신 예수님을 만난 이야기를 꺼낸다(행 22:6-16). 그리고 예루살렘에서 본 두 번째 환상을 말한다. 지금까지는 괜찮았다. 군중은 그의 말을 잠자코 듣고 있었다. 그러나 바울이 "나더러 또 이르시되 떠나가라 내가 너를 멀리 이방인에게로 보내리라 하셨느니라"(행 22:21)고 말하자 군중은 거칠게 반응했다. 누가는 그 반응을 이렇게 기록한다.[10] "이 말하는 것까지 그들이 듣다가 소리 질러 이르되 이러한 자는 세상에서 없애 버리자 살려 둘 자가 아니라 하여"(행 22:22).

하나님께서 바울을 이방인에게 보내셨다는 말에 군중은 왜 그토록 거칠게 반응했는가? 이방인이 성전 안에 들어왔음에도 왜 소요가 일어났는가? 이 질문에 대한 답은 유대인이 이방인을 보는 눈길, 특히 '이방인에 대한 유대인의 우월감'[11]과 관계가 있다. 유대인은 하나님의 선민이었다. 하나님께서는 그들에게 율법을 주셨다. 그런데 "이방인에게 바울이 전하는 은혜의 메시지는…유대인들의 우월성을 무색하게 만들었다."[12] "부활하신 예수님이 나타나심으로 하나님의 은혜가 분명해졌고, 이 은혜로 부정한 음식을 먹는 할례받지 않은 이방인이 구약이 약속한 복에 동등한 참예자가 되었다. 그런데 유대인으로 하여금 이 진리를 인정하게 할 만한 권세는 이 세상에 없었다."[13] 아니 하나님께서 이방인을 찾으신다는 것은 도저히 상상할 수 없고 그들의 신관(神觀)에 완전히 어긋나는 일이었다.

풀러가 말하려는 요지는 이것이다. 1세기 정통 유대주의 권에서는 바울이 이방인 선교를 추진할 만한 동기가 어디에도 없었다. 더욱이 바울은 율법이 중요

10 누가는 이 모든 말들을 다른 사람들로부터 들은 것 같지는 않다. 오히려 직접 목격한 것 같다. 행 21:17에 그가 바울과 함께 예루살렘으로 올라왔음을 보여주는 구절이 나온다.

11 Fuller, p. 210.

12 Fuller, p. 212.

13 Fuller, p. 222-23.

하지 않고, 유대인이나 이방인 모두 예수 그리스도 안에 있는 믿음을 통해 은혜로 구원을 받음으로써 하나님 앞에서 동등한 존재라고 여기며 선교했다.[14]

유대주의 안에서 이런 일을 할 만한 동기를 전혀 찾을 수 없는데 어떻게 바울 같은 정통 유대인이 이방 선교에 열정을 품게 되었는가? 그는 단지 '변절한 유대인'이었는가?[15] 이런 가능성은 바울이 로마 법정에 서기 전까지 여러 차례 심문을 당하면서 펼친 주장을 살펴보면 여지없이 무너진다. 선동가로서 유대인들의 소요를 조장했다, 비밀 사교(邪敎)의 우두머리였다, 성전을 더럽히려고 했다는 세 가지 죄목으로 바울은 벨릭스의 법정의 피고가 되었다(행 24:5-6). 어떤 혐의도 바울의 유죄를 확정하기에는 충분하지 못했다. 선동에 대해서 어떤 혐의도 바울의 유죄를 충분히 확정짓지 못했다.

선동에 관해서 보자. 이런 혐의를 들은 벨릭스는 바울을 붙잡았을 때 일부 사람들이 그랬듯이 바울을 애굽 사람으로 혼동했다(행 21:38). 당시 벨릭스는 군대를 보내어 이 애굽 사람과 그의 추종자 4천 명을 겨우 붙잡았는데, 그들은 감람산에 진을 치고 예루살렘 성벽이 무너지면 예루살렘을 공격할 태세를 갖추고 있었다(요세푸스[Josephus], 유대기, XX. 8.6). 벨릭스는 전에도 선동가들을 심문한 경험이 있었으므로, 바울이 그런 부류의 죄인이었다면 역시 같은 식으로 처리했을 것이다. 다른 두 고소도 보자.

> 바울이 비밀 사교 집단을 조직하려 했음을 입증하면 그를 법률 위반으로 기소할 수 있었다. 율리우스 카이사르 치하에서 모든 학당 또는 '특별한 사교 모임'이 금지되었기 때문이다(수에토니우스, 「신처럼 고귀하신 율리우스」, XLII. 3).

---

14 Fuller, p. 217. Fuller는 이런 지적을 한다. "유대인 역시 이방인 개종자들을 얻으려고 했다. 예수님께서도 유대인들이 산을 넘고 물을 건너 한 이방인을 개종시키려 한다고 말씀하셨다(마23:15). 그러나 이방인은 유대적인 우수성을 하나도 남김 없이 받아들여야 결격 사유가 없는 유대인이 될 수 있었다"(p. 218 n. 34).

15 Fuller, p. 218.

유대인들이 바울을 고소한 세 번째 사항은 성전을 모독했다는 것이다. 바울이 이방인의 뜰을 넘어 이방인을 성전으로 데리고 들어와 성전을 더럽혔다면 로마는 그를 사형시킬 수 있도록 유대인에게 허락했을 것이다(요세푸스, 『유대 전쟁기』, VI. 126). 유대인들이 이 세 가지 사항 중 하나라도 입증할 수 있었다면 바울을 제거하기란 식은 죽 먹기였다.[16]

바울은 혐의를 조목조목 부인했다. 벨릭스는 그의 변호에 내심 공감했다. "총독인 벨릭스는 기독교에 대한 이해가 있었으므로 바울의 무죄를 확신했다. 그러나 바울을 방면해 유대인들을 실망하게 할까 봐 정밀 수사를 원했던 것처럼 보인다(행 24:22). 그러나 벨릭스는 결국 어떤 조치도 취하지 않았고 바울은 가이사랴에 투옥되었다."[17]

2년 후 베스도는 바울 사건을 들었다. 그도 바울이 유죄라고 생각하지는 않았다. 그는 바울이 살아났다고 주장하는 처형 당한 예수에 대해 유대인의 종교가 반감을 가지고 있음을 재빨리 포착했다(행 25:19). 하지만 베스도는 편지를 써야 했다. 그는 이 사건의 개요를 자세히 밝히는 편지를 바울의 손에 들려 로마로 보냈다.[18] 베스도는 아그립바 왕에게 아래와 같은 도움을 청한다.

베스도는 아그립바 왕에게 바울이 신실한 유대인인지, 비밀스러운 종교(*religio illicita*)를 선전하는 자인지 가려달라고 요청했다. 로마는 자세한 수사를 벌여, 바울이 유대주의에서 일탈한 혐의가 있으면 이 점을 구체적으로 적시하여 로마로 보낼 수 있었다.

바울은 아그립바 앞에서 자신을 변호하면서(행 26:1-32), 정통파 바리새인인 자신

---

16 Fuller, p. 213.

17 Fuller, pp. 213-14.

18 Fuller, p. 214.

에게 조금이라도 흠이 될 만한 점, 곧 그가 이방 선교의 주도자라는 점을 말하지 않는다. 정통 유대주의는 죽은 자들의 부활을 믿었는데, 바울은 부활하신 예수님이 그에게 이방 선교를 맡겼기 때문에 이 일에 뛰어들었다. 바울은 부활을 믿는 믿음으로 선교했음을 보여준다. 그래서 유대주의를 등졌다는 혐의로 고소되지 않을 수 있었다. 그만큼 부활의 소망은 유대주의의 핵심이었다.[19]

바울은 아그립바 왕 앞에서 자신을 변호할 기회를 얻었다. 그는 이미 여러 차례 밝힌 내용을 다시 한번 세세하게 전한다. 부활하신 예수님이 정통 유대인인 자신에게 이방 선교를 맡기셨기 때문에 그 일에 연루되었다는 것이다.

풀러는 아래와 같이 길게 요점을 설명한다.

로마로 가기 전 심문을 받는 동안 왜 바울이 이방 선교에 나섰는지 두 가지 설명이 가능하다. 유대주의는 결코 이런 선교를 수행할 리 없으므로 유대주의에 영향을 받은 것은 아니다. 그가 이방 선교에 연루된 이유는 다음과 같다. 첫째, 바울은 변절한 유대인이었으므로 이방 선교에 나설 수 있었다는 것이다. 둘째, 유대주의에 대한 바울의 생각이 일부 수정되어 유대주의의 기본에 여전히 충성스러우면서도 선교를 수행하지 않으면 안 되는 강박감을 느꼈다는 것이다.

로마 당국은 첫 번째 가능성은 아니라고 확신했다. 왜냐하면 아그립바 2세가 로마에 보낸 편지를 보면, 바울이 비록 구금되어 있으면서도 자기 종교를 실천하고 선전할 자격이 있는 신실한 유대인임을 확증했음을 알 수 있기 때문이다. 이게 사실이라면 바울의 정통 유대주의가 일부 수정되어 이방 선교에 나설 수밖에 없었음이 유일한 가능성으로 남는다. 로마 당국은 이 내용을 완전히 파악하지는 못했지만 첫 번째 가능성을 배제함으로써 부활하신 그리스도께 받은 명령 때문에 선교

19 Fuller, p. 215.

하게 되었다는 바울의 주장을 지지한다.

어떻게 바울이 정통 유대주의의 핵심을 여전히 철두철미하게 지키면서도 유대주의의 우수성을 알리지 않았는지 이해해야 한다. 바울 안에 있던 내적 동기 또는 바리새인이라는 배경에서 그가 이방 선교에 투신하게 된 동기를 찾을 수 없다. 왜냐하면 이방 선교에 대한 바울의 자부심은 너무 커 이제 유대인들이 도리어 그를 핍박할 정도로 열심을 냈으니 말이다. 따라서 이방 선교에 대한 설명은 바울의 본래 배경과는 다른 어떤 것에서 나와야 한다. 자연스러운 추론을 떠난 외부의 힘에서 찾아야 한다는 것이다. 바울은 부활하신 예수님이 그에게 나타났다고 설명한다. 상식적인 추론으로는 바울이 왜 이방 선교를 하게 되었는지 설명이 불가능하며, 초자연적인 영역에 기원을 두는 설명을 하자니 마땅히 예수님의 부활을 떠올리지 않을 수 없으므로 이 제안을 수용할 수밖에 없다.[20]

바울이 정통 유대주의에서 벗어난 유일한 점은 유대인들이 미래에 일어나리라 믿는 부활이 나사렛 예수 한 사람에게서 이미 일어났다고 주장하는 데 있다. 바울은 다메섹으로 향하던 길에서 부활하신 예수님을 만났기 때문에 이 사실을 알게 되었다. "이방 선교는 부활의 결과일 수밖에 없다.…부활하신 예수님이 그에게 나타나 전파의 사명을 위임하셨다."[21] "그가 열성으로 이방 선교에 나선 것은 유대주의에 대한 충성심이나 실망감 때문이 아니라, 오직 예수님이 그에게 나타나셨다는 사실로만 설명된다."[22]

풀러는 사도행전에 나오는 자료들을 검토하며 이 점을 분명히 한 후, 바울의 서신서들을 바탕으로 같은 추론이 얼마든지 가능함을 보여준다.

---

20 Fuller, pp. 218-19.

21 Fuller, p. 220.

22 Fuller, p. 245.

바울 서신들에 나오는 자료로 누가의 논증을 뒷받침할 수 있다. 이방 선교는 한때 유대인이었으며 지금도 유대인으로 남아 있는 한 사람에게서 비롯되었다. 바울이 회심하기 전에 그랬던 것처럼 유대인들이 이방 선교를 반대하는 상황에서 그를 변화시켜 이방 선교를 이끌어낸 것은 다름 아닌 부활하신 그리스도의 은혜로운 출현 때문이라는 주장이 옳다.

이러한 논증을 뒷받침해주는 필수적인 자료가 두 군데 출처에서 나오는데, 사도행전 자료들이 바울 서신서에서 따온 것에 불과하다면 이 논증 자체가 무색해진다. 그러나 사도행전이 바울 서신에 문학적으로 의존하지 않는다는 점은 거의 모두가 받아들이고 있는 사실이다.…사도행전과 바울 서신서들은 엄밀한 의미에서 바울을 이해할 수 있는 독립적인 원천이므로, 결과적으로 우리는 이 논증을 유효하게 하는 세 가지 필수 사항을 역사적으로 완전히 검증했다.[23]

'이방 선교는 의심할 여지가 없는 역사적 사실'[24]이므로 바울의 회심과 분리해 설명할 수 없다. 이방 선교야말로 회심 사실을 지지하는 강력한 증거다. 누가의 기록에 따르면 바울의 회심을 진실로 인정해야 한다. 바울에게 무슨 일인가 일어났다. 누가가 정확하게 기술하지 않았다 해도 그가 전한 것과 아주 비슷한 어떤 일이 일어났다. 우드는 이렇게 논평한다. "다메섹 도상에서 일어난 일에 관한 사도행전의 이야기와 스데반의 순교를 역사적 사건으로 받아들이지 않는다면, 이런 류의 이야기들을 가공해야 하는데, 내가 보기에 그것은 보통 어려운 작업이 아니다."[25] 이와 똑같은 성격을 지닌 실제 사건이 있는데 누가가 왜 고생을 무릅쓰고 억지 믿음을 만드는 사건을 지어냈겠는가?

---

23 Fuller, pp. 246-47.

24 Fuller, p. 226.

25 H. G. Wood, "The Conversion of St. Paul: Its Nature, Antecedents and Consequences," *New Testament Studies* 1 (1955): 278.

이 모든 것 외에 남은 유일한 가능성이 있다면 바울이 거짓말을 하고 있다는 것이다. 풀러의 말을 다시 들어보자.

> 이런 주장도 있을 수 있다. 즉, "바울이 그저 협잡꾼에 지나지 않는다는 것이다. 그래서 서신서에서 이런 사실을 조작했으며 사도행전 저자까지 속였다는 것"이다. 하지만 이런 가설이 지지를 받기는 어렵다. 라이마루스(Reimarus)의 가설이 반박당한 것처럼 바울의 경우도 반박당할 것이기 때문이다. 라이마루스는 제자들이 예수님의 주검을 훔치고 빈 무덤이 예수님 부활의 증거라도 되는 양 주장했다는 가설을 세운 학자다. 바울이 왜 한낱 자신이 꾸민 이야기 때문에 그토록 궁핍과 죽음의 위협을 감수하며 고난 받았겠는가?[26]

환상의 본질

다메섹 도상에서 바울에게 사건이 일어났다. 아주 강렬한 빛 때문에 바울 일행은 땅바닥에 쓰러졌다. 그때는 중동 지역의 뜨거운 태양이 중천에 걸린 정오였다. 어디서 음성이 들려왔다. 인생을 바꿔놓을 깨달음이 대화 속에서 나왔다. 거기에 바울에게는 전혀 존재하지 않던 한 사람이 나타난다. 그리고 신체적인 충격도 뒤따랐다. 바울의 눈이 멀었다. 동행들도 환상의 여파를 받았다. 바울에게 과연 무슨 일이 일어났는가? 이런 일이 지금도 일어나는가? 다른 사람들에게도 이같은 일이 일어났다는 보고가 있는가?

마르가니타 라스키의 연구 결과

오늘날에도 이런 신비스러운 조우가 일어났다는 기록들은 많다. 몇 가지 조사 결과도 이 점을 입증한다. 마르가니타 라스키가 1950년대에 실시한 연구가

---

26 Fuller, p. 247.

바로 그렇다. 그녀는 『황홀경: 세속과 종교 경험에 관한 연구』에서 그간의 연구 결과를 담았다.

라스키는 헤로인을 맞고 신비한 체험을 하면서 소설을 쓰고 있었다.

그녀는 "황홀경이 누구에게나 일어나는 일인가?" "그렇다면 그때의 느낌은 어떠한가?"라는 의문을 품었다. 자신의 질문에 답할 연구 결과가 없음을 안 그녀는 황홀경에 대한 경험적인 조사를 하는 데 노력을 기울였다. 물론 그녀는 이 방면에 비전문가였다. "이 일을 하는 전문가가 없었고, 또 내가 알기로 지금까지 어떤 전문가도 이 일을 하려고 생각지 않았기 때문"에 연구를 시작했다.[27]

그녀는 세 가지 맥락에서 황홀경을 경험한 사례, 즉 그녀가 알고 있는 또는 이 연구 기간에 만난 개인들, 문학 작품에 나온 사례들, 종교 관련 자료들을 모았다. 그녀는 친구들과 주변 사람들을 인터뷰했다. 직접 자신이 개발한 9개 항목으로 된 설문지를 작성하고 문헌 조사를 시작했다. 그것은 "설문에 응하는 사람 입장에서 많은 사람들에게 공개해도 좋을 만하다고 생각되는, 피상적으로 유사한 경험을 설문 그룹들에서 찾아내는 방법"이었다.[28] 그녀는 내용을 분석해서 "크게 두 부분으로 나눴는데, 첫 번째 부분(섹션 I)에서는 이런 경험이 일어나는 환경(격발체)을 적시했고. 두 번째 부분(섹션 II에서 V까지)에서는 설문에 응한 사람들이 진술한 경험을 다루었다."[29]

두 번째 부분에서 라스키는 황홀경이 진행되는 동안 사람들이 무엇을 느꼈는지 주로 관심을 가졌다. 그녀는 네 가지 범주를 설정했다. 첫째, 상실감(시공간 감각 또는 인간 욕망을 상실함),[30] 둘째, 획득감(완전한 만족 또는 기쁨을 얻은 기분, 신적

27 Marghanita Laski, *Ecstasy: A Study of Some Secular and Religious Experiences* (New York: Greenwood, 1968), p. 2.

28 Laski, p. 12.

29 Laski, p. 16.

30 Laski, p. 24.

존재와 접촉한 느낌, 또는 새로운 깨달음을 얻은 기쁨),[31] 셋째, 의사(擬似)신체감정(부양감, 고통 또는 평안),[32] 넷째, 격렬함 또는 물러남(무엇인가 강력한 것이 자신을 떠받치고 있다거나 어디론가 깊이 잠기는 느낌)이다.[33]

바울의 경험을 이해하는 데 라스키의 연구 결과를 동원하면 큰 빛을 발한다. 사건 자체의 외적 경험보다는 그것을 어떻게 느꼈는지 살피는 내면적 경험에 초점을 맞췄기 때문이다. 그녀는 '황홀경 경험에 물리적인 사건이 동반하는가?', '물리적 사건이 황홀경을 묘사하는 어떤 기준이 될 수 있는가?' 등의 질문에 대답하기 위해서는 더 깊은 연구가 필요하다며 자신의 한계를 인정했다.[34]

또 한 가지 한계가 있다. 그녀가 뽑은 설문 대상이 너무 적고 무작위라는 점이다. 그녀와 동료들은 라스키 설문지를 이용해 모두 63명을 간략하게 면접했다. 여기에 덧붙여서 라스키는 27건의 문학 자료와 22건의 종교 자료를 분석했다. 22건의 종교 자료 중 10건은 이블린 언더힐의 『신비한 길』(*The Mystic Way*)에서, 6건은 윌리엄 제임스의 『종교적 경험의 다양성』에서 가져왔다. 그녀가 분석한 자료는 자체가 제한적일 뿐더러 대표성이 있을 만큼 조직적으로 쌓이지도 않았다. 몇 명의 친구들과 책 몇 권에서 연구 결과를 얻었을 뿐이다. 그러나 이전까지 그런 연구가 없었기 때문에 그녀가 나눈 범주들에 좀 더 조직적인 조사가 필요함에도 불구하고 연구 기초로 사용된 것 같다.

이런 한계에도 불구하고 두 가지 자료들이 바울의 회심과 연결된다. 첫째, 라스키는 황홀경을 경험하면서 '빛'을 보았다는 사람들을 찾아낸다. 둘째, 그런 경험을 할 때 어떤 '존재'와 마주쳤다는 개인들을 우연히 만났다. 아래는 이 두 범주에 포함된 자료들의 예를 보여준다. 이 자료들은 설문 응답자들이 자신의 경

---

31 Laski, p. 30.

32 Laski, p. 32

33 Laski, p. 32.

34 Laski, p. 372.

험을 묘사하는 데 사용한 실제 단어와 구들을 그대로 적은 것이다.

- 빛 또는 열을 표현하는 단어와 구

L그룹)[35] 하얗게 됨, 섬광, 빛이 몰려오다—그의 얼굴…너무나 밝다, 위대한 천사, 지성의 빛, 그의 눈은 별처럼 쉴새없이 빛나 보인다—어디론가 떨어지는 느낌, 그때 갑자기 빛의 섬광이 보이다, 타오르다…분명하게 구별되는 예리한—생각 ... 불처럼 급하게(L 2), [...] 번개가 치듯 번쩍거렸다—환영(幻影) ... 형형색색의 태양 빛처럼—무지에서 벗어남(L 11), [...] 불로 다같이 충격을 받음—거대한 화염이 삼킬듯이 널름거린다(L 17b), [...] 자줏빛으로 땅이 물든다(L 22). [...]

R그룹) 빛나는 밝음—천상에서 번개가 번쩍 쳐서 존재의 심연까지 꿰뚫고 지나간다(R 1), [...] 주님의 찬연하심을 본다(R 19).[36]

- 접촉감

Q그룹) [...] 교제—직접적인 소통(Q 5), 창조주와 접촉한 느낌(Q 15), [...] 다른 어떤 것과 교통함(Q 27); [...]

L그룹) 존재와 함께함—무엇인가가 훨씬 더 깊이 흘러 들어오는 ... 느낌 ... 어떤 운동과 어떤 영(L 1a). 살아계신 하나님의 방문—고요한 내성(內省)으로 잠김(L 1b). [...] 존재의 현존 안으로 들어감(L 5); [...] 하나님과 연합(L 11); [...] 아주 분명한, 손에 잡히는 창조주의 임재(L 23b). [...]

35 L그룹은 문학에서 뽑은 자료군, R그룹은 종교와 관련해 뽑은 자료군, Q그룹은 설문 보고를 뜻한다. 각각 자료군에 출처를 밝히는 기호를 달았다.

36 Laski, pp. 464-65. 이것은 라스키가 모은 사례들이다. 더 큰 그룹에서 뽑아낸 것인데 바울의 경험과 아주 유사하다.

R그룹) [...] 내 영혼이…무한자에게 열린다—그 앞에 홀로선다—내 영혼이 그와 더불어 완전히 하나를 이룬다—보이지 않기에 더욱 가깝게 느껴지는 존재—하나님의 얼굴을 마주하고 보았다(R 3); [...] 신적인 분과 긴밀한 교통(R 6).[37]

기대했던 것만큼 예증적인 사례는 없다. 라스키가 사건 자체가 아니라 사건이 일어날 때 겪은 감정을 묘사하는 특별한 단어들에 좀 더 집중했기 때문이다. 게다가 이미 확인했듯 그녀가 제시한 자료들은 바울의 경험을 구성하는 다섯 가지 요소 중 두 가지와 연결된다. 라스키는 바울 경험의 세 번째 요소와 연결해 흥미진진한 논평을 한다. 그녀는 어떤 반(反)격발체가 황홀경에 끼어든 상황을 주지한다. 그리고 그 반격발체가 주로 다른 사람의 '존재'라고 말한다.[38] 라스키는 황홀경 경험은 원칙적으로 혼자 있는 상황에서 대부분 일어난다고 지적한다. 이 말은 바울의 경우처럼 다른 사람에게까지 흘러 넘쳐가는 신비로운 경험의 사례를 발견하기가 적잖이 어렵다는 뜻이다. 보통 신비 경험은 아무도 없을 때 일어난다.

종교경험조사반의 연구 결과

앨리스터 하디 경(Sir Alister Hardy)과 옥스퍼드 대학교 종교경험조사반이 최근 이런 부류의 경험들을 더 체계적으로 연구했다. 그들의 최초 연구 결과는 1979년에 『인간의 영적 본질』(*The Spiritual Nature of Man*)이라는 책으로 출간되었다.

1946년부터 1961년까지 옥스퍼드 대학교 동물학 석좌 교수를 지낸 탁월한 동물학자인 하디는 하나님이라고 부르든 부르지 않든 '어떤 능력'에 의해 신비로운 경험을 한 적이 있다면 알려달라는 광고를 신문 등 여러 매체에 냈다. 그리고

37 Laski, p. 456-57.

38 Laski, p. 177.

응답해온 사람들의 경험을 분석함으로써 오늘날 일어나는 종교 경험을 연구했다. "자아를 훨씬 뛰어넘는 경험이든, 자기 존재 안에서 부분적으로 일어난 경험이든 전체적으로 일어난 경험이든 상관없었다."[39] 1차로 3천 명의 응답자들을 분석했다. 라스키와 마찬가지로 하디의 목적과 방법(합성 분류 체계)은 이 책이 요구하는 바와 얼마간 다르다. 그러나 결과를 구분하는 데 사용한 열두 가지 주요 구분 가운데 두 가지가 다메섹 도상의 경험과 연결된다. 그는 시각(visual sensory) 또는 의사-감각적 구성 요소(quasi-sensory component)를 가진 경험들을 첫 번째 범주에 넣었다. 두 번째 범주에는 청각(auditory sensory) 또는 의사-감각적(quasi-sensory quality) 특성을 가진 경험들을 포함시켰다.

첫 번째 범주인 '시감각적 경험'에서 3천 명의 응답자 중 544명이 환상을 봤다고 보고했고, 135명은 '거대하게 불타오르는 빛에 잠기는 듯한 환영'을 보았다고 보고했다.[40] 반면 다른 264명은 특정한 빛의 형태를 봤다(예를 들어, 도무지 그럴 리가 없는 데 십자가 형상의 빛을 보는 경우).[41] 청각이 동원된 두 번째 범주에서는 431명이 음성을 들었다고 보고했다.[42]

이 연구에 쓰인 질문들을 보면 하디의 연구에 문제점이 있음을 알 수 있다. 자신이 만든 범주에 맞춰 광범위한 경험들을 단순화시켜 일반화된 결론만을 보고했다는 점이다. 몇 가지 사건들만 보고되었고, 따라서 빛을 봤다는 경험이 정확하게 무엇이며, 어떤 음성 메시지였는지 확인하기 어렵다. 사람들은 눈이 멀게 된 바울만큼 밝고 강렬한 빛을 보았는가? 그 경험을 할 때 나타난 사람의 모습을 분명히 알아볼 수 있었는가? 대화가 오고갔는가? 이런 질문에 대답할 자

39 Alister Hardy, *The Spiritual Nature of Man: A Study of Contemporary Religious Experiences* (Oxford: Clarendon Press, 1979), p. 20

40 Hardy, p. 34.

41 Hardy, p. 35.

42 Hardy, p. 39.

료가 아무것도 없다. 개개인의 구체적인 사건들이 분류 체계에 묻혀버렸기 때문이다.

오늘날 일어나는 경험이 바울의 경험과 유사한지 확인하기 위해서는, 조사자가 다른 분류 체계를 통해 수집해놓은 자료들을 검증해야 할 것 같다. 이미 연구 결과가 출간된 시점에서, 우리는 여느 사람들도 바울과 마찬가지로 빛을 보고 음성을 듣는 환상을 경험한다고만 말할 수 있다.

하디가 연구 결과를 발표하기 수년 전부터 그의 결과를 분석해 구체적인 신비 경험들을 찾아낸 그의 친구인 티모시 베어즈워드의 접근법이 좀 더 나아보인다. 이 결과에서, 조사에 응한 사람들이 어떤 '임재'와 맞닥뜨렸다고 보고하는 점이 눈길을 끈다. 베어즈워드는 조사반으로 보낸 천 명의 1차 응답자들이 제시한 내용에서 이런 조우를 말하는 보고만을 따로 뽑아낸 후 다섯 범주로 구분했다. 그는 네 가지 유형을 신체 또는 의사-신체적(quasi-physical) 경험으로 돌렸다. "시각과 관련이 있는 사건인가? 청각적 요소가 있는가? 감각적 경험이 있는가? '내적 감지'의 경험인가?" 그리고 다섯 번째 범주에는 두드러진 감각적 경험이 없는 임재 의식 경험들을 모았다.

이것이 앞선 두 분류 체계에서 사용된 것보다 훨씬 더 바울의 경험과 유사함을 보여줄 틀이다. 베어즈워드는 연구 중 다메섹 도상에서 바울에게 일어난 일을 강하게 떠올리는 사례를 발견했다. '말하는 환영들'을 상당수 찾아낸 것이다. 이것은 베어즈워드가 바울의 경험을 가리켜 쓴 용어다. 그는 음성과 환상이 동시에 나타나는 환상은 침묵의 환상만큼이나 자주 발견된다고 전한다. 또한 이 "환영들은 때로 '따사로운 불꽃' 또는 눈부신 빛' 가운데 섞인 경우도 있다"[43]라고 말한다.

---

43 Timothy Beardsworth, *A Sense of Presence* (Oxford: Religious Experiences Research Unit, Manchester College, 1977), p. 9.

이에 대한 한 가지 예를 소개한다. "새벽 4시경에 일어났다. 향수 냄새가 나는 것 같았고 강력한 힘을 느낄 수 있었다. 나는 침대맡에서 놀랍도록 밝은 빛을 발하는 한 인물을 보았다. 처음에는 이런 현상을 도무지 믿을 수 없어 눈을 비볐다. 실제 일어나고 있는 일인가 하고 말이다."[44]

어떤 종류이든 환상으로 나타나는 시각적 내용을 다양하게 분석한 다음, 베어즈워드는 주로 주변에 환영이 생기거나, 특정한 빛 또는 빛 줄기를 보는 시각 경험을 분석한다. 이런 경우 역시 수많은 사례들이 제시되는데, 일부는 바울에게 일어났던 일과 아주 유사하다. 예를 들어보자.

> 점심 시간이었다. 나는 점심을 먹고 설거지를 하고 있었다. 나이프와 포크를 넣어 두는 찬장서랍 앞에 아무 생각없이 서 있었다. 아무 조짐도 없었는데 갑자기 여태껏 본 것중 가장 푸르면서도 흰 빛이 강렬하게 나를 비추었다. 이 경험을 적절하게 아니 대강이라도 형언할 수 있는 말은 전혀 없다. 마치 태양의 정면을 보는 것 같았으며, 가장 강렬한 빛 안에서 여러 번 까무러치는 듯했다. 하지만 빛 자체보다도 더 '생생하게' 느낀 것은 참을 수 없는 황홀경이었다. 시간이나 나 자신에 대한 느낌이 일체 사라졌다. 정말 순식간에 일어난 일이었다. 무한한 차원만을 느끼며 이것이 전능하신 성령 하나님의 임재라는 생각이 들었다. 그분은 내 안에 숨어 계시던 '생명—빛—사랑'이었다. 생명이며 창조 그 자체였다…이런 찰나의 순간이 지난 후 정신이 들었다. 나는 다시 찬장서랍 앞에 서 있었다. 정말 짧은 순간이었지만 내 인생에서 가장 생생한 순간으로 남아 있다. 두 번 다시 반복되지 않았기 때문이다. 이 경험 후 나는 수년 간 선교에 헌신하며 살았다.[45]

44 Beardsworth, p. 9, account #28.
45 Beardsworth, p. 20, account #15.

이런 경험이 위의 경우처럼 '찰나'에 일어나는가 하면 한 시간 이상 일어나기도 한다는 점을 기록해야 한다. 여러 사례에서 보듯 경험 이후 이어지는 파장은 '지속적'이다. 인생 전체가 바뀔 수도 있다. 그러나 어떤 사람들은 행복한 경험 정도로만 기억할 뿐 뚜렷한 영향을 받지 않기도 한다. 빛을 경험하는 동안 강하고 긍정적인 영향(예를 들어, "절대적인 복이 내리는 느낌")[46]을 받는 현상이 베어즈워드가 조사한 모든 경우에서 발견되었다. 그리고 많은 사람들이 이 경험을 다분히 계시적인 사건으로 인식한다.[47]

알아들을 수 있는 목소리를 들었다는 청각적인 경험 역시 바울의 경험과 유사하다. 베어즈워드는 이 경험을 위로의 목소리와 지침을 주는 목소리 두 종류로 나눈다. 정체를 알 수 없는 목소리가 있는가 하면 하나님의 목소리 또는 어떤 초자연적인 존재의 목소리가 들리는 점을 눈여겨봐야 한다. 대부분은 최근에 별세한 친구나 친척들의 목소리다. 이런 경우 목소리를 듣는 사람은 목소리의 주인공이 누군지 분명히 식별한다.

한 사람 이상이 연루된 경험에 관해서는 오직 한 경우만 보고한다(일부러 이런 경우를 찾은 것은 아니고, 이 유일한 경우와 바울의 경험이 공유한 몇 가지 사항을 아주 가볍게 언급했을 뿐이다). 한 남자가 있다. 그는 아프리카에서 새 울음과 개 짖는 소리에 한밤중에 깬다. 밖으로 나가자 "바다로부터 어마어마하게 밝은 빛이 올라가면서 하늘이 흔들리는 환상을 보았다. 그리고 얼마 있다가 그 빛이 레스트 하우스 너머로 곧장 옮겨갔다." 이 일이 일어난 지 한 달 후에 그는 이 광경을 본 장소에서 300km 가량 떨어진 곳에서 비슷한 사건을 다시 경험한다. 그는 이렇게 술회한다. "'큰 달'이 집 위에 떴다는 하인의 고함소리에 놀라 잠에서 깼다. 가운을 걸치고 밖으로 뛰어나가 집 위에 걸린 매우 밝은 빛을 보았다."[48]

---

46 Beardsworth, p. 24, account #17.

47 Beardsworth, pp. 23-25.

48 Beardsworth, pp. 40-41, account #17.

그런데 이 경험은 베어즈워드가 분석한 대부분의 다른 보고와 아주 다른 특성을 갖는다. 이 경우 응답자는 단지 비범한 사건을 겪는 수동적인 관찰자에 지나지 않는다. '신비감에 빠졌다'는 것 외에는 개인적으로 아무런 충격도 받지 않았다. 황홀경 경험이라기보다는 미확인 비행 물체(UFO)를 봤다는 기록에 훨씬 가깝다. 따라서 바울과 그의 동행들이 공유한 경험과 그다지 비슷하지 않다. 베어즈워드 또한 다른 사람들이 있어도 응답자가 인지한 것을 동일하게 감지하지 못한 다른 경험에 대해 얘기한다.[49]

필립 위비의 연구 결과

신비 경험에 관한 가장 흥미진진한 보고는 필립 위비가 쓴 『예수의 환상들: 신약에서부터 오늘날까지 직접적인 마주침』이다. 캐나다 트리니티 웨스턴 대학의 철학 교수이며 인문학과 종교 연구소 책임자인 위비는 '사람들이 예수 그리스도와 만났다고 믿는 환상과 환영 경험'[50]을 대대적으로 조사했다. 여기서 우리가 찾고 있는 유사 경험이 나온다. 사실 위비는 바울이 예수님을 만난 사건 가운데서 발견되는 여러 경험들을 재구성해서 전한다.

그는 28가지의 현대 기독교적인 조우 사건을 자세히 기술한 후 다섯 그룹으로 나눈다. 첫 번째 그룹(네 가지 사례)은 무아경에 빠진 것처럼 보이는, 또는 몽유 성격이 강한 경험들이다. 두 번째 그룹(다섯 가지 사례)은 물리적 환경의 변화를 체험한다. 예를 들어, 한 사람이 텔레비전을 보고 있는데 갑자기 스크린이 보이지 않고 벽이 사라진다. 이때 예수님이 그 안으로 들어오시는 따위다.[51] 세 번째 그룹(열다섯 가지 사례)에서 마주침은 익숙하고 별다른 변화가 없는 환경에서

---

49 Beardsworth, pp. 40-41. p. 19 #14를 보라. 또 p. 28 n.5, p.31 #4도 보라.

50 Phillip H. Wiebe, *Visions of Jesus: Direct Encounters from the New Testament to Today* (New York and Oxford: Oxford University Press, 1997), p. vii.

51 Wiebe, p. 3.

일어난다. 각각의 경우 그것은 은밀한 경험이다. 공개적인 환경에서 일어나는 사건들도 있지만 오직 경험자만이 그것을 경험하기 때문이다. 네 번째 그룹(네 가지 사례)에서는 주변의 몇 사람이 동시에 영향을 받는다는 점이 눈길을 끈다. 다섯 번째 그룹은 네 번째와 동일하지만 사례 연구를 통해 기술되지는 않는다. 이 범주의 경험자들은 예수님이 십자가에서 고난 당하시는 모습처럼 예수님 생애에 일어난 사건이 재현되는 광경을 목도한다.[52]

위비가 수집한 오늘날 일어난 다양한 신비 경험 가운데 바울의 경험을 구성하는 장면 하나하나가 여기저기서 드러난다. 예를 들어, 여러 사례들에서 강렬한 빛 이야기가 등장한다. 머리언 갤리프라는 사람의 경험(그룹 1)을 보자. "세상에서 가장 밝은 빛이 그녀를 덮쳤고 방안을 가득 채웠다."[53]

데비 스탬-로야라는 사람(그룹 2)은 예수님일 것 같은 사람이 침대맡에 서 있는 모습을 보았다. "그를 둘러싼 광채는 순백색의 빛이었다. 그 빛이 점차 강해지면서 마침내 매우 강렬해졌다. 이 광채는 그분 앞으로 더 멀리 퍼져나갔으며 나중에는 온통 순백색의 빛만 가득 차는 것 같았다."[54]

몇몇 사례에서는 예수님과 당사자 간에 대화가 이루어진다. 짐 링크는 두 번째 그룹에 해당하는 기독교적 경험을 한다. 그는 "어떤 힘에 눌려 마치 마루 바닥에 납작하게 짓눌리는 줄 알았다. 이 존재(그는 나중에 그분이 '예수님'이심을 알게 되었다)는 거의 3시간 가량 그에게 여러 가지를 묻는다. 평소에 그가 가장 소중하게 생각하던 것들, 직업, 가정, 아내, 재산 등에 관한 내용이었다. 이 그룹에 속한 다른 사람들은 두려워하며 아무 말도 하지 못하고 지켜보기만 했다. 짐이 뭐라고 말하는 소리는 들었지만, 그가 어떤 질문을 받았는지는 듣지 못했다."[55]

52 Wiebe, p. 3. 이 범주들은 pp. 41-42에서 정의한다. 사례들은 pp. 2-4, 42-86에 나온다.

53 Wiebe, p. 50.

54 Wiebe, p. 65.

55 Wiebe, p. 4.

론 린세이라는 사람(그룹 3)은 주일 아침 교회에 있었다. 그는 교회 정면에 계신 예수님을 보고 소스라치게 놀랐다. 론은 예수님과 대화하는 중 자신의 간질을 고쳐주시겠다는 말씀을 들었다. 론은 예수님이 말씀하실 때마다 그분의 입술이 움직였다고 보고한다. 온 회중은 론이 말하는 것을 들었지만 다른 목소리는 듣지 못했다. 이런 환상을 본 지 9개월 후 론의 간질은 나았다.[56]

신체에 충격이 가해진 경우도 여럿 있다. 헨리 힌이라는 사람(그룹 4)은 허리까지 빠지는 눈길을 걷고 있었다. 그때 약 2미터 전방에 예수님이 나타나셨다. "희한하게도 예수님이 서 계신 곳의 눈이 순식간에 녹으면서 사방 1미터 이내에 죽은 잔디들이 보였다고 헨리는 말한다. 하지만 그곳으로 가거나 그곳에서 나온 길은 보이지 않았다." 그는 또한 예수님과 나눈 대화를 보고한다.[57]

배어리 딕이라는 사람(그룹 4)은 스키를 타다가 사고를 당해 병원에 입원했다. 건강 상태는 나빴다. 척추골 세 개가 부러졌고 디스크가 삐져 나왔다. 뇌가 부어 뇌압이 높아졌다. 앞을 볼 수 없었고 통증이 심했다. 사고가 난 지 8일 만에 예수님이 그에게 나타나셨다. 그리고 모든 것이 좋아졌다. 다음 날 부기와 통증이 가시고 배어리는 제대로 볼 수 있게 되었다. 그는 긴가민가하는 의사를 설득했고, 나홀 안에 아무런 부작용 없이 다시 달릴 수 있게 되었다. "몇 주 후 시애틀에 있는 그의 주치의가 엑스레이를 찍었는데 목 부분 척추골에 아무런 골절 흔적도 보이지 않았다. 입원했을 때 찍은 엑스레이에는 분명히 골절 흔적이 있었는데도 말이다."[58]

위비가 소개한 또 다른 사례는 존 도기펀티라는 사람(그룹 4)이 겪은 경험이다. 그는 아픈 방 친구 네이선 곁에 서 있는 예수님 같은 사람을 보았다. 존이 네이선에게 그 광경을 말하려는 순간 예수님이 네이선에게 다가가 그의 이마에

56 Wiebe, pp. 58-60.

57 Wiebe, p. 74.

58 Wiebe, p. 74-75.

손을 얹은 후 사라지셨다. "그 즉시 네이선은 침대에서 일어나 소리쳤다. '나았어! 나았어.' 네이선은 아무도 보지 못했지만 이마를 짚는 누군가의 손길을 느꼈다고 말했다."[59]

위의 사례들은 놀라울 정도로 바울의 경험과 유사하다. 기독교적 경험 하나 하나는 독특하지만, 이 경험들은 하나의 현상군으로 묶을 수 있다. 위비는 기독교의 환상이 생각보다 훨씬 일반적으로 일어난다고 논평한다. 이런 환상은 '성자'라고 생각되는 사람들이 아닌 '보통 사람들'이 주로 한다. 또 경험자들은 이러한 경험에 엄청난 종교적 의미를 부여한다. 위비는 "학력 수준이 높은 사람들에게서도 이런 기독교적 환영을 체험한 자들이 많다. 따라서 이 증거가 가지고 있는 신빙성에 깊이 주목하지 않을 수 없다. 물론 학력 수준이 낮은 사람들의 증거도 두말할 나위가 없다"라고 주장한다.[60]

위비는 기독교적 경험을 이해하는 여러 방법을 파헤치고, 심리주의적, 심리학적, 신경화학적, 초자연적 관점에서 이 증거를 평가한다. 그가 내린 연구 결과는 이 책의 의도와 맞지 않지만 한 가지만큼은 짚고 넘어가야 한다. 위비는 이렇게 믿는다.

> 최근 일어난 기독교적인 환상은 신약성경에 나오는 일부 기사들을 확증하는 것처럼 보인다. 그 사람들은 이제 깨달음이나 만짐 또는 집단이나 주관적으로 관찰되는 내면의 영향을 통해 예수님을 알게 된 이 경험을 사실이라고 입증한다. 또한 신약 시대에도 일어났던 비슷한 경험이 단순히 전설에 그치는 것이 아니라는 주장을 뒷받침한다. 이 점은 기독교적 경험이 '일고의 가치도 없는' 논쟁거리가 아닌 조심스럽고도 진지한 숙고가 필요한 것임을 보여준다.[61]

59 Wiebe, p. 76-77.

60 Wiebe, p. 107.

61 Wiebe, p. 142.

신비 경험 조사의 중요성

라스키, 하디, 베어즈워드, 위비가 수집한 이 보고들은 어떤 의미를 가지는가? 첫째, 황홀경 또는 신비 경험이 그렇게 드문 일이 아니라는 점이다. 이런 일은 다양한 환경에서 아주 많은 사람들에게 일어난다. 둘째, 사람들은 다양한 유형의 신비 경험을 한다는 점이다. 일반적으로 일어나는 일이 아니고, 경험자들이 자신에 대해 '타자 의식'을 갖는다는 사실을 제외하고는 이러한 사건들은 유별나게 보이지 않는다. 셋째, 이 모든 점들은 인간이 초자연적인 현상을 경험할 수 있는 내적 능력이 있음을 지적한다. 단지 사람이 이런 현상을 제한하고 있을 뿐이다. 달리 말해 다메섹 도상 사건을 놓고 볼 때 바울만 유독 독특한 경험을 한 것은 아니다. 가능성이라는 면에서 모든 인간은 이러한 종교적 경험을 할 수 있는 능력을 가지고 있다. 마지막으로, 이 경험의 원천에 관한 질문은 경험 자체를 근거로 하지 않는다. 이 점은 일어난 일, 경험한 사람 그리고 의미에 관해 경험자들이 제시한 다양한 '설명들'을 보더라도 익히 알 수 있다.

따라서 주관적 경험으로서 신비 경험의 본질을 생각할 때, 경험 자체를 가지고는 바울이 다메섹 도상에서 누구를 만났는지 말하기는 불가능하다. 바울은 나사렛 예수, 부활하신 예수님과 만났다는 확신이 분명히 있었다. 하지만 이것의 진위 여부는 다른 근거 위에서 결정해야 한다. 첫째, 예수님의 부활에 관한 전체 질문을 검증해야 한다. 예수님의 부활은 역사 안에서 일어난 사건인가? 나사렛 예수라는 사람이 죽임을 당했다가 며칠 후 죽은 자들 가운데서 살아났는가? 물론 이 질문에 답할 수 있는 증거를 살펴보는 것은 이 책의 범위를 넘어선다. 그러나 이미 자명하게 드러났듯이 예수님의 부활이 역사적 사실이라는 가정은 세워졌다.

한편 부활이 일어나지 않았다면, 바울이 경험한 일은 그의 내면에서 일어난 어떤 과정의 산물(일종의 환각 경험), 인간 의식 너머에 있는 그 무엇의 침입, 아니면 죽은 사람이 무덤 밖으로 나와 말하는 것과 비슷한 경험 중 하나에 해당할 것이다. 사실 바울의 경험에는 이런 요소들이 하나씩 들어 있다. 그에게 일어난 일은 심리학적인 과정으로 일종의 탈아적(脫我的) 실재와 접촉한 사건이었다. 예수님은 이미 승천하신 후였다(행 1:9-11). 그러나 바울의 경험은 위에서 제시한 어떤 가능성에도 해당하지 않고, 이 모든 가능성들을 합친 것과도 전혀 다르다. 바울은 자기의 경험에 다른 어떤 요소가 있다고 주장한다. 그는 죽어 장사지내졌다가 사흘 만에 부활하신 예수님을 만났다. 예수님은 제자들과 다른 사람들에게 나타나셨다. 바울은 자신의 경험을 제자들의 경험과 동일하게 여겼다(고전 15:3-8). 제자들이 만난 부활하신 예수님은 환영이 아니었다. 그분은 만질 수 있는 육체를 가지셨다. 음식을 소화할 수 있는 몸을 입고 계셨다(눅 24:37-43). 새로운 생명으로 부활하신 것이다.

예수님이 죽은 자 가운데서 살아났다는 전제를 세운다면, 바울이 다메섹 도상에서 만난 이가 바로 예수님이라는 다른 증거는 무엇인가?

첫째, 예수님을 만났다는 바울의 확신이다. 확신을 증거로 세우기엔 부족하지만, 예수님을 만났음을 깊이 확신한다는 점은 상당히 놀랍다. 그의 서신서들을 보면 바울은 결코 이 사실을 의심하지 않았다. 이 확신은 그가 정말 예수님을 만났는지 의심하는 사람에게도 공감을 불러일으킨다. 둘째, 바울이 예수님을 만난 일은 뜻밖이었다. 자신조차 꿈에도 생각하지 않았다. 천사라면 몰라도 예수님은 아니었다. 그것도 예수님의 제자들을 핍박하기 위해 다메섹으로 향하던 때는 더더욱 아니었다. 죽음을 자초하는 몽상적인 교사로 예수님을 생각지 않았다면 그분의 제자들을 핍박하는 따위의 일은 하지 않았을 것이다. 여기에 논란의 여지가 있다. 바울이 완강하기 그지없는 자기 이해를 깨고 모든 현실을 전혀 새로운 각도에서 보게 한 것이 무엇이냐, 이렇게 물어야 올바른 질문이다. 또한 이것이 부활하신 주님에 대해 일관된 지혜를 얻을 수 있는 질문이다. 셋째, 아나니아도 비슷한 환상을 보았고, 이로써 바울이 만난 분이 진실로 예수님이셨음을 확증한다. 넷째, 바울은 예수님의 임재를 경험한다. 이 점은 예루살렘 성전에서 바울이 예수님과 나눈 대화에서도 입증된다(행 22:17-21). 이 모든 사실들이 결국 그가 부활하신 주님을 만났다는 결론을 뒷받침한다.

요컨대 위 네 명의 연구자들이 벌인 조사를 두고 우리는 무슨 말을 할 수 있는가? 첫째, 그들의 작업이 근본적으로 현상적임을 지적하지 않을 수 없다. "각 개인들이 경험했다고 말하는 바를 그대로 옮겼을 뿐, 경험자가 주장하는 그 일이 '실제로' 일어났는지 아닌지는 이런 류의 연구에서는 따져 묻기가 힘들다. 하나님께서 다른 어떤 사람에게 말씀하시는 것을('음성'이 아니다) 듣는 것은 큰 의미가 없기 때문이다."[62] 바꾸어 말하면 이런 모든 연구들은 공통적으로 사람들이 신비하거나 비밀스러운 경험을 했음을 뒷받침해주고 있다. 한걸음 더 나아가 사람들이 이런 경험을 어떻게 했는지 분석할 수 있다. 그러나 이런 연구들은 원론적인 측면에서 결코 그 상황이 담고 있는 진리, 아니 그 경험 이면에 있는(만약 있다면) 진실에는 도달하지 못한다.

제임스 로더가 지적했듯이, 이런 연구들은 거의 예외 없이 "묘사, 분류, 사람들이 어떻게 믿게 되는가 또는 믿음에 이르는가에 관한 일반적인 질문에 초점을 모을 뿐이다. 인문학은 믿음의 대상에 어느 정도 확신이 일어날 정도로 위기 상황을 좌우할 수 있는 능력에 대해서는 거의 관심을 가지지 않는다." 로더는 계속해서 인문학으로는 이런 경험들을 이해할 수 없으며, 이런 경험들을 통해 자기보다 더 큰 영적 존재나 진리와 만나는 순간에 일어나는 그런 믿음이 생긴다고 말한다. 인문학은 "경험자들이 자신이 겪은 진실을 털어놓지만 완전히 다른 세상에서나 일어날 법한 그런 경험에 대해 이러쿵저러쿵 할 수 없다."[63] 경험적 연구에서 나온 결론으로 경험 자체를 재해석하면, 그 경험이 지닌 진리뿐 아니라 그것의 위력과 의미에 재갈을 물리는 것이나 마찬가지다.

---

62 Beardsworth, p. viii.

63 James E. Loder, *The Transforming Moment: Understanding Convictional Experiences* (San Francisco: Harper & Row, 1981), p. 9.

루돌프 오토의 연구 결과

다른 연구에도 주목할 필요가 있다. 이 분야의 고전이라고 할 수 있는 『거룩한 자들의 사상』에서 이런 현상을 다룬 루돌프 오토의 견해가 그것이다. 그는 신비 체험의 본질을 규정하려고 시도하면서 신비 체험에 대해 토의할 수 있는 어휘를 제공한다. 오토에 따르면 넓은 의미에서 신비한 조우는 한 사람이 현실을 있는 그대로 마주칠 때 일어나는 경험이다. 여태껏 자각하지 못했던 눈에 덮인 비늘이 벗겨지는 순간 "그래, 인생이란 이런 거야"라고 말하게 되는 것이다. 제임스 로더가 말한 '확신적인 경험'이 바로 이것이다. 현실을 있는 그대로 폭로하는 사건이다.[64] 그런 경험이 일어나는 순간 경험자는 갑자기 '알게' 된다. 그가 하나님을 만났음을 이해하는 데는 어떤 논증이나 증거도 필요 없다. 경험 그 자체가 증거다.

오토는 이런 경험에 대해 이야기할 수 있도록 어휘들을 발전시키면서 경험 자체에 어떤 조망을 제시한다. 그는 자신이 '신비한'(numinous)이라고 부르는 것에 주목하라고 요청한다. 이 말은 라틴어 '누멘'(*numen*)에서 유래했는데 초자연적인 것에 직면한 사람의 정신 상태를 이른다. 또한 "자기 자신 너머의 현실을 파악한 사람 안에서 일어나는 반응으로 본인에게 영향을 끼치는 상태"[65]를 뜻한다.

오토는 '거룩하다'(holy)라는 단어가 원래 이러한 의미를 가졌는데 나중에 윤리적 내용을 덤으로 가지면서 '도덕적으로 훌륭한'이라는 뜻을 가지게 되었다고 주장한다. '거룩하다'라는 단어는 더 이상 독특한 감정-반응 도식을 가리키지 않는다. 오토가 '신비한'이라는 단어로 표현하려던 것이 바로 이 감정-반응이

64 Loder, p. 6.

65 Rudolf Otto, *The Idea of the Holy*, trans. John W. Harvey (Harmondsworth, Middlesex, England: Penguin Books, 1959), p. 10. 이 논평은 이 책에 붙은 무명 저자의 서문에서 가져왔다.

다.[66] 따라서 신비한 상태에 들어간다는 것의 중심 사상은 "'피조 의식' 또는 '피조 감정'에 있다. 이것은 피조물의 정서, 모든 피조물 너머에 계신 존엄자와 비교할 때 아무것도 아닌 자신을 보며 납작하게 엎드리고 경외감에 떨게 되는 그런 정서다."[67]

오토는 이런 신비 감정이 '자아 밖에 있는 어떤 객체'[68]에 의해 일어난다고 계속 말한다. 이 객체는 "'신비한 자'라고 불린다. '피조-과정'과 의존감은 사람의 마음속에서 일어나기 때문에 '누멘'은 표출형, 즉 '누멘 프라이센스'(*numen praesens*)로 경험된다…그 신비감은 자아 밖에서 객체로서 느껴질 수밖에 없다."[69]

다음으로 오토는 이 신비한 현존의 본질을 '미스테리움 트레멘둠'(*mysterium tremendum*) 즉 '경이로운 신비'[70](aweful mystery)라는 말로 더 정확하게 규정한다. 먼저 그는 '트레멘둠'에 담긴 세 가지 요소를 기술한다. 즉 경외감, 장엄미, 열정이다. 경외감으로 가득 찬 존재라는 면에서 이 신비한 대상은 두려움을 만들어낸다. 그러나 그것은 '무서워하다'라는 의미보다 '거룩한 공포심' 즉 두려운 떨림이라 할 수 있다. 한편 이 신비한 대상은 능력과 권세 또는 '절대적인 전권'을 한몸에 지니고 있다. 이것이 '장엄함' 개념 이면에 있는 기본 사상이다. 마지막으로 그 신비한 대상에게는 에너지 또는 집요함이 있다.[71]

그런 다음 오토는 '미스테리움'이라는 개념에 의미를 부여한다. '누멘'은 "'전적으로 다른 것'…일반적이고 이해할 수 있으며 익숙한 영역을 훨씬 넘어서는 어

66 Otto, p. 10; p. 15-21을 보라.

67 Otto, p. 24.

68 Otto, p. 24.

69 Otto, p. 25.

70 Otto의 번역자는 이 점을 주의하라고 당부한다. 즉 이 신비의 중심에는 '경외감'(awe)이 있기 때문에 그 'awful'이라고 써야 할 것을 일부러 'aweful'이라고 적는다. 따라서 Otto가 이런 의미로 쓸 때는 계속 이렇게 적겠다.

71 Otto, pp. 26-39.

떤 것, 따라서 '훌륭한 것'의 한계 저 너머에 있고 그것과도 대조되는 것으로서 우리 마음을 두려움과 놀라움으로 채워버리는 그 무엇"[72]처럼 보인다. 이 '총체적인 다름'이 우리를 잡아당긴다. 그것은 앞서 언급한 '경외감'과 '장엄함'이 만들어낸 위압감과 무관하지 않다.

> 위압감과 끌어당김, 이 두 특성은 신기하게도 대척의 조화를 이루면서 신비 의식이라는 이중적 성격을 만들어낸다. 종교 생활은 바로 이러한 신비감을 얻는 과정이다. 심지어 '마귀적인 두려움'으로부터 시작해 신비함으로 발전할 수 있다. 아무튼 이 신비감이야말로 당장에는 가장 이상하고 또 종교 역사 전체에서 가장 눈여겨봐야 할 현상이다. 마귀같기도 하고 신적이기도 한 이 대상은 언뜻 마음에 공포감과 두려움을 주는 것처럼 보이는데, 동시에 거절할 수 없는 매력으로 작용해 납작 엎드려 떨고 있는 인간을 끌어들이기도 한다. 인간은 여기서 돌아서려는 충동을 지닌 동시에 이 대상에게 복속되고자 한다. 인간에게 '신비'란 단순히 경이로운 무엇이 아니라 그를 도취시키는 무엇이다. 이 신비는 사람을 당혹스럽게 하거나 흔동시킨다. 인간은 자신을 이상한 황홀함으로 꼼짝없이 포박하는, 어지러운 도취증이라고 말할 수도 있는 무엇을 느낀다. 이것이 누멘이 가진 쾌락주의(dionysiac)에 해당하는 요소다.[73]

오토가 지적한 것처럼 거룩한 타자(他者) 앞에 선 인간의 감정은 두 갈래다. 그중 하나는 뒤도 돌아보지 않고 도망치고 싶은, 어서 그 위험한 자리를 뜨고 무서운 존재로부터 자유하고 싶은 강한 충동이 든다. 반면, 타자와 하나가 되고자 하는 소원도 생긴다. 그 사랑, 권능, 임재의 광휘 앞으로 조금 더 나아가고 그

72 Otto, p. 40.

73 Otto, p. 45.

앞에 머물고 싶은 마음이 생긴다. 도망치고 싶은 공포심과 영원히 머물고 싶은 기쁨이 동시에 존재한다.

신비한 조우에 관한 오토의 진술에서 바울 경험의 배경을 찾을 수 있다. 위에서 말한 어떤 일이 바울에게 일어났음이 틀림없다. 누가가 기술한 사건에서 이런 낌새를 맡을 수 있다. 이것이 바울이 새로운 소명을 받고도 이렇다 할 말을 하지 않은 이유다. 그 소명 때문에 위험과 핍박이 몰려올지 모르는데 말이다. 타자의 말에 반항해봐야 소용없다는 감을 잡은 것이다. 바울은 '전적인 타자', 경외감, 장엄함 그리고 힘으로 가득 찬 주님의 임재 앞에 서 있다. 그는 자신의 이름을 알고 있는 이 타자와 함께하고 싶고 그에게 더 가까이 나아가고 싶다는 매력과 함께 위압감마저 느낀다. 부활하신 예수님과 바울의 대화는 이런 분위기에서 이루어졌다.

대화

예수님이 먼저 말씀하신다. "사울아 사울아 네가 어찌하여 나를 핍박하느냐." 이 물음에는 주목해야 할 네 가지 요소가 있다. 첫째, 이것은 비인격적이며 초연하고도 신비한 능력과 마주치는, 일반화할 수 없는 조우다. 자신의 이름 '사울'을 아는 어떤 분과 만나는 사건이며 지극히 개인적이며 개별적이다. 자신을 드러낼 만큼 바울을 친근하게 여기며, 그를 염려한 나머지 사람을 죽이려고 향하던 길을 멈추게 하며 현실을 직시하도록 만든 인격의 임재다.

둘째, 바울의 이름이 거명된 점으로 미루어 다음에는 예수님이 그를 꾸짖는 장면이 이어지리라고 기대된다. 그는 예수님의 제자들을 핍박하지 않았는가? 그러나 정작 나온 질문은 다르다. '어찌하여.' 물론 이것은 합당한 맥락에서 나온 합당한 질문이다. 그래서 바울의 변명은 봉쇄당하고, 이 질문으로 바울은 자신의 인생 목표, 동기, 기존에 가졌던 전제들을 의심하기 시작한다. 아마 다른 환경에서라면 바울은 왜 기독교인들을 핍박했는지 율법을 근거로 하고 유대주의의 전통을 예로 들어가면서 장황하게 자기 입장을 합리화했을 것이다. 그러나 이러한 신비한 상황에서라면 자기 변호, 합리화는 꿈도 못 꾼다. 이 대화는 사실 관계만을 따져 묻는다. 바울이 직면한 진실이 바로 이것이다.

셋째, 첫 질문의 알맹이는 핍박이라는 주제와 관련 있다. '핍박하느냐.' 2장에서 이미 살펴보았지만, 바울이 자신의 신학적 오류(하나님의 백성들을 핍박하면서도 하나님의 뜻을 준행하고 있다고 믿는 것)와 일탈 행위(무고한 사람들을 사지로 밀어넣고, 그 일을 하나님께서 기뻐하시리라고 믿는 것)를 깨닫게 된 것은 바로 이 구체적인 문제에 직면하면서다. 이 질문은 바울의 삶을 있는 그대로 폭로했다. 하나님을 향한 것이라고 철석같이 믿었던 일들이 오히려 그분으로부터 멀어지는 일임을 인식하게 되었다.

넷째, 이 대화의 첫 질문은 민감한 문제를 제기한다. '나를 핍박하느냐.' 지금 바울에게 묻고 있는 분은 누구인가? 핍박당하고 있는 나는 누구인가? 바울은 다메섹에서 누구를 적발해 옥에 처넣을지 잘 알고 있었다. 그런데 그 도의 추종자들을 대신해 말씀하고 계신 이 분은 누구인가? 그들을 핍박하는 것이 곧 자기를 핍박하는 것이라고 말하는 분은 대체 누구인가? 천사인가? 스데반처럼 순교한 교회 지도자인가? 하나님이신가? 아니면 예수님이신가? 이 질문은 바울이 한참 잘못 가고 있음을 알려주면서 앞으로 가야 할 방향을 가르쳐준다. 그가 환상으로 보인 인물의 정체를 비로소 깨달을 때 그가 갈 방향이 정해진다.

그래서 바울은 묻는다. "주여 뉘시오니이까." 대화 가운데 나오는 두 번째 말이다. 바울은 이 인물을 '주님'이라 부름으로써 그 앞에서 자신의 위치를 표시했다. 복종하는 모습을 보인 것이다. 아나니아 역시 이런 자세를 취했다. 그 역시 그의 이름이 불릴 때 "주여 내가 여기 있나이다"(행 9:10)라고 대답한다. 예수님의 제자들은 부활하신 예수님을 '주'라고 불렀다.[74]

74 행 9:11, 13, 15, 17을 보라.

그 인물이 세 번째 말을 통해 보여준 반응은 단도직입적이다. "나는 네가 핍박하는 예수라." 바울은 첫 번째 질문("사울아 사울아 네가 어찌하여 나를 핍박하느냐")을 받고 어디로부터 돌이켜야 하는지 대번에 알아차렸다. 바울은 자기의 질문("주여 뉘시오니이까")에 대한 반응을 듣고는 누구에게로 돌이켜야 할지 알게 되었다. 바울이 나아가야 할 길을 계획하시는 분은 바로 나사렛 예수님이시다. 예수님이 메시아 호칭을 써서 자신의 정체를 밝히지 않고 지상에서 사용한 이름을 대셨다는 점은 참 흥미롭다. 바울이 만난 부활하신 주님과 나사렛에 사셨던 예수님은 다른 인물이 아니다. 답을 듣게 되자 환상 속에 나타난 인물에 대한 의문도 사라졌다.

이후로 바울은 예수님을 만났다고 주장한다. 이 점은 자신의 회심 경험을 회상하는 본문 두 군데에서 여실히 드러난다(행 22:8, 26:15). 동일하고도 분명한 정체성이 그가 쓴 서신에서도 발견된다. 바울은 자신의 사도됨을 주장하면서 다메섹 도상에서 예수님을 만났다고 주장한다. "내가 자유인이 아니냐 사도가 아니냐 예수 우리 주를 보지 못하였느냐"(고전 9:1). "내가 받은 것을 먼저 너희에게 전하였노니 이는 성경대로 그리스도께서 우리 죄를 위하여 죽으시고 장사 지낸 바 되셨다가 성경대로 사흘 만에 다시 살아나사 게바에게 보이시고 후에 열두 제자에게와 그 후에 오백여 형제에게 일시에 보이셨나니 그 중에 지금까지 대다수는 살아 있고 어떤 사람은 잠들었으며 그 후에 야고보에게 보이셨으며 그 후에 모든 사도에게와 맨 나중에 만삭되지 못하여 난 자 같은 내게도 보이셨느니라"(고전 15:3-8). 또 이렇게도 기록했다.

> "형제들아 내가 너희에게 알게 하노니 내가 전한 복음은 사람의 뜻을 따라 된 것이 아니니라 이는 내가 사람에게서 받은 것도 아니요 배운 것도 아니요 오직 예수 그리스도의 계시로 말미암은 것이라…그러나 내 어머니의 태로부터 나를 택정하시고 그의 은혜로 나를 부르신 이가 그의 아들을 이방에 전하기 위하여

그를 내 속에 나타내시기를 기뻐하셨을 때에 내가 곧 혈육과 의논하지 아니하고"(갈 1:11-12, 15-16).

예수님의 정체를 발견하다

바울은 비로소 예수님의 정체를 알게 된다. 만일 마주침이 없었다면 바울도 예수님에 대해 산헤드린 공회의 다른 동료들과 비슷한 생각을 했을 것이다. 바울은 회심 전에 자신이 예수님을 어떻게 생각하는지 직접 말하지 않는다. 반면 바리새인들과 다른 유대 종교지도자들은 예수님을 이런저런 시각에서 평가하는데, 바울도 어느새 이런 시각에 젖었을 것이다. 그들은 예수님이 귀신들렸다고 했다(막 3:30). 또한 유대 땅에 엄존하는 합법적인 종교 권위에 맞서는 인물이기에 죽어 마땅한 자, 말썽꾼이라고 생각했다(막 11:18, 27-28). 심지어 거짓 메시아라고 단정하기까지 했다(막 14:61-64).

> 예수님의 제자들이 주장하듯 그를 메시아라 보는 것은 말도 안 된다. 예수님의 신분, 이력, 가르침은 바울이 생각한 메시아적인 신분, 이력, 가르침과 전혀 닮지 않았다. 이뿐만 아니다. 십자가에서 처형된 인물이 어떻게 메시아일 수 있는가. 예수님의 십자가 처형이 정당했는지 아닌지는 이미 논점이 아니다. 중요한 점은 그가 십자가에 달렸고, 이로써 "나무에 달린 자는 하나님께 저주를 받았음이니라"는 신명기 21:23의 말씀대로 되었다는 것이다. 그렇다. 처형당해 죽은 범죄자의 몸은 해가 질 때까지 나무 또는 교수대에 달아두어야 했다. 이 규정은 산 채로 달려 있는 자에게도 적용되었다. 예수님이 메시아가 될 수 없는 이유가 여기에 있었다.[75]

75 F. F Bruce, *Paul: Apostle of the Heart Set Free* (Grand Rapids: Wm. B. Eerdmans Publishing Co., 1977), pp. 70-71.

이것이 바울의 시각이었다. 그러나 그는 다메섹 도상에서 자기 시각이 잘못되었음을 깨달았다. 그가 즉시 명쾌하게 깨닫은 사실은, 예수님이 어쨌든 하나님의 광채에 휩싸여 계신 분이라는 점이다. 그의 경험이 신비하게 이루어졌다는 사실 자체가 이 점을 두드러지게 한다. 예수님이 누구시든 간에 그분은 이스라엘의 종교 구조에 반기를 든 헛된 꿈을 꾸던 갈릴리 농부는 아니었다. 그분은 하나님의 인정을 받고 계셨다. 그분은 하나님께 속한 분이시다. 바울이 분명하게 인식한 두 번째 사실은, 기독교인들의 주장대로 예수님이 진실로 살아 계시다는 사실이었다. 바울은 분명 예수님과 대화를 나눴다. 바울에게 분명해진 세 번째 사실은 예수님에게 '주님'이라는 호칭이 실로 어울린다는 것이다. 바울이 그 순간 예수님의 본성을 얼마나 직관적으로 포착했는지, 예수님에게 얼마나 많은 말씀을 들었는지(갈 1:12) 본문에는 선명하게 드러나지 않는다. 사도행전 26:17-18의 위임 말씀에서 예수님의 자기 계시가 선명하게 드러난다. 바울은 예수님이 자신을 어둠에서 빛으로, 사탄의 권세에서 하나님께로 돌아오게 하고 죄를 사하고 믿음으로 거룩하게 하시는 권능 있는 분이라고 들었다.

바울이 무엇을 알게 되었든 간에, 이 일은 곧 아나니아에 의해 그리고 추정컨대 그가 만난 다른 기독교인들에 의해 확증되었다. 예를 들어 아나니아는 바울을 방문하는 동안 예수님을 '주'라고 불렀다. 한 걸음 더 나아가 예수님이 하나님이시라고 주장한다. 아나니아는 바울의 사명을 확인하면서 예수님을 그분이 지니신 메시아 호칭 가운데 하나로 부른다. "그가 또 이르되 우리 조상들의 하나님이 너를 택하여 너로 하여금 자기 뜻을 알게 하시며 그 의인을 보게 하시고 그 입에서 나오는 음성을 듣게 하셨으니"(행 22:14). 바울이 알게 된 예수님의 본성이 무엇이든 간에, 이제 그분이 메시아임은 매우 확실했다. 그는 회심하자마자 곧 다메섹 회당에서 나와 예수님이 "하나님의 아들이심"(행 9:20)을 전파했고, "예수님을 그리스도라 증언"(행 9:22)했다.

메누는 예수님이 바울에게 나타나실 때 세 가지를 계시했다고 주장한다. "옛 언약과 새 언약 안에서 하나님의 일하심의 통일성, 십자가의 구속적 가치, 구원의 두 단계다."[76] 첫째, 바울은 자신의 아들을 계시하신 하나님이 자기가 예전에 바리새인으로서 섬기던 바로 그 하나님이심을 깨달았다. 예수님은 옛 언약을 성취하고 새 언약을 세우기 위해 오셨다. 바울은 신흥 종교 운동에 가입하거나 신관을 바꾸지 않았다. 회심으로 '전혀 새로운 신학을 만들지' 않았다. 하지만 바울 신학에는 새로운 요소가 한 가지 추가되었다.

> 이제 바울은 더 이상 장차 오실 미지의 메시아를 기다리지 않는다. 그는 하나님께서 주신 계시로부터 "우리가 범죄한 것 때문에 내줌이 되고 또한 우리를 의롭다 하시기 위하여 살아나신"(롬 4:25) 주 예수님이 진실로 오셨음을 안다. 종교상 중심점은 여전히 똑같다. "인간이 어떻게 구원받으며 하나님나라에 들어갈 수 있는가?" 그러나 이제 상황이 달라졌다. 새로운 사실이 계시되었기 때문이다. 그것은 바울의 기독교론적 신앙이고, 그것이 빚어내는 굵직한 결과다. 율법을 준수한다고 해서 구원을 받을 수는 없다. 십자가에 달리신 그리스도 때문에 우리는 구원을 받는데, 이 구원은 은혜로 믿는 자들에게 선사된다.[77]

둘째, 구원을 가져오신 예수님이 오래 전부터 약속된 메시아이심을 알게 된 바울은, 신명기에서 말하듯 십자가가 저주가 아니었음을 발견한다. 그는 십자가에 구속의 효력이 있음을 알게 되었다. "십자가는 사람을 구원하시기 위해 하나님께서 선택하신 도구였다."[78] 셋째, 바울의 구속관은 두 부분으로 나뉜다. "그는

76 Philippe Menoud, "Revolution and Tradition: The Influence of Paul's Conversion on His Theology," *Catholic Biblical Quarterly* 6 (1953): 134.

77 Menoud, p. 135.

78 Menoud, p. 136.

구속을 현재적이면서 동시에 미래적인 경험이라고 말한다."[79]

예수님을 만난 바울은 자신의 신학적 이론을 재정립한다. "바울의 회심은, 형벌 받은 죄수가 사실은 하나님의 기름 부음 받은 자, 곧 성령의 영광 가운데 살아 계시는 분임을 인식했다는 의미다. 바울은 이 기름 부음 받은 자를 통해 기쁜 소식을 말하라는 피할 수 없는 소명을 받았다. 갑자기 일어난 직관이었지만, 이후로 바울은 그의 사고 전체를 재조정한다.[80]

십자가에 달렸다가 부활하신 예수님이라는 한 가지 사실이 덧붙여지면서 바울은 정통 유대주의에 반대하는 입장에 선다. 그는 계속해서 자신이 유대주의의 뿌리에 충실했다는 정직한 주장을 굽히지 않으며, 다메섹 도상에서 겪은 일은 모든 민족을 구원하기 위해 오신 하나님의 아들 예수님의 계시였다고 말한다. 하지만 바울의 증거는 유대주의자 동료들에겐 치명적인 변절로 비친다. 이 일로 그는 출교를 당했고, 율법을 짓밟는 자인 양 합법적인 핍박의 대상이 되고 말았다.

승귀하신 주를 만남

바울이 예수님을 만난 사건이 갖는 또 다른 의미가 있다. 데이비드 스탠리는 다음과 같이 말한다.

> 그리스도가 바울에게 나타나심이 예루살렘이나 갈릴리에서 열두 제자들을 방문하신 것과 두드러진 차이가 있음을 누가는 알고 있었다. 바울이 본 분은 신적 영광에 들어가신 승귀한 예수님이셨다. 예수님이 승천하기까지 40일 동안 열두 제자들에게 영화한 인성을 계시하셨다는 어떤 기록도 없다. 사실 페르 브누와(Père

79 Menoud, p. 137.
80 A. D. Nock, *St. Paul* (New York: Harper & Brothers, 1938), p. 7

> Benoit)가 제대로 지적한 것처럼, 누가의 승천에 대한 기술을 보면 영광의 빛에 대해서도 말하는 바가 별로 없다. 따라서 신약의 다른 곳에 기술된 '하늘에 오르심'(*coelestis exaltatio*)과는 다르다.[81]

뒤퐁도 같은 입장을 취한다.

> 바울은 자기 영광에 들어가신 그리스도를 보았다. 이 점에서 예수님의 다메섹 출현은 복음서에 기록된 부활절 출현과는 엄연히 다르다.
> 바울은 갈라디아서 1:12, 16에서 이 출현을 '묵시'라고 말한다. 즉, 그리스도가 자신의 신분이 하나님의 아들임을 바울에게 계시한 영광스러운 선언이다. 마지막 때에도 그분은 이렇게 출현하실 것이다.[82]

스탠리와 뒤퐁은 고린도후서 4:4-6을 주해하는데, 뒤퐁은 이 본문이 바울의 회심을 말한다고 본다. 본문은 다음과 같다.

> "그 중에 이 세상의 신이 믿지 아니하는 자들의 마음을 혼미하게 하여 그리스도의 영광의 복음의 광채가 비치지 못하게 함이니 그리스도는 하나님의 형상이니라 우리는 우리를 전파하는 것이 아니라 오직 그리스도 예수의 주 되신 것과 또 예수를 위하여 우리가 너희의 종 된 것을 전파함이라 어두운 데에 빛이 비치라 말씀하셨던 그 하나님께서 예수 그리스도의 얼굴에 있는 하나님의 영광을 아는 빛을 우리 마음에 비추셨느니라."

---

81 David M. Stanley, "Paul's Conversion in Acts: Why the Three Accounts," *Catholic Biblical Quarterly* 75 (1953): 330-31.

82 Jacques Dupont, "The Conversion of Paul, and Its Influence on His Understanding of Salvation by Faith," *Apostolic History and the Gospel*, ed. W. Ward Gasque and Ralph P. Martin (Grand Rapids: Wm. B. Eerdmans Publishing Co., 1970), p. 192.

바울이 다메섹 도상에서 예수님을 만났을 때 마주친 것이 바로 하나님의 영광을 아는 빛이었고, 이 빛이 옛 것을 깨끗이 씻어내고 새 것을 그에게 보여주었다. 그는 '예수의 얼굴에서 하나님의 영광'을 보고 드디어 예수님의 성품과 직임을 규정하는 모든 호칭의 의미를 알게 되었을 것이다. 그가 처음으로 본 것은 영광 가운데 승귀하신 그리스도였다. 이후 모든 것이 달라졌다.

내면적인 예수님 경험

이 일에는 내면적인 측면도 있다. 바울은 갈라디아서 1:15-16에서 이 점을 넌지시 말한다. "그러나 내 어머니의 태로부터 나를 택정하시고 그의 은혜로 나를 부르신 이가…그를 내 속에 나타내시기를 기뻐하셨을 때에." 바울은 '내 안에' 또는 '내 속에'라고 말함으로써 자신이 겪은 경험의 내면적 성격에 주목한다. 그 경험은 그저 말을 주고받은 대화가 아니었다. 거기에는 내면의 앎과 내면의 확신이 따랐다. 바울은 마음뿐 아니라 존재 전체, 그것도 깊숙한 곳까지 감명을 받았다. 그렇다고 단지 내부의 환상, 즉 바울이 어떤 심리학적인 압박을 받아 이런 경험을 했다고 해석해서는 안 된다. 릴리는 이런 의구심에 대해 다음과 같이 응대한다.

> 존 크리소스톰은 수세기 전에 이 표현에 대해 매우 탁월한 해석을 내렸다. "바울은 왜 '그의 아들을 내게 계시하셨다'라고 말하지 않고 '내 속에'라고 했는가? 그리스도가 '내 속에서' 말씀하신다고 했던 것은 오직 말을 통해 믿음의 진리를 들은 것이 아니고, 성령으로 충만해졌으며, 계시로 자신의 영혼이 밝게 조명되었음을 보여주기 위해서였다"(*Com. in cap.1 Ep. ad Gal*. MPG 61, 628). 이것이 지금까지 내린 해석의 주류였다. 하지만 이성주의의 전제가 초월적인 것을 제거하는 최근에 이르러서는, 다메섹 도상에서 아무것도 나타나지 않았고 바울이 그저 순전히 내면의 환상을 본 것에 불과하다는 주장으로 기울게 되었다. 그럼에도 이렇게 묻는 것

이 합당하다. "어떻게 이 비판자들은 '내 속에서'를 내면적 환상이라고 해석할 수 있는가? 더욱이 사도 바울 자신이 직접 부활하신 주님을 보았다고 주장하지 않는가?(고전 9:1, 15:8)[83]

돌이킴

바울은 돌아섰다. 율법으로부터 그리스도로, 핍박으로부터 사도됨으로, 기독교인이 된 유대인들을 죽이는 일로부터 이방인들을 기독교인으로 만드는 일로 말이다. '회심'이 지닌 중심 의미가 여기에 있다. 회심은 돌이킴의 이미지를 가지고 있다. 거기에는 '…로부터'와 '…으로'가 있다. 옛 것은 철폐되고(옛 것으로부터 돌아서고) 새 것은 포용된다(새 것으로 돌아선다). 바울은 하나님을 섬기는 예법(율법을 부인하는 자들을 핍박함으로써)의 형상을 벗어버리고 새로운 예법('섬김과 증거'의 위임을 받음으로써—행 26:16)의 형상을 입는다. 반역자이며 사기꾼이라고 여겼던 그리스도를 메시아이자 하나님의 아들로 바라보게 되었다.

다른 면을 보자. 돌이킴은 예수님을 중심으로 일어났다. 예수님이 중심축에서 계신다. 한 축에는 흠과 티가 가득해 하나님의 소원과는 거리가 먼 옛 생활이 있다. 다른 한 축은 용서와 섬김을 바탕으로 한 하나님 백성의 새로운 공동체, 성장하는 새로운 삶(성화)이 있다. 그리고 그 중심에 예수님이 계신다. 옛 삶의 실체를 폭로하고 새로운 삶에 초점을 맞춰 방향을 설정하고 사명을 위임하는 분이시다. 바울의 눈을 당신 자신께 향하게 하심으로써 그의 옛 삶에 새로운 관점과 비전을 심어준 분이 바로 예수님이시다. 바울을 그리로 돌이키고 나아가게 하는 분이 바로 예수님이시다. 예수님은 바울의 회심을 둘러싼 중심 축이다.

83 Lilly, p. 201.

바울이 예수님의 첫 번째 질문을 부연한 본문은, 이 일들이 필연적으로 이루어질 일이었음을 간결하게 보여준다. 바울은 아그립바 왕 앞에서 자신의 회심 경험을 술회하면서 이 질문을 떠올린다. "사울아 사울아 어찌하여 네가 나를 박해하느냐 가시채를 뒷발질하기가 네게 고생이니라."[84] 이 말은 1세기에 널리 쓰이던 속담이었는데, 원래 소몰이꾼들이 소를 빨리 가게 하려고 끝을 날카롭게 한 막대기(가시)를 쓰던 관습에서 나왔다. 가축이 그 가시를 발로 차는 것은 미련한 짓이다. 가시에 깊이 찔려 아픔만 더할 뿐이다. 이 속담이 전하는 교훈은, 바울이 그리스도에게 반대하는 일은 마치 소가 가시를 차는 것처럼 어리석은 짓이라는 것이다.[85]

이 마주침과 부르심에는 분명 불가항력적인 면모가 있다. 무엇보다 이 일을 시작하신 분은 하나님이지 바울이 아니다(갈 1:16). 그리고 이 환상에는 신비로

---

84 행 26:14. 이 구절은 비평가들 사이에서 논란이 된다. 분명한 헬라 속담이기에 이 말을 예수님께서 하셨다고 보기는 어렵기 때문이다. 그래서 누가나 바울이 훗날 이 말을 삽입한 것이 아니냐는 가정도 나왔다. 이 경우 바울은 자신의 경험을 형상화해 특정 수취자들에게 적절한 의미를 주려는 의도를 가지고 있을 수도 있다. 이 결론은 두 가지 이유에서 설득력이 없다. Lohfink는 이렇게 말한다 "첫째, 이 본문에 대한 형식 비평적 분석법(환각 상태에서 주고받은 대화 가운데 들어 있는 것) 때문이다. 둘째, 누가는 행 26장에서 바울의 연설을 기술할 때 여러 가지 다른 고급 헬라 표현법을 구사한다. 이렇게 고급스러운 문학 표현이 많이 나오는 이유는 가까이에 있다 즉, 바울은 지금 22장에서처럼 유대 대중들에게 말하는 것이 아니라 왕족·귀족들에게 연설하고 있기 때문이다." 한편 Lohfink는 Rahner, *Visions and Prophecies*를 근거로, "이 문제는 우리가 처음 생각한 것처럼 그렇게 단순하지 않다. 어떤 사람이 속에서 보고 들은 것은 경험자 자신의 문화에 따라 다양하게 인지되고 이해될 수 있기 때문이다"라고 인정한다. Lohfink, p. 78.
Carsten Peter Thiede and Matthew D'Ancona, *Eyewitness to Jesus* (New York: Doubleday, 1996), p. 133에서는, 이 속담이 아그립바 왕과 베스도에게 아주 익숙한 표현이라고 말한다. 그들은 이 표현이 다른 연극은 물론 아이스퀼로스의 명작 오레스테스의 3부작에 등장하는 관용구임을 알기 때문이다. 그들의 주장은,"나사렛 예수, 처형당한 갈릴리인이 이런 관용어를 알 리 없다. 그래서 사도인 바울이 편의를 위해 그의 말을 헬라어 용법으로 인용해" 아그립바 왕과 베스도에게 말했다는 것이다. 앞서 Thiede와 D'Ancona는 예수님께서 세포리스에서 불과 6킬로미터(걸어서 1시간 반 정도 걸리는) 떨어진 곳에서 살았다고 했다. 세포리스는 예수님이 청년일 때 건설되던 도시였기에, 예수님의 아버지 요셉은 세포리스 건설에 목수로 참여했을 것이다. 따라서 예수님께서 세포리스에서 열리는 연극을 보았을 테니 헬라 연극에 나오는 이 관용구를 알고 계실 가능성이 크다(pp. 129-30)고 주장했다.

85 Fuller, p. 216.

운 능력과 확신이 동반된다. 바울은 비로소 진리와 현실을 보았고 깊이 공명했다. 바울은 자신의 회심에 관해 빌립보서 3:12에서 "내가 그리스도 예수께 잡힌 바 된 그것"[86]이라고 말한다. 고린도전서 9:16-17도 회심 경험의 불가피성을 말한다. "내가 복음을 전할지라도 자랑할 것이 없음은 내가 부득불 할 일임이라 만일 복음을 전하지 아니하면 내게 화가 있을 것이로다 내가 내 자의로 이것을 행하면 상을 얻으려니와 내가 자의로 아니한다 할지라도 나는 사명을 받았노라."

누가 부활하신 그리스도를 거역할 수 있겠는가? 바울은 그럴 수 없었다. 하나님의 사람이 되려고 열심에 불타던 바울은 비록 결과적으로 정반대의 일을 해왔지만, 하나님의 은혜를 통해 더 좋은 기회를 얻게 되었다. 그는 이제 특별한 사명을 수행해야 한다. 그가 핍박하던 주님의 증인이 되는 것이다. 누가 이런 용서와 사랑에 저항할 수 있는가?

결론을 내리겠다. 기독교 회심에서 두 번째 단계는 돌이킴이 분명하다. 이는 하나님과 관계를 맺음으로써 얻는 깨달음이 바탕이 되어야 한다. 그러나 회심은 단지 옛 것으로부터 등을 돌리는 일만은 아니다. 회심은 예수님께로 돌이킴이다. 어떤 만남이든 예수님을 만나지 않거나 그분에게 돌이키지 않고는 기독교에서 말하는 회심을 경험할 수 없다. 돌이킴은 열두 제자의 경험을 분석할 때도 두 번째로 다루어야 할 요소다. 예수님을 바라보는 그들의 시각은 어떻게 변했는가? 세간의 평가와는 달리 예수님의 정체를 제대로 인지했는가? 예수님께로 돌아섰는가? 예수님이 그들 신앙의 중심이 되셨는가?

---

86 NIV에서는 이 구절을 다음과 같이 번역한다. "I press on to take hold of that for which Christ Jesus took hold of me"(빌 3:12, 이탤릭은 저자 추가).

제4장
변화: 새 생활의 시작

신비 경험을 하는 것과 회심하는 것은 별개 문제다. 신비 경험이 회심으로 이어질 수도 있다. 그러나 그렇지 않을 경우 단순한 '경험'으로 끝날 뿐이다. 기억이야 하겠지만 그로 인해 삶이 변하지는 않는다. 언뜻 보기에 신비 경험은 상당히 다양한 양상을 띤다. 시카고 대학교 병설 국민의견조사센터의 앤드류 그릴리와 윌리엄 맥크리디가 실시한 조사에 따르면, 미국 성인 남자 중 35%가 한 번 또는 그 이상 전형적인 신비 경험을 한 적이 있다고 응답했다.[1] 신비 경험은 이들의 감정을 압도하는 힘이 있을 뿐더러 매우 중요하다. 연구에 응한 사람들은 다른 어

1 Andrew M. Greeley and William G. MaCready, *The Ultimate Values of the American Population*, Sage Library of Social Research, vol. 23 (Beverly Hills, Calif.: Sage, 1976), p. 133. Andrew Greeley, *The Sociology of the Paranormal: A Reconnaissance* (Beverly Hills, Calif. : Sage, 1975), pp. 8-9에 따르면, 이것은 조심스럽게 선택한, 통계학적으로 대표성을 갖는 모집단이라고 한다. 이 두 책은 같은 연구에 관한 보고서다.

떤 경험보다도 이 경험을 소중하게 여겼다.[2] 하지만 추적할 수 있는 한도에서 볼 때, 신비한 조우가 회심까지 이어지는 예는 몇 개 되지 않았다.[3] 이로 미루어 신비 경험과 회심 경험은 엄연히 다른 것임을 알 수 있다.

신비 경험과 회심 경험은 최소한 두 가지 점이 다르다. 첫째, 제2장에서도 다뤘지만 회심은 깨달음에서 시작한다. 회심은 하나님과 자신의 관계를 점검하고 어떤 식으로든 교정할 필요를 느낄 때 일어난다. 옛 길에서 돌아서고 싶은 욕구, 하나님의 뜻에 따라 새로운 길을 가야 한다는 자각이 움튼다. 반면 신비 경험은 그저 경험일 뿐이다. 자신과 하나님의 관계에서 어떤 사실도 드러나지 않는다.

둘째, 새로운 길을 따르려는 욕구의 유무다. 신비 경험은 그냥 일어난다. 아무 반응도 일어나지 않는다. 이에 비해 회심은 선택, 돌이킴, 새로운 생활로 이어진다. 깨달음으로 방향이 설정되고 사물을 대하는 정신적인 윤곽이 잡힌다. 돌이킴으로 한 사람이 바른 방향으로 인도된다. 그러나 새로운 길을 적극적으로 따를 때까지는 돌이킴이 완결되었다고 보지 않는다. 이 장의 주제는 바로 '새 생활'이다. 바울이 예수님을 만나 회심한 이후 시작한 새 생활이다.

반응

사도행전 22:10에서 바울은 "주님 무엇을 하리이까"라고 묻는다. 자신이 겪은 일에 반드시 반응이 뒤따라야 한다고 즉시 깨달은 것이다. 반응은 경험될 수 있

---

2 Andrew M. Greeley and William G. MaCready, "Are We a Nation of Mystics?" New York Times Magazine, January 25, 1975, pp. 12-25.

3 이런 경험들은 대부분 경험자들에게 심리적인 안정을 준다. "Norman Bradburn 교수는 논문에서 심리적 평안을 측정하는 지수를 중요한 독립 변수 중 하나로 잡았다. 그는 국민의견조사센터가 개최한 세미나에서 잦은 신비 경험만큼 심리적인 평온을 강하게 유지시키는 변수는 없는 것 같다고 논평했다." Greeley, p. 7. 그리고 p. 61-62, p. 75도 보라.

는 사건이 아니라 따로 다뤄야 할 부분으로서 새로운 과정이 수반된다. 따라야 할 새로운 길, 감당해야 할 새로운 의무가 부여된다.

두 가지 차원에서 바울의 질문에 답할 수 있다. 첫째, 즉각적인 행동을 취해야 한다. 그는 일어나 다메섹에서 일어날 일을 기다려야 한다. 둘째, 장기적인 부르심에 따라야 한다. 그는 모든 민족에게 가야 하는데, 특별히 증인이요 종으로서 이방인에게 가야 한다. 이 점을 시사하는 본문들은 아래와 같다.

> 사도행전 9:6, 8-9—"너는 일어나 시내로 들어가라 네가 행할 것을 네게 이를 자가 있느니라 하시니…사울이 땅에서 일어나 눈은 떴으나 아무 것도 보지 못하고 사람의 손에 끌려 다메섹으로 들어가서 사흘 동안 보지 못하고 먹지도 마시지도 아니하니라."

> 사도행전 9:17-19—"아나니아가 떠나 그 집에 들어가서 그에게 안수하여 이르되 형제 사울아 주 곧 네가 오는 길에서 나타나셨던 예수께서 나를 보내어 너로 다시 보게 하시고 성령으로 충만하게 하신다 하니 즉시 사울의 눈에서 비늘 같은 것이 벗어져 다시 보게 된지라 일어나 세례를 받고 음식을 먹으매 강건하여지니라."

> 사도행전 9:19-20, 22—"사울이 다메섹에 있는 제자들과 함께 며칠 있을새 즉시로 각 회당에서 예수가 하나님의 아들이심을 전파하니…사울은 힘을 더 얻어 예수를 그리스도라 증언하여 다메섹에 사는 유대인들을 당혹하게 하니라."

> 사도행전 22:10-11—"내가 이르되 주님 무엇을 하리이까 주께서 이르시되 일어나 다메섹으로 들어가라 네가 해야 할 모든 것을 거기서 누가 이르리라 하시거늘 나는 그 빛의 광채로 말미암아 볼 수 없게 되었으므로 나와 함께 있는 사람들의 손에 끌려 다메섹에 들어갔노라."

사도행전 22:12-16—"율법에 따라 경건한 사람으로 거기 사는 모든 유대인들에게 칭찬을 듣는 아나니아라 하는 이가 내게 와 곁에 서서 말하되 형제 사울아 다시 보라 하거늘 즉시 그를 쳐다보았노라 그가 또 이르되 우리 조상들의 하나님이 너를 택하여 너로 하여금 자기 뜻을 알게 하시며 그 의인을 보게 하시고 그 입에서 나오는 음성을 듣게 하셨으니 네가 그를 위하여 모든 사람 앞에서 네가 보고 들은 것에 증인이 되리라 이제는 왜 주저하느냐 일어나 주의 이름을 불러 세례를 받고 너의 죄를 씻으라 하더라."

사도행전 26:16-18—"일어나 너의 발로 서라 내가 네게 나타난 것은 곧 네가 나를 본 일과 장차 내가 네게 나타날 일에 너로 종과 증인을 삼으려 함이니 이스라엘과 이방인들에게서 내가 너를 구원하여 그들에게 보내어 그 눈을 뜨게 하여 어둠에서 빛으로, 사탄의 권세에서 하나님께로 돌아오게 하고 죄 사함과 나를 믿어 거룩하게 된 무리 가운데서 기업을 얻게 하리라 하더이다."

바울, 기독교 공동체에 가입하다

바울이 취해야 했던 즉각적인 행동을 생각해보자. 그중 일부는 바울이 시력을 잃음으로써 생긴 개인적인 필요와 무관하지 않다. 또 기독교 공동체와 관계있다. 물론 바울이 예수님의 증인이라는 더 넓은 공동체 안으로 들어가는 점과도 연결된다. 먼저 바울의 필요를 살펴보자. 다메섹으로 가는 길에 겪은 일로 그는 엄청난 혼란을 맞는다. 그는 길바닥에 쓰러지고 눈이 멀어 환상에 빠진 상태였다. 이 일은 바울의 인생관 전체를 뒤바꿔놓았다. 바울이 받은 첫 번째 명령은 이런 경험에서 오는 일종의 마비 현상을 극복하고 도움을 받을 수 있는 곳으로 옮기는 일이었다. "일어나라 다메섹으로 가라 가서 기다려라." 이것이 당시 바울이 알아차린 모든 것이었다.

바울이 해야 할 두 번째 일은 다메섹에 있는 기독교 공동체와 접촉하는 일이었다. 이 일에 아나니아가 연루된다. 이방인이었던 고넬료에게 베드로를 영접하라는 환상이 임했듯이, 아나니아는 핍박자 바울을 영접하라는 환상을 본다(행 9:10-16). 아나니아는 바울을 찾아나섰고(바울이 머무는 장소는 환상을 통해 이미 알고 있었다), 즉시 그를 기독교 공동체에 맞아들인다. 며칠 전까지만 해도 교회의 악독한 원수로 알려진 이 사람을 가리켜 아나니아는 '형제 사울'로 소개했다. '형제'라는 말은 물론 기독교인들이 서로를 부르는 말이다. 아나니아는 바울을 예수님의 제자 중 한 명으로 환대했다.

이는 이 새로운 공동체가 처음부터 바울을 기독교 공동체의 일원으로 맞았을 뿐 아니라, 하나님의 능력 아래 있음을 간접적으로 드러낸다. 아나니아는 세 가지 방법으로 하나님의 능력을 증거한다. 첫째, 그가 안수하자 멀었던 바울의 눈이 다시 뜨였다. 둘째, 바울도 성령의 충만함을 덧입는다(행 9:17-18). 셋째, 아나니아는 이미 바울에게 임한 하나님의 말씀을 반복하며 예언의 말을 전한다(행 22:14-15). 바울도 역시 예수님으로부터 같은 말씀을 들었기에(26:16-18) 이것이 하나님의 말씀인 줄 알았다. 이 모든 것이 하나님의 권능과 임재를 말하고 있다.

바울은 아나니아를 만난 뒤 금식을 멈추고 기운을 차린다. 그리고 다메섹에 있는 다른 기독교인들을 만난다. 세례를 받음으로써 자신이 예수님의 이름을 가진 자임을 공공연히 드러낸다. 비로소 바울은 이 새로운 공동체의 일원이 된다(9:18-19).

아나니아는 바울을 위해 한 가지 일을 더 한다. "율법에 따라 경건한 사람으로 거기 사는 모든 유대인들에게 칭찬을 듣는"(행 22:12) 아나니아는 유대교와 기독교가 서로 연관된다며 바울을 안심시킨다. 바울이 접촉한 것은 전혀 새로운 종교가 아니었다. 기독교는 구약의 소망과 약속들을 연장해 완성한 종교다.

1단계에서는 바울이 길바닥에서 일어나 성으로 들어갔고, 2단계에서는 아나니아가 바울을 기독교 공동체에 소개했다. 그리고 3단계에서 바울은 새로운 믿음으로 세상으로 뛰어들기 시작한다. 며칠 후 바울은 원래 속했던 유대교 공동체로 돌아가 예수님이 하나님의 아들이시라고 전파한다(9:20). 이제 그는 홀로 본 진리를 공개적으로 선언한다.[4] 한편으로 바울은 예수님이 살아계시고 하나님의 아들이시라는 새로운 사실을 이전부터 알고 있던 율법과 선지자에 대한 지식과 결부시킨다. 그의 이해력은 놀랍도록 빠르게 신장한다. 그러한 결과는 다메섹에 사는 유대인들에게 예수님이 진실로 메시아시라고 증거하는 모습에서 드러난다(9:22).

바울, 새로운 사명을 받아들이다

자기 발로 서서 말할 수 있고 기독교 공동체를 대면한 바울은 부활의 증인이 되라는 사명을 생각해야 했다. 바울은 회심할 때 자신이 사명을 받게 될 텐데, 그것이 무엇인지는 다메섹에서 구체적으로 알게 되리라는 말을 들었다(행 9:6, 22:10). 그는 그 내용이 무엇인지 대강 알았다. 회심할 때 자기가 종이며 증인이 되리라는 말씀을 예수님에게 들었기 때문이다(26:26). 주님으로부터 같은 말을 들은 아나니아에 의해서도 이 점은 재차 확인된다.[5]

그 사명의 특징은 이렇다. 첫째, 그 사명은 일종의 선택됨과 관련 있다. 바울은 부활의 증인이 되겠다고 결정하지 않았다. 그를 선택한 분은 하나님이시다. "이 사람은…택한 나의 그릇이라"(행 9:15). 아나니아도 재차 말한다. "그가 또 이르되 우리 조상들의 하나님이 너를 택하여"(행 22:14). 예수님은 바울이 이 일을 위해 지목된' 자이기에 '보내심'을 받을 것이라고 말씀하신다(26:16-17).

---

4 그는 훗날 이러한 공개적인 믿음의 고백이 굉장히 중요하다고 말한다. 롬 10:9에서는 이렇게 말한다. "네가 만일 네 입으로 예수를 주로 시인하며 또 하나님께서 그를 죽은 자 가운데서 살리신 것을 네 마음에 믿으면 구원을 받으리라."

5 행 22:14-15과 9:15-16을 보라. 비평가들은 행 26:16-18의 사명이 회심 때 받은 것이라고 보지 않는다. 오히려 후일 자기 사명이 무엇인지 알게 된 바울(또는 누가가)이 요약해서 넣은 내용이라고 하지만 그렇게 보아야 할 이유가 본문에 전혀 나타나지 않는다.

둘째, 직무의 본질이 규정된다. 그는 증인과 종이 되어(22:15, 26:16) 주의 이름을 전하게 될 것이다(9:15). 이 증인이 수행할 일의 내용 역시 규정된다. 그는 하나님(22:15)과 예수님으로부터(26:16) 보고 들은 것을 증언하게 될 것이다. 22:14에 따르면 이 일은 세 가지 내용으로 구성된다. 바울은 하나님의 뜻을 알게 되고, 부활하신 예수님('의인')을 보며, 전해야 할 말씀을 예수님으로부터 듣는다. 달리 말해, 바울이 증언 내용을 고안한 게 아니다. 그는 계시를 통해 그 내용을 받았다.

셋째, 바울이 증언할 대상 역시 규정된다. 대상은 '모든 사람'이다(22:15). 그는 유대인과 이방인들에게 파견된다. 바울의 회심을 말하고 있는 세 군데 기사에서 부르심의 보편성이 언급된다. 사도행전 9장은 이렇게 말한다. "주께서 이르시되 가라 이 사람은 내 이름을 이방인과 임금들과 이스라엘 자손들에게 전하기 위하여 택한 나의 그릇이라"(15절). 22장의 본문은 여러 차례에 걸쳐 언급한 바 있다. "네가 그를 위하여 모든 사람 앞에서…증인이 되리라"(15절). 26장에서는 이런 말씀이 주어진다. "이스라엘과 이방인들에게서 내가 너를 구원하여 그들에게 보내어 그 눈을 뜨게 하여 어둠에서 빛으로, 사탄의 권세에서 하나님께로 돌아오게 하고 죄 사함과 나를 믿어 거룩하게 된 무리 가운데서 기업을 얻게 하리라 하더이다"(17-18절).

마지막으로, 바울이 증거하는 목표(또는 결과)도 규정된다. 여기엔 세 가지 목표가 있다. 첫째, 그들의 눈을 여는 것이다. 둘째, 그들을 사탄(어둠)으로부터 돌려 하나님(빛)께 향하게 하는 것이다. 셋째, 그들이 죄 용서를 받고 성도의 공동체 일원으로 참여케 하는 것이다(26:18). 이 선언은 바울 자신에게 일어난 일을 요약할 뿐만 아니라 바울의 증언을 수용한 사람들의 삶에서 앞으로 일어날 일을 예고한다. 그는 눈이 뜨였고(깨달음), 핍박의 어둠으로부터 하나님의 빛으로 돌아섰다(돌이킴). 기독교인을 핍박한 죄를 용서받았고, 신앙 공동체 안에 자리 잡았다(변화).

회심을 완결하기 위해 바울은 자신에게 일어난 일을 진실로 받아들이고 만인 앞에 공개적으로 고백했다. 교회의 사도로서 사명대로 살고자 했다. 그렇지 않았으면 그의 회심 경험은 삶의 주변부로 밀려나고 말았을 것이다. 극적이긴 하지만 삶을 변화시키지 못한 경험으로 말이다. 하나님께서 개입하셨고, 바울은 이에 반응했다(반응). 전혀 다른 본문이긴 하지만 야고보서에도 이같은 시각이 담겨 있다. 야고보서 2:14-26에, 믿음을 가졌다고 말하는 것만으로는 충분치 않다는 말씀이 나온다. 믿음은 손으로 만질 수 있는 실재다. 그러나 믿음의 고백과 일치하는 행동으로 표면화하기까지는 그 믿음을 볼 수도, 느낄 수도 없다. 믿음은 새로운 삶의 방식으로 표현되기까지는 한낱 관념이나 경험에 지나지 않는다. 변화가 없으면 회심도 없다.

결국 바울은 이전의 사명을 버리고 새로운 사명을 취해야 했다. 처음에 바울은 위임장을 주어 죄수들을 체포하는 임무를 자신에게 맡긴 대제사장을 위해 다메섹으로 향했다(행 9:1-2). 그러나 다메섹에 다다랐을 즈음, 자신의 마음을 변화시킨 경험을 다른 사람들에게 증거하고, 예수님을 위해 제자를 삼으라는 사명을 위임받았다. 바울의 본래 사명은 다메섹 회당으로 가서 그 도의 추종자들을 색출하는 것이었다. 다메섹에 간 바울은 물론 회당으로 향했다. 그러나 거기서 오히려 사람들에게 그 도의 추종자가 될 것을 권면했다(9:20-22). 바울은 이 역설을 통해 자기의 경험이 진실함을 입증한다.

이미 살펴봤지만 바울은 회심에 두 가지로 반응한다. 세례를 받고 자신의 믿음을 공개적으로 천명함으로써, 또 기독교 공동체에 합류함으로써 즉각 새롭게 헌신하는 마음으로 살아간다. 장기적으로는 사명을 받아들이고 사도가 된 것이다. 물론 모든 사람이 회심을 통해 사명을 받는 것은 아니다. 사명은 별개의 문제다. 하지만 회심이 온전히 선한 결과로 나타나려면 모든 사람이 자신의 회개와 믿음을 공개적으로 천명해야 한다.

위임

위임받은 것은 진실인가? 아니면 거짓인가?

바울이 사도직을 위임받은 것과 구약 선지자들이 위임받은 것이 별로 다르지 않다는 주장에 이의를 제기할 사람은 없는 것 같다.[6] 사도행전 26:16-18에 기록된 바울의 위임은 이사야(6:1-9a), 에스겔(1:3-3:11), 예레미야(1:4-9)의 위임을 떠오르게 한다. 이 경우에도 모두 사건이 뒤따른다. 구약 선지자들도 환상을 본다. 이사야는 바울이 그랬듯이 부르심을 받을 때 자신의 죄성과 무가치를 깨닫는다. 예레미야의 소명은 아주 중요하다. 이스라엘 백성에게로 보냄을 받은 이사야와 에스겔과 달리 바울처럼 열방의 선지자(렘 1:5)로 부르심을 받았기 때문이다.[7]

사건 자체가 비슷할 뿐더러, 사도행전 26장의 위임 말씀은 세 선지자에게 임한 말씀을 떠오르게 한다. 로핑크는 "사도행전 26장 첫 부분은 선지자들에게 임한 말씀을 짜깁기했다고 보아도 무방하다"[8]라고 주장한다. 그는 이사야서, 예레미야서, 에스겔서의 말씀들을 하나씩 살펴본 후 이렇게 결론을 내린다. "다르게 말하자면, 사도행전 26:16-18에 나타난 사명의 말씀은 구약성경에 나오는 유명한 사명과 소명의 말씀을 겹겹이 쌓아놓은 것이다. 이 일은 누가가 직접 했다."[9] 또 다음 사실도 기억해야 한다. 바울은 갈라디아서 1:13-16에서 자신의 소명을

6 예를 들어, F. F. Bruce, *Paul: Apostle of the Heart Set Free* (Grand Rapids: Wm. B. Eerdmans Publishing Co., 1977), p. 75; Günther Bornkamm, *Paul*, trans. D. M. G. Stalker (New York: Harper & Row, 1969), pp. 13-25; 그리고 A. D. Nock, *St. Paul* (New York: Harper & Brothers, 1938), p. 65을 보라.

7 70인역에 쓰인 헬라어는 '에스네'(*ethnē*)다. 이 말은 '민족들' 또는 '이방인들'로 옮길 수 있다.

8 Gerhard Lohfink, *The Conversion of St. Paul: Narrative and History in Acts*, trans. Bruce J. Malina (Chicago: Franciscan Herald Press, 1976), p. 70.

9 Lohfink, p. 71. Lohfink는 Clarke, "The Use of the Septuagint in Acts," in *The Beginnings cf Christianity*, ed. F. J. Foakes Jackson & K. Lake, vol. 2 (London: Macmillan, 1920), pp. 99-100를 차용한다. Krister Stendahl, *Paul among Jews and Gentiles* (Philadelphia : Fortress, 1976), pp. 9-10도 보라.

말할 때, 이사야서와 예레미야서에 나오는 구절을 인용하고 있다.[10]

그러나 위임 본문이 구약의 여러 구절을 떠올리게 한다 해서 이 내용을 누가가 창작했다는 섣부른 결론을 내서는 안 된다.[11] 아직 다른 가능성도 있다. 이스라엘 역사를 보면 하나님께서 결정적인 순간에 사람들에게 말씀하실 때도 바로 이랬다. 야곱과 모세(이사야, 예레미야, 에스겔은 고사하더라도)가 하나님의 백성을 새로운 장소로 이끌어야 할 때도 이렇게 말씀하셨다. 따라서 바울이 비슷한 상황, 즉 천상의 존재와 마주쳤을 때, 랍비로서 훈련받은 과거 때문에 나온 무의식적인 기대감이 이런 종류의 대화로 이어졌으리라고 추측된다.

로핑크는 다른 문단에서는 이렇게 말한다. "한 사람이 환상 가운데서 보고 들은 것은 그가 처한 문화에 따라 다르게 인식된다."[12] 게다가 바울은 나중에 이 대화를 회상하면서, 이것이 이스라엘 역사의 전환점에서 일어난 구약의 대화와 비슷함을 깨닫는다. 그러면서 자신에게 일어났던 일의 중요함을 인식하곤 했다. "이것이 우리 민족을 위해서도 하나의 전환점이 되었는가?" 그는 이렇게 묻곤 했다.

아울러 이 점도 기억해야 한다. 다메섹 도상에서 오간 대화를 증명할 유일한 정보 제공자는 바울이다. 동료들은 대화 내용을 듣지 못했다. 굳이 따지자면 바울이 유일한 보고자다. 이뿐 아니다. 바울은 누가에게 이 이야기를 해주기 전에 벌써 다른 사람들에게 숱하게 술회했을 것이다. 그리고 그것은 단순한 회심 경험의 술회가 아닌 보내심을 입은 사도로서 받은 새로운 몫에 대한 설명이었다. 그는 자기 이야기를 되풀이함으로써 더 정리된 내용을 전달한다. 곁가지 이야기들은 빼고 핵심만 전한다. 그러므로 기록된 것은 바울과 예수님 사이에 오간

10 사 49:1, 6; 렘 1:5. Stendahl, p. 8.

11 Lohfink는 다메섹 도상에서 오간 예수님과 바울이 나눈 대화를 다음과 같은 입장에서 본다. "환상 속에서 오간 대화는 그리스도와 바울 사이에 실제로 일어난 일을 역사적으로 기록한 것이라고 볼 수 없다"(p. 68).

12 Lohfink, p. 78.

대화의 골자다.[13]

세 가지 기사를 비교할 때 바울과 예수님 사이에는 다른 대화도 오고갔음이 분명하다. 예를 들어보자. 사도행전 9:5에서 주님은 바울의 질문에 이런 말씀으로 자신의 정체를 밝히신다. "나는…예수라." 반면 사도행전 22:8에서는 "나는…나사렛 예수라"고 대답하신다. 사도행전 9장 기사에서 바울의 두 번째 질문은 빠져 있고, 주님은 바울에게 곧장 성으로 들어가라고 명령하신다. 하지만 사도행전 22:10에서 바울은 이렇게 묻는다. "주님 무엇을 하리이까." 이에 대해 사도행전 9장에서는 "너는 일어나 시내로 들어가라 네가 행할 것을 네게 이를 자가 있느니라 하시니"(6절)라는 대답이 나온다. 사도행전 22장에는 좀 더 자세한 기록이 나온다. "내가 이르되 주님 무엇을 하리이까 주께서 이르시되 일어나 다메섹으로 들어가라 네가 해야 할 모든 것을 거기서 누가 이르리라 하시거늘"(10절). 오직 사도행전 26:16-18에서만 그때 그 자리에서 주님께서 바울에게 사명을 맡기셨다는 기록이 나온다.

달리 말해, 하나의 선별 원리가 바울의 회심담 술회와 누가의 회심 기사, 이 둘 모두에서 작동한다. 하지만 두 핵심 사건은 역사적인 치밀함으로 기술된다. 사도행전의 설교들은 단순한 요약이 아니다.[14] 하지만 빌켄하우저(Wilkenhauser)

---

13 이것이 보수주의자들이 본문을 읽는 방식임을 알아야 한다. Lohfink 같은 많은 학자들은, 누가가 다른 본문뿐 아니라 이 본문도 자신의 기록 목적에 맞게 구성했다고 본다. 신약성경의 문체에 관한 논쟁이 나오면 언제나 이 문제가 거론된다. 복음서 저자들은 그들의 의도에 맞게 본문을 편집했다. 하지만 그것은 어떤 이야기들은 취하고 다른 것들은 취하지 않는다든지, 이런 이야기들을 다른 이야기들과 나란히 놓는다든지 하는 범위 내에서 이루어진다. 이는 이야기 각각을 넘어서는 하나의 요점을 부각하기 위해서다. 성령의 인도 가운데 이루어지는 저자 개입 문제는 이 책의 논의 범위를 넘어선다.

14 "사도행전에 나오는 설교들을 저자가 재구성했다고 인정할지라도, 누가는 어떤 경우에 어떤 설교가 적합한지를 알았다. 따라서 그 설교들은 순전히 상상으로 꾸며낸 허구가 아니다. 사도행전에 나오는 베드로의 설교에는 초기 전승이 들어 있다. 한편 바울은 자신의 회심 이야기를 자주 했음이 틀림없다. 따라서 저자 누가가 핍박자에서 제자요 사도로 완전히 뒤바뀐 바울의 보고를 낭만적인 이야기로 재구성한 것 같지는 않다." H. G. Wood, "The Conversion of St. Paul: Its Nature, Antecedents and Consequences," *New Testament Studies* 1 (1955): 276-77.

는 "누가는 대체적으로 핵심 사상을 짧게 정리해서 기록한다"라고 말했다.[15] 로핑크는 "이런 설교들을 마치 풍선처럼 날려버리는 일은 불가능하다. 원래 이야기의 분량과 형태를 발견해내는 일도 불가능하다"라고 주장하는데, 옳은 말이다.[16] 누가는 요약해서 전하지 않고, 자신의 편집 목적에 맞게 설교 핵심을 전하는 부분들만 선택해 배열했다.

물론 공관복음서를 연구하는 사람들도 이같은 문제에 봉착할 것이다. 공관복음서 역시 페리코패(*pericopae*)라 불리는 짧은 이야기들로 이루어졌다. 페리코패는 구전으로 내려온 문학의 한 형식으로서 이 안에서도 이같은 압축과 선택이 이루어진다. 형식과 내용은 엄연히 별개다. 어떤 한 사건 또는 대화를 기술하기 위해 특정 형식을 선택했다는 이유 하나만으로 내용을 조작했다고 단정지을 수는 없다. 사실, 자료에서 핵심을 뽑아내는 데 특정 형식을 취하면 초점이 분명해지고 바른 선택에 도움이 된다.

급작스러운 부르심인가, 점진적인 부르심인가?

바울의 사명에는 또 다른 문제가 남아 있다. 바울은 언제 이방인들을 향한 특별한 부르심을 자각했는가? 잉글리스는 이렇게 보았다.

> 신적 메시지를 들은 바울 사도가 이방 선교를 해야 한다는 사명을 언제 자각했는지 살펴보자. 사도행전 9:15에서 사울의 소명은 아나니아에게 환상으로 계시된다. 그러나 아나니아는 이 사실을 사울에게 말하지 않는다. 22장에는 아나니아의 환상이 나오지 않는다. 하지만 아나니아는 사울을 면담하면서 "네가 그를 위하여 모든 사람 앞에서 네가 보고 들은 것에 증인이 되리라"(22:15)고 선언한다. 반면, 이

15 *Die Apostelgeschichte und ihr Geschichtswert*, Neutestamentliche Abhandlungen 8, p. 17, Lohfink, p. 54에서 인용함.

16 Lohfink, p. 54.

어지는 구절에서는 예루살렘 성전에서 임한 환상을 통해 소명이 명확히 표현된다(22:17-21). 세 번째 기사(26장)는 사명이 곧 부활하신 주님의 말씀임을 드러낸다. 하지만 바울은 아그립바와 베스도 앞에서 유대인과 이방인 방청객들에게 자신을 보내, 이방인들 사이에서 일하게 하신 하나님이 유대인의 하나님이심을 입증하려고 힘쓴다. 바울은 이방인 선교라는 소명을 자신의 지고한 회심의 일부로 본다. 그가 "회개하고 하나님께 돌아서"(행 26:20)며 유대인과 이방인에게 목숨을 걸고 호소하는 까닭은 바로 이 천상의 환상에 순종하는 일이 자신의 소명임을 간절히 보여주려는 것이다. 동시에 그는 소명을 회심과 동일시한다. 그리고 자신의 영적 위기를 복음 사역으로 연결한다. 그러므로 사건의 여파로 생긴 유동적이고 불투명한 상황에서 명확한 결단을 보여준 것으로 봐서 바울 사도가 이방인 선교 사명을 인지하게 된 때를 확정적으로 못박기란 어렵다.[17]

제법 긴 인용문을 달았다. 이 글이 몇몇 학자들의 견해를 잘 반영하고 있기 때문이다.[18] 하지만 위에서 보았듯 이것만이 본문을 다루는 유일한 방법은 아니다. 누가가 취사 선택 과정을 거쳤으며, 자신의 이야기에 필요한 사료들을 적절히 사용했다면, 이방을 향한 그 부르심이 사도행전 26장에 기록되는 게 더 나음에도 불구하고 9장에 기록되어야 한다고 우길 이유는 없다. 어떤 경우든 바울의 부르심은 본래 모든 민족이 대상이었음이 분명하다. 그는 선교 여행 중 새로운 도시에 도착하면 늘 회당을 찾았다. 또 유대인들에게 거절당할 때면 이방

17 G. J. Inglis, The Problem of St. Paul's Conversion, *Expository Times* 40 (1929), pp. 229-230. 인용한 자료는 C. W. Emmet's essay "The Apostolic Age and the Life of Paul" in *Peake's Commentary on the Bible* (London, 1920), p. 768에서 참조했다.

18 예를 들어, Jacques Dupont, "The Conversion of Paul, and Its Influence on His Understanding Salvation by Faith," *Apostolic History and the Gospel*, ed. W. Ward Gasque and Ralph P. Martin (Grand Rapids: Wm. B. Eerdmans Publishing Co., 1970), pp. 192-93을 보라.

인들에게 갔다.[19] 회심 이후 바울의 초기 사역이 유대주의자들이 모인 공동체를 대상으로 했다는 점 역시 기억해야 한다.

사도행전 9:19-30을 보면, 바울이 다메섹과 예루살렘에 있는 유대인들에게 한 사역 때문에 사람들이 그를 찾아내 죽일 마음을 먹는다. 그래서 그는 할 수 없이 고향 다소로 돌아가야 했다. 바울은 안디옥에서 사역하고 있는 바나바(11:19-26)를 돕기 위해 다소로 오자마자 곧 사역을 재개한다.

이번 사역은 주로 이방인들이 대상이었다. 이방인들은 이제 막 복음에 반응하기 시작했다. 달리 말해 바울은 제법 긴 시간이 흐른 후에 이방인들에게 복음을 전했고, 예루살렘 지도자들은 마침내 이를 공인한다(갈 2:7-10). 그러나 바울은 자신의 원래 부르심이 모든 민족을 향한 것임을 잊지 않았다. 그는 이방인에게 복음을 전하는 동안에도 예수님을 증거하기 위해 유대인들을 찾아다녔다.

연속성

스텐달은 바리새인인 바울과 사도 바울일 때의 그의 종교관에는 연속성이 있다고 호언장담했다.[20] 회심 후에도 바울은 여전히 같은 하나님을 섬겼다. 바울은 자신이 계속 하나님을 섬기고 있다고 주장한다. 산헤드린 공회 앞에서 자신을 변호하면서 "여러분 형제들아 오늘까지 나는 범사에 양심을 따라 하나님을 섬겼노라"(행 23:1)고 말한다. 그가 이 사람들을 여전히 '형제들'이라고 부른다는 것은 놀라운 일이다. 한편 그는 이렇게 말하기도 한다. "그러나 이것을 당신께 고백하리이다 나는 그들이 이단이라 하는 도를 따라 조상의 하나님을 섬기고 율법

19 예를 들어, 비시디아 안디옥에서 바울이 겪은 일을 보라. 행 13:14-15과 13:44-48을 비교하라.
20 Stendahl, pp. 7-23. Inglis, p. 231도 보라.

과 선지자들의 글에 기록된 것을 다 믿으며 그들이 기다리는 바 하나님께 향한 소망을 나도 가졌으니 곧 의인과 악인의 부활이 있으리라 함이니이다"(24:14-15). 사실 바울은 예루살렘에서 자신이 '율법을 지켜 행하는 줄' (21:24) 아는 사람임을 밝히려다가 곤경에 빠졌다. 회심을 기술하는 두 본문에서 그는 자신이 유대인으로서 흠잡을 데 없는 근거를 열거하며 말을 시작한다. 그는 이 점을 부인하지 않고 도리어 확인한다(22:2-5, 26:4-8). 바울은 자신이 정통 유대인으로서 할 일을 해왔다고 주장한다.

그러나 유대인들은 바울의 주장에 동의하지 않았다. 바울이 23:1에서 하나님을 향해 자신의 의무를 수행해왔다고 주장하자 대제사장은 격노한 나머지 바울을 치라고 명령한다. 그리고 성전에서 일어난 소요 때문에 바울이 보호 감찰에 들어가자 유대인 지도자들은 그를 어떻게 죽일 수 있을지 모의한다.[21] 율법을 모욕한 자는 죽어 마땅하기 때문이다. 종교지도자들이 보기에 바울은 아주 중요한 기준에서 옛 신앙에서 이탈한 자였다. 그것은 예수님이 메시아이심을 알았다는 점이다. 그는 다메섹 도상에서 예수님을 만났는데, 그분은 살아 계셨고 하늘에서 비치는 빛에 둘러싸여 계셨다. 여기서 모든 게 명백해졌다. 예수님이 메시아시라면, 구원의 길은 율법이 아니라 예수님이셨다. 자신을 이방인에게 보내신 것은 하나님의 뜻이다. 결코 바울이 조상의 믿음에서 일탈한 게 아니다. 오히려 그 믿음이 연장되고 완성되었다. 그가 자신을 이단에 빠진 유대인이 아닌 '완성된'(completed) 또는 '충분한'(fulfilled) 유대인이라고 보았을 법하다.[22]

바울에게 회심의 순간은 단순히 예수님을 추종하게 된 순간만은 아니다. 사도로서 부르심을 받은 순간이기도 하다. 따라서 바울이 죄에서 돌이켜 예수님께로 돌아선 것은 모든 민족, 주로 이방인에게 부활의 증인이 되라는 사명을 받

21 예를 들어, 행 23:12 이하를 보라.

22 현대 유대인들이 예수님을 향해 쓰는 구호다.

아들이는 일이었다. 그는 이 사명을 받아들이면 곤혹스런 대가를 치르게 될지도 모른다고 불안해하면서도 기꺼이 받아들였다. 그리고 사명에 충실했다. 그는 아그립바 왕 앞에서 자기를 변호하는 말 끝에, 회심으로 얻게 된 새로운 생활이 어떤 것인지 진술한다.

> "아그립바 왕이여 그러므로 하늘에서 보이신 것을 내가 거스르지 아니하고 먼저 다메섹과 예루살렘에 있는 사람과 유대 온 땅과 이방인에게까지 회개하고 하나님께로 돌아와서 회개에 합당한 일을 하라 전하므로 유대인들이 성전에서 나를 잡아 죽이고자 하였으나 하나님의 도우심을 받아 내가 오늘까지 서서 높고 낮은 사람 앞에서 증언하는 것은 선지자들과 모세가 반드시 되리라고 말한 것밖에 없으니 곧 그리스도가 고난을 받으실 것과 죽은 자 가운데서 먼저 다시 살아나사 이스라엘과 이방인들에게 빛을 전하시리라 함이니이다 하니라"(행 26:19-23).

결론

그러면 바울의 회심 중심에는 무엇이 있는가? 특징 있는 기본 유형은 무엇인가? 이것 없이는 기독교의 경험이 아니라고 잘라 말할 수 있는 형식 요소는 무엇인가? 달리 말해, 열두 제자들의 경험을 회심으로 볼 때 그 가운데 있는 특징들은 무엇인가?

어떤 면에서 바울의 회심에는 세 가지 운동 방향 또는 태도가 있다고 볼 수 있다. 1단계는 깨달음이다. 그는 '하나님을 이해'하고, '하나님과 관계 맺는' 가운데 자신의 진면목을 봤다. 2단계는 돌이킴이다. 그는 예수 그리스도를 만났고, 하나님의 아들 앞에서 복종했다. 3단계는 변화다. 그의 헌신은 새로운 생활로 이어졌다. 그 경험 안에는 색다른 외면적 생활 양식과 부르심이 있을 뿐더러 새로운 내적 역동성이 있었다.

한편 깨달음, 돌이킴, 변화라는 요소들은 각 단계 안에서도 발견된다. 1단계의 중심 주제는 자신과 예수님의 정체에 대한 깨달음이다. 그러나 돌이킴도 있다. 바울은 자신이 여태까지 살아온 방식을 깨달으면서 옛 삶에서 돌아서 새로운 삶을 향유한다. 예수님의 진면목을 본 후 그분에게 돌아섰다. 그런가 하면 변화도 있다. 자신이 누구이며 예수님이 누구신지 깨닫고 새로운 삶이 있는 새 길을 발견했다. 삶의 방식도 철저히 변했다.

2단계의 중심 주제는 예수님께로 돌이킴이지만, 여기에는 깨달음도 포함된다. 부활하신 예수님을 만난 바울은 처음으로 예수님의 정체를 알게 된다. 그리고 삶이 변했다. 그는 새로운 삶을 시작한다. 물론 삶의 중심을 예수님께 내어드렸다.

3단계의 중심 주제는 삶의 변화다. 여기서 새로운 삶의 본질과 관련해 깨달음이 나온다. 바울은 핍박자일 때 기독교인들을 만난 적이 있다. 그는 기독교인들이 어떻게 사는지 보았고 무엇을 믿는지 들었다. 회심한 그는 이러한 삶이 비로소 자신의 것이 되리라 깨달았을 것이다. 돌이킴 또한 나온다. 이 새로운 삶을 전면적으로 포용하면서, 기독교인들을 핍박하던 옛 사명을 버리고 기독교인을 만드는 새 사명으로 돌아섰다.

그런데 이 문제를 아주 다르게 볼 수도 있다. 바울의 회심은 세 가지 상태를 거친다. 그의 회심은 자신과의 만남이었다. 또 예수님을 만나는 조우였고, 자신의 문화와 마주치는 만남이었다. 각각의 만남에서 세 가지 운동이 감지된다. 자신을 만나는 깨달음이 있다. 그는 자신이 진정 누구인지 직시한다. 돌이킴이 있다. 그는 옛 삶의 방식을 버리고 새로운 삶의 방식을 끌어안는다. 새로운 공동체를 만나 새로운 사명을 가지고 새롭게 자기 몫을 하기 시작한다.

예수님과의 만남에서도 세 단계가 작동한다. 깨달음이 있다. 그는 예수님을 실체 그대로 본다. 돌이킴도 있다. 곧 예수님에게 돌아서서 그분을 주님이요 구세주로 받아들인다. 변화가 있다. 이제 그는 예배와 순종을 율법이 아닌 예수님에게 바친다. 이같은 일은 그가 속했던 유대 문화와 헬라 문화 안에서 이루어진다. 그는 유대주의의 결함을 깨달았다. 그리고 하나님께서 이방인들을 백성으로 부르고 계심을 알게 되었다. 그는 편협한 유대주의에서 돌아서 보편적인 기독교로 나아간다. 기독교인을 이단에 현혹된 유대인으로 몰아 핍박하던 일을 그치고, 기독교인이 될 가능성을 지닌 유대인들에게 개종할 것을 권한다. 이후 이방인들이 하나님나라에 들어가도록 찾아나선다. 변화의 한 고리로서 핍박자 노릇을 그만두고(부정적인 기능), 자기 백성 그리고 특별히 이방인 가운데서 부활의 증인으로서 사도로 일한다(긍정적인 기능).

바꾸어 말하면, 바울의 회심은 세 단계 안에서 세 가지 방향을 갖는다. '자신이 누구인지, 어떻게 예수님과 연결되는지, 자기 문화 안에서 무엇을 할지'가 그것이다. 이런 문제들에 영향을 주는 깨달음, 돌이킴, 변화가 있다. 게다가 세 단계 안에 들어 있는 이 세 가지 움직임은 모두 하나님을 중심으로 일어난다. 기독교의 회심은, 다른 사람들과 맺는 관계 그리고 자신을 둘러싼 세계가 변한다는 면에서 일반적으로 볼 수 있는 변화와 다르다. 기독교의 회심은 하나님에 대한 새로운 깨달음, 하나님을 향한 새로운 돌이킴, 하나님께 반응하는 새로운 삶을 중심으로 펼쳐진다. 하나님의 진리의 빛 가운데서 자신을 보고, 하나님과 맺은 새로운 관계를 받아들이며, 하나님의 백성 공동체 속에서 종으로서 그리고 모든 백성을 향한 증인으로 사는 삶이다.

열두 제자들의 경험을 평가하면서, 그들이 하나님과 맺는 관계를 중심으로 세 단계 안에 있는 이와 동일한 세 가지 움직임이 역시 연구 주제가 될 것이다. 그들은 하나님의 길에서 어느 정도 벗어났는가? 그들은 예수님을 만나 진정 자신이 누구인지 알게 되었는가? 그것은 새로운 생활로 이어졌는가?

제2부 열두 제자들의 경험

제5장
마가복음의 회심 주제: 복음서의 개요

바울의 회심을 기준으로 사건의 기술이 극적으로 대비된다. 그는 기독교인들을 죽이려던 태도에서 사람들을 그리스도께로 회심시키는 쪽으로 전환했다. 열정적인 바리새인에서 열정적인 기독교인으로 변했다. 이 모든 일은 한순간에 일어났다. 그는 환상을 보았고, 예수님이 하신 질문에 삶이 변했다. 그런데 열두 제자들[1]은 어떠한가? 바울과 달리 그들은 예수님과 그분의 말씀을 증오한 적이 없다. 예수님이 그들을 제자로 부르실 때. 그들은 적지 않은 희생을 감수하면서 기꺼이 부름에 응했다. 그들은 직업과 가족마저 포기했다. 예수님을 따라 나설 당시, 그들은 윤리적으로 변화될 필요가 있는 극악한 죄인들이 아니었다. 말하자

1 '열두 제자들'과 '제자들'이라는 용어를 중복해서 쓰겠다. 이 용어는 둘 다 예수님께서 '사도'로 부르신 사람들을 가리킨다. 물론 다른 '제자들'도 있지만, 열두 제자들 외에 다른 제자들을 가리킬 때는 문맥상 구분하겠다. 열두 제자들의 정체성과 관련해 '제자들', '열두 제자들', '사도들'이 같은 그룹을 가리키는지 아니면 다른 그룹을 가리키는지는 제8장에서 논의하겠다.

면 그들 대부분은 매우 전통적이고 보편적인 종교 신념이나 삶의 방식을 갖고 있었다.[2]

바울과 달리 그들은 하나님의 이름으로 기독교인들을 핍박하지 않았다. 더욱이 그들 삶 가운데서는 변화가 꾸준히 일어났다. 그 변화는 즉각적이지 않았고 예수님과 함께 보낸 기간 동안 완성되지도 않았다. 사실, 예수님이 많은 시간[3]을 제자들과 함께 보내면서 말씀과 행동으로 그들을 가르치셨음에도 불구하고, 그들은 그분이 전하고자 하시는 바를 번번이 제대로 파악하지 못했다. 하지만 마침내 그들은 바울처럼 철저히 변화되었다. 복음서에 묘사된 제자들과 사도행전에 묘사된 제자들을 비교해보면 차이가 분명히 드러난다. 그들은 예수님이 체포 당하실 때 달아났던 겁 많은 사람에서 그분의 부활을 대중에게 담대히 증거하는 사람들로 변한다.[4]

어떻게 이런 일이 일어났을까? 그들을 '회심'케 한 것은 무엇인가? 그들의 체험은 과연 '회심'이었는가? 아니면 다른 어떤 과정이 작용했는가? 이같은 변화를 일으킨 요소들은 무엇인가? 그들의 변화에는 어떤 특징이 있는가? 이 '회심'이 열두 제자들의 삶속에서 어떻게 일어났는지 찾아볼 수 있는가?

본서 제2부의 주제는 열두 제자들에게서 일어난 일이 신약적인 의미에서 온전히 '회심'으로 불릴 수 있다는 것이다. 엄격히 사전적인 의미로서도 분명하며, 무엇보다도 바울의 회심에서 발견되는 세 가지 핵심적인 특성들을 지니고 있다

---

2 물론 열두 제자들에 관해 우리가 아는 것은 기사에 수록된 내용이다. 우리가 아는 내용은 그리 많지 않다. 기록에 빠진 내용을 누가 알겠는가? 어쩌면 이들 속에 '악명 높은 죄인들'이 있었을지 모른다. 분명 그들은 흥미로운 그룹이었다. 세리장 마태와 열심당원 시몬이 섞인 일은 매우 의외였을 것이다. 어쨌든 본문에 제시되는 열두 제자들은 '평범한' 사람들이며, 이 점이 바로 바울과 구분된다. 바울은 비범한 사람이었다.

3 모든 복음서를 종합해보건대, 아마 3년이었을 것이다.

4 이를테면, 계집종 앞에서 예수님에 대한 충절을 포기하는 베드로의 모습(막 14:66-72)과 부활하신 그리스도를 예루살렘의 심장부에서 담대히 선포하며(행 2:14 이하, 3장) 종교지도자들에게 공개적으로 맞서는(행 4:1-22) 베드로의 모습을 비교해보라.

는 점에서도 회심이 분명하다. 그러나 그들의 '회심 동력'은 바울의 경험과 비교할 때 전혀 달랐다. 바울에게 일어난 '사건'이 마가복음에서는 열두 제자들에게 일어난 '과정'으로 묘사된 것이 주된 차이점이다.

열두 제자들이 하나님 앞에서 자신의 참된 위치를 '보게' 되는 데는, 그리고 예수님이 진정 누구신지 이해하는 데는 오랜 시간이 걸렸다. 반면 바울은 예수님의 단 한 가지 질문으로 하나님 앞에서 자신의 위치를 인식했으며, 예수님이 누구신지 이해하는 데도 한 가지 반응으로 족했다. 열두 제자들이 온전히 예수님께로 돌아서는 데는 오랜 시간이 걸렸다. 바울의 전환이 순식간에 이루어진 반면, 그들의 전환은 예수님과 수년 간 함께하면서 차츰 이루어졌다. 열두 제자들이 참된 제자도를 이해하는 데는 오랜 시간이 걸렸다. 반면 바울의 변화는 순간이었다. 그러나 열두 제자들에게 일어난 일은 바울의 경험에서 전형적으로 발견할 수 있는 신약적 회심과 근본적으로 똑같은 특징을 지닌다. 단지 다른 방식으로 일어났을 뿐이다. 이처럼 열두 제자들의 회심은 어떻게 회심이 이루어질 수 있는지 보여주는 또 하나의 모델이 된다. 그 모델을 통해 교회의 복음 전도 사역은 방법 면에서 더 나은 방향으로 나아갈 수 있다.

제2부의 다른 주제는 마가복음이 열두 제자들의 회심 과정을 자세히 다룬다는 것이다. 열두 제자들의 회심은 마가복음의 주요 주제이며, 마가가 복음서를 기록해나간 구성 원칙이다. 마가복음을 읽으며, 열두 제자들이 제한적이고 문화적인 근거에 입각해 예수님을 가정하다가 그분이 진정 누구신지 어떻게 신학적으로 온전히 이해하는 단계로 서서히 나아가는지 볼 수 있다. 그들은 여섯 단계의 전환 과정을 통해 회개, 믿음, 변화, 회심 등을 배운다.

과연 열두 제자들의 회심과 본문을 연결시키는 것이 마가복음 기자의 의도인지 파악하려면 마가복음을 다소 면밀히 살펴볼 필요가 있다. 본장에서는 마가복음의 구조를 이같은 측면에서 묘사한 포괄적인 개요를 제시하겠다. 그리고 이어지는 장들에서 이 개요를 뒷받침하겠다. 이러한 분석을 하려면 마가복음을 다루는 방법과 연결해 한 가지 살펴볼 사항이 있다. 양식 비평과 특히 편집 비평으로 마가복음을 가치 있게 통찰할 수 있는 것은 분명한 사실이다. 하지만 복음서를 너무 분석하고 파헤치다보면, 진정하고 온전한 내용이 제시되기보다는 (해링턴(Harrington)의 표현을 빌리자면) 예수님에 관한 1세기의 '어색한 편집'이라는 인상을 줄 수 있다. "복음서 이전의 전승과 그 전승에 드러난 편집상 변경 사항에 집착함으로써, 마가복음이 회심 과정을 그 절정에 이르기까지 지속적으로 제시한 기사라는 사실을 망각하게 된다. 또 각 삽화가 전체 이야기와 서로 연관되어야 한다는 점도 잊게 된다."[5] 반면, 성경적인 문학 비평을 이용해 본문을 논의할 경우 마가복음의 단편들에 집착하지 않고 책 전체에 초점을 맞출 수 있다. 이같은 접근법에 따를 때, 비로소 마가복음을 있는 그대로 근사한 작품으로 이해할 수 있다.[6]

> 복음이 하나의 문학 작품이고 복음 전도자가 곧 기자라는 사실을 받아들인다면, 이전과는 다른 사실에 접할 수 있다. 우리는 복음서를 각 구절이 결합된 책으로 간주한다. 또 양식 비평이라는 분석법에 최면이 걸렸으며, 둘 이상의 평행 구절들을 지속적으로 비교하는 공관복음 연구에 익숙해져 있다. 그러나 일단 복음서를 완성된 하나의 문학 작품으로 파악한다면, 이를 매우 새롭게 조명할 수 있다.

이런 식으로 볼 경우 마가복음의 깊이와 의미는 한결 더해진다. 마가는 세심한 배려와 의도로 작품을 구성한 작가로 알려져 있다. 물론 그도 전승 자료를 폭넓게 활용했다. 그가 겨냥한 독자가 확고한 기독교 전승을 지닌 공동체였기

5 Robert C. Tannehill, "Tension in Synoptic Sayings and Stories," *Interpretation* 34 (1980): 148, quoted Augustine Stock, *Call to Discipleship: A Literary Study of Mark's Gospel* (Dublin: Veritas Publications, 1982), p. 12.

6 예를 들면, David Rhoads & Donald Michie, *Mark as Story: An Introduction to the Narrative of a Gospel* (Philadelphia: Fortress, 1982).

때문이다. 하지만 그는 자신이 하려는 일이 무엇인지 알았으며, 자신의 기량과 자유를 충분히 발휘해 자료들을 이용했다. 결국 신학적 가치가 큰 문서이자 하나의 문학 작품을 남기게 된 것이다.[7]

해링턴은 마가복음을 대하는 본서의 입장을 정확히 간파한다. 마가는 전승 자료들을 탁월한 방식으로 활용해 예수님의 이야기를 전할 뿐만 아니라 그 의미까지 전달할 수 있는 매우 숙련된 작가였다.[8] 마가는 이 모든 일을 사려깊고 체계적인 방법으로 했다. 그는 각각의 단편 기사들을 서로 주의 깊게 연결시켜 각 단편만을 통해 이해할 때보다 더 많은 것을 파악한다. 마가는 자신이 전하고자 하는 특정 주제들과 복음서의 구조적인 개요를 염두에 두었다.

본장은 마가복음을 전체적인 입장에서 고찰할 것이다. 본문의 세부 내용이 폭넓은 형식들을 확연히 드러내는 경우를 제외하고는 세부 내용보다는 폭넓은 형식을 고려하겠다. 또 다른 공관복음서나 성경의 다른 구절들과 비교해서 마가의 의도가 명료해지는 경우를 제외하고는, 다른 구절과 비교하지 않고 마가복음 자체의 의향대로 분석하겠다.[9] 본장의 목적은 마가가 어떻게 예수님의 이야기를 전하는지 이해하는 데 있다.

따라서 마가복음을 읽는 원래 독자들의 상황을 고려해 열두 제자들의 경험을 논의하겠다. '열두 제자들의 점진적 회심' 같은 주제는, 마치 열두 제자들 모두가 겪은 동일한 경험으로 간주하겠다. 마가가 그런 식으로 자료를 엮어나가

---

7 Wilfrid Harrington, foreword to *Call to Discipleship*, by Augustine Stock, pp. 7-8.

8 마리아의 아들인(행 12:12) 요한 마가가 마가복음의 저자임을 확인시켜줄 증거가 있다. William L. Lane, *The Gospel according to Mark* (Grand Rapids: Wm. B. Eerdmans Publishing Co., 1974), pp. 7-12를 보라. 하지만 이러한 논의를 위해서는 저자를 온전히 밝히는 것이 그다지 중요하지 않다. 요한 마가든지 다른 마가든지 또는 익명의 저자든지 문제는 이 특정 저자가 예수님 이야기를 어떻게 제시하는가에 있다. 그러나 줄곧 '이 복음서의 저자'라고 표현하기보다는 특정 이름을 밝히는 게 유용하므로, 편의상 '마가'를 저자로 언급한다.

9 "마가복음을 읽을 때 구태여 마태적인, 누가적인, 요한적인 요소들을 삽입할 필요가 없다. 마가복음은 그 표현 자체만으로 읽을 가치가 있다." Werner H. Kelber, *Mark's Story of Jesus* (Philadelphia : Fortress, 1979), p. 11.

기 때문이다. 물론 예수님에 관한 열두 제자의 실제 경험에는 공통점이 있는 반면 다른 점도 있을 것이다. 마가가 비록 동일하게 경험했다고 묘사했을지라도, 그들은 늘 함께하지는 않았을 것이다.[10] 이를테면, 마가복음 말미에서 가룟 유다는 예수님이 행하시는 길을 지지하지 않은(적어도 만족하지는 않은) 것으로 언급된다. 마가는 자기 나름대로 사건을 묘사한다. 마가복음의 이 부분이 나오기 전까지만 해도 유다는 언급되지 않았으며, 열두 제자들 중 한 사람인 그의 경험은 다른 모든 제자들의 경험과 동일시되었다. 사실이 전혀 그렇지 않았음에도 말이다.

마찬가지로 열두 제자들은 점진적 변화의 길을 걷는 것으로 묘사된다. 먼저 그들은 예수님이 선생일 뿐만 아니라 선지자시기도 하다는 점을 발견한다. 다음에는 메시아이심을 발견하며, 마침내 마가가 사용한 '예수님에 관한 여섯 가지 호칭'들을 점차 이해해간다. 이같은 표현을 쓴 이유는 마가가 사용했을 뿐만 아니라 마가복음을 읽는 이들이 이해할 수 있는 개념이기 때문이다. 그러나 다른 관점과 다른 목적으로 기록된 다른 복음서들은 그렇게 세심하게 구별하지 않는다. 이를테면 요한복음 1장에 의하면, 몇몇 제자들은 예수님이 누구신지 처음부터 충분히 알고 있던 것으로 보인다. 그 때문에 세례 요한은 예수님을 세상 죄를 지고 가는 하나님의 어린 양이라고 공공연하게 선포한다(요 1:29). 또한 하나님의 아들이라 지칭한다(1:34). 여기에는 모호함이나 혼란스러움이 없다. 다음날 세례 요한은 자신의 두 제자와 함께 서 있었는데, 그중 한 명은 훗날 열두 제자 중 하나인 안드레다(1:35, 40). 안드레는 세례 요한이 예수님을 가리켜 '하

10 마가는 줄곧 편집상의 결단을 내린다. 단순한 지면의 한계만 고려하더라도 열두 제자들의 삶 속에서 이 모든 일들을 다 포함시킬 수 없었다. 한 단락이 해당 사건의 핵심 진리를 시사하는 압축 요약인 것과 마찬가지로, 마가복음 전체는 열두 제자들 각자의 경험에서 드러난 핵심 진리를 수록한 요약판이다. 그러나 무엇보다도 독자의 경험이 그 중심에 있어야 한다. 마가는 그의 독자들을 위해 글을 쓰고 있으며, 우리는 제자들을 통해 들어야 한다. 마찬가지로 그 이야기는 그들이 들었을 것과 같은 내용으로 전개된다.

나님의 어린 양'이라 부르는 것을 들었다(1:36). 그리고 (열두 제자들 중 하나인) 베드로를 불러, "우리가 메시아를 만났다"(1:41)라고 말한다. 이처럼 다양한 상황을 분석하려는 시도는 하지 않겠다. 본서의 초점이 마가와 그의 이야기에 있기 때문이다.[11]

하지만 대부분의 학자들이 마가복음을 사복음서 중 가장 먼저 쓰인 작품으로 본다는 점을 지적할 필요가 있다. 그런 만큼 열두 제자들의 삶 속에서 일어난 일들에 관한 마가복음의 설명을 존중해야 마땅하다. 더욱이 마가복음은 사복음서 중 열두 제자들의 경험에 가장 큰 관심을 기울이고 있지 않은가? 제자들의 삶 속에서 진행된 심오한 변화들을 상고해보면 마가의 설명이 분명히 진실로 와닿는다. 확실히 그들은 예수님의 신분을 말로 표현했다. 그러나 실제로 각 호칭의 의미를 파악하는 데는 시간이 필요했다. 결국 예수님은 특이한 분이셨다. 그분은 옛 범주들을 모두 깨트리셨다. 그분이 누구신지 알기 위해서는 당연히 시간이 걸렸을 것이다. 열두 제자들은 심원한 변화를 겪었다. 결국 마가가 예수님에 관해 기술할 때, 독자들도 열두 제자들처럼 점진적인 발견 과정을 밟아 마침내 예수님의 제자가 될 것이라는 기대를 가지고, 복음을 전할 목적으로 기록했다는 점에만 유의하면 된다.

또 한 가지 주목해야 할 사항이 있다. 얼른 보기에는 마가가 예수님의 생애를 단순하고 간명하게 설명하는 것 같지만 사실은 매우 복잡하다는 점이다.[12] 쉽게

---

11 사복음서에 수록된 자료들을 고찰, 비교한 문헌이 있다. 그러나 이 방대한 자료를 일일이 검토하는 것은 본서의 범위를 넘어선다.

12 Ralph Martin, *Mark: Evangelist and Theologian* (Grand Rapids: Zondervan, 1973)은 이 견해를 잘 표현한다. "마가복음의 언어는 명료하며 예수님의 생애를 보여준 기사는 매끄럽고 흥미롭게 진행된다. 내용은 신학 지식이 없는 이들을 대면해 직접 호소하는 식이다. 모든 독자들은 단순하게 전개되는 전기 내용에 고마움을 느낀다. 마가복음은 경제적인 어휘 활용과 솔직한 문체로 쓰여진 훌륭한 기록이다." Martin은 마가복음이 단순 친근하게 전개된다는 사실에 덧붙여, 매우 신비롭고 이스라엘의 왕인 듯이 행동하는 수수께끼 같은 하나님의 아들에 관한 이야기도 '단순한 갈릴리 시골뜨기—선생'에 관한 이야기와 섞여 있다는 사실을 지적한다(pp. 11-12).

읽도록 쓰면서도 다른 한 편으로 몇 가지 주요 주제들을 전개해나간다. 게다가 부주제들을 넣거나 빼고, 특정 사항을 삭감하거나 부연 설명하며, 어떤 부분을 제지하면서 결국은 전체를 치밀하게 구성한다. 마가복음을 깊이 상고해보면, 주제와 부주제가 함께 작용해 복합적인 공명을 일으켜 각 부분보다 전체를 더욱 웅장하게 만드는 교향곡 같다는 느낌이 든다. 확실히 마가복음은 온전히 분석하기 힘들 정도로 풍성한 내용을 담고 있다.[13]

마가복음의 구조

마가복음의 주제들

마가가 어떤 목적을 가지고 복음서를 썼음은 분명하다.[14] 그 목적을 알기 위해서는 많은 연구가 필요하다. 하워드 클라크 키는 이렇게 설명한다. "최근 마가복음에 관한 연구는 마가의 기록 목적을 파악해 마가복음 전체를 일관성 있게 흐르는 관점을 발견하려는 시도라고 할 수 있다."[15] 그러나 프란스가 바로 경고하듯이, 단일한 목적에 집중하다보면 그릇된 방향으로 나아갈 수 있다. 시대를 불문하고 아주 두드러진 단일 목적을 제시한 작가는 드물다.[16] 그러므로 단일 작품

13 마가복음의 구조에 대해서는 아직 일치된 의견이 없다 1980년대 이래로 마가복음 연구가 활발히 진행되어 다양한 주제들을 밝혀왔지만, 이 여러 주제들을 결합시키는 구조를 파악하는 일이 아직 남아 있다. William L. Lane, "The Present State of Markan Studies" (unpublished article, 1988), p. 1.

14 양식 비평을 하면 이 점이 분명해진다. 여기서 "마가는 복음서를 구성할 때 정경 이전의 자료를 어떻게 배열했는가?"라는 물음이 제기된다. Martin, p. 85.

15 Howard Clark Kee, "Mark's Gospel in Recent Research," *Interpretation* 32 (Oct 1978): 353. 여기서 Kee는 마가의 핵심 의도를 밝히려는 갖가지 시도들을 1892년의 Johanne Weiss로부터 계속 제시한다.

16 R. T. France, "Mark and the Teaching of Jesus," *Gospel Perspectives: Studies of History and Tradition in the Four Gospel*, ed. France and David Wenham, vol. 1 (Sheffield: University of Sheffield, 1980), p. 101.

속에 얽힌 여러 주제들에 주목하는 것이 좀 더 현실적이다.

사실 마가는 다양한 목적을 가지고 복음서를 기록했다. 이를테면, 수많은 학자들은 마가복음의 중심 주제를 수난으로 보아왔다. 폴 악티마이어는 이렇게 말한다. "마가가 선택한 주해의 열쇠는 예수님의 수난, 죽음 및 부활이었다."[17] 켈러가 자신의 유명한 각주에서 언급한 바와 같이, 복음서들은 '확장된 서론들을 지닌 수난 기사들'이라고 지칭되어야 한다.[18] 또는 브레데는 소위 메시아적 비밀과 마가복음에서 예수님의 정체성 계시가 차지하는 중요한 위치에 주목했다.[19] 메예와 로빈스는 마가가 선생이신 예수님의 면모에 비중을 많이 뒀다고 지적했다.[20] 퀘스넬은 성만찬이 마가복음 해석의 열쇠라고 본다.[21] 주엘은 예수님이 왕이시라는 선언이 마가복음을 이해하는 핵심이라고 생각한다.[22] 큄멜은 "마가는 어디에도 기록 목적을 분명히 제시한 적이 없다"라고 결론짓는다.[23]

본서의 입장은 마가복음의 중심 주제를 열두 제자들의 회심으로 본다. 주지하다시피, 기독교 회심의 근본에는 반드시 예수님과의 만남이 있다. 그러나 예수님과 만나기 위해서는 그분이 진정 누구신지 먼저 알아야 한다. 마가는 제자

---

17 Paul Achtemeier, "Mark as Intepreter of the Jesus Traditions," *Interpretation* 52 (October 1978): 340.

18 Martin Kähler, *The So-Called Historical Jesus and the Historic*, Biblical Christ, trans. Carl E. Breaten (Philadelphia: Fortress, 1964), p. 80 n. 11.

19 W. Wrede, *The Messianic Secret*, trans. J. C. G. Greig (Greenwood, S.C.: Attic Press, 1971).

20 Robert P. Meye, *Jesus and the Twelve: Discipleship and Revelation in Mark's Gospel* (Grand Rapids: Wm. B. Edermans Publishing Co., 1968), and V. K. Robbins, Jesus the Teacher: A Socio-Rhetorical Interpretation of Mark (Philadelphia: Fortress, 1984).

21 Quentin Quesnell, *The Mind of Mark: Interpretation and Method through the Exegesis of Mark 6:52*, Analecta Biblica 38 (Rome: Pontifical Biblical Institute, 1969).

22 Donald Juel, *Messiah and Temple: The Trial of Jesus in the Gospel of Mark*, SBL Dissertation Series 31 (Missoula, Mont.: Scholars Press, 1977).

23 W. G. Kümmel, *Introduction to the New Testament*, trans. Howard C. Kee (Nashville: Abingdon, 1975), p. 92, Kee, p. 355에서 인용. 위에서 언급된 Quesnell과 Juel의 자료는 Kee, pp. 356-58에도 나온다. 마가복음 주제는 마가복음의 구성 원칙과 연관된다.

들이 어떻게 예수님을 제대로 이해해가는지 단계적으로 이야기한다. 이것이 바로 마가복음을 구성하는 주요 주제다. 따라서 마가복음의 초점은 회심의 '전환'에 있다. 마가복음은 열두 제자들이 처음에는 예수님을 오해하다가 나중에는 그분의 존재를 온전히, 전격적으로 새롭게 이해해가는 단계적인 전환 과정을 묘사한다.

하지만 예수님이 누구신지 이해하는 것만으로는 부족하다. 회심은 예수님에 대한 반응을 수반한다. 그래서 마가는 회개, 신앙, 제자도 등과 같은 이차 주제들도 다룬다. 즉, 회심에 관한 논의에 덧붙여 예수님에 대한 적절한 반응(회개와 신앙의 과정), (예수님이 누구신지 다루는) 기독론 및 (어떻게 그분을 따를지에 관한) 제자도 등을 강조한다. 본서가 마가복음을 다루는 방식은 새로운 고찰 방법이긴 하지만, 이는 오랫동안 마가복음의 두 가지 핵심적인 신학 주제가 되어온 기독론과 제자도를 바탕으로 한다.[24] 이 두 주제는 회심의 본질적인 측면이며 좀 더 큰 목적이다.

달리 말해, 마가는 제자들이 예수님의 유일무이하신 성품을 이해하는 과정을 묘사한다. "예수님 자신이 비유에 해당하는 분이셨고, 제자들은 그분의 끈기 있는 가르침을 통해 비로소 그분을 이해하게 되었다."[25] 특히, 마가는 그들이 당시의 문화적 배경 안에서 예수님을 이해하는(선생으로 봄) 차원에서 그분을 온전히 인식하게 되는(메시아, 하나님의 아들로 봄) 데로 나아가는 과정을 보여준다. 이것은 종교적 진리에 관한 인식의 변화를 시사하는 광범위한 의미에서 회심이다. 마가복음을 읽는 이들은 제자들이 예수님을 제대로 이해하지 못하는 단계로부터 그분을 온전히 인식하는 단계로 변해가는 과정을 본다. 그들의 마음은

---

24 "마가복음의 핵심적인 신학 관심사는 예수님의 정체성(기독론)과 예수님에 대한 올바른 반응(제자도)이다." Daniel J. Harrington, "A Map of Books on Marks (1975-1984)," *Biblical Theology Bulletin* 15 (January 1985): 14. 또한 Jack Dean Kingsbury, *The Christology of Mark's Gospel* (Philadelphia : Fortress, 1983), p. ix를 보라.

25 Meye, p. 103.

변화되고 견해도 바뀌어갔다.

마가가 마가복음서에서 회심을 이론적인 주제로 다루고 있지 않다는 점에 유의하라. 대신 그는 회심의 진행 과정을 보여준다. 우리는 제자들이 예수님을 바라보는 관점과 자신을 인식하는 눈이 점차 변해가는 것을 본다. 그들의 신앙은 나날이 자란다. 그들은 제자도라는 물음과 씨름한다. 우리도 마가가 열두 제자들에게 초점을 맞춰 제시한 사례 연구를 통해 회심의 특성을 이해할 수 있다.

마가복음의 주제 개요

마가복음의 여러 개요들

최근 신약학자들은 마가가 여러 자료들(예수님을 따르는 자들이 구전으로 전한 그분에 관한 이야기)을 어떻게 정리했는지 관심을 가져왔다.[26] 마가는 이 자료를 쓴 원저자이자 편집자다.[27] 그가 편집자로서 어떤 방법을 썼는지는 불확실하다. 그가 어떤 부분은 포함시키면서 다른 부분은 제외시킨 이유는 무엇인가? 어떤 부분들을 나란히 배치한 것은 무슨 의도였는가? "사실 모든 문학 작품은 계획된 틀이라고 할 수 있는 형식적 구성을 지니며, 대개 그 틀은 그 작품 형식의 상호 관계를 파악하는 단서가 된다."[28] 그러므로 마가가 이 복음서를 구성하면서 염두에 둔 개요를 찾아내는 일이 일차 관심사다.

마가복음의 구성 방식과 관련해 여러 견해가 제시되어왔다. 캐링턴은 마가가 초기 교회에 알려져 있던 달력을 사용했다고 주장한다. 파러는 마가가 "의도적

26 Laurence F. X. Brett, "Suggestion for an Analysis of Mark's Arrangement," in *Mark: A New Translation with Introduction and Commentary*, by C. S. Mann (Garden City, N.Y.: Doubleday, 1986), p. 174.

27 France, pp. 124-126.

28 Robbins, *Jesus the Teacher*, p. 19.

으로 구약의 유형론과 예표론을 따랐다"고 말하며, 바우먼은 "유월절 축하연에 사용되는 전례서인 '학가다'(Haggadah)를 기독교적으로 각색하는 방식으로 복음서를 구성했다"라는 견해를 피력한다. 또한 쉬어러는 마가가 "예수님의 생애를 극적으로 묘사함으로써 교리 문답식 가르침의 단계와 갓 회심한 자들을 교회 구성원으로 인도하기 위한 훈련 방법을 제시하고자 했다"라고 생각한다.[29] 스톡은 마가가 의도적으로 헬라의 희곡 형식을 따랐다고 생각한다.[30] 로빈스는 "마가 기사의 기본 개요를 구성하는 이야기 속에 3단계 과정이 막간 형식으로 중간중간 끼어 있다"라고 주장한다.[31] 도나휴는 마가복음을 가리켜 "예수님의 삶과 죽음의 의미를 다루는 비유"라고 한다.[32] 포는 문체상 네 가지 특징들을 사용해 그 개요를 유추해낸다.[33] 호킨스는 마가복음에 드러나는 상징성을 인식하는 것이 그 개요를 이해하는 열쇠라고 주장한다. 그는 '예수님의 신비한 인격'의 계시라는 개념에 착안해 유용한 개요를 제시한다.[34] 로렌스 브레트는 구성상 열 가지 범주들을 사용해 마가복음의 개요를 유추한다.[35] 헬렌 가드너는 마가를 시인으로 이해한다. "마가복음 전체를 읽기 전에는 아무것도 입증할 수 없으며, 실제 이용할 만한 명확한 정보를 제대로 얻을 수도 없다. 그런 의미에서 마가복음을 읽는 것은 시를 읽는 것과 같다. 시는 상상력에 의존하는 경험이다. 곧 마가

---

29 Martin, p. 85.

30 Augustine Stock, *Call to Discipleship: A Literary Study of Mark's Gospel* (Dublin: Veritas Publications, 1982). chap. 3, 특히 p. 24 이하를 보라.

31 Vernon K. Robbins, "Summons and Outline in Mark: The Three-Step Progression," *Novum Testamentum* 25 (April 1981): 98. Robbins, *Jesus the Teacher*도 보라. 거기서 Robbins는 예전 논문에서 다룬 논지를 확대시킨다.

32 John R. Donahue, "Jesus as the Parable of God in the Gospel of Mark," *Interpretation* 32 (October 1978): 369-85.

33 Chalmer E. Faw, "The Outline of Mark," *Journal of Bible and Religion* 25 (1957): 19- 23.

34 David J. Hawkins, "The Symbolism and Structure of the Marcan Redaction," *Evangelical Quarterly* 49 (1977): 109-10.

35 Brett, pp. 174-90.

복음은 일련의 사건들과 말씀들을 결합해 단일하고 복합적이며 강력한 상징이나 의미 유형을 우리 마음속에 전해준다."[36]

이들의 견해는 각기 다르지만 마가복음을 구성하는 몇 가지 원칙들은 명확하다. 이를테면 지리적인 부분이 마가복음의 개요에서 중요한 비중을 차지한다. 예수님은 유대에서 사역 준비를 갖추고(막 1:1-13) 갈릴리와 그 주변에서 사역하신다(1:14-9:50). 마가복음 10장에 의하면 갈릴리에서 베레아 지역을 거쳐 예루살렘으로 이동하신다. 마가복음 이후로는 예루살렘을 무대로 삼으신다(11-16장).[37] 또 한 가지 분명한 사실은 연대가 핵심적인 구성 원칙은 아니라는 점이다. 마가에게 사건들의 시간적 연속성은 단지 부수적 관심사에 지나지 않는다. 마가복음의 특정 부분은 연대 순서로 전개되지만(예, 14:1-16:8), 그렇지 않은 부분도 있다(예, 2:1-3:6).

그런데 이 모든 연구에도 불구하고, 마가복음의 구조를 분명하게 밝히는 해답은 아직 없다. "통일성 있는 유형을 찾고자 하는 여러 시도들을 통해 통찰력이 더해가기는 하지만 마가복음의 전체 개요를 드러내기 위해서는 더 많은 연구를 해야 한다."[38] 본장에서 제시하는 개요는 마가복음의 구조를 파악하고자

---

36 Helen Gardner, "The Poetry of St Mark," *The Business of Criticism* (Oxford: Clarendon Press, 1959): 102.

37 "지리적으로 마가복음의 나머지 부분(프롤로그로 이어진다)은 거의 같은 분량으로 뚜렷이 두 부분으로 나뉜다. 첫째, 1-9장에서 묘사되는 주님의 북부 팔레스타인 사역이다. 둘째, 11-16장에서 묘사되는 주님의 예루살렘과 그 인근 사역이다. 이 두 부분은 10장에서 모인다. 10장에는 갈릴리 출발과 예루살렘 도착 사이에 일어난 사건들과 대화들이 수록되어 있다." R. H. Lightfoot, *The Gospel Message of St. Mark* (London: Oxford University Press, 1950), p. 9.

W. Kelber는 마가복음이 예수님의 움직임을 광범위한 개요로 지정한 것을 넘어, 그분의 여정을 극적으로 계획했다고 주장한다. "마가복음 전체를 보면 예수님은 한 곳에서 다른 곳으로 이동 중이신 것으로 묘사된다. 그분은 갈릴리를 두루 다니고 여섯 차례에 걸쳐 갈릴리 호수를 배로 건너는 여행을 감행하며, 갈릴리에서 예루살렘으로 여행하고, 세 차례 성전으로 이동하며, 다시 갈릴리로 돌아가신다"(p. 9). 달리 말해, 마가는 넓은 지리적 의미는 물론 이보다 작은 소단원을 구성하는 요소로 지리적인 이동을 사용한다.

38 Brett, p. 174.

하는 또 하나의 시도인 셈이다.[39]

본장의 개요는 다음과 같은 방식으로 제시하겠다. 첫째, 마가복음을 구성하는 여섯 단원들(프롤로그과 에필로그를 포함)[40]에 각각 주해를 붙일 것이다.[41] 주해를 하는 목적은 첫째, 각 단원에서 열두 제자들이 예수님을 어떻게 이해했는지 보여주는 그분의 호칭을 밝히고, 둘째, 각 단원에서 발췌한 회심의 성격을 밝히는 데 있다. 본장은 이같은 논지에서 추출한 상세한 개요로 결론을 맺을 것이다.

이 개요의 타당성은 제6장에서 다룰 구조 분석에서 입증할 것이며, 증명 과정은 네 가지 방식으로 진행될 것이다. 첫째, 각 단원이 다른 단원들과 의도적으로 구분되는 독립적인 문학 구조를 지니고 있음을 드러내겠다. 둘째, 각 단원 전환 부분의 문체가 유사한 특징을 보인다는 점은, 새로운 주제로 전환함을 알리는 마가의 의도임을 드러내겠다. 셋째, 마가가 각 단원을 일괄적으로 다루어 그것을 함께 해석해야 할 부분으로 간주했음을 드러내겠다. 넷째, 마가가 예수님의 호칭들을 주의 깊게 사용함으로써, 각 단원에서 그 호칭이 온전히 계시되기 전에는 '사람들'이 아무런 호칭도 사용하지 않도록 배려했음을 드러내겠다.

---

39 마가복음의 개요들이 다양하게 제시되어 왔다. 예를 들면, E. Schweizer, "The Portrayal of the Life of Faith in the Gospel of Mark," *Interpretation* 32 (October 1978), pp. 388-389에 수록된 개요, Norman Perrin, "Toward an Interpretation of the Gospel of Mark," *Christology and a Modem Pilgrimage: A Discussion with Norman Perrin*, ed. Hans Dieter Betz (n.p.: Society of Biblical Literature, 1971), pp. 3-6; 그리고 Laurence F. X. Brett, "Suggestions for an Analysis of Mark's Arrangement"를 보라. 이 개요들을 하나하나 비교해보는 것도 가능하겠지만, 본서에서는 나름대로의 장점을 지니고 있는 원래 개요를 제시하는 데서 그치려 한다. 본서는 마가복음 구조에 관한 내용이 아니다. 구조는 마가의 주요 관심사인 회심 주제를 논의하는 데 일부 사용될 뿐이다. 마가복음에서 우리는 바울의 다메섹 도상 체험에 내재된 전형적인 사례와 견줄 수 있는 회심의 두 번째 전형적인 사례를 접한다.

40 V. K. Robbins는 이른바 '3단계 진전 과정'을 이용해 마가복음의 개요를 제시하는데, 그것은 서론과 결론 부분을 지닌 여섯 개의 주요 단원들이다. 하지만 그의 구분은 여기서 제시한 것들과는 다르다. *Jesus the Teacher*, p. 27와 pp. 151-55 이하에 있는 개요를 보라.

41 다음과 같은 용어를 사용해 마가복음의 개요를 논의하겠다. 마가복음은 두 '부분'으로 나뉜다. 이 부분들은 여섯 '단원'으로 나뉘고, 이 단원들은 여러 '단락'으로 나뉘며, 각 단락은 하나 이상의 '소단락'으로 구성된다.

제7장, 제8장에서는 각 단원이 예수님에 관한 새로운 국면을 계시한다는 주장에 대해 상세히 논의하겠다. 그리고 제9장, 제10장에서는 회심의 여러 측면들을 중심으로 각 단원의 부주제들이 제시하는 주장을 상세히 논의하겠다.

마가복음의 두 부분

마가복음의 서두는 전반적인 개요를 제시한다. "하나님의 아들 예수 그리스도의 복음의 시작이라." 마가는 두 가지 주요 사실들을 전하고자 한다. 예수님이 메시아(그리스도)시라는 사실과 그분이 하나님의 아들이시라는 사실이다. 그래서 마가는 기록을 두 부분으로 나누었다. 전반부(1:16-8:30)는 "주는 그리스도시니이다"(8:29)라는 베드로의 고백에서 절정을 이룬다. 후반부(8:31-15:39)는 "이 사람은 진실로 하나님의 아들이었도다"(15:39)라는 백부장의 고백에서 절정을 이룬다.[42] 마가복음의 전, 후반부는 각각 세 단원(모두 여섯 단원)으로 구성되는데, 각 단원에 사용되는 예수님의 호칭들은 각각 다르다. 마가복음 전반부의 서두는 마가복음의 목적을 선언하는 간략한 프롤로그로 시작한다. 반면 후반부는 제자들을 갈릴리로 돌려보내 부활하신 주님을 만나는 에필로그로 이어진다.

마가의 주요 관심사는 예수님이 누구신지 증거하는 복음을 전하는 것이다. 그분은 오래도록 고대해온 메시아요 하나님의 아들이시다. 예수님의 신분을 드러내는 이 두 가지 호칭은 주로 열두 제자들을 통해 발견된다.

프롤로그

회심의 주제는 정선된 용어와 반복되는 어휘로 다양한 주제들을 담은 프롤로그(1:1-15)로 소개된다. 1:1-15에 나오는 핵심 용어들은 '복음'(좋은 소식들), '세

---

42 Rhodes and Michie, pp. 48-49.

례', '회개', '믿음', '하나님나라', '성령' 등이다. 이 각각의 용어들은 회심 개념과 연관된다. 더욱이 이 회심 주제는 프롤로그의 마지막 두 절에서 전면 부각된다. 거기서 마가는 예수님 사역의 특성을 규정한다. "예수께서 갈릴리에 오셔서 하나님의 복음을 전파하여 이르시되 때가 찼고 하나님의 나라가 가까이 왔으니 회개하고 복음을 믿으라 하시더라"(1:14-15). 이 구절은 성격상 저자의 의도를 반영하고 있으며, 마가가 예수님의 사역을 어떻게 이해했는지 드러낸다.

마가가 여기서 사용한 용어는 복음 전도 사역을 묘사하기 위해 1세기 교회가 사용한 어휘와 동일하다('전파', '복음'[두 차례 사용], '회개', '믿음'). 달리 말해, 마가는 예수님의 복음 전도 활동을 묘사하겠다고 처음부터 분명히 말한다. 예수님은 하나님나라가 도래한다는 복음에 회개와 믿음으로 반응할 것을 촉구하셨다. 회개 더하기 믿음은 회심이라는 것이 신약의 방정식이다. 사실, 마가복음에 나오는 예수님의 첫 번째 사역은 제자 네 명을 부르신 일이다. 예수님은 사람들을 하나님나라로 부르는 일에 곧장 돌입하셨다.[43]

전반부의 핵심

마가복음의 전반부(1:16-8:30)는 세 가지 주요 단원들로 구성되어 있고, 각 단원은 예수님의 특정 호칭에 초점을 맞춘다. 예수님은 1단원에서는 '선생', 2단원에서는 '선지자', 3단원에서는 '메시아'로 불리셨다. 전반부에서 열두 제자들은 예수님의 신분을 당대 유대인들처럼 이해하는 데서(1단원), 좀 더 소망적이며 구

43 주제를 나타내는 근거로, 프롤로그가 1:1-15을 포괄한다는 주장이 제기되어 왔다. 하지만 Leander E. Keck, "The Introduction to Mark's Gospel," *New Testament Studies* 72 (1966): 352에 따르면 이것은 다수의 견해가 아니다. "마가복음의 서론은 1:1-13이며 마가가 말하고자 하는 내용이 여기에 소개되고 있다는 견해가 널리 받아들여지고 있다." Keck는 이런 입장을 옹호하는 다섯 학자들의 결론을 분석했다. 그는 이렇게 묻는다. "우리는 그 주장에 따라 1:1-13만을 서론으로 '보아야 하는가', 그리고 그 주장에 기초한 자료가 1:1-15을 서론으로 '볼 수 있는 여지를 주는가?'"(p. 353) 그가 내린 결론은 이러하다. "광범위하게 고찰된 주제들과 자료에 따르면, 마가복음의 진짜 서론은 1:1-15이며, 이 부분을 전체 내용을 아우르는 '프롤로그'로 간주해도 무방하다"(p. 398).

약의 기대를 담은 이해로 나아가며(2단원), (비록 오해를 수반하긴 했지만) 마침내 정확한 관점으로 그분의 신분을 이해하기에 이른다(3단원).

각 단원은 예수님의 모습을 핵심적으로 담는다. 부주제들을 살펴보면, 1단원에서 마가는 사람들이 예수님에게 보인 여러 가지 반응을 묘사한다. 2단원에서는 믿음의 특성을 논의한다. 3단원에서는 회개의 필요성을 밝힌다(물론 회개와 믿음 역시 예수님에게 보인 반응이다). 이 부주제들은 각기 회심 주제를 담고 있다.

1단원: 선생이신 예수님[44]

1단원(1:16-4:34)에서 마가는 제자들이 처음에 예수님을 누구로 인식했는지 보여준다. 제자로서 예수님과 처음 합류했을 때, 그들은 예수님을 단지 위대한 선생으로만 여겼음이 분명하다. 1:16-4:34에 수록된 자료를 보면 당시 사람들이 예수님을 일반적으로 어떻게 이해했는지 알 수 있다. '선생'이라는 호칭은 1:22, 27에 가장 분명히 계시된다. 거기서 예수님의 교훈은 놀랄 만큼 탁월한 것으로 부각된다. 또한 4:1-34은 선생의 역할을 맡고 계신 예수님을 묘사한다.

1단원에서 마가는 사람들이 예수님에게 보인 여러 가지 반응도 논의한다. 그는 바람직한 반응 유형을 명시하며 그것을 세 가지 부적절한 반응과 대조한다. 예수님의 복음 전파(1:14)에 대한 바람직한 반응은 그 말씀을 받아 좋은 결실을 맺는 것임을 밝힌다(4:20). 회심이란 바로 이렇게 말씀을 받아들이는 것이다.[45]

44 예수님께서 어떤 면에서 선생으로 묘사되는지는 2단원과 3단원에서 다루며, 1단원이 선생이신 예수님을 묘사하고 있다는 주장에 대해서는 제7장에서 상세히 논의하겠다.

45 회심 주제에 관한 논의가 2-3단원에서 제시되고 1단원이 예수님에 대한 반응을 부주제로 다루며, 더 나아가 회심 주제를 담고 있다는 주장에 대해서는 제9장에서 상세히 논의하겠다.

2단원: 선지자이신 예수님

2단원(4:35-6:30)은 예수님을 탁월한 선생쯤으로만 여기던 제자들의 관점이 갈릴리 바다에서 일어난 놀라운 사건 때문에 변하는 과정을 그린다. 이때 예수님은 제자들에게 자신이 바람과 파도까지 다스리는 권능을 지녔음을 계시하신다(4:35-41). 이 사건에 이어 세 가지 사건들이 전개되는데, 각각의 사건들을 통해 예수님이 선생에게 기대할 만한 것보다 훨씬 뛰어난 권능을 가지신 분임이 드러난다. 예수님은 수많은 귀신들을 쫓아내심으로써(5:1-20) 고질적인 질병마저 고치는 권능을 가지고 있음을 증거하신다. 예수님은 모든 질병을 치유하실 수 있다(5:24b-34). 심지어 죽음마저 제압하는 권능의 소유자시다. 이는 한 소녀를 다시 살리실 때 입증된다 (5:21-24a, 35-43). 이 네 가지 권능의 사건들을 목격하면서 제자들은 예수님이 '선지자'이심을 알게 된다. 이어지는 장면에서 예수님은 자신을 가리켜 '선지자'라는 호칭을 쓰신다(마가복음에서는 6:4에 유일하게 나오는 호칭이다). 그리고 6:14-15에서 마가는 권능의 개념을 선지자라는 호칭과 연결시킨다. 이 부분에서 헤롯 왕은 예수님의 신분이 무엇인지 골똘히 생각한다. "헤롯 왕이 듣고 이르되 이는 세례 요한이 죽은 자 가운데서 살아났도다 그러므로 이런 능력이 그 속에서 일어나느니라 하고 어떤 이는 그가 엘리야라 하고 또 어떤 이는 그가 선지자니 옛 선지자 중의 하나와 같다 하되." 이 단원에서 각각의 권능을 목격한 이들은 제자들이므로, 예수님에 관해 사람들이 일반적으로 인식한 모습은 제자들이 인식한 것과 부합한다고 말할 수 있다.

2단원 전반에 걸쳐 한 가지 중요한 부주제가 부각된다. 그것은 믿음의 특성이다. 예수님은 서두에서 다음과 같은 질문을 던지셨다. "어찌하여 이렇게 무서워하느냐 너희가 어찌 믿음이 없느냐"(4:40). 그다음에도 믿음은 핵심적인 논점으로 부각된다. 예수님은 여인의 혈루증이 치유된 것이 그녀의 믿음 때문이라고 단언하시며(5:34), 회당장 야이로의 딸이 죽었다는 소식이 전해졌을 때 믿음을 가지라고 격려하셨다(5:36). 주님이 나사렛 사람들에게 믿음이 없음을 이상히 여기신 반면(6:6), 이어지는 부분에서는 어떤 이득도 보장받지 못한 상황에서도 제자들이 기꺼이 나가서 사역을 하겠노라고 자원하는 대조적인 믿음을 드러낸다. 따라서 2단원의 핵심 논제는 믿음이 분명하다. 믿음이 회심의 핵심 요소임은 당연하다. 사람은 믿음 없이는 예수님께 돌이킬 수 없으며 그렇게 하려고 하지도 않는다.

3단원: 메시아이신 예수님

3단원(6:31-8:30)에서는 예수님이 선생이나 선지자일 뿐 아니라 메시아시라는 사실이 열두 제자들에게 은유적으로 계시된다. 같은 맥락에서 귀머거리와 벙어리(7:32-37)와 소경이 치유되었다(8:22-26). 그들은 눈과 귀와 혀를 고침 받으면서 예수님이 메시아이심을 발견한다. 이 단원은 가이사랴 빌립보에서 예수님이 누구신지 제자들이 고백하는 부분(8:27-30)에서 절정을 이룬다.[46] 제자들은 한 걸음 전진해 예수님의 신분을 이해한다.

거의 이 부분 전반에 걸쳐 한 가지 중요한 부주제가 나타난다. 바로 회개의 필요성이다. 제자들은 예수님을 바라보는 그들의 견해를 돌이킬 필요가 있다. 그들은 예수님의 행동이 그분의 신분을 계시하는 것임을 미처 파악하지 못했다. 목격하고서도 깨닫지 못했다. 듣고서도 이해하지 못했다. 8:17-21에서 예수님은 바로 이 점을 지적하신다. 그들은 예수님이 메시아이심을 계시하는 오병이어와 칠병이어의 기적 속에 담긴 의미를 알지 못했다. 그들이 통찰력을 가지고 시각을 바꾸기 위해서는 주님의 치유를 받아야 했다. 제자들은 완고한 마음 때문에 예수님의 신분을 이해하지 못했고(6:52, 8:17), 자신의 정체성마저 자각하

46 "가이사랴 빌립보 사건이 마가의 기사에서 핵심적인 위치를 차지한다는 사실은 새삼 입증할 필요가 없다. 여기서 중요한 것은 그것이 세 차례에 걸쳐 갈릴리를 건너신 일의 절정에 해당한다는 사실이다. 그 세 차례 중 처음을 제외한 두 차례는 무리를 먹이신 위대한 이적 사건에 이어진다." Meye, p. 71.

지 못했다. 그들은 마음의 완고함을 깨닫고 회개하지 않으면, 하나님의 명령보다 인간의 전통을 따랐던 바리새인들처럼(7:8) 될 위험에 놓여 있었다. 통찰력 없이는 회개가 불가능하다. 앞 단원에서 예수님은 제자들의 믿음 없음을 지적하셨다(4:40). 본 단원에서 예수님은 그들이 회개할 필요가 있음을 지적하신다(8:17-21). 예수님께로 돌이켜 회심하고자 할 때, 회개와 믿음은 필수적인 두 가지 요소다. 2단원과 3단원은 제자들이 아직 회심 단계에 이르지 못했음을 분명히 드러낸다. 그들은 여전히 회심해가는 과정 중에 있다.

후반부의 초점

마가복음의 후반부(8:31-15:39) 역시 세 개의 주요 단원으로 구성된다. 여기서 제자들은 예수님이 어떤 메시아신지 발견한다. 차츰 그들은 예수님이 많은 사람들을 위해 자기 생명을 주시는 '인자', '다윗의 자손', '메시아적인 왕', '하나님의 아들'이심을 발견한다. 이 발견은 마가복음 후반부의 결론이다. 후반부는 장래 사건들에 관한 예수님의 예언(4단원)으로 시작해, 그 사건들을 사려 깊게 유발하시는 내용(5단원)으로 나아가 사건 자체를 보여주면서 마감한다(6단원). 각 단원은 메시아이신 예수님의 다양한 특징을 계시한다. 또한 이 특징들을 주로 열두 제자들이 목격한다.

여기서도 각 단원마다 최소한 한 구절은 예수님의 신분에 관한 핵심 사항을 밝힌다. 부주제로 말하자면, 4단원에서 제자들은 자신의 개인적인 실패는 물론이고 제자도의 특성까지 배운다. 5, 6단원에서 제자들은 예수님 생애의 마지막 주간에 일어난 사건들을 접한 주된 목격자들이다(이로써 그분에게 온전히 응답하기 위한 나머지 정보를 얻었다). 한편 이 사건들을 통해 그들은 예수님에게 헌신하지 못하는 자신의 결함을 자각하며, 이를 계기로 회개한다.

4단원: 인자이신 예수님[47]

4단원(8:31-10:45)에는 네 차례 순환적인 이야기들이 수록되어 있다. 이들 각각은 세 가지 요소들을 포함한다. 첫째, 예수님이 수난과 죽임을 당하고 다시 부활하실 것이라는 예언이다. 둘째, 제자들의 이해 부족을 시사하는 실패 사실이다. 셋째, 이같은 실패에 비추어 예수님이 제자도라는 주제를 가르치시는 내용이다. 예언 부분은 예수님의 신분에 관한 새로운 통찰을 제시한다. 제자들이 오해한 내용을 담은 부분은 그들이 깨달은 새로운 통찰을 제시한다. 교훈 부분은 제자도의 특성에 관한 새로운 통찰을 제시한다. 따라서 이들 요소는 회심의 핵심적인 측면을 다룬다. 첫째, 열두 제자들이 예수님의 신분을 단계적으로 이해해가는 데 필요한 정보를 제공한다. 둘째, 제자들에게 회개와 믿음이 필요하다는 통찰을 제시한다. 셋째, 예수님을 따르는 것이 무엇을 의미하는지 규정한다. 회심과 관련한 이 단원의 주안점은 제자도에 관한 예수님의 교훈이다.[48] 제자도와 회심은 긴밀히 연관된다. 회심을 통해 사람들은 제자의 삶으로 나아간다. 기독교의 회심은 곧 예수님의 제자가 되는 행위를 가리킨다.

5단원: 다윗의 자손이신 예수님

5단원(10:46-13:37)에서 열두 제자들은 메시아 되심이 무엇을 의미하는지 또 다른 중요성을 발견한다. 메시아는 많은 사람들을 위해 자신의 생명을 주시는 인자(4단원)일 뿐만 아니라 다윗의 자손이기도 하다. 그분은 사람들이 오래도록 기다려온 왕으로서, 자신의 왕국을 맡았으면서도 부패에 빠져든 자들을 심판하기 위해 돌아오신다. 이 단원의 초점이 다윗의 아들에 맞춰져 있다는 사실이 세

47 예수님이 어떤 의미에서 인자이신지는 5-6단원에서 제시되고, 4단원에서 예수님이 인자로 소개된다는 주장은 제8장에서 상세히 논의하겠다.

48 부주제에 관한 주장들이 5-6단원에서 제시되고 4단원의 부주제가 제자도라고 하는 주장은 제10장에서 상세히 논의하겠다.

단락에 계시된다. 10:46-52에서 소경 바디매오는 예수님을 가리켜 두 차례 '다윗의 자손'이라고 부른다(이 호칭이 마가복음에서 처음 사용된 예다). 11:1-10에서는 '우리 조상 다윗의 나라'라는 말이 나온다. 그리고 12:35-37에서는 예수님이 어떻게 메시아가 다윗의 자손일 수 있는지 물으신다.

또한 이 단원은 회개에 관한 물음을 다룬다. 이는 종교지도자들이 예수님을 비난하면서 제기된다. 제자들은 자신의 소명을 망각하고서 완악한 마음을 버리지 못하는 사람들과 대면한다. 그들은 보거나 듣기를 거부하기 때문에 심판당할 것이다. 종교지도자들은 제자들에게 부정적인 표본이다. 열두 제자들 역시 이같은 완고한 마음을 드러내 경고받은 바 있다(6:52, 7:17-21).

6단원: 하나님의 아들이신 예수님

6단원(14:1-15:39)은 예수님을 심판하시는 분에서 심판당하시는 분으로, 통제권을 지니신 분에서(일들을 주도하고 반응을 불러일으키심) 통제당하시는 분으로(체포와 재판과 죽음을 당하심) 묘사한다. 그러나 무엇보다 예수님이 수난 당하신 결과로 그분의 참된 정체성에 관한 최종적인 통찰이 제시된다. 그분은 하나님의 아들로 계시된다(15:39). 14:61-62에서 예수님은 자신이 하나님의 아들임을 대제사장에게 확언하신다('찬송받을 자의 아들'). 또한 15:39은 "이 사람은 진실로 하나님의 아들이었도다"라는 백부장의 선언으로 6단원을 마감한다.

3단원부터 발전해온 회개의 주제는 절정에 달한다. 3단원에서는 제자들의 이해 부족과 완악한 마음이 대두된다. 4단원에서는 그들의 무지와 도덕적 결함이 자명해진다. 5단원에서는 종교지도자들의 죄가 드러난다. 그것은 자신의 실상을 보지 못하는 장애물이었다. 이제 6단원에서는 제자들의 실패가 완성된다. 예수님을 가장 가까이 모셨던 세 제자들은 겟세마네 동산에서 함께 깨어 있으라는 예수님의 말씀을 듣고서도 잠이 든다(14:32-42). 제자들 중 한 명은 예수님을 배신한다(14:10-11, 17-21, 43-46). 제자들 모두가 그분을 버려둔 채 달아난다

(14:27, 50). 무슨 일이 있더라도 배신하지 않겠다고 결의했던(14:29) 베드로마저 의식적이고도 자명한 거짓말을 하면서 예수님을 부인한다(14:30-31, 66-71). 그들이 밑바닥까지 갔다가 돌이키기 시작한 것(자신의 실상을 발견하고 뉘우치는 모습)을 베드로의 눈물 속에서 볼 수 있다(14:72). 베드로는 또 다시 제자들을 대표하는 역할을 감당한다.

에필로그

에필로그(15:40-16:8)는 예수님에 관한 이야기를 마감하며 마가복음 전체를 하나로 묶는다. 에필로그는 예수님의 신분과 관련해 제자들이 예수님을 이해하는 데 필요한 최종 정보들을 제공한다. 여기서는 두 가지 중요한 내용이 언급된다. 첫째, 예수님은 장사되셨다. 예수님이 장사되셨다는 사실은(15:42~47) 그분이 정말 죽으셨음을 의미한다. 둘째, 예수님은 다시 사셨다(16:1-8). 이 부활 사실은 그분이 죽음을 정복하셨음을 의미한다. 그분은 진실로 메시아요 하나님의 아들이시다. 예수님이 누구신지 제대로 파악할 때 열두 제자들은 비로소 그분에게 온전히 돌이킬 수 있었다.[49]

회심 주제와 관련해, 예수님의 죽으심과 부활은 회심의 전형을 보여준다. 예수님의 죽으심과 부활 속에서 제자들은 자신이 어떻게 해야 하는지 깨닫는다. 그들은 죄에 대해 죽어야 하고(회개) 새 삶을 위해 예수님에게 나아가야 한다(믿음). 회심을 확실하게 해주는 것은 바로 이같은 변화다. 제자들은 (비록 스스로 회개할 필요성을 깨닫지 못했지만) 이미 회개의 의미를 알고 있었다. 세례 요한도 회개를 전했으며(1:4), 심지어 제자들도 회개를 전했다(6:12). 이제 그들은 자신의 믿음이 어디로 향해야 하는지 깨닫는다. 바로 메시아이자 하나님의 아들, 부활하신 예수님께로다. 마가복음 전체가 전하고자 하는 내용이 바로 이것이다. 즉, 예

49 '마가복음의 사라진 끝 부분'에 대한 문제는 제6장에서 다루겠다.

수님의 메시지에 관한 마가의 첫 진술을 부연 설명한다. "하나님의 나라가 가까왔으니 회개하고 복음을 믿으라"(1:15).

마가복음의 개요

다음은 지금까지의 분석에 기초한 마가복음의 개요다.[50] 이는 마가복음 전체를 고려해 마가복음을 이루는 각 부분들을 하나의 일관된 전체로 연결시킨다.

프롤로그: 예수님의 사역 준비(1:1-15)

A. 마가복음의 핵심(1:1)

B. 선구자: 세례 요한 (1:2-8)

C. 예수님의 세례와 시험(1:9-13)

D. 예수님의 사역에 대한 규정(1:14-15)

제1부: 예수님이 메시아이심을 발견(1:16-8:30)

1단원. 선생이신 예수님(1:16-4:34)

A. 그분 편에 선 자들: 무리들(1:16-45)

B. 그분을 배척하는 자들: 종교지도자들(2:1-3:6)

C. 예수님에 대한 다양한 반응들(3:7-35)

D. 그 반응들에 대한 설명: 네 가지 토양 비유(4:1-34)

2단원. 선지자이신 예수님(4:35-6:30)

A. 자연을 제어하시는 권능(4:35-41)

B. 악을 제어하시는 권능(5:1-20)

---

50 이 원래 개요는 본장에서 제시한 마가복음 분석을 요약하고 있다. 그것의 타당성은 제6-10장에서 제시하겠다.

C. 질병과 죽음을 제어하시는 권능(5:21-43)

D. 그분의 권능에 대한 반응들(6:1-13)

1. 부정: 그분의 어릴 적 친구들(6:1~6)

2. 긍정: 그분의 제자들(6:7-13, 30)

E. 그분의 권능에 대한 오해(6:14-29)

3단원: 메시아이신 예수님(6:31-8:30)

A. 첫 번째 사이클: 귀먹고 어눌한 자를 치유하심(6:31-7:37)

1. 오천 명을 먹이심: 상황(6:31-7:37)

2. 바다를 건너심(6:45-56)

3. 바리새인들과의 충돌(7:1-23)

4. 떡에 관한 대화: 한 이방인의 통찰력(7:24-30)

5. 귀먹고 어눌한 자를 고치심: 예수님의 응답(7:31-37)

B. 두 번째 사이클: 소경을 고치심(8:1-26)

1. 사천 명을 먹이심: 상황(8:1-9a)

2. 바다를 건너심(8:9b-10)

3. 바리새인들과의 충돌: 그들의 무지(8:11-13)

4. 떡에 관한 대화: 제자들의 무지(8:14-21)

5. 소경을 고치심: 예수님의 2단계 치유(8:22-26)

C. 그분을 메시아로 고백함(8:27-30)

제2부: 예수님이 하나님의 아들이심을 발견(8:31-15:39)

4단원. 인자이신 예수님(8:31-10:45)

A. 첫 번째 예언(8:31-9:1)

B. 두 번째 예언 (9:2-29)

C. 세 번째 예언(9:30-10:31)

D. 네 번째 예언(10:32-45)

5단원. 다윗의 자손이신 예수님(10:46-13:37)

A. 예수님의 결행: 다윗의 자손이 예루살렘으로 가심(10:46-11:26)

1. 그분의 신분이 선언됨: 소경 바디매오 치유(10:46-52)

2. 예수님의 승리 입성(11:1-11)

3. 그분의 심판이 선언됨: 성전 정화(11:12-26)

B. 종교지도자들의 반응: 권세에 관한 물음(11 :27-33)

C. 예수님의 응답: 포도원 농부의 비유(12:1-12)

D. 종교지도자들의 응답: 세 가지 물음들(12:13-34)

E. 예수님의 응답: 다윗의 자손이 물으심(12:35-44)

F. 예수님의 요약: 다가오는 심판(13:1-37)

6단원. 하나님의 아들이신 예수님(14:1-15:39)

A. 베다니에서의 향유 사건(14:1-11)

B. 최후의 만찬(14:12-31)

C. 겟세마네 동산(14:32-42)

D. 체포(14:43-52)

E. 재판(14:53-15:20)

F. 십자가 처형(15:21-39)

에필로그: 예수님 사역의 결론(15:40-16:8)

A. 장사되심(15:40-47)

B. 부활(16:1-8)

제6장
마가복음의 구조 분석

이미 살펴본 바와 같이, 앞 장에 소개한 개요는 마가복음을 기록한 마가의 의도를 정확히 보여주고 있다. 네 가지 사항이 이 사실을 뒷받침한다. 첫째, 각 단원은 구조적인 관점에서 다른 단원과 확연히 구분된다. 둘째, 각 단원이 바뀔 때 문체의 변경도 고려한 것은 마가가 주제 전환을 의식했음을 뜻한다. 셋째, 각 단원은 사려 깊게 하나로 묶여 있는데 이는 마가가 의도적으로 공통 주제 안에 자료를 묶었음을 뜻한다. 넷째, 예수님의 호칭이 아직 계시되지 않은 단원에서 '사람들'은 그 호칭을 사용하지 않는데, 이는 예수님에 관한 이해가 점차 이루어졌음을 드러내기 위한 마가의 의도다.

각 단원의 조직

마가는 구조적인 관점에서 의도적으로 자료를 여섯 단원(프롤로그와 에필로그 부분은 별도)으로 구분하고 있다. 이를 알 수 있는 첫 번째 표시는, 각 단원 안에서 자료를 구성하는 방식이다. 각 단원의 주제는 물론 구조 또한 다르다. 각기 다른 원칙에 따라 구성되어 각 단원 간의 구분이 명백하다.[1]

이를테면, 1단원(1:16-4:34)의 구성 특징은 양극성이다. 여기서 마가는 예수님을 따르는 자들과 대적하는 자들을 대조하고, 이 두 극단을 오가는 네 가지 반응들을 묘사한다. 반대로, 2단원(4:35-6:30)은 유사성과 대조성에 따라 구성된다. 네 가지 유사한 문단에서 예수님의 권능을 입증하는가 하면, 이 권능에 대한 세 가지 대조적인 반응들을 소개한다. 3단원(6:31-8:30)의 구성은 앞의 두 단원들과는 전혀 다르다. 여기서는 두 개의 평행 사이클에 따라 비유적인 이야기들을 소개한다. 4단원(8:31-10:45)은 예수님이 죽었다가 다시 사실 것이라는 예언이 네 차례 반복되는 형태로 자료가 구성된다. 제자들이 이 사실을 이해하지 못했음을 보여주는 네 가지 실패 사례와 제자도를 가르치기 위한 네 가지 교훈들을 소개한다. 5단원(10:46-13:37)은 작용과 반작용의 원칙에 따라 구성된다. 예수님이 행동하시고, 종교지도자들이 반응하며, 예수님이 응답하시는 형태다. 6단원(14:1-15:39)은 다른 모든 단원들과 대조적으로, 연속적인 사건 전개를 가장 뚜렷이 보여준다. 이 단원에서 마가는 예수님 생애의 마지막 한 주간 동안 일어난 점진적 사건들을 연대기적으로 구성했다. 끝으로 프롤로그와 에필로그 부분은 구조적으로 동일하다. 이 두 단원 간에 두드러지게 나타나는 평행 부분들

1 V. K. Robbins(그의 여섯 개 항목 구분식 개요가 여기 제시한 것과 가장 가깝다)는 본장 마지막 부분처럼 3단계 진전 과정에 기초한 여러 가지 경계들을 제시한다. 본서는 '한 가지'가 아닌 '여섯 가지'의 단원 구성 방법을 제시한다. 각 단원은 다양한 방식에 따라 구성되며 각각 목표를 지닌다.

은 이들이 기능(하나는 도입부이며 다른 하나는 결론부)과 주제(평행적인 내용) 면에서 서로 유사하며 다른 모든 단원들과 구분된다는 점을 시사한다.

이처럼 서로 다른 구성 원칙은 각 단원의 특성을 잘 보여준다. 다음 내용은 마가가 독특한 방식으로 자료를 구성해 의식적으로 각 단원을 구별했음을 드러낸다. 그가 이렇게 구별한 이유는 예수님의 성품이 점진적으로 묘사된 구성 방식을 독자들에게 좀 더 쉽게 이해시키기 위해서다.

1단원: 양극성

1단원은 극단적인 어휘로 양분된다. 이 단원의 논지는 예수님에게 보인 사람들의 반응이다. 즉, 예수님을 따르는 자들과 그분을 배척하는 자들이다. 먼저 마가는 한 극단을 묘사한다. 주저함 없이 예수님을 따르는 열정적인 무리의 모습이다(1:16-45). 여기서 사용된 어투는 열정적인 반응에 드러난 경솔함이다. 다음에 마가는 다른 한 극단을 묘사한다(2:1-3:6). 예수님을 미워하고 대적하는 종교지도자들의 모습이다. 그들의 혐오심은 극단적인 어휘로 표현된다(그들은 예수님이 죽기를 원한다—3:6).

마가는 예수님에게 보인 사람들의 반응 범주를 제시한다. 그런 후 이 반응을 좀 더 주의 깊게 구분한다. 예수님을 무턱대고 사랑하거나 이유 없이 미워하는 반응으로만 범주를 제한하지 않는다. 다음 네 단락(3:7-35)에서는 네 가지 반응이 주목된다. 치유와 축귀를 원하는 이기적인 무리의 열정(3:7-12)이 무리에서 벗어나 예수님에게 새로운 차원으로 헌신하는 제자들(이기심을 넘어 섬김 단계로 나아감)의 모습(3:13-19)과 대조된다. 이 두 가지 긍정적인 반응들은 두 가지 부정적인 반응들과 대조된다. 부정적인 반응은 마가가 처음으로 삽입한 단락(3:20-35)에 나온다.[2] 이같은 문학적 구성을 통해 마가는 전혀 다른 두 부류(예수

2 마가는 자신의 복음서에 이같은 문학적 장치를 다섯 차례 사용한다(3:20-35; 5:21-43; 6:7-30;

님의 가족과 율법 교사들)의 반응이 실제로는 유사함을 밝힌다. 둘 다 예수님을 반대하고, 그분을 귀신들린 자라고 평가하며, 그분의 사역을 훼방하려 든다. 그러나 가족의 반응은 서기관들에 비해 다소 부드럽다. 가족은 예수님이 미친 것이 아닌가 염려한다(3:21). 반면 서기관들은 예수님이 악한 귀신에 사로잡혔다고 단정한다(3:22). 더욱이 가족의 반응은 예수님을 배려하는 마음에서 나온 것이지만, 서기관들은 깊은 적의를 드러낸다. 마가는 예수님에 대한 반응 과정을 이런 식으로 확대시켜 묘사한다. 이제 마가에게는 하나님나라에 관해 사람들이 보인 다양한 반응들의 의미를 해석하는 일이 남았다. 그는 1단원 결론부(4:1-34)에서 이 일을 마무리한다. 본서에서는 씨 뿌리는 자의 비유(4:1-20)를 들어 네 가지 유형의 반응을 살펴보겠다. 분명 마가는 네 가지 일련의 반응들을 주축으로 첫 단원을 구성했다. 이 반응들은 두 가지 극단적인 입장을 반영한다.

2단원: 유사성·대조성

2단원은 유사성과 대조성에 따라 구성된다. 구조상 주제는 권능이다. 2단원은 예수님이 인생을 가장 괴롭히는 실체들을 제어할 수 있는 권세를 지니신 분임을 증거하는 네 가지 유사한 이야기로 시작한다. 폭풍, 악령, 만성적인 질병, 죽음(4:35-5:43)이 그러하다. 각각의 이야기에서 예수님의 권능은 사람들의 행복을 위협하는 문제들을 능히 극복한다. 예수님의 권능은 두 가지 대조적인 모습들을 통해 뚜렷이 드러난다. 먼저 예수님의 권능을 본 나사렛 사람들(6:1-6a)과 열두 제자들(6:6b-13)의 반응이 대조된다. 나사렛 사람들은 불신한 반면, 열두 제자들은 예수님의 권능을 자신의 사역에 기꺼이 활용하고자 한다. 두 번째는 예수님의 권능과 헤롯의 능력이 대조된다(6:14-29). 결국 마가는 2단원의 자료

11:12-25; 14:1-11). 그것은 대개 두 단락을 어느 정도 함께 해석해야 함을 시사한다. 하나의 단락이 다른 단락의 주제를 부연 설명한다.

를 두 가지 형태로 대조하며 배열한다. 모두 예수님의 권능에 관련되는 내용으로서 2단원의 서두에 평행적으로 나오는 네 가지 이야기들을 통해 전개된다.

3단원: 비유적인 사이클

3단원은 은유적으로 사용된 같은 내용의 이야기가 평행을 이루며 구성된다. 이것이 3단원의 구성 원칙임을 입증하기 위해서는, 이 두 이야기가 평행을 이루며 또한 비유적인 방식으로 사용되었음을 드러낼 필요가 있다.[3]

이같은 평행법은 두 가지 이야기가 동일한 방식으로 전개된다는 사실에서 밝혀진다. 이 두 개의 사이클은 많은 사람들을 먹이심으로 시작해 특이한 치유로 마감하며, 다음 표에서 보듯 동일한 전개 과정을 보여준다.[4]

첫 번째 사이클	내용	두 번째 사이클
6:31-44	많은 무리를 먹이심	8:1-9a
6:45-56	바다를 건너심	8:9b-10
7:1-23	바리새인들과의 충돌	8:11-13
7:24-30	떡에 관한 대화	8:14-21
7:31-36	치유	8:22-26
7:37	신앙 고백	8:27-30

3 H. J. Held는 이같은 마가복음의 구성이 두 개의 사이클로 이루어져 귀(7:31-37)와 눈(8:22-26)을 여는 것으로 본다. 이는 '분명한 신학적 구성에 해당한다'. Quentin Quesnell, *The Mind of Mark: Interpretation and Method through the Exegesis of Mark 6:52*, Analecta Biblica 38 (Rome: Pontifical Biblical Institute, 1969), pp. 28-36에서 Quesnell은 본 단원의 구조에서 알 만한 모든 제안들을 요약해 놓았다.

4 William L. Lane, *The Gospel according to Mark* (Grand Rapids: Wm. B. Eerdmans Publishing Co., 1974), p. 269.

과연 마가는 의도적으로 이 이야기들을 비유로 이해시키려 했는가? 이 이야기들이 말하고 있는 그대로의 것 외에 또 다른 의미가 있는가? 이 이야기들이 비유적인 특성을 가지고 있다는 가장 분명한 사실은 이들이 '두 개'의 사이클 구조를 지녔다는 점에서 드러난다. 마가가 예수님의 이적과 교훈을 더 많이 전하는 데만 관심을 가졌다면, 두 번째 사이클은 언급할 필요조차 없을 것이다. 첫 번째 사이클에서 이미 내용이 충분히 전달된다. 두 번째 사이클에는 새로운 정보가 전혀 나오지 않는다.[5]

많은 무리를 먹이신 두 이야기가 비교된다는 점도 비유적 특성이라 할 수 있다. 두 내용은 같은 유형의 사건을 묘사한다. 그러나 수적인 면에서 서로 다르며, 예수님은 이 수효가 중요함을 시사하신다(8:17-21). 오천 명을 먹이신 기사에서, '5'라는 수(떡 다섯 개)와 '12'라는 수(남은 부스러기 열두 바구니)는 이스라엘과 연관된다.[6] 반면 사천 명을 먹이신 기사에서는, '7'이라는 수(일곱 떡과 일곱 광주리)는 이방인들을 떠올리게 한다.[7] 첫 번째 기사는 유대인들에 대한 예수님의 사역을 시사하며, 두 번째 기사는 이방인들에 대한 사역을 의미한다. 더욱이 첫 번째

---

5 Larry W. Hurtado, *Mark: A Good News Commentary* (San Francisco: Harper & Row, 1983), p. 87에서는, 각 사이클을 이루는 이야기들과 관련해 이 점을 분명히 한다. "마가복음에 무리를 먹이시는 기사가 두 차례 나온다는 사실은 마가가 이 두 이적을 중요한 사건으로 여겼다는 증거이며, 예수님의 기사들은 그분이 이적을 행하실 수 있다는 사실 그 이상을 전달하고자 함을 나타내는 증거다. 단순히 예수님의 능력을 나타내고자 했다면 한 번의 이적 기사만으로도 충분하다."

6 떡 다섯 개는 구약 성경의 처음 다섯 권에 나오는 모세의 가르침을 떠오르게 한다. 이것은 마가의 의도로서 예수님과 모세 간의 연관성을 강화시킨다. 열두 바구니는 이스라엘의 열두 지파를 나타내는 듯하다. 본 단락에 나오는 다른 상징적인 암시들과 더불어 이를 고려하건대, "무리를 먹이신 이 기사는 모세와 다윗의 역할을 성취하시는 분으로서 예수님을 증거한다.… 남은 떡 조각 열두 바구니는 구약성경에 약속된 바, 이스라엘을 위해 하나님의 돌보심을 공급하시는 분으로 예수님을 이해하도록 돕는다." Hurtado, pp. 89-90.

7 사천 명을 먹이신 기사에 나온 숫자는 다른 방향으로 주의를 환기시킨다. '7'이라는 숫자(떡과 광주리)는 구약성경에서 이방인을 뜻한다. "무리를 먹이신 기사 문맥과 세부 내용은 마가복음에 수록된 무리를 먹이시는 두 기사의 목적을 드러낸다. 오천 명을 먹이신 기사는 이스라엘을 구원하신 예수님을 보여준다. 사천 명을 먹이신 기사는 그의 구원이 다른 이들(이방인들)에게도 미칠 것임을 예고한다." Hurtado, p. 110.

기사에서 사용된 어휘는 모세와 다윗을 암시한다. 그것은 예수님이 사람들이 오래도록 고대해왔던 이스라엘의 왕이요 메시아이심을 계시한다.[8] 이 세부 사항들의 상징적 특성은 전체 단원이 상징적인 특성을 지니고 있음을 반영한다.

깨달음을 거듭 강조한다는 점에서도 이야기가 비유적 특성을 지녔음을 알 수 있다(6:52, 7:14, 8:17, 21).[9] 마가가 "유의하라. 의미를 철저히 파악하라"고 말하는 듯하다. 바다를 건너고 떡에 관해 논의하신 후에(8:14-21), "예수님은 오천 명과 사천 명을 각각 먹이신 일이 표적임에도 불구하고 제자들이 이를 깨닫지 못함을 분명히 지적하신다."[10] 예수님이 씨 뿌리는 자의 비유를 말씀하시면서(4:9-13) 제자들에게 전하고자 하신 것이 바로 이 점이다. 비유임을 깨닫기 위해서는 듣는 자가 주의를 기울여야 한다. 여기서도 마찬가지다. 마가는 독자들이 반드시 이해하기를 원한다. 분명 두 이야기 사이클에 감춰진 의미가 있다는 점에서 이들은 비유적인 성격을 가진다.

끝으로, 두 사이클이 지닌 비유적 특성은 이 단원의 결론 단락에서 드러난다. 8:27-30에서 대변자격인 베드로를 통해 제자들은 예수님이 메시아이심을 알고 있다고 선언한다. 어떻게 이런 일이 이루어졌는가? 두 이야기 사이클을 통해 제자들이 바리새인들처럼 귀머거리요 벙어리요 소경이라는 사실이 지적되었다. 반대로 한 이방 여인이 예수님과 나눈 대화 내용은 그녀가 예수님을 제대로 이해하고 있음을 시사한다(7:24-30). 더욱이 두 이야기 사이클에서는 제자들의 완고한 심령이 강조된다(6:52, 8:17). 그렇다면 제자들은 예수님이 메시아이심을 어떻게 깨달았을까? 사실 그들도 귀먹고 어눌한 자(7:31-37)나 소경(8:22-26)이

---

8 "예수님을 메시아로, 이스라엘을 위해 하나님께서 보내신 분으로, 구약성경에서 보듯 장차 구원의 약속을 실현하실 분으로 소개하기 위해 사건을 묘사하고 있다. 말하자면 예수님의 행위가 뜻하는 바를 분명히 전달하기 위해 구약성경의 이미지를 가져왔다." Hurtado, p. 88.

9 4:12(여기서 그는 사 6:9-10을 인용한다)을 제외하면, 이 구절에서 마가는 '시니에미'(*syniēmi*: 이해하다)라는 말을 유일하게 사용한다.

10 Lamar Williamson, "An Exposition of Mark 6:30-44," *Interpretation* 30 (1976): 171.

경험한 것과 같은 치유 이적을 체험했을 것이다. 그들의 선언 내용은 그런 일이 실제로 일어났음을 입증한다. 달리 말해, 많은 무리를 먹이신 일로 예수님의 신분이 상징적으로 드러났듯이 치유 이적도 제자들에게 상징적 의미를 지닌다.

이렇듯 두 개의 평행 기사들을 중심으로 구성된 3단원은 주로 상징적인 기능을 한다. 이 단원의 구조는 앞의 두 단원의 구조와 전혀 다르다. 더욱이 이같은 구성 방식은 나머지 세 단원에서도 전혀 반복되지 않는다.

4단원: 반복

4단원은 예수님이 죽었다가 다시 사실 것임을 네 차례나 반복 예언하시는 말씀 중심으로 구성되었다. 이 단원의 구조는 마가가 이야기 사이클을 사용한다는 점(똑같은 유형으로 전개되는 평행 단원들이 나온다)에서 앞 단원의 구조와 유사하다. 이 단원에서 각 사이클은 유사한 방식(예언)으로 시작하며, 이어서 열두 제자들의 똑같은 반응(오해)이 이어진다. 그러고는 예수님의 동일한 대답(제자도에 관한 교훈)으로 마감된다.

네 가지 이야기 사이클의 평행적 특성은 다음과 같다.

주제	첫 번째 싸이클	두 번째 사이클	세 번째 사이클	네 번째 사이클
예언	8:31	9:2-13	9:30-31	10:32-34
오해	8:32-33	9:14-27	9:32-34	10:35-41
교훈	8:34-9:1	9:28-29	9:35-10:31	10:42-45[11]

11 John F. O'Grady, "The Passion in Mark," *Biblical Theology Bulletin* 10 (April 1980): 83-87. 그도 똑같이 예고·오해·교훈이라는 삼중 유형을 제시한다. 그러나 그런 사이클이 네 번이 아니라 세 번 반복된다고 본다.

내용은 사실상 동일한 네 가지 예언은 메시아이신 예수님의 장래 운명에 관해 말하고 있다. 예수님의 예언은 제자들의 기대와 다르다. 예수님은 메시아가 수난과 죽임을 당하고 나서 다시 살 것이라고 말씀하신다. 열두 제자들은 메시아가 그런 운명을 당하리라고 상상할 수 없었다. 메시아에 대한 문화적 선입견이 너무도 강해 도저히 예수님의 말씀을 문자 그대로 받아들일 수 없었다. 예수님이 자신에게 일어날 일을 예고하실 때마다, 열두 제자들은 전혀 그럴 리 없다는 태도를 보인다.

첫 번째 사이클에서 베드로는 메시아의 운명을 예고하시는 예수님을 비난한다(8:32). 두 번째 사이클에서, 제자들은 죽은 자 가운데서 다시 살아나신다는 게 무슨 뜻인지 몰라 어리둥절해 하며(9:10), 나머지 아홉 명의 제자들은 귀신들린 한 소년을 치유하지 못한 채 서기관들과 변론을 벌인다(9:14-18). 세 번째 사이클에서도 제자들은 여전히 이해하지 못한 상태이며 예수님에게 감히 여쭙는 것조차 두려워한다. 다만 그들은 그들 중 누가 가장 큰 자인지 논쟁을 벌인다(9:32-34). 네 번째 사이클에서 야고보와 요한은 장차 도래할 나라에서 영예로운 자리를 차지하게 해달라고 구하는데(10:35-40), 나머지 제자들은 이를 분하게 여긴다(10:41).

각 사이클에서 예수님은 제자들에게 중요한 것을 가르치시지만 오히려 오해를 받는다. 첫 번째 사이클에서 예수님은 제자의 길이란 복음을 위해 자기 목숨을 포기하는 희생을 수반한다고 가르치신다. 두 번째 사이클에서는 믿음과 기도를 가르치신다. 다소 긴 세 번째 사이클에서는 제자들 간의 관계에 대해 가르치신다. 네 번째 사이클에서는 자신의 권세를 활용하는 것에 대해 가르치신다. 종합해보면, 이 단원의 모든 교훈은 제자도라는 주제와 연관된다. 이 교훈에는 각 사이클이 사실상 하나의 단원에 속한다는 것을 증명하는 일관성이 있다.[12]

12 각 사이클이 일관된 한 단원임을 시사하는 또 한 가지 사실은, 첫 번째 교훈 단원이 예수님을

이 단원의 예외 사례가 두 번째 사이클에서 발견된다. 비록 세 가지 요소들(예언, 오해, 교훈)이 모두 나타나긴 하지만 다른 형태로 언급된다. 더욱이 각 요소들 간의 구분이 다른 세 사이클처럼 분명하지 않다. 예언 부분(9:2-13) 속에 오해(9:10-11)와 교훈(9:12-13)이 들어 있고, 오해 부분(9:14-27) 속에 교훈이 들어 있다. 이 부분 전체가 교훈의 도구로 사용되긴 했으나, 9:19, 23절이 특히 그렇다. 이 때문에 많은 주해가들은 이 단원에서 예언이 네 차례가 아닌 세 차례 언급되었다고 본다.[13]

이는 스와틀리가 지적한 것과 같다. "면밀한 구조 양식을 통해 교훈이 제시된다. 즉, 세 차례의 수난 예고(8:31-9:31, 10:32-34)에 이어, 제자들의 이해 부족 사례가 세 차례 나오고(8:32-33, 9:32, 10:3&41), 이어서 제자도에 관한 예수님의 교훈이 세 차례 언급된다(8:34-38)."[14] 이 삼중의 가설에 기본이 되는 것은 사실상 동일한 형태로 제시되는 삼중 수난 예고다(8:31, 9:31, 10:33-34). "각 단원은 세 가지 기본 행동을 반복한다. 인자가 공개적으로 수난 당하고, 죽임 당하실 것이다. 그리고 사흘 후에 다시 살아나실 것이다."[15] 그러나 변화산 상의 변화에 관한 예언에서도, '인자'라는 호칭을 포함해 이와 동일한 세 가지 행동이 비록 다른

따르려는 이들이라면 자신을 부인해야 한다는 확언으로 시작하고(8:34-38), 마지막 교훈 단원은 예수님께서 많은 사람들의 대속물로 자신의 생명을 주기 위해 오셨다는 진술로 마감한다는 것이다(10:45). 그래서 교훈의 주제가 완료된다.

13 그러나 8:27-10:52이 일관된 한 단원이라는 주장이 널리 받아들여지고 있다. 다만 가이사랴 빌립보에서 하신 선언과 바디매오 이야기가 이 단원에 속하는지 아니면 앞 단원에 속하는지는 어느 정도 다양한 의견이 있을 뿐이다. 시작 단락과 마지막 단락을 어디에 두느냐에 따라 달라지는 문제다. 예를 들면, Willard M. Swartley, "The Structural Function of the Term 'Way' (Hodos) in Mark's Gospel," *The New Way of Jesus: Essays Presented to Howard Charles*, ed. William Klassen (Newton, Kans.: Faith and Life Press, 1980), p. 74; C. E. B. Cranfield, *The Gospel according to Saint Mark* (Cambridge: University Press, 1959), p. 266; Vincent Taylor, *The Gospel according to St. Mark* (New York: St. Martin's Press, 1966), p. 109; 그리고 Lane, pp. 30, 292.

14 Swartley, p. 74.

15 Vernon K. Robbins, *Jesus the Teacher: A Socio-Rhetorical Interpretation of Mark* (Philadelphia: Fortress, 1984), p. 23.

순서이긴 하지만 언급된다. 그러므로 8:31-10:45에서 수난 예고가 세 차례가 아닌 네 차례 나온다고 보아도 무리가 아니다. 여기서 제시한 대로 이 단원을 네 부분이 아닌 세 부분으로 구분한다면, 9:2-29에 수록된 자료를 하나의 단원으로 보는 대부분의 학자들의 입장과 상충된다. 위에 제시된 개요는 다소 모호한 부분이 있기는 하지만 일관성 있는 유형을 제시한다.[16]

5단원: 작용·반작용

5단원은 한 쪽의 작용과 다른 쪽의 반작용으로 서로 연결된 일련의 사건들로 구성된다. 예루살렘 종교지도자들은 대개 메시아적인 왕으로서 예수님이 취하신 행동 때문에 다양한 반작용을 보인다. 이 단원의 첫 부분(10:46-11:26)은 세 문단으로 이루어져 있고, 이들 모두는 다윗 자손의 예루살렘 도착에 관한 기사를 다룬다. 둘째와 셋째 문단(11:1-26)에서 마가는 어떤 메시지를 전하기 위해 사건들(예루살렘 입성과 성전 정화)을 주도한 분이 바로 예수님이심을 분명히 밝힌다. 특히 예수님은 성전 정화 과정에서 종교지도자들을 질책하신다. 그들 세력권의 심장부(성전)로 들어가 그들의 지도권에 도전장을 내미신 것이다. 다음 문단에서 보듯(11:27-33), 지도자들은 금세 반응을 보인다. 그들은 예수님에게 다가가 곧바로 이렇게 묻는다. "무슨 권위로 이런 일을 하느냐"(11:28).

이에 예수님은 이야기 하나를 꺼내 하나님으로부터 권세 받은 자를 배신하는 지도자들을 질타하신다(12:1-12). 작용과 반작용의 사이클은 이렇게 전개된다. 지도자들은 세 가지 질문을 들어 반박하는데(12:13-34), 이 중 처음 두 가지는 예수님을 덫에 빠트릴 목적이었다. 세 번째 질문에 답하시며 예수님은 가장 큰 계명을 분명히 밝히셨다(12:28-34). 5단원은 마감 내용이 시작 내용과 동일

16 4단원에 나타난 다른 자료가 지닌 구조적인 특성도 주목할 만하다. 마가의 '호도스'(*hodos*: 길) 사용례. 이는 Swartley, p. 76에 나오는 설명과 같다. "통계 자료에 의하면 8:27-10:52에서 '호도스'는 독특한 마가식 특성을 지닌 용어다."

하다. 다윗 자손과 관련한 물음(10:46-52과 12:35-37을 비교하라) 및 심판에 관한 주제(11:12-21과 12:38-13:37을 비교하라)가 그것이다. 이는 이 단원이 일관된 초점을 지닌 독립적인 단원임을 더욱 강력히 시사한다.

6단원: 연대순 배열

마지막 단원에서는 예수님이 앞 단원에서 불러일으키신 반작용으로 일어난 일련의 사건들이 하나씩 순서대로 전개된다. 5단원에서 사건 전개를 주도한 분은 예수님이시다. 6단원에서 예수님은 앞 단원과 달리 더 이상 직접 사건을 주도하지는 않으신다. 그러나 5단원에서 보이신 행동 때문에 6단원의 사건들이 유발된다. 이제 이 사건들은 그 자체가 지닌 추진력으로 전개된다. 마가는 이 마지막 부분을 철저히 기사 형태로 소개하며, 예수님의 십자가 처형으로까지 이어지는 일련의 사건들을 순서대로 보도한다.[17] 연대순 배열이 구성 원칙인 셈이다. 마가가 이야기들을 엄격히 순서대로 기술하기는 이번이 처음이다.[18]

14장은 종교지도자들이 '예수를 궤계로 잡아 죽일 방책'을 구했다는 언급으로 시작한다(1절). 이 구절은 본 단원이 어떻게 구성될지 시사한다. 마가는 그들의 궤계가 어떻게 실현되는지 보여준다. 그는 다음 사건들을 연대순으로 보도한다. 예수님의 죽음을 예비하는 의미에서 향유를 부은 일(14:3-9), 예수님을 배

---

17 14:1-15:47에 나오는 대부분의 단락들은 분리될 수 없다. 이들을 임의로 분리하면 심각한 구조적 파손이 따른다. 이들은 나름대로 해당 자리에 있을 때 그 의의를 갖는다. 앞 장에서 더 자주 나오는 시간과 장소에 대한 언급은 대체로 기사 내용 가운데 매우 감쪽같이 들어 있기 때문에, 이들을 원래 전승상 독립된 단원들을 결합시키기 위해 편집상 삽입시킨 연결 고리로 볼 수 없다." Lane, pp. 485-86.

18 연대순으로 이야기들을 배치한 부분도 있다(1:2-13). 그러나 마가는 연대순보다는 주제별로 단락들을 배치한다(예를 들면, 2:1-3:6에서 각 단락은 의도적으로 애매모호한 시간 지정과 함께 시작한다). 마가의 이러한 특성은 일찍부터 전통 교회의 주목을 받아왔다. Papias of Hierapolis는 주후 140년 경 *Exegesis of the Lord's Oracles*에서 이렇게 썼다. "베드로의 해석자가 된 마가는, 주님께서 말씀하시고 행하신 것들 중 기억에 남는 것을 모두 정확히 기록했다. '그러나 순서대로 철저히 기록한 것은 아니다.'" p. 8에 인용됨.

신한 가룟 유다(14:10-11). 예수님이 자신의 죽음을 이스라엘에게 약속된 새 언약의 제정과 연결시킨 최후의 만찬(14:12-26), 모든 제자들이 그분을 떠날 것이라는 예언(14:27-31), 겟세마네 동산에서의 고뇌(14:32-42), 예수님이 체포 당하심(14:43-52), 산헤드린 앞에서 재판 받으심(14:53-65), 베드로의 부인(14:66-72), 빌라도 앞에서 재판 받음(15:1-15), 예수님에 대한 조롱(15:16-20), 예수님의 십자가 처형(15:21-39)이 그것이다.

프롤로그와 에필로그

프롤로그와 에필로그의 목적과 내용은 서로 평행을 이룬다. 이들을 비교해 보면, 여섯 단원들과는 달리 독특한 유사성을 발견할 수 있다. 전체 이야기 중에서 독립적인 문학 구조를 가지고 있다는 점이다. 게다가 프롤로그와 에필로그를 연결시켜볼 때 이들은 전체 이야기를 완성시키는 특별한 역할을 담당한다. 프롤로그에서는 드라마가 선언되고 에필로그에서는 완료된다. 프롤로그에서 우리는 장차 전개될 예수님의 사역에 관한 '준비'를 엿본다. "그분은 세례를 받고 시험을 당하신다."

에필로그에서 우리는 예수님 사역이 어떻게 '완료되고 절정에 이르는지' 배운다. 그분은 무덤에 묻히지만 다시 살아나신다. 프롤로그에서는 예수님 사역의 특성이 선언된다. 그분은 하나님의 복음을 선포하실 것이다(1:14). 에필로그에서는 복음의 실체가 밝혀진다. 예수님이 십자가에 못박혔으나 다시 살아나신 것이다(16:6). 프롤로그와 에필로그는 예수님의 이야기를 둘러싼 막간 역할을 하는데, 이는 마가가 즐겨 사용하는 구성 양식이다.

프롤로그와 에필로그에서 평행을 이루는 다른 기사들도 내용상 유사함을 보인다. 프롤로그는 "내가 내 사자를 네 앞에 보내노니"(1:2)라는 진술로 시작하며, 에필로그는 "예수께서 너희보다 먼저 갈릴리로 가시나니"(16:7)라는 내용으로 맺는다. 프롤로그에서는 세례 요한이 핵심 인물이다. 그는 예수님의 도래를 선언하는 사자다. 에필로그에서는 한 '청년'이 예수님의 부활을 선언하는 사자로 등장한다. 두 부분에 나오는 사건들은 유대에서 일어났고 그 공간적 배경은 유대로부터 갈릴리로 이동한다. 프롤로그는 예수님이 갈릴리로 들어가셨음을 알리는 내용으로 마감된다(1:14). 에필로그에는 예수님이 제자들을 갈릴리로 돌려보내는 내용이 나온다(16:7). 이 드라마는 철저히 사이클 형식을 띤다. "따라서 복음서의 시작과 끝이 잘 연결된다."[19]

이처럼 여섯 단원들과 프롤로그, 에필로그에 나타나는 전혀 다른 구성 원칙들은 주의 깊은 독자들이 각 단원의 핵심을 파악할 수 있도록 도와준다. 또한 간략한 서두나 결론부로 둘러싸인 일관성 있는 여섯 단원들로 구성하고자 한 마가의 의도를 뒷받침한다.

각 단원 간의 전환

앞서 언급한 마가복음의 개요가 정확함을 보여주는 두 번째 증거는 단원과 단원을 연결하는 방식이다. 만일 마가의 염두대로라면, 한 주제에서 다른 주제로 전환하는 지점에 충분한 간격이 있어야 한다.[20] 즉, 한 주제에서 다른 주제로 넘

19 Augustine Stock, *Call to Discipleship: A Literary Study of Mark's Gospel* (Dublin: Veritas Publications, 1982), p. 34.

20 이들이 소위 연결 고리 부분들이다. Ernest Best, *The Temptation and the Passion: The Markan Soteriology* (Cambridge : University Press, 1965)에서 이렇게 설명한다. "마가식 특성을 골라내고자 여러 사건들을 서로 결합시키기 위해 적절하게 배치한 구절에 주목할 필요가 있다. 이들은 한 단락의 시작과 끝에 나온다. 그것이 마가식 연결 고리들이다"(p. 9). 후에 그는 이렇게도 설명한다. "마가의 손길이 간 곳임을 가장 분명히 알 수 있는 부분은 여러 사건들이 함께 연결된 단어와 구절 또는 문장들이다"(p. 63). N. Perrin, *Christology and a Modem Pilgrimage: A Discussion with Norman Perrin*, ed. Hans Dieter Betz (n.p.: Society of Biblical Literature, 1971)에 수록된 "Towards an Interpretation of the Gospel of Mark"에서는, K. L. Schmidt가 제시하는 마가복음 '요약 자료'를 활용해, 내용 전환과 관련한 지리적 위치 변화에 주목한다. 그러나 이 방법은 여러 단락에 걸쳐 주제가 전개되는 단

어가는 것을 편집자가 자각하고 있다는 증거가 있어야 한다. 실제로 두 주제의 전환 부분을 살펴보면 두 가지 특이한 점이 발견된다. 첫째, 주제가 갑작스럽게 전환된다. 둘째, 주제가 급전환하는 느낌을 감소시키기 위한 의도적인 노력이 있다. 달리 말하자면 이러하다. 첫째, 마가는 한 주제를 마감할 때 일단 멈춘 후 다음 주제로 넘어간다. 둘째, 그러나 독자를 덜 당황시키기 위해 전환을 알리는 언급을 삽입한다. 주제는 갑자기 변하지만 문체는 유연하게 넘어가는 것이다.

주제를 효과적으로 전환하기 위해 몇 가지 사항이 고안된다. 첫째, 한 단원의 말미 단락이 다음 단원으로 넘어갈 수 있는 다리 역할을 한다. 한 주제를 결론짓고 다음 주제를 전망하는 것이다. 둘째, 전환되는 앞뒤 또는 두 부분 모두에 그 전환을 유연하게 해주는 기사가 삽입된다. 셋째, 전환되는 앞 단락이나 뒷 단락의 지리 배경이 바뀐다. 장소가 바뀌면서 주제가 전환되었음을 암시한다. 넷째, 특정한 전환점에서는 다른 여러 가지 전환 방식들이 사용된다.

이같은 문체상의 특징은 다른 부분은 물론이고 특히 전환 부분에서 마가가 대체로 사용한 기술(記術) 방식을 잘 보여준다. 이는 각 단원마다 주제 전환이 갑작스럽게 이뤄지고 있으며, 문체의 기교로 이 전환을 부드럽게 하고자 했음을 보여주는 증거다. 각각의 전환 과정을 보면 이것이 사실임을 알 수 있다.

프롤로그에서 1단원으로

마가는 프롤로그(1:1-15)에서 마가복음의 첫 단원(1:16-4:34)으로 넘어갈 때 주제를 갑자기 전환한다. 그는 예수님의 사역 준비를 간략하게 묘사(1:2-13)하기 위해 세례 요한의 역할을 그리며 복음서를 시작한다. 예수님이 세례 받으시는 장면과 시험 당하시는 내용이 나온다. 그러고는 갑자기 몇 달이 지나 수 킬로미

원들을 설정해주지는 못한다. 더욱이 Perrin은 11:1-16:8에 대해 "우리가 지금까지 사용한 구분법이 난관에 직면하고 말았다"라고 인정한다. 거기서 그는 '상식'으로 돌아간다(pp. 3-5).

터 떨어진 곳에서 예수님이 네 제자들을 처음 택하시는 장면이 1:16에 나온다. 주제 전환이 다소 조화롭지 못한 듯 보인다.

프롤로그와 첫 단원을 연결시키는 것은 1:14-15에 나오는 연결 기사다. 이 기사는 두 가지 면에서 그 기능을 한다. 첫째, 1:14에서는 세례 요한을 언급함으로써("요한이 잡힌 후") 예수님을 슬며시 들추며("예수께서 갈릴리에 오셔서") 새 단원으로 나아간다. 둘째, 1:15도 예수님 사역의 특성을 묘사한다. 새 단원은 1:16에서 시작하며, 예수님은 곧바로 1:15에 묘사된 사역과 연루되신다. 더욱이 그분은 갈릴리에 계신다("갈릴리 해변으로 지나가시다가"). 유대에서 갈릴리로 옮긴 지리적 변화와 '준비'에서 '사역'으로 넘어가는 행위의 변화가 해설자의 요약이라고 할 수 있는 전환 구절들을 통해 암시된다.

1단원에서 2단원으로

1단원에서 2단원으로 넘어가는 전환 부분(4:34-35)에서도 동일한 일이 드러난다. 갑작스런 주제 전환이 몇 가지 사항 때문에 유연해진다.

첫째, 주제가 갑작스럽게 바뀐다. 1단원은 여러 사람들이 예수님에게 보인 다양한 반응들을 묘사한다. 2단원은 예수님의 권능, 그리고 예수님이 위협적인 상황에 처했을 때 어떻게 대처하시는지 부각시킨다. 1단원은 예수님을 위대한 선생으로 묘사하며 긴 교훈(예수님에 대한 여러 반응들을 함께 다룬다)으로 마감한다. 2단원은 예수님이 능력의 선지자로서 네 가지 권능 기사를 보여주며 시작한다. 2단원 서두에 나오는 사건은 비록 열두 제자들이 예수님이 선지자이심을 아직 알지 못하는 까닭에 그분을 선생님이라고 부르긴 하지만 선생으로서의 예수님과 아무 관련이 없다. 교훈에서 자연을 배경으로 한 이적으로 주제가 전환된다.

이 갑작스런 전환을 유연하게 하기 위해 마가는 네 가지 방법으로 배려를 한다. 첫째, 두 단원 간의 간격을 잇기 위해 결론적인 언급(4:33-34)을 간략히 한다. 이 부분에서 마가는 비유들이 쓰인 사실과 예수님이 그 비유들을 어떻게 사용하셨는지 언급하면서 1단원을 되돌아본다. "이러한 많은 비유로…말씀을 가르치시되"(4:33). 또한 "혼자 계실 때에 그 제자들에게 모든 것을 해석하시더라"(4:34)는 구절로 다음 단원을 내다본다. 다음 단원은 예수님이 제자들과 따로 계시는 장면으로 시작하며, 그들이 함께 경험한 놀라운 사건을 소개한다.

둘째, 4:1-34에 나오는 긴 교훈 자체가 하나의 전체로서 결론부가 아닌 연결 부분 역할을 한다.[21] 1단원의 관점에서 보면 이 교훈 부분은 예수님에 대한 여러 반응들을 요약하고 설명한다. 한편 2단원의 관점에서 이 교훈 부분은 새 단원에 대두될 여러 반응들을 예견한다. 예컨대, 혈루증을 치유받은 여인의 신앙적 반응(5:34)과 나사렛 사람들의 불신앙적 반응(6:5)을 비교해보라.

셋째, 지리적인 전환이 엿보인다. 예수님이 갈릴리 바다를 배로 건너신다.

넷째, 가장 의미심장한 사항은 1단원의 결론부와 2단원의 서두가 같은 날에 일어난 기사라는 점이다. 마가는 전환 부분에서 이렇게 언급한다. "그날 저물 때에 제자들에게 이르시되 우리가 저편으로 건너가자 하시니 그들이 무리를 떠나 예수를 배에 계신 그대로 모시고 가매 다른 배들도 함께 하더니"(4:35-36). '그날'이라는 말은 독자를 1단원 결론부의 서두인 4:1로 안내한다. 거기서 예수님은 바닷가에서 무리를 가르치기 시작하신다. 그분이 타신 배는 해변에서 약간 떨어져 바다 위에 떠 있는 상태다. 이날 저물 때에(4:35), 예수님이 배를 타고 바다를 건너실 뿐이다. 이렇듯 마가는 1단원의 말미와 2단원의 서두를 같은 날로 연결함으로써 한 주제에서 다른 주제로 유연하게 넘어간다. 이것이 계획적이라는 사실은, 마가가 4:1-34을 기술할 때 예수님의 교훈을 중심으로 편집했다는 점에서 명백히 드러난다. 마태와 누가는 이 자료의 일부를 전혀 다른 문맥에서 제시한다.[22]

---

21 막 4:1-34과 막 13장은 마가복음에서 가장 긴 두 교훈 부분이다. 또한 이 둘은 단원들을 연결시키는 다리 역할을 한다.

22 예를 들면, 씨 뿌리는 자의 비유는 예수님의 설명과 함께 막 4:1-20, 마 13:1-23, 눅 8:4-15에

2단원에서 3단원으로

이처럼 문체상의 유연함과 더불어 나타나는 주제의 급전환은 다음 전환 구문(6:30, 31)에서도 발견된다. 주제가 급전환된 것은 명백하다.[23] 마가는 헤롯 왕에 관한 이야기에서 오천 명을 먹이시는 기사로 넘어간다. 그는 헤롯의 보잘 것 없는 능력에 대조되는 예수님의 권능에 대한 물음에서부터 예수님의 메시아 되심에 대한 물음으로 넘어간다. 이는 구약성경에서도 많이 암시된 바 오천 명을 먹이신 기사를 통해 제시된다. 오천 명을 먹이신 이야기는 3단원에 나오는 평행 이야기 사이클 중 첫 번째에 해당하며, 마가는 열두 제자들이 예수님의 메시아 되심을 어떻게 깨닫는지 묘사하기 위해 이를 비유적으로 이용한다. 즉 능력의 선지자이신 예수님(2단원)으로부터 메시아이신 예수님(3단원)으로 초점을 바꾼 것이다.

이같은 주제 전환은 세 가지 방법으로 부드럽게 진행된다. 첫째, 2단원을 마감하면서 삽입 문단 속에 나오는 열두 제자들의 사역 이야기와 그 속에 삽입된 헤롯 왕 이야기가 주제를 연결하는 역할을 한다. 갈릴리의 지도급 인사들을 위

나온다. 누가는 마가를 따라 등잔 위의 등불 비유를 수록한다(눅 8:16-18은 막 4:21과 같은 선상에 있다). 그러나 마태는 이 자료들을 네 군데로 분산시킨다(마 5:15, 10:26, 7:2, 13:12). 그렇다고 예수님께서 이 비유들을 함께 묶어 말씀하실 수 없다는 뜻은 아니다. 아마도 마가가 편집상 손을 댄 것으로 짐작된다 막 4:10과 4:34은 어느 정도 날이 바뀌고 있음을 보여준다. 예수님이 온종일 호수를 건너신 것은 아니다. "4:2, 4:10, 4:33을 참조하라. 여기서 마가는 좀 더 광대한 자료 모음에서 이 세 비유들을 발췌했음을 암시한다." Lane, p. 149 n. 1.

23 Robert P. Meye, Jesus and the Twelve: Discipleship and Revelation in Mark's Gospel (Grand Rapids: Wm. B. Eerdmans Publishing Co., 1968)는 매끄러운 주제 전환에 주목한다. "6:30에서 사도들의 사역을 이야기하다가 갑자기 마감하는 이유는 무엇인가?"(p. 110). 그는 예수님이 제자들을 부르셔서 사람 낚는 어부가 되게 하시고는 단 한 차례만 사역을 내보내신 것을 매우 의아하게 생각한다. 이에 그가 내린 해석은 다음과 같다. "열두 제자들이 한 차례만 사역한 것은 그들 사역의 온전한 의미와 관련된 예수님의 교훈을 이해할 수 있는 시발점이 된다. 예수님의 사역 기간 중에 행한 열두 제자들의 사역은 독특하다. 성육신의 시간은 예수님과 함께하는 시간이요 그분의 교훈을 받는 시간이다. 그들의 사역 시기는 부활절 이후다. 그들이 사역하게 된 결정적인 동기 유발이자 그 내용이 된 것은 바로 다시 사신 그리스도시다"(p. 112-13). 이같은 설명을 통해 마가복음의 전반적인 주제에 대한 통찰력이 생기기도 하지만, 여기서 나타나는 갑작스러움 덕분에 마가가 다른 주제로 전환하고 있음을 알 수 있다.

해 헤롯이 마련한 연회는 갈릴리의 평민들을 위해 예수님이 마련한 잔치(새 단원의 첫 단락에 나옴)를 암시한다. 또한 2단원에 기록된 열두 제자들의 사역은 3단원에 나오는 오병이어 기사로 이어진다(6:37-43). "이것은 제자들이 예수님의 사역에 열정적으로 동참했음을 보여주는 드문 경우 중 하나다."[24] 달리 말해, 전환 국면에 놓인 양쪽 부분 모두 제자들이 무리에게 사역하는 모습을 보여준다.

둘째, 2단원을 마감하는 부분(6:30-31)과 3단원을 시작하는 부분(6:31-34)이 부드럽게 이어진다. 열두 제자들의 귀환은, 제자들을 쉬게 하기 위해 따로 데려가셨다는 내용 때문에 오천 명을 먹이신 일과 자연스럽게 연결된다. "이르시되 너희는 따로 한적한 곳에 가서 잠깐 쉬어라 하시니 이는 오고 가는 사람이 많아 음식 먹을 겨를도 없음이라"(6:31). 무리는 이 쉼터로 떠나는 것이 무엇을 의미하는지 알고 있다. 그들은 경험을 통해 예수님과 열두 제자들이 무슨 일을 하는지 알아차렸다(4:35-36에 보면 이들은 피신하고 있다). 그래서 무리는 예수님과 제자들이 배를 타고 가는 모습을 보면서 따라간다. 이런 중에 더 많은 사람들이 모이고, 그 결과 '오천 명'(6:44)이 배에서 내리는 예수님과 제자들을 기다리게 되었다(6:31-34). 이렇듯 하나의 사역(열두 제자들의 사역)이 마감되면서 자연스럽게 다른 사역(오천 명을 먹이시는 일)이 이어진다.

셋째, 지리적인 이동이 있다. 이번에도 배로 갈릴리 바다를 건너는 여정이 수반된다(6:32).

3단원에서 4단원으로

네 번째 전환은 8:30과 8:31 사이에서 일어난다. 예수님을 메시아로 고백하는 제자들의 고백에서 메시아에 관한 예수님의 가르침으로 주제가 전환된다. 이 부분에 공통 주제인 메시아가 있긴 하지만, 메시아에 관한 예수님의 말씀은

24 Meye, p. 111.

열두 제자들에게 충격을 주었고, 그들은 이에 강하게 반발한다(8:32). 이제 우리는 전혀 새로운 논점과 갑자기 마주치게 된다. 제1부가 마감되고(여기서 예수님은 메시아로 계시되신다) 제2부가 시작된다(여기서 예수님은 사람들의 예상과는 전혀 다른 메시아로 계시되신다).

몇 가지 방법을 통해 주제와 주제가 연결되는 자연스러운 전환이 이루어진다. 3단원을 마감하는 단락에서 제자들은 예수님을 메시아라고 고백한다. 4단원에서 이 고백은 메시아 되심의 특성을 설명하는 도입부 역할을 한다. 두 단원 간에 변화가 있다. 즉, 제자들과의 대화(3단원)로부터 제자들의 교훈(4단원)으로 전환이 이루어진다. 8:31-32의 기사(이는 새로운 부분의 서두에서 발견된다)는 메시아에 관한 예수님의 교훈을 묘사한다. 그리고 3단원의 끝 단락에는 물리적인 이동이 이루어진다. "예수님과 제자들이 가이사랴 빌립보 여러 마을로 나가실새"(8:27). 사실, 이 두 단원은 너무도 자연스럽게 섞여 있어, 예수님의 운명에 관한 네 가지 예언 중 하나가 8:31에서 소개되지 않는다면 8:27-9:1이 동일한 맥락으로 간주될 것이다.

4단원에서 5단원으로

다섯 번째 전환은 10:45과 10:46 사이에서 이루어진다. 이 부분에서는 제자도와 메시아 직분에 관한 교훈(열두 제자들에게 베푸심)이 소경 치유(무리 가운데 이루어짐) 장면으로 급전환한다. 주제 또한 급전환한다.[25] 4단원에서 마가는 예수님이 어떤 메시아신지 규정하는 네 예언들을 중심으로 자료를 구성한다. 예수님은 메시아의 역할에 관한 10:45을 명확히 진술하면서 교훈을 마감한다.

5단원에서 예수님은 메시아에 관해 가르치지 않으신다. 다만 메시아의 역할

25 Meye는 제자도에 관한 예수님의 교훈이 어떤 식으로 끝나는지 그 방식에 대해 주해한다. "이같은 교훈 과정은 10장 뒷부분까지 확대된다. 거기서도 갑작스럽게 얘기가 끝난다"(p. 111).

을 수행하신다. 특히 그릇된 자기 백성을 심판하기 위해 돌아온 메시아-왕으로서 행동하신다. 호칭이 변했음도 엿보인다. 4단원 끝 단락에서 예수님은 '고난받는 인자'였으나 5단원 첫 단락에서는 '다윗의 자손'으로 바뀌었다. "소경 바디매오 이야기는 예수님의 행동과 관련해 기독론적 호칭으로 전환되었음을 보여준다. '인자의 길'을 따르기 위해 예루살렘으로 향하는(8:27-10:45) 내용에서 '다윗의 자손'으로서 예루살렘으로 향하는 내용(10:46-12:44)으로 전환되는 것이다."[26]

이처럼 강조점이 서로 다른 가운데 일어나는 주제 전환은 몇 가지 가지 방식으로 물 흐르듯 진행된다. 첫째, 소경 바디매오 이야기가 한 단원의 주제에서 다른 주제로 넘어가는 교량 역할을 한다. 예수님을 가리켜 다윗의 자손이라고 하는 마가의 고백(3단원을 결론짓는 단락에 나오는 베드로의 고백과 평행을 이룸)은 3단원에서 예수님이 제자들에게 가르치시려 했던 내용을 요약한다. 예수님은 사람들이 흔히 상상했던 메시아와는 달랐다. 바디매오의 외침으로 그 차이점의 일부가 드러난다. 그분은 정복하는 영웅이 아니라 돌아온 왕이시다. 이 고백은 돌이켜 4단원을 요약할 뿐만 아니라, 돌아온 왕이신 예수님을 묘사하는 5단원을 예고한다. 둘째, 이 단락에 제자도에 관한 대부분의 요소가 들어 있다는 점에서 바디매오 이야기 또한 제자도에 관한 교훈을 요약한다. 바디매오 이야기는 이처럼 4단원과 연결되면서 5단원을 연다. 셋째, 10:46은 지리적 이동으로 전환점의 특성을 보여준다. 예수님과 제자들은 예루살렘으로 가는 길에 여리고에 들른다. 예수님이 예루살렘을 향해 계속 이동하신다는 사실은 이 두 단락이 비록 주제가 다르기는 하지만 함께 연결되어 있음을 보여준다.

---

26 Vernon K. Robbins, "The Healing of Blind Bartimaeus (10:46-52) in the Marcan Theology," *Journal of Biblical Literature* 92 (1973): 241.

5단원에서 6단원으로

5단원과 6단원 간에 이루어진 극적인 주제 전환은 13:37과 14:1에서 일어난다. 5단원에서 예수님은 심판하러 돌아오는 왕이시다. 6단원에서 그분은 심판받는 분이시다. 5단원에서 예수님은 사건을 주도하고 반응을 불러일으키는 능동적인 행위자이신 반면, 6단원에서는 체포와 재판과 죽임을 당하는 수동적인 희생자시다.

여기서도 몇 가지 방식으로 자연스러운 전환이 이루어진다. 먼저, 전환 단락이 있다. 4:1-34에 수록된 긴 교훈 부분과 더불어 13장은 마가복음에서 가장 긴 교훈 부분으로서, 다음 단원으로 이끄는 교량 역할을 한다. 13장은 성전 그리고 예루살렘과 관련된 예언들과 아울러 5단원에 나오는 심판 주제를 요약한다. 가끔 성전이 5단원의 주제로 제시되기도 한다. 또한 13장은 제지들이 무엇을 해야 하는지 깨우치는 역할을 한다. 즉, 제자들은 다가올 사건들을 주의 깊게 살피며 정확히 해석해야 한다. 13장 전체가 예수님 제자들이 매사 긴장해야 한다고 강조하고 있다. 그들은 장래 일에 관심을 기울이고 올바로 이해해야 한다(13:5, 21-23, 33-37). 13장의 마지막 절에 나오는 말씀은 "깨어 있으라"는 명령이다. 새 단원의 첫머리에서도 독자들에게 깨어 있을 것을 주지시킨다(개역 한글 성경에는 없는 내용이다). 6단원의 서두(14:1-2)는 종교지도자들이 예수님을 체포해 죽이려는 점을 주지시키며 시작한다. 유심히 주시하는 독자들이라면 종교지도자들의 음모를 놓치지 않을 것이다. 이때부터 예수님이 죽음을 맞으시기까지 여러 사건들이 연이어 전개된다.

13장은 다른 방법으로 6단원을 예견한다. 대체로 제자들을 향한 고별 강연으로 제자들 앞에 놓인 길을 제시한다. 즉 무엇을 기다려야 할지, 다가오는 고난을 당했을 때 어떻게 행동해야 할지 전하는 내용이다. 따라서 그것은 예수님의 공적 사역의 말미와 그분의 죽음에 이르러 절정에 달하는 제반 사건들의 출발점 사이에 놓인 다리 역할을 한다.

끝으로 13장 서두에서 지리적인 이동이 나타난다. 예수님은 성전을 떠나(13:1) 감람산으로 올라가시며(13:3), 거기서 강연을 시작하신다.

6단원에서 에필로그로

6단원의 주제는 예수님의 수난, 재판 그리고 죽음이다. 에필로그의 초점은 장사되심과 부활인데, 비록 수난 기사의 일부이기는 하지만 이들은 성격상 다른 사건들에 해당한다. 에필로그(15:40-16:8)가 앞 단원에 속한다고 주장할 수도 있다. 분명 예수님은 6단원에서도 배척과 수난과 죽음뿐만 아니라 에필로그에 나오는 부활도 예고하신다. 그러나 이것이 전환점임을 나타내는 두 가지 요소가 있다. 첫째, 백부장의 감탄 섞인 진술은 마가가 1:1에서 제시한 개요를 완성시킨다. 3단원(제1부)이 예수님을 메시아로 고백하는 내용을 담은 8:29로 마감하듯이, 6단원(제2부)은 예수님을 하나님의 아들로 고백하는 15:39로 마감한다. 둘째, 지금까지 마가는 예수님의 죽음에 줄곧 초점을 맞춰오며 부활에 대해서는 거의 언급하지 않았다. 단 몇 구절로 묘사하고 있을 뿐이다(16:1-8). 예수님의 죽음과 더불어 마가의 이야기는 완료된다. 이제 부활 사실에 주목하는 일만 남은 것이다. 셋째, 15:40-16:8을 에필로그로 간주한다면, 이 복음서는 나름대로 균형을 이루는 셈이다. 이 부분은 마가복음을 시작하는 프롤로그만큼 긴 내용이다. 이처럼 괄호로 묶는 방식은 마가가 사용하는 독특한 스타일이다.

15:40에서는 15:39과 다른 국면이 갑자기 전개된다고 나인햄은 지적한다. 그는 15:40을 이렇게 주해한다. "마가복음에서 지금까지 별다른 역할을 하지 않은 여인들이 다소 갑작스럽게 등장한다."[27] 그러나 이같은 갑작스러움도 몇 가지 장치로 완화된다. 첫째, 두 사건을 연결시켜주는 언급이 나온다. 여인들이 이 모든 일을 멀리서 보고 있었던 것이다. 둘째, 장소에 대한 전형적인 언급이 나온다.

---

27 D. E. Nineham, *The Gospel of St. Mark* (London: Adam & Charles Black, 1968), p. 431.

15:40-41에서 마가는 이 여인들이 예수님을 섬기기 위해 갈릴리에서 예루살렘으로 왔다고 설명한다. 또한 이 구절들은 예수님의 장사와 부활이라는 사건 속에 등장할 여인들의 신원을 밝히며, 독자의 눈을 에필로그로 향하게 한다.

에필로그에서 결론으로

끝 절(16:8)은 마가복음에서 급전환성을 보여주는 마지막이자 가장 두드러진 사례다. 부활을 간략히 언급한 말미에서, 천사는 부활하신 예수님을 뵈려면 갈릴리로 돌아갈 것을 제자들에게 전하라고 여인들에게 지시한다. 마가복음은 여인들이 무서워 떨며 빈 무덤에서 달아나는 장면으로 마감된다. 더 이상 이어진 내용이 없다. 이같은 마무리가 갑작스럽다는 사실이 종종 지적되어왔다. 이처럼 독특한 마감으로 인해, 일찍이 어떤 필사자는 16:9-20의 내용(분명 이것은 원본의 일부가 아니다)을 부록으로 첨가할 필요를 느꼈을 것이다.[28] 그런가 하면 어떤 학자들은 소위 '마가복음의 사라진 끝부분'에 관해서도 생각해왔다.[29] 그러나 어떤 결론적인 구절이 있으리라고 가정할 필요는 전혀 없다. 이같은 급작스러움은 마가의 스타일이다. 전하고자 하는 바를 완료했으므로 그렇게 끝을 맺은 것이다. 전환 부분 이후에 연결할 자료가 더 이상 없으므로 자연스러운 연결 방법을 고려할 필요가 없었던 것이다. 그래서 단순히 끝을 맺을 뿐이다.

28 "16:9-20이 원래는 마가복음의 일부가 아니었다는 일반적인 견해를 상세히 고찰할 필요는 없다. 모든 외적 증거와 내적 증거가 결정적이다." Taylor, p. 610. 그러나 William R. Farmer는 이같은 견해에 반론을 제기한다. *The Last Twelve Verses of Mark* (Cambridge: Cambridge University Press, 1974), p. 109를 보라.

29 "원래 있던 마가복음의 끝부분이 어떻게 사라졌는지…애매모호하다. 다만 원래의 맛소라 사본의 훼손, 마가의 급작스런 죽음, 의도적인 삭제 등을 추측해 볼 뿐이다." Taylor, p. 109.

독립된 단락인 전환 구절들

특정한 전환점에서는 한 단락이 어느 단원에 속하는지 결정하기가 어렵다는 사실도 주목해야 한다. 한 자료를 어느 단락에 놓아야 할지는 먼저 주제(결국 이것이 한 단원의 핵심 구성 원칙이다) 면에서, 두 번째로는 해당 단원의 내적 구조(이는 그 단원 속의 여러 단락들을 연결시킨다) 면에서 결정해야 한다. 한 단락이 어느 단원에 속하는지 결정하려면 먼저 이 두 가지 사항을 고려해야 한다. 전환 기법이라는 관점에서 보건대, 특정 자료가 어디에 위치하는지 알기 어렵다는 사실은 전환을 효과적으로 진행시키기 위해 편집상 기교를 가했다는 증거다.

사실, 전환 부분들은 각 단원들과 구분해서 그 위치를 인정해줘야 한다. 이들은 두 단원 사이를 이어주므로 한 단원일 뿐만 아니라 두 단원 모두에 연결되기 때문이다. 이를테면. 프롤로그에서 1단원으로의 전환이라는 측면에서 오랫동안 학자들은 1:14-15이 1:16의 자료와 연결된다고 보아왔다. 마찬가지로 1단원(4:1-34)을 결론짓는 긴 교훈 부분도 따로 분리될 수 있는데 이 역시 1단원을 요약하며 2단원을 제시한다. 비교적 긴 다른 교훈 부분인 13장 역시 마찬가지다. 그 역시 따로 구분되어 5단원을 요약하면서 6단원을 제시한다. 2단원에서 3단원으로 전환할 때도 마찬가지다. 헤롯 왕에 관한 삽입 기사와 더불어 열두 제자들의 사역 내용도 따로 구분할 수 있다. 이 둘은 독특한 위치를 차지하는 사건들이다. 그리고 에필로그를 시작하는 여인들에 관한 진술 (15:40-41)도 따로 구분할 수 있다.

한 전환 단락을 한 단원에 두기가 힘들다는 사실은 8:27에서 10:52에 이르는 긴 자료에서 가장 뚜렷이 드러난다. 여기에는 4단원은 물론이고 두 단원 간의 전환 부분까지 포함된다. 첫 번째 문제는 8:27-30과 관계 있다. 이 부분은 3단원에 속하는가 아니면 4단원에 속하는가? 분명 이 단락은 3단원의 절정에 해당한다. 아울러 이 사건이 4단원을 구성하는 네 가지 예언들을 보여준다는 점도 분명하다. 더욱이 8:27에 나오는 헬라어 '엔 테 호도'(이는 4단원에서 매우 중요한 표현이다)로 미뤄볼 때, 8:27-30을 4단원의 일부로 간주하려는 것임을 알 수 있다. 4단원 말미의 전환 역시 애매모호하다.

바디매오 이야기(10:46-52)는 5단원에 나오는 '다윗의 자손'이라는 주제를 시작한다. 아울러 그것은 8:22-26과 평행을 이루는 방식으로 제자들의 영적 무지에 대한 치유를 상징적으로 암시하며 4단원을 절정으로 이끈다. 더욱이 10:52에 나오는 '엔 테 호도'라는 구절은 이 단락을 4단원의 일부로 간주하려는 경향이 있음을 보여준다. 학자들은 바디매오 이야기가 양 단원 모두에 속한다고 보아왔다.[30] 분명 그것은 전환 구절로서 두 단원으로 분리될 수 있다. 그러나 8:27-30을 3단원의 결론으로, 10:46-52을 5단원의 시작으로 보는 입장은 이 두 단원에서 사용된 기독론적 호칭에 근거한다. 마가복음에서는 기독론적 점진성이 주된 구성 요소로 간주된다. 더욱이 지리적으로도 예수님과 제자들이 마침내 유대에 도착했기 때문에 바디매오 사건은 5단원과 연결된다. 여리고는 예루살렘으로부터 불과 25킬로미터 가량 떨어진 곳이다.[31] 그곳은 예루살렘으로 들어가는 관문이며 예수님 생애의 마지막 주간에 일어난 기념비적인 사건들의 시발점이 된다.[32] 전환 자료를 어느 한 단원에 연결시키기 힘들다는 사실은 어떤 문제가 있다기보다는 이 자료가 성격상 전환적임을 시사한다.

---

30 Robbins, "Blind Bartimaeus," pp. 237-38에서는 이 문제를 서로 다른 입장에서 바라보는 학자들을 소개한다.

31 Taylor, p. 447.

32 "소경 바디매오 치유 사건과 나귀를 끌고 오도록 두 제자들을 보내신 일 사이에 장(章) 구분이 있기 때문에 10:46-11:11의 통일성이 종종 간과된다. 실제로 10:4-52과 11:11 사이에는 이야기의 단절이 없다." V. K. Robbins, "Summons and Outline in Mark: The Three-Step Progression," *Novum Testamentum* 23 (April 1981): 109.

괄호의 사용

마가가 자료들을 삽입하는 경향이 있다는 점은 이미 말했다. 문체상의 이러한 특징은 짧게는 단락, 길게는 단원 차원으로 나아간다. 이미 지적했듯이, 마가복음 전체는 프롤로그와 에필로그에 의해 괄호로 묶여 있다.

각 단원은 특정 방식에 의해 괄호로 묶여 있다. 마가는 함께 연결된(그리고 함께 해석해야 하는) 자료를 규정하기 위해 괄호를 사용한다. 이는 마가가 괄호 안에 묶인 자료를 각 단원을 서로 연결하는 자료로 해석하고자 했음을 강력히 시사한다. 그러므로 괄호 묶음들은 마가가 각 단원을 의도적으로 구분했음을 시사하는 또 하나의 증거다.

한 단락의 괄호 처리

먼저 마가가 한 단락의 서두와 다른 단락의 말미 사이에 삽입한 부분에 주목할 필요가 있다. 이같은 기법은 마가가 괄호 처리된 자료를 어떻게 해석하는지 분명히 보여준다. 이어지는 두 단락을 비교해보면 한 단락이 다른 한 단락을 해석해준다. 두 이야기는 의미상 연결되고, 이 둘이 함께함으로써 각 이야기에 담긴 취지가 더 살아난다.[33] 이를 좀 더 확대하자면, 괄호 처리된 더 긴 자료 부분들도 함께 해석될 수 있다. 사실, 이것은 단원 개념과도 통한다.

마가복음에서 두 단락이 삽입된 경우는 모두 다섯 차례다. 첫 번째 사례는 3:20-35에서 볼 수 있다. 여기에는 예수님을 제지하고자 예수님의 가족들이 의사를 표명하는 장면(3:20-21)과 예수님의 교훈 장소에 그들이 실제로 도착한 일(3:31-35) 중간에 바알세불 사건이 삽입된다. 마가는 이 두 이야기를 서로 연결시킴으로써, 예수님에 대한 가족들의 평가와 서기관들의 평가가 유사함을 보여

33 Lane, p. 28.

준다("그가 미쳤다 함일러라"는 구절과 "그가 바알세불이 지폈다 하며 또 귀신의 왕을 힘입어 귀신을 쫓아낸다 하니"라는 구절을 비교해보라). 전혀 다른 두 그룹이 서로 유사하게 예수님을 평가했다는 사실은 너무 뜻밖이어서, 두 이야기가 함께 삽입되지 않았다면 부각되지 못했을 것이다.

삽입된 다른 네 가지 사례들에서도 동일한 부류의 상호 해석이 나타난다. 5:21-43에서 마가는 예수님의 권능으로 치유받은 두 여인의 이야기를 함께 묶는다. 이 두 이야기는 치유뿐만 아니라 믿음이라는 측면(다음 단락인 6:1-6에서는 믿음이 거론되지 않으므로 치유도 언급되지 않는다)과도 연결된다. 6:7-30에서 마가는 열두 제자들 사역의 시작과 끝 사이에 헤롯 왕의 이야기를 삽입한다. 이런 식으로 그는 참된 권세(권능)의 특성을 드러낸다. 헤롯은 땅에서 막강한 힘을 지녔지만 실제로는 아내, 신하들, 의붓딸 등 주변 인물들에게 조종받는다. 반면 예수님은 아무런 공권력도 지니지 않았지만 주변 사람들에게 권능을 입혀 자신의 일을 행하신다(열두 제자들도 주님을 본받아 전도, 치유, 축귀 등과 같은 사역을 감당할 수 있었다).

11:12-21에서는 성전 정화 기사가 무화과나무 저주 이야기의 중간에 나온다. 이들 두 이야기는 둘 다 구체적인 행위를 통해 보여주는 심판 비유이며, 또한 성전에 임할 장래의 심판을 예고한다는 점에서 유사하다. 더구나 성전 정화 이야기를 삽입함으로써 자칫 난해했을 무화과나무 저주의 의미가 분명해진다.

끝으로 14:1-11에서는 폭동을 유발하지 않고서 예수님을 체포하려는 관원들의 음모와 이 음모를 도와주는 가룟 유다의 행위 사이에 여인이 예수님에게 향유를 붓는 사건이 놓인다. 이 두 이야기는 예수님의 죽음과 연관된다. 여인의 행위는 예수님이 체포 당하신 후 어떤 일이 일어날 것인지 예고한다. 즉, 한 이야기가 다른 이야기 속에 삽입되면서 두 이야기를 더 잘 파악할 수 있게 된다.

단원들의 괄호 처리

좀 더 넓은 범위의 자료가 괄호 처리될 때도 마찬가지다. 서로 연관되는 자료, 동일한 주제를 다루는 자료, 연결되지 않을 때보다 더욱 확실하게 의미 전달을 하기 위해 함께 해석되는 자료가 괄호 처리된다. 각 단원은 이런 식으로 괄호로 묶인다.

첫째, 프롤로그는 서두(1:1)와 말미(1:14-15)에 요약한 진술들이 괄호로 묶인다. 첫 번째 진술은 마가가 기록한 내용의 목적('복음')을 규정하며, 두 번째 진술은 이 복음을 선포하는 방법을 규정한다. 이 단원 전체가 '좋은 소식'(복음)에 관한 내용이다(마가는 '복음'이라는 단어를 8:35 이전에는 다시 사용하지 않는다). 첫 구절은 전체 내용의 개요(첫 부분은 메시아이신 예수님에 관해, 두 번째 부분은 하나님의 아들이신 예수님에 관해 다룬다)를 밝히며, 1:14-15은 이 두 가지 사항이 어떻게 제시될 것인지 예수님의 선포로 묘사한다. 마가복음 1:15 또한 복음을 접한 사람들이 가질 바람직한 반응인 회개와 믿음을 묘사함으로써 1:1의 진술을 상세히 설명한다. 이것은 괄호 처리의 한 예며, 괄호로 묶인 자료는 그 단원의 일부다.

1단원의 괄호 처리는 그 성격상 개념적이며 하나님나라와 연관이 있다. 1:15에서는 예수님이 선포하신 메시지의 주제가 규정된다. 그것은 하나님나라와 관련된다. 여기서 1단원이 시작된다. 1단원은 하나님나라에 관한 비유들로 구성된 4:1-34의 긴 교훈 부분과 더불어 끝난다. 1단원 전체는—이 단원의 끝부분(4:1-34)에 이르러서야 비로소 분명해지긴 하지만—하나님나라에 대한 반응을 다룬다. 이 경우 괄호 처리로 마가의 주제적 관심사가 분명해진다. 그렇게 하지 않았다면 그런 관심사는 그리 관심을 끌지 못할 수 있다.[34]

2단원 또한 '나라'라는 개념이 괄호로 묶여 있다. 한편에는 하나님나라에 관

34 사실 1:16과 4:34의 자료를 하나님나라에 대한 반응을 다루는 한 단락 속에 포함시키는 견해는 드물다.

한 교훈이 있고(4:1-34), 다른 한편에는 헤롯 왕국에 관한 언급이 있다(6:14-29). 그 사이에 권세 또는 권능이 언급된다. 참된 권세는 진정한 왕의 표시다. 예수님이 도래케 하시는 하나님나라는 참된 권능의 나라다. 헤롯이 통치하는 인간의 나라는 현혹시키는 힘의 나라다. 또한 2단원은 바다 여행이 괄호로 묶여 있다. 이 단원은 무리를 피하기 위해 갈릴리 바다를 건너는 장면으로 시작한다(4:35-36). 3단원의 첫 단락도 무리를 피하기 위해 바다를 건너는 유사한 내용을 담고 있다(6:30-34).

3단원은 사람들이 생각하는 예수님의 이미지로 가득 차 있다(6:14-15, 8:27-28). 앞부분은 헤롯의 생각이, 뒷부분은 예수님이 들으시는 내용이 나온다. 그 사이에 메시아이신 예수님의 참된 정체성이 밝혀진다.

4단원도 괄호로 묶여 있다. 3단원의 마지막 단락(8:27-30)을 특징짓는 두 가지 요소들이 있다. 기독론적인 선언("주는 그리스도시니이다")과 '길에서'(8:27)라는 구절이 그것이다. 5단원의 첫 단락(10:46-52)도 동일한 두 가지 요소들을 담고 있다. 바디매오가 10:47-48에서 두 차례 반복하는 '다윗의 자손 예수여'라는 기독론적인 선언과 '길에서'(10:52)라는 구절이 나온다. 스와틀리는 "8:27-10:52에서 마가가 헬라어 '호도스'를 사용한 편집적 의도"에 대해 설득력 있는 주장을 편다.[35] 그 사이에 있는 자료는 예수님이 어떤 나라(참된 권능을 가진 자가 다른 사람들을 위해 자기 생명까지 줄 수 있는 곳)의 어떤 메시아신지(고난과 죽음을 당하심)와 관련 있다. 5단원 양 끝에는 감람산에서 일어난 사건들이 소개된다(11:1, 13:3). 감람산은 심판과 연결된다. 그 사이에 예수님은 자기 나라를 올바로 심판하시는 분으로 언급된다.

6단원에서는 여인들과 관련된 사건들이 괄호로 묶여 있다. 단원은 향유 붓는 이야기(14:3-9)로 시작하며, 끝부분에는 예수님이 죽임을 당하시는 광경을 목격

35 Swartley, pp. 75-77.

한 여인들이 나온다. 이 두 이야기 모두 예수님의 죽음과 관계 있다. 물론 그 사이에는 예수님이 이 세상 권세자들(종교지도자들과 세속 권세자들)의 손에 죽임을 당하시는 이야기가 나온다. 에필로그에는 예수님의 죽음과 부활을 목격하는 세 여인들(15:40-41, 16:1-8)이 나온다. 세 여인은 제자들에게 갈릴리로 돌아가라는 지시를 전달할 이들이며, 여기서 이야기는 다시 시작될 것이다. 물론 이번에는 십자가에 못박히신 구주께서 살아 계신 주님으로서 다스리실 것이다.

요컨대, 삽입 단락을 함께 묶어 해석하려는 의도는 단원이라는 보다 긴 자료 묶음으로 확대된다. 마가의 괄호 처리 기법은 의도적으로 단원을 구분했음을 입증하는 또 하나의 증거다.

호칭 사용

마가가 예수님의 호칭들을 주의 깊게 사용한 사실은 자료를 의도적으로 여섯 개의 주요 단원으로 구분했음을 보여주는 또 다른 증거다. 각 단원은 예수님의 다양한 면모에 초점을 맞춘다. 이는 무엇보다 예수님의 호칭들을 차례대로 소개해 예수님의 신분에 관한 열두 제자들의 점진적 통찰을 드러낸다는 점에서 밝혀진다. 예수님의 특정 호칭이 밝혀지는 단원 이전에 '사람들'(열두 제자들, 종교지도자들, 무리)[36]은 아무 호칭도 사용하지 않는다. 사람들은 예수님에게 적용할 호칭을 발견한 후에야 비로소 그 호칭을 사용한다. 이를테면 예수님이 다윗의 자손이라고 불리는 것은 5단원에 이르러서다.

일단 예수님의 역할이 밝혀지면, 이후부터 예수님은 그 역할을 줄곧 담당

36 David Rhodes and Donald Michie, *Mark as Story: An Introduction to the Narrative of a Gospel* (Philadelphia: Fortress, 1982), p. 101에 의하면, 예수님과 대치된 세 부류의 주요 인물들은 제자들, 무리, 권세자들이다.

하시는 것으로 묘사된다. 1단원에서 그분은 선생으로 밝혀진다. 그 후로 2단원(4:38; 5:35; 6:2, 6b), 3단원(6:34; 7:1-23; 8:14-21), 4단원(8:31-9:1, 9:9-13, 17, 31, 9:35-10:34[특히 9:38, 10:17, 20], 10:35, 42-45), 5단원(11:12-25; 12:1-12, 14, 16-17, 19, 12:24-13:37[특히 12:32, 13:1]), 6단원(14:3-31[특히 14:14], 45)에서 선생으로 언급된다. 2단원에서 예수님은 큰 능력을 지니신 선지자로 밝혀진다. 그리고 3단원(6:39-44, 48-51; 8:6-9), 4단원(9:25-27), 5단원(13:1-37), 6단원(14:17-21, 27-31)에서도 그 역할을 수행하신다. 3단원에서 예수님은 메시아로 밝혀진다. 4단원(8:31, 9:2-13, 31,10:33-34, 45), 5단원(11:1-33, 13:1-37), 6단원(14:22-25, 61-62)에서 예수님은 그 역할을 계속 감당하시는 것으로 언급된다. 4단원에서 예수님은 인자로 밝혀진다. 예수님은 5단원(13:26)과 6단원에서도(14:21, 41, 62) 인자라는 호칭으로 불리신다. 끝으로 5단원에서 예수님은 '다윗의 자손'으로 밝혀진다. 그리고 6단원(14:62, 15:2-3, 16-20, 26, 32)에서도 이 역할을 계속 감당하신다.

예수님의 신분을 알고자 애쓰는 세 그룹의 사람들이 예수님을 점점 넓게 이해해가는 것은 사실이지만, 기자나 초자연적 등장 인물들은 예수님이 누구신지 이미 알고 있다. 3단원 이전에는 사람들이 예수님을 그리스도(메시아)라고 부르지 않지만, 기자는 이미 1:1에서 예수님을 그렇게 지칭한다. 마찬가지로 예수님은 4단원 이전에 한 단락에서 두 차례나 자신을 가리켜 인자라고 부르신다(2:10, 28). 더욱이 기자(1:1), 하나님(1:11; 9:7), 악령들(3:11; 5:7)은 6단원 이전에 '하나님의 아들'이라는 호칭을 사용하는데, 이들 모두는 초자연적 통찰력을 소유하고 있다.

또한 주목할 사실은, 예수님에 대한 마가의 관점이 이 호칭들을 통해 명확해진다는 것이다. 베스트가 지적한 대로, 저자의 호칭 선택은 곧 그의 신학을 드러낸다.[37] 마태와 누가는 예수님을 다른 호칭으로 부른다. 이들은 특정 호칭들을

37 Best, p. 160.

누락시킨다. 이를테면, '유대인(이스라엘)의 왕'이라는 표현을 마가만큼 흔히 사용하지 않는다. 어떤 호칭들을 변경시키기도 한다. 예컨대, 마태는 '선생'을 '주'로 바꿔 표현하는 경향이 있다. 그런가 하면 마가복음에 나오는 호칭에 다른 호칭을 덧붙이기도 한다. 이를테면, 마태는 예수님을 메시아라고 한 베드로의 고백에 '살아 계신 하나님의 아들'(마 16:16)이라는 구절을 덧붙인다. 또 세 공관복음서 모두에서 동일하게 쓰이는 호칭이 있다. 예컨대, 예수님이 세례 받으실 때와 영광의 모습으로 변형되실 때 하늘로부터 들려온 음성 중 '아들'이라는 표현이 그러하다. 따라서 호칭들의 점진적 용례를 보면 예수님의 신분과 관련해 마가가 점차 제시하려는 것을 이해할 수 있다. 이는 마가의 독특한 관점을 파악하기 위한 정확한 방법이다.

끝으로, 열두 제자들의 이해와 관련해 마가복음 제1부와 제2부가 차이를 드러낸다는 사실에 주목하는 것이 중요하다. 제1부에서는 예수님의 신분에 관한 그들의 이해력이 높아져 마침내 그분이 메시아이심을 알게 된다(8:29). 반면, 예수님이 자신의 메시아 되심의 특성을 설명하려는 내용을 담은 제2부에서는, 그들이 그분의 교훈을 이해했다는 증거가 나타나지 않는다. 열두 제자들은 예수님을 가리켜 '인자', '다윗의 자손' 또는 '하나님의 아들'이라고 칭하지 않는다. 제2부 말미에서, 예수님을 가리켜 하나님의 아들이라고 선언하는 사람은 제자들 중 한 명이 아닌 백부장이다(15:39). 예수님의 메시아 되심이 무엇을 의미하는지 제자들이 이해하지 못한 이유는 자신이 누구인지 모르기 때문이다.

예수님의 신분을 알려고 하기 전에 먼저 그들은 회개해야 한다. 모든 자료는 그들이 가지고 있다. 이제 남은 것은 그 자료에 근거해 적절하게 반응하는 일이다. 제9장과 제10장에서 그들이 회개와 믿음에 이르는 과정을 밝히겠다.

또 다른 개요: 비교

본서에서 제시하는 마가복음의 개요를 각 구문 간의 차이점에 일일이 대응시켜 다른 개요들과 비교하는 것은 불가능하지만 바람직한 일이다. 그러한 과정은 신약에 나오는 회심의 전형적인 두 전형들을 이해하려는 초점에서는 멀어지지만, 거기서는 다른 한 가지 개요, 즉, 로빈스의 『선생이신 예수: 마가복음의 사회수사학적 이해』(*Jesus the Teacher: A Socio-Rhetorical Interpretation of Mark*)[38]에서 정리한 개요를 고려하고자 한다. 이 개요를 택한 데는 몇 가지 이유가 있다. 첫째, 매우 최근 내용이어서 마가와 관련한 현대 학자들의 견해를 반영한다. 둘째, 위에 제시된 개요와 매우 유사해 본서의 논지를 뒷받침해준다. 셋째, 두 개요 간의 차이점에 주목하면 마가의 의도를 파악할 수 있다. 이는 앞 장에서 제시한 개요를 확증하는 또 다른 방법이다.

그의 책과 예전에 출간된 「마가복음에 나타난 소집과 개요」(Summons and Outline in Mark: The Three-Step Progression)[39]라는 논문에서 로빈스는 문체상의 특징을 기준으로 마가복음의 개요를 3단계로 제시한다. 제5장에 나오는 개요나 본장에 제시된 구조에 대한 설명은 비록 따로 개발되었고, 로빈스의 결론과 비교해 주목할 만한 차이점이 있기는 하나, 매우 유사한 면을 보이기도 하므로 비교하는 게 무난할 듯하다.

그러면 로빈스는 어떤 기준으로 개요를 만들었는가? 그는 마가가 어떤 행위나 사건들을 삼중 반복하는 기법을 자주 사용한다는 점에 주목했다.[40] 로빈스

38 Philadelphia: Fortress, 1984.

39 *Novum Testamentum* 23 (April 1981): 97-114.

40 이것은 Rhodes and Michie, pp. 52-53, 그리고 Frans Neirynck, *Duality in Mark: Contributions to the Study of the Markan Redaction*, Bibliotheca Ephemeridum Theologicarum Lovanienses 31 (Leuven: Leuven University Press, 1972), pp. 110-12에서 언급되는 문체상의 특징이다.

는 삼중적인 수난 예고 반복으로 이 3단계 진전 과정을 드러낸다.[41] 결론은 이렇다. "각 수난 예고의 틀을 제시하는 3단계 진전 과정이 마가복음의 형식상 구조나 개요를 이끌어간다."[42] 특히 그는 각 단원들 간의 전환점들이, 예수님이 제자들을 소집하시는 내용을 담은 세 번째 부분에 나타나는 3단계 반복 방식으로 제시된다고 주장한다. 로빈스가 제시하는 그와 같은 여섯 개의 전환 부분들은 1:14-20, 3:7-19, 6:1-13, 8:27-9:1, 10:46-11:11, 13:1-37이다.

> 특징적으로, 이 단원들은 예수님이 한 장소에서 다른 곳으로 떠나실 때(엑세르코마이[*exerchomai*], 엑포류오마이[*expreuomai*]) 제자들과 함께 계셨음을 분명히 언급하며 시작한다. 두 번째 부분은 예수님이 제자들을 소집하거나(프로스칼레오마이[*proskaleomai*]). 부르시거나(칼레오[*kaleō*], 포네오[*phōneō*]), 보내시는(아포스텔로[*apostellō*]) 기사와 더불어 시작하는 세 번째 부분의 배경을 설정해준다.[43]

로빈스가 언급한 여섯 개의 전환점들 중 네 개는 본서에서 제시한 개요 속의 전환점들과 상응한다. 특히 그가 제시한 1:14-20은 프롤로그의 말미(1:14-15)와 1단원의 서두(1:16-20)에 나오는 자료를 포함한다. 8:27-9:1은 3단원의 말미(8:27-30)와 4단원의 서두(8:31-9:1)에 나오는 자료를 포함한다. 10:46-11:11은 5단원의 서두(11:1-11)에 해당한다. 그리고 13:1-37은 5단원에 수록된 자료를 결론 짓는다. 나머지 전환 부분인 3:7-19과 6:1-13은 위에 제시된 단원들 안에 포함된다. 로빈스는 분명히 한 자료에서 다음 자료로 넘어가는 부분에서 마가가 사용한 문체의 유형을 정확히 지적했다. 예수님이 제자들을 소집하시는 내용을 담은 3단계 전환은 마가복음 제1부의 시작과 끝을 분명히 드러낸다. 또 제2부의

---

41 Robbins, *Jesus the Teacher*, pp. 22-25.

42 Robbins, *Jesus the Teacher*, p. 25.

43 Robbins, "Summons and Outline in Mark," p. 113.

세 단원들을 구분해준다. 하지만 제1부 안에 있는 세 단원들이나 프롤로그를 구분해주지는 않는다. 이같은 차이점을 어떻게 설명할 수 있는가?

가장 먼저 주목해야 할 사실은 로빈스가 소집 내용이 담긴 3단계 전환을 더 이상 언급하지 않는다는 점이다. 에필로그(15:40-16:8)가 그렇다. 여기서 3단계 진전 과정은, 예수님이 주도적인 역할을 담당하시거나 열두 제자들이 중요한 역할을 담당하고 있지 않다는 점에서 로빈스의 규정에 전혀 부합하지 않는다. 그러나 다른 방식으로는 여전히 3단계 전환을 나타내는 표시가 있다.

첫 단계에서(15:40-41) 핵심 인물은 여인들이다. 1단계에서는 핵심 요소인 '이동' 사실이 언급된다. "이들은 예수께서 갈릴리에 계실 때에 따르며 섬기던 자들이요 또 이 외에 예수와 함께 예루살렘에 올라온 여자들도 많이 있었더라"(15:41). 2단계에서는(15:42-47) 요셉과 빌라도가 1단계에 나온 두 여인들과 함께 소개된다. 여기서는 백부장이(15:39) 소집된 자(*proskalesamenos*)에 해당한다. 3단계에서는(16:1-8) 세 여인들이 다시 중심 역할을 한다(16:1). 그들은 제자들에게 소집할 것을 전하라는 지시를 받는다. 그들은 갈릴리로 가야 한다. 이 명령은 비록 '청년'을 통해서긴 하지만 예수님이 주신 것이다. 이 부분에서는 예수님이 돌아가셨고 제자들은 달아난 상태이므로 다른 전환 부분들과는 다소 다른 점이 엿보인다. 하지만 본질적인 특성들은 모두 담겨 있다.

그렇다면 이 부분은 어디로 넘어가는가? 마가의 설명은 끝났다. 그러나 분명 마가는 이야기의 끝부분을 시작 부분과 다시 연결시키고자 한다. 이 3단계 진전 과정은 끝을 처음과 연결한다. 이야기가 다시 시작되는 것이다. 하지만 이번에는 열두 제자들이 자신의 눈과 귀를 열고 부드러운 마음으로 예수님을 이해하며 다시 사신 주님과 동행할 것이다. 새로운 상태로 시작하는 새 여정에서 그들은 이제 사람 낚는 어부가 될 것이다. 이는 예수님이 그들을 처음 제자로 부르실 때 약속하신 바다. 그 결과 교회가 세워진다.

본서에 제시한 개요와 부합하지 않는 전환 부분인 3:7-19과 6:1-13은 어떠한가? 한 가지 주목할 만한 것은, 소집 내용을 담은 3단계 전환 부분이라고 해서 모두 주요 전환점은 아니라는 사실이다. 로빈스는 이같은 문체상의 특징을 보여주는 사례로 세 차례 수난 예고를 들면서 이 점을 밝힌다(비록 이 사실에 관심을 기울이고 있지는 않지만).[44] 그는 첫 번째 수난 예고가 들어 있는 8:27-9:1이 새로운 단원으로 전환하는 부분이라 규정한다. 그러나 그가 설명하듯, 두 번째 수난 예고가 들어 있는 9:30-50은 전환을 알리는 표시들이 있지만 전환용으로 사용되지 않는다. 세 번째 수난 예고가 수록된 10:32-45 역시 마찬가지다. 이 부분 역시 전환적인 특성을 지니고 있지만 주요 전환점으로 간주되지는 않는다. 사실 로빈스는 그다음의 주요 전환점이 세 번째 수난 예고를 담은 결론부 직후에(10:46-11:11) 나온다는 점에 동의한다.

사실 한 가지 문체상의 특징에만 근거해 마가복음 주요 단원들 간의 경계를 결정지을 수 없다. 마가는 다양한 기술 기법들을 사용한다. 반복, 2단계 진전 과정, 질문들, 틀 맞추기, 특정 주제를 둘러싼 삽화, 세 개로 구성된 일련의 삽화 등이 그것이다.[45] 그뿐만 아니라 등장 인물들을 개발하며, 새로운 배경을 설정하고, 복잡한 줄거리를 자연스럽게 풀어나간다.[46] 마가는 다음 단원으로 넘어가기 위해 어느 한 가지 전개 기법만을 사용하지 않는다. 3단계 진전 과정을 가장 흔히 사용하기는 하지만 여러 개의 기법들을 사용한다. 어떤 경우에도 단원들을 결정하는 것은 전환 부분이 아니라 위에서 언급한 바와 같이 내용상의 주제다.

3:7-19과 6:1-13로 돌아가보자. 주요 전환이라는 측면을 고려 대상에서 제외하더라도, 이 두 경우에서 3단계 진전 과정은 어떤 역할을 하는가? 3:7-19에서, 이같은 진전 과정은 예수님에게 긍정적으로 응답한 두 단락을 하나로 묶는다. 이들은 다음에 이어지는 한 쌍의 단락(예수님에 대한 부정적인 반응을 묘사한 단락

44 Robbins, *Jesus the Teacher*, pp. 22-25.

45 Rhodes and Michie, pp. 45-55.

46 Rhodes and Michie, pp. 63-136.

으로 삽입되어 연결된 상태다)에 반대되는 한 쌍으로 결합된다. 6:1-13에서도, 3단계 진전 과정이 서로 반대되는 단락들을 다시 한번 연결시킨다. 6:1-6a은 예수님의 권세를 받아들이지 않는 자들을 묘사하는 반면, 6:6b-13은 예수님의 권세를 인정할 뿐만 아니라 그분과 같은 방식으로 사역하기 위해 그 권세를 위임받는 자들을 묘사한다. 이 3단계 진전 과정은 각 단락이 연관되어 있음을 주지시킨다. 어떤 경우에도 6:1-13이 주제 전환용으로 사용된 것 같지는 않다. 삽입된 단락의 두 부분을 두 개의 서로 다른 단원들로 나누기 때문이다. 마가복음 6:6b-13과 6:30은 분명히 동일한 단원이다.

로빈스의 개요와 본서에서 제시하는 개요 간의 차이점들을 분석한 후 유사성에 주목하는 것도 흥미롭다. 네 개의 공통적인 전환점 외에 공통적인 전체 주제도 주목할 만하다. 마가복음을 바라본 로빈스의 견해는 이렇다.

> 예수님의 정체성과 관련된 질적인 진전 과정을 묘사하기 위해 마가복음의 개요를 제시한다. 질적인 진전 과정이란…완벽하게 고안된 줄거리처럼 한 단계씩 진행되는 것이 아니라, 한 가지 특질을 소개하기 위한 준비 단계로 다른 한 가지 특질을 제시한다. 마가복음에서 세 단원을 구성하는 반복 형태는 예수님의 속성들 그리고 그 속성들과 제자들과의 연관성을 드러내기 위한 방편이다.[47]

로빈스는 마가가 예수님의 신분에 대한 관점 전개를 제시했으며, 이 관점은 주로 제자들의 눈을 통해서였다고 주장한다. "예수님의 소집 행위와 더불어 마감되는 3단계 진전 과정들은 예수님의 정체성을 드러내며, 예수님의 사고 체계와 행위가 제자들에게 어떻게 전달되었는지 계시한다."[48]

---

47 Robbins, *Jesus the Teacher*, p. 20.

48 Robbins, *Jesus the Teacher*, p. 45.

구조상 논의의 요약

마가가 예수님에 관한 이야기를 프롤로그와 에필로그를 지닌 여섯 단원으로 구성했다는 주장을 뒷받침하는 두 가지 주요 논거들이 있다. 첫 번째는 주제상의 논거다. 각 단원은 예수님을 바라보는 서로 다른 관점을 드러낸다. 말하자면, 예수님은 각 단원에서 다른 '호칭'으로 불리신다. 예수님을 일컫는 각 호칭은 정확하지만 마지막 단원에 이르기 전까지는 불완전하다. 마가는 제자들이 예수님을 인식하는 데 있어 여섯 단계를 거치면서 어떻게 유대 문화적인 관점에서 정확한 관점으로 옮겨가는지 소개한다. 각 단원은 예수님을 각기 다른 방식으로 소개하고, 회심과 관련된 다양한 부주제들도 제시한다.

두 번째는 네 가지로 구분되는 구조상의 논거다. 첫째, 각 단원이 서로 다른 원칙에 따라 구성된다는 점이 눈길을 끈다. 각 단원의 구조를 살피면 몇 가지 사실이 드러난다. 먼저 한 단원의 주제는 일관성을 갖는다. 주제의 통일성이 구조적인 형태를 이룬다. 각 단원마다 독립성도 드러난다. 단원들 간에 차이점도 분명하다. 각 단원은 다른 단원들과 연결되면서도 나름대로 논지를 전달한다. 둘째, 전환의 특성이 주목된다. 마가는 유사한 방식으로 각 단원을 전환시킨다. 특히 한 주제를 갑자기 마감하고 새 주제로 넘어가며, 개념을 전환할 때 오는 부조화를 누그러뜨리는 다양한 문학적 기교를 통해 서로 다른 두 단원들을 함께 섞는다. 셋째, 괄호 처리 문제가 주목된다. 마가는 때로 한 단락을 다른 단락의 중간에 삽입시켜 두 이야기들을 함께 연결시켜서 보게 한다. 프롤로그와 에필로그는 물론이고 각 단원을 괄호로 묶어 해당 단원 속의 자료를 관통하는 공통 주제를 드러낸다. 넷째, 마가가 주의 깊게 사용한 예수님의 호칭들이 주목된다. 열 두 제자들이 예수님을 부를 만한 적합한 호칭을 발견하기 전까지는 해당 단원에서 그 호칭이 전혀 사용되지 않는다.

또 다른 방식으로 이같은 논거를 들 수 있다. 먼저 주목할 점은 주제가 특정 단원을 경계짓는 데 쓰인다는 점이다. 한 단원은 주로 내용에 따라 구분된다. 이 점이 중요한 이유는, 마가복음의 구조를 분석하다보면 문체상의 특징을 조사하는 데 치중하기 쉽고, 주제는 부차적인 관심사로 밀려나기 때문이다. 이는 마치 마가의 주 관심사가 문체인 듯한 인상을 준다.[49] 사실 마가의 관심사는 문체가 아니라 예수님의 이야기를 전하는 데 있다. 문체란 이야기를 전하는 도구일 뿐이다. 구조를 결정하는 주된 요소는 주제다. 먼저 주제의 중요성을 숙지하고 나서야 비로소 문체 분석에 들어갈 수 있다. 단원들이 주제 측면에서 적절히 규명해야 문체상의 특징으로 적절한 단원을 구분할 수 있다. 따라서 한 단원의 내적 구조는 그 단원의 무결성을 시사하는 두 번째 증거다. 앞에서 논의한 것처럼 각 단원의 문학적 구조는 서로 다르며, 이같은 내적 유형은 해당 단원 전체의 특징을 보여준다.[50] 또한 마가가 특정 단원을 경계짓는다는 것을 증명하는 세 번째 증거는, 단원 간에 갑작스럽게 이루어진 주제 전환을 부드럽게 하기 위해 저자가 노력한 흔적이 엿보인다는 점이다. 단원의 통일성을 시사하는 네 번째 증거는 저자가 의도적으로 각 단원의 자료를 괄호로 묶는다는 점에서 드러난다. 마지막 증거는 예수님의 호칭들과 연관된다. 이 호칭들은 종종 다른 복음서에 나오는 같은 이야기에 사용된 것과는 다르지만, 열두 제자들이 예수님을 점진적으로 이해하는 과정을 보여준다.

---

49 예컨대 C. S. Mann, *Mark: A New Translation with Introduction and Commentary* (Garden City, N. Y.: Doubleday, 1986), pp. 174-90에 나오는 Laurence F. X. Brett, “Suggestions for an Analysis of Mark’s Arrangement”를 보라.

50 앞에서 제시한 어떤 마가복음 개요들도 전체 내용을 설명할 수는 없으므로, 이 점은 매우 중요하다.

제7장

메시아이신 예수님

지금까지 마가복음의 개요를 전체 맥락에서 고찰했다. 마가복음의 자료를 개괄적으로 고찰했고, 개개의 단락이나 단원들과 관련해 여러 사항들을 입증했다. 이제는 본문의 세부 사항을 주의 깊게 살펴볼 차례다. 고찰의 목적은 두 가지다.

첫째, 예수님을 묘사한 부분이 각 단원의 속 단락에서 어떻게 전개되는지 고찰하기 위해서다. 그럼으로써 이것이 정말 마가복음의 개요라는 주장을 뒷받침할 증거를 더 많이 제시할수 있다.

둘째, 복음 전도 사역에 도움을 주는 본문의 세부 사항들을 탐구하기 위해서다. 이에 관해서는 제3부에서 논의하겠다.

따라서 제7장과 제8장에서는 예수님의 주요 호칭 여섯 개를 하나씩 고찰하며, 각 호칭의 의미를 드러내는 배경 자료도 살펴보겠다. 제9장과 제10장에서는 회심 주제와 관련된 네 가지 주요 부주제들(응답, 신앙, 회개, 제자도)을 고찰하겠다.

프롤로그 분석(막 1:1-15)

프롤로그에서 마가는 예수님이 정확히 누구신지 규명한다. 그분은 메시아요 하나님의 아들이다(1:1). 이 구절은 마가가 지속적으로 제시하는 일련의 해설 중 첫 번째 것이다. 여기서 그는 어떤 행위자로 나서지 않고 다만 일어나는 일과 의미만을 기술한다. 또한 이 구절은 마가복음의 이야기가 두 가지 맥락에서 진행될 것임을 처음으로 시사한다. 먼저 그는 전체적으로든 부분적으로든 이미 알고 있는 이야기를 사람들에게 전한다. 예수님의 정체성에 관한 독자들의 의문이 풀렸음은 물론이다. 독자들은 처음부터 결론에 해당하는 마가복음을 쓴 목적부터 접하게 된다.

그러나 또 다른 측면에서, 마가는 이야기 속의 실제 등장 인물들이 예수님이 하나님의 아들인 메시아이심을 점진적으로 알아가는 과정을 묘사한다. 이들은 이야기의 결론을 미리 알지 못했다. 그들 각자는 자신의 배경, 선입견, 필요, 자발성, 이해 정도에 따라 중심 인물이신 예수님에게 다양하게 반응한다. '사람들'(열두 제자들, 무리, 종교지도자들, 예수님의 가족)의 이같은 반응을 통해 독자들은 자신이 예수님에게 어떻게 반응하고 있는지 혹은 반응하고 있지 못한지 더 잘 이해하게 된다. 마가는 열두 제자들이 복음을 듣고 반응했듯이 자신의 기록을 읽는 이들이 복음을 듣고 합당한 반응을 보여 삶 속에서 좋은 결실을 맺도록 안내한다. 마가는 단순히 복음을 제시하는 데서 끝나지 않고 복음을 전파하고 있다.[1]

---

1 Willi Marxsen, *Mark the Evangelist: Studies on the Redaction History of the Gospel* (Nashville: Abingdon, 1969)을 해설하는 내용인 H. C, Kee, "Mark's Gospel in Recent Research," *Interpretation* 32 (October 1978)는 이렇게 설명한다. "Marxsen의 통찰력 있는 견해에 따르면, 마가복음은 소위 예수님에 관한 단순한 '주장'이다. 마가복음은 독자를 예수님의 실체와 직면케 한다. 곧 예수님에 관한 기사를 쓰는 것이 아니라 다시 사신 주님과 만나게 한다."

마가복음의 서두에 본 복음서의 목적이 제시된다. 곧 하나님의 아들이요 메시아이신 예수님에 관한 이야기를 전하는 것이다. 그리고 프롤로그를 포함한 주요 본문에서 이 점을 분명히 한다. 1:2-8에서 세례 요한은 예수님이 장차 오시기로 성경이 예언한 분이라고 증거한다. 예수님은 사람들이 오래도록 기다려왔던 메시아시다. 1:9-13에서 하나님께서는 예수님을 가리켜 당신의 사랑하는 아들이라고 증거하신다. 마지막 두 구절(1:14-15)은 예수님이 메시아이심을 사람들이 어떻게 알게 될지 그분의 사역을 통해 보여준다.

이들 모두는 공개적이면서 분명히 언급된다. 프롤로그는 마가복음 독자들을 위한 내용이다. 예수님에 대한 제자들(예수님을 제외한 주요 등장 인물들이 해당됨)의 점진적인 이해 과정은 1단원부터 시작한다. 전체 설명의 끝부분(에필로그)에 가서야 비로소 제자들은 독자들이 이미 알고 있는 바를 이해할 것이다. 곧 예수님이 메시아요 하나님의 아들이라는 사실이다.

마가복음 1:2-8: 메시아

프롤로그의 첫 부분(1:2-8)에서, 마가는 예수님에 관한 세 가지 정보를 제시한다. 첫째, 그분은 예언된 메시아다. 둘째, 그분은 강하시다. 셋째, 그분은 성령으로 세례를 받으실 것이다.

첫 번째 정보는 1:2-4에 나온다. 마가는 프롤로그에서 두 가지 핵심 사실을 뒷받침하는 이사이의 예언을 인용한다. 곧 누군가(구주[2])가 오실 것이며, 또한 사자가 그의 길을 예비할 것이라는 점이다.[3] 그리고 바로 요한이 소개된다. "세례

---

2 이것은 마가가 예수님을 지칭하려고 사용한 핵심적인 호칭이 아니다. '주'(Kurios)는 마가복음에서 열다섯 번이나 나오지만 예수님을 직접 일컫는 경우는 두 번뿐이다. 7:28에서는 하나의 경칭으로 쓰여 '선생님'이라는 뉘앙스를 지닌다. 그리고 11:3에서는 메시아적 어감을 드러낸다. 그런가 하면, 끝부분인 16:19-20에서는 '주 예수'라는 호칭으로 사용된다. C. S. Mann, *Mark: A New Translation with Introduction and Commentary* (Garden City, N. Y.: Doubleday, 1986), p. 195를 참조하라.

3 "이것은 출 23:20, 말 3:1, 사 40:3을 복합 인용한 것이며, 이 구절들은 선구자 세례 요한을

요한이…이르러”(1:4). 요한이 바로 그 사자다. 그는 메시아의 도래에 앞서 미리 올 것이라고 고대된 엘리야 같은 인물이다.[4] 더욱이 마가는 구약을 인용하면서 예수님의 도래가 우연한 사건이 아님을 시사한다. 그분의 도래는 이미 예언되었다. 하나님께서 선지자들을 통해 약속하신 일이 이제 실현된 것이다. 구원의 시대가 주의 도래를 통해 열리고 있다. 그래서 메시아적 기대를 담은 내용 가운데 예수님의 도래를 알린다. 그는 예수님의 정체성을 밝힌 첫 번째 범주를 제시한다. 그분은 메시아시다.[5]

두 번째 정보는 1:5-7에 나온다. 첫째, 세례 요한의 사역이 일으킨 효력이 묘사된다(1:5). 실로 수많은 사람들이 요한에게 이끌린다. 이 점을 강조하기 위해 마가는 그 특유의 과장법을 처음 사용한다. 1:5을 문자적으로 번역하면 이렇다. “유대 지방 전체와 예루살렘의 모든 사람이 다 그에게로 나아갔다.” 이같은 반

떠올리게 한다.…이같은 복합 인용은 프롤로그에서 마가에게 의미심장한 내용인 세 요소 사자, 주, 광야로 관심을 끈다.” William L. Lane, *The Gospel according to Mark* (Grand Rapids: Wm. B. Eerdmans Publishing Co., 1974), pp. 45-46.

4 C. E. B. Cranfield, *The Gospel according to Saint Mark* (Cambridge: University Press, 1959), p. 39는, 엘리야에 대해 1세기 유대교가 지녔던 세 견해들을 소개한다. “어떤 랍비들은 그를 하나님의 길을 예비하며 이스라엘을 회복시키는 메시아적 존재로 여겼다. 좀 더 널리 퍼진 다른 견해에 의하면, 그는 하나님의 선구자가 아니라 메시아의 선구자다. 막 1:2 이면에는 바로 이러한 견해가 숨어 있다(‘소페림’[Sopherim] 19:9에 보존된 기도문 ‘선지자 엘리야가 우리에게 속히 오게 하소서. 그리고 왕이신 메시아가 우리 시대에 임하시길 기원하니이다.’ 참조). 막 6:15에서 시사하듯이, 사람들의 마음속에는 엘리야가 자리잡고 있었다. 엘리야와 세례 요한의 연관성은 세례 요한을 묘사하는 막 1:6에서 분명해진다. 이 내용은 엘리야를 묘사하는 왕하 1:8과 유사하다. 이 둘의 연관성은 변화산 상의 변화를 묘사하고 있는 막 9:12-13에서 분명해진다. 오실 메시아와 관련해 예수님 당시의 유대적 신념을 알려면 D. E. Nineham, *The Gospel of St. Mark* (London: Adam and Charles Black, 1968), pp. 58-59를 보라. 그는 *Testament of the Twelve Patriarchs*에서 두 가지 자료를 인용한다.

5 Robert A. Guelich, *Mark 1-8:26*, Word Biblical Commentary, vol. 34a (Dallas: Word, 1989), p. 12 이하는 다음과 같다. “1:2b-3에 나오는 출 23:20, 말 3:1, 사 40:3의 복합 인용은 구속사 배경과 관련해 세례 요한과 예수님의 등장을 위한 무대를 제공한다. 출애굽 당시 자기 백성에게 베푸신 하나님의 약속(출 20:23)이 구원의 시대를 위한 길을 예비하는 사자에 관한 약속(말 3:1-2, 4:5-6) 속에서 거듭 나타난다. 그뿐만 아니라 이 두 본문은 이제 사 40:3과 결합되어 세례 요한의 도래와 광야 사역을 ‘주’의 강림에 관한 약속의 성취로 제시한다. 주님의 도래에 관한 이사야의 약속은 분명 예수님께 적용된다.”

응은 전혀 예상치 못한 게 아니다. 300년 동안 이스라엘에는 선지자가 없었다. 이제 갑자기 선지자처럼 보이는 한 사람이 나타났고, 수많은 사람들이 그를 보기 위해 요단강으로 향하는 다소 험난한 여정을 기꺼이 감수한다. 둘째, 마가는 예수님을 더욱 돋보이게 하려고 요한의 명성이 대단했음을 부각시킨다. 온 유대 지방에 사는 사람들을 모여들게 하는 이 사람이 1:7에서 이렇게 말한다. "나보다 능력 많으신 이가 내 뒤에 오시나니." 장차 오시는 분은 현재 가장 강력한 존재인 자신보다 훨씬 더 강하실 것이라는 말이다. 장차 오실 분은 권능의 사람일 것이다. 이같은 대비를 한층 더 효과적으로 하기 위해 세례 요한은 이렇게 덧붙인다. "나는 굽혀 그의 신발끈을 풀기도 감당하지 못하겠노라"(1:7). 주인의 신을 챙기는 것은 너무도 천한 일이어서 히브리인 노예조차 이 일을 강요당하지 않았다.[6] 따라서 세례 요한과 오실 분(메시아)을 비교하는 것은 노예보다 천한 사람과 높은 신분의 주인을 비교하는 것과 같다. 메시아의 탁월성을 이런 식으로 입증하는 것이다.

메시아에 관한 마지막 정보는 그분의 역할에서 밝혀진다. 그분은 성령으로 세례를 받으실 것이다(1:8). 만이 지적하듯, "성령 부으심은 말세를 나타내는 가장 잘 알려진 특징이었다."[7] "예수님의 삶(사역)과 죽음을 통해, 사람은 '성령 세례', 곧 새 시대를 위해 약속된 구원을 받는다"(1:14-15, 1:16-18).[8]

이렇듯 마가는 기사 서두부터 예수님이 메시아이심을 알린다. 또한 메시아의 역할에 대해서도 말한다.

---

6 Lane, p. 52.

7 Mann, p. 197. 또한 Mann은 메시아가 성령을 부으시는 분으로 묘사된 곳은 어디에도 없다고 지적한다. 그러나 이것이 필수적인 연관성을 지니지는 않는다. 메시아가 말세와 연관된 것만으로 족하다. 어쨌든 마가는 메시아에 관한 문화적 기대감을 상세히 설명하며 메시아의 신분에 관한 정의를 다시 내린다(예. 8:31-10:45).

8 Guelich, p. 25.

마가복음 1:9-13: 하나님의 아들

그러나 이것이 오실 분에 관해 마가가 말하고자 한 내용의 전부는 아니다. 프롤로그의 다음 부분(1:9-13)에서, 마가는 세 가지 정보를 더 제시한다. 첫째, 예언된 분의 이름을 밝힌다. 둘째, 그분의 온전한 정체성을 밝힌다. 셋째, 그분이 행하시는 사역의 특징을 예고한다.

마가는 요한이 예언된 사자라고 시사한 앞 부분과 같은 방식으로 첫 번째 정보를 준다. 거기서 마가는 선구자에 관한 예언을 인용하고 나서 "세례 요한이 이르러…"라고 진술했다. 마가의 선포는 세례 요한이 바로 이 선구자임을 시사한다. 그런가 하면 여기서 그는 오실 분에 관한 요한의 증언을 이렇게 언급한다. "그때에 예수께서…와서." 이 선언으로 다시금 논지가 분명해진다. 예수님이 바로 그분이며 예언된 메시아라는 사실이다.

두 번째 정보는 예수님이 세례 받는 장면에서 제시된다. 성령이 예수님에게 임하시고(1:10), "너는 내 사랑하는 아들이라"(1:11)는 하나님의 음성이 들려온다. 예수님은 하나님의 아들이시다.

마지막 정보는 성령의 활동을 통해 계시된다. 성령님은 예수님을 광야로 보내서 사탄과 싸우게 하신다(1:12-13). 이는 장차 도래할 일을 예고한다. 즉, 예수님은 사탄과 싸우실 것이다. 그분은 귀신들을 내쫓고, 병든 자를 고치며, 완악한 심령들을 녹이고, 소경의 눈을 뜨게 하실 것이다. 사탄의 활동을 제지하시는 것이다.

마가는 프롤로그에서 아무것도 숨기지 않았다. 예언된 메시아가 도래했다. 엘리야 같은 세례 요한이 그분의 권능을 분명히 지목해 선언했다. 메시아신 예수님이 세례 받으실 때 하나님의 아들이심이 드러났다. 독자에게 모든 정보가 제공된다. 그러나 등장인물은 예수님에 관한 모든 사실을 알지 못한다. 그들이 예수님의 신분을 파악하는 데는 시간이 걸릴 것이다. 마가는 이 점을 밝혀줄 것이다. 사람들이 그분을 점차 어떻게 이해하는지 보여줄 것이다.

마가복음 1:14-15: 복음이 어떻게 전해지는가

프롤로그의 마지막 두 절은 프롤로그보다는 1단원에 연결되는 듯이 보일 수 있다. 1:14-15을 보면, 예수님이 갈릴리로 오셨고 복음 선포에 여념이 없으셨다. 이어 다음 단락(1:16-20)에서, 예수님은 네 어부들을 부르면서 바로 이 일을 계속하신다.

그런데 자세히 보면 1:14-15은 예수님이 사역을 시작하시면서 일어나는 여러 가지 일을 묘사하는 데서 그치지 않는다. 이 구절은 여섯 단원 전체에서 진행될 그분의 모든 사역을 시사하기도 한다. 이는 마가복음 서두(1:1)의 개괄적인 진술과 유사하다. 그리고 1:14-15은 하나님의 아들 예수 그리스도에 관한 복음이 어떻게 전해지는지 묘사하는 개괄적인 진술이기도 하다. 이 일은 예수님의 사역을 통해 전개될 것이다. 말씀 자체인(1:1) 그분은 또한 말씀 전파자다(1:14-15). 분명 이 부분은 프롤로그와 연결되어 프롤로그의 내용을 적절히 요약하고 있다.[9]

그러면 예수님이 선포하시는 '하나님의 복음'이란 무엇인가? 이미 마가는 처음 열세 구절에서 복음의 핵심적인 내용을 제시했다. '하나님의 복음'은 예언 성취에 따라 오신, 권능의 예수님에 관한 내용이다. 예수님은 사탄과 맞서며 성령과 함께하시는 분이시고, 천국 소식을 선포하고 이에 우리가 반응할 것을 촉구하는 분이시다.

예수님의 호칭들

마가복음의 프롤로그에서 그냥 넘어가서는 안 될 사항이 더 있다. 열두 제자들이 예수님을 점차 알아가도록 유도하는 예수님에 대한 여섯 가지 호칭들이 이모저모로 표현된다. 첫째, 선생으로서 예수님의 역할은 갈릴리에서의 사역을

---

9 Guelich가 지적하듯이, 어떤 학자들은 1:13에서 프롤로그가 끝난다고 본다. "1:14-15을 새 단락에 포함시키는 것이 최근의 경향이다"(p. 4).

'전파'(1:14)로 묘사한 사실에서 드러난다. 여기 사용된 헬라어는 '케루쏜'이며, 이 말에서 '케리그마'가 나왔다. 영어로 정착된 '케리그마'는 '초기 기독교의 설교'를 일컫는 기술적 용어로 사용된다.[10]

둘째, 선지자로서 예수님의 역할은 두 가지 방법으로 제시된다. 먼저, 세례 요한은 분명 선지자이며(1:6) 예수님은 그와 유사한 존재로 묘사된다. 단, 예수님이 더 크신 분이시다(1:7-8). 이처럼 비교하면서 세례 요한은 다음과 같이 말한다. "나보다 능력 많으신 이." 마가복음에서 선지자는 큰 일을 할 수 있는 능력의 사람이다.

셋째, 메시아로서 예수님의 역할은 프롤로그의 처음부터 밝혀진다. 그리고 비둘기 같은 성령 강림은 '기름 부음'을 상징하는데, 이는 메시아라는 의미에 들어 있는 근원적인 개념이다. 그러한 방식에 따라 예수님은 하나님의 기름 부음 받으신 분으로 밝혀진다.

넷째, 인자로서의 역할은 세례 요한에게 세례를 받으시는 모습 속에 들어 있다. 세례란 죽고 다시 살아남을 상징하는 것이었다(롬 6:3-10). 그리고 죽음과 부활은 인자의 역할을 시사한다.

다섯째, 다윗의 자손으로서 예수님의 역할은 프롤로그에서 가장 희미하게 나타나기는 하지만 서두의 구약 인용 부분에서 드러난다(막 1:2-3). 우리는 예수님을 "고대 유대인들과 기독교인들이 하나님의 목적을 드러낸 신령한 계시 또는 성경이라고 여긴 '예언의 문맥 속에서' 이해해야" 한다.[11] 따라서 예수님을 자기 백성을 위한 하나님의 구속 사역과 연결시키거나, 그분이 장차 임하실 메시아의 특성을 지녔음을 보이기 위해 그분이 다윗의 자손이시라는 운을 띄운다.

---

10 Michael Green, *Evangelism in the Early Church* (London : Hodder and Stoughton, 1970), p. 58.

11 Larry W. Hurtado, *Mark: A Good News Commentary* (San Francisco: Harper and Row, 1983), p. 2.

끝으로 하나님의 아들이라는 호칭이 프롤로그에 두 차례(1:1, 11) 언급된다.

그러므로 예수님의 신분을 이미 알고 있는 사람이라면 그분을 일컫는 정확한 호칭들을 프롤로그에서 발견할 수 있다. 결국 마가복음의 나머지 부분들에서도 제자들의 눈을 통해 이 호칭들이 드러난다.

선생이신 예수님: 1단원 분석(막 1:16-4:34)

1단원 서두에서 예수님이 시몬과 안드레에게 이렇게 말씀하신다. "나를 따라오너라"(1:17). 그러자 두 어부들이 곧바로 그물을 버려두고 그분을 좇는다. 조금 후 예수님이 야고보와 요한을 만나신다. 역시 그들을 부르시고, 이들도 곧바로 예수님을 좇는다. 여기서 짚고 넘어가야 할 게 있다. 이 사람들은 자신이 한 선택이 무슨 의미를 지니는지 알고 예수님을 따르기로 마음먹었는가? 그들은 자신이 누구를 좇는다고 생각했는가? 예수님의 신분을 이해하고 좇기로 결심할 수 있었던 1세기 이스라엘의 문화적 배경은 무엇인가?

유대 랍비들과 헬라 선생들

전통적인 견해는, 이들 네 사람이 자신을 랍비 문하에 입문한 제자로 이해했다고 본다.

> 마가복음에서 선생·제자 관계는 1세기 유대교의 랍비·제자 관계에서 설정되었다고 보는 것이 통례다. 마가복음의 네 이야기들 속에서, 예수님은 '랍비' 또는 '랍오니'로 불리시며(9:5, 10:51, 11:21, 14:45), 예수님과 제자들의 대화를 기록한 다른 이야기에서도 랍비적 배경에 익숙한 유형을 따른다.
>
> 더욱이, '아콜루테인 오피소'와 '에르케스다이 오피소('따라가다' 또는 '좇다')라는 구

> 절을 랍비적 배경에서도 바라보아야 한다. 여기서 제자들은 뒤따르는 위치에 있다. 게다가 마가복음의 네 배경들 속에서 예수님은 앉은 자세로 가르치신다(4:1, 9:35, 12:41, 13:3). 이 자세는 랍비로서의 특성을 드러낸다.[12]

조만간 예수님과 합류할 나머지 여덟 제자들은 물론이고 네 명의 어부들은 다른 종교지도자들을 따르는 제자 무리에 대해 알고 있었을 것이다. 마가는 이 점을 분명히 밝힌다. 2:18에서 그는 요한의 제자들과 바리새인의 제자들을 두 번 언급한다. 이 단락(2:18-22)에서 제기한 물음인 즉 "요한의 제자들과 바리새인의 제자들이 금식할 때 예수님의 제자들은 왜 금식하지 않는가"였다. 이 세 무리 간에 유사성이 아예 없었다면, 이들은 처음부터 비교되지 않았을 것이다. 마가 자신이 이같은 공통점에 관심을 기울이고 있는 것으로 보인다. 그가 다른 제자들을 언급한 것은 여기뿐이기 때문이다. 단, 유일한 예외로 6:29은 요한의 제자들이 그의 시체를 가져갔다고 전한다.

그러나 예수님과 열두 제자들을 랍비와 그 제자들에 온전히 비길 수는 없다. 중요한 차이점이 있다. 이를테면, 랍비는 제자들을 찾아나서지 않는다. 오히려 제자들이 랍비들을 찾아나섰다. "학생은 존경받는 선생의 문하에 들어가기 위해서 또는 그 문하에서 성경과 전승을 배우고자 애를 써야 했다."[13] "'부름'이나 '따름'과 관련해 마가복음이나 Q문서 내용과 유사한 랍비식 이야기들은 전해지지 않는다. 그리고 '나를 따라 오너라'는 명령도 선생과 학생 관계를 처음 맺는 랍비식 가르침이 아니다."[14] 또 다른 차이점은, 대개 랍비는 순회하지 않았다

12 Vernon K. Robbins, *Jesus the Teacher: A Socio-Rhetorical Interpretation of Mark* (PhiIadelphia: Fortress, 1984), p. 101.

13 Eduard Lohse, "Rabbi," *Theological Dictionary of the New Testament* (1968), vol. 6, p. 962.

14 Martin Hengel, *The Charismatic Leader and His Follows*, trans. James C. G. Greig, ed. John Riches (Edinburgh: T. & T. Clack, 1981), pp. 50-51.

는 것이다. 그들은 학교를 가지고 있었고, 한 곳에 머물렀다. "마가는 순회 전승을 염두에 둔 반면, 랍비 문헌은 학교 전승을 전제로 한다."[15] 랍비 전승에서 "학생은 여행에 나서지만 선생은 그렇게 하지 않는다."[16]

사실, 처음에 제자들은 예수님이 가버나움에 머물며 가르치실 것이라고 생각한 듯하다. 예수님이 그들을 부르셨을 때 그들은 곧바로 다른 곳으로 떠난 것은 아니다. 마가는 그들이 고기잡이를 하던 호수에서 인근 가버나움으로 이동하는 것으로 기술한다. 그들은 안식일까지 거기 머물렀다(1:21). 그러고 나서 마가는 가버나움에서의 24시간 사역을 기술한다(1:21-34). 아침 일찍, 예수님은 혼자 기도하러 떠나신다(1:35). "시몬과 및 그와 함께 있는 자들이 예수의 뒤를 따라가 만나서 이르되 모든 사람이 주를 찾나이다"(1:36-37). 제자들은 예수님이 가버나움에 돌아오셔서 사역을 재개하실 것이라고 생각한 듯하다. 결국 이들은 예수님이 하시는 일을 랍비의 사역으로 생각한 것이다. 그러나 예수님은 함께 다른 마을로 가서 갈릴리를 여행해야 한다고 주장하신다(1:38-39).

랍비 학교가 표방하는 목적은 예수님이 생각하시는 것과 달랐다. 랍비 학교의 설립 목적은 젊은이들에게 성경과 전승을 가르쳐 그들 또한 랍비가 되게 하는 데 있다. 랍비라는 호칭은 "공부를 다 마치고 율법 교사로 세움 받은 이들을 가리키는 용어가 되었다."[17] 대조적으로, "예수님의 목적은 전승을 만들거나 주해적 또는 묵시적 학문 체계를 세우는 것이 아니었다. 말씀과 행위를 통해 하나님과 긴밀한 관계를 드러내며, 회개를 촉구하며, 하나님의 뜻을 선포하는 것이다:…마찬가지로 예수님을 '따르는 것'과 '제자도'도 이 큰 목적에 기인한다."[18]

그러므로 제자들이 랍비 유형의 인물에게 접근은 했지만, 예수님과 제자 관

---

15 Robbins, p. 105.

16 Robbins, p. 102.

17 Lohse, pp. 962-63.

18 Hengel, p. 53.

계의 특성을 온전히 드러내지는 않는다. 사실, 예수님과 제자들의 관계를 규정하는 데 도움을 준 다른 모델이 1세기에 대두된다. 그것은 헬라의 순회 교사라는 모델이다. 데이비스는 예수님과 랍비의 차이점에 주목하면서, "여러 면에서 떠도는 견유학파-스토아학파 설교자와 유사한 인물은 랍비보다 예수님이셨다"라고 설명한다.[19] 로빈스는 이렇게 덧붙인다. "제자들을 모으러 이 도시에서 저 도시로 여행하는 것은 소피스트들의 흔한 관행이었다. 제자들은 그들과 합류함으로써 지혜와 덕성을 구현하고, 그들로부터 교훈을 받아 이를 본받고자 했을 것이다."[20] 1세기 유대 문화는 이 모델이 알려진 상태였다. 로빈스는 "이스라엘 전승이 헬라 문화 속에 스며들기 시작했을 때, 선생-제자의 유형이 유대 사상 속에 흘러 들어오는 것은 자연스러운 일이었다"[21]라고 말한다.

마가복음에서 선생이 뜻하는 것

예수님이 시몬, 안드레, 야고보, 요한을 부르셨을 때, 제자들은 자신들이 어떤 종교적 스승 밑으로 편입되는 것이라 이해했을 것이다. 그들은 예수님과 관계를 맺는 것이 무엇을 뜻하는지 낱낱이 이해할 수는 없어도, 자신이 누구를 따르는지는 분명히 알았을 것이다. 그들에게 예수님은 랍비·선생이었다. 이것은 당시 그들이 예수님을 이해할 수 있던 유일한 범주였다. 1단원에서 마가는 그들이 예수님을 어떻게 생각하는지 보여준다. 1단원에서 마가는 세 가지 방법으로 예수님이 순회 선생으로 인식되셨음을 보여준다. 첫째, 예수님이 특별한 권능을 지닌 선생이심을 계시하도록 처음 단락을 구성했다. 둘째, 예수님이 1세기 유대 교사들과 결부된 활동을 하는 분이심을 드러냈다. 셋째, 이 단원에서 예수님을

19 W. D. Davies, *The Setting of the Sermon on the Mount* (Cambridge: Cambridge University Press, 1964), p. 422.

20 Robbins, p. 88.

21 Robbins, p. 94.

일컫는 호칭들이 있다.[22]

서두 단락: 예수님이 위대한 선생이심을 제자들이 발견하다

하지만 마가의 기술 양식의 또 다른 특징을 언급할 필요가 있다. 각 단원의 서두 단락에는 세 가지 동일한 특징들이 있다. 첫째, 열두 제자들(때로는 다른 이들)은 예수님의 신분을 오해한다. 이는 단원의 초점인 호칭과 예수님에게서 무언가 새로운 것을 발견하는 것과 관계 있다.[23] 둘째, 무언가를 '발견'한 열두 제자들(또는 이들을 포함한 이들)은 감정적 반응을 강렬하게 표출한다. 이처럼 마가는 의도적으로 본서 단원에 일관된 문체상의 특징을 보인다. 그리고 마가가 각 단원에서 예수님의 각기 다른 호칭에 초점을 맞추고 있음을 나타내는 또 다른 증거다.

마가복음 1:16-28에서 제자들은 예수님이 특별한 선생이심을 발견한다.[24] 선생—치유자—축귀자로서 예수님이 지니신 능력을 예측할 수 없었을 것이다. 예수님은 랍비가 되기 위한 공식적인 수련을 전혀 받지 않으셨다. 유명한 랍비의 제자였던 적도 없다. 그러나 이야기 서두에서 제자들과 무리는 예수님이 권세로 가르치신다는 것을 발견한다. 이 사실이 중요한 이유는 예수님의 교훈이 서기관들의 교훈과 너무나 다르기 때문이다(1:22). 더욱이 예수님은 바로 이 권세로 악한 영들에게 명하실 수 있다(1:27). 여느 선생처럼 그분에게도 따르는 제자

---

22 "막 1:21에서 '디다케'(*didache*)라는 용어가 반복적으로 사용된 점, 예수님의 첫 '공적인' 출현뿐만 아니라 회당에 예수님께서 처음 나타나신 일을 묘사하는 단락이 가장 놀랍다." Robert P. Meye, *Jesus and the Twelve: Discipleship and Revelation in Mark's Gospel* (Grand Rapids: Wm. B. Eerdmans Publishing Co., 1968). p. 45.

23 사실 이들은 동일 사항에 대한 두 국면이다. 열두 제자들이 예수님의 새 면모를 발견했다는 것은 그 이전에는 그들이 예수님을 오해했음을 의미한다. 반대로 예수님의 신분을 제대로 이해하고 있지 못함이 그분에 대한 그들의 새로운 발견 속에서 엿보인다. 때로는 '오해'에, 때로는 '발견'에 강조점이 있다.

24 예수님에 관한 이같은 통찰을 얻기 위해 두 단락을 결합한다는 점에서 이 부분은 다른 다섯 개의 서두 부분들과 다르다. 하지만 이 단락들이 서로 별개는 아니다. 오히려 주제 문제와 시간 연결이라는 점에서 뒷단락은 앞단락에 바로 이어진다.

들이 있다(1:16-21). 이들 이야기 속에서 예수님은 율법 선생들에 비교되신다. 이는 사람들의 눈에 예수님이 율법 선생으로 비쳐졌기 때문이다(1:22).

각 단원의 서두에서 무리의 감정적인 반응이 표현된다. 그들은 예수님을 보고 놀란다. 이 반응은 두 차례 반복된다(1:22의 '엑셉레쏜토', 1:27의 '에담베데산'). 제자들의 반응도 무리의 반응과 동일했을 것이다. 예수님의 신분을 정확히 몰랐던 것은 제자들이나 무리나 마찬가지였다. 하지만 제자들은 3:13-19에서 무리 가운데 부름을 받는다. 1단원 서두에서 예수님이 악령을 꾸짖는 모습을 발견할 수 있다(1:25).[25] 따라서 우리는 1단원에서 예수님의 주요 역할이 위대한 선생이었음을 알게 된다.

선생의 활동

예수님이 선생이셨다는 인상은 1단원에 묘사된 예수님의 활동들로 재차 강조된다. 다음은 선생으로서 예수님이 하신 활동이다. 첫째, 예수님이 제자들을 모으신다. 1단원이 시작되면서 첫 번째로 네 명의 제자들을 부르신다(1:16-20). 곧이어 다섯 번째 제자를 부르신다(2:13-14). 그리고 3:13-19에서 앞서 이미 부르신 다섯 명을 포함한 열두 명을 '사도'로 임명하신다. 예수님은 이 열두 명의 역할을 두 가지로 규정하신다. 제자로서 '당신과 함께 있어야' 하며, 전도하고 귀신을 내어쫓음으로써 그분의 사역을 확장해나가는 것이다(3:14-15). 다른 어떤 단원에서도 예수님은 특정 개인들을 불러 자신을 따르게 하시지 않으며, 다른 어떤 사람을 사자로 임명하시지도 않는다. 앞서 말한 바와 같이, 이처럼 제자들을 소집하는 일은 1세기 지중해 문화권에서 활동한 순회 선생이 보여준 특징

---

25 여섯 개의 서두 단락 중 네 단락이 '꾸짖다'(헬라어 원형은 *epitimaō*)라는 말이 사용된다. 1:25(1단원), 4:39(2단원), 8:32-33(두 차례, 4단원), 10:48(5단원). 6단원에서 '에네브리몬토'(*enebrimōnto*)라는 말이 사용되는데, 이는 '그들이 분개했다' 또는 '그들이 거세게 꾸짖었다'라는 뜻이다. 반면 3단원에서 제자들은 예수님을 질책하는 듯한 반응을 보인다(6:37).

중 하나다. "주전 5세기로부터 주후 2세기에 이르기까지, 다양한 순회 선생들이 지중해권에서 활동했으며, 제자들을 모으는 순회 설교자-선생과 관련된 문화적 전통을 낳았다."[26]

둘째, 예수님도 1세기의 다른 유대교 선생들이 했던 일을 하신다. 즉, 가르치며(전도하며), 귀신을 쫓아내고, 치유하신다. 마가는 예수님이 네 제자들을 부르신 후 활동한 24시간 사역을 묘사한다(1:21-34). 그날은 예수님이 회당에 가서 가르치시는 일과 함께 시작된다(1:21). 그분의 교훈을 들은 회중들은 놀랐다. "이는 그가 가르치시는 것이 권위 있는 자와 같고 서기관들과 같지 아니함일러라"(1:22).[27] 그분은 단순한 선생이 아닌 능력 있는 선생이시다. 그런데 그분의 가르침이 한 귀신들린 사람 때문에 방해를 받는다. 예수님은 이에 맞서 귀신을 쫓아내신다. 이 축귀는 그분이 가르치신 교훈의 일부다. "다 놀라 서로 물어 이르되 이는 어찜이냐 권위 있는 새 교훈이로다 더러운 귀신들에게 명한즉 순종하는도다 하더라"(1:27).[28] 예수님은 회당에서 사역하신 후 베드로의 집에 가서 베드로의 장모를 치유하신다(1:30-31). 저녁에는 귀신들을 쫓아내고 온 동네에서 모여든 사람들을 치유하신다(1:32-34).

치유와 축귀가 가르치는 사역의 일부인가 하는 물음을 제기할 수 있다. 그러나 1세기에는 치유자와 축귀자의 역할이 선생의 역할과 비교해 결코 떨어질 수 없었다. 귀신을 쫓아냄은 랍비뿐만 아니라 바리새인들도 행한 일이었다(마 12:27). 도베는 이렇게 설명한다. "사람들은 위대한 랍비라면 이 두 영역 모두에

---

26 Meye, p. 88.

27 David Daube, *The New Testament and Rabbinic Judaism* (London: University of London, The Athlone Press, 1956), p. 206에서는, 이 구절은 예수님께서 임명받지 않은 자들처럼 가르치신 것이 아니라, 박식한 랍비처럼 가르치셨다고 주장한다.

28 "여기서 주목할 만한 것은 '새 교훈'을 강조하는 언급 다음에 예수님의 가르침이 아니라 바로 축귀에 관한 내용이 이어진다는 점이다." Daube, p. 206.

서 탁월할 것이라 기대했다. 두 영역을 결코 엄격히 분리할 수 없다."[29] 마찬가지로 제사장과 선지자들도 치유 활동을 했다.[30] 로빈스는 치유와 축귀 모두 선생들이 하는 일이었다고 지적한다.

> 1세기의 그리스-로마 문화권 사람들은 의사뿐만 아니라 정치 지도자, 선지자. 마법사, 심지어 철학자와 선생까지도 신체 고통을 당하고 있는 사람들을 치유할 수 있다는 생각을 했다. "어떤 사람이 치유를 하는가"라는 점보다는 "어떤 신분으로 치유를 하는가"가 중요한 고려 사항이었다. 마가복음에서 축귀와 치유는 예수님이 선생으로서 행하신 역할들 중 일부다. 그분의 말씀과 행동 모두가 사람들을 괴롭히는 영적 세력들을 몰아내며 그들의 삶에 결단을 촉구한다.[31]

1단원에서는 예수님의 교훈 사역이 강조된다. 이는 마가가 어떻게 예수님의 활동을 그리고 있는지 보면 알 수 있다. 그는 예수님의 교훈 사역의 일곱 가지 특별한 사례들을 제시한다(2:8-11, 17, 19-22, 25-28, 3:4, 23-29, 33-35). 게다가 1단원에서 가장 긴 부분(4:1-34)을 전적으로 그분의 교훈을 제시하는 데 할애했다. 마가는 예수님의 교훈과 설교를 아홉 차례에 걸쳐 개괄적인 어투로 언급한다(1:21-22. 27, 38, 39, 2:2, 13, 3:14, 4:1-2, 33-34). 여기에 네 차례의 치유 사례를 언급한다. 베드로의 장인(1:30-31), 나병자(1:40-45), 중풍병자(2:1-12), 손 마른 사람들(3:1-6)이었다. 예수님의 치유 사역은 두 차례에 걸쳐 개괄적인 어투로 언급된다(1:32-34, 3:10). 회당에서 만난 귀신 들린 사람(1:23-28)도 한번 소개된다. 그러나 그분의 축귀 사역은 네 차례에 걸쳐 개괄적인 어투로 언급된다(1:32-34, 39, 3:11-12, 15).

---

29 Daube, p. 206.

30 Geza Vermes, *Jesus the Jew: A Historian's Reading of the Gospels* (London: Collins, 1973), p. 59.

31 Robbins, p. 114.

'선생'이라는 호칭

1단원에 묘사된 예수님의 신분을 가장 잘 규명해주는 호칭은 1단원에서는 전혀 나오지 않고 2단원의 첫 사건 가운데 나온다(4:35-41).[32] 제자들이 예수님과 함께 지내던 초기에 예수님의 신분을 어떻게 보았는지는 갈릴리 바다를 건너는 중에 엄습한 폭풍 가운데서 표현된다. 위기의 순간에 제자들은 예수님을 가리켜 '선생님'이라 부른다(4:38). 마가는 이 호칭을 의도적으로 사용했음이 분명하다. 마태복음의 같은 기사에서 사용된 용어는 '주'다(마 8:25). 마가가 쓴 '선생님'이라는 호칭은 예수님에 대한 제자들의 관점을 가장 잘 드러내준다.[33]

제자들이 배에서 탈출시켜주길 바라며 도움을 요청했을 때, 예수님은 한 마디 권능의 말씀으로 폭풍을 잔잔케 하신다. 분명 이것은 선생이 지닐 법한 능력이 아니다. 아무리 탁월한 선생일지라도 이런 종류의 권능을 가질 수는 없다. '선생'이라는 호칭이 부적합하다는 사실이 열두 제자들에게 분명히 인식되었다. 그들은 예수님이 누구신지 더 이상 알 수 없었다. "그가 누구이기에 바람과 바다도 순종하는가"(막 4:41)라고 외친다. '선생'이라는 호칭이 더 이상 적합하지 않게 된 것이다. 2단원에서 제자들은 예수님의 전혀 새로운 면모를 발견할 것이다. 그 전까지는 1단원에서 제자들이 예수님을 어떻게 생각했는지 '선생'이라는 호칭이 대신 말해준다.

---

32 이 단원에서 예수님을 일컫는 호칭은 단 두 가지다. 두 차례에 걸쳐 귀신들이 그분을 하나님의 아들이라고 부른다(1:24에서는 '하나님의 거룩한 자', 3:11에서는 '하나님의 아들'). 또한 예수님이 두 차례에 걸쳐 스스로를 '인자'라고 일컬으신다(2:10, 28). 제자들은 (또는 다른 그 누구도) 이 두 가지 호칭들을 명확히 이해하지 못하고 있다. 귀신들의 외침은 결코 주목을 끌지 못한다(여기뿐만 아니라 마가복음의 다른 곳에서도 마찬가지다). 하나님의 아들이라는 호칭은 6단원에 가서야 비로소 한 사람의 입에서 나온다. 인자라는 호칭은 그 큰 의미가 제대로 이해되지 않은 상태다. Vermes가 pp. 162-63에서 지적하듯이, 아마 그것을 들은 사람들은 '한 사람' 또는 '그 사람'이라는 뜻 정도로 이해했을 것이다.

33 Meye의 주해에 따르면, 마가는 '선생'이라는 호칭을 사용하지만 마태와 누가는 다른 호칭을 사용한다. 이는 마가가 예수님의 교훈 사역에 특별한 관심을 보이기 때문이라고 설명한다. Meye, pp. 36-37을 보라.

예수님이 실제로 열두 제자들을 가르치시는 내용을 소개한 9:38 전까지, 그들은 예수님을 '선생'이라 부르지 않는다.[34] 그들은 마가복음 중 가장 긴 교훈의 시작 부분인 13:1에서 그분을 가리켜 두 번째로 '선생'이라 부른다. 그 시점에서 이 호칭은 그분이 담당하실 역할을 시사한다.

예수님이 '선생'이라 불리신 사례가 하나 더 있다. 야고보와 요한이 예수님에게 각별한 부탁을 할 때 이 호칭을 사용한다(10:35). 이 특별한 용례는 부자 청년(10:17, 20)과 종교지도자들(12:14)이 예수님을 '선생'이라 불렀던 목적과 유사하다. 마가가 12:15에서 지적하듯, 이는 가식적인 아첨에서 나온 것이다. 10:35에서 야고보와 요한이 이 호칭으로 예수님을 부른 이유도 마찬가지다. 그들은 예수님이 좀처럼 응해주지 않을 듯한 일을 부탁하려고 아첨하고 있다. 달리 말해, '선생'이라는 호칭은 열두 제자들이 처한 배경에서 나온다. 예수님은 위대한 선생이지만, 그 이상이기도 하심을 제자들은 이해하게 될 것이다.

이와 달리 무리는 예수님을 줄곧 선생으로 인식한다. '선생'이라는 호칭이 제자들에게는 적합치 못한 것일 수도 있지만, 열두 제자들 외의 사람들에게는 적합한 호칭이었다. 그래서 5:35에서 야이로의 친구들이 예수님을 가리켜 '선생님'이라 부르며, 9:17에서는 중풍병자가, 10:17과 10:20에서는 부자 청년이 예수님을 가리켜 '선생님'이라 부른다.[35]

반드시 명심해야 할 사실은 마가가 예수님의 어떤 호칭을 단순히 소개하고

---

34 9:35-50에 수록된 이 내용은 마가복음에 나오는 주요 교훈 부분 중 하나다. 여기서 마가는 예수님의 여러 말씀들을 함께 모은다(이곳의 자료들이 마태복음과 누가복음의 여러 문맥 속에서도 발견된다는 사실이 이 점을 뒷받침한다). 그리고 여러 '표어들'을 통해 그 말씀들을 연관된 한 단락으로 묶는다(특히, 서로 화목하라고 가르치는 9:35과 9:50). 구조상 이 교훈 부분은 마가가 앞의 교훈 단락(4:1-34)을 구성한 방식과 같다. 따라서 이 문맥에서 예수님을 가리키는 가장 정확한 호칭은 '선생'이다.

35 예수님께서 자신을 가리켜 선생이라 일컬으신 예가 한 번 있다. 유월절 음식을 먹을 방을 찾기 위해 두 제자를 보내실 때, 그분은 집 주인에게 이렇게 말하라고 지시하신다. "선생님의 말씀이 내가 내 제자들과 함께 유월절 음식을 먹을 나의 객실이 어디 있느냐 하시더라"(14:14). 이 구절로 그 집 주인이 예수님을 어떤 분으로 보았는지 분명히 알 수 있다.

논의하는 데서 끝나지 않는다는 점이다.[36] 일단 예수님의 신분을 밝히고 나면 그런 역할을 하시는 모습을 계속 소개한다. 마가는 예수님의 여섯 가지 측면들을 따로 규정하지 않는다. 그는 예수님에 관한 사람들의 생각을 점진적으로 제시하는데, 그 과정에서 드러난 각 생각들은 옳지만 마지막 사항이 드러나기 전까지는 불완전하다. 각 호칭은 정확하지만, 예수님의 신분을 온전히 알기 위해서는 이 모든 호칭을 함께 이해해야 하기 때문이다. 1단원에서 선생으로 소개된 예수님은 마가복음 나머지 부분에서도 선생의 역할을 계속하신다. 마가복음에서 선생이신 예수님의 모습을 오랫동안 주요 강조점으로 삼아온 것이 사실이다.[37] 가장 먼저 나오는 호칭이고 가장 긴 분량에 걸쳐 언급된다는 점이 그 이유 중 하나다. 또한 "마가복음에서 '디다스칼레'(*didaskale*)는 예수님을 일컫는 가장 흔한 호칭이다."[38]

이처럼 열두 제자들은 예수님을 강하고 능력 있는 선생으로 이해하면서 그분과 관계를 맺는다. 그들에게 익숙한 문화적, 신학적 범주를 고려할 때 이는 충분히 예상 가능한 일이다. 하지만 그들은 이제 그들을 제한했던 유대 문화의 테두리를 벗어나게 된다.

---

36 앞에서 언급된 '호칭들의 사용' 부분을 보라.

37 "마가복음의 기사는 비교적 단순하다. 이 점은 마가가 다른 공관복음서들의 경우보다 더 자주 가르치는 일과 관련된 호칭으로 예수님을 가리킨다는 사실에서 분명해진다"(Meye, p.36). "마가는 예수님을 '선생'으로 묘사하는 일에 의식적으로 관심을 기울이지만, 마태와 누가는 마가에 비해 덜 그러하다." Meye, p. 39 또한, R. T. France, "Mark and the Teaching of Jesus," in *Gospel Perspectives: Studies of History and Tradition in the Four Gospels*, ed. R. T. France and David Wenham, vol. 1 (Sheffield: University of Sheffield, 1980), p. 102와 Ralph Martin, *Mark: Evangelist and Theologian* (Grand Rapids: Zondervan, 1973), pp. 111-17을 보라.

38 France, p. 104.

선지자이신 예수님: 2단원 분석(막 4:35-6:30)

예수님이 선생이시라는 제자들의 평가는 이제 막 흔들리고 있다. '선생'이라는 호칭이 정확히 예수님을 묘사하긴 하지만 그것으로 충분하지는 않다. 다만 예수님의 신분과 관련해 한 부분만을 설명할 뿐이다. 2단원에서 제자들은 예수님이 특출한 선생이실 뿐만 아니라 큰 권능을 지닌 선지자이심도 배운다.

예수님의 권능

폭풍을 잔잔케 하심: 마가복음 4:35-41

2단원(4:35-41)의 첫 단락에서, 열두 제자들은 예수님이 단순한 선생이 아니심을 발견한다. 예수님이 교훈을 베푸시고 날이 저물 때 갈릴리 호수를 건너기로 결심하면서 이야기는 시작된다. 그날 예수님은 해변가에 정박한 배 위에서 사람들에게 설교하셨다. 그리고 뭍에 내려 무리와 함께하시는 대신, 배를 타고 제자들과 함께 맞은 편을 향해 가신다(4:35-36). 이때 '큰 광풍'이 일어난다. 이는 해저면이 우묵한 갈릴리 바다에서 특이한 사건이 아니다. 깊은 호수와 가장자리에서 불어오는 바람이 만나 큰 폭풍이 일어나곤 하기 때문이다. 본문에서 묘사되는 폭풍은 특히 강렬하다. 이 호수에 익숙한 어부 출신의 제자들마저 근심에 빠진다. 배가 물속에 가라앉으려 한다(4:37). 제자들은 놀라 예수님을 깨운다. 그들은 조금 화가 난 음성으로 말한다. "선생님이여 우리의 죽게 된 것을 돌보지 아니하시나이까." 예수님은 "깨어 바람을 꾸짖으시며 바다더러 이르시되 잠잠하라 고요하라"고 하신다. 그러자 폭풍이 순종한다. "바람이 그치고 아주 잔잔하여지더라"(4:39). 제자들은 깜짝 놀란다. 전혀 예상치 못한 일이었다.

전혀 예상치 못한 일이라는 사실은 세 가지 측면에서 분명하다. 첫째, 제자들이 예수님을 깨운 이유는 그분의 도움을 받아 배에서 빠져나가기 위함이었다. 이 사실은 "물결이 배에 부딪혀 들어와 배에 가득하게 된 것"이 문제라고 하는 마가의 분명한 언급(37절)에 암시되어 있다. 물에 빠지지 않으려면 배 안에 든 물을 퍼내야 했다. 마가가 묘사한 바와 같이 지금까지 경험으로 미뤄보아 예수님이 이적을 베풀어 자기들을 구하실 것이라고 제자들이 기대할 이유는 없었다.[39] 둘째, 그들이 사용한 예수님의 호칭에서 당시 그들이 그분을 어떻게 이해했는지 알 수 있다(4:38). 선생들도 병을 고치고 귀신들을 쫓아낼 수는 있지만, 제자들은 그런 행위를 넘어선 능력을 예수님이 가지고 계시리라고는 기대하지 않았을 것이다.[40] 끝으로, 예수님이 폭풍을 잠잠케 하신 후 제자들이 보인 반응을 볼 때 그들이 기적을 전혀 기대하지 않았음을 알 수 있다. 그들의 두려움은 공포로 변한다. 이같은 종류의 기적을 기대했다면 그런 반응을 보이지 않았을 것이다. 그들은 '그가 누구이기에' 하며 놀란다. 그들이 가지고 있던 옛 판단들은 더 이상 적합하지 않게 되었다. "비교적 차분하게 교훈적인 강화를 풀어놓다가(4:1-34) 격렬한 폭풍과 자연력을 제어하시는 예수님의 놀라운 권세로 이야기를 전환시킨 것은 예수님이 종교적인 선생 이상의 존재이심을 상

---

39 마가복음에서 지금까지 그들은 예수님의 큰 권능을 경험한 적이 전혀 없다. 그러나 눅 8:22-25에 나오는 같은 기사에서는 예수님께서 죽은 사람을 다시 살리실 수 있음을(눅 7:11-17) 열두 제자들은 이미 알고 있다. 제자들도 예수님이 강한 선지자이심을 이미 알고 있다. 그 사건 속에서 예수님께서는 '큰 선지자'(눅 7:16)로 불리신다. 이러한 점들은 여러 복음서에서 나타나는 단락들이 각 복음서 기자들의 각기 다른 목적과 방식에 따라 사용되고 있음을 보여준다. 각 복음서의 기자가 나름대로 신학적 의도를 갖고 이야기를 전개한다는 것은 오래 전에 알려진 사실이다. 제5장에서 지적한 것처럼, 본서의 관심사는 마가가 자신의 독특한 신학적 의도에 따라 어떻게 이야기를 전개하는지를 살피는 것이다. 열두 제자들이 예수님에 대해 점진적으로 이해해가는 과정을 보여주는 것 또한 마가의 의도 가운데 하나다. 그러므로 마가의 이야기 전개 방식에 주목하는 것이 중요하다.
그의 이야기가 지닌 통일성을 진지하게 다루어야 한다. 그래야 내용이 진실하게 유지된다. 따라서 본서에서는 열두 제자들의 경험을 마가의 이야기 전개 순서에 따라, 그리고 그만의 문학적 의도에 따라 논의하고자 한다. 사건들의 연대와 다른 복음서 기자들이 어떻게 단락들을 활용해 이야기를 전하는지에 관한 문제 제기는 또 다른 문제이며, 본서의 범위를 넘어선다.

40 "현대인들은 매우 놀라운 치유 기사보다는 폭풍을 멈추게 하신 이야기를 더 믿기 어려워한다"라는 Moule의 주해는 제자들에게도 적용된다. 그들은 예수님을 따르기 전에도 치유와 축귀 장면을 목격했을 것이다. 그런 일들은 1세기 이스라엘에서는 드물지 않았을 것이다. 하지만 "명령 한마디에 천기가 순종하리라고 과연 누가 믿을 수 있겠는가?" 그들은 이런 당황스러운 상황을 예상치 못했다. C. F. D. Moule, *The Gospel according to Mark* (Cambridge: University Press, 1965), p. 41.

기시키려는 마가의 의도다."[41]

아무리 위대한 선생일지라도 폭풍을 제어할 수 없다. 선생들은 그런 일을 하지 않는다. 그렇기 때문에 육체의 안전을 구하던 제자들의 두려움은 (루돌프 오토의 표현을 빌자면) 신성함을 대면한 순간 일종의 공포로 바뀐다.[42] 또한 열두 제자들은 예수님이 단순히 선생이 아니심을 깨닫게 된다. 하지만 예수님이 선생이 아니라면 과연 누구신가? 그들이 알던 것과는 달리 그토록 큰 권능을 지닌 이 분은 누구신가? 이에 대한 답변은 다음 몇몇 단락이 전개되면서 제시된다.

2단원의 서두는 다른 단원들의 서두에서 발견되는 세 가지 특징들을 담고 있다. 첫째, 예수님의 새로운 측면이 계시된다. 폭풍을 잠잠케 하시는 그분의 권능을 보고 제자들은 예수님이 선생에게서 기대할 수 있는 것 이상의 권능을 가지고 계심을 인식하지 않을 수 없다. 그들은 예수님을 깨웠을 때 그분이 위기 순간에 무엇을 하실 수 있는지, 무엇을 하실지 몰랐다. 둘째, 제자들은 압도당하는 듯한 감정을 경험한다. 처음에 그들은 놀란다(데일로이[*deiloi*]: 겁많은, 소심한.[43] 문맥상 이 두려움은 그들이 직면한 물리적인 위험 때문이다. 그들은 익사하기 직전이었던 것이다). 그러나 이 물리적 두려움은 경외의 감정, 초월적 신비감으로 바뀐다(에포베데산 포본: 문자적으로, "그들은 외경심에 사로잡혀 두려워했다").[44] 셋째, 질책의 요소가 담겨 있다. "예수께서 깨어 바람을 꾸짖으시며"(4:39).

---

41 Hurtado, p. 67.

42 이 책 pp. 90-91을 보라.

43 William F. Arndt and F. Wilbur Gingrich, *A Greek-English Lexicon of the New Testament and Other Early Christian Literature* (Chicago: University of Chicago Press, 1957), p. 173.

44 Vincent Taylor, *The Gospel according to St. Mark* (New York: St. Martin's Press, 1966), p. 277.

군대 귀신을 쫓아내심: 마가복음 5:1-20

다음 이야기에서 열두 제자들은 한층 더 무시무시한 광경을 보게 된다. 폭풍이 멎은 후 예수님과 제자들은 호수를 건너 이방인들이 많이 살고 있는 동쪽 해안에 내린다.[45] 시간은 여전히 밤중인 듯하다(그들은 날이 저물 무렵에 떠났다. 보통 날씨였다면 호수를 건너는 데 두 시간 이상은 걸리지 않았을 것이다.[46] 폭풍이 가로막았지만, 그들은 날이 밝기 전에 호수를 건너갔을 것이다).[47] 무서운 경험을 한 후 제자들은 다시 땅을 밟을 수 있어 기뻐했으리라. 그러나 그들이 맞이한 것은 또 다른 악몽이었다. 귀신 들린 사람이 무덤에서 소리를 지르며 나온 것이다. 배는 공동묘지에 정착했다. 밤의 공동묘지는 공포를 느낄 수 있는 최적의 장소다. 귀신들이 출몰한다고들 했기 때문이다.[48] 그 귀신들린 사람은 보기만 해도 끔찍하다. 그는 벌거벗은 데다 쑥대머리였다. 몸에도 심한 상처가 나 있다. 팔다리가 쇠사슬에 묶여 있는 듯도 하다(5:3-4). 제자들이 그곳에 함께 있다는 암시가 있음에도 불구하고, 그들의 존재가 기록되지 않은 점은 놀라운 일이 아니다. 그들은 호수를 건널 때 타고 온 배 안에 있고(5:1), 본문의 이야기가 끝날 무렵에도 배는 여전히 그곳에 있다(5:18).

이 사건을 통해 열두 제자들은 예수님 안에 다른 종류의 권능이 있음을 알게 된다. 그것은 가장 심각한 재난을 극복하는 능력이다. 이미 그들은 예수님이 귀신들을 제어하는 권능을 지니고 계심을 알고 있었지만, 이번 경우는 다른 의

---

45 '거라사 지역'의 정확한 위치는 알려져 있지 않다. Edward Schweizer, *The Good News according to Mark*, trans. Donald H. Madvig (London: SPCK, 1971), p. 113. 그리고 Nineham, p. 153을 보라.

46 Lane, p. 181.

47 호수를 건넌 후에도 여전히 밤중이었다면 광인이 멀리서 예수님을 볼 수 없었을 것이라는 반대 의견을 제기할 수 있다(5:6). 그러나 보름달이 떴다면 문제될 일이 없다. 어쨌든 이 기사에서는 단순한 감각적인 눈과는 다른 무엇이 암시된다. 광인은 예수님이 누구신지 이미 알고 있었다. 그는 예수님의 발 앞에 엎드려 "지극히 높으신 하나님의 아들 예수여"(5:7)라고 외친다.

48 William Barclay, *The Gospel of Mark*, rev. ed. (Philadelphia: Westminster, 1975), pp. 34-35. Guelich, p. 278.

미를 갖는다. 예수님은 한 귀신뿐만 아니라 수많은 귀신들이 모인 군대를 상대하셨다(개역성경에서 '군대'라고 번역된 로마의 군단은 약 6천 명의 병력을 가리킨다.[49] 한 사람에게서 나온 귀신들은 2천 마리 정도의 돼지떼에게 들어갔다—5:13). '군대'라는 용어는 귀신들의 수효뿐만 아니라 그들이 보유한 세력까지 암시한다. 로마 군단은 그 시대 가장 강력한 전투 단위였다. 더불어 이 용어는 예수님과 귀신들린 사람 간에 벌어진 일이 전투와 유사함을 시사한다. 하지만 금방 판명나듯 비등한 경합이 벌어지지는 않았다. 예수님은 쉽게 귀신들을 압도하신다. 귀신들은 오히려 예수님에게 관용을 베풀어달라고 간청한다(5:12). 예수님은 이들의 주관자시다. 그분은 놀라운 권능을 가지고 계시다.

그 지역 사람들은 이 권능을 인식한다. 발생한 재난(그들의 관점에서는 그러했다)을 목격한 후, 그들은 예수님에게 떠나달라고 간청한다(5:16-17). 이방인이었던 까닭에(그들은 돼지를 길렀다), 예수님을 능력 있는 마법사쯤으로 보았던 것 같다.[50] 그만큼 예수님은 사람들에게 아직 이해받지 못하셨다. 그래서 떠나셔야 했다. 예수님이 권능을 누구에게 표출하셨는지 누가 알았겠는가? 결국 예수님은 그 지역의 돼지 떼만 몰살시킨 것으로 오해받으셨다.

혈루증을 고치심: 마가복음 5:24-34

이어지는 두 이야기는 예수님의 권능에 대해 더 많은 것을 계시한다. 마가는 두 단락을 두 번째로 함께 묶는다. 두 단락 모두 여인들과 연관된다. 두 여인들은 제의적인 의미에서 부정하다. 한 명은 혈루증 때문이고, 다른 한 명은 죽은 상태이기 때문이다. 그러나 모두 예수님의 권능으로 치유를 받는다.

첫 번째 이야기는 혈루증 앓는 여인에게 초점을 맞춘다. 그녀는 12년간 병으

---

49 Hurtado. p. 71.

50 이 책 pp. 249-51을 참조하라.

로 고생했다(5:25). 누구도 그녀를 치유할 수 없었다. 그녀는 "많은 의사에게 많은 괴로움을 받았고 가진 것도 다 허비하였으되 아무 효험이 없고 도리어 더 중하여졌던" 상태다(5:26). 그런데 이 이름 없는 여인이 몰래 예수님에게 다가간다. 사람들이 특정 질병을 앓는 그녀를 의식적으로 부정하다고 여겼기 때문에 그렇게 할 수밖에 없었다. 이는 그녀가 다른 사람들과 접촉하면 그들까지 부정하게 된다는 것을 의미한다(레 15:19). 사실 그녀는 무리 속에 함께 있을 수도 없었다. 따라서 예수님에게 직접 접근할 수도 없었다. 그녀가 기대할 수 있는 것은 그분의 겉옷을 만지는 일뿐이었다(막 5:27).[51] 그런데 놀랍게도 그녀의 질병이 치유된다(5:29). 예수님은 자신의 능력이 빠져나갔음을 자각하신다(5:30). 그래서 그녀에게 자신의 병이 나았음을 고백하도록 이르신다. 그리하여 그녀의 치유가 완료된다.[52]

이 구절은 예수님에 대한 세 가지 사실들을 더 보여준다. 첫째, 그의 권능으로 치유할 수 없는 질병은 없다. 둘째, 네 이야기 모두가 한 주제를 드러내고 있는데, 바로 예수님의 권능에 관한 이야기다. 여기서 마가는 처음으로 '능력'(뒤나미스[*dynamis*]—5:30)이라는 용어를 사용한다. 셋째, 이 능력은 예수님 안에 있다. 능력은 그분의 일부다. 여인이 그분의 옷자락에 손을 대는 순간 능력이 그분으로부터 나갔다(5:30). "근본적으로 '뒤나미스'는 살아계신 인격적 하나님의 권능이며…그분의 권능을 드러내는 '강력한 사역'이다. 본문 구절에서 '텐 엑스 아우투 뒤나민'(*ten ex autou dynamin*)은 예수님 안에 거하는 신령한 치유의

---

51 "고대 사람들은 치유자를 신성한 존재로 여겼으며, 그가 지닌 물건에도 치유력이 있다고 생각했다"(19:12 참조). Mann, p. 285.

52 이처럼 공개적으로 드러내지 않았다면 그녀의 병은 완치되지 않았을 것이다. 이 질병은 신체뿐만 아니라 사회적으로도 문제가 되기 때문이다. 예수님께서 문둥병자로 하여금 정결례를 거쳐 다시 사회로 들어가게 하신 것과 같이(1:44), 여기서도 그녀가 치유를 받아 다시금 정상적인 사회 생활을 영위할 수 있게 되었음을 공식적으로 알리신다. 그녀를 신체적으로, 영적으로, 사회적으로 치유하신 것이다.

권능이다.…그 권능은 그분으로부터 나온다."[53]

죽은 아이를 살리심: 마가복음 5:21-24, 35-43

이 단락 사이에 끼어 있는 이야기는 '예수님의 권능'이라는 개념을 좀 더 분명히 해준다. 병든 소녀가 죽었다는 소식을 들었을 때 예수님은 이 아이에게 가시는 도중이었다(5:35). 예수님은 두려움이 아닌 믿음을 권고하시며 (5:36), 여전히 아이의 집으로 나아가신다. 예수님의 일행이 그곳에 이르렀을 때 직업적으로 곡하는 자들이 와 있었다. 1세기의 일반적인 판단 근거로 비춰보건대, 이러한 사실로 그 소녀가 이미 죽었음을 알 수 있다(5:38). 그러나 예수님은 이 사실을 부인하신다. "이 아이가 죽은 것이 아니라 잔다"(5:39). 예수님의 말씀은 그 아이가 정말 죽지 않았다거나 일종의 혼수 상태에 빠졌다는 뜻이 아니다. 이는 아이의 아버지를 재확신시키려고 하신 말씀이다. 하지만 곡하는 자들, 심부름하러 온 자들의 보고, 예수님의 말씀을 비웃는 상황이 말해주듯 소녀는 이미 죽었다. 게다가 아직 그 아이를 보지 못하신 예수님은 아이의 신체적 상태가 어떤지 피력하실 입장이 아니었다. 그런데 예수님은 죽어서 부패한 냄새가 나던 나사로에 대해 말씀하실 때 사용한 표현을 한 번 더 쓰신다(요 11:11-15). 예수님과 아이의 부모와 세 제자들은 아이에게로 간다(막 5:40). 예수님이 몸을 굽혀 아이의 손을 잡고 말씀하시자 아이가 일어난다(5:41-42). 예수님은 죽음조차 제어하는 권능을 지니고 계셨다.

따라서 이 네 단락을 보면 예수님이 인생을 괴롭히는 모든 세력을 제어하는 권능을 지니고 계심을 제자들이 인식하게 됨을 알 수 있다. 자연 재난, 악령의 세력, 고질적인 질병, 궁극적 '원수'인 죽음을 다루는 그분의 권능은 사람들을 압도했다.

---

53 Taylor, p. 291.

선지자의 역할

이 일련의 이야기 중 첫 이야기에서 제자들은 "저가 뉘기에…"라고 묻는다. 예수님은 누구시기에 폭풍을 길들이는 권능을 지니고 계시는가? 다음 세 단락 각각의 끝무렵에 내심 이와 동일한 물음을 던졌을 것이다. 누구시길래 강압적인 악령의 세력을 물리칠 권능을 지니셨는가? 누구시길래 만성적인 질병을 치유하는 능력을 지니셨는가? 누구시길래 죽은 자를 일으키는 능력을 지니셨는가? 과연 누구신가?

열두 제자들이 성경 말씀을 떠올리기만 했다면 이런 물음에 답할 수 있었을 것이다. 구약성경에 나오는 선지자들은 이런 종류의 능력을 지녔다. 그들은 자연 이적을 행할 수 있었다. 선지자 요나가 기도하자 "바다가 뛰노는 것이 곧 그쳤다"(욘 1:15). 엘리야는 사르밧 과부의 곡식 가루통과 기름병이 동나지 않게 했다(왕상 17:8-16). 선지자들은 악령의 세력과 맞서 승리를 거두었다. 이를테면, 모세는 바로 궁정에서 술사들을 물리침으로써 하나님의 권능이 술사들의 능력보다 탁월함을 입증했다(출 7-9장).[54] 선지자들은 병을 고쳤다. 엘리사는 나아만의 나병을 치유했고(왕하 5장), 이사야는 히스기야를 치유했다(왕하 20장).[55] 선지자들이 죽은 자까지 살릴 수 있었다는 점은 정말 놀라운 사실이다. 열왕기상 17:17-24에서 엘리야는 죽은 소년을 다시 살렸고, 열왕기하 4:18-37에서는 엘리사가 수넴 여인의 죽은 아들을 살렸다.[56]

---

54 "악령의 존재와 이들을 처치하는 술사들의 능력을 널리 인정하던 당시 상황을 고려하건대, 구약성경이 이같은 마법에 철저히 침묵한다는 것은 놀라운 사실이다.…구약성경에 축귀에 대한 직접적 언급이 없다는 것은 특히 주목할 만하다. 성경 이후 문학에서 축귀자들의 활동을 너무나 당연시하기 때문이다." I. Mendelsohn, "Exorcism," in *The Interpreter's Dictionary of the Bible*, vol. 2 (Nashville: Abingdon, 1962), p. 199.

55 그러나 Howard Clark Kee, *Medicine, Miracle, and Magic in New Testament Times* (Cambridge: Cambridge University Press, 1986), p. 9는 이렇게 말한다. "구약성경에는 치유 이야기가 상대적으로 드물게 나타난다."

56 그러나 예수님과 구약 선지자들 간에는 차이가 있다. 선지자들은 이 큰일들을 해내기 위해 하나님께 부탁을 드린 반면, 예수님은 스스로의 힘으로 이런 결과를 일으키셨다. 그분은 선지

하지만 열두 제자들을 위해 올바른 호칭을 제시하신 분은 예수님 자신이다. 네 가지 권능 기사들에 이어지는 단락에서, 예수님은 자신을 선지자로 계시하신다. "선지자가 자기 고향과 자기 친척과 자기 집 외에서는 존경을 받지 못함이 없느니라"(막 6:4). 마가복음을 통틀어 예수님이 자신을 가리켜 선지자라는 호칭을 사용하신 유일한 경우다. 다른 사람들도 그분을 선지자로 묘사하지만(6:15, 8:28), 여기서 이 호칭은 2단원에 나타난 예수님의 신분을 규정한다.

예수님을 이렇게 묘사하는 것이 마가의 의도라는 사실은 2단원의 마지막 단락에서 재차 강조된다. 6:14-16에서 마가는 예수님에 관한 당시의 지배적인 생각들을 요약한다. "헤롯 왕이 듣고 이르되 이는 세례 요한이 죽은 자 가운데서 살아났도다 그러므로 이런 능력이 그 속에서 일어나느니라 하고 어떤 이는 그가 엘리야라 하고 또 어떤 이는 그가 선지자니 옛 선지자 중의 하나와 같다 하되"(6:14-15). 사람들은 예수님이 누구신지 정확히 확신하지는 못하며, 선지자 부류에 속한다고 추측하는 게 고작이었다. 이 단원에서 예수님의 신분은 이렇게 정의된다. "그는 놀라운 일을 행하는 선지자시다." 2단원에서 제자들이 알게 된 예수님에 대한 새로운 측면이다.

그런데 그들이 단지 소문을 듣거나(6:14-16) 예수님의 사역을 봄으로써(4:35-5:43) 예수님의 권능을 알게 되는 것이 아니다. 그들은 이 권능을 직접 경험함으로 알게 된다(6:6-13, 30). 예수님은 사역을 위해 자신의 권능을 그들에게 주신다. 악령들을 제어하는 권세를 그들에게 주신다(6:7). 열두 제자들은 둘씩 짝을 지어 마을로 들어가며, 실제로 귀신을 쫓아내고 병든 자를 치유한다(6:13). 자신을 통해 역사하시는 예수님의 권능을 경험한 것이다. 예수님이 단순히 선생이 아니라 위대한 권능의 선지자이심을 깨닫는 데 이보다 더 확실한 방법이 있겠는가?

자이면서도 선지자들보다 더 위대하셨다. 이 점은 마가복음에서 연이어 계시된다.

그러므로 2단원의 각 단락은 선지자로서 예수님의 역할 및 선지자가 지니는 권능을 드러낸다. 처음 네 단락(4:35-5:43)은 예수님의 권능과 선지자로서 그분의 역할을 계시한다. 다음 단락(6:1-6a)에서 예수님은 자신을 선지자로 지칭하신다. 열두 제자들에게 자신의 새로운 호칭을 제시하신 것이다. 다음 단락(6:6b-13, 30)에서 예수님은 자신의 권능을 열두 제자들에게 전해주어 그들이 그 권능의 실재를 먼저 경험할 수 있도록 하신다. 또한 마지막 단락(6:14-29)에서 예수님은 다시 한번 선지자로 언급되신다. 뿐만 아니라 하나님으로부터 온 그분의 참된 권능이, 국가로부터 온 헤롯의 무기력한 능력과 대조된다.

마법사이신 예수님?

1세기 유대교는 하나님께서 이스라엘 백성에게 선지자를 다시 한번 보내실 것이라는 강렬한 소망을 품고 있었다. 특히 유대인들은 엘리야가 다시 돌아오기를 고대했다.[57] 그래서 세례 요한이 나타났을 때 큰 동요가 일어났다. 하나님께서 보내신 참된 선지자일 것이라는 기대 때문이었다. 세례 요한 때문에 일어난 모든 상황을 고려하건대, 열두 제자들이 예수님을 선지자로 이해하는 데는 그리 많은 상상이 필요치 않았다. 그들만 그렇게 이해한 것도 아니었다. 무리도 예수님을 선지자로 여겼다(6:15, 8:27-28).

그러나 제자들이 유대교적인 선지자 개념에만 의존해 예수님을 이해한 것은 아니다. 헬라 문화로 볼 때 그분의 권능은 다른 방식으로도 설명이 가능하다. 모턴 스미스에 의하면, 예수님의 제자들과 다른 사람들은 예수님을 마법사로 보았다.[58] 스미스는 특히, 여러 문화와 빈번하게 접촉하는 혼합 민족으로 구성된 갈릴리에서 마법사가 더 잘 알려져 있었을 것이라고 주장한다. 서기관들도 이같

---

57 Ferdinand Hahn, *The Titles of Jesus in Christology* (London: Lutterworth Press, 1969), pp. 352-55.

58 Morton Smith, *Jesus the Magician* (San Francisco: Harper & Row, 1978), pp. 20, 67- 68.

은 맥락에서 예수님을 비방한 적이 있다(3:22).

그러나 예수님을 마법사라 보는 것은 본문을 잘못 이해한 탓이다. E. P. 샌더스는 스미스의 가설을 고려한 후 이렇게 설명한다.

> 예수님이 이적을 행하실 때 때로는 마법사처럼 보이기도 하지만…그래서 '마법'을 행하신다고 볼 수도 있지만, 그분을 마법사로 단정할 수는 없다. 요세푸스가 기록하고 있듯이, 에세네파가 마법에 능숙하다고 해서(BJ II. 159), 그들을 '마법사'로 부르는 것은 적절하지 않다…스미스가 예수님을 마법사의 범주에 포함시킨 것도 그리 적절하지 않다. 적어도 지금까지는 '선지자'가 가장 적절한 호칭일 것이다.[59]

데이비드 온은 이 점을 다음과 같이 부연 설명한다.

> 예수님의 치유와 축귀가 그리스-로마의 마법과 유사하다 해서(실제로 그렇긴 하지만) 그분의 놀라운 행위들을 마법으로 간주할 수는 없으며, 그런 특성들이 흔치 않다고 해서 마법이 아니라고 볼 수도 없다…하지만 예수님을 마법사로 여기는 것은 적합하지 않다. 무당, 그리스-로마 또는 랍비적인 현자, 선지자, 메시아와 같은 인물들이 수행하는 중요한 역할 중 하나가 마술일 수는 있다. 그러나 각각의 종교-사회학적인 역할은 여러 가지 전문적인 기능들을 함께 수반한다. 사회학적으로…예수님을 마법사의 범주에 포함시키는 것은 문제가 있다. 그분이 사용하신 마법적 행위들을 메시아적 선지자의 역할 속에 포함시키는 것이 더 적합하기 때문이다.[60]

제자들이 마법사의 존재를 알고 있었을 수도 있다. 그러나 그들은 예수님을

---

59 E. P. Sanders, *Jesus and Judaism* (London: SCM Press, 1985), p. 170.

60 David E. Aune, "Magic in Early Christianity," in *Aufstieg und Niedergang der römischen Welt* II.23.2 (1980), p. 1539.

가리켜 마법사라는 호칭을 사용한 적이 없다. 마가에 의하면, 2단원에서 그들은 예수님을 선지자로 이해하게 된다. 선생이라는 호칭으로는 예수님의 권능을 설명할 수 없다는 사실이 입증되었을 때 그분에 관한 개념을 대체했던 것이 바로 선지자라는 호칭이다.[61] 따라서 제자들은 예수님의 신분을 정확히 이해하는 여정에서 두 번째 걸음을 내딛게 되었다.

메시아이신 예수님: 3단원 분석(막 6:31-8:30)

그렇다면, 이것이 예수님이 지니신 모습의 전부인가? 하나님께서 보내신 능력 있는 선지자로서의 역할만이 그분이 하실 일인가? 이 호칭으로 그분이 누구신지 제대로 알 수 있는가? 예수님이 하나님으로부터 온 선지자라는 사실은 하나님의 말씀을 갈망했던 사람들에게 분명 고무적인 소식이었다.[62] 1세기 유대인들이 선지자의 도래를 갈망하듯 제자들도 그랬다. 또한 사역에서 방금 큰 성공을 거둔 그들로서는 예수님에 관한 새로운 깨달음을 얻게 되어 매우 흥분했을 것이다(6:12-13, 30). 이제 그들은 예수님이 위대한 선생일 뿐 아니라 능력 있는 선지자시기도 함을 알았다. 제자들이 얼마나 감격했겠는가?

하지만 열두 제자들이 알게 된 예수님의 모습은 여기서 그치지 않는다. 예수님이 단지 많은 선생들이나 선지자들 중 한 명이 아님을(설령 그들 중 가장 특출하시더라도) 알게 되면서, 3단원에서 예수님에 대한 제자들의 이해는 한 단계 더 도약한다. 그분은 유일무이하시다. 그분은 메시아시다. 그분은 민족을 구원하기

---

61 "예수님께서 처음 모습을 드러내셨을 때 사람들은 주로 그분을 랍비로 여겼다. 그러나 그분의 특정 모습은 서기관과는 달랐으며 오히려 선지자의 모습이 떠올랐다." Hahn, p. 372.

62 이 사실은 세례 요한의 등장이 온 백성에게 열정을 불러일으켰다는 점에서 분명히 드러난다(막 1:5).

위해 하나님께서 보내신 분이시다.

마가는 앞의 두 단원들을 소개할 때와 같은 방식으로 이 단원을 시작한다. 즉, 제자들이 예수님의 신분을 충분히 이해하지 못했음을 질책하는 감동적인 이야기로 시작한다(6:31-44). 예수님에 관한 새로운 이해라는 관점에서 보면, 1단원에서 제자들은 그분이 어떤 선한 선생인지 알 길이 없었다. 2단원에서 그들은 예수님이 폭풍을 제어하시리라고 기대하지 않았다. 여기 3단원에서 그들은 예수님이 오천 명을 먹이실 수 있음을 이해하지 못했다.

감정적 반응이라는 관점에서 보면, 1단원에서 제자들은 예수님의 권세 있는 교훈에 놀라움을 표시했다. 2단원에서는 엄숙한 공포로 변화는 두려움을 보였다. 그리고 3단원에서는 예수님이 많은 무리를 먹이기 위해 자기들에게 무언가 시킬 것이라는 약간은 성가신 기분이 들었을 것이다.

질책이라는 관점에서 보면, 1단원에서 예수님은 귀신을 꾸짖으셨고, 2단원에서는 폭풍을 꾸짖으셨지만, 여기 3단원에서는 제자들이 예수님을 나무라고 있다. 예수님은 무리를 먹여야 한다고 말씀하셨고 제자들은 그것을 못마땅하게 여겼다. 무리를 다 먹이려면 돈이 많이 드는 데다가 날도 저물어 불가능한 일로 보았기 때문이다. 그들의 반응은 본질상 예수님의 무리한 제안을 질책하는 성격을 띤다.[63] 그러나 이 단원에서 그들은 예수님이 전혀 상상하지 못한 방법으로 사람들을 먹이실 수 있음을 알게 된다.

이 단원은 다른 단원들과 같은 방식으로 시작되지만, 예수님의 신분을 계시하는 내용은 앞의 두 단원들과 전혀 다르다. 1단원에서 제자들은 예수님의 설교와 가르침을 들음으로써, 귀신들을 쫓아내고 병든 자를 치유하시는 것을 봄으로써 그분이 얼마나 놀라운 능력을 지닌 선생이신지 발견한다. 2단원에서는 예수님의 능력 있는 행동을 봄으로써, 그 능력에 동참하도록 허락받음으로써 그

63 그들의 질문 속에는 '질책하는 듯한 놀라움의 뉘앙스'가 담겨 있다.

분이 큰 능력을 지닌 선지자이심을 알게 된다. 하지만 여기 3단원에서 그들은 예수님이 하신 행위의 성경적 의미를 파악함으로써 그분이 메시아이심을 발견한다. 이는 예수님이 치유 이적을 통해 그들의 눈을 열어 보게 하시고 그들의 귀를 열어 듣게 하시며 그들의 혀로 말할 수 있게 하시기 때문이다. 마가는 이 단원의 자료를 두 개의 이야기 사이클 형태로 제시한다. 우리는 이를 상징적으로 해석해야 한다. 특히, 전환은 제자들이 그들에게 일어난 변화를 고백하는 부분에서 절정을 이룬다. 이 두 사이클은 무리를 먹이시는 이적으로 시작해 특 이한 치유 이적으로 끝난다.

무리를 먹이시는 두 이야기

무리를 먹이시는 두 이야기는 일련의 상징적인 언급을 통해 예수님의 신분을 계시한다. 첫째, 무리를 먹이시는 일 자체가 하나의 상징적인 특징을 지닌다. 곧, 모세가 광야에서 하늘로부터 내린 떡으로 무리를 먹였던 일을 암시한다(출 16장, 민 11장). 예수님이 모세 같은 인물임을 계시하는 것이다. 제자들은 "예수님에게서 하나님께서 일으키실 '모세 같은 선지자'(신 18:15 이하), '세상에 오시는 선지자'(요 6:14)의 모습을 확인했을 것이다."[64] 또한 예수님은 다윗으로도 암시된다.[65] 배경은 사막이나 광야(에레몬[*erēmon*])이고(막 6:32), 예수님은 자신을 양떼를 지키는 목자로 비유하신다(6:34). 구약성경의 두 본문은 광야와 목자라는 두 개의 주제를 연결시킨다(민 27:15-17, 겔 34:5, 23). "배경으로 묘사된 목자와 광야라는 주제를 구약성경에서 이처럼 연결시키는 것으로 미루어, 34절은 모세 같은 선지자나 새 다윗과 관련된 예언이 예수님 안에서 성취되었음을 시사한다."[66]

---

64 Alan Richardson, "The Feeding of the Five Thousand," *Interpretation* 9 (1955): 145.

65 사람들의 기대 속에 담긴 다윗의 역할에 관한 논의(제8장에 수록됨)를 참조하라.

66 Sanae Masuda, "The Good News of the Miracle of the Bread: The Tradition and Its Marican Redaction," *New Testament Studies* 28 (1982): 209.

둘째, 두 차례에 걸쳐 무리를 먹이신 일은 예수님이 새 모세요, 새 다윗으로 유대인과 이방인을 포함한 모든 이들을 위해 오셨음을 계시한다. 오천 명을 먹이신 기사(막 6:35-44)는 유대인들에게 초점을 맞춘 반면, 사천 명을 먹이신 기사(8:1-9a)는 이방인들에게 초점을 맞췄다.

> 예수님이 오천 명을 먹이실 때 모인 이들은 유대인들이었고 지역은 갈릴리였다. 다섯 조각의 떡은 아마 율법의 다섯 책들을 상징하는 듯하다. 남은 조각 열두 바구니는 분명 이스라엘의 열두 지파들을 나타낸다. '바구니'를 의미하는 헬라어는 분명 유대식 바구니를 가리킨다. 사천 명을 먹이신 두 번째 이적은 다른 지역에서 일어난다. 모인 무리도 데가볼리의 혼합 민족인 이방인 군중이다. 이 두 번째 이야기는 예수님이 이방인들에게 생명의 떡을 공급하시는 것을 상징한다. 또한 그 수효가 의미 심장하다. '4'는 보편성을 상징하는 수로, 땅의 네 모퉁이와 하늘의 네 바람이 그러하다. 남은 일곱 광주리는 유대인들이 전통적으로 이방인들을 칠십 민족들로 구분했던 사실에서 연유한다. 더욱이 '광주리'에 해당하는 헬라어 '스퓌리스'(*spuris*)는 일반적으로 헬라식 바구니를 일컫는다.[67]

마스다는 모세 같은 인물이 도래할 것이라는 당시 1세기 사람들이 걸었던 기대에 관해 이렇게 주해한다.

> 예수님 당시의 유대교는 로마 압제로부터 유대인들을 해방시킬 인물을 점점 더 기대하는 분위기였다. 그들은 모세와 같은 구원의 중재자를 고대했다. 그들이 기대한

---

67 Richardson, p. 146. 또한 이 이야기에 내포된 요소들의 상징적 가치에 대해서는 Masuda, pp. 208-211; E. G. Paninder, "The Feeding of the Four Thousand: Mark 8:1-10," *Expository Times* 51 (May 1940): 397-398; 그리고 D. Hawkins, "The Symbolism and Structure of the Marcan Redaction," *Evangelical Quarterly* 49 (1977): 103을 보라.

것은 모세가 다시 돌아오는 것이 아니라, 구원사에 있어 종말론적 역할을 완수할 모세와 유사한 선지자였다. 만나 이적을 포함한 출애굽의 재현 같은 기대감이 있었던 것으로 보인다. 유대인들에게 있어 만나 이적은 그들을 구원할 인물이 왔음을 입증하는 표시였다.[68]

무리를 먹이신 이야기들 속에는 적어도 세 가지 의미가 있다. 첫 번째는 이적 그 자체와 그것이 예수님의 어떤 모습을 드러내는지와 연관 있다. 예수님은 양식을 늘리는 능력을 지니셨다. 이것은 또 하나의 위대한 자연 이적이다. 2단원은 폭풍을 잠잠케 하신 자연 이적과 더불어 시작한다. 마찬가지로 3단원은 또 하나의 극적인 이적으로 예수님의 권능이 얼마나 큰지 계시하며 시작한다.

두 번째 의미는 1세기 유대인들처럼 제자들도 이해했던 구약성경의 암시들과 연관된다. 이는 예수님이 새 모세요 새 다윗이심을 보여준다.

세 번째 의미는 마가복음의 독자들과 연관된다. 마가는 무리를 먹이신 이야기들을 통해 성찬식을 상기시키고자 한다. 6:41에서 마가가 사용하는 어휘들은 성찬식 제정과 관련해 14:22에 나오는 어휘들과 유사하다. 마가복음 6:41은 이런 내용이다. "예수께서 떡 다섯 개와 물고기 두 마리를 가지사 하늘을 우러러 축사하시고 떡을 떼어 제자들에게 주어 사람들에게 나누어 주게 하시고 또 물고기 두 마리도 모든 사람에게 나누시매." 그리고 14:22은 이렇다. "그들이 먹을 때에 예수께서 떡을 가지사 축복하시고 떼어 제자들에게 주시며," 더 나아가 8:6에서도 축사하고 떡을 떼시는 내용이 반복되지만, 여기서는 '유카리스테사스'(*eucharistesas*)라는 말이 실제로 사용된다. 독자들이 초점을 놓치지 않도록 이 용어를 쓴 것 같다. 그래서 독자들은 두 가지 사실을 이해하게 된다. 첫째, 예수님은 생명의 떡이시다. 둘째, 예수님이 유월절 양으로 오셔서 세상을

---

68 Masuda, p. 207.

구원하기 위해 이 생명을 주실 것이다.[69]

두 가지 치유들

하지만 무리를 먹이신 이야기에는 한 가지 문제가 있다. 정작 제자들은 그 속에 담긴 의미를 간파하지 못한 듯하다. 각각의 기사에 이어지는 내용에서 마가는 열두 제자들이 그 이적의 의미를 이해하지 못하고 있다는 사실을 지적한다.[70] 그러나 가이사랴 빌립보에서 "나를 누구라고 생각하느냐"라는 예수님의 물음에 제자들은 올바로 대답할 수 있었다. 그들은 어떻게 그런 통찰력을 얻을 수 있었는가? 예수님을 제대로 이해하지 못하다가 어떻게 그분을 새롭게 이해하게 되었는가? 해답은 여기에 있다. 귀먹고 어눌한 자와 소경이 치유받았듯이 그들의 눈과 귀와 입이 열렸던 것이다. 예수님의 치유의 이적을 통해서 이런 일이 일어났다. 무리를 먹이신 두 이야기가 상징적 차원에서 예수님의 신분을 드러내듯이 두 가지의 치유 이야기들도 그러하다. 여기서 마가는 열두 제자들이 치유받았음을 드러내지 않는다. 예수님이 제자들에게 안수하셨다는 말은 전혀 나오지 않는다. 대신 예수님이 메시아이심을 그들이 알고 있다는 사실을 암시한다. 그들도 그 두 사람처럼 치유 받은 적이 있기 때문이다.[71]

가이사랴 빌립보에서 일어난 사건은 3단원뿐만 아니라 마가복음 제1부의 절정이기도 하다. 이 단락(8:27-30)에서 예수님은 사람들이 자신을 누구라고 생각

---

69 Richardson, pp. 146-147. Quentin Quesnell은, 막 6:52에서 자신이 고찰한 내용을 제시하면서 이렇게 결론짓는다. 그 떡과 관련해 제자들이 이해하지 못했던 단 하나의 사실은, '광야에서 양식을 나누어준 이야기 속에 함축된 성찬식적인 의미'였다는 점이다. 원래 사건에 관해서는 아무것도 알 수 없다. 일어난 일에 대한 마가의 개인적 견해에 관해서도 전혀 알 수 없다. 그는 "성찬식의 온전한 의미는 기독교의 온전한 의미다"라고 설명한다. Quentin Quesnell, *The Mind of Mark: Interpretation and Method through the Exegesis of Mark 6:52*, Analecta Biblica 38 (Rome: Pontifical Biblical Institute, 1969), pp. 275-77을 참조하라.

70 제자들의 이해 부족은 제9장에서 분석하겠다.

71 두 가지 치유 이적들도 제9장에서 논의하겠다.

하는지 제자들에게 물으신다. 대중적인 평가에 의하면, 헤롯에게도 전해진 바와 같이(6:14-15) 예수님은 줄곧 '선지자'로 알려지셨다. 이것은 정확하긴 하지만 불완전한 평가다. 그분은 그 이상이시다. 그다음에 예수님은 열두 제자들이 자신을 누구라고 생각하는지 베드로에게 물으신다. 베드로는 좀 더 정확하게 대답한다. 제자들은 예수님이 단순한 선지자가 아니심을 알았다. 그분은 메시아시다. 마가복음에서 '선지자'라는 호칭이 예수님에게 적용된 본문으로는 이것이 마지막 구절이다. 여기서부터 제자들은 예수님이 어떤 종류의 메시아신지 깨달아 가는 과정에 들어선다(제자들만 이같은 새로운 이해에 들어선다).

메시아에 관한 1세기의 생각들

베드로는 무슨 뜻에서 "주는 그리스도(메시아)시요"라고 선언했는가? 다른 제자들은 메시아를 어떻게 이해했는가? 그들에게 메시아란 누구였는가? 이 물음에 답하기 위해서는 제자들이 살았던 1세기 당시 메시아관이 성립된 문화적 배경을 추측해볼 필요가 있다.

첫 번째 가설은 하나님께서 이스라엘을 당신의 특별한 민족으로 택하셨다는 것이다. 이것은 1세기 유대인 종교의 기본 개념이었다. 하나님께서는 만민 중에서 그들을 택하사 따로 구분하셨다. 그들은 하나님의 백성이 될 것이고, 하나님은 그들의 하나님이 되실 것이라는 점이다.[72] 두 번째 가설은 하나님께서 이스라엘과 그 민족인 자신들을 축복하시리라는 것이다. 하지만 그들은 여러 해 동안 자기 땅도 없이 살았다. 하나님의 축복이 어디에 있었는가? 아마 그들은 미래에 임할 메시아 시대에 축복을 받게 되리라고 생각했을 것이다. 다른 민족들에게

---

72 Emil Schürer, *The History of the Jewish People in the Age of Jesus Christ* (175 B. C.–A. D. 135), ed. Geza Vermes and Fergus Millar, 3 vols. (Edinburgh: T. & T. Clark, 1975), 2:492.

예속된 기간이 길어질수록 미래에 대한 소망은 더욱 커졌을 것이다.[73] 그래서 1세기에는 미래에 임하실 메시아의 역할에 관한 추측이 많이 대두된다.

미래에 관한 1세기 유대인들의 생각은 구약성경과 신구약 중간기 문학으로 말미암아 형성되었다. 이처럼 미래에 거는 기대가 다양했지만 그들에게는 공통된 사고방식이 있었다.[74] 구약 선지자들의 기록에서 공통된 사유의 뿌리를 발견할 수 있다.

> 포로기 이전 선지자들은 공동체가 도덕적으로 정화되고 모든 악한 요소들이 정화될 것이라는 소망을 가졌다. 그래서 이 공동체는 평온한 가운데 번성해 이방 세계로부터 존중받으며, 이 공동체에 대적한 세력은 멸망하든지 아니면 이스라엘과 그 하나님을 인정하지 않으면 안 된다. 공의롭고 지혜로우며 강한 힘을 가진 왕이 다윗 가문에서 나와 이 공동체를 다스릴 때 내적인 공의와 평강과 기쁨이 가득할 것이다. 모든 자연 재해마저 근절되고 밝은 지복의 상태가 도래할 것이다. 하지만 이 같은 비전은 후대에 이르러, 부분적으로는 후기 선지자들의 시대에, 특히 성경 시대 이후 대대적으로 수정되었다.[75]

메시아 개념에 관한 가장 빠른 시기의 통찰 중 하나가 다니엘이 품었던 이상 가운데 나타난다.[76] 다니엘은 하나님께서 민족들을 심판하는 자리에 앉으시고,

---

73 "또한 '하나님'은 그들에게 율법을 주셨고 율법에 대한 순종을 전제로 축복을 베푸시겠다고 스스로 약속하셨다.…그러나 분명한 것은 실제로 민족 전체뿐만 아니라 개인들도 기대만큼 보상이 주어지지 않았다. 그래서 이같은 자각이 민족과 개개인의 마음속에 더 깊이 스며들면 스며들수록, 그들의 눈은 더욱더 강렬하게 미래로 향했다. 현재 상황이 나쁠수록 그들의 소망은 더 강렬해졌음은 물론이다." Schürer, 2:492.

74 Schürer, 2:493.

75 Schürer, 2:493.

76 Schürer, 2:497. 다니엘서가 주전 167-165년 경에 기록되었다고 본다. 다른 학자들은 그 이전 시기로 본다.

성도들이 그 나라를 받아 영원히 소유하며, 또한 민족들이 자신의 나라가 멸망함에도 불구하고 하나님을 섬길 미래에 관해 예언한다. 그러나 다니엘이 왕으로서 봉사하실 메시아에 관한 이상을 피력하고 있는지는 불분명하다.[77]

메시아에 대한 소망은 위경에서 가장 분명히 드러난다.[78] 클로즈너에 의하면, 바로 이 문헌을 통해 예수님 당시의 메시아 개념들이 형성된다.

> 큰 고통에 처한 많은 사람들은 위경의 묵시 문학 속에서 신성한 위안을 찾았다. 수많은 상상의 꽃을 피운 기대들과 영광스러운 소망들은, 의식 율법을 엄격하게 준수하면서도 '할라카'를 중시하지는 않았던 대다수 지식인 영혼들에게 이슬처럼 느껴졌다. 이 놀라운 약속들은 상심한 지식인들에게 일종의 진통제였고, 이적을 구하는 평민들에게는 내적 양식이었다. 위경서가 초기 기독교인들, 아마 예수님께까

---

77 단 7:9-27; 2:44.

78 에녹서(주전 2세기)는 메시아에 관해 "그는 흰 황소처럼 임하되 하나님께서 민족들을 심판하신 후에 나타난다. 메시아는 이같은 결과를 일으키는 데 아무런 역할도 담당하지 않는다"고 언급한다.
시빌라인 신탁(The Sibylline Oracles, 주전 140년 경)에는 메시아 예언이 풍성하게 나온다. 여기서 메시아가 이룩할 핵심은 반민에게 미치는 영원한 나라의 확립'에 있다.
그러나 '솔로몬의 시편들'에서는 메시아의 모습이 좀 더 상세하게 묘사되고 있다. 이것은 대부분 주전 1세기 중엽에 구성된 위경이다(주전 2세기 전에 구성된 것은 아니다). J. Oswalt, "Psalms of Solomon," in *Zondervan Pictorial Encyclopedia of the Bible* (1975 ed.)은 시편 17편의 내용을 다음과 같이 요약한다.
"메시아는 분명 한 개인이며 다윗의 자손이다. 이 사실은 다윗 왕권이 완전히 패망한 이후에 하나님의 약속이 실현되었음을 의미한다. 신성에 대한 분명한 언급이 없지만, 그분은 '주 메시아'(그리스도)로 불리신다(어떤 주해가들은 이 호칭을 '주의 메시아'로 읽어야 한다고 믿지만, 이 시편들에는 그런 독법 사례가 전혀 없다. '주'란 하나님만 칭하기 때문에 여기 함축된 의미는 분명하다. 이 외에도 장차 세워질 나라는 평범한 인간의 나라가 아니라 그릇됨과 불공평이 바로잡힐 초자연적인 나라임에 분명하다. 그분은 예루살렘을 정화시키고, 불경건한 민족들을 멸하며, 죄인들을 회개시키실 것이다. 또 온 땅을 이스라엘 지파들에게 주며, 그들 가운데 거하는 이교도들로부터 그들을 자유케 할 것이다. 하지만 이 모든 일은 전쟁 없이 이루어져야 한다. 그분은 자신의 말씀으로 땅을 치며 자신의 공의로 민족들을 정화시키실 것이다. 마치 목자가 양떼를 돌보듯이 자기 백성을 보살피실 것이다."
이 그림은 정경 속에 나오는 메시아에 대한 구절들과 의미가 다르지 않지만 좀 더 온전하고 조리가 있다. 흥미롭게도 이러한 점은 정복자와 구속주 간의 구분을 애매모호하게 했고, 이로 인해 예수님의 생애 동안 그토록 많은 사람들이 혼란에 빠졌다.

지 영향을 미친 데는 이유가 있다. 새로운 메시아 사상을 믿는 자들 중 대부분은 평민(암메 하-아레츠) 출신이었기 때문이다.[79]

고대했던 메시아 왕국에 관한 가장 완전한 그림은 성전 멸망 이후 수십 년에 이르기까지는 제시되지 않았다. 바룩서와 에스라서 등의 외경들은 이 기간을 상세히 묘사한다. 이 두 저술을 통해 제시되는 메시아 왕국 도래의 유형은 다음과 같다.[80] 첫째, 큰 혼돈과 시련의 때가 온다. 그때 자연 만물이 큰 혼란에 빠질 것이다. "밤중에 갑자기 해가 비췰 것이며, 낮에 갑자기 달이 비췰 것이다. 나무에서 피가 떨어질 것이며, 돌이 음성을 발할 것이다. 사람들은 괴로움에 시달리고 별들이 떨어질 것이다."[81] 둘째, 엘리야가 메시아의 길을 예비하기 위해 돌아온다. 질서를 회복하고 평화를 가져다주는 것이 그가 할 일이다. 셋째, 메시아가 온다. 그는 '철저히 사람이며, 다윗 왕가 출신'으로 기대되었다.[82] 그런데 이 생각이 발전되어 메시아를 초인간적인 존재로 여기게 되었다. "에스라4서와 에녹서의 비유에서, 그의 모습은 초자연적인 수준으로 끌어올려지고 그의 선재(先在)가 부각된다."[83] 넷째, 메시아가 출현한 이후 이방 민족들이 함께 나아가 그를 대적한다. 다섯째, 이 세력들은 메시아의 중재를 통해 하나님께 멸망당한다. 여섯째, 새롭고 영화로운 예루살렘이 옛 예루살렘 대신 하늘로부터 내려온다. 일곱째, 온 세계에 두루 흩어졌던 유대인들이 거룩한 땅에 다시 모인다. 여덟째, 메시아를 머리로 삼은 하나님나라가 세워진다. 큰 축복의 시대가 열리는 것이다. 아홉째, 세상이 새로워진다. 열째, 죽은 자들이 모두 부활한다. 열한째, 최후의 심

---

79 Joseph Klausner, *The Messianic Idea in Israel from Its Beginning to the Completion of the Mishnah* (London: George Allen & Unwin, 1956), p. 385.

80 이 개요는 Schürer, 2:514-547에 근거한다.

81 에스라4서(ed. Charlesworth), vol. 1, p. 532.

82 Schürer, 2:518-519.

83 Schürer, 2:519.

판을 통해 어떤 이들은 지옥으로, 또 다른 이들은 낙원으로 향한다.

예수님과 제자들 당시에 이같은 요소 모두가 두루 알려진 것은 아니다. 더욱이 1세기 초엽에 만연했던 메시아관의 정확한 윤곽을 밝히기란 어렵다.[84] 아마 한 가지 견해만 있었던 것이 아니라 구약성경과 신구약 중간기 자료의 영향을 받은 복합적인 기대감이 있었거나 다양한 사상을 제시하는 학파들이 존재했던 것 같다.[85]

아무튼 어떻게 표현되었을지라도, 예수님 당시에는 메시아가 와서 자기 백성을 구원할 것이라는 기대감이 강했다.[86] 하나님께서 개입하사 자기 백성에게 약속된 구원을 이루며 메시아를 통해 사역하시는 것이다. 세세하게 메시아 시대가 어떨지에 대해서는 논의가 분분하지만, 메시아가 하나님나라를 세우기 위해 영웅적인 정복자로 오시리라는 것이 일반적인 생각이었다.

이런 생각은 열두 제자들이 살던 시대에 일반적으로 퍼져 있었다. 열두 제자들도 이런 생각을 받아들였을 것이다. 그들이 숭고한 종교 개념들을 창안한 사상가들이었음을 입증해주는 증거는 전혀 없다. 그러므로 베드로는 예수님을 메시아라고 선언하면서, 이방 민족들과 전쟁을 하고 이 땅 위에 하나님나라를 건설할 영웅적인 정복자의 모습을 그렸을 것이다. 그러나 예수님은 그런 메시아가 아니시다. 마가복음 제2부는 예수님이 지니신 참 메시아의 모습을 열두 제자들이 이해하는 과정을 담고 있다. 열두 제자들은 예수님을 이해하는 과정을 겪으면서 그분이 메시아이심을 깨닫는 지점에 이른다. 이것이 주된 발견이다. 그들은 예수님의 정체성의 절반은 제대로 파악했다. 다음에 이어지는 과정

---

84 사실 이 주제는 방대해 그 자체만으로도 한권의 논문감이다. 본서의 지면 제한을 고려하건대, 여기 제시된 문제들을 충분히 다루기란 불가능하며, 다만 특정한 의견 일치에 이른듯 보이는 결론들을 확인하고, 그것들을 당면한 특정 문제에 적용하고자 할 뿐이다.

85 M. de Jonge, "The Use of the Word Anointed in the Time of Jesus," *Novum Testamentum* 8 (1966), and Schürer, 2:497.

86 Schürer, 2:497.

속에서 그들은 나머지 절반의 정체성을 발견할 것이다. 곧 그분이 하나님의 아들이심을 알게 될 것이다.

제8장
하나님의 아들이신 예수님

지금까지 제자들은 일반적으로 자신들에게 친숙한 범주 안에서 예수님을 이해했다. '선생'이나 '선지자'가 그러했다. 기대하던 메시아 상도 마찬가지다. 하지만 이제 그들은 낯선 세계로 들어간다. 다음 세 단원에서 이제껏 자신들이 알던 문화적 범주를 넘어, 예수님 안에서 그리고 예수님을 통해 이루시는 하나님의 사역을 목격하면서 전혀 새로운 세계와 만나게 되는 것이다.

먼저 그들은 메시아가 정복 영웅이 아니라 고난 받는 종이라는 사실을 접한다(4단원). 이어 메시아가 다윗의 자손으로서 역할을 수행할 때 성전과 이스라엘 종교지도자들의 타락을 심판하는 위치에 계심을 알게 된다(5단원). 끝으로 이들은 예수님이 단지 다윗의 자손일 뿐만 아니라 하나님의 아들이심을 발견한다(6단원). 달리 말해, 예수님은 유일무이하신 분이시다. 과거나 현재 그리고 미래에 예수님 같은 분은 존재하지 않는다. 제자들의 입장에서 볼 때 4단원은 다소 새롭고 신비로운 예수님의 모습을 서서히 제시하는 단원이다.

인자이신 예수님: 4단원 분석(막 8:31-10:45)

메시아의 의미

4단원은 앞 단원과 매우 비슷한 내용으로 시작한다. 즉 강렬한 감정, 질책 그리고 예수님을 제대로 이해하지 못함을 보여주는 이야기다. 여기서는 메시아의 역할에 대한 정의를 놓고 예수님과 베드로 간에 일어난 의견 충돌 속에서 이런 점들이 드러난다. 베드로는 메시아가 고난과 죽음을 당한 후 다시 살 것이라는 예수님의 가르침에 크게 반발한다(8:31). 베드로가 생각하고 있는 메시아의 모습이 아니기 때문이다. 그는 예수님을 질책한다(8:32). 이에 예수님은 베드로를 꾸짖으면서, 그가 사탄처럼 행동한다고 지적하신다(8:33). 여기서 마가는 제자들이 예수님의 정체성을 점진적으로 발견하게 되는 돌파구를 보여준다.

3단원에서는 예수님의 어떤 호칭이 계시되는지 마지막 단원에 이르기 전까지는 분명히 드러나지 않았지만, 4단원에서는 비밀스러운 부분이 없다. 마가는 1단락에서 예수님을 '인자'로 소개하며, 4단원 전체에 걸쳐 이 호칭을 여섯 번이나 언급한다. 1단락에서는 호칭뿐만 아니라 그 내용에 대해서까지 언급한다. 인자가 메시아의 역할을 수행하기 위해 고난과 배척, 죽임을 당하고 다시 살아나야 함을 가르쳐주는 것이다(8:31).

4단원에는 예수님이 자신의 수난을 예고하시는 장면이 네 차례 나온다.[1] 예수님의 말씀이 무슨 의미인지 알기 위해서는 이 내용들을 각각 비교해볼 필요가 있다. 각 진술에서 예수님은 자신을 인자로 밝히시며, 죽임 당함과 앞으로 있

1 이 네 개의 예고들이 동일한 말씀의 변형들인지(예, E. Lohmeyer) 아니면 각기 다른 말씀인지에 대해서는 굳이 답할 필요가 없다. 중요한 것은 이 단원을 구성하기 위해 그리고 예수님의 신분에 관한 새로운 정보를 전달하기 위해 마가가 이들을 언급하는 방식이다. 그러나 Vincent Taylor, *The Gospel according to St. Mark* (New York: St. Martin's Press, 1966), p. 377가 지적한 것처럼, 각각의 언급은 "나름의 독특한 배경을 지니며, 아마 예수님께서는 제자들이 메시아의 고난에 관한 개념을 친숙하게 받아들이도록 몇 차례 시도를 하셨던 것으로 보인다."

을 수난에 대해 말씀하신다. 처음 두 언급에서는 수난 당하실 것이라는 사실을 밝히고, 세 번째 언급에서는 그 수난을 배신과 동일시하신다. 반면 네 번째 언급에서는 조롱과 침뱉음과 채찍질 당할 것이라는 사실뿐만 아니라 배신당할 처지가 될 것임을 재차 예고하신다. 처음 두 언급에서는 예수님에게 대한 배척이 예고되고, 첫 번째와 네 번째 언급에서는 핍박자의 정체가 드러난다. 또 각 언급마다 자신이 다시 살아날 것임을 예고하신다. 인자에 대한 예수님의 교훈은 10:45에서 절정을 이룬다. 여기서 마가는 예수님이 예고하시는 사건들의 의미를 밝힌다. 레인이 지적한 것처럼, 이 중추적인 절(節)의 구절마다 깊은 의미를 담았다.

> "인자가 온 것은…"이라는 공식은 언급되는 내용 전체를 예수님이 메시아의 역할을 담당하시는 문맥 속에 포함시킨다…유대적인 표현 양식에 비춰보건대, 이 표현은 순교자의 죽음을 가리키는 데 특징적으로 사용되었다(예, 마카비1서 2:50, 6:44, Mekilta to Ex. 12:1). 본 문맥에서는 하나님의 뜻에 순종해 자신을 바치는 예수님의 죽음에 담긴 자발성이나 자기 희생이라는 요소를 드러낸다. 예수님의 죽음이 무한한 가치를 지니는 것은 그분이 단순한 순교자가 아닌 초월적인 인자로 죽으시기 때문이다. 속죄의 비유는 예수님이 자신의 생명을 주신 목적을 요약하며 또한 그분의 사역이 어떤 것인지 규정한다. 이 비유의 이면에 있는 지배적인 개념은 전쟁 포로, 노예 또는 빼앗긴 생명 등 그 구원 대상이 무엇이든지 값을 지불하고 구원한다는 것이다. 등가 또는 대속 개념은 속죄의 개념과 잘 들어맞아 구약성경에서 속죄라는 말의 중요한 요소가 되었다.
>
> 대속 사상은 '많은 사람들을 위한 속죄'라는 표현으로 다시 강조된다. 인자는 많은 사람들을 대신해 그들이 겪어야 할 일을 감당한다(8:37 참조, 예수님은 유일무이하신 인자로서 아무도 할 수 없는 일을 이루신다). 예수님은 그들을 대신해 자신의 생

명을 주신다. 죽으심으로 사람들을 해방시키는 데 따르는 값을 지불하신다.[2]

많은 학자들은 10:45의 내용이 진실한지 의문을 제기해왔는데, 이 내용이 바울의 영향을 받았다고 본다. 벨하우젠은 "그 구절은 문맥과 조화를 이루지 않는다"라고 주장한다.[3] 그러나 이를 메시아가 고난과 죽음을 당해야 하는 이유에 대한 설명으로 받아들일 때 그 의미가 온전히 드러난다. 테일러는 이렇게 주해한다. "'뤼트론'(속죄)이 비유적으로 사용되었음을 절대 잊지 않는 것이 현명하다. 그런데 비유가 인상적인 사상을 전달하기 위해 사용된다는 점 역시 기억해야 한다. 예수님은 종의 운명을 대신 지기 위해 죽으셨으며, 그분의 사역은 '대신' 그리고 '대표적'으로 당하신 수난이다. 10:45에만 기초해 이론을 정립하고자 하는 것은 잘못된 발상이지만, 이 구절을 후대의 신학적 구상에서 나온 산물로 간주한다면 이 또한 그릇된 발상이다."[4]

예수님이 처음으로 메시아로서 자신 앞에 놓인 일을 예고하셨을 때, 베드로는 가당찮은 말씀을 하신다고 예수님에게 볼멘소리를 한다. 왜 베드로가 그토록 분개했는지 그 이유를 마가는 구체적으로 밝히지 않는다. 아마 예수님의 미래에 관한 네 가지 측면 모두가 베드로를 괴롭혔을 것이다. 그러나 이어지는 예수님의 가르침(8:34-9:1)이 그분의 죽으심에 초점을 맞춘다는 사실이 흥미롭다. 아마 예수님의 예고 중 가장 받아들이기 어려운 부분이었을 것이다.[5] 예수님을 메시아로 알고 있는데, 그 메시아가 죽어야 한다는 점이 제자들의 상상 범위를 넘어선 것이다. 그들은 메시아가 죽지 않는다고 생각했다.

---

2 William L. Lane, *The Gospel according to Mark* (Grand Rapids: Wm. B. Eerdmans Publishing Co., 1974), pp. 383-84.

3 Taylor, p. 445.

4 Taylor, p. 446.

5 "베드로는 예수님께서 다시 살아나시는 것을 반대하지 않았을 것이다!" Earnest Best, *Following Jesus: Discipleship in the Gospel of Mark* (Sheffield: JSOT Press, 1981), p. 25.

그런데 이 점만으로 제자들이 당황한 것은 아니다. 예수님 앞에 놓인 일에 관한 두 번째 예고에서 마가는 베드로와 야고보와 요한이 "죽은 자 가운데서 살아나는 것이 무엇"(9:10)인지 전혀 깨닫지 못했음을 지적한다. 그렇다고 해서 제자들에게 부활이 새로운 개념은 아니었다. 바리새파와 같은 1세기의 특정 종교 집단들은 부활을 믿었다. 더욱이 제자들은 예수님이 젊은 여성을 다시 살리시는 것을 보았다(5:35-43). 그들의 문제점은 메시아와 부활이 서로 깊은 관계가 있다는 생각을 하지 못한 것이다. 오직 죽은 사람들만 다시 살아날 필요가 있을 뿐, 메시아이신 예수님이 죽으시리라고는 상상할 수 없었다. 세 번째 예고에서, 마가는 제자들이 "이 말씀을 깨닫지 못하고 묻기도 두려워하더라"(9:32)고 지적한다. 인자에 관한 예수님의 가르침 전체가 그들을 당황케 했다.

제자들이 예수님의 말씀을 이해하지 못한 이유는 무엇인가? 예수님은 비유로 말씀하시지 않았다. 마가는 첫 번째 예고 후에 이 사실을 강조한다. "드러내놓고 이 말씀을 하시니"(8:32). 더욱이 예수님은 이 예고를 한 번 이상 하셨다. 제자들은 이미 종교지도자들이 예수님에게 적대감을 품고 있음을 알았다(2:1-3:6). 그러므로 배척에 대한 예고가 새로운 것이 아니었다. 배척당하는 수난을 충분히 예측할 수 있었다. 심지어 죽음마저도 생각했다. 하지만 예수님이 자신 앞에 놓인 일을 예고하실 때, 제자들은 마치 그런 말씀을 들어보지 못한 듯한 태도를 보인다. 문제는 메시아에 대한 그들의 기대와 연관이 있다. 제자들이 기대했던 메시아는, 신구약 중간기 문헌에 제시된 것처럼, 전사-왕의 모습을 지녔을 것이다. 이 점은 솔로몬의 시편 제17편에 분명히 드러난다.

> 하나님께서 일으키신 다윗과 같은 메시아가 이방인 군주들을 물리치고, 이스라엘의 영광을 회복시키고, 흩어진 자들을 모으며, 예루살렘에서 다스릴 것이다. 또한 하나님을 대신해 이 땅에서 통치하는 자로서 이방인들을 자신의 주권 아래 둘 것이다.

> 이러한 메시아의 모습은 사람들이 분명 가장 폭넓게 공유하고 있는 소망이었다. 다윗의 자손이 정치적 메시아로서 주로 영적인 권능을 지닌 병기를 휘두르고, 이스라엘의 거룩한 땅을 이방의 압제로부터 해방시키며, 선지자들이 예고한 영광의 시대로 안내하는 것이다.[6]

일반 사람들이 볼 때, 메시아는 패배하기 위해서가 아니라 승리하기 위해 오심이 분명하다. 메시아가 죽거나 죽을 수 있다고 생각하는 사람은 아무도 없었다. 랍비 문헌에 죽임 당하는 메시아에 관한 언급들이 나오지만, 이들은 주후 135년 이후의 기록이다.[7] 바꿔 말하면, 예수님이 메시아의 역할을 죽음과 부활이라는 측면에서 규정함으로써 새로운 신학 기반이 조성된 것이다.

수난과 죽음이 실제로 일어난 후에도 제자들이 처음 이 개념을 대했을 때 겪은 문제가 똑같이 존속되었다. 이것은 초기 기독교 전도자들이 유대인들에게 복음을 전하면서 직면한 문제 중 하나다.[8] 신명기 21:22-23에 의하면, 십자가에 달린 자마다 하나님의 저주를 받았다. 그러므로 십자가에 못박히신 예수님이 메시아라는 사실은 1세기의 대다수 유대인들의 관점에서 보면 이해가 안 된다. 1세기 당시 이방인들도 유사한 문제에 봉착했다. 그들에게 예수님은 단지 시국 사범이었다. 로마 제국의 반역자였기 때문에 십자가에 못박히신 것이다.

더욱이 그분의 죽음은 그분 속에 연약함이 내재되었음을 시사한다. 전능하신 하나님께서 이 연약한 사람을 통해 역사하실 리 없다고 생각한 것이다.[9] "사

---

6 Michael Green, *Evangelism in the Early Church* (London: Hodder and Stoughton, 1970), p. 88. 또한 M. de Jonge, "The Use of the Word 'Anointed' in the Time of Jesus," *Novum Testamentum* 8 (1966): 136을 보라.

7 Geza Vermes, *Jesus the Jew: A Historian's Reading of the Gospels* (London: Collins, 1973), pp. 139-40.

8 Green, pp. 29-32.

9 Gordon D. Fee, *First Epistle to the Corinthians* (Grand Rapids: Wm. B. Eerdmans Publishing Co., 1987). pp. 75-76.

실 '십자가에 못박히신 예수님'이란 마치 기름으로 튀긴 얼음같이 모순되는 말이다. 한 사람이 메시아일 수 있고, 또 다른 한 사람이 십자가에 못박힐 수 있지만, 한 사람이 이 두 가지 사항에 모두 해당될 수는 없다. 적어도 일반적인 인간이 지닌 상식 선에서는 그럴 수 없다. '메시아'는 능력, 위엄, 승리를 의미한다. 반면 '십자가 처형'은 연약성, 비천, 패배를 뜻한다. 유대인이나 헬라인 모두가 기독교 메시지를 듣고 분개했음은 놀라운 일이 아니다."[10]

물론 고난 받는 종에 관한 개념은 구약성경에도 나온다. 그러나 기독교 시대 이전에 랍비들은 이사야 53장에 나오는 인물을 그들이 고대하는 메시아와 연결시키지 못했다. 실제로 권위 있는 요나단 탈굼은 메시아와 이사야 53장을 연결시키기는 하지만, "하나님의 종의 고난을 다루는 구절들이 메시아를 가리키는 것은 아니다"라고 해석한다.[11] 신약성경 이전에는 어디서도 종과 메시아를 동일시하지 않는다는 점에 유의해야 한다. 유대교 종말론에서 의인이 자기 백성의 죄를 속죄하기 위해 대신 고난 받으러 올 것을 고대한다는 증거는 전혀 없다.[12]

예수님이 담당하신 메시아의 의미를 제자들이 이해할 수 없었는데—그나마 그들이 예수님의 신분에 대해 다른 사람들보다 나은 이해를 가지고 있었다—누가 예수님의 참된 정체성을 파악할 수 있었겠는가? 당시 문화적 배경에서 누구도 예수님을 제대로 이해할 수 없었을 것이다. 예수님이 자신의 신분을 줄곧 비밀스럽게 계시하신 이유 중 하나도 바로 이 때문이다.[13] 자신이 메시아라고 공

---

10 Fee, p. 75.

11 Emil Schürer, *The History of the Jewish People in the Age of Jesus Christ* (175 B. C.–A. D. 135), ed. Geza Vermes and Fergus Millar, rev. ed., 3 vols. (Edinburgh: T. & T. Clark, 1975), 2:549.

12 Donald E. Gowan, *Bridge between the Testaments: A Reappraisal of Judaism from the Exile to the Birth of Christianity* (Pittsburgh: Pickwick Press, 1976), p. 499.

13 Wrede의 논의 내용과 메시아의 비밀에 관한 개념에 대해서는, Ralph Martin, *Mark: Evangelist and Theologian* (Grand Rapids: Zondervan, 1973), pp. 91-97을 보라.

개적으로 말씀하셨다면 오해를 받았을 것이다. 그러나 "예수님의 목적은 메시아에 대한 기대감을 묵살시키려는 것이 아니다."[14] 따라서 베드로가 예수님을 그리스도라고 고백한 후에 "자기의 일을 아무에게도 말하지 말라"(8:30)고 말씀하신 것은 제자들의 입을 막기 위해서였다. 언젠가는 그들도 예수님의 신분을 공개적으로 선포하겠지만, 마가가 9:9에서 언급했듯이 그것은 부활한 이후에만 가능하기 때문이다.[15]

'인자'라는 호칭에 담긴 의미

이같은 오해가 있을 수 있기에 예수님은 자신을 가리켜 '인자'라고 부르신다. 이처럼 뜻이 애매모호한 호칭을 사용함으로써—이것 역시 메시아적인 느낌을 주지만—문화적으로 수용되기 부담스러운 다른 호칭들을 사용하지 않고서도 자신의 신분을 규정하신다. 예수님이 자신을 직접 메시아라고 칭했다면, 사람들은 그분이 이스라엘을 로마의 압제로부터 해방시키기 위해 오셨다는 그릇된 기대감을 가졌을 것이다. 이는 예수님의 본래 사명을 퇴색시키는 일이다. 반면 자신을 가리켜 인자라고 칭하신 후 다소 애매한 이 호칭에 의미를 부여하시는 것은 별개 문제다.[16]

인자라는 호칭과 관련해 두 가지 사항에 주목할 필요가 있다. 첫째, 마가는 4단원에서 예수님을 묘사하는 데 이 호칭을 사용한다. 4단원에는 인자에 대한

---

14 Morna D. Hooker, *The Son of Man in Mark* (London: SPCK, 1967), p. 107.

15 Joseph Tyson, "The Blindness of the Disciples in Mark," *Journal of Biblical Literature* 80 (1961): 261-68.

16 "마가의 기사를 역사적인 사실로 받아들이는 이들은 대체로, 예수님께서 이 시점에서 자신의 메시아직이 어떤 의미를 가지는지 설명 또는 수정하기 위해 인자의 고난에 관한 가르침을 주셨다고 생각한다. 그분의 메시아 개념은 다른 사람들이 생각하는 바와 일치하지 않았기 때문에, 예수님께서는 그들의 개념을 바꿔주실 필요가 있었다.…마가의 기사에 의하면, 예수님을 메시아로 깨닫기 전까지는 예수님께서 이 가르침을 주지 않으셨을 뿐만 아니라 주실 수도 없었다. 예수님의 메시아직과 인자의 고난이 아주 긴밀하게 연관되어 전자를 받아들이지 않고서는 후자를 이해할 수 없다." Hooker, p. 111.

언급이 일곱 차례 나오는데, 이는 다른 단원에 두루 퍼져 있는 일곱 차례의 언급들과 비교된다.[17] 예수님이 호칭들이 가지고 있는 전통적인 의미나 일반적인 해석으로부터 벗어나신 분이기 때문이다. 그분은 메시아의 의미를 재규정해가는 중이며, 인자라는 호칭이 한 방법이 된다. "따라서 예수님이 자신을 지칭하는 용어로 '인자'를 더 좋아하신 것은 이 호칭과 '메시아' 간에 어떤 대립 개념이 있기 때문이 아니라, 이 호칭이 메시아의 특성을 규정하고 설명해줄 수 있기 때문이다."[18]

둘째, 인자는 예수님의 자칭 호칭이다. 다른 누구도 그분을 그렇게 일컫지 않는다. 사실 "그 호칭이 무슨 뜻인지 그분에게 묻는 사람은 한 명도 없었다"(12:34은 예외지만, 여기서도 대답은 없다).[19] 초기 교회조차 가끔씩만 이 호칭으로 예수님을 묘사했을 뿐이다.[20] 분명 인자는 일시적인 가치를 지닌 자기 호칭이다. 그것은 잠정적인 호칭으로 그분의 죽음과 부활 시점까지만 사용되었다. 그 후에는 구약성경에 나오는 적절한 호칭들을 제대로 이해된 상태에서 그분에게 적용되었다.

인자는 여러모로 사용하기에 적절한 호칭이었다. 청중 앞에서 스스로를 부르기에 친숙한 용어였고, 평범한 대화에서는 한 개인을 일컫는 말로 사용되었다. "현재 모든 전문가들이 인정한 바에 따르면, 팔레스타인과 아람 방언에서는 대개 명사('사람', '그 사람')로 사용했으며, 부정대명사('…이', '어떤 이') 대신으로도 사

17 '인자'는 1단원에서 두 번(2:10, 28), 5단원에서 한 번(13:26), 6단원에서 네 번(14:21[2회], 41, 62) 나오는데, 이는 4단원에서만 일곱 번 나오는 것과 비교된다(8:31, 38, 9:9, 12, 31, 10:33, 45). 4단원 이전에 나오는 두 차례의 용례는 예수님의 신성에 관한 개념을 담고 있다. 2:10에서 그분은 죄를 사할 수 있다고 선언하시는데, 이는 하나님만이 하실 수 있는 일이다. 또한 2:28에는 인자가 안식일의 주인이라고 선언하신다. 이 역시 하나님께만 적용되는 사항이다. 나머지 단원에 나오는 이 호칭은 그분에 대한 배신이나(14:21, 41) 그분의 재림(13:26, 14:62. 8:38 참조)과 연관된다. 재림은 하나님 및 그분의 목적들과 연관되는 사건이다.

18 Hooker, p. 113.

19 Gowan, p. 498.

20 복음서가 아닌 곳에서 '인자'라는 표현은 행 7:56, 계 1:13, 14:14에 나온다. Gowan, p. 498.

용했다."[21] 인자라는 호칭이 구약성경에서는 특정인을 가리킬 때 쓰였고, 에스겔서에서는 하나님께서 선지자를 일컬으실 때 쓰였다(겔 2:1, 시 8:4). 따라서 이 호칭을 들은 사람들은 그것을 별로 대수롭지 않게 여겼을 것이다.

그러나 구약성경에서 이 호칭은 색다른 방식으로 사용되기도 했다. 다니엘 7:13에 하늘 구름을 타고 오는 '인자 같은 이'가 나온다.[22] 이 구절에서 '옛적부터 항상 계신 이'는 하나님이시다.

> "인자 같은 이가 옛적부터 항상 계신 이에게 나아가 그 앞에 인도되매 그에게 권세와 영광과 나라를 주고 모든 백성과 나라들과 다른 언어를 말하는 모든 자들이 그를 섬기게 하였으니 그의 권세는 소멸되지 아니하는 영원한 권세요 그의 나라는 멸망하지 아니할 것이니라"(단 7:13-14).

이 평범한 호칭의 이면에는 메시아적 용례가 숨어 있다.

다니엘서에 나오는 '인자'가 누구인지, 1세기 사람들은 이 표현을 어떻게 이해했는지 논의가 매우 분분하다. 베르메스는 이렇게 주장한다. "이 표현은 다른 본문과 마찬가지로 어떤 호칭으로 사용한 것은 아니다. 사실 다니엘 7:13로부터 '아나니'(*Anani*) 또는 '바르 네펠레'(*bar nephele*)와 같은 메시아적 명칭들을 추론한다는 사실은 사람들이 인자를 결코 호칭으로 이해하지 않았음을 입증한다."[23]

그런가 하면 히긴스 같은 이들의 주장은 이러하다. "최근 대다수의 저자들은 기독교 이전의 유대교 묵시 문학 속에 종말론적인 인자 개념이 존재했다는 견해를 줄곧 지지한다. 이 인자는 초월적이고 선재적인 존재로서, 말세에 의인을

---

21 Vermes, pp. 162-63.

22 영역 성경 NRSV는 이렇게 번역한다. "사람 같은 이가 하늘 구름을 타고 와서."

23 Vermes, p. 172.

구원하고 악인을 징벌하는 심판관의 역할을 담당한다."[24]

어떤 견해가 타당한지는 당시 자료가 부족해 쉽게 결정할 수 없다. 그러나 적어도 주후 2세기 경(그리고 아마도 주후 1세기 중반)까지는 사람들이 다니엘 7:9-14을 "새롭고 영광스러우며 또한 존귀해진 다윗의 도래를 묘사하는 메시아적 본문"으로 받아들였을 것이다.[25] 기독교 이전에 이 호칭이 사용된 다른 사례들이 있었는지, 1세기에 이 호칭과 관련된 다른 의미들이 있었는지 의문은 여전히 남아 있다.[26] 이 호칭에 관한 모든 의문들[27] 가운데 분명한 것은 '인자'가 어떤 면

---

24 A. J. B. Higgins, *The Son of Man in the Teaching of Jesus* (Cambridge: Cambridge University Press, 1980), p. 3.

25 Vermes, p. 172. 이렇게 확언할 수 있는 근거는 에녹의 비유들 및 에스라4서에 나오는 '인자'라는 표현의 용례와 관련이 있다. "에스라4서의 13장은…어떤 꿈에 관한 내용이다. 필명의 저자는 바다에서 나와 '하늘 구름을 타는', '말하자면 사람의 형상'을 보았다. 많은 사람들이 모여 그와 싸웠지만, 그는 입으로 그들을 멸절시켰다. 그러고는 하나님께서 그 이상(異象)의 의미를 설명하신다. 그 '사람'은 보존되고 감춰졌던 천상의 메시아요 하나님의 아들이다. 달리 말해서, 그 꿈은 다니엘 7장 내용을 모델로 했다. 날아다니는 영웅, 선재적(先在的)이고 왕의 신분과 같은 메시아는 다니엘서에 나오는 '인자 같은 이'다.
에스라4서는 주후 70년 이후에 쓰였다. Vermes, p. 173. B. M. Metzger, *The Old Testament Pseudepigrapha*, ed. James H. Charlesworth (Garden City, N.Y.: Doubleday, 1983), vol. 1, p. 520에서는 이 책의 저작연도를 주후 100년 경으로 본다.
R. H. Charles(94-64 B. C.)는 에녹의 비유들이 보다 이른 시기에 저술되었다고 주장하지만, 그 저술 연대를 (여전히 1세기이긴 해도) 복음서들이 기록된 후로 보는 것이 일치된 견해다. "성경연구를 할 때 가장 난해하고 논의가 분분한 문제들 중 하나는 에녹1서 37-71장(소위 에녹의 비유들)의 기원과 저술 연대다.…그 연대를 주전 2세기 경으로 보기도 하며(J. B. Frey), 에녹의 비유들이 주후 270년에 기록되었다고 주장(J. T. Milik)하기도 한다." Christopher L. Mearns, "Dating the Similitudes of Enoch," *New Testament Studies* 25 (1979): 360. 또한 M. A. Knibb, "The Date of the Parables of Enoch: A Critical Review," *New Testament Studies* 25 (1979): 345-57을 보라. 대부분의 학자들은 이 내용을 주후 1세기 경에 어느 유대인이 기록했다는 입장을 취한다.

26 이 의문과 관련된 자료들에 대해서는, Arthur J. Ferch, *The Son of Man in Daniel 7*, Andrews University seminary Doctoral Dissertation Series, vol. 6 (Berrien Springs, Mich.: Andrew University Press, 1979)을 보라.

27 메시아 연구 자료와 마찬가지로, 인자라는 호칭에 관한 연구 자료도 방대하다. 이는 Ferdinand Hahn, *Titles of Jesus in Christology* (London: Lutterworth Press, 1969), p. 15에 있는 서두에서 언급한 것과 같다. "기독론적인 모든 호칭들 중 '인자'가 가장 철저히 연구되었다." 이 사실에도 불구하고, 상황은 G. Vermes의 말처럼 되는 듯하다(분명히 과장된 측면이 있지만). "Paul Winter가 말년에 말한 바에 따르면, '인자'와 관련된 내용이 점점 더 난해해지고 있다." Vermes, 160. 이 난해한 호칭과 연관된 문제를 다루기에는 본서 지면이 너무 부

에서는 막연히 자신을 일컫는 방법이었다는 점이다. 그것이 메시아적 의미를 지녔는지, 예수님의 말씀을 듣는 청중들에게 의미가 전달되었는지는 확언할 수 없다. 어떤 방식으로 사용했는지는 문제되지 않는다. 훗날 받아들여질 메시아의 의미를 이 호칭에 부여하신 분이 바로 예수님이시기 때문이다. 공관복음서들과 같은 기독교 자료들과 주요 유대 전승 자료를 보면, 다니엘 7장에서 유추해볼수 있듯이 1세기 중엽에 이르러 인자가 메시아적 특성을 지닌 호칭으로 받아들여졌음이 분명하다.

따라서 '인자'는 비현실적인 기대감을 불러일으키지 않고서도 예수님이 사용하실 수 있는 호칭이었다. 그러나 그 호칭은 초자연적인 부분을 암시하고 있기도 하다. 그래서 예수님은 4단원에서 하듯 다소 애매한 표현으로 인자에 새로운 의미를 부여하신다.[28]

> 내 추측으로는…예수님이 '인자'라는 용어를 쓰신 것은 그것이 애매한 호칭이었기 때문이다. 청중이 그 용례를 깊이 생각해 예수님의 진정한 신분이 무엇인지 답하도록 유도하신 것이다. '인자'는 굴욕과 수난을 당하는 지상 '사람'을 묘사하는 용어였다. 또 자기 백성을 위해 수난 당하며 백성에게 회개를 촉구하는 하나님의 사자를 묘사한다. 바로 이 '사람'이 마지막 심판 때에 청중과 대면하고, 사람들이 지상의 예수님에게 어떻게 반응했는지에 따라 그들을 변호할지 정죄할지 결정할 것이다.[29]

예수님이 자신이 누구인지 제자들에게 직접 가르치신 내용은 4단원에서 완료된다. 처음에 제자들은 예수님을 선생으로 보았다. 나아가 선지자로 이해했

족하다.

28 "예수님께서는 메시아직에 대해 스스로 해석하시고 정의내리시면서 '인자'라는 용어를 사용하신 듯하다." C. S. Mann, *Mark: A New Translation with Introduction and Commentary* (Garden City, N. Y.: Doubleday, 1986), p. 354.

29 Edward Schweizer, "The Son of Man Again," *New Testament Studies* 10 (1963): 259.

다. 이어 메시아이심을 발견하는 데까지 나아간다. 4단원에서 제자들은 예수님이 메시아로서 고난을 당하며 다른 사람들을 대신해 죽었다가 다시 사실 것임을 배운다. 하지만 여기서 제자들을 가르치는 일이 완료된다. 그리고 예수님과 열두 제자들은 예루살렘으로 들어가는 길목인 여리고로 향한다. 생애 마지막 주간 동안, 예수님은 예고된 자신의 죽음과 부활을 통해 절정에 이를 사건들을 전개하실 것이다. 이 시점 이후로 제자들의 역할은 미미하다. 단지 지켜보며 기억하는 일뿐이다.

다윗의 자손이신 예수님: 5단원 분석(막 10:46-13:37)

새 단원에서 마가는 예수님의 어떤 면모에 초점을 맞출지 다시 한 번 주의를 환기시킨다. 앞 단원과 마찬가지로, 마가는 첫 소단락에서 예수님의 핵심 호칭을 제시한다. 5단원은 두 차례에 걸쳐 예수님을 '다윗의 자손'이라 부르는 소경 바디매오 기사로 시작한다.[30] 다윗의 자손은 예수님의 전혀 새로운 모습이며, 아직

---

30 Paul J. Achtemeier, "'And He Followed Him': Miracles and Discipleship in Mark 10:46-52," *Semina* 11 (1978): 118에서 "예수님께서 '다윗의 자손'이라는 호칭을 마가는 중요하게 여기지 않았다"라고 주장한다. 만일 마가가 '다윗의 자손'이라는 용어를 편집상 중요하게 생각했다면, 마태가 마 21:9에서 말한 것과 같이 마가도 다음 단락(예루살렘 입성)에서 그 호칭을 분명히 드러냈을 것이라는 주장이다.
본문에서 논의하겠지만, 이는 이 단원 전체의 핵심을 간과하는 것이다. 서두 단락에서 이 호칭이 두 차례 나오는 것, 다윗에 대한 일곱 차례의 언급들 중 여섯 경우가 이 단원에 나온다는 사실, 예수님께서 왕의 역할을 하시는 분으로 소개된다는 사실 등은 모두 Achtemeier의 확언을 정면으로 반박한다. Frank J. Matera, *The Kingship of Jesus: Composite and Theology in Mark 15*, SBL Dissertation Series 66 (Chico, Calif.: Scholars Press, 1982)에서는, 12:35-37을 보다 폭넓게 해석하면서, Actemeier의 '예수님이 다윗의 자손되심에 대한 부정적 입장'(p. 115)을 반박한다. 그의 결론은 이렇다. "그분은 하나님의 약속들을 실현시킨다는 의미에서 다윗의 자손이지만(1:11; 9:7; 12:6), 그분의 아들 되심의 기원은 혈통적인 차원을 넘어선다. 왜냐하면 메시아이신 예수님은 하나님 아버지의 독생자시기 때문이다. 즉, 예수님의 아들되심은 서기관들의 메시아 교리로는 이해할 수 없는 독특한 특성을 지닌다"(p. 87). 비록 마가가 이 단원의 두 번째 단락에서 다윗의 자손이라는 호칭을 명확히 사용하지 않지만,

고려되지는 않았지만 메시아이신 예수님의 특성을 이해하기 위해 열두 제자들이 필수적으로 알아야 할 사항이다.

다른 단원과 마찬가지로, 이 단원도 강렬한 감정과 질책이 담긴 문맥 속에서 예수님에 대한 새로운 통찰을 제시하는 단락으로 시작한다. 이 새로운 통찰은 다윗의 자손이라는 호칭과 연관되며, 이 호칭은 마가복음에서 여기 처음 등장한다.[31] 바디매오는 이 호칭을 두 번이나 외친다.[32] 또한 바디매오로 인해 문맥상 강렬한 감정이 일어난다. 먼저 그는 거듭해 예수님에게 외친다(10:47). 사실 소리를 지른다(10:48). 무리가 그의 외침에 주목하고 그를 제지하려 하지만, 바디매오는 물러서지 않는다. 예수님이 바디매오를 부르시자 그는 열정적으로 그분에게 나아간다. "겉옷을 내버리고 뛰어 일어나 예수께 나아오거늘"(10:50). 바디매오를 제지하려는 움직임이 무리 중에 일어난다. "많은 사람이 꾸짖어 잠잠하라 하되"(10:48).[33]

그는 이 호칭에 큰 관심을 보인다.

Actemeier는 2:23-27과 6:1-3을 논의하면서 재차 이같은 주장을 피력한다(pp. 127-128). 예수님이 다윗의 자손이라는 사실을 마가가 중요하게 여겼다면 이 두 본문에서 그 사실을 확언할 수 있었다고 설명한다. 마가는 예수님의 다윗적인 특성에 초점을 맞추지 않았기 때문에 본문의 배경에 그 점을 분명히 드러내지 않았고, 또한 드러내려 하지도 않았다고 지적한다.

31 Robbins는 이렇게 설명한다. "바디매오 이야기를 오로지 제자도에 관한 이야기로 해석하는 것이 통례다.…바디매오 이야기가 제자도와 관련해 비롯되었다는 것은 의심할 여지가 없지만, 그 이야기가 예수님의 사역과 연관된 기독론적인 언급이기도 하다는 점을 명심해야 한다." Vernon K. Robbins, "The Healing of Blind Bartimaeus (10:46-52) in the Marcan Theology," *Journal of Biblical Literature* 92 (1973): 225-26.

32 마가복음에는 강조점을 분명히 하기 위해 반복해서 쓴 내용이 더러 있다. 가장 주목할 만한 사례는 3단원에 나온다. 즉, 무리를 먹이신 기사가 두 차례 나오고 치유 기사가 두 번 언급된다. 이들 둘 다 상징적 의미를 지닌다. 1단원에서 마가는 사람들이 예수님의 가르침에 놀랐다는 사실을 두 번 반복한다(1:22, 27).

33 비록 마가가 확실히 밝히지는 않지만, 제자들도 이 질책에 동참했을 것이다. 그들의 이같은 행동 사례는 다른 데서도 나온다(9:38, 10:13을 보라).

왕이 돌아오다

바디매오는 예수님을 '다윗의 자손'이라 선언하며, 바로 다음 단락에서는 돌아오는 왕으로 묘사한다(11:1-10, 소위 '승리의 입성'). 이 호칭이 적절함을 뒷받침해주는 세 가지 요소가 있다. 첫째, 예수님 자신이 다윗과 같은 왕으로서 예루살렘으로 들어갈 준비를 하신다.[34] 두 제자들을 보내어 나귀를 끌고 오도록 지시한 분이 바로 예수님이시다(11:1-3). 예수님은 이 나귀를 타기 위해 사전에 준비를 해두셨음이 분명하다. 제자들이 암호를 쓰도록 미리 정해두셨을 것이다(11:3, 6). 그렇지 않다면 제자들이 나귀를 간단히 끌고 올 수 없었을 것이다(11:4-6). 데레트는, 예수님이 왕의 직권(앙가레이아[*angareia*])을 행사하셨을 수 있다고 주장한다. "다음 단계를 준비하기 위해 사자들을 앞세우는 것은 왕이 직권을 행사하는 전형적인 방식이다. 대상을 선택한 후에 '내게(또는 군대나 통치자에게) 필요하다'라고 말함으로써 그러한 행동을 설명하는 것이 일반적인 방법이었다."[35] 어쨌든 나귀를 미리 빌려둠으로써 또는 나귀를 사용하기 위해 왕의 권한을 행사하심으로써, 예수님은 예루살렘 입성을 단계적으로 준비하셨다. 평범한 순례자가 아니라 돌아오는 왕의 모습으로 임하셨다.

둘째, 예수님의 예루살렘 입성을 묘사하는 방식에서 그분의 왕적 특성이 충분히 암시된다. 소경 바디매오의 치유는 이 사건의 무대가 된다. 메시아 시대와 관련된 구절인 이사야 29:18-19을 보자.

> "그 날에 못 듣는 사람이 책의 말을 들을 것이며 어둡고 캄캄한 데에서 맹인의 눈이 볼 것이며 겸손한 자에게 여호와로 말미암아 기쁨이 더하겠고 사람 중 가난한

---

34 Lane, p. 365.

35 J. Duncon M. Derrett, "Law in the New Testament: The Palm Sunday Colt," *Novum Testamentum* 75 (1971): 246.

자가 이스라엘의 거룩하신 이로 말미암아 즐거워하리니."[36]

나귀 또한 상징적인 의미를 지닌다. 스가랴 9:9을 보면, 왕이 나귀를 타고 온다고 했다.

> "시온의 딸아 크게 기뻐할지어다 예루살렘의 딸아 즐거이 부를지어다 보라 네 왕이 네게 임하시나니 그는 공의로우시며 구원을 베푸시며 겸손하여서 나귀를 타시나니 나귀의 작은 것 곧 나귀 새끼니라."

이 예언은 "마가의 기록에 담긴 세 가지 본질적인 요소들을 포함하고 있다. 입성("보라 네 왕이 네게 임하시나니"), 메시아를 위해 사용되는 짐승("나귀를 타시나니 나귀의 작은 것 곧 나귀 새끼니라") 그리고 사람들의 환희("시온의 딸아 크게 기뻐할지어다")다.[37] 창세기 49:8-12에도 매인 나귀가 언급되며, 많은 이들이 이를 메시아 예언으로 이해했다.[38] "아무도 타본 적이 없는 짐승에 대한 묘사는 평범하지 않은 짐승만 신성하게 여긴 고대 분위기에 비춰보건대 깊은 의미가 있다"(민 19:2, 신 21:3, 삼상 6:7 참조).[39] 게다가 나귀 앞에 겉옷을 편 것은 "예후를 왕으로 추대하는 의미로 표한 경의(왕하 9:12 이하) 및 유티카의 카토가 자기 군사들과 작별할 때에 그들이 표한 깊은 경의(플루타르크, *Cato Minor* 7)와 유사하다."[40]

---

36 Lane, pp. 392-93을 보라.

37 Lane, p. 393.

38 Larry W. Hurtado, *Mark: A Good News Commentary* (San Francisco: Harper & Row, 1983), p. 167. Lane은 이를 입증하는 랍비적인 증거를 인용한다. Lane, p. 395을 보라.

39 Hurtado, p. 173.

40 Lane, p. 396. Matera, p. 70에서는 이렇게 설명한다. "이 이야기는 솔로몬(왕상 1:38-40)과 예후(왕하 9:13)의 대관식을 떠오르게 한다. 솔로몬은 다윗의 노새를 타고 기혼으로 가며 거기서 사독이 그에게 기름을 붓고 사람들은 '솔로몬 왕 만세'를 부른다. 또한 사람들이 겉옷을 벗어 바닥에 깔고 '예후는 왕이라'고 외친다. 이 내용들은 본문의 이야기와 직접 연결되지는 않지만 둘 다 왕권을 암시한다."

셋째, 예루살렘 입성이 시작된 지점이 의미심장하다(막 11:1). 일반적으로 감람산은 메시아의 도래와 결부된다.[41] 스가랴 14:4에 보면, 이곳은 하나님께서 이스라엘의 대적들을 마지막으로 심판하실 장소다.[42] "이 본문에 근거해 메시아가 이곳으로부터 오실 거라는 전승이 존재한 듯하다…그 전승은 사도행전 1:6에도 반영된다. 이 구절에서 사도들은 감람산 위에 이스라엘 왕국을 세우실 것인지 다시 사신 예수님에게 여쭙는다."[43]

넷째, 할렐 시편들의 반복 구절은 본 구절에서 왕이 돌아왔다는 인상을 더해 준다. '호산나'(문자적으로 '지금 구원하소서' 라는 뜻)라는 외침은 시편 118:25에서 가져온 것이다. 랍비들은 이 시편 내용을 다윗 왕과 마지막 구속을 언급하는 메시아 시편으로 이해했다.[44] 이 기쁨의 외침은 특이한 것이 아니었다. 그것은 절기를 지키기 위해 예루살렘으로 향하는 순례자들의 전형적인 외침이었다. 그러나 마가는 이 외침이 평범한 행동이 아님을 전달하려고 했다. 종교 절기를 맞아 정규 축하 행사가 이루어지는 가운데 매우 특이하고 의미 깊은 어떤 일이 일어나고 있는 것이다. 마가는 "찬송하리로다 오는 우리 조상 다윗의 나라여"(막 11:10)라는 인용을 통해 이 점을 넌지시 알리고 있다. 그렇다. 진정한 왕이 거룩한 도성에 도착한 것이다. 예수님은 예언된 다윗과 같은 왕으로서 예루살렘에 들어가신다.

돌아온 왕은 가장 먼저 성전을 정결케 한다. 이 일은 본 단원의 세 번째 단락(11:15-19)에 자세히 나온다. 이 이야기는 앞의 이야기들과 마찬가지로, 구약성경을 언급하고 있다.[45] 이사야 56:7과 예레미야 7:11로부터 직접 인용한 내용이 있

---

41 T. A. Burkill, "Strain on the Secret: An Examination of Mark 11:1-13:37," *Zeitschrift für die neutestamentliche Wissenschaft* (1960): 34-45.

42 Lane, p. 394.

43 Matera, p. 69.

44 Lane, p. 398.

45 5단원의 이같은 특징에 대해서는, Howard Clarke Kee, "The Function of Scriptural

다(막 11:17). "마가는 호세아 9:15, 스가랴 14:21, 말라기 3:1 이하 등과 같은 구약성경의 다른 구절들을 염두에 두었을 것이다. 성전 정화가 성경의 예언을 성취하는 행위로서 메시아 지상 사역의 중요한 일부라고 확신했기 때문이다."[46]

예수님이 성전에서 꾸짖으신 문제가 구체적으로 무엇인지 확언하기 힘들다. 상인들이 성전에서 무슨 잘못을 범했는지 정확히 알기는 어렵다. 아마 '성전 시장에서 환전상들이 저지른 사기나 착취'와 관계 있을 것이다.[47] 또는 이방인의 뜰이 '장터와 가축 매매 장소'로 변해버렸기 때문일지도 모르겠다.[48] 게더트는 "유대교 지도자들이 하나님을 강탈하고 있었다는 것이 진정한 문제였다"라고 주장한다.[49] 구체적인 문제가 무엇이든 간에, 성전이 본래 목적에서 벗어나 더럽혀졌음은 분명하다. 그리고 예수님은 이 장사꾼들과 이들의 존재를 허용한 종교 지도자들을 혼내시며 성전을 심판하신다. 이 일은 장차 실제로 행해질 심판을 상징한다.[50] 주목할 만한 사항은 다윗과 같은 왕으로서 예수님이 하신 첫 번째 행동이 성전 심판이라는 점이다. 그러한 행동은 분명 왕으로서 하실 역할과 조화를 이룬다.

이같은 심판의 분위기는 무화과나무 이야기 속에서도 드러난다. 성전 정화와 관련된 단락이 이야기 속에 삽입된다. 감람산에서는 4월 초순이면 무화과나무들은 잎만 무성해지고 유월절이 한참 지난 시점인 6월 이전까지는 그 열매가 익

Quotations and Allusion in mark 11-16," in *Jesus und Paulus*, ed. E. Erale Ellis and Erich Grasser (Göttingen: Vandenhoeck & Ruprecht, 1975), pp. 165-88을 보라.

46 Burkill, p. 39.

47 C. E. B. Cranfield, *The Gospel according to Saint Mark* (Cambridge: University Press, 1959), p. 358.

48 Lane, p. 406.

49 Timothy J. Geddert, "Mark 13 in Its Markan Interpretative Context," (Ph.D. diss., University of Aberdeen, 1986), p. 250. 또한 '강도의 굴혈'의 의미에 관한 설명 요약은 pp. 247-50을 참조하라.

50 "대다수 학자들은 마가의 '성전 숙정' 기사가 정화보다는 자격 박탈에 관한 내용이며, 개혁 운동이라기보다는 파괴 예언이라고 주장한다." Geddert, p. 246.

지 않는다. 그런데 예수님은 열매가 열리지 않는 시기임에도 불구하고 열매 없는 무화과나무를 저주하셨다. 공생애 마지막 주간에 제자들에게 긴요한 교훈을 베푸시기 위해 너무도 격에 맞지 않는 행동을 취하심으로써 그들을 주목케 하신 것으로 이해된다. 그 같은 행동을 취하신 이유를 분명히 밝히지 않기 때문에 (마가는 '무화과의 때가 아님'을 지적하는 데 주의를 기울였다), 제자들은 그 뜻을 곰곰이 생각하지 않을 수 없다.[51] 그럼으로써 그 무화과나무의 의미를 이해하게 될 것이다.

이 단원을 상세히 연구한 텔포드는 구약성경에서 무화과가 이스라엘 역사의 황금 시대에 누렸던 평화와 안정과 번영의 상징이었다고 밝혔다. 무화과 나무에 만발한 꽃은 자기 백성을 향하신 하나님의 축복을 묘사하는 데 쓰였다. 반면 무화과는 심판을 상징하기도 했다. 무화과나무가 마른 것은 하나님의 심판을 암시한다. "이스라엘이 의식적으로 탈선할 때 하나님께서는 진노하고 그들을 징벌하셨다. 부패한 성전 제사와 희생 제도를 정죄하신 것이다."[52] 후대의 유대 문헌을 보면 이 뜻이 더 강화된다. 그래서 텔포드는 "마가와 그의 독자들은 예수님이 예루살렘을 방문한 사실과 무화과나무에서 무화과를 얻고자 하신 일에 유사한 비유적 의미를 부여했다"라는 결론을 내린다.[53] 이 두 단락은 함께 삽입되어 심판의 의미를 강화시키고 있다.

예수님은 마가복음 12:1-12에서 심판관의 역할을 계속하신다. 여기서는 악한 농부를 비유로 드셨다. 이 비유는 종교지도자들을 겨냥한다는(그들도 이 사실

---

51 마가는 줄곧 구약성경을 인용한다. 그러한 행위 비유들은 구약 선지자들의 중요한 메시지 전달 방법에 해당한다. 예를 들면, 이사야는 하나님의 명령에 따라 3년 동안 벗은 몸으로 다녔다(사 20장). 그리고 에스겔은 이스라엘에게 장차 닥칠 일을 보여주기 위해 여러 가지 행동을 취했다(겔 4, 5장).

52 William R. Telford, *The Barren Temple and the Withered Tree*, Journal for the Study of the New Testament Supplement Series 1 (Sheffield: JSOT Press, 1980), pp. 161-62.

53 Telford, p. 194.

을 이해하고 있다. 12:12) 점에서 성전 정화와 직접 연관된다.[54] 예수님의 비유는 이사야 5:1-7의 내용에 기초한다(이 단원은 줄곧 구약성경을 이용한다). 그러나 이사야에서의 비유와 여기서 다시 사용하신 비유 간에는 엄연한 차이가 있다. 게더트는 이렇게 지적한다.

> 두 비유에서 하나님은 주인이시고 이스라엘은 포도원이다. 주인은 포도원에서 기대한 결실을 얻지 못한다. 하지만 주인이 열매를 얻지 못한 원인에는 두 비유가 서로 현격한 차이를 보인다. 이사야서에서 주인이 노력에 걸맞는 수확을 얻지 못한 이유는 포도원 자체가 적절한 결실을 내지 못했기 때문이다. 반면 마가의 비유에서는, 포도원에서는 기대한 열매를 얻었지만, 악한 농부들이 주인을 훼방해 좋은 열매를 얻지 못하게 했다.…마가복음 12:1-12에서 정죄 대상은 이스라엘이 아니라 이스라엘의 지도층임이 분명하다.[55]

예수님은 시편 118:22-23을 인용함으로써 자신에 관한 비유를 마감하신다(막 12:10-11). 여기서 그분은 "이 땅에서 멸시와 배척을 당하신 메시아가 하나님의 초자연적 권능을 드러냄으로써 마침내 탁월한 위치로 높임 받을 것임을 시사하신다."[56] 시편 118편이 두 번째로 사용된다는 점이 중요하다. "마가는 앞으로의 일을 설명하기 위해 이 시편을 인용한다. 먼저 다윗 왕국을 일으키실 분으로 예수님을 영접하는 무리의 모습이 나온다(11:9b-10). 반면 두 번째는 버림 당했다가 모퉁잇돌이 되신 독생자에 대한 언급이 나온다."[57]

---

54 John R. Donahue, *Are You the Christ? The Trial Narritive in the Gospel of Mark*, SBL Dissertation Series 70 (Missoula, Mont.: Scholars Press, 1973), pp. 122-27.

55 Geddert, p. 253.

56 Burkill, p. 41.

57 Matera, p. 68.

마테라는 이 비유 속의 독생자와 세례 받으시는 기사(1:11) 및 변화산 기사(9:7)에 나오는 독생자는 서로 밀접한 관계가 있으며, 이 독생자가 왕의 신분임을 마가가 이해했다고 주장한다.[58] 분명히 시편 118편은 독생자가 왕이라는 느낌을 준다. 더욱이 1세기 사람들은 다윗이 이 시편을 지은 것으로 생각했다. "다윗의 이같은 왕으로서의 이미지와 선지자적인 음성은 메시아의 해석에 걸맞았다. 다윗 왕이 지은 시편들은 그의 자손을 위한 예언이 되었다."[59] 다시 말해 "버림 받은 돌이 버림 받은 아들 또는 왕을 가리킨다"라는 의미다.[60] 이렇듯 마가는 4단원의 주제(버림 받으신 인자)와 5단원 주제(종교지도층에게 버림 받으신 다윗의 자손)를 연결시킨다.

다윗 자손에 대한 강조는 마가복음 12:35-37에서 절정을 이룬다. 악한 농부의 비유를 드신 후 예수님은 세 가지 질문을 받으셨다. 그리고 다시 질문을 던지신다.

"어떻게 메시아가 다윗의 자손이면서 다윗의 주(主)일 수 있는가?" 아버지는 아들을 가리켜 자신의 주라고 말하지 않는다. 이에 대한 대답은 알다시피, 하나님께서 언젠가 다윗의 승계자를 일으켜서 이스라엘을 새 시대로 인도하게 하시겠다는 약속을 메시아가 성취시킨다는 점에서 다윗의 자손이라는 것이다(사 9:6-7, 16:5, 렘 23:5, 30:8-9, 겔 34:23-24, 37:24, 호 3:5, 암 9:11 참조). 하지만 여기 인용된 시편에 의하면, 메시아는 단순히 다윗의 후손 그 이상이다. "신령한 영감을 받은 다윗이 메시아를 하나님의 보좌와 연결시키는 것으로 인용되는데('내 우편에'—36절), 이는 진정한 메시아가 다윗의 자손일 뿐만 아니라 신적인 존재라는 것도 시사한다."[61] 따라서 마가는 다음 단원에 나오는 내용을 미리 암시한다.

---

58 Matera, pp. 75-79.

59 Matera, p. 82.

60 Matera, p. 83.

61 Hurtado, p. 192.

거기서 마침내 예수님의 온전한 정체성이 밝혀진다.

마지막으로 주목해야 할 사항은, 마가복음 12:35에 수록한 예수님의 물음을 통해 마가복음 제2부에 담긴 마가의 의도가 분명히 드러난다는 점이다. 예수님은 이렇게 물으신다. "어찌하여 서기관들이 그리스도를 다윗의 자손이라 하느냐"(12:35). 그리고 제1부 말미에서 열두 제자들은 예수님이 메시아이심을 알게 된다. 제2부에서 그들은 그분이 어떤 종류의 메시아신지 알게 된다. 4단원에서 그들은 메시아가 인자이심을 알게 된다. 여기 본 단락에서 그들은 그분이 다윗의 자손이심을 알게 된다. 6단원에서는 그분이 하나님의 아들이심을 알게 될 것이다(14:61).

다윗의 자손과 관련된 1세기의 논의

12:35-37에 수록된 예수님의 설명에 비춰보건대, 메시아와 다윗 자손 간의 연관성이 1세기 신학의 논의점이었음이 분명하다. 분명 구약성경은 언젠가 다윗의 후손이 다윗의 보좌를 영원히 확립할 것이라는 소망을 담고 있다(삼하 7:12-16). 이 개념은 헬라 시대에 솔로몬의 시편(주전 1세기) 속에서 확대되었다.[62] 그 내용에 의하면, 다윗의 자손이 이스라엘을 다스리고(17:21), "예루살렘을 이방인들 가운데서 깨끗이 할 것이며"(17:22), 거룩한 백성을 모으며(17:26), 그 백성을 심판하며(17:26), "주 메시아가 그들의 왕이 되실 것이다"(17:32). "저자는 다윗 가문 출신의 하나님을 경외하는 왕들을 소망하는 것이 아니라 오직 한 분인 메시아에 대한 소망을 피력하는 듯하다. 그 메시아는 하나님께 이적을 일으키는 권능을 부여받고, 거룩하며, 죄로부터 자유하고(17:41, 46), 성령을 통한 하나님의 힘으로 강해지고 지혜로워지며(17:42), 외적인 무기가 아니라 그 입에서 나오

62 특히, 솔로몬의 시편 17:4, 21-32을 보라.

는 말씀으로 대적들을 멸하실 것이다"(17:39, 이사야 11:4과 유사함).[63] 장차 다윗과 같은 왕이 도래해 심판할 것이라는 내용이 솔로몬의 시편 제17편에 분명히 언급된 점이 매우 흥미롭다(26, 29절). 5단원에서 마가는 다윗의 자손을 묘사하며 '왕적 존재'라는 개념과 '심판'이라는 개념을 둘 다 포함시킨다.

드종은 솔로몬의 시편 뒤에 감춰진 기대감을 이렇게 설명한다.

> 다윗의 후손이 이스라엘을 다스리지 않은 지가 오래 되었기 때문에, 다윗 시대처럼 왕권이 회복되기를 기대하는 마음이 간절했다. 하나님께서 약속하신 영광스러운 미래에는 다윗과 연관된 그분의 약속들이 실현될 것이다. 그러므로 다윗의 후손과 관련된 구약성경의 많은 예언들이 이 다윗 자손의 왕권을 묘사하는 데 영향을 미쳤음이 분명하다. 그는 구약성경의 소위 '왕의 시편들'에 등장하는 왕과 같은 이상적인 존재로 묘사된다. '여호와의 기름부음 받은 이'라는 표현을 많이 찾아볼 수 있다.[64]

따라서 "어떤 학자들은 신약성경에 나오는 '다윗의 자손'이라는 호칭이 다분히 정치적인 의미를 지닌 것으로서 피정복국인 이스라엘의 민족주의적 소망을 가리킨다'라고 이해했다.[65]

이러한 논의는 "하나님께서 친히 약속하신 구원을 어떻게 실현시킬 것인가"

---

63 Schürer, 2:504.

64 De Jonge, p. 135.

65 Actemeier, p. 125. Actemeier는 이 호칭을 서로 다르게 해석한 두 견해를 소개한다. 첫째는 K. L. Berger의 제안으로, 신약성경에서 이 호칭이 치유자이자 축귀자로서 솔로몬에 관한 전승들과 연관된다고 보는 것이다. E. S. Johnson은 "Berger의 랍비 자료가 신약성경 표현의 영향을 받았을 것 같다는 사실은 물론이고 그 자료의 연대가 2세기 경으로 짐작된다는 사실, 그것이 헬라의 이적 이야기들과 유사하다는 점은…이 구절이 치유하는 메시아에 대한 유대교적인 기대가 오래된 것임을 시사하는 내용이라는 점에 의문을 갖게 한다." Actemeier, p. 195. 두 번째 해석은, 이 호칭이 유대교 전승의 일부가 아니라 그리스도 부활 이후의 기독교적 배경을 담고 있다는 것이다.

하는 주제와 연관된다. 문제는 하나님께서 유대인들을 압제자로부터 구원하실 지의 여부가 아니라 이 일을 어떻게 이루실지에 있다. 당시 이 주제와 관련해 지배적인 두 가지 견해가 있었다. "어떤 유대인들은 레위 지파 출신으로서 기름부음 받은 종말론적 인물을 기대한 반면, 또 다른 이들은 다윗의 가문에서 나오는 왕을 기대했다."[66] 바리새인들은 다윗 계보에 속했다. 그들은 왕의 모습을 갖춘 인물을 기대했다.

그래서 마가복음 12:35-37에서 예수님은 바리새인들의 견해를 논박하기 보다는 그들이 더 넓은 이해력을 가질 수 있도록 이끌려고 하신다. "이 구절에 담긴 분명한 의미는, 당시 유대인들의 개념으로는 메시아의 온전한 역할과 인격을 표현하거나 하나님의 구속 계획을 온전히 드러낼 수 없었다는 점이다. 기껏해야 메시아 개념을 암시할 뿐이었다."[67] 일반 사람들이 다같이 왕의 모습을 지닌 구속주를 기대하고 있었다는 사실은 요한복음의 오병이어 기사에서 드러난다. 사람들은 강제로 예수님을 왕으로 삼으려고 했다(요 6:15). 누가 하나님의 백성을 구원할지에 대해서는 의견이 분분했지만, 누군가가 그 일을 할 것이라는 점에는 다들 의견을 같이 했다. "종말론적 구원을 가져올 특정 인물을 통해 이스라엘의 소망이 실현될 것이라는 신념에 모두가 공감했다. 하나님께서 자신을 사람들에게 알리시고 그들을 애매하고 어두운 상태로부터 이끌어 내실 것이라는 소망은 가장 곤핍한 시기에 일어났다."[68]

물론 제자들도 장차 오실 구속자와 관련해 이같은 대립된 견해들을 접했을 것이다. 그래서 예수님이 다윗의 자손이라는 이 새로운 계시를 열렬하게 환영했을 것이다. 그것은 그들의 추측과 일치했다. "신구약 중간기에는 어떤 사람이 '메

66 Gowan, p. 496.

67 Hurtado, p. 192.

68 R. Mayer, "Israel," in *The New International Dictionary of New Testament Theology*, ed. Colin Brown, vol.2, p. 313.

시아'로 선언되면 사람들은 당연히 그가 다윗과 같은 구속주일 것이라고 가정하며 그에게서 군사적 무용과 의와 거룩함을 기대했다. 이 점은 고대 유대교식 기도나 성경 해석에 분명히 나타나 있다."[69] 예수님이 다윗의 자손이시라는 개념은 그분이 고난과 죽음을 당하는 '인자'라는 개념보다 훨씬 더 친숙하게 열두 제자들에게 다가왔을 것이다.

이것이 사실이라면, 마가가 5단원에서 왕이신 예수님의 특성을 더 확연히 드러내지 않은 이유는 무엇인가? 한 소경 거지가 이 호칭으로 그분에게 외치지만, 우리는 그의 말에 주의를 기울이지 않는다. 예수님이 순례자들의 외침 속에서 나귀를 타고 예루살렘으로 들어가시지만, 과연 많은 사람들이 이 환호에 담긴 의미를 제대로 알았을지 의문이다. 예수님은 다만 다윗의 자손과 메시아 간의 연관성에 관해 물으실 뿐, 이 시점에서 자신이 다윗의 자손이라고 직접 선언하시지 않는다. 마가복음 13장처럼 돌아오는 아들의 역할과 관련된 자신의 역할을 직접 확언하시지도 않는다.

레인은 이렇게 지적한다. "마가는 예루살렘 입성을 매우 상세하게 설명하지만, 이 사건이 가지고 있는 메시아적인 의미는 매우 제한적으로 드러내고 있다."[70]

마테라는 이를 이렇게 설명한다. "마가는 '왕'이라는 호칭을 드러내놓고 사용하지 않았다. 그는 사람들이 예수님의 왕권에 대해 아무 오해도 하지 않을 때까지 그 칭송을 조심스럽게 보류시킨다. 물론 그때란 수난 당하시던 때다. 그때 제사장들의 비방과 사람들의 조롱 그리고 그들이 쓴 죄패는 시편 118편에서 예수님을 가리켜 증거하는 바와 같이 고난 받고 배척 받는 왕으로 그분을 선포할 것이다."[71]

성전과 다가올 심판이라는 문맥에서 왕으로서 메시아직을 담당하시는 예수

69 Vermes, p. 134.

70 Lane, p. 393.

71 Matera, p. 91.

님이라는 주제를 전개함으로써, 마가는 독자들에게 다음 마지막 단원을 준비시킨다. "거기서 지나가는 행인들과 종교지도자들은 예수님을 가리켜 성전 파괴자요 소위 이스라엘의 왕, 메시아라고 조롱한다. 여기서 마가는 점차 확연하게 드러날 두 가지 주제를 준비한다. 그는 옛 성전을 무너트리고 새 성전을 제시하실 예수님을 소개할 것이다. 그는 왕으로서 메시아의 역할이 무엇인지 또한 왜 옛 호칭들이 부적합하고 재해석되어야 하는지 보여줄 것이다."[72]

하나님의 아들이신 예수님: 6단원 분석(막 14:1-15:39)

그리하여 마가는 마지막 단원으로 나아간다. 물론 6단원의 중심 사건은 예수님의 십자가 처형이다. 마가복음 전체가 이 사건을 향해 발전해왔다. 이것은 예수님의 온전한 정체성을 계시하는 사건이다. 예수님의 신분을 가장 잘 요약하고 있는 하나님의 아들이라는 호칭이 적극적이고 공개적으로 그분과 연결되는 것도 십자가 처형 사건을 통해서다. 하나님의 아들이라는 호칭은 제자들이 예수님을 제대로 이해하기 위해 풀어야 했던 마지막 수수께끼였다.

6단원은 한 쌍의 삽입 단락으로 시작하며, 이 삽입 단락은 다른 다섯 개의 서두 단락들이 지닌 특징을 모두 가지고 있다. 두 단락 중 첫 단락(가룟 유다의 배신, 14:1-2, 10-11)을 보면 예수님이 오해받으셨음이 분명하다. 유다가 진정 예수님을 메시아로 믿었다면, 관원들에게 그분을 팔아 넘기지 않았을 것이다. 종교지도자들이 진정 예수님을 메시아로 믿었다면 그분을 체포하려 들지 않았을 것이다. 유다의 행동 또한 예수님의 모든 입장을 질책하고 있다. 마찬가지로 예수님을 체포하려는 마음은 관원들 측의 질책에 해당한다.

72 Matera, p. 69.

분명한 사실은 이 시점에 이르러 감정이 고조된다는 점이다. 지도자들은 예수님에게 너무나 분노한 나머지 그분을 죽이고자 했다(14:1). 그러나 예수님을 원하는 사람들의 갈망도 매우 강렬했으므로, 관원들이 그분을 체포할 경우 폭동이 일어날 지경이었다(14:2). 유다가 예수님을 배신하려고 마음먹었을 때 그의 영혼이 얼마나 고통으로 들끓었을지 누가 헤아릴 수 있겠는가? 뒤이은 그의 자살이 이를 반증한다. 게다가 종교지도자들이 느낀 기쁨도 있었다. 폭동을 일으키지 않고 예수님을 체포할 방안을 찾고서 그들은 기뻐했다.

한 쌍의 삽입 단락 중 두 번째 이야기 속에서도 똑같은 요소를 발견할 수 있다(14:3-9). 예수님에게 값비싼 향유를 붓는 장면에서 강렬한 감정이 부각된다. 여인은 사랑, 존경, 헌신 등의 복합적인 감정을 가지고 예수님에게 향유를 부었다(14:3). 그러자 제자들은 강렬한 반응을 보인다. "어떤 사람들이 '화내어' 서로 말하되"(14:4), "그 여자를 책망하는지라"(14:5). 제자들을 바라본 예수님도 매우 강렬한 반응을 보이셨다. "가만 두라 너희가 어찌하여 그를 괴롭게 하느냐"(14:6). 이 이야기 속에 등장하는 사람들은 서로를 질책한다. 제자들은 여인을 책망하고(14:5), 예수님은 제자들을 나무라신다(14:6). 제자들이 예수님의 정체성을 진정으로 이해했다면 이런 일은 전혀 일어나지 않았을 것이다.

여기서 제시되는 새 호칭은 하나님의 아들이고, 이는 본 단원의 핵심이다. 이 호칭은 "일반적으로 마가복음에 나오는 예수님의 호칭들 중 가장 중요한 것으로 받아들여진다."[73] 하지만 마가는 이 호칭을 자주 사용하지 않는다. 그는 이 호칭을 프롤로그에서 사용한다(1:1). 하늘로부터 들리는 음성이 예수님을 '사랑하는 아들'이라고 두 차례 지칭한다(1:11; 9:7). 귀신들도 예수님을 가리켜 하나님의

73 Earnest Best, *The Temptation and the Passion: The Markan Soteriology* (Cambridge: University Press, 1965), p. 167. 또한 N. Perrin, "Creation Use of Son of Man Traditions in Mark," *Union Seminary Quarterly Review* (1968): 358을 보라. Donald Juel, *Messiah and Temple: The Trial of Jesus in the Gospel of Mark*, SBL Dissertaion Series 31 (MissouIa, Mont.: Scholars Press, 1977), p. 80. n. 14에 기록되어 있다.

아들이라고 두 차례 지칭한다(3:11; 5:7). 또한 여기 6단원에서는 두 차례에 걸쳐 이 호칭이 공개적으로 사용된다. 14:61에서 대제사장이 예수님을 하나님의 아들로 지칭하며, 백부장도 본 단원의 말미에서 그렇게 한다(15:39).

주지해야 할 사항은, 6단원에서 하나님의 아들이 핵심 호칭이긴 하지만 그것을 마가복음의 다른 주요 호칭들과 연관된 문맥에서 이해해야 한다는 점이다. 여섯 호칭들 모두가 6단원에서 빈번히 나온다. 선생(4:14), 랍비(14:45), 선지자(14:65), 그리스도(14:61; 15:32), 인자(14:21, 41, 62), 왕(15:2, 9, 12, 18, 26, 32), 하나님의 아들(14:61; 15:39).

예수님은 유월절에 음식을 드실 집의 주인에게 제자들을 보내면서 전하라고 당부한 암호 같은 말씀 가운데 자신을 가리켜 '선생님'이라 칭하신다.[74] 이를 통해 당시 상황에서 집 주인이 예수님을 어떻게 생각했는지 짐작할 수 있다. 이스라엘의 지혜로운 선생으로 생각했던 것이다. 이와 연관되는 호칭인 '랍비'는 유다가 사용한다. 이는 유다가 최종적으로 예수님을 어떻게 이해했는지 보여준다. 그에게 예수님은 단지 다른 랍비들과 대립하는 한 랍비에 불과했다. 그랬기에 예수님을 배신할 수 있었을 것이다. 선지자이신 예수님의 개념은 산헤드린에 의해 피력된다. 그들은 예수님에게 고문을 가하면서 진정 하나님으로부터 보내심을 받았다면 예언을 해보라며 조롱한다. 그들은 그분이 그렇게 하리라고 또는 그렇게 할 수 있다고 기대하지 않았다. 인자라는 호칭은 예수님이 자신이 배신당할 것(14:21, 41)과 왕권을 회복하고 다시 돌아오실 것(14:62)을 말씀하면서 계속 사용하신다. (유대인의) 왕이라는 호칭은 '다윗의 자손'이 이 단원에서 어떤 모습인지 보여준다. 사람들은 비난조로만 '유대인(이스라엘)의 왕'이라는 호칭을 예수님에게 붙였다. 대제사장의 고소 중에 메시아라는 호칭은 하나님의 아들, 인

74 J. Duncan M. Derrett, *The Making of Mark: The Scriptural Bases of the Earliest Gospel*, 2 vols. (Shipston-on-Stour: P. Drinkwater, 1985), 2:234-35에서는, 예수님께서 열세 명이 먹을 양을 잡는 일뿐만 아니라 방까지 사전에 준비하신 사실에 대해 말하고 있다.

자라는 호칭과 짝을 이루며 사용된다. 6단원에서만 호칭들이 모두 나온다. 마가가 이 시점에서 예수님의 온전한 정체성을 요약하고 있기 때문이다.

대제사장의 선언

대제사장이 예수님을 가리켜 '하나님의 아들'이라고 최초로 부른 것은 예수님의 신분에 관해 따지듯이 물으면서다(14:61-62). 이 절정의 상황에서 네 가지 주요 호칭들이 모두 사용된다. "대제사장이 다시 물어 가로되 네가 '찬송받을 이의 아들(하나님의 아들) 그리스도'냐 예수께서 이르시되 내가 그니라 '인자가 권능자의 우편에 앉은 것'(왕)과 '(재림하는 메시아적 왕으로서) 하늘 구름을 타고 오는 것'을 너희가 보리라 하시니."[75]

첫째, 대제사장이 그리스도(메시아)와 찬송받을 자의 아들이라는 이중 호칭을 써서 예수님을 지칭한다는 점을 주목해야 한다(찬송 받을 자는 하나님을 직접 지칭하는 것을 피하기 위한…외경의 뜻을 담은 완곡한 표현'이다).[76] 이들은 마가 자신이 예수님의 정체성에 관한 두 부분을 규정하기 위해 마가복음의 서두에서 사용한 두 호칭과 동일하다. 여기서 두 호칭들은 마침내 하나로 결합되어 예수님에게 초점을 맞춘다.

하지만 대제사장이 어떤 의미에서 예수님을 가리켜 '하나님의 아들'이라고 불렀는지 의문이 제기된다. 그는 마음속으로 이 호칭에 어떤 의미를 부여했겠는가? 레인은 이렇게 설명한다. "신약성경과 동시대에 해당하는 유대교 자료에 의하면, '하나님의 아들'은 오직 메시아라는 의미를 가진다. 대제사장은 예수님의 신성에 대해 물은 것이 아니라 '네가 메시아라고 주장하는가?'라는 단 한 가지

---

75 작은 따옴표와 괄호는 필자가 삽입했다.

76 D. E. Nineham, *The Gospel of St. Mark* (London: Adam & Charles Black, 1968), p. 407. 이 완곡한 표현에 대해서는 Juel, pp. 77-79을 참조하라. 그의 주장에 의하면, 이 표현은 "대제사장의 입에 적합하도록 저자가 고안한 유사-유대교적인 표현이다"(p. 79).

의미만을 가지고 있다."[77] 따라서 대제사장이 메시아라는 단일 호칭을 두 가지 방식으로 표현한 것으로 볼 수 있다. 그러나 마가는 이 두 호칭의 구분을 의미 깊게 받아들인다. 예수님은 '메시아'로 지칭되지만 그것으로 그분의 신분을 온전히 표현하기가 충분하지 않다. 마가복음의 후반부에서 드러나듯이, 일단 메시아로서의 예수님이 확언되고 나면 그분이 어떤 종류의 메시아인지 설명이 뒤따라야 한다. 여기서 하나님의 아들이라는 호칭이 그런 역할을 한다.

따라서 이 호칭은 문화적 가정이라는 측면(이를테면, '대제사장이 그것을 어떻게 이해했는가' 하는 사항)뿐만 아니라 '마가복음 전체에서 그것이 어떻게 사용되는가' 하는 측면에서도 이해되어야 한다. 첫째, 마가는 예수님과 하나님 간의 유일무이한 관계를 규정하기 위해 이 호칭을 사용한다. 아들이라는 호칭은 예수님이 세례 받으실 때와 변화산에서 변화하실 당시에도 등장한다. 이 두 경우 모두 하늘로부터 들린 음성을 통해서 지칭된다. "그 관계의 엄밀한 특성에 관해 마가가 누가나 요한만큼 분명하게 밝히지는 않지만, 예수님이 하나님의 유일무이한 아들 되심을 그가 중요하게 여겼음은 의심할 여지가 없다."[78]

둘째, 귀신들이 '하나님의 아들'이라는 호칭을 사용한다(3:11, 5:7). 주엘의 주장에 따르면, 마가는 그 용어를 '신령한 사람'이라는 뜻으로 사용했을 수도 있다.[79] 이 초자연적인 존재들(이 경우에는 악령들)은 예수님과 하나님의 특별한 관계를 이해하고 있었다.

---

77 Lane, p. 535. p. 135에서 이렇게 설명한다. 시 2편과 삼하 7:14이 "lQSa 2:1 이하와 4QFlorilegium 1:10 이하에서 메시아로 해석한다. 4QFlorilegium 1:10 이하에는, '나는 그에게 아버지가 되고 그는 내게 아들이 될 것이다. 그는 다윗 가문 출신'이라는 내용이 나온다. 이는 다윗식 메시아로 예고된 아들에 대한 증거다." 이 문제에 대해서는 Juel, pp. 79-80, 108-114을 보라. 그는 Lane과 유사하게 결론을 내렸다. "이 호칭이 성경적(=왕적) 유래에 대한 분명한 자각을 바탕으로 사용했다는 증거는 마가 이전의 기독교와 기독교 이전의 유대교 모두에 있다"(p. 114).

78 Juel, p. 81.

79 Juel, p. 81.

셋째, 대제사장이 심문하면서 예수님에게 '하나님의 아들'이라는 호칭을 쓴 것은 마가복음에서 다른 사람이 예수님을 하나님의 아들이라고 일컫은 첫 번째 경우다. 지금까지는 특별한 지식을 가진 이들(저자와 초자연적인 존재들)만 이 호칭을 사용했다. 또한 이것은 마가복음에서 예수님이 스스로를 메시아(그리스도)라고 지칭하신 두 번째 경우다. 8:29에서 베드로가 예수님을 그리스도라고 불렀을 때 그분은 아무 반응도 보이지 않으셨다. 대신 제자들에게 침묵하라고 당부하셨다. 마가복음 전반에 걸쳐 예수님은 자신을 '메시아'로 부르는 것을 삼가셨다. "당시 일반 사람들 사고 속에 깃든 메시아의 모습에 근거해 민족주의적이고 정치적인 소망이 일어나는 것을 바라지 않으셨다."[80] 하지만 이제 침묵할 시간이 지났다. 예수님은 공개적인 상황에서 이 호칭들이 자신의 신분을 정확히 묘사한다고 인정하신다. 자신의 신분이 그런 호칭들에 부합하는가라는 물음에 간단하게 긍정하신다. 사실 예수님은 하나님께서 보내신 기름부음 받은 분이시다.[81]

넷째, 예수님은 대제사장의 물음에 답하시면서 그가 사용한 호칭(찬송받을 자의 아들 그리스도)을 사용하시지 않는다. 오히려 이 두 호칭의 의미를 상세히 설명하신다. 그러한 부연 설명이 필요한 이유는 앞에서도 말했듯이 메시아라는 호칭이 자칫하면 왜곡될 수 있기 때문이다. 마찬가지로, 도나휴가 위던의 책을 이용해 지적하듯이, 하나님의 아들이라는 호칭도 왜곡될 수 있었다.[82]

예수님이 14:62에서 이 두 호칭들에 관해 어떤 말씀을 하셨는지가 중요하다. 첫째, 그분은 자신을 인자로 묘사하신다. "예수님은 찬송받을 자의 아들이라는 호칭을 공개적으로 받아들였지만, 미래의 인자와 관련해 한정적인 의미를 덧붙

---

80 Lane, p. 536.

81 "그분의 대답이 단순한 긍정이며, 신적 권위를 드러내는 뜻에서 '내가 그니라'고 하신 것이 아니라는 사실은 61-62절에서 분명해진다. '네가…냐?"라는 물음에는 '내가…라'라는 대답이 나오기 마련이다. Lane, p. 536.

82 Donahue, p. 180.

이셨다. 하나님의 아들이신 예수님에 대한 참된 의미는 그분이 승리의 인자로서 영광 중에 다시 오실 때 비로소 밝히 드러날 것이다. 그러므로 인자라는 호칭을 통해 예수님의 지상 사역과 수난뿐만 아니라 하나님의 아들로서 지니는 신분을 이해할 수 있다."[83]

인자라는 호칭이 하나님의 아들 또는 메시아라는 호칭의 의미를 어떻게 밝혀주는가? 첫째, 인자라는 호칭은 수난과 죽음이라는 개념과 연관된다. 4단원에서 인자와 죽음 간의 연관성에 대해서는 예수님이 앞으로 겪을 일을 예고하면서 드러났다(8:31, 9:9-10, 31, 10:33-34). 5단원에서는 아들 되심과 죽음 간의 연관성이 포도원 비유를 통해 드러났다. 비유에서 죽음을 당하는 이는 아들이다(12:6-8). 베스트는 아들 되심과 죽음이 '아가페토스'(*agapētos*: 사랑받는)라는 단어를 통해 서로 연관성을 지닌다고 했다. 터너가 말했듯이, "이 단어의 의미는 사랑받는 이라기보다는 '유일한' 이다."[84] 이 표현은 예수님이 세례 받으실 때와 변화산에서 변화되실 때 하늘로부터 들린 '아들'이라는 단어를 수식할 때 사용된다.

창세기 22:2, 12, 16에서 이삭을 가리킬 때도 동일한 단어가 사용된다. 이삭이 독자로서 희생 제물이 되었듯이 예수님도 마찬가지였다. 베스트는 묵시문학 자료와 신약성경 자료에 근거해, 예수님이 새로운 이삭으로 이해되셨다고 주장한다. "이삭의 희생이 전혀 피흘림이 없었음에도 불구하고 랍비들은 그것을 이스라엘 백성의 죄를 사하는 유일하고 완벽한 희생으로 받아들였다."[85]

마가복음에 묘사된 그분(예수님)을, 이삭처럼 자발적으로 죽음을 향해 나아가는

83 Donahue, p. 180.

84 Best, *The Temptation and the Passion*, pp. 169-70. C. H. Turner, *Journal of Theological Studies* 27 (1926): 113-29; and 28 (1927): 152에서 인용.

85 Best, *The Temptation and the Passion*, p. 171.

유일한(1:11; 9:7) 그리고 순종하는(14:32 이하) 아들로 이해할 수 있다. 그분의 죽음은 사람들의 죄를 대신한 희생이다. 이러한 해석을 받아들인다면, 다른 사람들을 위한 자발적인 희생을 통해 그분의 아들 되심이 실현되었고, 또한 그분이 죽는 순간에 사람들은 그분의 아들 되심을 인정하게 된다(15:39 참조). 따라서 예수님을 새로운 이삭으로 이해할 경우, 아들 되심이라는 주제가 (유대교에서처럼) 다른 사람들을 위한 희생이라는 개념과 함께 십자가의 희생과 연계됨을 알 수 있다(롬 8:32 참조).[86]

둘째, 인자라는 호칭은 왕위 개념과 연관된다. 이는 시편 110:1에 대한 암시(막 14:62)이며, 예수님이 부활하셔서 하나님의 우편에 오르심을 암시한다. '권능자의 우편에 앉는 것'이라는 표현은 그분이 하나님의 궁정에서 가장 존귀한 자리에 앉으셨음을 뜻하는 관용구다.[87] 더욱이 시편 110편은 왕을 노래한 시편이다. 도나휴가 지적하듯이, "110편의 이미지는 대적들에게 둘러싸인 자가 보호를 받아 오히려 대적들을 심판하는 왕의 자리에 오름을 노래한다. 이 광경은 여러 측면에서 재판 장면과 직접 부합된다."[88] 그러므로 다윗의 자손, 약속된 왕위 승계자라는 개념은 인자의 개념과 연관된다. 다니엘 7:13(이 또한 마가복음 14:62에서 발견됨)은 시편 110편의 이미지를 재림을 포함한 내용으로 확대시킨다. 메시아 또는 하나님의 아들은 택함 받은 자들을 모으기 위해 다시 돌아오실 것이다.[89]

---

86 Best, *The Temptation and the Passion*, pp. 172-73.

87 Lane, p. 537.

88 Donahue, pp. 174-75.

89 Glasson (*The Second Advent*, 3rd rev. ed. [London: Epworth Press, 1963]), J. A. T. Robinson, (*Jesus and His Coming* [London: SCM Press, 1957] 그리고 "The Second Coming—Mark 14:62," *Expository Times* 67 [1956]: 336-40), McArthur ("Mark 14:62," *New Testament Studies* 4 [1958]: 156-58) 간에 14:62이 부활을 통한 천국으로의 승귀를 가리키는지 아니면 그분의 재림을 가리키는지 의견이 분분하다. Donahue는 14:62 속에 두

이 두 인용들은 예수님의 역할을 심판관으로 확대하는데, 결국은 '다윗의 자손'이라는 호칭과 연결된다. "따라서 예수님은 종말론적 심판관으로서 자신의 승귀와 재림을 말씀하셨다."[90] 만이 말하고 있듯이. '아들'과 '기름부음 받은 자'라는 용어에 근거해 두 본문을 연계시킨 사례가 몇몇 있다. "시편 2:7은 '아들'과 '기름부음 받은 자'라는 용어들을 연결시키는데, 미드라쉬는 시편 110편과 다니엘 7장을 들어 이 점을 설명한다."[91]

따라서 예수님을 가리키는 모든 호칭들은 대제사장의 말 속에 함께 등장하며 곧 다가올 예수님의 죽음과 결부된다.[92] 마가가 말하고 있는 예수님은 이런 분이시다. 즉, 그분은 메시아요 다윗 보좌의 승계자시며, 하나님의 독생자이신 까닭에 다윗보다 더 크신 분이다. 그분은 역할을 수행하면서 죽음을 당하셨다. 그러나 언젠가 심판하러 다시 오실 것이다. 마가복음은 이 지점에 이를 때까지 제자들과 마가복음의 전체 내용을 알지 못하는 이들은 예수님이 누구신지 명확히 알지 못했다. 그러나 이제 그분의 온전한 정체성이 드러난다.

백부장의 고백

예수님이 하나님의 아들이시라는 사실은 6단원 말미에서 "이 사람은 진실로 하나님의 아들이었도다"라는 백부장의 선언으로 증명된다. 첫째, 그 선언이 드러난 문맥이 중요하다. 마가는 백부장이 "예수의 외치는 소리를 듣고 그 죽어가는 모습을 보았을 때"(15:39, NIV) 이 고백을 했음을 분명히 밝힌다. 예수님의 외침은 죽음을 맞는 순간 그분이 지르신 비명 소리였다("예수께서 큰 소리를 지르시

가지 의미가 모두 담겨 있다고 설명한다. 그의 견해가 옳다. 그것은 이것이냐 저것이냐의 문제가 아니다. Donahue, pp. 142-43을 보라.

90 Lane, p. 537.

91 Mann, p. 625.

92 Donahue, p. 95; Juel, p. 86.

고 숨지시니라"[15:37]). 예수님의 죽음도 그분의 신분을 드러내는 계기가 되었다. 마가가 보기에 "예수님의 배척, 수난, 죽음으로 그분의 하나님 아들 되심이 계시되기 전까지는…누구도 예수님을 이해할 수 없었다."[93]

둘째, 백부장은 예수님을 '하나님의 그 아들'이라 지칭했는가 아니면 '하나님의 한 아들'이라 지칭했는가? 이것은 문법상의 문제다. 백부장이 언급한 내용은 '알레도스 후토스 호 안드로포스 휘오스 데우 엔'이다. '휘오스' 앞에는 정관사가 없다. 그러나 모울(Moule)과 다른 이들이 지적하듯이, 콜웰의 정관사 생략법에 따라 반드시 '하나님의 한 아들'로 번역해야 하는 것은 아니다.[94]

셋째, 백부장은 무슨 뜻으로 그렇게 말했는가? 여기에는 두 가지 주장이 있다. "하나는 십자가 위에서 죽어가는 사람이 비범한 영웅임을 인정하는 말이고, 또 하나는 예수님을 하나님의 아들로 믿는 기독교의 신앙고백이다."[95] 브레처는 문법이나 본문에 근거를 두고 두 번째 의미를 받아들인다. "하나님의 아들이신 예수님을 향해 성숙한 고백을 했다"는 것이다.[96] 나인햄도 "핵심은 단지 순교자의 편에 서게 된 박해자의 모습이 아니라, 훨씬 더 큰 이적 곧 죽음을 맞으시는 구주로 인해 회심하게 된 불신자의 모습에 있다"고 말한다. 단지 박해자가 순교자의 편에 서는 장면은 '순교사'나 누가복음 3:47에서 엿볼 수 있다."[97]

93 Eduard Schweizer, "The Portrayal of the Life of Faith in the Gospel of Mark," *Interpretation* 32 (October 1978): 390.

94 Robert G. Bratcher, "A Note on *Huios Theou* (Mark 15:39)," *Expository Times* 68 (October 1956): 27, and "Mark 15:39: The Son of God," *Expository Times* 80 (June 1969): 286; Philip H. Bligh, "A Note on *Huios Theou* in Mark 15:39," *Expository Times* 80 (November 1968): 51-53; T. Francis Glasson, "Mark 15:39: The Son of God," *Expository Times* 80 (June 1969): 286; and Harold A. Guy, "Son of God in Mark 15:39," *Expository Times* 81 (February 1970): 151.

95 Bratcher, "A Note on *Huios Theou* (Mark 15:39)," p. 27.

96 Bratcher, "A Note on *Huios Theou* (Mark 15:39)," p. 28. 또한 Bligh, "A Note on *Huios Theou*"도 보라.

97 Nineham, p. 430.

그렇다면 백부장은 어떤 근거로 하나님의 아들이라는 호칭을 사용했는가? 이런 확신의 기초 정보는 무엇이었나? 첫째, 백부장은 빌라도 앞에서 재판받은 예수님 관련 사건들을 사전에 알고 있었던 것 같다(막 15:1-20). 물론 예수님이 받으신 비난("빌라도가 묻되 네가 유대인의 왕이냐 예수께서 대답하여 이르시되 네 말이 옳도다 하시매"[15:2. 15:9도 보라])과 조롱("경례하여 이르되 유대인의 왕이여" [15:18])도 익히 들었을 것이다. 둘째, 그는 예수님이 십자가에 처형당하시는 순간을 목격했다(15:21-37). 십자가에 붙인 죄패('유대인의 왕')를 보았고(15:26), 예수님을 성전 파괴와 결부시키는 모욕(15:29)을 들었으며, 유대교 지도자들이 예수님을 다른 사람들의 구원과 결부시키며 '그리스도와 이스라엘의 왕'이라고 조롱하는 것(15:31-32)까지 들었다. 예수님의 절망적인 외침(15:34)도 들었을 것이다. 셋째, 마가가 말했듯이(15:37, 39) 그는 예수님의 죽음을 실제로 목격했다. 그 자체가 계시의 최종 자료였다. 따라서 백부장은 나름대로 의미를 가지고 그런 고백을 한 것이다. 그가 판단하기에 예수님은 14장, 15장에 제시된 왕의 의미와 너무나 절묘하게 맞아떨어졌다. 또한 그는 '하나님의 아들'이라는 호칭을 14:61-62에 규정된 대로 이해했다. 예수님을 '메시아-왕'으로 이해한 것이다.[98]

분명 마가는 백부장의 고백에 기독론적인 무게를 더했다. 마가가 제시한 요점은 '예수님이 죽으심으로써 비로소 하나님의 아들이심이 계시되었다는 것'이다. 물론 이 과정은 제자들이 예수님을 이해하기 위해 필요했던 최종 정보다. 예수님이 돌아가시기 전까지 제자들은 그분이 하나님의 아들이심을 알지 못했다(알 수도 없었다)는 점이 참으로 중요하다. 하나님의 아들이라는 호칭은 불신 차원에서 대제사장이 처음으로 사용했다. 그리고 제자들에게는 들리지 않은 상황

98 Juel은 이렇게 쓰고 있다. "그 백부장이 '유대인의 왕'(군병들은 그를 '유대인의 왕'이라고 조롱했고 유대인 대적들은 '이스라엘의 왕 그리스도'라고 조롱했다)의 죽음을 목격하고서 사용한 huios theou라는 호칭이 14:61에서의 용례와 무관한 것일 수 있을까? 최소한 저자의 관점에서 보면, 그 관계가 의도적으로 고려되었을 가능성이 많으며, 백부장의 고백 속에는 왕과 관련된 뉘앙스도 담겨 있었을 것이다"(p. 83).

이었다. 그 호칭은 백부장이 믿음을 고백하면서 두 번째로 사용된다. 백부장은 예수님의 죽음으로 그러한 믿음을 가질 수 있었다. "분명 마가는 예수님이 메시아이심을 드러내는 표시로 그분의 죽음을 제시하며, 예수님이 행하실 지상 소명을 1:1 관점에서 기록하고 결론짓는다. 예수님이 보이신 기사의 절정이 한 로마인의 입술을 통해 비로소 공인되는 것이다."[99] "따라서 마가복음은 하나님께서 예수님을 자신의 아들로 증거한 데서 시작해 이를 인정하는 인간의 증거로 마감한다. 예수님은 하나님의 아들이시다. '그분의 죽음에도 불구하고'가 아니라 '그 죽음 때문에' 그러하다."[100]

요약

마가는 분명 제자들이 예수님의 신분을 차츰 이해해가고 있음을 전제로 복음서를 구성한다. 이러한 전제를 통해 마가복음 전체를 논리적으로 조망하고 모든 자료들을 일일이 설명한다. 마가복음 전반부에서는 예수님을 먼저 선생, 선지자, 메시아로 소개한다. 후반부에서는 메시아의 성격을 규정한다. 그분은 기존 유대인의 문화적인 배경에서 기인한 메시아 상이 아니며, 인자, 다윗의 자손, 하나님의 아들로 드러난다. 메시아라는 호칭이 선생과 선지자라는 의미를 포함하듯, 하나님의 아들이라는 호칭은 인자와 다윗의 자손이라는 의미를 지닌다.

처음 세 호칭들(선생. 선지자, 메시아)은 예수님의 행위와 관련되고, 두 번째 세 호칭들(인자, 다윗의 자손, 하나님의 아들)은 그분의 신분과 관련된다. 처음 세 호칭들은 1세기 유대교가 예수님을 받아들인 사실에 초점을 맞추며, 두 번째 세 호

99 Guy, "Son of God in Mark 15:39," p. 151.

100 Best, *The Temptation and the Passion*, p. 168.

칭들은 1세기의 유대교가 그분을 배척한 사실을 말하고 있다. 말하자면, 1세기의 유대인들은 선생이신 예수님(1:22, 27, 28, 45, 3:7-12)과 선지자이신 예수님(6:14-16, 8:27-28)께 친근감을 느꼈고 그분을 환영하는 분위기였다. 제자들이 객관적인 판단 기준에서 그렇게 보았다면, 사람들도 예수님을 동일한 의미로 환영했을 것이다. 그들 역시 제자들처럼 문화적인 배경에서 이해했을 것이다. 하지만 예수님의 메시아 상을 규정하는 세 호칭에는 그분이 배척당한 사실이 들어 있다. 제자들은 예수님이 수난과 죽음을 당하고 다시 사시는 인자임을 거부한다(4단원). 종교지도자들은 돌아온 다윗의 자손이라 칭함 받는 예수님을 배척한다(5단원). 심지어 종교지도자들과 모든 제자들도 그분이 하나님의 아들이심을 부인한다(6단원).

그렇다면 예수님은 누구신가? 마가는 그분의 정체성을 규정하기 위해 메시아-하나님의 아들이라는 이중 호칭을 썼다. 마가복음은 제자들이 어떻게 예수님을 차츰 알아가게 되는지 주로 설명한다. 결국 제자들은 회개하여 예수님에게 믿음을 가지며 마침내 회심에 이른다. 제9장과 제10장은 바로 이러한 과정을 담고 있다.

제9장
마가복음이 다루는 회심 주제: 반응·믿음·회개

마가는 독자들이 어떻게 예수님의 신분을 이해하는지에만 국한하지 않고 예수님에게 반응하는 바른 태도도 다룬다. 회심은 예수님을 이해하면서 이루어지지만 이는 곧 반응으로 발전한다. 그러므로 마가복음의 각 단원의 주제는 예수님뿐만 아니라 회심에 관한 몇 가지 측면도 주제로 다룬다. 마가는 1단원에서 예수님에게 반응하는 여러 방법들을 정리했고, 2단원에서는 믿음의 문제를 논한 반면, 3단원에서는 회개 문제를 제시한다. 4단원에서는 제자도에 초점을 맞추고, 5단원, 6단원에서는 제자들이 회개하면서 얻은 교훈이 무엇인지 보여준다. 회심을 알려면 회개, 믿음, 제자도의 의미까지 함께 고찰해야 한다.

흥미로운 것은 제자들이 예수님과 함께 지내던 중에 가지고 있던 회개, 믿음, 제자도 개념이 단지 이론에 불과했다는 사실이다. 그들은 예수님이 도대체 무슨 말씀을 하시는지 전혀 이해하지 못했다. 배우기는 해도 완전히 이해한 것은 아니었다. 예수님이 십자가에 못박히시던 바로 그 순간까지도 제자들은 그분의 가르침, 그분을 위한 헌신이 무엇인지 이해하지 못했다. 제8장에서 말한 바와 같이, 예수님이 돌아가시기 전에는 제자들은 자신이 처한 상황이 지닌 의미를 이해하지 못했다. 진정 예수님이 누구셨는지는 바로 그분이 돌아가심으로 밝혀졌고, 그분이 주셨던 가르침의 의미 또한 그때 비로소 밝혀졌다. 더구나 바울의 회심을 분석한 결과가 증명하듯, 그들이 회심하기 위해 만나야 할 분은 바로 부활하신 주님이었다. 신약에서는 회심 안에 회개와 믿음을 포함시키는데, 이때 믿음이란 인간의 죄를 위해 죽으시고 새 생명을 가져다주시는 주님으로서 다시 부활하신 예수님에게 그 초점이 있다. 제자들이 모든 것을 다 이해하 고 회심한 것은 바울의 경우와 마찬가지로 바로 부활하신 예수님을 만난 직후였다.

그러므로 제10장과 제11장에서는 마가복음에 나오는 회심 주제를 분석적으로 고찰하겠다. 각 장에서는 이 주제를 특별한 단원 단위로 다루고, 구체적인 설명은 해당 단원 내의 소단락별로 하겠다.

회심: 프롤로그에서 정의된 주제(막 1:1-15)

서론을 세 부분으로 나눈다면 특히 두 부분이 마가복음의 주제인 회심을 이해하는 데 중요한 역할을 한다. 마가복음 1:1에서 마가는 자신이 어떤 종류의 글을 쓰고 있는지 분명히 밝히며 복음을 증거하려는 목적을 드러낸다. 1:14-15에서는 예수님 사역의 특성을 정의하고, 복음을 증거하기 위해 마가복음을 썼음을 한번 더 명확히 밝힌다. 이 두 구절 사이에 있는 1:2-13의 용어를 보면 마가가복음 증거에 얼마나 관심을 두었는지 알 수 있다.

복음: 마가복음 1:1

마가는 자신이 '복된 소식'(문자 그대로 '복음')을 쓰고 있다는 말로 마가복음을 시작한다. 그런데 무엇이 '복음'의 본질인가? 마가복음은 결국 무엇에 관한 글인가? 레인은 다음과 같이 정의한다.

> 1:1에 나오는 '복음'이란 기독교 전도에 쓰이는 전문 용어로서 객관적인 이해가 반드시 필요하다. 즉 '복음이란 하나님의 아들 예수 그리스도에 관한 것'이다. 마가복음의 내용은 모두 역사적으로 실재하신 예수님에 대한 설명이다. 더불어 1절에 나오는 '하나님의 아들 예수 그리스도'는 기독교의 신앙고백이다. 마가는 서두에서부터 원시 기독교에서 말하는 구원을 역사적인 맥락에서 자세히 설명한다.[1]

막슨은 마가가 지금 다름 아닌 설교를 하고 있다고 보았다.[2] 베스트도 같은 생각을 가졌다. "'말씀의 선포'라는 점에서 이는 설교다. 마가는 하나님의 말씀을 그의 백성에게 전하고 있다. 설교란 특별한 상황에 처한 특별한 사람들에게 하나님의 말씀을 전하는 것인데, 지금 마가는 이런 설교를 하고 있다."[3] '복음의 전파'는 사복음서의 역할 중 하나로 오랫동안 여겨져왔다. 다만 간과한 사실이 있다면, 적어도 마가복음은 독자에게 들려주는 설교로 끝나지 않는다는 점이다. 그것이 주된 목적이기는 하지만, 열두 제자들이 복음을 듣게 되는 과정을 설명한다. 열두 제자들이 믿음에 이르게 된 통로가 바로 독자들도 믿음을 가질 수 있는 통로 즉, 본보기가 된다.[4]

---

1 William L. Lane, *The Gospel according to Mark* (Grand Rapids: Wm. B. Eerdmans Publishing Co., 1974), pp. 44-45.

2 W. Marxsen, *Introduction to the New Testament: An Approach to Its Problems*, trans. G. Buswell (Oxford: Basil Blackwell, 1968), p. 144.

3 Earnest Best, *Mark: The Gospel as Story* (Edinburgh: T. & T. Clark, 1983), p. 41

4 연대 문제가 다시 대두된다. 중요한 점은 마가가 어떻게 이야기를 풀어나가느냐 하는 점이다.

1:1의 '예수 그리스도의 복음'을 해석하는 부분에서 짚고 넘어갈 게 있다. 여기서 '예수'는 주격으로 쓰였는가 아니면 목적격으로 쓰였는가? '예수'를 목적격으로 썼다면 '선포되시는 예수님'에 초점을 둔 것이고(NIV는 이렇게 해석함), 주격으로 썼다면 복음을 '선포하시는 예수님'에 초점을 둔 것이다(NRSV). 이 두 가지 해석은 모두 가능하다. "사실상 어떤 의미에서 두 가지 모두가 사실이다. 예수님께서는 마가복음에서 과거의 인물인 동시에 현재 살아 계신 주님으로서 마가복음 전체를 통해 말씀하신다."[5] 예수님은 말씀 자체이면서 말씀의 전달자이기도 하다. 두 가지 의미를 전달하면서 마가는 자신의 의도를 밝힌다. 마가복음을 통해 전하고자 하는 복음의 내용은 예수님에게 초점이 맞춰져 있다.[6]

회심: 마가복음 1:2-13

마가는 도입부 다음에 나오는 1:2-13에서 몇 가지 용어를 통해 자신이 복음을 전파하고 있음을 계속 강조한다. 처음에는 세례 요한을 소개한다. 여기서 세례 요한은 첫 번째로 '세례'(초기 교회가 정의한 회심의 외적 증거)와 '회개의 세례를 증거하는 일'('메타노에오'[*metanoeo*]: 회심과 관련된 핵심 용어 중 하나—1:4)을 포함한 예수님의 이중 사역에 대해 말한다. 세례 요한이 '나보다 능력 많으신 이'(1:7)로 정의한 예수님 역시 그에게 세례를 받으러 오셨다. 하지만 예수님은 물이 아

마가복음은 서로 연결된 단락들로 구성되고, 각각의 단락은 역사적 사건들을 정확히 기록하고 있다. 또 쉽게 기억할 수 있도록 이야기가 구전 형식으로 번역되어 있다. 마가는 이러한 독립적인 이야기들을 연대순이 아닌 주제별로 잘 정리했는데, 이는 그가 글을 쓴 목적인 신학 요점을 밝히기 위해서였다. 그래서 우리는 예수님께서 돌아가시고 난 뒤까지 남아 있던 11명의 제자들의 믿음이 정확히 언제 생겼는지 알 수 없다. 단지 마가의 이야기를 근거로 그들이 예수님을 점점 더 분명히 이해하게 되었고, 어떻게 반응해야 하는지 점차 알게 되었다는 정도만 알 수 있다.

5 Best, Mark, p. 39.

6 "그 내용이 바로 예수님이라는 사실은 8:35, 10:29에서 복음과 예수님이 평행을 이루며 묘사된다는 사실에서 드러난다('나와 및 복음을 위하여'). 이 두 개념은 13:9, 10에서 다시 한 번 연관된다." Earnest Best, *The Temptation and the Passion: The Markan Soteriology* (Cambridge: University Press, 1965), p. 63.

니라 성령으로 세례를 받으셨다(1:8). 회심을 할 때 성령이 핵심적인 중재자가 되는데,[7] 실제로 예수님도 세례를 받으실 때 즉시 성령이 있었다(1:10). 그후 성령의 인도하심을 받는다(1:12). 다시 말해, 서론 전체가 회심 주제를 다루고 있지만, 서론의 마지막 두 절이 이를 가장 명확하게 정의하고 있다. 이제 바로 예수님의 사역 이야기를 시작하는 것이다.

회심의 메시지: 마가복음 1:14-15

서론의 마지막 구절을 보면 회심(회개와 믿음)이 마가복음의 핵심 주제임을 알 수 있다. 1:14-15에서 마가는 예수님 사역의 특성을 정의한다. 이 일을 위해 마가는 초기 교회가 복음 전파의 진행 과정과 복음을 들은 이들의 반응 특성을 묘사하는 데 사용한 '선포', '복음'(2회), '회개와 믿음' 등의 용어를 사용한다.

마가복음 1:14-15은 시간('요한이 잡힌 후')[8]과 장소('예수께서 갈릴리에 오셔서')를 밝힌다. 이후 마가는 예수님 사역의 네 가지 특성을 이야기한다. 예수님은 하나님의 복음을 전파하러 오셨다. '때가 찼음'과 '하나님나라가 가까이 왔음'을 선포하시는 것이다. 이 복음을 들은 사람들은 복음 안에서 회개하고 믿는 적절한 반응을 해야 한다. 각 부분을 다시 살펴보자.

첫째, 예수님은 하나님의 복음을 '전파하러' 오셨다. '전파'라고 번역된 원어는 '케루쏘'(*kērussō*)다. 이 말은 메시지를 전하는 전령이 트럼펫을 불면서 선포하는 중대한 선언을 이르는 헬라어다.[9] '케루쏘'의 어원은 '케루쎄인'(*kērussein*)인데

---

7 "거듭남에 대해 우리가 어떻게 규정할지라도, 그것이 살아 계신 하나님의 성령 활동에 의해 인간 영혼 속에서 발생한다는 것은 명백하다.…개개인을 거듭나게 하고 새로운 하나님의 사람으로 만드는 이는 예수 그리스도에게 임하사 계속 함께 계셨던 바로 그 성령이다." Peter Toon, *Born Again: A Biblical and Theological Study of Regeneration* (Grand Rapids: Baker, 1987), p. 16.

8 즉, 요단강 하류에서 일어난 사건(1:2-13)과 갈릴리에서 일어난 예수님 사역 사이에는 의미심장한 시간적 간격이 있다.

9 C. S. Mann, *Mark: A New Translation with Introduction and Commentary* (Garden

이는 예수님의 메시지 선포에 사용된 세 개의 중요한 단어들 중 하나다. 나머지 두 가지는 '복음을 전함'을 나타내는 '유앙겔리제스다이'(*euaggelizesthai*)와 '증거하다'라는 뜻인 '마르투레인'(*marturein*)이다.[10] '케루쏘'는 신약성경에서 복음이 아닌 다른 메시지를 선포할 때도 사용되긴 했지만(눅 12:3), 여기서는 확실히 '하나님의 복음'을 선포하고 있다. 이를 직접 목적격으로 받으면서 대부분의 경우 '케루쏘'는 '유앙겔리조마이'와 같은 뜻으로 쓰였다.[11] 이 문구의 둘째 부분은 '유앙겔리온 투 데오'(*euangelion tou theou*), 즉 하나님의 복음이다. '유앙겔리온'이라는 단어는 '복음'을 의미하며, 고대 그리스 문학에서 왕자의 탄생이나 전쟁의 승리 등 매우 중대한 사건을 묘사할 때 사용되었다. 초기 교회는 구원에 관한 기독교의 메시지를 묘사하기 위해 '하나님의 복음'이라는 용어를 널리 사용했다(살전 2:2, 8-9, 롬 1:1, 15:16, 고후 11:7).[12] 특히 나사렛 예수님의 성육신, 삶, 죽음, 부활, 승천과 더불어 야기된 인간사 등 역사의 정점 순간에 하나님께서 개입하심을 선포할 때 사용했다.[13] 즉, '케루쏘'와 '유앙겔리온'은 하나님께서 사람들을 천국으로 이끄시는 과정을 묘사한다. 따라서 예수님은 복음 전파자로 오신 것이 분명하다.[14] 마가는 마가복음의 나머지 부분에서 복음 전파자로서 예수님이

City, N. Y.: Doubleday, 1986), p. 205.

10 Michael Green, *Evangelism in the Early Church* (London: Hodder and Stoughton, 1970), p. 48.

11 Green, p. 59.

12 D. E. Nineham, *The Gospel of St. Mark* (London: Adam and Charles Black, 1968), p. 69. 또한 Larry W. Hurtado, *Mark: A Good News Commentary* (San Francisco: Harper & Row, 1983), p. 8: "복음이란 헬라어 *euangelion*을 뜻한다.…이는 '예수님을 통한 구원의 메시지'를 나타내는 전문 용어로 초기 기독교인에게 특별한 의미를 지녔다." Lane, p. 44도 보라.

13 3:13-19과 6:6b-13, 30을 보라.

14 Robert P. Meye, *Jesus and the Twelve: Discipleship and Revelation in Mark's Gospel* (Grand Rapids: Wm. B. Eerdmans Publishing Co., 1968), p. 52에서는, "많은 학자들이 믿고 있듯이 막 1:14 이하가 마가복음 전체를 요약한 구절이라면, 마가는 예수님께서 '선포자' 역할을 하심을 처음부터 밝혀놓은 셈이다. 하지만 마가복음의 나머지 장들 중 어디에서도 예수님의 사역을 선교적 용어로 기술하지 않았다는 문제가 남는다. 그 대신 마가는 서신서에 나오

하시는 일들을 묘사한다.

둘째, '때가 찼고'라는 말은 마가가 1:2-3에서 주의를 끌려 했던 말을 다시 강조하는데, 이는 예언이 마침내 이루어지는 역사적 순간을 의미한다. '때가 찼고'라는 말은 바로 그 순간에 하나님께서 예언된 약속을 성취하기 위해 역사하고 계심을 의미한다. "구약에서 미래의 사건인 소망의 목표가 현재 이루어지고 있다."[15] 그러면 하나님께서 하시는 새 일이란 과연 무엇인가?

하나님께서 하시는 새 일은 세 번째 문구 '하나님나라가 가까이 왔으니'라는 표현으로 정의된다. 바로 하나님께서 직접 왕적 통치를 주장하시는 것이다.[16] '하나님나라'는 구약에 뿌리를 둔 용어인데 두 가지 의미가 담겨 있다. 첫째, 하나님은 이스라엘의 왕이심과 동시에 전세계의 진정한 왕이시다. 둘째, 하나님의 왕권은 아직은 더 실현되어야 할 그 무엇이다.[17] 이스라엘 백성이 처한 정치적 현실을 감안할 때 1세기는 이 두 가지 개념이 뒤섞인 상태였다. 하나님께서 이스라엘의 왕이셨기에 그들은 당연히 가이사의 통치를 도전적으로 받아들였다. 포로의 신분으로 고통 당하고 절망하는 와중에, 하나님께서 어떤 식으로 자신의 왕권을 분명하게 드러내실 것인지(그 문구의 미래적인 의미임)가 백성이 지닌 최대 관

는 어떠한 용어도 사용하지 않으면서도 예수님을 복음의 선포자로 나타내고 있다. 그러므로 마가복음에서 어떻게 예수님께서 천국 선포 작업을 하시는지 이해하려면, 예수님과 열두 제자들과의 복음서 전체에서 보아야 한다.

또한 마가는 예수님을 선포자로 보게 하는 사건들을 굳이 개별적으로 분리시키지 않는다. 그분의 사역 전부가 선포이기 때문이다. 계속해서 Meye는 이렇게 지적한다. "마가는 1장에서만 예수님께 선교적 용어를 사용한다. 그 후에 교훈적 용어를 사용한다"(p. 60). 예수님의 의도는 복음을 전하는 것이지만, 그분은 가르침을 통해 이 일을 하셨다.

15 C. E. B. Cranfield, *The Gospel according to Saint Mark* (Cambridge: University Press, 1959), p. 65.

16 "아람어 Malkuth에 상응하는 이 구절은 하나님의 '왕적 통치', 그분의 '통치' 또는 '주권'을 나타내고…'하나님의 통치'가 주된 강조점인 반면 공동체 개념이 필연적으로 함축되어 있음을 의미한다." Vincent Taylor, *The Gospel according to St. Mark* (New York: St Martin's Press, 1966), p. 166.

17 Cranfield, p. 65.

심사였음은 별로 놀라운 일이 아니다.[18] 예수님이 이 문구를 당시의 보편적인 의미로 사용하신 것은 사실이지만, 슈바이처가 지적하듯이, "다른 측면에서 보면 예수님의 표현 방식이 그 당시 유대교가 생각한 것과 판이하게 다름을 알 수 있다. 예수님은 좀처럼 하나님을 왕으로 묘사하지 않으신다. 이스라엘이나 전 세계 위에 군림하시는 하나님의 주권의 확립 역시 전혀 말씀하지 않으신다. 대신 사람들이 천국으로 들어가는 것에 대해 자주 말씀하셨다. 즉, 천국이란 사람이 들어갈 수 있는 '권역' 같은 것으로 '영역'이라 번역하는 게 더 나을 것이다."[19] 마가는 하나님의 '영역'과 그곳에 들어감(예수님의 선포 중 다음 부분에서 발견됨)을 강조하면서 예수님이 복음 사역을 어떻게 전개하실지에 분명한 관심을 보인다.

넷째, 이 요약된 문구의 마지막 문장은 회심(천국으로 들어가는 것)이 마가복음의 핵심 주제임을 분명히 밝힌다.[20] 예수님은 하나님나라를 들은 사람이라면 어떻게 반응해야 하는지 말씀하신다. 즉, "회개하고 복음을 믿으라"는 부르심에 응답하는 것이다. 이미 말한 바와 같이, 신약성경에서 이 두 용어는 회심 경험과 관련해 서로 결합되어 쓰인다. 회개를 했다면 하나님께서 하시는 일을 이해하고 삶이 변해야 한다. 이러한 사람은 새롭게 깨달은 사실을 믿음으로 받아들여 이를 자신의 삶 중심에 둔다.

예수님이 "회개하고 복음을 믿으라"고 선포하실 때, 사람들이 어떻게 변하기를 원하시는가? 예수님은 사람들의 삶 속에서 역사하시는 하나님을 바라보는 마음가짐을 변화시킬 것을 요구하신다. 그런 다음 믿음을 가지고 하나님께서 하시는 새 일을 받아들이는 것이다. "그들은 하나님나라가 가까이 왔다는 복음을

---

18 Cranfield, p. 65.

19 Eduard Schweizer, *The Good News according to Mark*, trans. Donald H. Madvig (London: SPCK, 1971), pp. 45-46.

20 사람들을 천국으로 인도하는 복음 전도를 상세히 알려면, William J. Abraham, *The Logic of Evangelism* (Grand Rapids: Wm. B. Eerdmans Publishing Co., 1989)을 보라.

믿게 되었다."[21]

이 본문에서 예수님은 복음이 바로 믿음의 대상이라고 친히 말씀하신다. 이것은 바울 서신 같은 신약성경에서 볼 수 있는 초기 기독교 선교에 드러난 선포의 특징이다. 나중에 요한복음 내용 중 "나를 믿으라"(요 14:1)는 예수님의 말씀과 관계가 있다. 마가 역시 1:15에서 "복음을 믿으라"는 말에 "예수를 믿으라"는 의미를 담았을 것이다. 마가복음의 핵심 내용이 예수님 자신이기 때문이다. 이처럼 마가는 '복음'이라는 어휘를 여러 초기 기독교 선교 용어 중에서 골라 썼다.[22]

그래서 마가는 예수님의 사역이 전개되는 과정을 보여준다. 또 예수님이 복음을 선포하시는 다양한 방법과 복음 증거 사역의 방법을 밝힌다. "복음서의 나머지 부분은 예수님의 행위와 말씀, 인격으로 사람들의 마음속에 하나님의 주권이 새겨지는 과정을 묘사했다"라고 할 수 있다. 사람들은 예수님이 함께 계시는 곳이면 어디서나 '하나님나라'에 가까이 있는 자신을 발견했다.[23]

마가복음 1:14-15에 묘사된 예수님의 사역은 복음서의 나머지 부분에 펼쳐진다.[24] 그러므로 이 두 구절은 1:1과 동일한 기능을 한다. 즉 앞부분에 제시된 내용은 요약된 것이다. 1:1이 마가복음의 전체 개요라면(마가복음의 전반부에서는

---

21 Cranfield, p. 68.

22 Karl Kertelge, "The Epiphany of Jesus in the Gospel(Mark)," in *The Interpretation of Mark*, ed. William Telford (Philadelphia: Fortress, 1985), p. 79.

23 C. F. D. Moule, *The Gospel according to Mark* (Cambridge: University Press, 1965), p. 14.

24 Vincent Taylor(p. 165)는 마가복음을 요약한 1:14-15에 3:6까지의 기간을 포함시키려는 의도가 있다고 주장한다. 그러나 1:14-15이 예수님 사역의 본질을 정의한다고 보는 게 더 타당하다. 확실히 이 구절은 갈릴리 지방에서 행한 그분의 사역 전체를 규정하고 있다(9:50까지의 자료를 포함한다). 아마도 그분의 죽음과 부활까지 또는 그것들마저 포함하는 그분의 사역 전체를 시사할 것이다. '하나님의 복음'(1:14)은 예수님께서 돌아가시기 전까지는 완성되지 않았기 때문이다. D. E. Nineham(pp. 67-68)은 이 구절을 다음과 같이 풀이한다. "이 구절들은 매우 중요하다. 마가가 이를 공적 사역 전체의 본질적 의미와 내용을 요약하는 일종의 선언처럼 기록하려는 의도인 듯하기 때문이다."

예수님이 구세주이심을 발견하고, 후반부에서는 그분이 하나님의 아들이심을 묘사한다), 1:14-15은 예수님의 사역을 묘사한다. 그 사역을 통해 예수님의 진정한 성품이 제시된다. 1:1은 발견될 사항들을 규정하며, 1:14-15은 어떻게 발견되는지 묘사한다. 달리 말해, 복음(예수님)을 듣고 믿음과 회개를 통해 하나님나라에 들어가는 것이, 곧 마가복음을 읽고 그에 응답할 때 따르는 결과임을 보여준다. 각 단원의 강조점과 전개 과정을 보면 이같은 반응의 모든 요소들이 분명해진다.

예수님에 대한 반응: 1단원 분석(막 1:16-34)

마가복음의 핵심 주제가 복음 증거라면 이런 질문을 해보아야 한다. 예수님이 선포하시는 '하나님나라'에 사람들이 응답한다는 것은 무슨 뜻인가? 회개와 믿음의 열매는 개개인의 삶 속에서 어떤 식으로 드러나는가? 1단원에서 마가는 예수님에게 반응할 수 있는 범위를 말한다. 그중 세 가지 반응은 여러 가지 이유로 부적절한 것으로 판명되고 한 가지 반응이 올바른 것으로 판명되었다. 마가는 1단원을 구성하는 네 부분에서 자세히 설명한다. 첫째, 둘째 부분에서 마가는 두 가지 정반대의 반응을 제시한다. 하나는 예수님을 받아들이는 것(1:16-45)이고, 다른 하나는 그분을 배척하는 것(2:1-3:6)이다. 셋째 부분에서 마가는 이러한 반응들의 차이점을 네 가지 유형으로 구분했다(3:7-35). 결론 부분에서는 씨 뿌리는 자의 비유를 들어 이 네 가지 반응이 각각 뜻하는 바를 설명한다(4:1-34). 이렇듯 마가는 예수님에 대한 바람직한 반응의 특성을 분명히 제시하고, 부적절한 반응에 대해 경고한다.

예수님에 대한 첫 번째 반응: 무리의 열정(막 1:16-45)

개요

마가는 이스라엘 평민들이 예수님을 적극적으로 지지하는 모습을 그리며 시작한다. 첫 단락에서 시몬, 안드레, 야고보, 요한은 직업과 가족조차 뒤로 하고 예수님을 따른다(1:16-20). 이어서 가버나움에서 행하신 예수님의 전형적인 24시간 사역이 계속 기술되는데, 이를 통해서도 긍정적 반응들이 드러난다(1:21-39). 이 '전형적인' 날의 사역은 회당에서 가르치는 것과 귀신을 쫓는 일부터 시작된다(1:21-28). 그런 후 베드로의 장모를 치료하는 단계로 넘어간다(1:29-31). 그날은 온 동네 사람들이 그 집 앞에 모여들었고 예수님은 병든 자를 치유하며 귀신들린 자를 고치신다(1:32-34). 이 24시간 사역에는 예수님이 이튿날 아침 일찍 일어나 홀로 기도하시는 것까지 포함된다. 홀로 기도하시는 예수님의 모습을 보고 그분에게 호소하던 무리는 매우 실망했을 것이다. 이 부분은 1세기의 가장 무서운 병인 나병을 치료하는 내용으로 끝을 맺는데, 이로 인해 더 많은 무리가 그에게 모여들었다(1:40-45).

예수님 사역의 핵심을 보여주는 1단원의 이 첫째 부분은 구조적으로 도입부의 한 단락과 결론부의 한 단락으로 균형 있게 둘러싸여 있다.[25] 이 부분에서 마가는 무리가 예수님에게 열광했음을 분명히 밝힌다. 그의 문체를 보면 무리가 예수님에게 긍정적인 반응을 보이며, 이 반응이 얼마나 퍼져나갔는지 알 수 있다. 이 시점에서는 아직 무리에 속해 있던 네 명의 어부들이 예수님에게 이끌려 당시 자기들의 신분에 어울리지 않는 방식으로 행동한다. 모든 것을 포기한 채 예수님의 제자가 된 것이다. 이와 유사하게 회당 내의 사람들도 예수님의 가르침(1:22-27)과 귀신을 제어하는 권능(1:27)에 놀랐다. "예수의 소문이 곧 온 갈릴리 사방에 퍼지더라"(1:28). 가버나움의 모든 주민들이 저녁에 예수님이 머무시

---

25 이것은 마가가 사용하는 괄호 처리 방식의 하나다.

는 집 앞에 모여들었고(1:33), 이튿날 아침부터 계속 쫓아다녔다(1:37). 예수님이 한 나병자를 치유하시자 한꺼번에 많은 사람들이 몰려 그곳에서 더 사역하실 수 없을 정도였다(1:45). 무리가 보인 긍정적인 반응을 묘사할 때 마가가 사용하는 어휘들은 상당히 터무니없다. 마가는 무리가 예수님에게 보인 첫 번째 반응 유형을, 예수님이 하실 수 있는 일들—권세 있는 가르침과 설교, 효과적인 치유, 권세 있는 축귀—때문에 그분에게 이끌린 무리의 무비판적인 찬사였다고 규정한다.

네 제자를 부르심: 마가복음 1:16-20

이 부분의 첫 단락(1:16-20)은 특별한 주의를 기울여야 한다. 마가복음에서 열두 제자의 부르심과 사역에 초점을 맞추는 세 단락 중 첫 번째 단락이기 때문이다.[26] 게다가 1:1과 1:14-15처럼 이 단락에서 마가복음의 복음 증거 의도가 더 자세히 드러난다.

첫째, 마가복음에서 예수님이 맨 처음 하신 일이 네 사람을 불러 제자로 삼으신 일이란 점이 뜻깊다. 제자 삼는 일은 예수님의 전체 사역을 요약한 것이다.[27] 또한 이 행위는 마가의 관심사가 어디에 있는지 보여준다. 즉, 예수님이 모든 사람들을 하나님나라로 부르시는 과정에 초점을 맞춘다. 어떻게 해야 하나님나라에 들어갈 수 있는지 보여주고, 사람들을 예수님의 제자로 만드는 것이 마가의 의도임이 거듭 드러난다. 그가 이 단락에 사용한 용어 자체가 그 특성상 복음적이다. 모두 예수님을 따르며 그분의 제자가 되는 내용이다. 예수님이 부르실 때 사람들은 따랐다. 하지만 마가가 결과적으로 분명히 밝혔듯, 네 명이 보인 최초의 반응이 이야기의 전부는 아니다. 그들 네 명이 경험한 것은 '회심'이 아니

---

26 3:13-19과 6:6b-13, 30을 보라.

27 이것은 제자도에 초점을 맞춘 네 번째 단원에서 더 분명해진다(8:31-10:45). 제10장을 보라.

었다. 거기에는 회개가 없었다. 이들의 믿음은 실제적이긴 했으나 예수님을 충분히 이해한 데서 나온 것이 아니라 가정에 근거한 것이었다. 여기까지 놓고 볼 때 그들의 헌신은 그다지 깊지 않았다.[28] 몇몇 주석가들이 생각하는 것과는 달리, 확신에 찬 완전한 믿음을 가졌다고는 할 수 없다.[29] 네 제자들의 행위는 이 놀라운 선생에 대한 무리의 무비판적인 열정을 대변한다. 그들은 단지 새롭게 벌어지는 일에 참여하고 싶어했다. 그러나 중요한 것은 그들이 예수님을 따라가는 첫 발을 내디뎠다는 사실이다.

둘째, 1:16-20에서 예수님이 제자들의 임무를 규정하시는 모습을 통해 복음을 증거하려는 마가의 주장은 더 확고해진다. 예수님이 야고보와 요한을 부를 때 "내가 너희로 사람을 낚는 어부가 되게 하리라"고 말씀하신다. 메예는 예레미야 16:16을 근거로 이 사람을 낚는 어부 즉, '할리에이스 안드로폰'(*halieis anthrōpōn*)이라는 표현이 판단의 중재자를 뜻한다는 일부 학자들의 주장에 반론을 제기한다.[30] 그는 이 구절이 단지 네 제자들의 직업에 대한 언급이라고 본다. 이 고기잡이 이미지를 통해서 그들은 예수님이 진정으로 뜻하시는 바를 깨달을 수가 있다. 즉, 사역 도중에 만나는 모든 사람들과 긍정적인 관계를 맺으라는 뜻이다. 어부인 그들은 사람들의 필요를 채워주는 사역자이기도 한 것이다.[31] 이같이 사역을 정의한 근거는 복음 전파에 있다. "어부는 고기를 먹거나 팔기 위해 잡는다. 하지만 복음 증거자는 사람들에게 구원과 기쁨을 주기 위해 그들을

---

28 마가복음 마지막 부분에서 이 모든 것들이 충분히 명백하게 밝혀진다.

29 예를 들면, Cranfield, p. 69에서는 이렇게 설명한다. "이 단락에서 예수님의 권세를 묘사하는 최초의 사건이 일어나는데, 예수님께서는 그들이 온 마음을 다 바쳐 충성하길 요구하신다. 심지어 친족보다도 더 예수님 자신을 우선시하라고 권면하신다." 예수님을 따르기 위해서 제자들이 가족마저 떠난 것이 사실이지만, 그렇다고 그들이 예수님께 전적인 충성을 바친 것이 아님을 마가는 증명한다(막 14:27-31).

30 Meye, pp. 100-102.

31 Meye, p. 104.

낚는다."[32] 다시 말해, 예수님은 어떻게 사람들을 하나님나라로 초청할지 가르쳐 주겠다고 제자들에게 약속하신 것이다.

셋째, '포이에소 후마스 게네스다이 할리에이스 안드로폰'(*poiēsō humas genesthai anthrōpōn*)은 반드시 "내가 너희를 사람 낚는 어부가 되게 하겠다"로 번역해야 한다. 그들은 이제 막 사람을 낚는 어부가 되기 위해 훈련을 받을 참이다. 여기서는 이들이 거쳐야 할 '과정'을 강조한다. 그들이 어떻게 사람 낚는 어부가 되는지는 마가복음 나머지 부분에 계시된다. 메예는 이렇게 설명한다.

> 부름받은 제자들의 인격을 훈련시켜 '창조적인' 활동을 하시려는 예수님의 의도가 이보다 더 분명히 제시된 곳은 없다. "마가복음 1:16-20 이외의 복음 증거 기사들 중에서 예수님의 이같은 창조적 활동이 어디에 언급되어 있는가?"라는 진지한 물음을 진지하게 하는 주해가들이 매우 드문 것은 이상한 일이다. 앞의 논의에서 이미 시사했듯이, 예수님을 따르라는 명령은 제자들의 전반적인 상태가 예수님의 창조적 활동에 기인함을 보여준다. 이는 곧 제자들이 예수님에게 전적으로 노출되었음을 가리킨다.[33]

로빈스도 비슷한 생각이다.

> 예수님은 어부 두 명에게 "사람을 낚는 어부가 되게 하리라"(막 1:17)고 말씀하셨을 때, 자신이 베푼 기사 속에서 논리적 증거를 보여주신다. 그래서 우리는 이 제자들이 '사람 낚는' 능력을 갖추도록 예수님이 개입하시리라 기대한다. 다만 '사람 낚는 능력'이 어떤 것인지는 잘 모른다. 특별한 사상 체계와 행동 체계를 사람들

32 Moule, p. 14.

33 Meye, pp. 104-5.

에게 가르치는 장면을 상징하기 위해 '고기잡이 이미지'를 사용하신 것이라고 1세기 지중해 문화권 사람들은 생각했겠지만…, 예수님의 이끔을 보고 사람들은 헬라식 전통에서 비롯된 관습적인 기대감을 갖는다. 제자들이 다른 사람들의 주의를 끌거나 선생으로부터 전수받은 사상 체계와 행동 체계를 그대로 가르치게 되리라는 기대다.[34]

그들은 어떻게 사람 낚는 어부가 될 수 있는가? 예수님에게 복음을 받아들이면서 자연스럽게 배우게 되는가? 다른 사람들을 회개시키고 믿음을 심어주면서 자신도 회개하게 되는가? "마가복음 1:17에는 예수님이 앞으로 제자들에게 하실 일이 분명히 나온다. 따라서 주해가들이 앞으로 전개될 기사 속에서 마가의 의도를 파악하는 단서로 이 본문을 별로 사용하지 않는 사실에 놀라지 않을 수 없다."[35]

예수님에게 보인 두 번째 반응: 종교지도자들의 비난(막 2:1-3:6)

평민들이 예수님에게 긍정적인 반응을 보인 반면, 종교지도자들은 부정적으로 반응한다(2:1-3:6). 두 번째 부분은 다섯 단락으로 나뉜다.[36] 예수님에 대한 종교지도자들의 부정적인 반응은 점점 심해져 그들은 결국 예수님을 반드시

34 Vernon K. Robbins, *Jesus the Teacher: A Socio-Rhetorical Interpretation of Mark* (Philadelphia: Fortress, 1984), p. 85.

35 Meye, p. 107.

36 이것이 실상 분리된 단락이라는 사실은 몇 가지 방법으로 밝혀진다. 첫째, 1:45에 나오는 마가의 편집자적 설명과 2:1의 행동 사이에는 뚜렷한 단절이 있다. 둘째, 처음과 유사한 형식으로 마가는 이 부분을 1:45의 진술인 "예수께서는 바깥 한적한 곳에 계셨으나 사방에서 그에게로 나아오니라"와 3:7에 나오는 평행 내용인 "바다로 물러가시니 갈릴리에서 큰 무리가 좇으며…" 사이에 두고 있다. 만일 2:1-3:6이 삽입되지 않았다면, 실상 이야기는 1:45에서 3:7까지 끊어지지 않고 진행될 수도 있었을 것이다. 더구나 Joanna Dewey, "The Literary Structure of the Controvery Stories in Mark 2:1-3:6," in *The Interpretation of Mark*, ed. William Telford (Philadelphia: Fortress, 1985), p. 109에서는, 2:1-3:6이 명백히 교차법적 유형인 A, B, C, B', A'을 쓴다고 주장한다.

죽여야 한다는 결론을 내린다(3:6).

첫 단락(2:1-12)에서 예수님은 신성을 주장하면서 서기관들과 정면으로 부딪치신다. 예수님은 불구자에게 "일어나 네 상을 가지고 집으로 가라"(치료자라면 으레 했을 법한 말, 결국 예수님도 2:11에서 말씀하신다) 말씀하는 대신 "작은 자야 네 죄사함을 받았느니라"(2:5)고 하셨다. 서기관들은 이 말을 신성 모독이라 여겼다. 오직 하나님만이 죄를 사하실 수 있다고 믿었기 때문이다(2:6-7). 그런데 난데없이 예수라는 자가 나타나 자신이 하나님처럼 행할 수 있는 자격을 부여받았다고 주장하는 것이다. 종교지도자들의 신학 지식에 근거할 때, 예수님은 불구자의 죄를 실제로 사하고 '땅에서 죄를 사하는 권세가 있음'을 공표함으로써 문제를 더 심화시키셨다"(2:10).[37] 그분은 처음부터 종교지도자들에게 자신이 누구이며, 무엇을 이루려 이땅에 왔는지 애매하게 얼버무리지 않으셨다. 서기관들의 반응이 더 이상 기록되지는 않았지만, 예수님을 매우 위험한 인물이라 생각했음이 분명하다. 그들의 눈에 예수님은 공공연히 신성 모독을 하고 다닌 데다가 자신들의 동료가 아님이 분명했다.

연이어 나오는 네 단락에서는 적대감은 점점 깊어간다.[38] 두 번째 단락에서(2:13-17) 마가는 예수님이 어떻게 세리인 레위를 불러서 자신을 좇게 하셨는지 설명한다(당시 세리들은 이스라엘 반역자라고 경멸당했다). 게다가 레위의 집에 가서 "죄인 세리들과 함께 잡수심"(2:16)으로써 적대자들의 심경을 거스른다. 이 행동

37 1세기 유대교에는 죄와 질병의 상관 관계가 잘 정립되어 있었다. 구약에서는 질병을 죄와 연관시켰다(예. 신 28:21-22, 시 38:1-80). 이는 전도서에서도 나타나고(18:19 이하), 『열두 족장들의 언약서』(*The Testament of the Twelve Patriarchs*)와 바빌로니아 탈무드에도 나타난다(예. 네다림(Nedarim) 40a: "어느 누구의 질병도 그의 모든 죄를 사함받지 않고서는 치유될 수 없다"). 신약에서도 질병과 죄의 상관성이 나타난다(요 5:14). Sophie Laws, *A Commentary on the Epistle of James* (London: Adam & Charles Black, 1980), p. 229. 그래서 예수님은 중풍병자를 고치셨을 때 실제로 그의 죄를 사했다고 말씀하셨다.

38 "다섯 개의 소단원에서 사용된 교차법과 더불어, 암묵적 비평에서부터 제자들과 예수님 자신에 대한 문제 제기에 이르기까지, 감시하고 마침내 멸하고자 하는 음모를 꾸미기까지 적대자들의 마음속에는 적대감이 점증된다." Dewey, p. 113.

을 의식 율법에 어긋난 것으로 여겼던 서기관들은 더욱 분개한다. 서기관들은 죄인들과 함께 절대 식사를 하지 않았다. 그러므로 예수님이 서기관들의 뜻에 동조한다면 죄인들과 식사를 하시면 안 되었다. 그 순간 예수님이 하신 말씀을 듣고 서기관들은 잠시나마 안심했을지도 모른다. "건강한 자에게는 의사가 쓸 데 없고 병든 자에게라야 쓸 데 있느니라 나는 의인을 부르러 온 것이 아니요 죄인을 부르러 왔노라"(2:17). 그러나 이 말씀을 곰곰이 들은 서기관들은 그 속에서 역설을 발견하고 과연 누가 병든 자인지 묻는다. 혹시 자기들을 언급하신 게 아닐까 생각한 것이다.

마지막 세 단락에서는 의식 율법이 중심 논제로 떠오른다. 예수님은 제자들에게 금식을 요구하지 않으셨다(2:18-22). 또한 안식일에 밀밭에서 이삭 자르는 것을 허락하셨고(2:23-28), 심지어는 병든 자를 치료하셨다(3:1-6). 분명 이러한 행위 때문에 예수님과 당시 종교 지도층이 첨예하게 대립했을 것이다. 예수님을 반드시 죽여야 한다는 생각 때문에 대대로 적대 관계였던 바리새인과 헤롯 당원들은 하나가 되었다. 마가는 이 부분에서 예수님 사역에 사람들이 보인 두 번째 반응을 규정한다. 1단원의 처음 두 부분에서 예수님에 대한 두 가지 대조적인 반응을 보여주는 것이다. 무리의 무비판적인 환영과 종교지도자들의 비판적 비난이 그것이다. 이러한 반응은 이 단원의 마지막 두 부분에서 확실히 정리될 것이다.[39]

39 분명한 사실은 이 부분에서 마가가 자료를 연대순이 아닌 주제별로 정리한 것이다. 각각의 단락이 명확하지 않은 시간으로 소개되는데(이 사실은 NIV에서 가장 두드러진다), '수일 후에'(2:1), '다시'(2:13), "요한의 제자들과 바리새인들이 금식하고 있는지라"(2:18), '안식일에'(2:23), '다시'(3:1) 등으로 이는 매우 주목할 만하다. 마가는 나름대로의 기준을 사용해 단락들을 선택하고 따로 구분한다. 그는 자신의 요지를 명확하게 하려고 편집자의 입장에서 자료를 다듬는다.

예수님에 대한 반응의 범위: 규정된 범위(막 3:7-35)

개요

여기서 마가는 사람들이 예수님에게 보인 긍정적 반응과 부정적 반응의 특성을 구분한다. 마가는 마가복음 3:7-35에서 예수님에 대한 네 가지 구별되는 반응들을 보여준다. 열두 제자들의 반응, 예수님 가족들의 반응, 서기관들의 반응, 무리의 반응이다. 무리와 열두 제자들의 반응은 대체로 긍정적이다. 반면 예수님의 가족과 서기관들의 반응은 정도의 차이는 있지만 다소 부정적이다.

세 번째 부분 첫 단락에서(3:7-12) 마가는 무리가 단지 갈릴리 지방에서만 몰려온 것이 아님을 밝힌다. 다른 지역, 즉 먼 남쪽 지방(이두매), 북쪽(두로와 시돈), 서쪽(유대), 동쪽(베레아) 등에서도 몰려왔다. 그들은 갈릴리 같은 지역뿐만 아니라 종교중심지인 예루살렘에서도 왔다. 또 유대인뿐만 아니라 분명 이방인들(두로와 시돈 사람들)도 예수님에게 나아왔다. 마가는 무리가 예수님을 따른 이유를 명백히 제시한다. 즉, 치료받기 위해 왔고 귀신을 내쫓으려고 왔다(3:10-11). 이러한 이기적인 관심사 외에 그들이 예수님에게 보인 헌신의 증거는 전혀 찾아볼 수 없다.[40]

이와 반대로 열두 제자들은 무리 가운데서 뽑힌다. 이들은 예수님으로부터 '부르심을 받고'(3:13), '세우심을 받고'(3:14-16), 이름이 더해진다(3:14). 예수님은 무리가 있던 호수를 떠나 무리로부터 떨어진 곳인 산으로 제자들을 인도하신다. 그리고 두 가지 임무를 부여하신다. 첫째 '자기와 함께 있게 하시고', 둘째, 예수님의 이름으로 사역할 수 있도록 '보내신다'(3:14-15). 전도 사역에는 설교와 축귀도 있었다(3:14-15). 예수님은 그들에게 사도라는 호칭도 부여하신다(3:14). 그들은 이 임명을 인정한다("부르시니 나아온지라"[3:13]). 나아온 그들의 헌신은 무

40 예수님께서는 그들의 요구대로 치유와 축귀를 하신다. 그분은 사람들의 요청에 응하실 때 그들을 물리치거나 그들에게서 무엇을 요구하지 않으셨다.

리와 그들을 구별시킨다. 무리와 열두 제자들의 반응은 본질적으로 긍정적이다. 그러나 열두 제자들의 반응에는 '헌신'이 들어 있는 반면, 무리의 반응은 '열정'만을 반영한다. 평범한 사람이라면 누구나 병을 고치는 진정한 능력이나 귀신을 쫓는 권능이 있는 사람을 보고 이러한 열정을 가질 수 있다. 열두 제자들의 실제적인 헌신은 베드로, 안드레, 야고보, 요한, 레위가 이미 인정한 내용과 같다(1:16-20, 2:13-14). 그러나 여기서의 부르심에는 더 많은 의미가 담겨 있다. 그것은 특별한 단체에 속하는 것이고 사역에 동참함을 의미한다.

세 번째와 네 번째 단락은 예수님에 대한 부정적 반응이 지닌 특성을 말한다. 예수님을 반대하는 자들은 서기관들과 예수님의 가족들이다. 2:1-3:6의 견지에서 볼 때, 서기관들의 반응은 당연하나, 예수님 가족들의 반응은 뜻밖의 것이었다. 그런데도 이 두 반응이 서로 관계가 있으며 본질적으로 유사함을 알 수 있는데 그 이유는 하나의 단락을 다른 단락 속에 삽입시키는 마가의 기술 방법 덕분이다. 이 두 반응이 본질적으로 같은 유형임을 분명히 하기 위해 마가는 바알세불의 이야기와 예수님이 가족을 방문하시는 이야기를 섞는다. 두 집단 모두 예수님에게 귀신이 들렸다고 생각한다. 예수님의 가족들은 '그가 미쳤다'(3:21)고 여기고, 서기관들은 '그가 바알세불이 지폈다'(3:22)고 한다. 두 집단 모두 예수님의 사역을 중단시키려고 노력한다. 가족들은 예수님을 집으로 데려가기를 원했고 바리새인들은 사탄이 예수님의 사역을 조종하고 있다며 이를 중단시키려 한다.

이 두 반응에 차이가 있다면, 가족들은 순수하게 예수님의 건강을 염려했다는 점이다. 무리가 너무 지나치게 몰려들므로 예수님과 제자들은 심지어 먹지도 못했다(3:20). 서기관들은 예수님이 자신들과 반대되는 입장을 표명하신다고 생각했다. 이것은 실상 예수님이 사탄의 힘을 빌어 능력을 행한다고 하는 그들의 주장을 뒷받침하는 논리처럼 보인다. 그들은 스스로를 하나님의 일꾼이라 여겼는데, 예수님은 그들 부류에 속하지 않으셨다. 또 자신들을 하나님의 대변자로 생각하고 있는데, 그런 자신들에게 대적해 기적을 일으키도록 예수님에게 능력을 줄 유일한 존재는 사탄뿐이었다. 그러니 그들의 논점에서 볼 때 예수님이 분명 사탄의 영에 사로잡혔다는 논리적 귀결에 이른 것이다.

이렇듯 여기서 마가는 이미 본 단원의 처음 두 부분에서 명시된 두 극단적인 반응의 범위를 규정한다. 이 서로 다른 네 가지 반응은 무엇을 의미하는가? 마가는 1단원 마지막 부분에서 해답을 제시한다. 즉, 3:7-35에 나오는 네 가지 반응들은 4:1-20에서 예수님이 비유하신 네 가지 종류의 토양에 해당된다.

열두 제자를 부르심(막 3:13-19)

이 부분의 한 단락은 주해가 더 필요하다. 3:13-19에서 예수님은 제자들을 부르고 거명하신다. 이 내용은 세 단락 중 두 번째 단락으로 여기서 열두 제자들의 사명이 정해진다. 먼저 예수님은 다섯 명의 제자들 시몬, 안드레, 야고보, 요한(1:16-20), 레위(2:13-14)를 부르신다. 이 단락에서 나머지 일곱 명의 사도들도 거명된다. 열두 사도의 거명은 맨 먼저 다루어야 할 문제다. 신약성경에는 열두 제자들의 이름 목록이 네 군데에 나온다(막 3:16-19, 마 10:2-4, 눅 6:14-16, 행 1:13). 각 곳에 나오는 이름은 대개 유사하지만 약간의 변형이 있기도 하다.

네 군데의 목록을 비교해보면 두 가지 문제가 대두된다. 첫째, 레위는 열두 제자들의 명단에 전혀 나오지 않는데 과연 열두 제자들 중 하나였는가? 둘째, 다대오와 야고보의 아들 유다는 동일 인물인가? 이 두 질문에 답하려면, 신약성경에서 동일 인물을 다양한 이름들로 지칭하던 사례를 참고하면 된다. 이를테면, 베드로는 신약성경에서 네 가지 이름으로 지칭된다. 그의 히브리어 이름은 시므온(행 15:14), 헬라어 이름은 시몬(막 1:16, 3:16, 요 1:42), 예수님이 지어주신 이름은 베드로(막 3:16, 요 1:42)다. 아람어로 베드로를 가리키는 이름은 게바(요 1:42)다. 3:16에서 마가는 다양한 이름들로("베드로란 이름을 받은 시몬") 그리고 3:17에서는 별명들로(세베대의 아들 야고보와 야고보의 형제 요한에게 우뢰의 아들이란 뜻의 '보아너게'라는 별명이 붙여짐) 주의를 환기시킨다.[41] 다양한 이름들이 주기적으로 사용되는 것을 볼 때, 레위는 위의 네 군데 목록에서 계속 나오는 전직 세리인 마태와 동일 인물이고(마 10:3, 막 2:13-14, 마 9:1-12), 다대오와 야고보의 아들 유다는 같은 인물이다.

두 번째로 다루어야 할 문제는 예수님의 동역자를 묘사할 때 사용한 세 가지 용어 즉 '제자들', '열둘', '사도들'이다. 이 용어들이 동일한 집단을 묘사하는지, 각기 다른 집단들을 묘사하는지가 문제다. 메예는 '몇몇 경우에서'(막 6:35, 9:31, 35, 10:32, 11:11, 14, 특히 막 14:17, 20, 32) '도데카'(dodeka: 열둘)는 '마데타이'(mathetai: 제자들)의 뜻으로 혼용된다. 그러므로 마가복음에 나오는 '열둘'이 곧 '제자들'을 가리킴이 분명하다"고 말한다.[42] 반면 베스트가 내린 결론은 이렇다. "마가는 가끔 '제자들'과 '열둘'을 구분짓기도 한다. 제자들이란 좀 더 넓은 범위의 집단인 반면 열둘(4:10)은 제자이면서(4:34) 동시에 예수님에게 함구 지시를 받은 사람들보다는(9:33-35, 10:32) 좁은 범위의 집단이다."[43] 그러므로 선택된 열두 명은 분명히 있었고 좁은 의미에서 이들은 예수님의 진정한 제자들이었다. 예수님은 이 핵심 집단을 열두 명 이상으로 확대시키지 않으신 듯하다. 그러나 자신을 따르라는 보편적인 부름(8:34)에 응한 이들 역시 넓은 의미에서 제자들이었다.[44]

세 번째 다루어야 할 문제는 그 열둘과 사도들 간의 관계다.[45] 전통적인 견해로는 마가복음에 나오는 열두 명이 바로 열두 사도들이다. 그들은 '아포스톨로

---

41 Meye, p. 202.

42 Meye, p. 98. "discipleship and Twelveship are identical for Mark"(p. 137)에 관한 그의 상세한 주장에 대해서는 pp. 137-72을 참조하라.

43 Earnest Best, *Disciples and Discipleship: Studies in the Gospel according to Mark* (Edinburgh: T. & T. Clark, 1986), p. 157.

44 제10장을 보라.

45 Taylor, pp. 619-27을 보라.

이'(*apostoloi*)라고 불렀다(6:30). 3:14에 사용한 "사도라 칭하셨다"(개역성경에는 없음)라는 구절은 논란이 되는 본문인데 여기서는 다루지 않겠다.[46] 다른 이들, 이를테면 클라인 같은 사람들은 역사적으로나 개념적으로나 "마가복음에 나오는 열두 명을 사도로 받아들일 수 없다"고 주장한다.[47] 메예는 양쪽 주장을 연구한 뒤 이렇게 결론내린다. "마가복음 6:30의 '아포스톨로이'는 단순한 동참자 이상의 의미다. 마가는 이 용어를 씀으로써 그 열둘을 전도자로 지명하고 있으며 초기 교회에서 소수만이 행사할 수 있는 역할을 그들에게 부여한다."[48]

제자들은 이 열둘과 동일 인물들인가? 그 열둘은 사도들과 동일 인물들인가? 이와 같이 '열둘'의 정체성에 대한 다양한 질문을 탐구하다보면, 마가복음에서 두 번째로 중요한 인물들을 더 잘 이해하게 된다(물론 가장 중요한 인물은 예수님이시다). 하지만 이 문제의 해답이 마가복음의 논제에 큰 영향을 미치지는 않는다. 그들이 유일한 제자였든 아니면 여러 제자들 중에 한 무리였든 큰 차이는 없다. '제자들'에게 말씀한 모든 교훈에는 항상 이 열둘이 포함된다. "마가는 열둘과 제자들이란 용어에 별 다른 점을 두지 않고 동일한 역할을 배분한다. 예외가 있다면 전도자인 열둘에 대해 말할 때다."[49] 어쨌든 이들은 예수님에게 나아오는 본보기로 제시되기 때문에 그들의 특별한 정체성은 별로 중요하지 않다. 마가가 그 두 집단(만일 두 집단이었다고 하면) 간에 명백한 선을 긋지 않았으므로 우리 역시 애써 그럴 필요가 없다. 이렇듯 마가복음에서 '제자들'과 '열둘'이란 예수님과 가장 밀접한 핵심 집단을 일컫는 용어로서 서로 혼용되며, 이들의 '회심'은 제자가 되고자 하는 모든 이들의 본보기로 그려진다. 중요한 점은 '그들이 누구인가'가 아니라 '그들이 어떻게 믿음을 갖게 되었는가'다.

---

46 Taylor, pp. 189-90.

47 Meye, p. 176. Klein의 견해에 대한 그의 요약이 pp. 175-76에 나온다.

48 Meye, pp. 190-91; 그 쟁점에 대한 토론에 대해서는 pp. 173-91을 보라.

49 Best, Disciples and Discipleship, p. 157.

예수님에 대한 네 가지 반응의 의미: 비유들(막 4:1-34)

씨 뿌리는 자의 비유

4:1-20에서 예수님에 대한 이 네 가지 반응들의 의미를 비유로 설명한다. 4:21-34에 계속되는 더 짧은 비유에서는 이 반응들에 대한 상황이 규정되고 자세한 설명이 나온다.

1단원의 마지막 부분은 소위 '씨 뿌리는 자의 비유'로 시작된다(실상 '토양의 비유'로 불러야 한다). 예수님은 이 네 가지 토양을 말씀을 듣는 사람이 드러내는 네 가지 반응으로 해석하신다("…것은 이들을 가리킴이니…", 4:15). 그 말씀이란 예수님이 설교하셨던 천국의 말씀이다.[50] 3:7-35과 1:16-3:6에서 언급했듯이 네 종류의 밭은 예수님과 그분의 말씀에 반응하는 네 가지 유형을 가리킨다.

굳은 땅이란 서기관들의 완고한 마음이다(3:22-30). 예수님이 하나님께로부터 오셨고 하나님의 말씀을 전하신다는 사실이 그들의 마음에 전혀 전달되지 않았다. 그래서 그들은 예수님이 바알세불의 힘을 빌어 능력을 행한다는 터무니 없는 결론을 내렸다. 그들은 하나님으로부터 절대 용서받지 못할 것이다. 말로 저지른 죄를 하나님께서 용서하지 않으시기 때문이 아니다(3:28에서 예수님은 이렇게 말씀하신다. "내가 진실로 너희에게 이르노니 사람의 모든 죄와 모든 모독하는 일은 사하심을 얻되"). 문제는 죄사함을 받기 위한 열망이 있어야 하는데 예수님의 말씀이 마음에 전혀 전달되지 않는 그들은 자신이 신성 모독을 범하고 있다는 사실을 깨닫지 못했다. 따라서 죄사함을 요구하지도 않았을 테니 결국 죄사함을 받지 못한 것이다. 예수님을 전적으로 오해한 나머지 그들은 예수님에게 하나의 극단적인 반응을 보였다.

예수님에게 보일 수 있는 반응 중 하나가 전혀 씨앗이 심기지 않는 밭이라면, 그 반대쪽은 놀라울 만큼 많은 수확을 거두는 토양이라 할 수 있다. "자라 무성

---

50 예수님께서는 '천국'이 이 비유들을 해석하기 위한 열쇠라고 규정하신다(4:11).

하여 결실하였으니 삼십 배나 육십 배나 백 배가 되었느니라"(4:8). 이것은 열두 제자들의 반응으로 다른 주요 인물로 등장하는 종교지도자, 무리, 예수님의 가족이 보인 반응과는 전혀 다르다. 아니면 최소한 그 열둘이 언젠가는 드러낼 반응이다. 당시 그들은 이러한 부류의 열매를 맺게 하는 헌신에 이르는 도중에 있었다. 그들의 목표는 분명하다. 다름 아닌 말씀을 받아 열매를 맺는 일이다.

무리의 반응이 돌밭에 뿌려진 씨와 같다는 말씀을 이해하면 그들이 보인 반응에 대한 새로운 통찰력을 얻을 수 있다. 처음에 그들은 열정적이었다. "말씀을 들을 때에 즉시 기쁨으로 받으나"(4:16). 실제로 3:7-12에서 보듯이 예수님에게 모여드는 무리가 계속 증가한다. 효과적인 의약품이 없던 시대, 사람들이 귀신들린다고 믿는 시대에 이것은 그리 놀라운 일이 아니었다. 예수님은 그들의 삶에 있는 가장 큰 두 가지 문제를 해결할 답을 아셨다. 그러나 무리의 이같은 열정은 오래 지속되지 않으리라 예고된다. "환난이나 박해가 일어나는 때에는 곧 넘어지는 자요"(4:17). 실제로 마가복음 후반부에서 문제가 발생한다. 달리 말해, 예수님이 주실 수 있는 무엇인가를 바라는 열정이 있다고 해서 꼭 그분의 제자가 되는 것은 아니다. 마가는 8:31-10:45에서 이에 대해 설명한다.

예수님의 가족에 대해 알려면 그들이 가시떨기 속에 뿌려진 씨와 같다는 점을 이해해야 한다. 세상 근심, 걱정, 부에 대한 집착,[51] 다른 것들에 대한 열망[52] 등이 열매 맺는 것을 방해한다. 사실 예수님의 가족은 예수님과 그 주위에서 벌어지는 일들을 걱정하는 마음에서 그분을 저지하려 애쓰며 종국에는 사역을 중지시키려 했다(3:21). 이 비유에서 재미있는 것은, 이 가시떨기에 떨어진 씨가 죽지 않는다는 사실이다. 단지 열매를 맺지 않을 뿐이다(막 4:19). 언젠가 가시들이 다 잘려나가면 이 가족들은 하늘의 열매를 맺을 수 있음을 암시하며, 실제로

51 10:17-31에서 예수님께서 이 내용을 상술하신다.

52 이것은 제자들이 반드시 피해야 할 유혹이다. 위대해지고자 하는 욕망(9:33-34)과 천국에서 더 권위 있는 자리를 차지하고 싶은 욕망(10:35-37)이 있으면 풍성한 열매를 맺을수 없다.

그렇게 되었다.

이와 같이 마가는 예수님에게 보일 수 있는 반응의 유형을 제시한다. 이 비유는 한편으로는 두 가지 반응 즉, 열매 맺는 씨와 그렇지 못한 씨로 구분되고, 다른 한편으로는 하나의 긍정적인 반응과 세 가지 부정적인 반응으로 구분될 수도 있다. 하지만 '예수님'과 '천국'이라는 측면에서 본다면, 궁극적 목표는 열매를 맺는 것이다. 이에 그 열둘은 열매를 맺는다. 물론 열매를 맺기 위해 그들이 가야 할 길은 상당히 멀다. 이후로 마가는 어떻게 그들이 열매를 맺게 되는지 묘사한다. 또한 어떻게 부적절한 반응에서 벗어나 예수님과 그분의 길로 돌이키는지 보여준다.

깨달음의 중요한 역할

4:1-20에서는 두 가지 사항이 중요하다. 첫째, 바로 이 부분에서 마가는 예수님과 관계 있는 인물들을 설정한다. 주된 세 부류의 '연기자'들은 바로 제자들, 무리, 서기관들이다.[53] 예수님의 가족 역시 몇몇 장면에서 계속 등장하지만 '엑스트라' 역할만 하고 구체적으로 언급되지는 않는다.[54]

둘째, 4:9-13에서 예수님이 설명하신 '깨달음'은 천국에 들어가는 문제를 조명한다. 천국에 들어가려면 '깨달음'이 매우 중요하다. 이 구절에서 이 개념은 여러 가지 방법으로 반복 언급된다. 9절에서 예수님은 사람들에게 '들으라'고 명하신다. 노력 없이 단순히 들리는 소리만 듣는 게 아니라 귀를 귀울여 들으라

---

53 "마가복음에서 가장 주된 인물은 당연히 예수님이시다. 게다가 권세자들을 등장 인물로 취급해 같이 다룰 수 있다. 그들 모두는 각기 다른 집단에 속해 있긴 했지만 줄곧 예수님을 쓰러뜨리려는 동일한 역할을 수행하고 있기 때문에, 제자들 역시 등장 인물로 다룰 수 있다. 비록 베드로, 야고보, 요한이 개개인의 역할을 담당하지만, 그들은 전체를 대표하는 제자로 정형화된다. 조연이라 부를 수 있는 '덜 중요한 사람들' 또한 그들이 지닌 유사한 특징 때문에 다룰 수 있다." David Rhodes and Donald Michie, *Mark as Story: An Introduction to the Narrative of a Gospel* (Philadelpia: Fortress, 1982), p. 101.

54 이 조연 중 가장 중요한 인물은 서언에 등장하는 세례 요한이다(1:2-11). 세례 요한은 2단원의 결론부에서 열두 제자들이 파송되었다가 다시 돌아오는 장면 중간에 삽입된다(6:14-29).

는 것이다. 10절에서 열두 제자들은 자신들이 깨닫지 못했음을 밝힌다. 그래서 14-20절에서 예수님은 자신이 든 비유를 설명하신다. 그 설명에서 분명해지듯이, '깨달음'은 말씀을 천국과 연결해 '들음으로써' 생긴다. 천국이 해석의 원칙이다. 11절과 12절에서 예수님은 '천국에 대한 비밀을 받은 사람들'과 '그렇지 못한 사람들'을 대조하신다. 여기서 바로 씨 뿌리는 자의 비유가 무엇을 시사하는지 명확히 밝혀진다. 모든 사람들이 예수님에게 적절한 반응을 보이지는 않는다는 것이다. 그런데 13절에서 예수님이 밝혔듯이 열두 제자들은 깨달은 어떤 증거도 보이지 않는다. 그러나 11절에 수록된 예수님의 말씀을 보면, 제자들이 기적의 치유를 받고 눈과 귀와 입이 열릴 때 어떤 일이 벌어질지 예측할 수 있다.[55]

얼른 보기에 12절은 "아무리 노력해도 너희는 이해하지 못하고 용서받지 못한 채 멸망당할 것이다"라고 말하는 듯이 보인다. 그러나 이 구절이 있는 그대로의 현상을 설명한 것으로 보는 편이 낫다. "어떤 사람들은 전혀 그 뜻을 깨닫지 못한 듯 보인다. 이건 매우 슬픈 일이다. 깨달았다면 그들 역시 하나님께로 돌아갈 것이고 용서받을 것이기 때문이다." 하지만 예수님은 "사람의 모든 죄와 모든 모독하는 일은 사하심을 얻되"(3:28)라고 하신다. 그러나 3:29에서는 "누구든지 성령을 모독하는 자는 영원히 사하심을 얻지 못하고 영원한 죄가 되느니라"고 말씀하심으로써 스스로 모순에 빠진 듯이 보인다. 하지만 예수님이 이러한 말씀을 하시게 된 당시 상황을 알아야 한다.

그때 서기관들은 예수님이 악령에 사로잡혔다고 비난했다. 이는 일부 사람들의 눈이 멀었음을 보여주는 사례다. 그들은 보기는 해도 파악하지 못하고, 듣기는 해도 깨닫지 못했다. 그 결과 전혀 용서받지 못하는데, 이는 그들이 용서를 구하지 않았기 때문이다. 다시 말해, '깨달음'은 천국 문을 여는 열쇠다. 마가는 4장에서 이 개념에 대해 두 차례 더 언급하고, 예수님도 23절에서 "들을 귀 있는

55 이 문제는, 뒤에 나오는 '회개를 가능케 하는 치유'를 보라.

자들은 들으라"고 두 번째 말씀하신다. 33절과 34절에서 마가는 열두 제자들이 깨닫는 데 겪는 어려움에 대해 말한다.

이 모든 것의 요점은 12절에 나오는 예수님의 인용 말씀으로 분명해진다. 천국에 대한 가장 이상적인 반응은 사람들이 '돌이켜 죄사함을 얻는 것'이다. 이 부분에서 마가는 처음이자 마지막으로 직접 '회심'이라는 용어 '에피스트레포'(*epistrephō*)를 사용한다. 이 부분은 1단원의 내용을 분명히 밝혀준다. 결국 1단원은 하나님께로 돌이키는 일에 대한 이야기다. 이는 결국 예수님에게 적절하게 반응하는 것이다.

이것은 다시 '깨달음'과 연관된다. 이해하지 못한 사람들은 예수님께로 돌이키지 못한다. 깨달음은 회심에 이르는 열쇠다. 깨닫지 못한 사람들은 하나님에 대해 가지고 있는 생각과 예수님에게 보이는 반응(즉, 회개)에서 돌이키기로 결정하지 않을 것이다(결정할 수도 없다). 회개 없이는 믿음도 있을 수 없다. 깨달음 없는 믿음에는 초점도, 방향도, 내용도, 동기도 없다. 돌이키겠다는 의지가 없기 때문이다. 물론 이것은 바울의 회심을 분석하면서 도달하는 결론과 일맥 상통한다. 통찰력(깨달음)은 회심의 첫 단계다.

따라서 1단원은 마가복음이 제시하는 것이 무엇인지 미리 윤곽을 그린다. 이 부분에서 마가복음에 등장하는 주요 인물들의 반응 과정이 규정된다.

첫째, 종교지도자들은 2:1-3:6에서 처음에는 예수님에게 관심을 표명하다가 결국 그분을 죽여야겠다는 결론에 이른다. 3:22-30에서도 잘못된 신학적 추론을 바탕으로 예수님의 가르침을 거부하면서 자기들의 입장을 합리화한다. 4:15에서 그들의 마음은 강퍅해진 상태다. 이 배경에는 사탄의 힘이 작용한다. 그들은 결코 이 상태를 못 벗어날 듯하다. 심령이 강퍅하다는 것은, 전혀 보거나 깨닫지 못하니 결국 회개도 없고 믿음을 가질 수도 없다는 뜻이다. 그들은 영원히 천국 바깥에 머물게 될 것이다.

둘째, 무리도 이와 유사한 방향으로 나아간다. 예수님에 대한 믿음이 점점 확고해지고 확산되는(3:7-12) 무비판적 열정이 있음에도 불구하고(막 1:21-45), 이 열정은 점차 시들어갈 것이다. 그리고 15:6-15에서처럼 결국 그렇게 시들었다.

셋째, 예수님의 가족은 그분의 사역 주변부에 계속 머문다. 실제로 그들은 마가복음에서 두 번 더 등장하지만, 이야기 배경 속에 가려 희미하게 나온다. 6:1-6에 나오는 나사렛의 믿음 없는 사람들 중에는 분명 이들도 들어 있다. 또한 15:40-41에서는 예수님의 모친 마리아가 갈릴리에서 예루살렘으로 왔던 '다른 여자들' 속에 섞여 있을 가능성이 많다. 가족의 순수한 염려가 다른 염려 때문에 변질된 것이다. 이 대목에서 놓치지 말아야 할 것은, 그들이 이러한 방해 요소들을 다 제거한다면 많은 열매를 거둘 가능성이 크다는 점이다. 그들에게는 이것이 바로 회개다.

끝으로, 열두 제자들은 마치 좋은 토양에 뿌려진 씨와 같다. 그들은 기적처럼 꽃을 피우고 많은 결실을 맺게 될 것이다. 물론 마가복음에서 이들은 잠잠히 성장한다. 그 씨는 처음에는 감춰져 있다가 살아나서 활동한다. 하지만 여전히 얼마간 기다려야 수확할 수 있다(4:26-32). 1:16-20에서 그들이 보여주었던 무비판적 열정은 사역에 동참하려는 헌신의 모습으로 성장했고, 이같은 성장은 앞으로도 지속된다.

믿음: 2단원 분석(막 4:35-6:30)

마가는 예수님에게 긍정적으로 반응하는 것이 성과를 많이 거두는 '천국의 열쇠'임을 확실히 한 후 이 역동적인 반응을 검토하기 시작한다. 천국을 향한 반응이 무엇인지는 이미 정의했다. 이는 회개와 믿음이다(1:15). 그러면 믿음이란 무엇인가? 회개란 무엇인가? 그것은 사람들의 삶 속에서 어떻게 드러나는가? 열두 제자들의 삶 속에서 어떻게 나타나는가? 2단원에서 마가는 역동적인 믿음에 대해 말하고[56] 3단원에서는 회개의 본질에 대해 다룬다.

믿음과 두려움의 연관성(막 4:35-5:43)

2단원의 처음 네 단락은 모두 믿음을 다룬다(4:35-5:43). 각각의 이야기에서는 일종의 두려움도 언급된다. 첫 번째 이야기에서 폭풍을 만난 제자들은 두려워했다. 예수님이 비바람까지 다스릴 권한을 가지고 계심을 알고는 더욱 두려워했다(4:40-41). 두 번째 이야기에서 귀신들린 사람이 나은 것을 본 마을 사람들의 반응 역시 두려움이었다(5:15). 이 이야기에 제자들이 등장하지 않는 것은 그들이 여전히 두려워하고 있음을 보여주는 간접 증거다. 세 번째 이야기에서 혈루증을 앓던 여인은 무리 중에서 자신을 드러내라는 예수님의 명령을 받았을 때 두려워 떤다(5:33). 네 번째 이야기에서 예수님은 야이로의 딸이 죽었다고 해서 두려워하지 말라고 권하신다(5:36). 이런 식으로 이야기마다 한쪽 끝에는 믿음, 다른 끝에는 두려움이라는 극단적인 양상이 드러난다. 이 네 가지 이야기에서 예수님은 두려움과 믿음을 두 차례 연결시키신다. 첫 번째 단락에서 예수님은 제자들에게 "어찌하여 이렇게 무서워하느냐 너희가 어찌 믿음이 없느냐"(4:40) 말씀하신다. 그리고 네 번째 단락 마지막 부분에서는 슬퍼하는 아버지에게 "두려워 말고 믿기만 하라"(5:36)고 말씀하신다.[57]

믿음과 두려움을 이렇게 연결지으면서 우리는 믿음의 본질이 무엇인지 알 수 있다. 두려움은 믿음의 정반대 개념이며 경계의 대상이다. 곧 믿음은 두려움의 해결책이다. 두려움은 문제에 봉착한 사람들을 좌절시키지만 믿음은 그들을 문

---

56 Ralph Martin, *Mark: Evangelist and Theologian* (Grand Rapid: Zondervan, 1973). Martin은 마가의 기독론에서 나타나는 특별한 강조점들올 주해하면서 이렇게 설명한다. "마가복음은 믿음의 중요성을 강조한다. 믿음은 예수님께서 요구하며 칭찬하시는 종교적 태도다. 부정적으로는 그것은 '불신'에 대한 예수님의 '책망' 형태로 나타난다"(p. 108).

57 괄호 처리의 다른 보기. 이 방법으로 마가는 하나의 부분을 이루면서 예수님의 능력에 초점을 맞추는 네 가지 이야기들을 서로 연결한다.

제에서 자유롭게 한다. 한편 믿음이 생기려면 반드시 그 반대편의 뭔가를 자극해야 하는데, 그 뭔가가 다름 아닌 두려움이다. 사람들은 두려움 때문에 자신의 상태를 객관적으로 깨닫고 반응하게 된다.

하지만 두려움만으로는 적절한 믿음을 얻기가 불가능하다. 처음 두 이야기에서 알 수 있듯이 두려움은 사람을 잘못된 길로 나아가게 한다. 제자들은 익사할까봐 두려워했지만, 믿음으로 예수님에게 나아가지는 않았다. 오히려 예수님에게 불만을 터트렸다(그들이 도움을 필요로 할 때 예수님은 주무시고 계셨다). 두 번째 이야기에서 마을 사람들은 예수님이 얼마나 강력한 권세를 가지셨는지 알게 되었다. 그러나 그 능력이 두려워 예수님에게 마을을 떠나달라고 말한다.

반면 세 번째와 네 번째 이야기에서 사람들은 두려움 때문에 예수님에게 나아가고 예수님이야말로 자기들이 처한 엄청난 고난을 해결하실 분이라고 생각했다. 야이로는 자기 딸 때문에 두려워하며, 혈루증 앓던 여인은 자신이 한 일 때문에 두려워하면서 예수님의 발 아래 엎드린다(5:22, 33). 이들은 모두 예수님으로부터 멀어지는 것이 아니라 나아갔다. 이와 대조적으로 이 단원 다섯 번째 단락에서는(6:1-6a) 두려움이 없다. 이 단원의 첫 번째 단락에서 제자들이 보여준 모습과 마찬가지로 단지 책망만 있을 뿐이다. 두려움을 느끼지 않는 것, 즉 부족함을 느끼지 못하는 것은 그들이 나사렛 사람들처럼 믿음이 부족하게 된 이유 중 하나다.

그러나 믿음의 눈을 뜨게 하는 것은 이런 종류의 두려움이 아니다. 두려움이란 단지 믿음을 갖도록 유도하는 강렬한 감정일 뿐이다. 혈루병을 앓던 여인이 예수님에게 나아간 이유는 두려움 때문이 아니다. 그녀가 느낀 두려움은 은밀하게 행한 자신의 행위 때문에 생긴 것이었다. 그녀에게 나아갈 동기를 제공한 것은 바로 고통이다. 이 단락에는 '고통'이라는 뜻을 담은 어휘가 두 번 나온다. 한 번은 그녀가 그때까지 겪어던 고통을 묘사할 때(5:26)이고, 또 한번은 그녀가

'무엇'으로부터 자유로워졌는지(5:34) 말하면서 나온다.[58] 결론적으로 믿음은 두려움이나 고통 따위를 경험하면 저절로 생기는 것이 아니라, 예수님에게 나아가고자 하는 마음이 있을 때 비로소 얻을 수 있는 것이다.

믿음의 특성(막 5:34)

혈루병 앓던 여인을 대하는 예수님의 태도를 통해 믿음의 특성을 알 수 있다. 예수님은 그녀에게 말씀하셨다. "딸아 네 믿음이 너를 구원하였으니 평안히 가라 네 병에서 놓여 건강할지어다"(5:34). 이 구절은 믿음이 지닌 전형적인 특성을 보여준다. 여인의 문제는 '고통'이었다. 그녀의 고통은 불치병을 앓고 있는 신체적 결함에서 나왔다. 하지만 그녀는 앓고 있던 질병의 속성상 더 깊은 차원의 고통을 안고 있었다. 이 질병 때문에 평범한 인간관계를 맺을 수 없었던 것이다. 그녀는 '부정한' 여인으로 여겨져 남편과 함께할 수 없었고(당시 레위기 율법에는 성관계를 금지시켰다), 가족이나 마을 사람들하고도 함께할 수 없었다. "그녀는 영원히 부정한 존재였고, 다른 이들까지 부정하게 만들 수 있다는 생각에 사람들에게 배척당하는 비참한 존재였다."[59] 그녀는 나병자 취급을 받았고 인간관계가 완전히 끊겼다. 그녀를 이해할 수 있는 사람이 아무도 없었기에 어쩌면 정신적인 고통이 더 컸을 것이다.

마가는 그녀가 치유받은 이유가 믿음에 있다고 말한다. 그러면 믿음의 어떤 요소가 이를 가능케 했을까? 그녀는 자신의 믿음을 의사들에서 예수님께로 돌렸다. 마가가 지적하듯이 의사들은 줄곧 그녀를 치유하지 못했다. 오히려 증세를 악화시키기만 했다. 이 사실을 깨달은 그녀는 자신에게 실질적인 도움을 줄 수 있는 분에게 시선을 돌렸다. 그녀의 돌이킴은 회개의 돌이킴과 흡사하다. 둘

58 NRSV는 이것을 '질병'으로 번역한다. 하지만 NIV처럼 '고통'으로 번역하는 편이 낫다.

59 Lane, pp. 192-93.

째, 그녀는 예수님이 자신을 치유해주실 것이라 믿었다. "이는 내가 그의 옷에만 손을 대어도 구원을 받으리라"(5:28). 그녀는 "어쩌면 치유받을지도 몰라", "어쩌면 도움을 받을 수 있을 거야", "나쁘지는 않겠지"라고 말하지 않았다. 그녀는 예수님의 능력을 '분명히' 믿었다. 셋째, 그녀는 믿음을 갖고 행동했다. 예수님을 찾아나섰고, 절대 그래서는 안 되었지만 무리 속에 끼어 들어갔으며, 부정한 자신에게 부과된 엄격한 제약에도 불구하고 예수님에게 다가갈 방법을 찾았다. 그녀는 소리쳐 부르거나 직접 나서서 예수님에게 치료해달라고 요구할 처지가 아니었다. 그래서 예수님의 뒤에서 그분의 옷자락을 가만히 만졌다. 자신의 믿음에 근거한 방법을 실천한 것이다. 예수님이 그녀를 치료하실 수 있다는 확신이 있었기에 이런 행동을 한 것이다. 그러나 행위 때문에 예수님의 능력이 기적적으로 일어난 것은 아니었다. 오히려 믿음 때문이었다. 예수님의 능력이 그녀를 치료했지만(5:30), 능력을 이끌어낸 원동력은 믿음이었다. 예수님은 이 점을 분명히 밝히셨다. "딸아 네 믿음이 너를 구원하였으니."

이 믿음이 준 결과는 5:34에서 삼중으로 드러난다. 그녀는 치유받았고 고통에서 해방되었으며 평안해졌다. 여기서 치료를 가리키는 용어는 '세소케브'(*sesokev*)로, 어원이 '소조'(*sozo*)인 이 말은 '치료'와 '구원'을 의미한다. 예수님은 여기서 무엇을 선포하고 계시는가? 그녀가 치료되었음을 선포하시는가? 아니면 그녀가 구원 받았음을 선포하시는가? 아마 두 의미 모두 다 함축되어 있을 것이다. 마가가 치료에만 관심을 두었다면, '치료'만을 일컫는 다른 헬라어를 사용했을 것이다.[60]

나인햄이 지적하듯이, "헬라어성경 34절이 모호해 두 가지 해석을 내릴 수 있는 것은 전혀 우연한 일이 아니다. '네 믿음이 너를 구원하였으니 평안히 가라 네 병에서 놓여 건강할지어다.' 여인에게 일어난 일은 바로 '믿음에 의한 구

60 Schweizer, p. 118.

원'의 본보기였다.…예수님과 관계를 맺고자 하는 사람들과 그분으로부터 '아들', '딸'이라는 애정어린 호칭을 얻고자 하는 사람들에게 보여준 본보기인 셈이다"(34절).[61]

"평안히 가라"는 예수님의 축복 말씀으로 어떤 일이 일어났는지 알 수 있다. 그것은 단순히 '걱정으로부터 자유로워라'는 뜻이 아니다. "흠 없이 온전하라"는 의미다. 헬라어 '에이레넨'(*eirenen*)은 히브리어 '샬롬'(*shalom*)과 같은 뜻이다.[62] 더욱이 "'평화'라는 용어는 '구원'과 동의어다. 이는 단순히 마음의 평화만을 의미하는 것이 아니라 폭풍과 역경의 한가운데서도 하나님과 온전한 관계를 회복한 사람의 중용 상태를 의미한다."[63] 2단원의 처음 네 사건은 모두 인간의 힘으로는 해결할 수 없는 극단적인 상황들이다. 그러나 모두 예수님의 능력의 결과로 행복한 결론을 맺는다(4:39, 5:15, 5:34, 5:42). 제자들은 익사하지 않으며, 귀신이 쫓겨나가고, 여자가 치료를 받으며, 아이가 죽었다가 다시 살아난다.

끝으로, 예수님이 그 여인에게 무리 앞에 자신을 드러내라고 하신 말씀에 주목하자(5:31-32). 그녀는 매우 두려워하면서 자신을 밝힌다(5:33). 얼른 보기에 예수님이 다소 경솔하게 행동하신 듯도 하다. 그녀가 있어서는 안 될 자리에 있음을 밝히고, 매우 민감한 의학적인 문제를 공개적으로 밝히라고 하신 점이 그렇다. 그러나 곰곰이 생각해보면, 예수님이 두 가지 근본적인 목적을 지녔음을 알수 있다. 첫째, 그러한 명령은 예수님의 치료 과정 중 하나였다. 공개적으로 그녀의 병이 치유되었음을 알림으로써 그녀가 다시 사람들 속에 들어갈 수 있는 길을 열어놓으신 것이다. 그녀는 더 이상 부정하지 않게 되었고 모든 사람이 이를 알게 되었다. 그녀와 다른 사람들과의 관계를 회복시키신 것이다. 둘째, 그녀가 '무엇을' '왜' 했는지 인정하는 일("모든 사실을 여짜온대"—33절)은 믿음을 얻는

61 Nineham, pp. 158-59.

62 Mann, p. 286.

63 Schweizer, p. 118.

마지막 과정이다. 그녀는 모든 사실을 밝혔다(5:33). 그래서 그녀는 자신에게 어떤 일이 일어났는지 알게 된다. 이는 초기 교회 당시 구원에 이르는 필수 요건으로서 공개적으로 신앙고백을 해야 하는 형식에 상응한다(롬 10:9-10).

믿음이 부족한 사람들(막 6:1-6a)

이 단원의 다섯 번째 이야기에서, 마가는 의도적으로 믿음의 두 본보기(야이로와 혈루병 앓던 여인)와 나사렛 주민들이 지닌 연약한 믿음을 대조한다. 또한 앞의 네 이야기에서 드러난 예수님의 위대한 능력과 나사렛에서의 상대적인 무능력을 대조한다. "거기서는 아무 권능도 행하실 수 없어 다만 소수의 병자에게 안수하여 고치실 뿐이었고"(6:5). 예수님은 능력자시다. 이 점은 계속 증명되어 온 사실이다. 그런데 왜 나사렛에서는 기적을 행하지 못하셨는가? 나사렛 사람들에게 부족했던 요소는 믿음이었다. 6절에서 마가는 이 점을 분명히 밝힌다. 예수님은 "저희의 믿지 않음을 이상히 여기셨다." 예수님의 권능과 인간을 연결시키는 고리는 바로 '믿음'이다.

나사렛 주민들은 왜 믿음이 없었는가? 바로 예수님에게 우롱당한다고 생각했기 때문이다(6:3). 그들은 예수님이 선생이 아니면서도 선생인 척한다고 생각했다(6:2-3). 그들은 예수님의 출생에 의혹을 품었다("유대인들은 모욕적인 언사를 사용할 때를 제외하고는, 아무리 비천한 사람이라고 해도 어떤 '여자의 아들'이라는 식으로 사람을 칭하지 않는다. 결국 예수가 사생아라는 소문이 그 지역에 퍼져 있었던 것이다").[64] 그들에게 예수님은 한낱 상인이고 목수일 뿐 선생은 아니었다. 더욱이 그들은 예수님이 어린 시절 어디서 자라셨는지 알고 있었고, 그곳에 여전히 그의 형제와 누이들이 산다는 사실도 알고 있었다. 다시 말해 그들은 예수님을 그들과 별반 다를 바 없는 평범한 인간으로 여기는데, 선생 행세를 하면서 일단의 무리를

64 Lane, p. 203.

이끌고 나타났으니, "도대체 자기가 누구라고 생각하는 거야?" 하는 의문이 생긴 것이다. 이런 의문을 가진 그들은 진정 예수님이 어떤 분이신지 파악하지 못했다. 그분의 진정한 신분과 놀라운 능력을 깨닫지 못했기에[65] 그들은 치료를 요청하지 않았고 결국 치유를 받지 못했다. 예수님 안에 있는 하나님의 능력을 접하기 위해서는 행동이 따르는 믿음이 반드시 필요하다.

믿음과 열두 제자들

이러한 일련의 일들은 열두 제자들의 회심과 무슨 관련이 있는가? 다른 것은 제쳐 놓더라도 열두 제자들에게 믿음이 중요한 문제임에 분명했다. 4:40의 "너희가 어찌 믿음이 없느냐?"라는 예수님의 말씀을 미루어 생각해볼 때, 당시 제자들의 상황을 가히 짐작할 수 있다. 그들은 예수님을 따라다니기는 해도 여전히 예수님이 요구하시는 분량만큼 믿음을 지니지 못했다. 실상 마가복음 전체를 보아도 필요한 분량만큼의 믿음을 보여주지 않는다. "이것이 예수님이 제자들의 믿음과 깨달음의 부족을 꾸짖으시는 일련의 책망 중 첫 부분이다"(7:18, 8:17 이하, 21, 32f, 9:19 참조).[66] 마가복음 어디에도 예수님이 제자들의 믿음을 칭찬하신 대목은 없다.

마가복음의 결론부를 비교적 길게 차지하고 있는 또 하나의 다른 복음서에서 제자들이 사실 그대로 묘사되었다는 점이 흥미롭다. 16:11-14을 보라. "그들은 예수께서 살아나셨다는 것과 마리아에게 보이셨다는 것을 듣고도 믿지 아니하니라 그 후에 그들 중 두 사람이 걸어서 시골로 갈 때에 예수께서 다른 모양으로 그들에게 나타나시니 두 사람이 가서 남은 제자들에게 알리었으되 역시 믿지 아니하니라 그 후에 열한 제자가 음식 먹을 때에 예수께서 그들에게 나

---

65 열두 제자들이 예수님의 진정한 정체성을 깨달을 필요가 있다는 것, 이것은 물론 마가의 중심 논제다.

66 Cranfield, p. 175.

타나사 그들의 믿음 없는 것과 마음이 완악한 것을 꾸짖으시니 이는 자기가 살아난 것을 본 자들의 말을 믿지 아니함일러라."

이 익명의 기자는 믿는 이들(그리고 행할 모든 일들)과 믿지 않는 이들(또한 그들에게 일어날 일들)을 비교하기 위해 16:15-18을 위의 내용과 나란히 배치한다. 이 자료는 마가복음의 한 부분은 아니지만, 그 내용을 사려 깊게 암시했음은 물론이고 초기 전승까지 반영하고 있다. 믿음은 제자들이 예수님과 동행한 전 기간에 걸쳐 제기된 문제고, 부활하신 예수님을 만나고 나서야 해결된 문제이기도 하다.

하지만 이 믿음은 그들의 삶 속에서 성숙해갔다. 이 단원 첫 번째 단락에서는 그들에게 믿음이 없었던 것으로 전해진다. 사이에 낀 네 단락에서 그들은 뒷배경으로 물러선 채 듣고 보았다. 그리고 2단원의 마지막 단락에서는(6:6b-13, 30) 약간의 믿음을 지니고서 행동한다. 일례로, 그들은 최소한의 비상 물품만을 가지고 선교 사역을 떠난다(6:8-11). 그들이 음식을 구하고 쉴 곳을 찾는 등 살아남기 위해서는 하나님을 신뢰해야 했다. 예수님이 제자들에게 음식, 돈, 침낭을 가지고 다니지 말라고 명령하신 것으로 보아 이것이 예수님의 진정한 의도였던 것 같다. 다른 예로 그들은 실제 사역에 종사했다. 설교를 하고, 귀신을 내쫓고, 치료를 했다. 흥미 있는 사실은 그들이 전한 주된 메시지가 회개와 믿음이 아니라 단지 회개였다는 점이다(6:12). 이 점에서 그들은 예수님보다 세례 요한에 더 가깝다. 그들은 아직 믿음에 대해 설교할 준비를 갖추지 못한 상태다.

그러면 도대체 믿음, '피스티스'(*pistis*)란 무엇인가? "믿음이란 예수님과 그분이 지니신 능력을 확신하며 신뢰하는 것"[67]이다. 폭풍을 만난 제자들은 예수님이 자신을 도우실 수 없다고 생각했다. 나사렛 사람들 역시 예수님이 그들을 고치실 것이라는 믿음이 없었다. 이와 대조적으로 야이로와 혈루병 앓던 여인은

67 Taylor, p. 194.

예수님이 도우실 것을 믿었기에 그분에게 나아갔고 도움을 구했다. 쉬니빈트는 4:40을 주해하면서 이 문제를 깊이 다룬다. "그러므로 예수님을 믿는 것은 결국 하나님을 믿는 것과 동일하다."[68] 이것이 바로 제자들이 알아야 할 내용이다. 제자들은 예수님을 통해 역사하는 이가 하나님이심을 이해해야 했고, 예수님을 통해 하나님을 향한 신뢰를 보여야 했다. 두 번째 단원에서 마가는 회심 중에서도 믿음을 강조한다. 예수님에게 돌아가 온전한 천국 백성이 되려면 반드시 믿음이 필요하다. 2단원의 자료를 요약하면, 믿음의 네 가지 특성을 알 수 있다. 첫째, 믿음은 자기의 내적 결핍을 자각함으로써 생긴다. 바로 이 결핍감으로 사람들은 믿음을 갖는다. 그 원인이 두려움에서 오든 고통에서 오든 결핍은 믿음을 갖게 하는 동기가 된다.

둘째, 이 믿음은 막연한 믿음이 아니라 예수님과 예수님을 들어 역사하시는 하나님을 믿는 믿음이다. 두려움이나 다른 결핍 사항들은 사람들을 예수님께로 돌이키게도 하지만 동시에 멀어지게도 한다. 그러므로 예수님에 대한 정확한 이해가 선행되어야 한다. 제자들은 예수님에게 자연을 다스리는 능력이 있음을 알지 못했으므로 당연히 그분에게 도움을 청할 수 없었다. 완전한 믿음을 가지고 예수님께로 돌이키기 위해서는 진정 그분이 누구신지 깨닫는 과정을 거쳐야 했던 것이다. 거라사인들은 예수님을 위험한 마술가 정도로만 여겼기에 그분을 멀리했다. 예수님이 진정 어떤 분이신지 알 수 있는 더 정확한 정보가 필요했다. 귀신들렸던 사람이 자신에게 어떤 일이 벌어졌고, 어떻게 예수님이 자신을 긍휼히 여기셨는지 마을 사람들에게 전해준 내용이 그러한 정보다(5:19-20). 이렇듯 예수님에 관한 정보는 그분을 신뢰케 하는 기본 요소다. 나사렛 사람들처럼 예수님을 제대로 이해하지 못하거나 그들을 고칠 수 있는 능력이 예수님에게 있다

68 Cranfield, p. 174에서 인용됨.

고 생각하지 않는 사람은 그분에게 나아가지 않는다.[69]

셋째, 예수님이 도우실 수 있음을 단지 아는 것만으로는 불충분하다. 도움을 구해야 한다. 믿음이 있다면 예수님에게 나아가야 한다. 야이로는 자기 딸을 위해 예수님의 발 앞에 꿇어 엎드렸고, 혈루증 앓던 여인은 옷자락을 만지기 위해 그분에게 다가갔다.

넷째, 이 모든 결과들을 야기시킨 실체(일종의 마술적 실체 같은)는 믿음이 아니다. 변화를 일으키는 것은 예수님의 능력이다. 믿음은 우리를 예수님께 나아가게 하고, 결국 예수님이 그 믿음을 보고 반응하시는 것이다. 이것이 회심의 전형적인 과정이다.

회개: 3단원 분석(막 6:31-8:30)

'깨달음'이라는 주제는 3단원에서 더 깊이 논의된다. 2단원에서 믿음을 지닌 사람들과 그렇지 못한 사람들은 '깨달음'이 있고 없고의 차이가 있다. 2단원에서 믿음을 지닌 두 사람 야이로와 혈루병 앓던 여인은 예수님이 자기들을 도우실 수 있다고 믿었다. 나머지 세 부류의 사람들인 제자들, 거라사인들, 나사렛 주민들은 예수님이 누구시고 어떤 일을 하실 수 있는지 깨닫지 못했다. 먼저 두 사람은 예수님이 능력을 지니시고 병을 치유하실 수 있으며 또한 기꺼이 치유하실 것임을 깨달은 반면, 두 번째 부류의 사람들은 예수님이 이 능력을 가지고 계심을 이해하지 못했다. 그러므로 2단원 마지막 부분에서 제기되는 문제는 어떻게 한 사람이 편견을 버리고 예수님을 이해할 수 있는가 하는 점이다. 어떻게 낡고

69 "마가의 종교적 태도를 보면, 깨달음이 믿음과 밀접한 관계가 있음이 분명하다." James M. Robinson, *The Problem of History in Mark and Other Markan Studies* (Philadelpia: Fortress, 1982), p. 122.

부정확한 관념을 버리고 새롭고 정확한 통찰을 얻을 수 있는가?

3단원에서 마가는 '몰이해'에서 '이해'로 나아가는 것이 가능한지 밝힌다. 이 단원의 논제는 바로 '회개'다(복음에 대한 예수님의 정의 중 두 번째 요소—1:15). 좀 더 정확히 말해서 회개의 이면에 깔린 상태인 깨달음에 대해 논의하는 것이다. 깨닫지 못하고는 회개할 수 없다. '종교적 실재를 대하는 마음의 변화'라는 뜻을 지닌 회개는 새로운 개념의 '진실성'과 낡은 개념의 '부적절함'에 대한 통찰력 없이는 불가능하다. 회개는 새로운 이해를 바탕으로 한 새로운 선택이다. 특히 과거의 낡은 이해로부터 돌이켜 새로운 진리를 받아들이는 것이다. 회개는 사람이 생각을 돌이키는 것을 의미하지만 이해하지 못하고서는 그러한 돌이킴은 있을 수 없다. 마찬가지로 회개 없이는 믿음을 얻을 수 없고, 믿음 없이는 예수님에게 나아갈 수 없다. 그러나 깨달음이 있으면 회개와 믿음이 모두 가능해진다. 이 단원에서는 깨달음을 세 가지 측면에서 이해할 수 있다. 첫째, 마가가 사용하는 '깨닫는다'라는 용어를 통해서, 둘째, '강퍅해진 마음'이 무엇인지 살펴봄으로써, 셋째, 이 단원에서 비유적으로 사용된 두 개의 치유 기사를 통해서다.

깨달음이란?

이 단원에서는 깨달음이 무엇인지 논한다. '깨닫다' 또는 '깨달음'이라는 뜻으로 마가복음에 12회 나온 말들 중에 다섯 개가 이 단원에 나오고, 세 개는 4장의 비유 부분에 나온다(이는 본 단원의 자료와 직접 연결된다). 나머지 넷은 마가복음에 산재해 있다.[70]

70 *syniēmi* = 깨닫다(4:12, 6:52, 7:14, 8:17, 21); *synesis* = 이해(12:33); *asynetos* = 이해 부족(7:18); *epistamai* = 알다, 이해하다(14:68); *ginōskō* = 알다, 이해하다(4:13); *agnoeō* = 이해하지 못하다(9:32); *noeō* = 고려하다, 인지하다(13:14); *oida* = 알다(4:13)를 뜻한다. 3단원에서 이러한 단어들을 사용한 다섯 번의 사례들은 6:52, 7:14, 18, 8:17, 21에서 각각 발견된다. 1단원의 비유 부분(4:1-34)에서 이 단어들이 세 차례 사용된 사례는 4:12, 13(두 차례) 에 나온다. 반면 나머지 네 번의 사용 사례는 9:32, 12:33, 13:14, 14:68에 각각 나온다.
Q. Quesnell, *The Mind of Mark: Interpretation and Method through the Exegesis of*

깨달음(또는 깨달음의 부족)은 3단원에 나오는 첫 번째 이야기 사이클의 핵심을 이룬다(막 6:31-7:37). 첫 단락에서(6:31-44) 예수님은 제자들에게 현실적으로 불가능하거나 그들이 내켜하지 않는 일(오천 명에게 먹을 것을 나눠주는 일)을 요구하신다. "이들이 어떻게 많은 사람들에게 떡을 먹일 수 있을까?" "왜 그들이 이 일을 해야만 하나?"(6:17). 제자들은 도무지 이해할 수 없었다.

두 번째 단락에서(6:45-56) 그들은 누가 물 위를 걸어오는지 알지 못했다(6:49-50). 마가는 제자들이 놀란 이유를 '그들이 그 떡 떼시던 일을 깨닫지 못했기 때문'이라고 설명한다(6:52).

세 번째 이야기를 보면(7:1-23) 제자들만 예수님을 이해하지 못한 것은 아니었다. 바리새인들 역시 왜 예수님의 제자들이 장로들의 전통을 따르지 않는지 예수님에게 되묻는다(7:5). 이 단락에서 드러나듯이, 종교지도자들의 이해 부족은 그들이 인간의 전통을 하나님의 명령으로 대치했음을 깨닫지 못한 데서 온다(7:8). 바리새인들의 무지를 접한 예수님은 무리를 불러 모으시고는 이런 실수를 피하라고 권고하신다. "너희는 다 내 말을 듣고 깨달으라"(7:14). 그런 뒤 예수님은 왜 의식(儀式)이 중요한지 설명하신다(7:15). 이 말씀을 들은 제자들은 그 뜻을 역시 깨닫지 못한다. 한번 더 제자들은 예수님에게 그 말씀의 뜻을 설명해 달라고 요구한다(7:17-18).

이에 반해, 네 번째 단락에서 수로보니게 여인은 깨닫는다. 그녀는 예수님이 자신의 딸에게 붙은 귀신을 내쫓으실 수 있음을 알고 야이로가 자기 딸을 위해 간구했듯이 예수님에게 '간구한다'(5:22-23, 7:25-26 참조). 또한 그녀는 수수께끼 같은 예수님의 대답을 이해하고 예수님을 만족시킬 만한 답으로 지혜롭게 응수한다(7:27-29). 두 번째 이야기 사이클 역시 깨달음 문제에 초점을 맞추고 있다

Mark 6:52, Analecta Biblica 38 (Rome: Pontifical Biblecal Institute, 1969), pp. 70-71에서는 이 사실을 지적한다.

(8:1-26). 사천 명을 먹이신 이야기에서, 제자들은 그렇게 많은 사람들을 먹이라는 예수님의 요구를 어떻게 수행할지 여전히 이해하지 못한다. "이 광야 어디서 떡을 얻어 이 사람들로 배부르게 할 수 있으리이까"(8:4). 바리새인들도 추측하면서 예수님을 계속 시험한다. 그러나 예수님은 이런 식으로 판단받기를 거부하신다(8:11-12). 여기서 보면 바리새인들은 왜곡된 판단 근거 외에는 예수님을 이해할 만한 능력이 전혀 없어 보인다. 제자들도 바리새인들과 거의 다를 바 없다. 제자들은 여전히 수천 명의 무리를 먹이신 두 번의 기적이 무엇을 의미하는지 깨닫지 못한다(8:16-21). 그래서 이 두 번째 이야기 사이클(무리를 먹이시는 기사와 치유 기사 사이의 자료)의 핵심은 예수님의 이 말씀으로 끝을 맺는다. "아직도 깨닫지 못하느냐"(8:21).

이해 부족을 은유하는 표현들

이러한 이해 부족을 설명하는 데 두 가지 은유적인 표현이 쓰인다. 첫 번째 표현은 제자들의 '둔한 마음'이다. 마가는 두 번씩이나 제자들의 '둔한 마음'을 언급한다. 한번은 기자의 입장(6:52)에서, 또 한번은 예수님의 말씀(8:17)을 통해서다. 이 두 가지 모두 '둔한'으로 번역된 단어는 '포루'(*pōroō*)가 어원인 '페포로메네'(*pepōrōmenē*)다. '포로스'(*Pōros*)는 일종의 대리석이다.[71] '포로스'는 의학 용어로 쓰일 때, 관절 뼈가 형성되는 것을 묘사하거나 부러진 관절 부위를 다시 접합할 때 사용하는 접합용 연골을 가리킨다. 넓은 의미에서는 '굳은 살'로도 사용되는데, 이런 경우 단순히 살이 굳어지는 것이 아닌 살이 죽은 것과 무감각해진 것에 강조점이 있다.[72] 마가는 '굳어짐'이란 개념에 특별히 관심을 가졌다. 신

---

71 J. A. Robinson, *St. Paul's Epistle to the Ephesians*, 2nd ed. (London: Macmillan, 1904), p. 264.

72 '굳어짐'에 대한 자료는 Robinson의 훌륭한 논문에서 발췌했다. J. A. Robinson, pp. 264-74을 보라.

약성경에서 '포룬'(*Pōroun*)과 '포로시스'(*pōrōsis*)는 여덟 번 나온다. 네 번은 바울이 사용하고, 세 번은 마가가, 한 번은 요한이 사용한다.[73]

"'마음'이란 히브리적인 개념이다. 마음은 '이성적인 판단의 중심이며 결정을 내릴 수 있는 곳'으로 생각되었다."[74] 이처럼 마음은 '이해하는 곳'이다. 그러므로 '마음이 둔하다'라는 표현은 '마음이 닫혔다'라는 뜻이다.[75] 테일러는 마음이 둔해졌다는 의미가 '의지적인 완고함이라기보다는 도덕적 무지를 깨닫지 못함'이라고 지적한다.[76] 예수님이 '마음이 둔하다'라는 표현을 앞에서 쓰셨다는 사실이 흥미롭다(3:5). 거기서는 바리새인들을 묘사할 때 사용된다(만은 '포로세이 테스 카르디아스'[*pōrōsei tēs kardias*]를 '좀처럼 회개하지 않는 우둔함'으로 번역한다).[77] 달리 말해, 제자들은 예수님을 대적하는 자에게서나 볼 수 있는 몰이해의 징후를 드러낸다.[78]

두 번째 표현은 이해하지 못한 상태를 설명하고 있다. 제자들을 소경이나 귀머거리로 묘사하고 있는 것이다. 이들은 듣기는 듣되 이해하지 못하고, 보기는 보되 깨닫지 못한다(8:17-18). 이러한 이미지는 4:1-34과 예수님이 비유를 설명하시면서 하신 말씀에도 나타난다. 씨 뿌리는 자의 비유 뒤에 이어지는 4:9에서 예수님은 "귀 있는 자는 들을지어다"라고 말씀하신다. 예수님이 혼자 계실 때, 제자들은 방금 이야기하신 비유를 설명해달라고 요구한다(4:10). 예수님은 "하나님 나라의 비밀을 너희에게는 주었으나 외인에게는 모든 것을 비유로 하나니 이는 그들로 보기는 보아도 알지 못하며 듣기는 들어도 깨닫지 못하게 하

---

73 J. A. Robinson, p. 265.

74 Mann, p. 224.

75 Mann, pp. 304, 322.

76 Taylor, p. 331.

77 Mann, p. 243.

78 '마음'을 뜻하는 *kardia*가 쓰인 12회 중 5회가 이 단원에서 발견된다. 6:52; 7:6, 19, 21; 8:17을 보라.

여 돌이켜 죄 사함을 얻지 못하게 하려 함이라"(4:11-12)고 대답하신다.[79] 보고 듣지 못함을 두 번째로 경고하시는 것이다. "들을 귀 있는 자는 들으라"(4:23). 즉 4장 안에 든 이 부분 전체가 '깨달음'에 대해 말하고 있다. 4:13에서 예수님은 "너희가 이 비유를 알지 못할진대 어떻게 모든 비유를 알겠느냐"라고 반문한다. 마가는 이 부분을 이렇게 결론짓는다. "예수께서 이러한 많은 비유로 저희가 알아 들을 수 있는 대로 말씀을 가르치시되"(4:33). 분명한 것은 3단원에서 보지 못함과 듣지 못함에 대한 언급이 또 다시 이해 부족을 지적한 것에 해당한다는 점이다. 더욱이 4:11-12에서 말했듯이 이해가 부족하면 결국 예수님께로 돌이킬 수 없다.

3단원의 두 부분은 이해가 부족해서 나타나는 양상을 다양하게 보여준다. 마가는 "제자들이 마음에 심히 놀라니 이는 그들이 그 떡 떼시던 일을 깨닫지 못하고 도리어 그 마음이 둔하여졌음이러라"(6:51-52)고 말한다. 이와 동일한 논지가 8:17-21에도 나타난다. 예수님은 "삼가 바리새인들의 누룩과 헤롯의 누룩을 주의하라"고 말씀하신다. 당혹한 제자들은 이 말씀을 서로 논의한 후, 자신들이 떡을 가지고 오지 않아 예수님이 꾸짖는 것이라 결론내린다(8:16). 물론 이것은 예수님이 뜻하신 바가 아니며, 예수님은 무리를 먹이신 두 사건에 대해 참을성 있게 설명하신다(8:17-20).

예수님은 지금껏 논의한 세 가지 개념을 모두 사용하신다. 즉 이해 부족, 마음이 둔해짐, 보지 못하고 듣지 못함이다. 예수님은 "너희가 어찌 떡이 없음으로 수군거리느냐 아직도 알지 못하며 깨닫지 못하느냐 너희 마음이 둔하냐 너희가 눈이 있어도 보지 못하며 귀가 있어도 듣지 못하느냐 또 기억하지 못하느냐"라고 말씀하신다. 각각의 이적에서 얼마나 많은 떡이 남았는지 상기시키시며, "아

---

79 깨달음과 회심 간의 관계는 마가가 이사야서를 인용하는 4:12에서 분명히 드러난다. 그는 유일하게 이곳에서 *epistrephō*를 신학적 의미로 사용한다(여기서는 '돌이키다'로 번역됨). 회심은 깨달음으로 가능해진다.

직도 깨닫지 못하느냐"라는 말씀으로 결론을 맺는다. 이렇게 마가는 이 단원이 제자들에 대해 무엇을 이야기하는지 확실히 밝힌다. 제자들은 믿음이 없었다(2단원). 깨달음이 없었기 때문이다(3단원). 마음이 둔해서 깨닫지 못하므로 회개하지 못했다. 즉, 믿음을 지니고 예수님께로 돌이키는 데 실패했다. 열두 제자들은 여전히 예수님께로 돌이키는 과정 중에 있었고 그들의 회심은 아직 완성되지 않았다.

곧이어 8:17-21에 두 개의 부연 설명이 나온다. 첫째, 예수님은 제자들의 상태를 표현하는 '아직 아니다'라는 말씀을 두 번씩이나 강조하신다(8:17, 21) 이는 제자들이 회심으로 가는 과정 중에 있음을 한번 더 분명히 한다. 둘째, 제자들이 무리 속에 있을 때, 예수님이 그들에게 무엇을 하라고 권고하시는지 주목할 필요가 있다. 예수님은 그들에게 '기억하라', '기억하지 못하느냐'라고 물으신다(8:18). 그런 뒤에 무리를 먹이신 두 사건을 구체적으로 상기시키신다. 그들은 깨닫지 못했을 수 있지만 기억할 수는 있고, 또 기억해야 한다. 그 순간 그들은 모든 것을 다 알지는 못했다. 그러나 언젠가는 그 모든 것을 이해하게 될 것이다. 5, 6단원에서 다시 한번 이러한 기억을 강조한다.

그러면 그 떡에 대해 제자들은 무엇을 이해해야 하는가?(6:52) 먹고 남은 떡 조각이 의미하는 것은 무엇인가?(8:17-20) 제7장에서는, 예수님이야말로 오래도록 기다려오던 메시아이심을 오천 명을 먹이신 사건이 계시한 것이라고 설명했다. 크랜필드도 이 주장에 동의한다. 마가는 6:52과 8:16-19이 천국과 예수님의 비밀을 드러낸 부분이라 시사한다.[80] 예수님이 누구신지 깨달았더라면, 제자들은 예수님이 물 위를 걸으신 것에 그리 놀라지 않았을 것이다. 왜 바리새인들은 지금껏 본 것 이외에는 보지 못했는지, 왜 바리새인이나 헤롯당원들

80 Cranfield, pp. 221-22.

의 관념이 누룩 같은 것인지 이해했을 것이다.[81]

회개에 이르게 하는 치유

그렇다면 이러한 오해를 어떻게 극복할 수 있는가? 어떻게 생각을 돌이킬 수 있는가? 실제로 오해를 떨치는 것이 가능한 일인가? 마가는 이에 대한 답을 3단원의 마지막 단락에서 찾는다. 거기서 열두 제자들은 오해를 떨치고 결국 예수님의 신분을 새롭게 깨닫게 된다. 가이사랴 빌립보 지방에서 예수님은 제자들이 얼마나 깨닫고 있는지 알아보기 위해 두 가지 질문을 던진다.

첫 번째 질문은 "무리가 예수님을 어떻게 생각하는가"다. 평범한 무리는 예수님을 단지 선지자 중 한 명 정도로 여겼다(8:27-28). 예수님은 제자들에게 자신이 누구냐고 물으신다. 3단원 내내 제자들의 이해 부족이 강조되고 있음을 볼 때, 이 질문은 다소 의아스럽다. 하지만 예상과는 달리 열두 제자들의 대변인 노릇을 했던 베드로는 정답을 이야기한다. 그들은 결국 예수님이 메시아시라는 깨달음에 도달한 것이다(8:29). 어떻게 이런 일이 가능했는가? 3단원에서 제자들이 예수님에 대해 가정이나 추측 이상의 일을 한 흔적은 전혀 찾아볼 수 없다. 그러나 이러한 통찰력이 어디서 생겼는지는 3단원에 두 번이나 나오는 치유 기사를 통해서 알 수 있다. 무리를 먹이신 두 번의 기적으로 예수님의 실체가 상징적으로 드러난 것과 같은 방식으로, 두 차례 병 고침의 기사를 통해 제자들이 어떻게 예수님을 새롭게 이해할 수 있었는지 상징적으로 알 수 있다.

3단원에서 치유받은 두 사람이 귀먹고, 어눌하며, 눈먼 사람이었음은 결코 우연이 아니다. 예수님의 치유 손길이 닿자 이 두 남자는 듣고, 말하고, 보게 되

81 "누룩은 신약에서 대개 비유적으로 사용되었는데, 부정적인 의미로는 사람의 악한 본성을 나타낸다(고전 5:6, 7, 8; 갈 5:9). 무리를 먹이신 기적을 두 번이나 경험하고서도 계속 더 많은 증거를 요구하는 바리새인들은 결국 자신의 악한 성품을 드러낸 셈이다. 예수님께서는 이미 받은 증거에 만족하라고 요구하면서, 그 가운데 드러나는 하나님의 완전한 표적을 보기를 원하신다." Meye, p. 69.

었다. 이는 제자들이 고질병처럼 가지고 있는 이해 부족을 상징적으로 보여준다. 예수님은 이를 8:17-18에서 분명히 밝히신다. "예수께서 아시고 이르시되 너희가 어찌 떡이 없음으로 수군거리느냐 아직도 알지 못하며 깨닫지 못하느냐 너희 마음이 둔하냐 너희가 눈이 있어도 보지 못하며 귀가 있어도 듣지 못하느냐." 그러므로 이 부분은 속성상 매우 은유적이다. 이 두 차례의 치유는 어떻게 제자들이 깨달음에 도달했는지 은유적으로 보여준다. 가이사랴 빌립보에서 제자들이 예수님을 메시아라고 고백할 수 있었던 것은 바로 예수님의 기적적인 치유의 손길 때문이었다. 이것 말고는 그들이 어떻게 새로운 통찰력을 갖게 되었는지 설명할 길이 없다. 그때까지도 제자들은 예수님을 제대로 이해하지 못한 상태였고, 바리새인만큼이나 우둔했다. 하지만 이렇게 예수님의 신분을 고백할 수 있었던 것은 그들의 귀가 열리고 눈이 뜨였기 때문이다. 비로소 깨달은 그들은 어눌하던 혀가 풀리면서 이 사실을 분명히 선언했다. 그렇다면 언제 이 치유의 손길을 접했는가? 사실 마가는, 예수님이 제자들에게 새로운 통찰력을 보여주기 위해 두 병자들에게 한 것처럼 안수 기도를 하셨다거나 어떤 특별한 일을 따로 했다는 언급을 전혀 하지 않는다. 그런 치유가 이루어진 것은 단지 그들이 가이사랴 빌립보에서 고백할 수 있었기 때문이다.

예수님이 메시아이심을 알게 되기까지 열두 제자들에게 어떤 일이 일어났는가? 다시 말하지만, 그런 통찰력을 생기게 한 내적 역동성에 관한 명확한 언급은 전혀 없다. 하지만 예수님에 관한 진리를 계시하신 분이 바로 성령이라는 사실을 암시적으로 알 수 있다. 오순절 사건 이전의 구약에서도 성령은 진리의 계시였다.[82] 그리고 마가가 본문에서 다룰 범주들을 제시한 프롤로그에서도 성령

82 "예수님께서 성령을 언급하신 일은 매우 드물다. 그나마 하나님의 성령에 관한 구약성경의 언급들과 일치한다." Mann, p. 519. "유대인들은 성령이 주로 두 가지 일을 한다고 생각했다. 첫째, 사람들에게 하나님의 진리를 드러낸다. 둘째, 사람들이 그 진리를 깨닫도록 돕는다." William Barclay, *The Gospel of Mark*, rev. ed. (Philadelpia: Westminster, 1975), p. 80.

은 현저한 존재로 드러나신다(1:8, 10, 12).[83] 특히 세례 요한이 예수님에 대해 선언하듯이 "성령으로 너희에게 세례를 주시는"(1:8) 분이시다. 더욱이 프롤로그에 이어 나오는 성령에 대한 세 가지 언급에서도, 성령은 진리를 계시하시는 분으로 묘사된다. 3:29을 보면 용서받기가 불가능한 이유는 성령이 계시한 예수님을 인정하지 않기 때문이다. 12:36에 나오는 진술은 성령의 감동으로 말미암은 것이라 묘사한다. 13:11에서 예수님은 제자들이 법정에 설 때에 성령께서 할 말을 지시할 것이라 예언하신다. 결론적으로 귀가 열리고, 혀가 풀리고, 눈이 뜨이는 새로운 통찰력을 갖게 된 것은 제자들 가운데 역사하시는 성령 덕분이다. 예수님이 이 세상에 오셔서 하신 일도 바로 이것이었다. 즉 성령으로 세례를 주시는 일이었다.

8:22-26에는 소경을 고칠 때 두 단계의 치유 과정이 언급된다. 마가만이 유일하게 이 과정을 상세하게 설명한다.[84] 다른 복음서 어디에도 이처럼 치유 과정을 기록해 놓은 곳이 없다. 즉, 이 단원의 많은 부분이 그러하듯이 소경이 접촉한 두 번의 기회에는 얼마간 은유적인 의미가 담겨 있다. 첫 번째 접촉에서 소경은 희미하게 보게 된다. 사람들이 보이긴 하지만 나무처럼 보인다. 제자들이 예수님을 보는 방식과 비슷하다. 제자들은 첫 번째 치유의 손길을 접했다. 그들은 이제 예수님이 메시아라는 사실을 안다. 하지만 곧바로 보여주듯이 그들은 예수님이 어떤 메시아신지는 분명히 이해하지 못했다(8:31-32). 다시 치유 이야기로 돌아가, 소경은 두 번째 접촉 과정에서 세상을 분명히 볼 수 있게 된다. 이것은 제자들에게 어떤 일이 일어날지 예언하는 부분이기도 하다. 그들의 눈은 마침내 온전히 뜨일 것이다. 마가의 기록에서 보듯이, 예수님 생애의 마지막 주간

83 마가복음에 나오는 성령에 대한 나머지 세 차례의 언급들은 본문 여기저기에 흩어져 있다(3:29; 12:36; 13:11).

84 E. S. Johnson, "Mark 10:46-52: Blind Bartimaeus," *Catholic Biblical Quarterly* 40 (1978): 201. Johnson은 마가가 이 이적을 포함시킨 것은 제자들과 소경이 아주 밀접한 관련을 맺고 있기 때문이라고 말한다.

에 그들이 예루살렘으로 올 때 이 일이 일어난다. 그리고 그들은 분명히 보기 시작한다. 이것이 마지막 주에 시작되는 이야기 즉, 소경 바디매오의 치유 기사가 전하고자 한 사실이다. 바디매오 이야기는 마가복음에 등장한 소경 치유 사건들 중 유일하게 다른 사례다(10:46-52을 보라).

회개란?

마가는 '회개'라는 단어를 직접 사용하지 않으면서 회개에 대해 논한다. 회개란 지각적인 개념으로서, 하나님과 하나님께서 하시는 일에 대한 생각을 변화시키고자 하는 결단을 수반한다. 여기에는 새로운 깨달음이 따르며, 이 깨달음으로 의지와 능력을 행하는 것이다. 회개란 그간 하나님을 오해한 데서 돌이켜 새롭게 이해하는 것을 의미한다. 이 단원에서 마가는 깨달음에 대해 논하며, 둔한 마음이 어떻게 새로운 깨달음을 받아들이지 못하게 하는지도 논한다. 또한 둔한 마음이 예수님의 치유의 손길로 변할 수 있음을 보여준다. 마가는 회개의 극적인 예를 들면서 단원을 마감한다. 가이사랴 빌립보에서 열두 제자들은 예수님에게 가졌던 생각을 분명히 '돌이킨다'. 그들은 예수님을 단순히 선생이나 선지자 정도로 생각하지 않고 메시아로 여긴다. 그들이 가진 문화적 배경과 둔한 마음에 비해 비약적인 발전이다. 따라서 3단원에서 마가는 프롤로그에서 소개한 회개의 범주에 확실한 내용을 더한다.

3단원의 자료는 회개에 관해 말하고 있는 마가복음의 다른 문맥 속에서 설정될 필요가 있다. 첫째, 프롤로그에서 회개는 마가복음의 기본적인 논제들 중 하나다. '메타노이아/메타노에오'(*metanoia/metanoeō*)의 세 가지 용례 중 두 개가 프롤로그에 등장한다. 1:4에서 세례 요한의 메시지 중 하나는 회개였다. 특히 그가 설교하는 회개는 죄사함이었다.[85] 예수님의 메시지 역시 회개였다(1:15). 특히

85 3:28-29에서 성령과 죄 사함의 연관성이 제시된다. 이곳의 주제 역시 회개다. 특히 서기관들

예수님은 모든 인생들이 믿음을 가지고 회개하도록 인도하신다. '회개'라는 용어의 두 가지 용례 모두 신약성경에서 가지는 일반적인 의미를 담고 있다. 즉, 회개란 '하나님을 향해 마음을 돌이키는 것'이다.

둘째, '회개'라는 용어는 6:12에서도 사용된다. 여기서 회개는 제자들이 전도 사역 중에 설교한 메시지의 성격을 규정한다. 그러나 예측할 수 있듯이 그들의 설교 내용은 회개, 믿음, 천국 같은 예수님의 메시지보다 세례 요한의 메시지에 더 가깝다. 이러한 사역이 묘사된 2단원에서 열두 제자들은 예수님을 선지자로 이해한다. 그래서 선지자에 대해 메시지를 전한다.[86] 만일 그들의 전도 사역이 예수님이 메시아이심을 알게 되는 3단원 다음에 등장했다면, 그들은 풀린 혀로 다른 메시지를 전했을 것이다. 그러므로 예수님이 그들을 다른 전도 사역에 내보내지 않으신 것은 그리 놀라운 일이 아니다. 예수님은 자신이 메시아라는 사실이 공개적으로 선포되기를 원치 않으셨다. 그래서 베드로의 고백에 그 사실을 비밀로 간직하라고 답하셨다. 그들은 현재 예수님에 대해 알고 있는 사실을 아무에게도 말해서는 안 된다(8:30).

마가는 3단원에서 '회개'의 개념을 설명하기 위해 더 많은 내용을 제시한다. 2단원이 믿음으로 향한 부르심(1:15)의 의미를 담았듯이, 3단원에서는 회개시키려는 부르심(1:15에서도 발견된다)의 의미를 상술한다. 마가는 회개에 관한 두 가지 사실을 이야기하고 있다. 첫째, 깨달음은 회개의 기초다(2단원에서는 깨달음이

은 용서받지 못할 것인데, 용서를 구하지 않을 것이기 때문이다. 죄 사함의 필요성을 느끼지 않는 그들은 죄 사함을 구하지도 않는다.

86 열두 제자들의 선교 사역 속에 헤롯 왕의 이야기가 삽입된 사실에 주목하라. 왜 마가가 예수님이 중심이 되지 않는 이 이야기를 삽입했는지 학자들 간에 약간의 논란이 있다(이 단락만이 마가복음에서 이런 식으로 구성되었다). V. Taylor, p. 307에서는, 마가가 단순히 제자들의 파송과 돌아옴 사이를 채우기 위해 당시 널리 알려진 세례 요한의 죽음 이야기를 삽입했다고 제시한다. 그러나 마가복음에서 두 단락 사이에 다른 내용이 삽입될 때는 이 둘은 서로를 설명해준다. 여기서는 열두 제자의 선교와 세례 요한의 선교가 병렬 구조를 이룬다. 그들의 선교 사역이 예수님의 선교 사역의 재생산 과정이라는 사실은 열두 제자들에 관한 묘사에서 분명해진다. 제자들의 사역이 요한의 사역과 아주 흡사하다는 사실이 삽입을 통해 분명해진다.

믿음의 기초로 제시된다). 깨닫지 못하고서는 예수님에게 적절히 응답하기란 불가능하다. 예수님을 이해함은 그분에게 응답할 수 있는 기본 조건이다. 이는 동기를 부여해주는 힘이다. 따라서 마가복음 전체가 예수님의 신분을 제자들이 점차 이해해가는 단계에 따라 구성되었다는 점이 놀랍다. 그들은 자신의 생각을 정리하기 위해 예수님이 누구신지 정확히 이해해야 한다. 둘째, 예수님와 치유 손길을 받아야 새롭게 깨달을 수 있다. 그래야 한 사람이 지닌 문화나 가정 배경, 종교 배경을 뛰어넘을 수 있다. 결국 제자들의 눈을 뜨게 하고, 귀를 열게 하고, 입을 풀리게 하며, 마음을 부드럽게 해주시는 분은 바로 성령이다.

제10장
마가복음에 나오는 회심 주제: 제자도

예수님을 따르는 것: 4단원 분석(막 8:31-10:45)

4단원에서 마가는 예수님께로 돌이키는 회심의 마지막 단계인 제자도를 논한다. 회개와 믿음의 결과는 결국 '제자도'로 귀결된다. 이것은 예수님에 대한 적절하고 바람직한 응답이다. 제자도는 하나님의 말씀을 듣고 받아들임으로써 생기는 풍성한 수확과도 같다. 4단원은 네 가지 이야기로 구성되는데, 각 이야기의 결론에는 예수님이 주시는 교훈이 한 가지씩 나온다. 가르침의 주된 초점은 제자도다. 즉, 예수님을 따른다는 것이 무엇을 의미하는지에 관한 문제다.

첫 번째 이야기: 마가복음 8:34-9:1

예수님을 따르는 것과 관련된 최초의 그리고 가장 명쾌한 이야기는 8:34-9:1에 나온다. 이 논의는 예수님이 메시아로서 고난받고, 죽임 당하며, 부활하신다는 예수님의 예언을 베드로가 거부하면서 더욱 고조된다. 베드로의 질문에 예수님은 제자들과 무리를 불러 모으고 자신을 따르는 것과 죽음 간의 관계를 명료하게 밝히신다. 예수님은 자신의 운명과 제자들의 운명 간에 밀접한 관계가 있음을 지적하신다. 예수님은 '배척당하실' 것이다. 제자들은 '스스로를 부인'해야 한다(이는 모든 이들 앞에서 자신을 나타내고 싶은 자연스러운 마음 자체를 거부하는 것을 뜻한다). 예수님은 '죽임을 당하실' 것이다. 제자들은 '반드시 자기 십자가를 져야 하고' '자기 목숨을 잃을' 것이다. 여기에 함축된 의미는 분명하다. 스승이 하는 것을 그대로 제자가 따라한다. '인자가 살아갈 삶의 유형과 동일하게 제자들도 따라가야 한다.'[1]

여기서 한 가지 주목할 점은 예수님이 이 제자도에 관한 정의를 열두 제자뿐만 아니라 모든 무리에게 전한다는 점이다(8:34a).[2] 여기서 그분은 단지 열두 명이 맡을 특별한 역할을 정의내리는 것이 아니라 일반적인 제자도 자체를 말씀하시는 것이다. 그 말씀은 그분을 따르는 무리(3:7)와 제자들(1:17, 2:14) 모두에게 해당한다. 마가의 기록을 보면, 열두 제자들을 포함한 어느 누구도 예수님이 가실 길이 수난과 죽음의 길이라는 것을 알지 못했다.

예수님은 다음과 같은 말씀으로 교훈을 시작하신다. "누구든지 나를 따라오려거든 자기를 부인하고 자기 십자가를 지고 나를 따를 것이니라"(8:34b). 이것은 본 구절 중 가장 핵심적인 주장이다. 이 구절에 나오는 네 가지 핵심 요소들

---

1 "마가는 예수님을 제자도의 본보기로 삼았다." John F. O'Grady, "The Passion in Mark," *Biblical Theology Bulletin* 10 (April 1980): 83. 또한 p. 86도 보라. "제자도의 원칙은 예수님이므로, 제자는 예수님을 본받아야 한다." Earnest Best, "Discipleship in Mark: Mark 8:22-10:52," *Scottish Journal of Theology* 23 (August 1970): 325.

2 Best, "Discipleship in Mark," p. 329. 또한 Rober P. Meye, *Jesus and the Twelve: Discipleship and Revelation in Mark's Gospel* (Grand Rapids: Wm. B. Eerdmans Publishing Co., 1968), pp. 120-25을 보라. 거기서 그는 8:34a에 나오는 무리에 대한 다양한 해설들을 논의한다.

은 '제자로 부르심', '자기 부인', '십자가를 짐', '따름'이다.[3]

여기서 주목해야 할 점은 첫째, 두 가지 방법으로 제자도가 제시된다는 점이다(8:34b). 예수님이 사람들을 제자의 길로 부르실 때 사용하는 두 구절은 "내 뒤를 따르라"('오피소 무 엘데인'[*opiso mou elthein*])와 "나를 좇으라"('아콜루데이토 모이'[*akoloutheito moi*])다. 두 가지 다 의미상 셈족이라는 동일한 문화 배경을 지녔을 것이다. 즉, 두 구절 모두 기본적으로 '뒤를 좇아 움직이는 것'을 뜻한다. 흔히 구약에서 어떤 신이나 하나님을 따른다는 의미로 이 말들을 사용한다.[4] 예수님을 '따른다'는 말은 8:34 하반절의 나머지 두 구절에서 분명히 드러난다. 이는 곧 자기 부인과 십자가를 지는 것을 뜻한다.

둘째, '자기 부인'이라는 개념은 베스트가 지적하듯이 쉽게 오해되기도 한다.

> 이 구절에서 언급되는 자기 부인을, 자신이 하고자 하는 무엇인가를 금하는 금욕주의나 자기 절제와 혼동해서는 안 된다. 참된 자기 부인이란 자신에게 무언가를 절제시키는 것이 아니라 자기를 부인하는 것이다. 자기 부인은 자기 주장을 펴는 것과 반대 개념이고, 하나님이나 사람 앞에서 자신의 위치, 삶, 존재에 가치를 부여하는 것과도 반대된다. 또한 삶 속에서 한 사람의 특별한 위치에 특히 잘 어울리는 특권이나 권리를 주장하는 것에도 반대된다. 심지어는 일반적인 인간 권리들, 이를테면 정의, 자유 같은 것과도 반대된다.[5]

셋째, 십자가를 진다는 것은 예수님을 위해 자신을 버리는 '자기 부인'의 정

---

3 Earnest Best, *Following Jesus: Discipleship in the Gospel of Mark* (Sheffield: JSOT Press, 1981), p. 34.

4 Best, *Following Jesus*, p. 33.

5 Best, *Following Jesus*, p. 37.

의를 보충해준다.[6] 1세기에 십자가는 보기 힘든 것이 아니었다. 그것은 범죄자를 처형할 때 사용되었다. 특히 유대인들이 십자가를 싫어했는데, 제국이 권력을 휘두르며 사용한 형벌이기 때문이다. 이와 같은 십자가의 이미지 때문에 예수님의 말씀을 듣는 이들은 아주 강한 반응을 보일 수밖에 없었을 것이다.[7] 당시 유대인들에게 십자가란 단순히 죽음을 상징하는 것만이 아니라 하나님께 인정받지 못함을 나타내는 것이기도 했다. 신명기 21:22-23은 하나님의 저주가 십자가를 지고 죽은 자들에게 있다는 뜻으로 이해된다. 이로 인해 예수님의 말씀을 들은 유대인들에게 십자가의 공포스러운 이미지가 더 부각되었을 것이다.[8] 십자가를 스스로 진다는 것은 가장 극단적인 자기 부인의 형태이고, 자신의 삶을 부인함과 동시에 하나님의 저주 아래 놓임을 의미한다.

예수님이 자신을 따르는 무리에게 요구하시는 것이 과연 문자 그대로 죽음인지 물을 수도 있다. 예수님 자신의 죽음은 분명 실제의 죽음이었다. 1세기의 몇몇 기독교인들도 자신의 신앙을 지키기 위해 순교했다. 하지만 베스트가 지적하듯이, '십자가를 진다'라는 말을 그대로 받아들여서는 안 된다. 제자도란 "단지 처형당하는 자리까지 예수님의 발자취를 그대로 좇는 것만은 아니다." 다른 것은 차치하고서라도 "자기 부인에 관한 구절이 들어감으로써 '십자가를 지는 것'의 문자적인 의미는 사라진다."

---

6 물론 십자가를 진다는 것은 예수님 자신이 죽으시는 모습을 예측하는 것이고 독자들 역시 그렇게 받아들일 것이다. 이를 근거로 많은 학자들은 이 내용이 예수님께서 돌아가시고 난 뒤 나중에 첨가된 것으로 여긴다.

7 "유대인들이 십자가형을 공포와 증오의 대상으로 여기는 아주 타당한 근거가 있다. 그들은 십자가형에 지나칠 정도로 심한 반감을 느꼈다. 유대 왕이었던 알렉산더 얀네우스가 예루살렘에서 한 번에 800명의 바리새인들을 십자가가형에 처했다는 요세푸스의 기록은 좀 과장된 표현이 아닌가 하지만, 이는 유대인들이 안티오쿠스 에피파네스 때부터 십자가형을 보아왔음을 알려준다. 이것은 전제 군주와 관련 있는 사형 방식이었고, 예수님 당시에는 증오의 대상인 로마 군주들과 결부되었다." Donald R. Fletcher, "Condemned to Die: The Logion on Cross- Bearing: What Does It Mean?," *Interpretaion* 78 (1964): 162. 또한 J. Gwyn Griffiths, "The Disciple's Corss," *New Testament Studies* 76 (1969-70): 360도 보라.

8 Fletcher, p. 162.

그러면 '자기 부인'과 '십자가를 지는 것'은 제자도와 어떤 관련이 있는가? 베스트는 다음과 같이 주장한다. "십자가를 진다는 것은 예수님을 위해 어떤 희생도, 심지어 목숨을 잃는 일마저도 기꺼이 감수하겠다는 뜻이다. 자기 부인은 내적 태도이고, 이 태도가 외적으로 드러나는 것이 십자가를 지는 행위다. 이 둘 다 제자들의 분명한 행동, 특별한 행위를 채택하고자 하는 결단을 내포한다."[9]

그린은 여기서 한 걸음 더 나아간다. 십자가를 지는 것을 단지 자발적인 희생이 아닌 하나님 뜻에 복종하는 표시로 보는 것이다. 그는 '자기 십자가를 지고'라는 표현이 "로마의 통치에 대항하는 자들에게 자신이 처형당할 십자가(파티불룸[*patibulum*])를 지고 가게 하는 로마 풍습에서 나온 비유적 표현이라고 여긴다.…십자가를 지는 행위는 이전까지 거부하던 권위나 통치에 복종함을 의미하는데, 여기에는 하나님의 뜻에 복종한다는 뜻도 있다."[10] 그는 자기 부인 역시 비슷한 방식으로 이해했는데, 부인되어야 하는 '자기'란 하나님을 거부하던 '자기'다. 그러므로 십자가를 지는 행위와 자기 부인은 둘 다 하나님과 하나님의 뜻을 거부하게 만드는 '내재된 죄성'과 관련이 있다.[11] 결국 제자도란 하나님에 대한 반역으로부터 돌이키는 행위(자기 부인)에서 시작해서 하나님의 뜻과 방식을 받아들이는 데로 나아가는(십자가를 짐) 것이다. 자기 부인은 뭔가를 거부하는 부정적인 행위다. 이것은 제자도에서 없어서는 안 될 최초의 행위다. 처음부터 단번에 제자들은 자신에게 '안돼'라고 말한다.[12] 반면 십자가를 진다는 것은 긍정적 행위다. 즉, 무언가를 받아들이겠다는 뜻이다. 이는 십자가의 길에 대해 '예'라고 대답하는 것이다. 이것은 회개를 이야기할 수 있는 또 하나의 방법이다. 즉, 자신의 길에서 돌이켜 믿음으로 하나님의 길로 향하는 것을 의미한다. 이 두 가지

---

9 Best, *Following Jesus*, p. 39.

10 Michael P. Green, "The Meaning of Cross-Bearing," *Bibliotheca Sacra* 140 (1983): 120.

11 Green, p. 121.

12 Best, "Discipleship in Mark," p. 330.

상호 보완적인 행위가 예수님을 따를 수 있게 하며 제자가 되게 한다.

> "나를 따르라"는 것은 제자도를 특별히 예수님에게 연결시키는 일반적 명령이다. 제자도는 기꺼이 고난받겠다는 것만을 의미하지 않는다. 물론 훌륭한 원인이 되기는 한다. 이것은 다른 누구도 아닌 오직 예수님의 뒤를 따르는 발걸음이다. 제자로 부르심은 랍비들이 자기 제자들을 부를 때 필수적으로 하는 것과는 달리 어떤 교훈 체계를 받아들이라는 것도, 그 가르침에 따라 살라는 것도, 그 가르침을 충성스럽게 설명하거나 전파하라는 것도 아니다. 또 스토아 철학에서처럼 정해진 행동 유형 속에서 표출되는 철학적 입장을 받아들이라는 것도, 다른 사람이 당한 고난을 경감시키기 위해 자신의 삶을 헌신하라는 것도 아니다. 신비주의자들처럼 하나님의 전수자가 되기 위해 특정한 의식을 행하는 것도 아니다. 십자가를 지는 것은 결코 무슨 의식이 아니다. 단지 예수님을 따라 함께 가자는 부르심이다.[13]

베스트는 8:34 하반절에 드러난 시제 전환에 주목한다. 처음 세 동사는 부정과거형이다. '엘텐'(*elthein*)=오려거든: 부정사, '아파르네사도'(*aparnēsasthō*)=부인하고, '아라토'(*aratō*)=십자가를 지고: 부정 과거 명령형. 그러나 네 번째 동사는 단순 현재형 시제다. '아콜루테이토'(*akoloutheitō*)=(나를) 따르라. "이는 최초의 행위가 '와서, 부인하고, 따르는' 일련의 행위로 지속됨을 의미한다."[14] 이와 동일한 유형이 마가복음에 수록된 다른 부르심에서도 등장한다. 최초의 부정 과거형 동사들 뒤에 대부분 현재 명령형 동사 아니면 그에 준하는 동사가 이어지는 행동을 제시하고 있다(1:16-18, 19 이하, 2:14, 10:21 참조). 헬라어의 부정 과거 시제는 제자가 되는 순간 완료되는 행위를 시사한다.[15] 하지만 이러한 '오고' '부인하

---

13 Best, "Discipleship in Mark," p. 329.

14 Best, *Following Jesus*, p. 32. 또한 Best, "Discipleship in Mark," p. 329를 보라.

15 Best, *Following Jesus*, pp. 32-33.

고' '십자가를 지는' 행위들이 한순간의 응답만을 의미하지는 않는다. 베스트는 "8:34 하반절에서의 부정 과거형은…예수님을 따르겠다는 결정에서 시작하고 바로 제자도를 통해 진행되는 과정을 의미한다"라고 지적한다.[16] 제자도는 행위이자 과정이다.

35절에서 예수님은 자기 부인과 십자가를 지는 행위를 확대 해석하면서 제자도에 대해 가르치신다. "누구든지 자기 목숨을 구원하고자 하면 잃을 것이요 누구든지 나와 복음을 위하여 자기 목숨을 잃으면 구원하리라." '프쉬케'(*psuche*: 생명·영혼)는 한 사람을 본연으로 되돌아가게 하는 인격을 말한다.[17] 자기 부인, 십자가를 지는 행위로 이 본연적인 인격의 구원에 도달할 수 있다. 반면 이 길을 거부하면 결국 본연의 인격을 상실하는 것이다. 이 구절에서 예수님은 제자도의 초점이 어디에 있는지 밝히신다. 즉 "나와 복음을 위하여…" 제자도가 수행되는 것이다. 여기에는 '예수님과 하나님의 계획에 착념'한다는 의미가 들어 있다.[18]

두 번째 이야기: 마가복음 9:14-29

이처럼 힘든 제자도로 부르시는 것과 관련해 많은 의문이 생긴다. 이를테면, "누가 과연 그 어려운 일을 감당할 수 있는가"다. 대중이 생각하는 선생—선지자—메시아로서 예수님을 따르는 건 별개 문제다. 이것은 일면 매력적으로 보이고 호소력도 있다. 분명 예수님은 하나님의 능력을 부여받았고, 하나님의 계획 속에서 특별한 역할을 수행하신다. 하지만 예수님을 따르는 것이 자기 부인이자 십자가를 지는 것이라 정의하는 순간, 이 매력은 순식간에 사라져버렸다. 누가 과연 이 어려운 길을 따르려고 하겠는가? 과연 사람이 자기 부인을 통해 자신의

16 Best, *Following Jesus*, p. 33.
17 Best, *Following Jesus*, p. 41.
18 Best, *Following Jesus*, p. 40.

결핍 상태를 극복하는 것이 실제로 가능한가? 본 단락에서 마가는 이런 삶이 가능한 이유를 말한다. 본질적으로 그는 예수님의 제자가 되기 위해서는 죽음 같은 과거의 삶에서 제자도를 걷는 새로운 삶으로 부활해야 한다고 설명한다. 이는 물론 예수님의 능력으로 가능하다.

두 번째 부분에서 제자도에 관한 핵심은 귀신들린 자와 간질병 앓던 소년의 치유 기사에서 볼 수 있다.[19] 여기서는 세 가지 문제를 고려해야 한다. 첫째, 이 사건을 둘러싼 불신앙적인 분위기, 둘째, 이 단락의 상징적 특성, 셋째, 기도에 관한 예수님의 언급 등이다.

첫째, 이것은 불신앙 이야기다. 이 이야기는 예수님과 함께 변화산에 있었던 세 명의 제자들로부터 시작한다. 그들은 변화산에서 겪은 일로 몹시 당황해 두려움에 떨면서도 적절하게 대응하려고 노력한다(9:5-6). 그러나 여전히 예수님이 죽은 자 가운데서 다시 살아나심이 무슨 의미인지 이해하지 못한 상태다(9:10, 사실상 여기서 밝히듯이 이 부분 핵심은 '부활'이다). 나머지 9명의 제자들 역시 나을 게 없다. 예수님이 산에 계시는 동안 제자들은 귀신을 쫓아내려 하지만 실패한다(9:18). 이로 인해 서기관들과 논쟁하게 된다(9:14). 이때 무리는 그냥 서서 지켜만 보는 구경꾼이다. 예수님은 이 집단 전체를 가리켜 '믿음이 없는 세대여'라고 책망하신다(9:19). 이러한 상황은 예수님이 자신의 아들을 고쳐달라고 간구하는 한 남자를 만나는 장면에 상세히 묘사된다. 그는 "무엇을 하실 수 있거든 우리를 불쌍히 여기사 도와 주옵소서"(9:22)라고 요청하는데, 이는 불신앙의 다른 예다. 이 간구를 들으신 예수님은 "할 수 있거든이 무슨 말이냐…믿는 자에게는 능히 하지 못할 일이 없느니라"고 응답하신다. 아이의 아버지는 자신

19 Best, "Discipleship in Mark," p. 325에서는, 이 사건이 제자도를 잘 설명하고 있다고 말한다. "이 사건이 초기 교회들에게 축귀 방법을 알려주고 있고, 축귀는 제자들의 임무 중 하나(3:15, 6:7)로 여겨졌기 때문이다." 하지만 위에서 논의된 바와 같이, 단순한 축귀 개념보다는 제자도에 관한 주제와 더 직접적인 관련이 있다.

의 믿음 없음을 도와달라고 부탁하며 믿겠다며 말한다(9:24).[20] 예수님은 당시 제자들(변화산의 3명과 나머지 9명), 종교지도자들, 무리, 심지어 소년의 아버지까지 둘러싸고 있는 불신앙의 분위기를 느꼈다. 3단원에서 처음 제기되었던 "어떻게 사람이 불신앙에서 신앙으로 옮겨갈 수 있는가"라는 물음이 다시 한번 제기되는 순간이다.

둘째, 이에 대한 대답은 본 이야기를 단순히 축귀나 치유 행위의 서술이 아닌 비유로 이해하면 알아낼 수 있다. 이 단락을 문자 해석은 물론이고 상징적으로 해석하는 데는 두 가지 요소가 있다. 한 요소는 마가복음에서 치유가 상징적 방식으로 사용된 선례가 있다는 점이다. 앞 단원에 나온 두 차례의 치유 사건은 상징적인 내용을 담고 있다(7:31-37; 8:22-25).[21] 또 다른 요소는 이 이야기가 야이로의 딸을 치유한 기사와 밀접한 평행 구조를 보인다는 점이다. 이는 이 이야기가 문자 해석만으로는 알 수 없는 고차원적인 의미를 가지고 있음을 시사한다(5:21-23, 35-43).

이 두 이야기는 완벽한 평행 구조를 이룬다. 첫째, 아버지가 예수님에게 도움을 구하러 온다(5:22-23; 9:17). 둘째, 아이들이 연관된다. 셋째, 무리는 아이가 죽었다고 여긴다(5:35, 39-40; 9:26). 넷째, 관련된 부모들이 치유 현장에 있다(5:40; 9:24). 다섯째, 예수님이 죽은 아이를 손으로 일으켜 세우신다(5:41; 9:27). 여섯째, 아이가 일어선다(5:42; 9:27). 일곱째, 부모의 믿음이 영향을 미친다(5:36; 9:24 참조). 이에 덧붙여 아이가 죽은 상태로 묘사된다는 점을 간과하지 말아야 한다(9:26). 이 사건은 부활의 의미를 논의한 후에 일어났다(9:9-10). 게다가 예수님이 누군가를 죽음으로부터 살리신 사건으로는 마가복음에 단 한 번 기록

20 그 아버지의 문제는 (한 가지 문제에 두 마음을 품는 식의) 의심이지 (확실히 부인하는) 불신은 아니다. 그 아버지가 믿지 않은 것은 아니다. 그는 아들을 고치기 위해 예수님께 데리고 왔다(9:17). 그러나 제자들이 아들을 고치지 못하는 것을 보고 믿음이 흔들렸다(9:18). 그래서 아들이 귀신에게서 자유로워지기를 간절히 원했지만, 그것이 진정 가능한지 의심했던 것이다.

21 뒷부분에서도 10:46-52에 수록된 바디매오의 치유가 상징적인 내용을 지닌 것으로 제시된다.

된 사건과 평행한 구조를 이룬다. 이런 점을 고려할 때, 마가가 이 부분에서 부활을 언급하려 했음이 분명하다.[22] 그래서 마가는 이 사건을 통해 사람들이 어떻게 죽음에서 부활하는지 상징으로 그리고 있다. 오그래디는 이렇게 설명한다. "예수님이 소년을 치료하셨을 때, 마가는 예수님처럼 다른 사람도 죽음에서 부활해 하나님과 함께할 수 있음을 상징적으로 보여준다. 유일한 조건은 믿음이다. 마가가 소경의 치유를 상징 도구로 썼듯이 여기서도 동일한 의도였을 것이다."[23]

그렇다면 이 단락의 비유적 의미는 무엇인가? 함축된 의미는 불신앙 상태(이야기의 배경)에서 새 생명(소년의 경험)을 얻으려면 예수님의 능력이 필요하다는 것이다. 따라서 이 이야기는 사람들이 제자도를 걷도록 안내한다. 유한하게 살다갈 존재들이 죽는 순간까지 믿음을 고수하고 자아를 부인하기란 매우 힘들다. 하지만 야이로의 딸과 소년의 경우처럼, 예수님의 치유 손길은 그분의 제자가 되려는 이들에게 새 생명을 준다. 실제로 제자들에게는 이 새 생명이 필요하다. 그들이 '믿음 없는 세대'에 속하는 것 역시 분명했고(9:19), 몇 구절 앞에서는(8:38) '음란하고 죄 많은 세대'라고 묘사한다. 그들 역시 악한 세력에 사로잡혀 있었다. 악한 세력이란 (예수님을 바로 볼 수 없게 만드는) 문화적 소경 상태와 (4단원에서 명백하게 드러나는) 자신을 염려하는 것 등이다. 이 두 가지 상황이 모두 진정한 제자도를 방해한다. 이러한 악한 세력에 사로잡힌 사람들은 자유롭게 예수님을 따르지 못한다. 오해, 불신앙, 죄 등 거짓된 신들로부터 떠나려면 기적적

---

22 이 부분에서 부활에 초점을 맞춘다는 점은 이 부분이 구조상 서로 유사한 나머지 세 부분들과 비교했을 때 뭔가 다르다는 점을 설명해줄 수 있다. 나머지 세 부분은 주로 예수님의 죽음과 관련된다(이 부분에서는 예수님의 고난과 죽음에 대해서 제자들이 이해하지 못하는 것으로 묘사된다). 반면 이 부분은 예수님의 부활에 초점을 맞추는 유일한 단락이다. 그리고 이것을 이해하지 못하는 제자들의 무능함도 함께 다룬다.

23 O'Grady, p. 86.

인 체험이 필요하다.[24] 이런 기적은 예수님이 베푸신다. 그분은 아이 안에 든 귀신을 쫓아내셨다. 소년의 '생명'을 찾아주셨다. 이와 마찬가지로 예수님의 치유의 손길은 음란하고, 죄 많고, 믿음 없는 세대로부터, 포로된 상태로부터 그 들을 풀어줄 수 있다. 악의 세력에서 풀려나면 죽음에서 다시 살아난 기분을 알 수 있다. 이때야 비로소 그들은 예수님이 원하시는 대로 자기를 부인하며 십자가를 지는 제자가 될 수 있다.

셋째, 예수님이 하신 말씀 중 하나를 더 되짚어보자. 이 단락 마지막 부분에서 '왜 제자들은 귀신을 내쫓지 못했는가'라는 질문에 예수님은 이렇게 답변하신다. "기도 외에 다른 것으로는 이런 종류가 나갈 수 없느니라"(9:29). 아마 마가는 축귀할 때에 기도하실 필요가 없는 예수님의 위대한 능력을 더 돋보이게 하려고 제자들의 무능력과 실패를 사용하는 것이 아닌가 생각한다.[25] 예수님의 권능에 순종해야 함을 다시 한번 떠올리게 하는 대목이다. 기도는 제자도의 기본요소다. "제자들은 제자도를 따르기 위해서는 기도가 절실함을 다시 한번 상기한다. 제자로 부름받은 사람일지라도 혼자 힘으로는 귀신을 내쫓을 수 없음을 여기서 깨닫는다. 오로지 기도의 능력만이 가장 강력한 귀신을 내쫓을 수 있다. 하나님께 복종하는 것이 가장 중요하고, 자기 스스로를 비우는 것이 제자도의 필수 요인인 것이다. 이는 기도의 전형을 보이신 분에게 마음 문을 열 때 배울 수 있는 교훈이다."[26]

---

24 "그 사회를 음란하고 죄 많은 세대라고 묘사하는 것은 구약의 영향을 받은 것이다(비교. 호 2:2(4) 이하, 사 1:4, 겔 16:32 이하; 또한 사 1:21, 렘 3:3도 참조하라). Vincent Taylor, *The Gospel according to St. Mark* (New York: St. Martin's Press, 1966), p. 383. 이 구절들은 참되신 하나님을 떠나 거짓된 신들을 섬기는 나라로 이스라엘을 묘사한다. 악령에 사로잡힌 것은 그런 상황과 잘 어울릴 것이다.

25 Robert H. Gundry, *Mark: A Commentary on His Apology for the Cross* (Grand Rapids: Wm. B. Eerdmans Publishing Co., 1993), p. 493.

26 Daniel Malone, "Riches and Discipleship: Mark 10:27-31," *Biblical Theology Bulletin* 9 (April 1979): 86.

예수님의 제자가 되기 위해서는 예수님이 능력 있으심을 인정하는 믿음이 있어야 한다. 오직 예수님만이 제자도를 실현시킬 새 생명을 주실 수 있기 때문이다.

세 번째 이야기: 마가복음 9:35-10:31

세 번째 교훈 부분(9:35-10:11)의 초점은 하나님나라다. 특히 두 가지 문제를 여기서 다루는데, 주된 문제는 "어떻게 들어갈 수 있느냐"다. 두 번째 문제는 하나님나라 안에서 가지는 관계적 특성이다. 두 문제 모두 이 단원에서 줄곧 말해온 제자도에 답을 준다.[27]

제자들의 오해 때문에 교훈 부분이 필요하다.[28] 다시 예수님은 자신의 배반당함과 죽음, 부활을 예언하신다(9:31). 제자들은 그 말씀이 무슨 뜻인지 이해하지 못한다(9:32). 제자들은 그 나라가 바로 지상에 건설되며 메시아가 오셔서 모든 세계를 다스리실 것이라고 생각했기 때문이다. 그래서 그들은 누가 그 나라에서 제일 위대한가 설전을 벌인다(9:33-34). 반면 예수님이 마음에 품고 계신 나라는 다른 이들을 위해 자신의 생명까지도 내놓을 수 있는 곳이다. 그러므로

---

27 이 세 번째 교훈 부분은 잘 짜여진 구조를 가지고 있다. 이 부분은 예수님께서 가르치시지만 제자들은 그것을 이해하지 못하는 내용으로 시작해서(9:30-32, 단락 A) 두 번째 사례를 들면서 끝을 맺는데(10:23-31, 단락 A'), 이번만을 제외하고 제자들은 자신이 이해하지 못하는 것을 예수님께 질문한다(9:32, 10:28 참조). 이 부분의 둘째 단락에서는 위대함의 의미가 무엇인지 논한다(9:33-34, 단락 B). 이와 같은 방식으로 이 부분 끝에서부터 둘째에 해당하는 단락은 위대한 사람을 다루고 있다(10:17-22; 단락 B'). 이 부분의 셋째 단락은 천국의 보기로 어린아이에 초점을 맞춘다(9:36-37, 단락 C). 그런가 하면 끝에서부터 세 번째 단락도 천국 이야기의 보기로 나오는 어린아이에게 초점을 맞춘다(10:13-16, 단락 C'). 9:38과 10:12 사이의 단락들은 천국에서의 관계에 초점을 맞춘다.

28 마태복음과 누가복음에서 이 자료가 나타나는 곳과 비교해볼 때, 마가는 다시 한번 (4:1-34 에서와 마찬가지로) 다양한 상황들에 대한 예수님의 가르침을 한곳에 모아놓았다. 그러나 Best, *Following Jesus*, p. 75에서는 이렇게 설명한다. "이 본문(9:33-50)의 대부분이 하나의 단원으로 마가에게 전해졌을 것이라는 사실을 뒷받침하는 타당한 근거들이 있다. 이것은 사고를 논리적으로 전개한 것이 아니라 표제어를 중심으로 모은 것이다. 전형적으로 그 용례는 문서로 기록된 것이라기보다는 구전에 의한 것이다." 어쨌든 마가가 이 자료를(전체로서든 부분으로서든) 함께 모아서 다루고 있으며, 제자들의 오해라는 견지에서 제자도에 관한 논의를 계속해나간다는 점이 중요하다.

예수님은 제자들의 문화적 배경에서 나온 '나라' 개념에 반하는 '하나님나라'가 지닌 진정한 특성을 가르치신다.

천국의 구성원에 대한 초점이 첫 단락에 나타난다(9:33-37). 열두 제자들은 천국이 권력을 쥔 자와 쥐지 못한 자로 나뉘어지는 계급 구조 사회라 상상한다(9:34). 예수님은 즉시 이 생각을 뒤집으신다. 천국에서 으뜸가는 자는 '섬기는 자들'이라고 제자들의 질문에 답하신다(9:35). 그런 다음 어린아이를 안고서 하나님나라에서는 심지어 어린아이들도 환영받는다고 선언하신다(그 당시 어린아이는 천시되었다). 사실, 어린아이 하나를 받아들이는 것이 예수님을 영접하는 것과 같고, 예수님을 영접하는 것은 그분을 보내신 하나님을 영접하는 것이다(9:37).

다음 단락(9:38-41)에서도 동일한 논지를 제시한다. 열두 제자에 속하지 않는 어떤 사람이 예수님의 이름으로 귀신을 쫓는다는 보고를 들은 예수님은 이를 환영하신다(9:38-40). 그 역시 예수님의 이름으로 선한 일을 행하기 때문이다(9:41). 달리 말해, 하나님나라의 범위는 제자들이 상상한 것보다 더 넓다. 그 나라는 거부하는 태도가 아니라 환영하는 태도로 조화를 이룬다.

하나님나라에서의 '관계성' 문제는 9:33-50에 나오는 자료를 통해 또 다른 식으로 제기된다. 제자들은 예수님의 공동체 안에서는 논쟁하기보다는(9:33) 화목하라고(9:50) 권고받는다. 서로 논쟁하는 제자들로 시작된 이 가르침의 이야기는 첫 소단락 말미에서 "서로 화목하라"는 9:50의 말씀으로 맺는다. 이어 마가는 두 번째 소단락에서 결혼 이야기로 옮겨간다. 이 단락은 화목이 없으면 결혼 생활이 고통스럽고 이혼으로 치달을 수 있다는 사실에서 처음 두 소단락과 연관된다.

예수님은 천국 안에서 맺는 관계성을 가르치기 위해 아이를 들어 본보기로 삼으신다(9:36-37, 10:15-16). 이번에는 천국에 들어가기 위해서는 "어린아이와 같아야 한다"라고 분명히 말씀하신다. 다시 말해 어린아이를 천국으로 영접하는 정도로는 충분하지 않다는 말씀이다(9:37). 예수님의 제자가 되기 위해서는 반드시 그 아이 같이 되어야 한다.[29] 레인은 "천국에 들어가는 것은 자신의 나약함을 인정하는 자들에게 주시는 선물이자 특권"이라고 설명한다.[30] 여기서 다시 9:19-29과 마찬가지로 하나님의 역사하심이 강조된다.

이 기사는 당시 '큰' 사람들 중 하나로 여겨졌던 부자로 이어진다.[31] 여기서 예수님은 한 번 더 어린아이를 '큰' 사람과 나란히 두신다(9:33-37). 열두 제자들은 위대해지길 원했다(9:34). 하지만 요점은 사람을 사회의 최고 위치에 올려놓은 '부'가 오히려 천국에 들어가는 데는 방해물이 된다는 것이다(10:21-22). '젊은 부자 관원' 이야기(10:17-31)는 세 부분으로 나뉜다. 그 젊은이와의 만남(10:17-22), 부와 제자도에 관한 설명, 예수님이 이 사건을 제자들에게 해석해주심(10:23-27), 모든 것을 버렸다는 베드로의 말을 들은 예수님의 응답(10:28-31)[32]이다. 이

29 Best, *Following Jesus*, p. 108에서는 10:13-16의 의미를 다음과 같이 요약한다. "천국은 아이들이 받아들이는 식으로 받아들이는 것이다.…아이들이 어른들을 신뢰하고 무엇을 주든지 다 받아들이듯이 제자들도 하나님을 신뢰하고 하나님께서 제공하시는 것을 받아들여야 한다. 하지만 천국은 어떤 사물이 아니라 하나님 활동적인 '통치'를 의미한다. 그러므로 제자들은 삶을 주관하시는 하나님께 자신의 삶을 맡겨야 한다. 이것은 제자가 되었다고 해서 한번에 당장 이루어지는 것이 아니라 점진적인 과정 속에서 이루어진다. 그러므로 이 단락에서는 제자도의 속성을 적절하게 다루고 있다."

30 William L, Lane, *The Gospel according to Mark* (Grand Rapids: Wm. B. Eerdmans Publishing Co., 1974), p. 363.

31 이와는 대조적으로 Jeremias와 Best는 10:1-31의 자료가 결혼, 자녀들 그리고 소유물들을 차례로 다루며 주제별로 연결되었다고 주장한다. Best, Following Jesus, p. 99을 보라. 이것이 사실인 반면에—그리고 사실 이 세 번째 교훈 전체가 하나님나라에서의 삶의 질서를 다루고 있다—마가가 다른 구분법을 염두에 두고 있음을 암시하는 두 가지 표시를 제시한다. 첫째, 마가는 9:33-37과 10:13-16을 평행 구조로 설정한다. 두 경우 모두에서 어린아이가 실례로 언급되고, 또한 어린아이에 대해 이야기하는 내용이 (비록 연관되지만) 새로운 가르침이 시작되고 있다. 앞에서도 마가는 이렇게 한 적이 있다. 3단원에서 그는 (비록 연관되지만) 새로운 주제가 시작됨을 표시하는 평행적인 이야기(두 번째로 무리를 먹이신 기사)를 사용했다. 둘째, 일련의 이야기들은 천국에서의 관계성에 관한 내용인데, 천국에서는 모든 이들이 환영받는다는 사실을 어린아이를 예로 들어 소개했다. 두 번째 이야기의 주제도 어린아이에 관한 예수님의 말씀으로 소개된다. 이제 그 초점은 천국에 들어가는 것에 맞춰져 있다.

32 Paul S. Minear, "The Needle's Eye," *Journal of Biblical literature* 6 (1942): 160, and Earnest Best, "The Camel and the Needle's Eye (Mark 10:25)," *Expository Times* 82 (1970-71): 83.

를 모두 종합해보면 거의 제자도를 설명하고 있음을 알 수 있다.[33] 이 부분은 하나님나라와 밀접한 용어와 구절들 그리고 이곳에 들어가는 방법으로 가득 차 있다. '영생'(17절, 30절), '나를 따르라'(21절), '하나님나라에 들어가기'(23절, 24절, 25절), '구원을 얻음'(26절). '나와 및 복음을 위하여'(29절), '금세'(30절), '내세'(30절) 등이 포함된다.

젊은이는 가장 먼저 영생을 얻는 방법을 물었다(10:17). 이것은 본문 요지를 드러내는 새로운 형태의 질문이다. 어떻게 해야 천국에 들어갈 수 있는가? 예수님의 첫 대답은 불명확하고 젊은이의 질문과 무관한 듯이 보인다. 그것은 하나님의 선하심과 선하신 하나님의 의지에서 나온 명령이다(10:1849). 하지만 예수님은 이런 식으로 응답하심으로써 죄와 의로움에 관한 근본적인 문제를 제시하신다. 심지어 계명을 다 지키는 자들도 선하지 않고 오직 하나님만이 진실로 선하다고 분명히 밝히신다.[34] 이는 이 세상 누구도 온전히 선한 이는 없으며, 하나님께로 돌이켜 영생을 얻으려면 누구나 다 하나님 앞에서 회개해야 함을 밝히시는 것이다. 10:21-22에서 예수님은 그 젊은이에게 꼭 필요한 것을 지적하신다. 그의 신(神)은 '재산'이었다. 그는 '재산'에서 돌이키지 못해 결국 예수님을 떠났다(10:22).[35] 그의 행위는 문자 그대로 회개의 특성을 보여준다. 회개란 삶의 방향을 새롭게 선택하는 것이다. 누구를 섬길 것인가 하는 선택이다. 그 젊은이는 예수님을 따르지 않기로 선택한다. 본문은 마가복음에서 이런 주제를 담은 최초의 보기며, 유다 역시 이 길을 따른다.

예수님이 젊은이에게 하신 말씀을 정확히 검토할 필요가 있다. 예수님은 다

---

33 Best, "The Camel," p. 83.

34 Minear, p. 160.

35 "너에게 한 가지 부족한 것은…." 이 구절이 악몽처럼 계속 우리 뇌리에서 떠나지 않는다. 우리 모두는 최소한 한 가지씩은 부족한 점이 있기 때문이다.…그리고 부(富)가 제자도에 이르는 데 방해물이 된다면 회개로 명백해진다." William J. Carl III, Mark 10:17-27 (28-31)," *Interpretation* 33 (1979): 285.

섯 가지 명령을 내리신다. '가서' '팔아서' '나눠주고' '와서' "나를 따르라"(10:21). 처음 세 명령인 '가서' '팔아서' '나눠주고'는 '와서' "나를 따르라"는 명령을 수행하는 데 우선 필요한 사항이다. 본문은 예수님이 이 행위들을 '자기 부인'과 '십자가를 지는 것'으로 묘사하는 8:34 하반절과 평행을 이룬다. 8:34 하반절의 좀 더 넓은 의미가 시사하듯이, 본문은 예수님을 따르기 위해 스스로 가난해지라는 요구를 의미하지 않는다. 또 의로운 일을 행함으로써 영생을 얻는다(천국에 들어간다)는 뜻이 아니다.[36]

10:15에서 보면 천국은 받는 것이지 선행으로 획득하는 것이 아니다. 마찬가지로 구원 얻는 방법을 묻는 제자들에게 예수님은 행위에 대해 전혀 말씀하시지 않는다. 오히려 천국에 들어갈 수 있게 해주는 하나님의 기적을 강조하신다.

그러나 천국에 들어가기 위해 우선 필요한 것은 회개다.[37] 삶의 중심인 어떤 것에서 자발적으로 돌이키는 것이다. 그것은 바리새인처럼 장로들의 전통(7:1-23), 불신(9:14-27) 또는 본문처럼 '재산'일 수도 있다. 예수님은 1:15에서 이를 명확하게 밝히신다("회개하고 복음을 믿으라"). 또 율법 선생들의 부정적인 사례(3:23-30)를 들어 회개를 다시 강조하신다(특히 28-29절 참조). 회개는 3단원에 나오는 제자들의 둔한 마음을 회복하는 근원이다(6:51-52, 8:14-21).

이 단락에서 하나님나라는 여러 방식으로 언급된다. 젊은이는 이를 '영생'으로 이해한다(이에 상응하는 용어인 '생명'이 9:43과 45절에 쓰였지만, 마가복음 가운데 여기서만 '영생'이라는 말이 등장한다). 젊은이의 질문(10:17)에 대한 예수님의 대답(10:23)에서 보듯, 영생은 하나님나라와 분명히 연결된다. 젊은이는 묻는다. "내

36 "예수님께서 요구하시는 것은 어떤 특별한 행위가 아니다. 그분의 사역과 인격에 대한 충성심을 저버린 태도에 관한 것이다." C. S. Mann, *Mark: A New Translation with Introduction and Commentary* (Garden City, N.Y.: Doubleday, 1986), p. 401.

37 "그에게 하신 예수님의 말씀(10:21)에는 많은 것들이 결부되어 있다 즉, 자기 기만을 드러내는 예리한 관찰, 회개로의 부르심, 예수님 스스로를 참된 길로 내어주시는 것, 영생에 대한 약속과 명령 등이다." C. E. B. Cranfield, *The Gospel according to Saint Mark* (Cambridge: University Press, 1959), p. 329.

가 무엇을 하여야 영생을 얻으리이까." 예수님은 제자들에게 말씀하신다. "낙타가 바늘귀로 나가는 것이 부자가 하나님의 나라에 들어가는 것보다 쉬우니라." 영생을 상속 받는 것(10:17) 또는 영생을 받는 것(10:30)은 결국 천국에 들어가는 것이다. '하나님 나라'는 단지 하나님의 통치만을 의미하지 않는다. 이 통치를 받는 영역 전체를 가리킨다. '생명'이라는 용어는 "이 영역에 속하는 부류의 생명을 말하며, 이는 인간이 현재와 미래 모두에서 경험할 수 있는 하나님의 통치를 의미한다."[38] 천국에 들어가는 것을 표현하는 또 한 가지의 말이 있다. 제자들은 천국에 들어가는 것을 '구원받는 것'과 동일시했다(10:26).[39] 그런데 예수님은 낙타가 바늘귀로 나가는 것이 부자가 하나님 나라에 들어가는 것보다 쉽다고 말씀하신다. 제자들은 이 말씀에 심히 놀라 서로에게 "그런즉 누가 구원을 얻을 수 있는가"(10:25-26)라고 묻는다. 테일러에 의하면, 10:26에서 그들이 묻는 건 "누가 결국 하나님나라에서 살게 될까"다[40](앞에서 예수님은 '어린아이와 같은 자들이 하나님의 나라를 받을 수 있다'[10:15]라고 말씀하셨다).

천국의 속성은 10:29-30에서 더 묘사되고 있다. 거기서 예수님은 부와 가족을 포기할 때 받는 보상에 대해 말씀하신다. 천국이 종말론적 미래 개념인 동시에 현재 여기서도 이루어지는 것임을 지적하신다. 더 중요한 요지는 포기하는 목적이 '나와 복음을 위해'라는 것이다. 이와 동일한 연결 고리가 본 구절을 반영하는 첫 번째 교훈 부분인 "누구든지 나와 복음을 위하여 자기 목숨을 잃으면 구원하리라"(8:35)는 구절에서도 발견된다. 예수님은 자신이 제자도의 중심이며 그 자신과 복음 간에 밀접한 연관이 있다고 분명히 밝히신다.

테일러가 지적하듯이, 초기 교회 당시에는 예수님을 '복음'이나 '천국'과 동일

---

38 Taylor, p. 412.

39 Mann, p. 402.

40 Taylor, p. 432.

시하는 경향이 있었다.[41] 그러므로 믿음의 대상이 판명된다. 1:15에서 예수님은 "하나님나라가 가까왔으니 회개하고 복음을 믿으라"고 말씀하셨다. 이제 복음의 본질은 명확해졌다. 그것은 바로 예수님이시다.[42]

10:27에 나오는 금언의 말씀은 제자가 되는 과정을 설명한다. 제자란 단지 계명을 지키고, 재산을 버리고, 가족을 떠나고, 직장이나 어떤 것을 버리는 사람만을 의미하지 않는다. 자신을 얽어매는 것이 무엇이든 다 버리고 예수님을 따르는 것은 바로 하나님의 은혜로 가능하다.[43]

마가는 4단원에서 세 번째로 이 은혜를 강조한다. 회개와 믿음 뒤에 놓인 그리고 이 모두를 가능케 한 것은 바로 하나님의 능력이다. '영생', '구원', '천국으로 들어감'은 단일한 실재, 즉 인간에게 주시는 하나님의 선물을 뜻한다.[44]

이처럼 부자 청년 이야기(1:15이 정의한 것처럼)에서 예수님 사역의 특성이 명확해진다. 회개란 한 사람이 삶에서 '신'(神)처럼 소중히 여기는 것에서 돌아서는 것이다. 그것은 '신'이나 '돈', '종교적 헌신' 또는 '문화적 배경'일 수 있다. 복음을 받아들인 것은 곧 예수님을 믿는 것이다. 이는 하나님의 능력과 은혜로 가능하다. 회개와 믿음의 열매는 '천국으로 들어가는 것'이다. 영생과 구원을 얻는 방법이 바로 여기에 있다.

이 설명은 제자도에 관한 부정적인 사례와 긍정적인 사례를 들고 있다. 젊은이는 부정적인 사례이고 제자들은 긍정적인 사례다.[45] 젊은이는 자신을 지배하는 '부'(富)로부터 돌아서지 않고, 제자들은 점차 돌아서기 시작했다. 그들은 가족과 직업을 버렸다(1:16-20, 10-28). 하지만 그들은 여전히 개인적인 야망에서

41 Taylor, p. 434.

42 Ralph Martin, *Mark: Evangelist and Theologian* (Grand Rapids: Zondervan, 1973), p. 110.

43 Best, "The Camel," p. 84.

44 Lane, p. 370.

45 Minear, p. 168.

돌아서야 했다(9:33-34, 10:35-37). 그들의 돌이킴은 십자가에서 정점을 이룬다(14:27-30, 66-72). 부자 청년의 이야기에 이어 마가가 말하는 제자도는 다음과 같다. 첫째, 예수님을 따르려면 의식적인 결단이 필요하다(10:28, 1:16-20). 둘째, 예수님께로 돌아서기 위해서는 하나님의 역사하심이 필요하다(10:27). 셋째, 비록 회개가 있어야 하지만, 어떠한 포기라도 할 경우 이 땅에서는 기독교 공동체 안에서 그에 상응하는 보상을 받고, 내세에서는 영생을 얻게 된다(10:29-30).

네 번째 이야기: 마가복음 10:42-45

제자들은 여전히 깨닫지 못한다. 그들 중 두 명 야고보와 요한이 예수님에게 은밀히 요구한다(10:35). 그들은 예수님이 그분의 나라로 들어갈 때 자신들을 최고 위치에 올려놓으시겠다는 약속을 받고 싶어했다(10:37). 그들의 야망은 누구보다 탁월해지는 것이었다. 나머지 열 제자들이 이 사실을 알고서 분개한다(10:41). 야고보와 요한은 자기들이 중요한 위치에 오를 만한 자격이 있다고 여겼던 것 같다. 여기서는 하나님나라가 어떤 곳인지 아무도 파악하지 못한 듯하다. 제자들은 여전히 이 지상에 열리는 메시아 왕국을 생각했다. 그래서 "누가 가장 큰가" 하는 문제가 마음속에 여전히 남아 있었다.

4단원의 마지막 교훈 부분(10:42-48)에서 예수님은 이미 논의한 주제로 다시 돌아가신다. 즉, "누가 그의 나라에서 가장 큰가" 하는 문제다. 앞 부분과 마찬가지로 예수님은 남을 섬기고자 하는 자들이 큰 자가 되리라고 말씀하신다. 하나님나라에서 으뜸이 되고자 하는 자는 9:35에서 이미 언급했듯이 섬기는 자가 되어야 한다(10:43). 사실 여기서 그분이 구사하는 어휘 강도는 점점 더 강해진다. "모든 사람의 종이 되어야 하리라"(10:44). 이것은 분명 자기 부인과 함께 십자가를 지는 것을 의미한다. 그분의 나라는 모두가 다른 사람들의 부족함을 채우기 위해 봉사하는 곳이다.

여기서 예수님은 자신이 바로 그들 삶의 양식에 바탕이 되는 본보기임을 다시 말씀하신다. 이방인 통치자들을 본으로 삼아서는 안 된다. 그들은 다른 사람 위에 군림한다. 그들은 '전제 군주들'이다. 그들의 '위대함'이 그분의 나라에서는 통하지 않는다(10:42-43).[46] 대신 제자들은 인자의 삶을 본받아야 한다. "인자의 온 것은 섬김을 받으려 함이 아니라 도리어 섬기려 하고 자기 목숨을 많은 사람의 대속물로 주려 함이니라"(10:45). 이렇게 인자가 주는 교훈과 제자도가 주는 교훈(기독론과 제자도)이 결합된다. "45절 하반절은 8:27에서 시작된 제자도의 결론을 내린다. 여기서는 예수님의 죽음을 전체 이야기의 중심으로 설정하기 때문이다. 이 논의는 그 죽음에 대한 첫 번째 예고에서 시작되었다(8:31). 더욱이 죽음을 설명하면서 마지막 예루살렘 여행 방법과 예수님의 수난에 대해 이야기한다."[47]

이 부분의 마지막 절에서, 예수님의 제자가 되는 것이 단순히 그를 모방하는 문제가 아니라는 사실이 분명해진다.

> 마가는 제자들이 예수님을 모방할 수 없다고 단언한다. 그는 제자들이 예수님을 따르고 예수님이 행하신 일을 하는 것처럼 보이는 모든 장면에서, 예수님과 제자들을 분명히 구분한다. 이것은 단지 예수님이 먼저 십자가를 지기까지 겸손한 섬김의 길을 걸어가신 후 사람들이 뒤를 따라가야 한다는 뜻이 아니다. 예수님은 훨씬 더 독특한 위치에 계시기 때문이다. 모두가 다른 사람들을 위해 사역하지만, 자기 목숨을 많은 사람들의 대속물로 주시는 분은 오직 예수님뿐이시다. 여기서 많은 사람들에는 예수님을 따르고 사역을 감당하는 제자들도 포함된다.[48]

46 Best, *Following Jesus*, p. 128.

47 Best, *Following Jesus*, p. 127.

48 Best, "Discipleship in Mark," pp. 328-29.

제자도: 요약

'길에'

예고-오해-가르침이라는 삼중 유형이 4단원 전체를 함께 묶는다. 하지만 다른 한 특징이 이 단원에 나타난다. '호도스'(*hodos*: 길), 특히 '엔 테 호도'(*en tē hodō*: 길에)라는 용어를 사용하면서 그러한 특징이 나타난다. 마가는 '호도스'를 8:27-10:52에서 약 7회 사용한다(8:27, 9:33, 34, 10:17, 32, 46, 52).[49] 마가는 이런 식으로 '엔 테 호도'라는 어구를 사용함으로써 제자가 된다는 것이 문자 그대로 '예수님을 따르는 것'임을 전한다. 그는 의도적으로 가이사랴 빌립보에서 예루살렘을 향하는 4단원의 실제 여행 상황 속에 제자들을 설정한다. 그래서 베스트는 마가복음을 '길의 복음'이라고 지칭한다.[50]

열두 제자들은 '그 길'에 있다. 이 지점에서 그들은 예수님이 의도하신 방법대로 제자가 되는 데 필요한 대부분의 정보를 가지고 있었다. 그들은 믿음, 회개, 자기 부인, 십자가를 지는 제자도 등을 모두 알고 있다. 예수님에 대한 이해도 성숙했고 그분이 메시아라는 사실도 알고 있다. 그러나 그들은 여전히 깨닫지

---

49 *hodos*라는 용어가 4단원뿐만 아니라 4단원의 앞뒤 전환 부분에서도 사용된다는 점에 주목하라. 이는 마가의 괄호 처리 사용을 다시 한번 보여주는 증거다 *en tē hodō*라는 구절은 8:27(4단원의 앞부분을 묶어주는 이 단락의 첫번째 구절)과 10:52(4단원의 뒷부분을 묶어주는 이 단락의 마지막 구절)에 나온다. W. M. Swartley, "The Stuctural Function of the Term 'Way' (Hodos) in Mark's Gospel," in *The New Way of Jesus: Essays Presented to Howard Charles*, ed. William Klassen (Newton, Kans.: Faith and Life Press, 1980), pp. 73-86에서는, 마가가 8:27-10:52에서 이 용어를 편집해서 사용하고 있다고 설득력 있게 주장한다.

50 마가는 "다른 복음서 기자들보다도 더 자주 동작 동사들을 사용한다. 이 부분(8:22-10:52)에서도 '길에'(*en tē hodō*)라는 말에 이같은 동적인 느낌이 잘 드러난다. 또한 이것은 누가 큰가 하는 물음이 일어날 때(9:33)인 예수님의 수난에 대한 두 번째 예고의 끝 부분에서도 발견된다. 예수님께서 세 번째로 예고하실 때도 그들은 예루살렘으로 가는 '길에'(10:52) 있었다. 끝으로, 바디매오가 시력을 되찾았을 때에도 그가 '길에서'(10:52) 그분을 좇았다고 했다. 마가복음의 서두로 돌아가서 마가가 유일하게 인용하는 구절에서도 이를 다시 발견할 수 있다. "보라 내가 내 사자를 네 앞에 보내노니 그가 네 길을 준비하리라 광야에 외치는 자의 소리가 있어 이르되 너희는 주의 길을 준비하라 그의 오실 길을 곧게 하라." Best, "Discipleship in Mark," pp. 326-27.

못한다. 이것은 '잃어버린 퍼즐 한 조각'과도 같다. 그들은 특별히 예수님의 죽음과 부활을 제대로 깨달아야 한다. "제자도란 어떤 면에서 구주이신 예수님이 죽으셔야 한다는 이상한 개념을 받아들이는 것이며, 그것을 받아들이는 데는 시간이 필요하다. 심지어 예루살렘으로 가는 여행의 마지막 단계에서도 제자들은 온전히 깨닫지 못한다. 예수님의 죽음을 온전히 이해하지 못하면 그 죽음이 자신들에게 무슨 의미가 있는지도 깨달을 수 없다."[51] 그래서 그 여행에는 더 많은 단계가 필요하다. 그러나 5단원을 시작하면서 그들은 여행의 막바지에 접어든다. 여리고에서 그들은 예루살렘 문 앞에 서 있다. 여기서 이 드라마의 마지막 결론부가 시작된다.

"그러므로 깨어 있으라": 5-6단원 분석(막 10:46-15:39)

5, 6단원에서 제자들은 어느 정도 이야기의 배경 속에 묻히고, 생애 마지막 시점의 사건들이 펼쳐질 때 예수님이 이야기 중심 인물로 부각된다. 5단원에서 예수님은 종교지도자들이 행동을 취할 수밖에 없고 그로 인해 자신의 정체성이 밝혀짐을 주장하신다. 즉, 그들은 예수님의 주장을 받아들이거나 아니면 그분을 없애야 한다. 6단원에서 예수님이 설정하신 사건들은 그분의 죽음을 더욱 촉진시킨다. 이 모든 과정에 제자들이 등장하기는 하지만 앞 단원과는 달리 사건의 중심 역할을 하지는 않는다. 그래도 어떤 점에서 중요한 보조 역할을 수행한다. 11:1-7에서 그들은 예수님이 타고 가실 어린 나귀를 찾는다. 앞으로 다가올 심판에 대한 가르침을 받는다(11:12-14, 20-25; 13:1-37). 그리고 예수님을 배반하는 일에 참여한다(14:1-52, 66-72).

---

51 Best, "Discipleship in Mark," pp. 328-29.

비록 마가가 자신의 주된 논제인 회개, 믿음, 제자도에 관한 이야기를 다 끝내느라 열두 제자들의 순례 여정은 배경 속에 묻혔지만, 그들의 회심을 담은 몇 가지 사건들이 여전히 나타난다. 이러한 사건들은 마가가 앞 단원들에서 발전시켰던 여러 논제들을 잘 마무리한다. 특히 다음 세 부분들이 계속 검토될 것이다. 첫째, 소경 바디매오의 치유(10:46-52), 둘째, 감람산에서의 담화(13장), 셋째, 유다의 배반(14:1-11, 27-62, 66-72)이다.

소경 바디매오: 마가복음 10:46-52

마가는 열두 제자들의 회심 기사를 쓰면서 소경 바디매오 이야기를 두 가지 도구로 사용한다. 첫째, 제자도가 무엇인지 요약하고 열두 제자들이 이해해야 할 사항을 설명해준다. 4단원에서 제자도가 묘사되었고, 이제 우리는 5단원 서두 단락에서 이 모든 요소들이 한 사람의 경험을 통해 종합적으로 다루어짐을 알게 된다. 둘째, 제자들이 예수님께로 온전히 돌이키는 데 필요한 것이 무엇인지, 어떻게 그분을 온전히 깨닫게 되는지 상징적으로 보여준다.

제자도와 관련해 이 단락의 핵심은 마지막 구절에 있다. "네 믿음이 너를 구원하였느니라'"(10:52). 여기서 마가는 믿음, 구원, 제자도 간의 관계를 표현한다.[52] 믿음에 관한 한, 바디매오의 응답은 제자들의 응답이나 4단원에서 간질병을 앓던 소년의 아버지가 한 응답과 현격한 대조를 이룬다(9:14-29). "이 본문에서 마가는 세 가지 관점에서 믿음을 바라본다. 첫째, 그 아버지의 주저하는 믿음, 둘째, 제자들의 나약한 믿음, 셋째, 바디매오의 열정적인 믿음이다."[53] 이렇게 마가는 열두 제자들에게 필요한 것을 미리 지적한다. 곧, 예수님의 신분을 완전히 이해함으로써 우러나온 예수님을 향한 '열정적인 믿음'이다.

---

52 E. S. Johnson, "Mark 10:46-52: Blind Bartimaeus," *Catholic Biblical Quarterly* 40 (1978): 199.

53 E. S. Johnson, p. 200.

베스트는 구원을 '세소켄'(*sesōken*)이라는 말 속에 든 두 가지 의미로 정리한다. 이는 '병고침'이나 '구원'으로 모두 번역이 가능하다.[54] "이 이야기는 소경이었다가 눈을 뜨면서 구원받는 불신자를 상징한다. 구원과 시력은 물론 밀접한 관련이 있다."[55] '구원'은 필연적으로 예기된 것이다. 하지만 아직은 예수님이 많은 이들을 위해 자신을 대속물로 내주지 않으신 상태다(10:45). 바디매오의 경험은 또 다시 열두 제자들에게 중요한 의미를 가진다. 즉, 눈이 열려 다가오는 예수님 생애의 마지막 주간이 끝날 무렵 그들 역시 깨달을 것이고, 예수님의 십자가 죽음을 통한 구원을 받는 데 필요한 회개와 믿음에 도달할 수 있을 것이다.

제자도와 관련해, 마가는 바디매오가 예수님을 따르면서 제자가 되는 과정이 시작되었음을 보여준다. 그러나 메예가 지적하듯이 "'아콜루데인'(*akolouthein*)이라는 용어가 제자도를 특징짓는 뜻으로만 번역되는 것은 아니다. 비록 이것이 진정 예수님의 사역과 권능의 말씀에 대한 응답이긴 해도, 좇는다고 해서 저절로 예수님의 뜻을 준행하고 마가복음에서 드러나는 제자도를 배울 수 있는 것은 아니다."[56] 오히려 '따른다'라는 용어는 그 뒤를 좇아 여행을 시작한 사람들에게 쓰인다. 바디매오는 아직 완전한 제자는 아니다. 그는 다른 모든 사람들과 마찬가지로 먼저 십자가의 길을 가야 한다. 열두 제자들도 마찬가지다. 누구든지 이 단계에서 예수님을 따르는 자들이라 불릴 수 있다면 그들은 제자들이다. 그러나 그들은 반드시 예수님을 따라 십자가를 지겠다는 의지, 심지어 그 이상의 의지도 보여야 한다. 그들 중에 한 명은 실패할 것이다.

이 단락에서는 다음과 같이 상징적 방법으로 제자도에 관한 많은 요소들이 제시된다. 기독론적 선언(예수님이 아직 돌아가시지 않았기 때문에 완성된 것은 아니

---

54 Ernest Best, *The Temptation and the Passion: The Markan Soteriology* (Cambridge : University Press, 1965), p. 109-10, and Best, Following Jesus, pp. 141-42.

55 Best, *Following Jesus*, p. 141.

56 Meye, pp. 121-22.

지만[10:47, 48]), 한 사람을 부르심(10:49), 치유-구원 요청(10:51), 믿음(10:52), 예수님의 치유(10:52), 바디매오의 치유와 구원의 경험(10:52), 제자도의 시작(10:52) 등이 그것이다. 그러므로 바디매오를 고치신 일은 제자도가 무엇인지 상징적으로 보여준다.

또한 바디매오 이야기는 예수님이 누구신지 열두 제자들이 차츰 이해해가는 것을 상징적으로 보여준다. 마가복음에서 두 명의 남자가 고침을 받는다. 두 사건 모두에서 마가는 이 치유들을 상징으로 사용한다.[57] 첫 번째 소경이 치유받기 위해서는 두 번의 접촉이 필요했다(8:22-26). 마가는 눈뜬 소경 상태나 마찬가지인 열두 제자들이 고침 받은 것을 지적하기 위해 벳새다 소경의 치유 기사를 사용한다. 이 치유 사건에 이어 열두 제자들은 처음으로 예수님이 메시아이심을 고백한다. 하지만 계속해서 어떤 메시아신지는 모른다고 고백한다. 열두 제자들도 벳새다의 소경처럼 두 번의 접촉이 필요했던 것이다. 이것이 10:46-52에 나오는 두 번째 접촉이다.

예수님이 어떤 메시아신지 열두 제자들이 이해하기 위해서는 두 번째 접촉이 필요했다. 그러므로 그들이 아직 깨닫지 못했다는 내용이 4단원에서 반복 강조된다. 하지만 이제, 예수님의 생애 마지막 주간에 일어날 사건들의 문턱에 들어서면서 눈이 뜨여 그들은 이 사건들의 의미를 이해할 수 있게 된다. "믿음의 고백(8:29)과 첫 번째 수난 예고(8:31)가 시력 회복에 이어 나오듯이(8:22-26), 이 수난을 향한 마지막 방향 설정 뒤에 바디매오 치유 기사가 나온다(10:46-52). 곧 이어 예수님이 나귀를 타고 예루살렘으로 들어가며 십자가를 향해 나아가는 전반적인 사건들이 시작된다."[58]

---

57 "눈 먼 상태는 이해 부족을 나타내는 일반적인 상징이고 그 상태로부터의 회복은 마음이 열림을 상징한다." Best, *Following Jesus*, p. 134.

58 Barnabas Lindars, "Salvation Proclaimed VII. Mark 10:45: A Ransom for Many," *Expository Times* 93 (1981-82): 295.

하지만 치유를 위한 첫 번째 접촉과 두 번째 접촉 간에는 차이점이 있다. 첫 번째 접촉의 효과는 마가복음 1부의 결론부에 나오는데, 가이사랴 빌립보 지방에서 제자들이 예수님을 메시아라고 고백함으로써 드러난다. 그러나 2부 결론부에서는 예수님이 하나님의 아들이라는 열두 제자들의 고백이 나오지 않는다(그러한 고백이 예수님의 메시아 되심을 함축적으로 내포함에도 불구하고). 예수님이 하나님의 아들이라는 고백은 백부장을 통해 나타난다. 열두 제자들에 관한 한, "그들은 마가복음 내에서 결코 완벽한 통찰력을 얻지 못한다."[59] 그래도 어쩌면 열두 제자들이 깨달았다는 사실이 백부장의 고백 속에 담겨 있을지도 모른다. 확실히 마가는 바디매오 기사를 통해 제자들이 예수님의 신분을 온전히 분별할 능력을 가지게 된 것을 암시하는 듯하다. 그리고 우리는 이것이 결론임을 안다. 이제 제자들은 정말 온전한 통찰력을 얻었으며 예수님의 사역에 충성스럽게 복종하게 되었다.

깨어 있음: 마가복음 13장

마가복음 13장은 5단원과 6단원 사이에 있다. 이 장은 5단원을 요약하고 6단원의 서두를 장식하는 전환 단락으로, 예수님이 생애의 마지막 주간 동안 제자들에게 기대하는 사항이 무엇인지 보여준다. 그들은 '깨어 있어야' 한다. 이 '깨어 있기'는 본문에서 세 가지로 제시된다. 첫째, '블레페테'(*blepete*: 보라 또는 주의하라)라는 명령이 네 번이나 반복된다(13:5, 9, 23, 33). 이것은 거짓 선지자들이나 일어나는 사건들에 속지 않도록 항상 경계를 게을리하지 말라는 요구다.[60] 13:33에서는 두 번째 명령인 '아그루프네이테'(*agrupneite*: 깨어 있으라)가 '블레페테'와 함께 짝을 이루며 나온다. 세 번째 명령 '그레고레이테'(*grēgoreite*: 보라)는

---

59 Best, *Following Jesus*, p. 136.

60 Lane, p. 456.

13:35, 37에 덧붙여진다. 예수님은 이 모든 일이 언제 일어날지 아무도 모르는 상황 속에서 이 명령을 하셨다. 본 장은 '그레고레이테'라는 명령형으로 끝난다.

"깨어 있으라"는 요청은 말세 상황 속에 설정되어 있기는 해도 실제로는 더 넓은 의미를 지니고 있다. 레인은 이렇게 설명한다. "이야기 전체를 통해 경계할 것을 내내 강조하는 것은, 37절에 나오는 "깨어 있으라"는 마지막 권고가 단지 말세에만 초점을 맞춘 것이 아니라 교회 안에서 지속적으로 나타나는 삶의 모습이어야 함을 암시한다."[61] 크랜필드는 덧붙여, "깨어 있으라는 명령을 단지 이 네 명에게만 하신 것이 아니라 나머지 제자들 모두에게, 로마 교회 내의 마가복음 독자들에게, 말세에 있는 모든 교회에게 하신 것이다"라고 말한다.[62]

"깨어 있으라"는 명령을 맨 처음 받은 사람들은 제자들이다. 예수님 생애의 마지막 주간 동안 결정적인 사건이 눈 앞에 펼쳐지려는 바로 그 순간에 받은 것이다. 그들은 이 일이 어떤 의미를 지니는지 이해하기 위해 집중했다. 그리고 눈이 열렸다. 이 은혜의 선물로 그들은 이해하게 될 것이다. 그들은 단지 주의를 집중하기만 하면 된다.

이 주의 집중 요구를 마지막 주간에 일어난 사건들과 연결시키려는 마가의 의도는 14:32-42의 겟세마네 동산 이야기에서 분명히 드러난다. 여기서 예수님은 자신이 기도하는 동안 그와 함께 "깨어 있으라"(그레고레이테)고 제자들에게 명령하신다(14:34, 37, 38). 또한 겟세마네 동산에 있던 세 명의 제자들은 예수님이 처음으로 '깨어 있음'을 강조했던 감람산에 함께 있었다(13:3, 14:33).[63] "깨어 있으라"는 요구는 절실했다. 제자들이 반드시 연구되어야 할 사건이 일어나는 그때에 자고 있었기 때문이다. 그들의 눈은 마가가 지적하듯이 '심히 피곤'(14:40)

---

61 Lane, p. 484.

62 Cranfield, p. 412.

63 Charles B. Cousar, "Eschatology and Mark's Theologia Crucis: A Critical Analysis of Mark 13," *Interpretation* 24 (1970): 333을 보라.

했다. "심히 피곤하다"라는 말은 보기가 힘들었음을 의미한다.[64] 제자들은 이 시점에서 선물로 받은 온전한 시력을 아직 잘 활용하지 못한 듯하다.[65] 잠재적으로 그들은 볼 수 있고 이해할 수 있었다. 그러나 십자가 사건 전까지는 실제로 그렇게 하지 못한다. 13:33-37과 14:32-42은 어휘와 주제 면에서 서로 밀접한 관계가 있다.

> '잠자는 것'과 '깨어 있는 것'이 재림이 아닌 예수님의 수난이 드러난 문맥에…설정되어 있다. 여기서 '때'란 재림의 시간이 아니라 십자가의 '때'다. 그러면 13:33-37에 있는 '깨어 있으라'는 표현을 겟세마네 동산의 사건과 결부시켜 해석해서는 안 되는가? 깨어 있지 못한 제자들의 모습은 겟세마네 동산을 내려온 후 베드로가 예수님을 부인하는 모습으로, 예수님이 체포될 당시 모든 제자들이 도망치는 모습으로 나타난다. 결국 우리는 라이트푸트가 처음에 분명히 지적하듯이. 마가복음 13장 전체에 나타나는 예수님의 수난이라는 문맥에 주목해야 한다.[66]

배신: 마가복음 14:1-11, 27-52, 66-72

제자들은 겟세마네에서 깨어 있지 않았으므로 예수님이 체포 당할 당시 미리 대비하지 못한 상태였다. 그 상태에서 그들은 도주한다(14:50). 그런 뒤 베드로는 예수님을 부인한다. 예수님은 홀로 십자가 곁에 남겨진다. 예수님을 버린 것은 제자들뿐만이 아니다. 모두가 그분을 저버렸다. 예수님은 당시 종교지도

---

64 Best, *Following Jesus*, p. 151. W. H. Kelber, "The Hour of the Son of Man and the Temptation of the Disciples (Mk 14:32-42)," in *The Passion in Mark: Studies in Mark 14-16*, ed. Werner H. Kelber (Philadelphia: Fortress, 1976), p. 49.

65 Best는 그들이 아직 완전한 통찰력을 얻지 못했다고 본다. 그들은 아직 '두 번째' 접촉을 하지 않았다. 그러나 언제 그런 경험을 하는지에 대해서는 언급이 없다. Best, *Following Jesus*, p. 151을 보라.

66 Best, *Following Jesus*, p. 153.

자들과 이스라엘의 세속 지도자에게 버림 받으시고(14:43-15:20), 불과 일주일 전까지만 해도 그분을 찬양하던 무리에게 버림 받으셨으며(11:8-10, 15:6-15),[67] 심지어 하나님께도 버림 받으신다(15:34). 많은 학자들이 추측하듯이 무리에게 잡혀서 벗은 몸으로 도망친 청년이 마가였다면, 마가 자신도 예수님을 버린 셈이다(14:51-52). 이 모든 배신 중에서도 마가는 특히 베드로의 배신에 더욱 초점을 맞춘다.

열두 제자들의 변절은 6단원 첫 단락에서 예수님에게 한 여인이 기름을 붓던 때부터 시작한다. 여기서 제자들의 반응을 보면 그들이 예수님을 제대로 이해하지 못하고 있음을 알 수 있다. 그들은 예수님이 이 일을 허락하신 것에 불편한 심기를 드러낸다. 그러고는 여자에게 화풀이를 한다. "어떤 사람들이 화를 내어 서로 말하되 어찌하여 이 향유를 허비하는가 이 향유를 삼백 데나리온 이상에 팔아 가난한 자들에게 줄 수 있었겠도다 하며 그 여자를 책망하는지라"(14:4-5). 열두 제자들의 이같은 인내 부족은 바로 다음에 나오는 유다의 배반과 관련된 문맥 속에서 제시된다(14:1-2, 10-11). 정도는 조금 덜 하지만 그래도 나머지 열한 명의 결정적인 반응은 유다가 한 일과 별 차이를 보이지 않는다. 유다는 최초로 예수님을 배반한 제자이고, 나머지 제자들도 머지않아 그렇게 한다.[68]

마가는 제자들의 배신 행위를 이 무명의 여인이 보여준 온전한 헌신과 대조하려고

---

67 역사적으로 볼 때 예수님을 환영했던 무리와 예수님을 거부했던 무리 사이에 유사성이 거의 없거나 아예 없는 것이 사실임에도(유월절 동안 예루살렘에 있었던 무리의 엄청난 수효와 예수님의 지지자들의 참석을 차단시켰던 비밀스러운 재판을 감안해볼 때), 마가는 이들을 구분하지 않는다. 그들 무리는 태양빛이 뜨거워지면 말라버리면 돌밭에 뿌려진 씨들과 같다(4:5, 16-17). 마가는 바로 이 점을 보여준다.

68 마태와는 달리(마 26:8), 마가가 화난 사람들이 제자들이었다는 사실을 왜 언급하지 않았는지 의문이 남는다. 마가는 단지 "어떤 사람들이 화를 내어 서로 말하되"(14:4)라고 말한다. 아마 초기 교회 당시에 너무나 잘 알려진 사건이어서 누가 이 기름 부음을 책망했는지 다 알고 있었기 때문일 것이다. 어쩌면 이 사건은 열두 제자들을 포함해 예수님과 가까이 지내던 사람들이 예수님께 보인 일반적인 반응을 묘사하기 위해 언급되었을 수도 있다.

> 했던 것 같다(3-9절). 그렇게 함으로써, 예수님과 제자들 사이에 틈이 얼마나 많이 벌어졌는지 놀랍게 보여준다. 앞에서도 제자들이 예수님의 가르침에 무감각한 모습을 보인 사례가 있다.…그러나 우리는 여기서 유다의 배신 계획과 더불어 14:50, 66-72절에 나오는 제자들의 철저한 붕괴가 시작되었음을 엿볼 수 있다.[69]

나머지 열한 제자들의 배반이 6단원 세 번째 사건 최후의 만찬에서 분명히 밝혀진다(14:12-31). 예수님은 공개적으로 그들이 자신을 부인할 것이라고 밝히신다(14:27-31). "너희가 다 나를 버리리라"(14:27). 물론 이때 제자들은 그 사실을 인정하지 않았다. "내가 주와 함께 죽을지언정 주를 부인하지 않겠나이다 하고 모든 제자도 이와 같이 말하니라"(14:31). 하지만 예측된 배신의 첫 단계가 즉시 드러난다. 바로 그다음에 나오는 겟세마네 사건에서 예수님은 베드로와 야고보와 요한에게 자기와 함께 "깨어 있으라"(14:34)고 하셨다. 그분은 이 말씀을 두 번이나 반복하셨다(14:34, 38). 반면 제자들은 세 번이나 실패했다(14:37, 40, 41). 이 세 번의 실패는 예수님이 베드로에게 미리 하신 말씀과 상관 관계를 이룬다. "오늘 이 밤 닭이 두 번 울기 전에 네가 세 번 나를 부인하리라"(14:30). 베드로의 배신은 일반적으로 전개될 배반 상황들 중 하나다. 열두 제자들의 실패는 유다의 배신(14:43-46)과 베드로의 부인(14:66-72)으로 첨예화된다. 이 두 사건으로 제자도와 관련해 진정한 열두 제자들의 모습을 볼 수 있다. 유다의 경우 매우 노골적으로 상황이 전개된다. 그는 예수님의 대적들에게 갔을 뿐만 아니라 입맞춤으로 누가 예수님인지 확인시켜주겠다고 기꺼이 제의했다. 사랑의 표현인 입맞춤이 배신의 도구로 사용된 것이다. 베드로 역시 나을 게 없었다. 그는 대제사장이나 다른 지도자들이 아닌 그들의 하인 한 명(14:66-67, 69)과 무리 중 몇몇

69 Larry W. Hurtado, *Mark: A Good News Commentary* (San Francisco: Harper & Row, 1983), p. 217.

의 정죄에 무너지고 만다(14:70). 그는 겁쟁이처럼 거짓말을 했다. 처음엔 약하게 예수님을 부인했지만 점점 강도가 더해간다. 결국 그는 "나는 네가 말하는 것이 무엇인지 알지도 못하고 깨닫지도 못하겠노라 하며…베드로가 저주하며 맹세하되 나는 너희가 말하는 이 사람을 알지 못하노라"(14:68, 71)고 부인했다. 유다가 예수님에게 내적으로 헌신하지 않았음이 드러났고 베드로도 마찬가지다.

베드로가 "나는 그를 모른다"고 말한 것은 사실이다. "나는 그와 있지 않았다"는 말 역시 사실이다. 그는 4단원에서 예수님이 밝히신 대로 아직 제자가 되어가는 과정에 있었고, 그의 진술은 14, 15장에서 드러나는 역설의 좋은 보기다. 서기관이나 빌라도 역시 같은 방법으로 예수님을 믿지 않는 상태에서 진실을 얘기한다(14:61, 15:2). 베드로도 그렇게 하고 있는 것이다. 그는 예수님을 알기는 했지만 정작 반드시 알아야 할 부분은 몰랐다. 예수님은 제자가 되고자 하는 이들에게 자기를 부인하고 자기 십자가를 지고 따르라고 가르치셨다. 베드로는 자기를 부인하는 대신 예수님을 부인하고, 고통스러운 십자가를 지는 상황에서 등을 돌렸고 예수님을 따르지 않았다. 즉, 베드로와 나머지 열한 제자들은 예수님이 정의하신 바 온전한 제자가 아니었다.

유다의 이야기는 그가 예수님을 부인하는 것으로 끝난다. 그러나 베드로의 이야기는 다르게 끝난다. 예수님을 부인하는 행위로 베드로는 진정한 자신의 모습을 돌이켜 보게 된다. 그는 "닭이 두 번 울기 전에 세 번 네가 나를 부인하리라"(14:72) 하신 예수님의 말씀을 기억하고 심하게 통곡한다. 통찰력이 생기면서 눈물이 흐른 것이다. 갑자기 자기 마음속에서 배신자의 모습을 보면서 뿜어내는 눈물이다. 베드로는 내면 깊이 숨겨진 자신의 부정직함과 제자인 척했던 이중성을 그제서야 깨달았다.[70] 모든 이들이 예수님을 저버린다 해도 절대 자신은

70 회심하기 전에 나타나는 이런 종류의 근심은 회심에 관한 문헌 속에 자주 나온다. 예를 들면, William James, *The Varieties of Religious Experience: A Study in Human Nature* (New York: Longmans, Green and Co., 1902; reprint, New York: Random House, The

그러지 않겠다고 맹세한 그가 예수님을 저버렸고(14:29), 심지어 죽을 지경에 이르러서도 예수님을 부인하지 않겠다고 맹세한 그가 단지 하녀의 의심이나 무리의 도전 앞에 쉽게 굴복하고 말았다. 그들 중 실제로 베드로에게 권한을 행사할 수 있는 이는 없었다. 베드로는 예수님에게 맹세할 때 강한 용어를 사용했다. 예수님을 저버리지 않겠다고 '힘있게' 맹세했다(14:31). 그러나 그는 분명히 예수님을 저버렸다. 게다가 맹세할 때만큼이나 강한 어조로 예수님을 부인했다. 예수님 때문에 사람들에게 도전받았을 때 그는 실상 거짓말을 했고 하나님의 이름을 저주하기까지 했다. 그는 너무도 깊은 나락으로 빠져들었다.

하지만 예수님의 말씀을 기억하면서 자신의 모습을 돌이켜보며 마침내 참모습을 깨달았다. 그는 전적으로 예수님에게 헌신하지 못한 자신의 모습을 보았고, 예수님이 말씀하신 제자들의 '둔한 마음'이 무엇을 의미하는지 알게 되었다(6:52, 8:17-21). 이것을 깨닫고 난 뒤 베드로는 다른 길을 선택한다. 그는 회개했으며, 자신이 걸어왔던 거짓된 길을 버리고 십자가를 지는 참 제자의 길을 선택한다.

다메섹 도상에서 바울의 경험과 이 부분에 있는 베드로의 경험을 나란히 놓을 수 있다. 바울은 예수님이 던지신 한마디 질문으로 예수님의 신분에 눈을 뜰 수 있었다(행 9:4). 베드로도 예수님의 한마디 말씀을 기억해내면서 눈을 떴다. 당시 바울의 응답이 회개였듯이 베드로의 응답 역시 함축적이기는 하지만 회개였다. 그의 눈물은 곧 회개의 눈물이었다.

여기서 다시 한번 베드로는 열두 제자의 대표자가 된다. 베드로가 예수님을 절대 저버리지 않겠다고 맹세할 때 다른 제자들도 따라했다(14:31). 그런 뒤 마가는 베드로가 부인하는 모습을 보여주고 같은 방식으로 나머지 제자들이 부

Modem Library, n. d.), chap, 8, and Paul E. Johnson, *Psychology of Religion* (New York: Abingdon, 1954), pp. 103-8을 보라.

인하는 모습도 보여주었다. 그러나 베드로가 자신의 모습을 돌이켜 깨닫고 회개의 눈물을 흘리듯이 나머지 제자들 역시 그렇게 한다(스스로 목숨을 끊은 유다만 제외하고). 나머지 제자들 역시 예수님에게서 도망친 후 갑자기 자신들의 모습을 돌아보면서 충격을 받았고, 그 충격으로 자신의 본 모습을 돌아본다. 그러고는 결국 그들 자신이 누구인지 온전히 깨달으면서 회개한다.

베드로의 부인에 관한 이야기는 마가복음에 마지막으로 나오는 제자들에 관한 직접적인 언급이다. 그런데 결론부에서 제자들 이야기가 흰 옷 입은 천사의 입을 통해 딱 한번 더 언급된다. 천사는 무덤을 찾아온 여인들에게 가서 제자들과 베드로에게 예수님의 부활을 알리라고 지시하고, 예수님이 그들보다 먼저 갈릴리에 가 계실 거라고 전한다. 이는 거기서 제자들이 전도 여행을 함께 시작할 것임을 암시한다. 그때에 그 열둘(유다가 맛디아로 대치됨[행 1:23-26])은 진정한 제자가 될 것이다. 그들은 과거의 낡고 자기 중심적인 삶에서 완전히 벗어나, 하나님의 아들 그리스도로 알게 된 예수님을 진정으로 믿을 것이다. 비로소 진정한 제자의 길을 걷는 것이다.

갈릴리로 귀향: 마가복음 14:28, 16:7

마가는 제자들에게 어떤 변화가 일어났는지 기술하지 않는다. 그의 이야기에서는, 제자들이 예수님의 신분을 온전히 이해하거나 예수님이 원래 바라셨던 모습으로 변해가는 것을 볼 수 없다. 마가는 제자들이 예수님이 죽으신 의미를 이해하는 과정도 보여주지 않는다. 부활하신 예수님과 제자들의 만남이나, 그들 이후 초기 교회의 성직자들에 관한 이야기도 상세히 언급하지 않는다. 오히려 다른 사람들이 그런 이야기를 다룬다. 그러나 마가는 이 모든 일이 일어날 것임을 강하게 암시한다. 그리고 마가가 원래 자기 글의 독자로 삼은 사람들은 제자들이 어떤 모습으로 바뀌는지 잘 알고 있다. 예수님이 제자들에게 무엇을 가르쳐주시고자 했는지 독자들은 알고 있다. 제자들이 진실로 하나님의 아들, 메시아이신 예수님을 향해 마음을 열었음을 알고 있다. 또한 초기 교회에서 열두 제자들이 차지하는 위치를 알고 있다. 그러나 마가복음은 부활 이후의 제자들에 관한 이야기가 아니다.

마가는 제자들이 예수님과 그들 자신에 대해 알게 되고, 예수님이 그들을 부르시는 방식을 차츰 이해가는 과정에 초점을 둔다. 열두 제자들은 평범한 생각과 평범한 결점을 지닌 보통 사람들이었다. 따라서 그들의 변화는 장차 예수님을 따를 다른 사람들이 걸어갈 길을 제시한다. 그들의 결점과 잘못된 이해는 대부분의 사람들이 경험하는 결점이나 오해를 반영한다. 그런 의미에서 마가복음에 결론이 없는 것은 잘된 일이다. 여전히 해결되지 않는 의문을 남기기 때문이다. 과연 그들은 예수님의 신분을 제대로 파악하게 되는가? 아니면 그렇지 못하는가? 그들이 진실로 예수님께로 돌이켜 십자가를 지는 제자도의 길에 들어서게 되는가? 아니면 그렇지 못하는가? 그리고 독자는 다음 질문에 직면한다. "과연 나는 예수님에게 나아갈 것인가?" "예수님이 메시아요 하나님의 아들이시라는 사실을 믿을 것인가?" "자기 본위의 삶에서 벗어나 예수님의 이타적인 제자가 될 것인가?" "갈릴리로 돌아가 제자들의 대열에 끼어 예수님이 요구하신 사명에 참여할 것인가?"

제자들이 어떤 모습이 될지에 대한 최종적이고도 가장 강력한 암시는 마지막 부분, 특히 16:7에서 발견된다. 흰 옷 입은 천사가 여자들에게 지시한다. "가서 그의 제자들과 베드로에게 이르기를 예수께서 너희보다 먼저 갈릴리로 가시나니 전에 너희에게 말씀하신 대로 너희가 거기서 뵈오리라 하라." 이 지시에서 네 가지 주목할 사항이 있다.

첫째, 베드로의 이름이 따로 거명된다. 이렇게 한 이유는 베드로가 자신의 배신 행위로 인해 비탄에 빠진 이후로 다른 사람들과 떨어져 있기 때문일 것이다. 그러나 상황이 어떠했든 실제로 예수님을 배신한 자가 바로 베드로였듯이(다른 사람들은 그냥 도망쳤다), 갈릴리로 가도록 거명된 사람도 바로 그다. 이 구절은 곧 용서를 암시한다. 이제 예수님은 예고하신 대로(10:45) 자기 생명을 많은 사람들을 위한 대속물로 바치셨다. 분명 베드로는 예수님의 구속 행위가 가져다준 열매를 경험할 사람 중 한 명이다.

둘째, 제자들은 갈릴리에서 무엇을 찾게 되는가? 짐작컨대, 그들은 예수님과 함께 순례 여정을 다시 시작하되, 이번에는 더 넓어진 시야와 온전한 깨달음 속에서 할 것이다. 예수님의 진실한 제자들이 되는 것이다. 이것은 '먼저…가시나니'라는 뜻으로 사용된 단어로 알 수 있다. 그것은 '프로아게이'(*proagei*)로서 6:45, 10:32, 11:9, 4:28에서 동일하게 사용된다. 16:7에서 이 단어의 의미는 아마 10:32과 같을 것이다. "예루살렘으로 올라가는 길에 예수께서 제자들 앞에 서서 가시는데." 예수님은 이전에 그들을 예루살렘으로 이끌던 방식으로 이번에는 갈릴리로 돌아가는 길을 인도하신다.

> 갈릴리는 단순한 장소가 아니다. 마가가 그리는 지리상의 여정과 예수님이 제자도의 의미를 제자들에게 드러낸 시점이 곧 예루살렘 여행 때임을 이해한다면, 갈릴리는 단순히 지리적인 장소만을 의미하지 않는다는 것을 알 수 있다. 그들은 북쪽으로부터 갈릴리와 유대를 통해 예루살렘으로 내려온다. 거기서 여행의 첫 부분은 끝난다. 그러나 여행은 재개되고, 예수님이 가르침을 베풀고 병자를 치유하며 복음을 전도하시던 갈릴리로 돌아오신다. 복음서에는 갈릴리와 예루살렘 간에 명확한 구분이 있다. 갈릴리는 전도의 장소이며 예루살렘은 죽음의 장소다. 일단 죽음을 통과하면 그들은 앞장 서신 예수님과 함께 사명을 부여받고 되돌아가게 된다.[71]

예수님이 처음 갈릴리 전도를 시작하면서 하신 말씀을 떠올려보면, 이 전도

71 Best, "Discipleship in Mark," p. 336.

사역의 특징이 명백히 드러난다. "내가 너희로 사람을 낚는 어부가 되게 하리라"(1:17). 이 부분에 이르러서도 제자들이 사람을 낚는 어부가 되었다는 증거는 거의 없다. 단지 암시되는 것이 있다면, 이제 그들이 예수님이 그들에게 약속하신 바로 그러한 사람들이 될 것이라는 점이다.[72] 예수님이 십자가에 못박히시기 전에는 불가능한 일이었다.

셋째, 16:7과 14:28에 나오는 말씀들 간에 밀접한 유사성이 있음이 중요하다. "그러나 내가 살아난 후에 너희보다 먼저 갈릴리로 가리라"(14:28)는 예수님의 예언은 제자들의 배신을 예고한다. "제자들보다 앞서 갈릴리로 가실 것이라는 예수님의 예언은 제자들 전체의 변절에 대한 하나의 대응 방식으로 선언된다. 그리하여 갈릴리는 예수님에게는 복원의 장소이고, 흩어졌던 제자들에게는 개심의 장소가 된다."[73]

넷째, 제자들은 갈릴리에서 부활하신 주님을 만날 것이다. 이것은 믿음을 향한 그들의 여정을 완성하는 마지막 사건이다. "갈릴리에서 마지막 모임을 가진 후에야 비로소 제자들은 진정한 깨달음에 이른다. 그리고 이때부터 그들은 가르침을 받는 사람으로부터 하나님의 아들 예수 그리스도의 복음을 전파하는 자로 바뀐다"(막 1:1).[74] 제자들은 한 바퀴를 돌아왔고 그들의 변화는 드디어 완료된다.

열두 제자들의 회심: 요약

열두 제자들은 회심 과정을 거쳤는가? 마가가 복음서에서 쓰고자 했던 내용은 회심인가? 이는 본 연구의 서두에서 제기한 물음이다. 이 물음에 답하기 위해

---

72 Meye, pp. 83-84. Best, "Discipleship in Mark," p. 336.

73 Meye, p. 84.

74 Meye, p. 85.

제1부에서는 신약성경에 제시된 기독교인의 회심 유형을 결정짓기 위해 다메섹 도상에서 일어난 바울의 경험을 검토했다. 대부분의 사람들이 바울의 경험을 가장 전형적인 기독교인의 회심 형태로 알기 때문이다.

사도행전 26:18에서 다음과 같은 세 범주들이 기독교인이 회심할 때 두드러진 표시로 파생되었다. 깨달음, 돌이킴, 변화다. 깨달음 또는 통찰력이 회심의 첫 단계다. 결핍감 또는 예수님에 대한 깨달음이 없이는 돌아설 동기가 없다. 모든 상황이 좋다면 왜 변화를 원하겠는가? 회개하는 데 필요한 근거를 제공해주는 동기는 통찰력이다. 실체를 파악하고 나면, 인지적 차원에서 돌아서서 다른 방향으로 가려는 결단을 내린다. 하지만 돌아서겠다는 결심과 실제로 돌아서는 것은 별개 문제다. 회개가 믿음과 어우러질 때 돌이킴이 일어난다. 이것이 적절한 회심이다. 하나님의 길을 걷고 있지 않음을 이해하고 나면, 과거 낡은 길에서 돌이켜 믿음으로 그분의 새로운 길을 가기 위해 예수님에게 나아가게 된다. 그 결과는 예수님 안에 있는 새 생명이다. 일어나는 변화의 본질과 특징은 제자도의 길에 의해 형성된다.

마가복음에서 우리는 위와 동일한 관심들을 발견한다. 초점은 예수님께, 그리고 믿음과 회개를 통해 그분께로 돌이킴에 맞춰져 있다. 우리는 열두 제자들이 이 돌이킴의 여정을 밟으며, 그 과정 속에서 예수님에 대한 오해와 둔한 마음에서 벗어나는 것을 본다. 점차 그들은 예수님의 신분을 알게 되며 그분의 제자가 되기 위해 어떻게 반응해야 하는지 깨닫는다. 이 복음서의 프롤로그에는 핵심 주제가 나온다. 이 복음서는 하나님의 아들이신 예수 그리스도에 대한 이야기다(1:1). 복음에 대한 바람직한 반응은 회개와 믿음이다(1:15). 이들은 마가복음의 본론에서 다루는 주제들이다.

1단원에서 마가는 '예수님에게 어떻게 반응할 것인가'에 대한 물음을 검토한다. 그는 세 가지의 부적절한 반응들을 제시하고 이를 적절한 반응 한 가지와 대조시킨다. 2단원에서 그는 예수님에게 반응할 때 가장 필수적인 요소를 '믿음'으로 여긴다. 3단원에서는 완고한 제자들의 마음 상태를 그들 자신이 알아야 할 필요성을 밝히고 예수님에 대한 바른 이해까지 고찰한다. 이 첫 번째 세 단원에서 우리는 열두 제자들의 느린 돌이킴을 본다. 깨달음, 회개, 믿음, 돌이킴은 단지 논의만 되는 것이 아니라 열두 제자들의 삶 속에서 실제로 일어나는 일이다. 그 돌이킴이 점진적이고 불완전하지만 처음 세 단원에서 열두 제자들은 중요하고 새로운 차원의 깨달음에 도달한다. 그들은 예수님이 하나님께서 보내신 위대한 선생이고, 하나님께 영감을 받은 능력 있는 선지자이며, 하나님께서 보내신 메시아라는 사실을 알게 된다.

이 복음서의 제2부는 제자도의 본질—예수님이 사람들에게 요구하시는 변화—에 관한 의미 있는 암시로 시작된다. 그러고 나서 5단원과 6단원에서 예수님 생애의 마지막 일주일을 다룬다. 여기서 열두 제자들의 역할은 관찰자의 입장으로 후퇴하고 예수님이 전면에 등장하며 죽음과 부활에 이르는 길을 가신다. 마가복음의 결론부에서 제자들은 예수님에 관한 모든 자료를 얻는다. 그들은 예수님이 진정 누구신지 이해하게 되었고, 어떻게 해야 그분께로 돌이킬 수 있는지 알게 되었다. 그들에게 (그리고 독자에게) 남은 마지막 도전은 갈릴리로 돌아가는 것이다. 거기서 그들은 부활하신 예수님을 만나 진정한 제자로 새로운 삶을 시작할 것이다.

바꿔 말해, 바울의 이야기에서 발견할 수 있는 동일한 관심과, 동일한 범주, 동일한 돌이킴이 마가복음 전체에 배어 있다. 마가는 독자들에게 누구를 따를 것인지(여섯 단원 모두가 기독론에 초점을 맞추고 있다), 예수님을 따르는 삶을 어떻게 시작하는지(반응의 특성, 깨달음의 필요성, 믿음과 회개의 역동성이 1-3단원에 나온다), 어떻게 예수님을 계속 따라갈지(4단원에 나오는 제자도) 보여준다. 바울의 경험과 열두 제자들의 경험에 분명한 차이가 있다. 바울의 돌이킴은 순식간에 이루어진 반면 제자들의 돌이킴은 점진적이다. 하지만 이 두 유형의 돌이킴을 결정짓는 핵심적인 특징은 동일하다. 거기에는 자신과 예수님에 대한 깨달음이 있고, 돌이킴(믿음과 회개를 통해 죄와 둔한 마음으로부터 예수님께로 돌이킴)이 있으며, 변화(죄사함, 제자도, 새 생명)가 있다. 바울 이야기와 열두 제자들 이야기 모두에서 우리는 동일한 회심의 세계를 접한다.

제3부 전도

제11장
만남 전도: 비판

지금까지 회심이 무엇인가부터 시작해 실천신학의 요지까지 개략적으로 살펴보았다. 앞서 이미 지적했듯이 '회심'의 여러 정의를 살펴보는 것만으로는 아무 의미가 없다. 교회는 이러한 정의에 입각해 '그렇다면 무엇을, 어떻게 해야 하는가?'라는 물음과 함께 직접 실천을 해야 한다. '실천신학'은 구체적으로 사역 방법을 모색하는 학문이다. "신약성경에 나와 있는 두 가지 회심 패러다임을 이해한다면 어떠한 전도 사역을 추구해야 할 것인가"라는 질문에 입각해 제11-13장에서는 효과적인 전도 사역 방안을 논의하겠다.

마가가 어떻게 복음을 전했는지 올바로 이해했다면 기존의 잘못된 전도 방식을 고쳐야 한다. 예를 들면, 예수님이 누구신지 알고서 그분에게 자신의 삶을 드릴 준비가 되어 있는 사람들을 지도하는 것 못지않게 중요한 일이 있다. 바로 예수님이 누구신지 조금씩 '이해하는 과정'에 있는 사람들에게 실질적인 도움을 베풀 수 있는 길을 끊임없이 찾는 일이다. 이를 위해서는 다시 한번 바울의 회심 사건, 곧 다메섹 도상에서 무슨 일이 일어났는지 돌아볼 필요가 있다. 그러지 않는 한 우리는 모든 사람이 단번에 회심하기를 바라면서 이를 위한 전도 사역에 집중하고 말 것이다. 바울이 진정으로 예수님을 만난 것처럼 다른 사람들도 그와 같은 체험을 하도록 전도하고 있는가, 아니면 예수님과의 만남을 배제한 채 그저 맹목적인 신앙을 받아들이도록 강요하고 있는가?

현재 우리가 하고 있는 전도 활동은 과연 사람들을 예수님께로 인도하고 있는 올바른 사역인가, 아니면 도리어 복음을 제대로 이해하지 못하도록 방해하고 있는 잘못된 사역인가? 성경의 가르침에 입각한 올바른 전도 사역을 하기 위해서는 이같은 물음을 스스로에게 던지지 않으면 안 된다.

내가 말하려는 요지는 '회심'을 어떻게 생각하느냐에 따라 전도 방식이 결정된다는 사실이다. 사고 방식에 따라 행동 양상이 달라지는 것은 자명한 이치다. 회심을 사도 바울에게 일어난 것과 같은 극적인 사건으로 이해하는 한, 전도하려는 대상에게 이런 도전을 줄 것이다. "예수님을 당신의 구주로 영접하지 않겠습니까?" 아마도 당신은 모든 사람이 이같은 질문에 관심을 보이며 긍정적으로 반응할 것이라고 기대하기 때문에 어떻게 해서든 그들에게 예수님을 증거하려고 노력할 것이다. 이에 해당하는 대표적인 전도 방식이 소위 '대중 전도'다. '대중 전도'란 예수님이 누구신지 많은 사람들에게 공개적으로 선포하며, 그분을 구주로 영접하라고 권면하는 사역이다. 집집마다 방문하면서 복음을 전하는 것 역시 대중 전도라 할 수 있다. 당신은 예수님을 구주로 영접하지 않으면 안 될 당위성을 증거하기 위해 집집마다 다니면서 문을 두드린다. 그러나 사람들이 하나님의 무조건적인 구원 은혜를 깨닫고서 신앙의 길로 들어서기까지 오랜 시간이 걸릴 수 있다는 사실을 간과하고 있지는 않은가? 지하철 옆 좌석에 앉은 사람, 길거리를 오가는 사람, 함께 식사하고 있는 친구나 친지 등 대상을 가리지 않고 많은 사람들에게 열심히 전도하려는 당신의 수고 자체를 폄하하려는 것은 아니다.

예수님의 열두 제자들의 경우처럼 회심을 이해한다면, 전도 대상자에게 이런 질문을 던지게 될 것이다. "당신이 고민하고 있는 문제는 무엇입니까? 혹시 인생의 의미, 존재의 이유 등에 대한 근본적인 답을 찾고 있지는 않습니까? 사람마다 제각기 다른 영적 순례의 여정이 있으므로 그에 맞는 적절한 도움을 베풀어야 한다. 그들이 마침내 예수님과 동행하는 삶을 누릴 수 있을 때까지 지속적인 관심을 기울이면서 적절한 도움을 베푸는 것이다. 다양한 방법으로 이런 노력을 할 수 있다. 소그룹 성경 공부, 인생의 각종 문제들을 다루는 세미나, 신앙 서적이나 잡지를 읽고 서로의 의견과 느낌을 나누는 독서회, 영적 훈련을 위한 수련회 등이 그 예다. 영적 순례를 하고 있는 사람들을 이런 모임에 참여시키면 이들은 현재 자신이 처한 위치를 확인하며, 자신을 향한 하나님의 뜻이 무엇인지 깨닫고, 더욱 주님께 가까이 나아갈 수 있게 될 것이다.

과거 50여 년 동안 미국 교회들은 극적인 '회심'에 초점을 맞춘 전도 활동에 치중했다. 물론 회심이 단회적인 사건이란 측면에서는 순간적인 것이지만, 그러한 결정적 순간에 이르기까지 오랜 시간이 걸릴 수 있다. 그러므로 특별한 경우가 아니고서는 대부분의 사람들이 서서히 참된 믿음에 이른다는 사실을 기억하고 그에 맞는 전도 사역을 모색해야 한다. 다시 한번 말하지만 언제, 어디서든사람들에게 지금 즉시 예수님을 구주로 영접하라고 촉구하는 일은 여전히 필요하다. 그러나 신앙 결단을 촉구할 뿐만 아니라 제각기 다른 영적 순례의 여정에 있는 사람들에게 적절한 도움을 지속적으로 베푸는 노력을 등한시해서는 안 된다.

본서 제3부는 "회심이 무엇인가"라는 기본 전제하에 올바르고 효과적인 전도 사역 방안을 모색하는 데 그 목적이 있다. 그러므로 본장에서는 우선 '만남 전도' 를 고찰하겠다. '만남 전도'(Encounter Evangelism)란 내가 만든 용어로서, 바울이 극적으로 예수님을 만난 것처럼 사람들이 즉시 믿음을 받아들이도록 촉구하는 전도 방식을 가리킨다. 이러한 전도 방식은 2차 세계대전 후 대다수 지역의 수많은 교회들이 사용해왔기 때문에 대부분의 사람들은 '전도'라는 말을 들을 때 '만남 전도'를 떠올린다. 그러나 이와 관련해 다음과 같은 질문을 던지지 않을 수 없다. 우리는 과연 올바로 전도를 하고 있는가? '신약성경에 나와 있는 두 가지 회심 패러다임에 비추어 우리의 전통적인 전도 방식을 고찰할 경우 어떠한 사실을 깨달을 수 있는가"

제12장에서는 '과정 전도'(Process Evangelism)를 고찰하겠다. 과정 전도도 내가 만든 용어로서, 영적 순례 여정에 있는 사람들이 마침내 예수님의 참된 제자가 될 때까지 지속적으로 돕는 방안을 모색하는 전도 방식을 가리킨다. 이러한 전도 방식은 마가의 회심 패러다임에 기초한다. 제12장에서는 '과정 전도'의 이론을 다룰 예정으로, 우선 영적 순례와 그 여정을 개괄한 다음 예수님을 올바로 이해하는 데 도움되는 '마가의 여섯 가지 증언'을 중심으로 살펴볼 것이다.

제13장에서는 '과정 전도'의 대표적인 사역 방안들을 살펴서 실질적인 이해를 도모하려 한다. 여러 가지 사역 방안을 하나하나 다 제시할 수는 없지만 사려 깊은 목사들이 자신의 교회에 적합한 프로그램을 개발할 수 있는 충분한 정보가 되기를 바란다.

본장에서 살펴보려는 내용은 크게 두 가지다. 먼저 '만남 전도'의 대표적인 세 가지 방식인 대중 전도, 개인 전도, 대중 매체를 통한 전도를 살펴보겠다. 이 같은 전도 방식을 평가하기 앞서 각 전도 방식의 특성을 이해하는 것이 중요하다. 그러나 단순히 이 전도 방식들을 살펴보는 것만으로는 충분하지 않으며 각각의 장단점을 파악해 활용할 수 있어야 하므로 비판적 안목이 필요하다. 이러한 이유에서, 사도행전 26:18(깨달음, 돌이킴, 변화)[1]에서 찾아볼 수 있는 회심에 대한 세 가지 정의에 입각해 '만남 전도'의 대표적인 방법들을 고찰하겠다. 보다 효과적인 전도 사역 방안을 모색하는 데 도움이 되는 두 가지 회심 패러다임에서 배울 수 있는 점은 무엇인가?

1 이 책 pp. 49-52을 보라.

만남 중심의 전도 활동

극적인 회심을 추구하는 전도 활동으로 대표적인 것을 꼽으라면 세 가지를 들 수 있다. 바로 대중 전도, 개인 전도, 대중 매체를 통한 전도다.

대중 전도

'만남 전도'의 가장 대표적인 유형이 바로 대중 전도다. 대중 전도는 많은 사람들을 전도 대상으로 삼기 때문에 청중의 규모가 크고, 일방적으로 복음을 선포하는 의사소통 방식을 취하며, 예수님을 구주로 받아들이겠다는 결단을 촉구하거나 교회에 나오라고 권면하는 것을 그 특징으로 한다. 이러한 대중 전도는 경기장, 공연장, 시장, 놀이터, 피서지 등 때와 장소를 가리지 않고 어디서든 시작할 수 있다. 그러나 장소가 대중 전도의 결정적인 특징은 아니다. 다른 요소는 별개로 치더라도 간과하면 안 될 특징 중 하나가 바로 독백에 가깝도록 일방적인 복음 선포다. 단적으로 말하자면, 대화를 통해 복음의 의미를 이해할 수 있는 가능성이 무시되기 일쑤인 전도 방식인 것이다. 극단적인 예를 들자면, 전도 대상자가 당면한 문제를 철저히 무시한 채 무조건 "예수님을 믿으라"고 강요하는 경우다.

대중 전도는 언뜻 보면 불신자들을 예수님과 교회로 인도하는 데 상당한 효과가 있는 것 같다. 그러나 통계 자료에 의하면 진정한 기독교인보다 유명 무실한 기독교인을 양산하는 데 일조하는 것 또한 사실이다. 1956년 스코틀랜드의 글래스고에서 열린 그레이엄 전도 대회에서 그리스도를 믿겠다고 결심한 사람들이 52,253명에 달했지만 그중 교회에 실제 출석하기 시작한 사람들은 3,802명(약 7%)밖에 되지 않았다. 토론토 전도 대회에 참석한 8,161명의 구도자 중에도 교회에 실제 나온 사람들은 902명(약 11%)에 불과했다.[2] 이처럼 결신자가 적은 이유 중 하나는 전도 대회에 참석한 사람들 대다수가 이미 교회에 출석하는 기존 신자들이기 때문이다.

이러한 사실은 1976년 시애틀에서 열린 빌리 그레이엄 전도 대회 후 조사한 결과에서도 확인된다. 전도 대회 결과를 최초로 집중 분석한 사람은 교회 성장 운동을 주도하는 대표적 종교지도자들 중 한 사람인 윈 아른이다.[3] 빌리 그레이엄이 설립한 단체는 정기 간행물 『디시전』(*Decision*)을 통해 빌리 그레이엄이 미국 각지에서 해마다 성공적인 전도 집회를 개최하는 것처럼 시애틀에서도 놀라운 성과를 거두었다고 홍보했다.[4] 그 기사에 의하면 전도 대회에 참석한 사람은 총 434,100명이며 그중 18,136명이 빌리 그레이엄의 전도를 받고 회심했다고 한다.[5] 그러나 1년 후 『교회 성장: 미국』(*Church Growth: America*)에 발표한 아른의 조사 결과, 실제로 교회에 출석한 결신자 수는 1,285명(15%)에 불과한 것으로 확인되었다.[6] 아른은 이같은 조사 결과에 입각해 대중 전도보다 더 효과적인 전도 방안을 강구해야 한다고 주장했다.

그로부터 몇 년 후, 빌리 그레이엄이 설립한 단체는 아른의 비판을 반박하는 보고서를 내놓았다. 밴더빌트 대학교 사회학과 조교수인 글렌 파이어보우가 작성한 이 보고서는 다음과 같이 결론을 내린다. "1976년 시애틀 전도 대회를 면밀히 분석한 결과, 다른 지역에서 개최된 전도 대회보다 상대적으로 월등한 성과를 거두었다고 분명히 말할 수 있다."[7] 그러나 파이어보우조차 전도 집회에 참

---

2 William G. McLoughlin, *Modern Revivalism* (New York: Ronald Press, 1959), pp. 516- 18.

3 Win Arn, "Mass Evangelism: The Bottom Line," *Church Growth: America* 4, no. 1 (1978).

4 Arn, p. 5에서 인용.

5 Arn, p. 5.

6 Arn, p. 7. 전도대회에 참석한 434,100명 중 불과 0.29%만이 교회의 새신자로 등록한 셈이다.

7 Glenn Firebaugh, "How Effective Are City-Wide Crusade?" *Christianity Today*, March

석한 대다수 사람들은 이미 교회에 출석하는 기존 교인들이라는 아른의 지적에 동의한다.[8] 물론 단 한 명의 결신자라도 얻을 수 있다는 점에서 대중 전도의 중요성을 무시할 수 없다. 그러나 객관적 사실에 비추어볼 때, 한꺼번에 수많은 불신자들을 전도 대상으로 삼는 대중 전도 집회는 그리 효과적이지 않았다.

대중 전도는 '누구를 전도하느냐'라는 문제보다 '얼마나 많은 사람들에게 전도할 수 있느냐'라는 문제에 역점을 둔다. 대중 전도자들은 수많은 사람들을 대할 때마다 전도할 수 있는 좋은 기회로 여긴다. 그들은 시합을 구경한 후 경기장에서 몰려나오는 군중을 보고서 그들에게 전도하기만 하면 복음의 결실을 거두게 되리라고 기대한다. 하지만 진정한 전도는 복음을 받아들인 사람들의 삶에 변화가 일어나게 도와주는 것이다. 그런데 어떻게 단번에 수많은 사람들을 예수님의 진정한 제자로 이끌 수 있단 말인가? 조사에 따르면, 전도 집회에 참석해 예수님을 믿겠다고 서약하고 약속대로 교회에 출석하는 사람들은 그리 많지 않다. 제리 리드는 라틴 아메리카에서 열린 대중 전도 집회의 결과를 다음과 같이 보고한다.

> "에콰도르에서 가진 대중 전도 집회 후 그곳 수도인 키토에 결신자들을 위한 지도 단체를 결성했다. 집회에 참석한 사람들 중 1,234명이 예수 그리스도께 헌신하며 살겠다고 다짐했다. 우리는 그들을 지도하기 위해 에콰도르 전역의 교회 지도자들과 연계해 새신자 지도반을 만들었다. 그리고 1년 후 그 성과를 조사했을 때, 불과 64명(약 5%)만이 교회에 출석하고 있다는 사실을 확인했다…그나마 그냥 대중 전도 집회에서 끝내버리고 새신자 지도반을 운영하지 않았다면 64명의 새신자조차 얻지 못했을 것이다. 이러한 사실은 2년 후 키토에서 개최된 루이스 팔라우(Luis

---

27, 1981, p. 417.

8 Firebaugh, p. 413.

Palau)의 전도 집회에서도 분명히 입증되었다."[9]

특정 지역에서 십대 청소년들을 위한 대중 전도에 힘쓰고 있는 사역자들이 있다. 10대 후반에서 30대 초반인 사람들을 대상으로 효과적인 방법을 사용해 전도 사역에 힘쓰고 있는 '갈보리 교회' 목사 그렉 로리는 캘리포니아 남부 지방에서 해마다 전도 집회를 개최한다. 그런데 그 전도 집회에 참석하는 사람 수와 실질적으로 예수 그리스도를 따르는 사람 수에는 엄연한 차이가 있다. "그렉 로리의 전도 집회에 관여한 간사들의 보고에 의하면, 1986년부터 1991년 동안 전도 집회에 참석했다가 회심한 사람이 16,000명이나 된다고 한다. 그러나 이 중 10%만이 오랜 기간에 걸쳐 진정한 기독교인으로 거듭나고 나머지 사람들은 여전히 세속적인 삶을 영위할 것이 분명하다."[10]

미국 사회에서 대중 전도는 오랜 역사를 지닌다. 18-19세기에 일어난 대각성 부흥 운동으로부터 20세기의 빌리 선데이와 빌리 그레이엄, 그 외 전도자들의 대중 집회가 대표적인 예다.[11] 1960년대까지만 해도 대중 전도는 미국 사회에서 가장 일반적인 전도 방식이었다.[12] 그러나 1960년대 이후부터 서서히 변화가 일어나기 시작하고 방문 전도가 새롭게 채택되었다.

---

9 Jerry Reed, "Lasting Fruit in Evangelism," *Journal of the Academy for Evangelism in Theological Education* 11 (1995-96), pp. 48-49.

10 Donald Miller, *Reinventing American Protestanism: Christianity in the New Millennium* (Berkeley: University of California Press, 1997), pp. 171-72.

11 John Mark Terry, *Evangelism: A Concise History* (Nashville: Broadman & Holman, 1994)의 9-12장을 참조하라.

12 그러나 그동안 지역 교회의 사역 덕분에 많은 사람들이 교회에 출석했다. 간혹 교회의 특별한 전도 활동 때문에 교회에 나온 사람들도 있지만 교회의 일반적인 사역 활동에 영향을 받아 새로 교회에 나온 사람들이 대부분이었다. 다만 예외적인 경우로 남부 침례교회를 들 수 있다. 이 교회는 1900년에서 1960년 사이에 주일학교 교육 활성화, 지역 교회들과 연합한 대중 전도 집회 등을 통해 수많은 결신자들을 얻었다. Terry, 187-188을 보라.

개인 전도

개인 전도의 일례로 방문 전도를 꼽을 수 있다. 개인 전도는 '만남 전도'의 한 형태이긴 하지만 여러 가지 측면에서 대중 전도와 구분된다. 첫째, 군중이 아닌 한 개인을 전도 대상으로 삼는다. 둘째, 일방적인 설교가 아닌 개인적인 간증 등을 통해 '하나님의 구원 계획'과 같은 복음의 진리를 증거한다. 셋째, 대화 중 자연스럽게 복음에 관심을 갖도록 유도한다.

개인 전도의 핵심은 '대화'다. 그렇다고 해서 잡담을 나누거나 일반적인 종교 얘기를 나누는 것만으로는 충분하지 않다. 그리스도의 증인으로서 복음을 효과적으로 전하기 위해서는 상대방의 관심을 끌기에 충분한 대화를 나누어야 한다. 상대방에게 도전적인 질문을 던질 수 있다. 예를 들면, "오늘 당신이 죽어서 하나님 앞에 섰다고 가정합시다. 하나님께서 당신에게 '내가 너를 천국에 들일 이유가 무엇이냐?'라고 질문하시면 무슨 대답을 하겠습니까?"[13] 또는 자신의 회심 경험을 들려줄 수 있다. 그러나 자기 자랑이 되어서는 안 된다. 이러한 대화는 상대방의 관심을 집중시켜 구원의 진리를 증거하는 데 그 목적이 있다. 우리는 구원에 관한 기본 진리를 모든 부류의 사람에게 증거할 수 있으며, 이때 참고할 수 있는 자료는 대학생 선교회의 '사영리'로부터 네비게이토 선교회의 '다리 예화'에 이르기까지 매우 다양하다. 그러나 개인 전도 역시 상대방에게 예수 그리스도를 영접하라고 도전하며 촉구하는 데 궁극적인 목적이 있다.

개인 전도를 할 수 있는 상황은 매우 다양하다. 친구나 가족과 대화를 나누면서 전도할 수도 있고, 지하철 옆 좌석에 앉은 사람에게 복음을 전할 수도 있다. 그러나 분명한 목적을 갖고 개인 전도에 나서는 가장 대표적인 방법은 바로 집집마다 찾아다니는 방문 전도다. 방문 전도는 사실상 전혀 새로운 전도 방식이 아니다. 1870년대 초 드와이트 무디가 이끄는 전도단이 주로 사용한 전도 방

---

13 D. James Kennedy, *Evangelism Explosion* (Wheaton, Ill.: Tyndale House, 1970), p. 22.

식 중 하나가 바로 이 방문 전도다. 1913-1929년에도 미국 전역의 수많은 대도시에서 방문 전도 활동이 이루어졌다. 방문 전도를 주로 연구한 A. 얼 케너한의 주장에 따르면, 1923-1929년 동안 약 370,750명이 방문 전도를 받았으며 그중 185,867명이 회심했다고 한다.[14] 그러나 D. 제임스 케네디가 전도 폭발 프로그램을 주창하기 전까지는 대부분의 교회들이 방문 전도에 특별한 관심을 기울이지 않았다. 1959년에 45명의 교인으로 창립한 케네디의 '코럴 릿지 장로교회'는 방문 전도에 힘쓴 결과, 18년 만에 교인 수가 4,500명이나 되는 대형 교회로 성장했다.[15] 케네디는 자신이 쓴 저서를 통해 방문 전도의 성과를 증거했고, 지금도 수많은 목회자와 평신도들에게 효과적으로 방문 전도하는 방법을 교육하고 있다.

1980년대에는 새로운 개인 전도 형태가 나왔는데 그것은 바로 '생활 방식 전도'(lifestyle evangelism)다.[16] 생활 방식 전도는 기존의 개인 전도가 안고 있는 여러 가지 문제점들을 보완하기 위해 모색되었다. 예를 들어, 개인 전도는 '대화'에 입각한 전도 방식이기는 하지만 실제로는 대중 전도와 마찬가지로 전도 대상에게 일방적으로 말씀을 선포하는 경우가 비일비재하다. 상대방의 고민에 초점을 맞추기보다 전도자가 증거하려는 구원의 진리를 우선시하다보니 진정한 대화가 이루어지지 않을 때가 많다. 그래서 친구끼리 나누는 진솔한 대화가 아니라 마치 영업 사원이 상품을 선전하는 판촉 행위처럼 보이곤 한다. 실제로 상업 거

---

14 Terry, pp. 185-86.

15 Evangelism Explosion에 교회 성장의 비결이 상세히 설명되어 있다.

16 생활 방식 전도에 대해 좀 더 자세히 알려면 다음 책들을 참조하라. Rebecca Pippert, Out of the Salt Shaker and into the World (Downers Grove, Ill.: InterVarsity Press, 1979); Jim Petersen, *Evangelism as a Lifestyle* (Colorado Springs: NavPress, 1980); Joseph C. Aldrich, *Life-style Evangelism* (Portland, Oreg.: Multnomah Press, 1981); and Paige Patterson, "Lifestyle Evangelism" in *Evangelism in the Twenty-First Century: The Critical Issues*, ed. Thom S. Rainer (Wheaton, Ill.: Harold Shaw, 1989), pp. 41-49.

래 용어를 사용해 개인 전도 방법을 설명해놓은 책들도 있다.[17] 개인 전도의 또 한 가지 문제점은 전도 대상자의 개인차를 무시하고 획일적으로 말씀을 증거할 때가 많다는 점이다. 누구나 구원의 기본 진리를 이해할 수 있다는 전제를 두고 교과서적인 지식을 주입시키려 하는 전도자들이 많다.

성급하게 구원의 진리를 이해시키려다가 도리어 복음의 심오한 진리를 가리게 되는 경우가 있지 않은가? 구원의 기본 진리를 증거하다보면 듣는 사람마다 제각기 다르게 이해할 때가 있다. 물론 그렇다고 해서 '복음의 진리' 자체를 개념화하는 것이 불가능하다는 말은 아니다. 하나님께서 우리에게 주신 구원의 진리가 성경에 명확하게 기록되어 있으므로 성경을 전문적으로 연구하는 신학자들은 그것을 정리하고 교리화했다.[18] 그러나 사람들은 예수님의 죽음과 부활 사건을 각자의 상황에 따라 제각기 달리 이해하고 반응한다. 따라서 만나는 사람마다 예수님의 본성과 사역, 성령의 사역과 구원 은혜 같은 복음의 핵심 진리를 쉽게 설명하고 단번에 이해시키기란 쉽지 않다. 그럼에도 불구하고 전도의 열매를 맺기까지 씨를 뿌리고, 물을 주고, 김을 매고, 정성을 다하면서 인내하지 못하고 조바심을 내는 전도자들이 너무나 많다.

"어떻게든 복음을 전하려는 열정이 지나쳐 전도자들은 상대방과 진정한 대화를 나누기보다 일방적으로 복음의 진리를 주입시키려 할 때가 많다. 그러다보니 듣는 사람의 입장에서 구원의 진리가 하나님의 무조건적인 은혜가 아니라 반드시 지켜야만 하는 일종의 법조문, 원칙, 계약 조건처럼 여겨지곤 한다. 고유한 개인차와 각각 다른 종교 경험을 무시한 채 획일적으로 복음을 전하는 사역

---

17 Jim Petersen은 '유능한 증인'을 이렇게 정의한다. "유능한 증인은 매사 적극적이며 진취적이고 손님을 두려워하지 않는 유능한 영업 사원과 같다." 그는 증인의 역할을 설명하기 위해 책을 집필했다. Petersen, p. 27.

18 복음 전도에 관한 더 자세한 논의를 위해서는 Harry L. Poe, *The Gospel and Its Meaning: A Theology for Evangelism and Church Growth* (Grand Rapids: Zondervan, 1996)을 보라.

은 획일적인 결과를 낳을 뿐임을 명심하라."[19]

위의 사실에 비추어볼 때 개인 전도는 비인격적인 전도 방식이라고 할 수 있다. 복음은 구도자 각자의 특별한 열망과 필요를 능히 채워줄 수 있는 것임에도 불구하고 서로를 제대로 연결시켜주지 못하는 경우가 많다. 게다가 복음의 기본 진리를 상대방이 쉽게 알아듣도록 설명해주는 대신 이해하기 어려운 신학 용어를 사용해 증거하는 잘못도 종종 범한다. 성경 용어를 잘 모르는 사람일지라도 상식적인 선에서 구원의 기본 진리를 이해할 수 있다고 착각하기 때문이다.

개인 전도의 또 한 가지 문제점은 영적으로 매우 갈급한 친구나 가족들을 외면한 채 다른 사람들을 전도하는 데 급급해한다는 점이다. 전도자들은 열심히 집집마다 다니면서 이웃의 문을 두드리고, 사무실을 방문하고, 옆 좌석에 앉은 사람에게 복음을 전한다. 그러나 이런 식의 전도는 상대방의 기분이나 상황 따위는 무시한 채 자기 감정에만 충실하려 든다는 비난을 받을 수 있다.

생활 방식 전도는 이러한 문제점을 보완해 우호 관계를 중요시한다. 기독교인들은 믿지 않는 이웃에게 전도하기 위해 우선 그들과 사이좋게 지내면서 신뢰 관계를 구축해야 한다. 서로 친밀한 대화를 나눌 수 있는 분위기가 형성되어야 제대로 전도를 할 수 있기 때문이다. 친구나 이웃 주민은 당신이 기독교인으로서 날마다 어떻게 사는지 지켜보았기 때문에 당신이 예수님을 증거할 때 관심을 보일 것이다. 그리하여 기독교 신앙에 대해 대화를 나누다보면 상대방이 영적으로 어떠한 필요를 갈구하는지 파악하고 계속 그 문제를 놓고 토론할 수 있다. 그 가운데 상대방이 믿음을 받아들이는 데 장애가 되는 문제점과 의문 사항들을 하나하나 해결해갈 수 있다. 상대가 복음의 진리를 어느 정도 이해하면 신앙 결단을 촉구해야 하는데 그렇다고 해서 서둘러서는 안 된다. 계속 상대방

19 Darius Salter, *American Evangelism: Its Theology and Practice* (Grand Rapids: Baker, 1996), pp. 208-9.

에게 애정을 기울이며 친밀한 대화를 나누는 가운데 자연스러운 기회를 포착하는 것이 바람직하다. 이같은 생활 방식 전도는 '만남 전도'보다 과정 중심적인 전도에 더 가깝다.

그러나 생활 방식 전도 역시 문제가 있는데, 불신자와 친밀한 관계가 유지되지 않는 한 전도하기 힘들다는 점이다. 앨드리히을 비롯해 여러 사람들이 지적하듯이 성도들끼리만 어울릴 뿐 불신자들과는 잘 어울리지 않는 기독교인들이 너무나 많다. 그러니 불신자와 우호 관계를 맺는 것에서부터 벽에 부딪치고 만다. 마음이 내키지는 않지만 불신자에게 전도하려고 친한 관계를 만드는 것이 과연 바람직한 일인가? 동기 자체가 순수하지 않은 한 진정한 우호 관계를 형성하기란 쉽지 않다. 같은 교회에 다니거나 동일한 믿음의 형제 자매인 성도끼리가 아니라 대상을 가리지 않고 모든 사람과 친하게 지내는 것이 생활 방식 전도의 선결 과제다.

대중 매체를 통한 전도

대중 매체를 통한 전도 역시 많은 사람들에게 복음을 전하는 대중 전도의 한 형태다. 차이가 있다면 전도자와 전도 대상자가 시공간적으로 떨어져 있다는 점이다. 전도에 동원되는 대중 매체는 여러 가지가 있는데, 그중 최초로 사용된 것은 라디오다.[20] 1925년 통계에 의하면, 미국 전역 600여 곳의 라디오 방송국 중 10%를 기독교와 그 외 종교 단체가 소유하고 있었다.[21] 1940년대의 전도자 찰스 풀러는 매주 〈올드 패션드 리바이벌 아워〉(Old Fashioned Revival Hour)라는 프로그램을 진행했는데 청취자가 2천만 명을 넘었다고 한다.[22]

---

20 1921년 1월 2일, 펜실베이니아주 피츠버그에 위치한 KDKA 방송국에서 라디오로 설교가 처음 방송되었다. Terry, p. 199.

21 Jeffrey K. Hadden and Charles E. Swann, *Prime Time Preacher* (Reading, Mass.: Addison-Wesley, 1981), pp. 73-75.

22 Daniel P. Fuller, *Give the Winds a Mighty Voice: The Story of Charles E. Fuller* (Waco,

1950년대에 공영 텔레비전 방송국이 설립되자 교회는 텔레비전을 대중 전도 매체로 삼기 시작했다. 오럴 로버츠, 렉스 훔버드, 팻 로버트슨, 짐 베이커, 지미 스와거트, 로버트 슐러 같은 인물들이 1970-80년대에 대중 매체 전도자로 각광받았다. 그러나 이들 중 일부가 성추문, 헌금 착복 등 갖은 문제를 야기해 1980년대 후반부터 대중 매체 전도자들의 영향력이 점차 감소하기 시작했다.

대중 매체를 통한 전도의 세 번째 주요 매체는 영화다. 무디 사이언스 영화와 빌리 그레이엄 영화사가 이같은 전도 활동에 선구자 역할을 했다. 빌리 그레이엄 영화사는 1950년에 최초로 영화를 제작한 이래 월드 와이드 영화사와 협력해 100여 편의 영화를 만들었다. 개중에는 코리 텐 붐의 이야기를 극화한 〈주는 나의 피난처〉(The Hiding Place)라는 제목의 영화도 있다(『주는 나의 피난처』[좋은 씨앗 역간] 참고—편집자주).[23]

언뜻 보기에 대중 매체 전도는 한번에 수많은 시청자들을 전도할 수 있는 좋은 방편이다. 교회에 나가기 싫어하는 사람들도 자기 집에 편안히 앉아 설교를 듣고 볼 수 있다. 지루하고 딱딱한 교회의 예배 의식과 달리 대중 매체를 통한 설교, 전도 프로그램은 재미있게 진행할 수 있다는 장점이 있다. 그러나 대중 매체로 복음을 접하는 사람들 중에서 회개하고 그리스도께로 나아가는 자들이 과연 얼마나 될지 궁금하다.

대중 매체를 통한 전도의 문제점을 이해하고 나면 '만남 전도' 방식이 안고 있는 문제점을 파악할 수 있다. '만남 전도'는 어떤 식으로든 복음을 전하는 데 주력한다. 전도자들은 일단 전도하고 나면 복음을 들은 사람들이 언젠가 반드시 예수님을 믿게 될 것이라고 생각한다. 바울이 극적으로 예수님을 만난 것처럼 다른 사람들도 어느 한 순간에 회심하게 되기를 기대한다. 사람들이 그런 식

Tex.: Word, 1972), p. 238.

23 McLoughlin, p. 492.

으로 회심하고 나면 일평생 예수님을 따르며 헌신적으로 살 것이라고 생각한다. 하지만 현실은 그렇지 않다. 미국 전역에서 라디오, 텔레비전, 영화, 비디오 테이프 등의 대중 매체를 통해 끊임없이 복음이 전파되고 있지만 예수님에게 나아가는 사람들은 극소수에 불과하다. 게다가 기독교 방송을 시청하는 사람들은 대개 이미 교회에 다니는 기독교인들이며, 불신자들은 기독교 방송이나 영화를 잘 시청하지 않는다. 불신자들이 어쩌다가 기독교 방송을 보고 들었다고 해서 모두가 즉각 교회로 나아가는 것도 아니다. 대중 매체가 발달해 앞으로 각자 집에서 텔레비전을 보며 예배하고 온라인으로 헌금하는 '전자 시스템 교회'가 활발해질 것이라고 전망하는 사람들이 있다. 그러나 예수님의 진정한 제자가 된다는 것은 집에 틀어박혀 혼자서 신앙생활하는 것이 아니라 믿음의 공동체 일원으로서 함께 하나님을 예배하며, 예수님을 따르는 삶을 사는 것이다.

대중 매체를 통한 전도에 다음 질문을 던지지 않을 수 없다. 무조건 복음을 전하기만 하면 언젠가 반드시 전도의 열매를 거두게 되는가,[24] "지금 당장 예수님을 믿으십시오"라고 전도하는 것만으로 모든 사람들의 형편과 필요를 충분히 해결해줄 수 있는가? 전도의 본질은 사람들이 예수님을 믿고 따르도록 도와주는 것이 아닌가? '만남 전도'는 바울이 예수님을 만난 것처럼 사람들이 제각기 처한 상황에서 예수님을 만날 수 있도록 도와주는 효과적인 전도 방법인가?

익숙함에 대한 식상함

전통적인 전도 방식이 가진 문제점 중 하나는 이미 사람들에게 익숙한 방식이라 오히려 별 효과가 없다는 점이다. 예를 들면, 미국인들 대다수는 대중 전도 집회에 참석하지 않더라도 그곳에서 무슨 일이 일어나는지 대충은 알고 있다.

---

24 전도를 단순히 말씀 선포로만 여기는 데서 오는 문제점을 심층적으로 논의하려면 William J. Abraham, *The Logic of Evangelism* (Grand Rapids: Wm, B. Eerdmans Publishing Co., 1989), pp. 40-69를 보라.

빌리 그레이엄 전도단의 대중 집회가 텔레비전으로 종종 보도되고, 여러 기독교 영화 제작사들이 전도용 영화를 만들어 보급하기 때문에 그들에게 기독교는 결코 낯선 나라의 이방 종교가 아니다. 게다가 집에 있다 보면 하루에도 두서너 번 초인종이 울려 밖을 내다보게 된다.

말쑥한 차림을 하고 성경책을 옆구리에 낀 채 문 앞에 서 있는 자들은 십중팔구 방문 전도를 하러 온 사람들이다.[25] 길거리를 오가다 건네받은 전도지에도 대개 한결 같은 내용이 적혀 있다.[26] 물론 같은 내용을 반복해서 읽거나 듣더라도 상황에 따라 색다른 감명을 받을 수도 있다. 그러므로 듣는 사람이 마음속에 새길 때까지 계속 복음의 진리를 선포해야 한다는 사실을 부정할 수 없다. 하지만 조지 바나가 지적하듯이 미국만큼 대중 전도에 힘쓰고 있는 나라는 별로 없을 것이다. 그는 다음과 같은 사실을 지적했다.

- 해마다 텔레비전을 통한 전도 비용으로 2억 달러 이상이 지출된다.
- 라디오를 통한 전도 비용으로도 1억 달러 정도 지출된다.
- 1990년대 10년 동안 미국 전역에 복음을 전하기 위해 4만 개 교회를 새로 개척하는 운동이 추진되었다.
- 5천여 개가 넘는 국내 선교 단체가 전도 활동에 힘쓰고 있다.
- 2천여 명이 넘는 순회 전도자들이 전국을 돌면서 전도하고 있다.
- 기독교 서적, 음반, 테이프 등의 판매 수익이 연간 10억 달러를 넘는데, 그중 10% 이상이 선교 비용으로 지출되고 있다.[27]

---

25 Gary Larson이 방문 전도인들을 풍자한 그림이 있다. 한 젖소가 다른 젖소의 집 문 앞에 서서 얘기한다. "행복하기를 원하십니까? 그렇다면 이 전도지를 읽어보십시오. 여기에 행복의 비결이 적혀 있습니다." 그러나 당신은 이런 말을 하면서도 마음속으로 자신에게 반문한다. "과연 나는 행복한 젖소인가?"

26 수많은 교회가 사용하고 있는 대표적인 전도 책자 중 하나는 대학생 선교회의 '사영리'다.

27 George Barna, *Evangelism That Works* (Ventura, Calif.: Regal, 1995), pp. 33-35.

이토록 엄청난 노력을 함에도 불구하고 회심하는 사람들이 그리 많지 않은 이유는 무엇인가?[28] 많은 사람들이 스스로를 기독교인이라고 주장하지만 기독교 신앙의 기본 진리에 대해 명확히 알고 있는 교인들이 소수에 지나지 않는 까닭은 무엇인가?[29] 바나의 통계에 의하면, 미국인 10명 중 9명 정도(88%)는 자칭 기독교인이라고 하는데 미국 사회에 온갖 불의와 죄악, 도덕적 타락이 만연한 이유는 무엇인가?[30] 복음을 전해도 귀기울여 듣는 사람이 별로 없을 뿐 아니라 듣고서도 별다른 반응을 보이지 않는 사람들이 대부분이며, 정말로 마음속에 새겨 변화하는 사람은 극소수다.

전통적인 전도 방식이 지닌 문제점을 돌아볼 때, 우리는 새로운 전도 방식을 모색하지 않으면 안 된다는 결론을 내릴 수밖에 없다. '만남 전도'의 문제점을 보완하기 위해서는 '회심'을 올바로 이해해야 하며, '과정 전도'에서 새로운 가능성을 찾아야 한다. 참된 전도는 단순히 복음을 선포하는 행위가 아니라 사람들이 그리스도의 진정한 제자가 되도록 도와주는 사역이다. 지금까지 너무나 익숙해 있는 전도 방식에서 탈피해 비록 생소하지만 새롭고 효과적인 전도 방안을 모색해보자.

---

28 원인 중 하나는 대중매체를 통한 전도가 불특정 다수를 대상으로 삼기 때문이다. 미국인의 81%가 스스로를 예수님을 따르는 기독교인이라 주장하지만(이 수치는 갤럽의 여론조사 결과다. 그러나 Barna의 통계는 88%로 나와 있다), Barna와 그 외의 사람들의 부정적인 평가에 따르면 단지 29%만이 진정한 기독교인으로 추산된다. 하지만 이런 추산도 정확하지는 않다.

29 미국의 성인 10명 중 9명은 '율법의 대강령'이 무엇인지 모르며, 10명 중 7명은 요 3:16의 내용이 무엇인지 모른다. 그리고 '복음'이란 말의 뜻을 알고 있는 사람들은 3분의 1에 지나지 않는다(Barna, p. 35). Barna는 이런 말을 했다. "많은 사람들이 황금 시간대의 텔레비전 프로그램 이름은 줄줄 외우면서도…기독교 신앙의 핵심 진리를 설명할 수 있는 사람은 거의 없다."

30 Barna는 이같은 상황을 '위기에 처한 문명'이라고 부른다(pp. 19-21).

'만남 전도'에 대한 평가

전통적인 전도 방식의 효율을 높이기 위해서는 잘못된 요소들을 개정할 필요가 있다. 이런 측면에서 마가복음과 누가복음에 나온 회심 패러다임을 기억하면 큰 도움이 된다. 신약성경에 나와 있는 두 가지 회심 패러다임에 비추어볼 때, '만남 전도'의 문제점은 무엇인가? 그러한 전도 방식의 장점은 무엇이며 개정해야 할 요소는 무엇인가? 신약성경에 나와 있는 것과 같은 효과적이고도 능력 있는 전도를 하기 위해서는 어떻게 해야 하는가? 회심에 대한 세 가지 정의인 깨달음, 돌이킴, 변화에 입각해 해결책을 강구하는 것이 효과적이다. 이 세 가지 정의에 입각해 '만남 전도' 활동을 검토하면 마가와 누가가 우리에게 들려주는 얘기를 들을 수 있다.

깨달음

회심은 깨달음에서 비롯되므로 깨달음이 없는 한 회심은 일어날 수 없다. 사람들은 저마다 예수님의 부르심에 반응할 이유가 없는 한 결코 주님께 나아가지 않는다. 그러므로 예수님이 어떤 분이시며, 우리는 어떠한 존재인지 깨달아야 한다. 예수님이 하나님의 아들이시며 우주 만물의 주권자시라는 사실을 깨달아야 예수님의 부르심에 응답할 수 있다. 그리고 우리가 영적으로 길을 잃고 방황하는 존재란 사실을 깨달을 때도 우리를 고쳐주며, 용서하고, 회복시켜주시는 예수님에게 나아갈 수 있다. 예수님의 제자들이 당시 사람들에게 전도하면서 "와 보라"고 외친 것은 깨달음을 촉구한 외침이 아니었던가?

예수님을 이해하기

오늘날 미국 사회에 예수란 이름은 널리 알려져 있지만 그분이 어떤 분이신지 정확히 알고 있는 사람이 과연 몇 명이나 될지 의문이다. 마가는 예수님의 참된 제자가 되기 위해서는 그분이 어떤 분이신지 정확히 알아야 한다고 했다. 예수님의 참된 제자가 된다는 것은 대중이 선호하는 예수님의 모습을 추종하는 것이 아니다. 예수님의 제자들도 그 사실을 깨닫기 전까지는 대중이 선호하는 모습의 예수님을 추종했다. 1세기 당시, 대부분의 유대인들은 예수님을 비범한 스승으로 생각했다. 심지어 예수님의 가르침을 즐겨 들으며 추종한 무리뿐 아니라, 그분의 명성을 시기해 대적한 유대 종교지도자들조차 예수님의 비범한 능력을 인정했다. 그러나 예수님은 비범한 스승에 지나지 않으신 분이 아니라 그 이상이므로, 제자들이 단순히 스승을 존경하는 것과는 다른 차원의 신앙이 요구된다.

예수님의 가르침에 이끌려 추종하던 무리는 결국 모두 주님 곁을 떠나버렸다. 그들의 신앙은 예수님을 따르는 데서 오는 핍박을 능히 견딜 만큼 강하지 못했다. 뿌리가 없기에 모진 세파에 금방 시들어버리고 말았다. 아마 예수님을 배반한 그들은 또 다른 스승을 찾아 따라다녔을 것이다. 예수님을 능력 있는 선지자로만 여기며 추종했다고 보기에도 충분하지 않다. 그들은 앞으로 자신이 성공할지 못할지가 알고 싶어 예수님을 따랐을 뿐이다. 예수님의 열두 제자들은 결국 주님을 메시아로만 여겨 추종하는 것 역시 합당하지 않다는 사실을 깨달았다. 당시 유대인들은 자신들을 로마 압제에서 해방시켜줄 정치적 메시아를 대망했지만, 메시아이신 예수님이 행한 사역은 유대인들의 기대와 동떨어진 것이었다.

우리는 전도할 때 예수님이 어떤 분이신지 사람들에게 분명히 증거해야 한다. 우리가 증거하는 예수님은 현대인들이 대망하는 슈퍼스타 같은 분이 아니라 신약성경에 낱낱이 기록된 바로 그분이어야 한다. 마가의 여섯 가지 증언에 비추어보면 우리가 과연 제대로 예수님을 증거하고 있는지 알 수 있다.

- 우리는 예수님을 모든 사람이 듣고 따라야 할 특별한 교훈을 베푸신 분(교사)

으로 증거하고 있는가?

- 우리는 예수님을 이 세상에서 하나님의 일을 이루시기 위해 특별한 권능을 부여받으신 분(선지자)으로 증거하는가?
- 우리는 예수님을 하나님께서 구속 사역을 성취하시기 위해 특별히 선택한 분(메시아)으로 증거하는가?
- 우리는 예수님을 온 인류를 구원하기 위한 대속 사역을 감당하시려고 친히 성육신한 분(인자)으로 증거하는가?
- 우리는 예수님을 우주 만물의 주권자이자 우리가 영원토록 복종해야 할 의로운 왕(다윗의 자손)으로 증거하는가?
- 우리는 예수님을 우리 가운데 계시는 하나님(하나님의 아들)으로 증거하는가?

물론 마가처럼 예수님에 대해 총체적이고도 완벽한 증언을 하기란 매우 어렵다. 그럼에도 불구하고 핵심 사항을 하나도 빠트리지 않으려고 부단히 노력해야 한다. 그리고 예수님을 충분히 증거할 수 있는 시간적 여유가 없는 상황에서 단 한두 마디를 하더라도 마가를 비롯한 모든 신약성경 기자의 증언과 일치하게 해야 한다. 자신이 깨닫고 느낀 대로 예수님을 증거하는 사람들이 많다. 어떤 사람은 예수님을 우리에게 필요한 은혜를 주시는 분으로, 또 어떤 사람은 우리에게 오직 믿음만을 요구하시는 분으로 증거한다. 신약성경에 묘사된 그대로 예수님을 정확하게 증거한다면 많은 사람들이 그분을 추종하지 않을지 모른다. 그럼에도 불구하고 예수님을 따르는 자들은 어떤 난관에도 굴하지 않고 끝까지 주님과 함께할 것이다.

예수님의 제자가 되기 이전에 신학적으로 예수님을 정확히 이해해야 한다고 말하는 것이 아니다. 예수님에 대해 아는 것이 별로 없어도 신실하게 주님을 따르는 성도들이 많다. 그러나 최소한으로 알고 있는 것이나마 정확하지 않으면 안 된다.

예수님은 하나님께서 우리를 위한 대속 제물로 삼으신 분이며, 대속 사역을 감당하기 위해 친히 우리처럼 인간이 되신 분이다. 예수님은 우리의 죄를 용서해주시는 분이며, 하나님께로 나아갈 수 있는 유일한 길이다. 예수님은 하나님의 뜻을 좇아 살도록 우리를 부르시는 분이다. 이같은 복음의 진리를 증거하는 방식과 표현은 사람마다 각각 다르겠지만 예수님이 하나님의 보냄을 받은 분이자 근본 하나님이라는 사실, 십자가에 달려 죽었다가 사흘만에 부활하신 것이 우리의 구원을 위해서라는 사실, 생명의 길로 인도하기 위해 우리를 부르고 계신다는 사실을 정확하고 바르게 증거해야 한다. 그래야만 사람들이 예수님을 바로 알고 따르게 되며, 예수님을 믿고 따르는 가운데 복음의 심오한 진리를 점점 폭넓게 이해하게 될 것이다.

예수님을 아는 지식이 점점 자라기를 추구하는 것은 일평생 모험의 길을 떠나는 것과 같다. 그리고 이것이 바로 제자도다.

자신을 이해하기

세상 모든 사람이 마냥 행복한 삶을 영위한다면 예수님의 존재는 필요치 않을 것이다. 그러나 모든 사람들이 과연 그렇게 살아가고 있는가? 전도자는 사람들이 안고 있는 인생의 근본 문제를 영적인 차원에서 설명해줄 수 있어야 한다. 인간은 본래 하나님을 알 수 있는 인격적인 존재로 창조되었지만 아담의 타락 이후 하나님과 단절되었다. 인간은 창조주 하나님을 사랑해야 하지만 부패한 본성상 하나님보다 자기 자신을 더 사랑한다. 인간은 하나님나라의 백성으로서 살아야 하지만 이 세상을 더 사랑해서 세속적인 삶을 영위하고 있다. 이처럼 하나님과 동떨어진 삶을 살고 있는 인간의 부패한 실상을 제대로 증거하려면 어떻게 해야 하는가?

전도자들이 전도할 때 빼놓지 않는 주제 중 하나는 인간의 '죄'와 그에 따른 '형벌'이다. 그들은 불신앙이 가져올 결과를 경고하기 위해 영원토록 꺼지지 않는 불이 타오르는 지옥을 생생하게 묘사하며, 인간의 전적 부패가 어떠한지 지나치게 강조한다. 그래서 그들의 얘기를 듣다보면 인간의 존재 가치에 대해 곡해할 위험이 있다. 최근에는 심리학 용어를 빌어 인간의 '욕구', '필요'를 강조하는 전도자들도 점차 늘어나고 있다. 그들은 하나님과 단절된 인간은 전적으로 부패한 삶을 살 수밖에 없으므로 거룩한 삶을 추구하기 위해서는 하나님과 화해하고 그분에게 되돌아가야 한다는 사실을 강조한다. 물론 마가와 누가도 하나님 앞에서 죄인인 인간이 회심하려면 그같은 통찰력이 필요하다고 인정할 것이다. 누가는 인간의 실상을 증거하기 위해 '어둠', '사탄', '죄' 같은 용어를 사용했으며, 마가는 '심령의 완악함'과 '위선'에 대해 말했다.

그러나 '만남 전도'가 안고 있는 문제점 중 하나는 신앙을 가져야 할 당위성을 지나치게 강조한 나머지 도리어 역효과를 초래하는 경우가 많다는 점이다. 사실, '전도자'를 '자신을 정죄하고 비난하는 사람'이라고 연상하는 사람들이 많다. 그들에게 전도자란 성난 표정을 지은 채 "지금 당장 죄를 회개하고 예수님을 믿으십시오. 그렇지 않으면 하나님의 구원 은혜를 거부한 죄인으로 결국 지옥에 가서 영원토록 고통당할 것입니다"라고 협박하는 자들에 지나지 않는다. 이같은 사실을 풍자한 만화가 여럿 있는데 우리는 그런 그림을 보면서 문제점을 인식할 수 있어야 한다. 상대방에게 진정한 관심을 보이며 사랑과 희망을 불어넣어주기보다 정죄하고 비난하는 자세를 취하는 전도자들이 많다. 물론 그들은 상대방을 불쌍히 여겨 어떻게 해서든 하나님께로 인도하고 싶어 그러는 것이다. 하지만 문제는 전도자들이 "하나님께서는 당신을 사랑하시며, 당신의 삶을 위해 놀라운 계획을 갖고 계십니다"라고 말하더라도 상대방의 귀에는 "하나님께서는 당신에게 분노하고 계십니다. 지금 즉시 하나님의 뜻에 복종하지 않으면 큰 화를 당할 것입니다"라는 뜻으로 들린다는 점이다.

상대방을 위협하는 양상으로는 진정한 대화를 할 수 없다. 그럴 경우 상대방은 자신을 변명하는 방어 자세를 취하기 때문이다. 그러므로 예수님은 우리에게 "비판을 받지 아니하려거든 비판하지 말라"(마 7:1)고 말씀하셨다. 사람들이 하나님의 실체를 깨닫고, 예수님이 어떤 분이신지 이해하며, 진정으로 그분을 따르는 제자가 되기를 바란다면 그들에게 정죄하는 태도가 아니라 사랑하며 섬기는 자세를 보여야 한다.

사람을 판단하는 분은 하나님이시지 우리가 아니다. 하나님과의 관계가 단절된 인간의 실상이 어떠한지는 굳이 일일이 열거하지 않더라도 다 아는 사실이다. 그러므로 누구나 자신의 문제를 해결해주실 수 있는 예수님께로 나와야 한다. 전도자의 사명은 사람들이 예수님에게 나아가도록 도와주는 데 있음을 깊이 명심하고 지혜롭고 성실하게 본분을 다해야 한다.

돌이킴

회심은 깨달음에서 비롯되지만 깨달은 후 잘못된 길에서 돌아서지 않으면 회심을 할 수 없다. 지식으로 아는 것만으로는 충분하지 않다. 반드시 행동으로 옮겨야 한다. 깨닫고서 돌아선다는 것은 다음과 같은 사실을 의미한다.

첫째, 지금까지의 잘못된 행실을 내버리고 올바른 길로 돌아서는 것이다. 회개란 지금까지 하나님을 떠나 죄 가운데서 그만 살고 이제부터 예수님을 좇아 하나님의 뜻대로 살겠다고 결심하는 것을 의미한다. 둘째, 예수님께로 돌아서는 것이다. 믿음을 갖는다는 것은 지금까지 안주하고 있던 영적 어둠의 세계를 뒤로하고 예수님에게 나아가는 것을 의미한다. 돌아설 때 그 중심점은 예수님이어야 하며 다른 어떤 것이 되어서는 안 된다. 예수님은 돌이킴의 중심점이다. 지금까지 예수님이 어떤 분인지 알지 못한 데서 그분이 메시아이자 하나님의 아들이심을 아는 데로 돌아서야 한다. 지금까지 예수님을 따르지 않던 데서 그분을 따르는 데로 돌아서야 하는데 이는 곧 예수님의 제자가 아니었던 우리가 이제 그분의 제자가 되는 것을 의미한다. 이처럼 진정으로 예수님을 의뢰하며 따르기 위해서는 신약성경에 나와 있는 회심 패러다임을 정확하게 이해하지 않으면 안 된다.

전도란 사람들이 예수 그리스도를 통해 하나님께 나아가도록 권면하는 활동으로서 교회 안에서 행하는 예배 의식과 구별된다. 이러한 전도 활동에서 중요한 것은 믿음의 길로 인도하기 위해 택한 백성을 부르는 하나님의 '부르심'이다.

하나님께서 인간을 어떻게 부르신다고 보느냐에 따라 전도 방법이 달라지기 마련인데, 대표적으로 '과정 전도'와 '만남 전도'가 있다. 만남 중심의 전도는 단 한 번의 부르심, 응답, 의뢰를 주장한다. 만남 중심의 전도자들은 사람들에게 지금 즉시 예수님을 믿고 따르라고 강권한다. 그들에게 중요한 것은 지금 당장 예수님을 믿느냐 믿지 않느냐 하는 문제다.[31] 언제든지 하나님의 부르심에 응답할 수 있는 영적 순례의 여정에 있는 사람들은 부르심에 즉각적 응답해 변화된 삶을 살게 될 것이다. 그러나 그렇지 못한 사람들은 전도자들의 단 한 번의 전도에 즉각 반응할 리 만무하다. 과정 중심의 전도에서는 사람들이 예수님에게 나아가거나 그분을 따르는 삶을 살도록 계속적으로 권고해야 한다고 주장한다. 물론 성령의 역사에 의해 영적으로 거듭나는 '중생'은 평생 단 한번 일어나는 단회적 사건이다. 그러나 극소수를 제외한 대부분의 하나님의 백성이 진정한 예수님의 제자가 된다는 것은 오랜 시간이 필요한 점진적인 과정이다. 그러므로 '만남 전도'와 '과정 전도'를 불문하고 모든 전도 활동의 목적은 동일해야 한다. 그것은 바로 사람들이 예수님이 어떤 분이신지 깨닫고 회개하며 그분의 제자가 되는 믿음의 길로 들어서는 것이다.

전통적인 만남 중심의 전도자들이 간과해서 안 될 사실은 세상 모든 사람이 아닌, 오직 하나님께서 택하신 백성만이 부르심에 응답할 수 있다는 점이다. 회

31 다른 인식 패러다임에 입각해 회심에 대해 좀 더 자세히 이해하고 싶다면 Paul Hiebert, "Conversion, Culture, and Congnitive Categories," *Gospel in Context* 1 (1978): 24-29을 참조하라. 예를 들면, 우리가 경계에 있는 때에는 "안에 있는가 밖에 있는가" 지배적인 사고로 작용하지만, 우리가 중심에 자리잡고 있을 때에는 사람들이 하나님을 향하고 있는가 또는 하나님과 멀어지는가로 바라보게 된다.

심은 분명히 단회적인 사건이지만 많은 사람들이 오랜 권면을 받은 끝에 결단하고 돌아선다는 사실을 기억하라. 회심의 효력은 얼마나 빨리 돌아서느냐 하는 신속성에 달려 있는 것이 아니라 진정으로 회개하고 예수님께 돌아서는 믿음에 달려 있다. 그러므로 "지금 당장 예수님을 믿어야 한다"라는 슬로건에 집착할 것이 아니라, 통시적인 안목을 갖고서 지속적인 전도 활동을 해야 한다. 예를 들면, 대중 전도 집회의 일차 목적은 사람들을 각성시키는 것이어야 한다. 예수님이 어떤 분인지 호기심을 갖고 탐구할 수 있게 한다면 이미 절반은 성공을 거둔 셈이다. 다음에는 신약성경에 기록된 예수님을 그 모습 그대로 인정하게 하며, 예수님의 가르침을 연구하고, 날마다 주님의 교훈을 좇아 살 수 있도록 지도하라. 이같은 점진적인 과정을 성공적으로 수행하는 데 소그룹 성경 공부가 도움이 된다. 예수님의 가르침을 배우고 아는 사람만이 주님께서 요구하시는 것이 무엇인지 깨닫고 온전히 그분을 의뢰할 수 있다.

그러나 바울의 사례처럼 예외적인 상황도 있다. 극소수이긴 하지만 회심하자마자 즉시 예수님을 위해 헌신적으로 사는 사람들의 경우다. 이러한 가능성 때문에 만남 중심의 전도자들은 한시도 쉬지 않고 이리저리 다니면서 만나는 사람에게 "지금 즉시 예수님을 믿으십시오"라고 강권한다. 그러므로 과정 중심의 전도자들은 누구나 다 오랜 영적 순례 여정을 거쳐야 비로소 진정한 예수님의 제자가 될 수 있는 것이 아니며, 여기에 '예외'가 있음을 기억해야 한다.

신비한 만남

만남 중심의 전도자들은 사도 바울이 다메섹 도상에서 갑작스레 예수님을 만나 변화한 것과 같은 극적인 회심을 추구한다. 우리 주위에는 바울처럼 극적으로 회심하는 사람들이 간혹 있다. 그러나 바울이 극적으로 회심할 수 있었던 것은 예수님과의 신비한 만남 때문이었음을 분명히 이해해야 한다. 신비한 만남은 인간이 의도적으로 조장할 수 있는 것이 아니다. 그리고 하나님께서 택하신 모든 백성이 아닌 극소수의 사람에게서 미처 예기치 못한 상황에서 그 같은 일이 일어날 뿐이다. 그러나 극적인 회심 패러다임의 본질은 분명 예수님과의 신비한 만남에 있다.

그러므로 이런 질문을 던지지 않을 수 없다. "전도 활동을 계속 전개하면서 바울의 신비한 체험을 예외적인 상황으로 무시할 것인가 말 것인가?" 바울의 체험을 특별한 경우로 본다면, 경기장에서 대중 전도 집회를 가졌을 때 그 자리에서 예수님과 만나는 신비한 체험을 했다고 간증하는 사람들이 나타나는 것 역시 보편적인 상황이 아닌 드문 경우일 것이다. 그리고 그토록 신비한 체험을 한 사람들이라 할지라도 예수님의 진정한 제자가 되기 위해서는 계속적인 신앙 성장을 추구해야 한다. 대중 전도 집회를 마치고 경기장 앞에 운집해 있는 사람들 모두가 과연 예수님이 어떤 분이신지 새롭게 깨닫고 그분에게 돌아섰겠는가? 개중에 그런 사람들이 있기는 하겠지만 대다수는 그렇지 못할 것이다. 그럼에도 불구하고 우리는 예수님과 신비한 만남을 가졌다고 고백하는 사람들의 말을 듣고서는 그들이 온전히 예수님을 의뢰하게 된 줄로 속단하지 않는가? 우리는 예수님과의 신비한 만남을 체험했다는 고백에 현혹될 것이 아니라, 그들이 전적으로 예수님을 따를 수 있도록 지속적으로 도와주어야 한다.

신비한 체험과 관련해서 우리가 알아야 할 또 다른 사실은 무엇인가? 그릴리와 맥크레디가 조사한 결과, 미국의 성인 남녀 세 명 중 한 명은 신비한 체험을 했다고 고백한 것으로 나타난다.[32] 그러나 신비한 체험을 했다고 해서 그들 모두가 회심한 것은 아니다. 바울은 신비한 체험을 하고서 자신의 지난 날을 회개하며, 예수님을 따르기로 결심하고, 이후 일생 동안 주님을 위해 헌신하는 삶의 변화(회심)를 보였다. 그러나 오늘날 신비한 체험을 했다고 고백하는 사람들이 과연 바울과 같은 회심을 했는지 의문이다. 내가 알기로 신비한 체험을 했다고 고

32 이 책 p. 135 이하를 참조하라.

백하는 이들 중에 그 같은 체험을 단지 일생 일대의 중요한 경험으로만 간직하고 있는 사람들이 많다. 그러한 체험을 한 후 하나님, 죽음 등에 대한 생각이 바뀌기는 했지만, 그들의 삶 자체는 그 전이나 후나 조금도 변하지 않은 것이다.

그러므로 전도자들은 신비한 체험을 했다고 고백하는 사람들은 많아도 체험에 걸맞는 변화를 보이는 사람들은 그리 많지 않다는 사실을 기억하고 그들을 도와야 한다. 다시 말해, 각자가 체험한 신비한 경험에 입각해 하나님의 존재와 권능, 사랑을 깨닫고 자신을 부르는 하나님의 부르심에 응답할 수 있도록 도와주어야 한다. 신비한 체험을 한 사람은 하나님의 은혜를 사모할 수 있다. 그러므로 그들의 영적 갈망을 그들에게 다가가 대화할 수 있는 접촉점으로 삼는 것이 효과적이다. 신비한 체험을 한 사람들이 예수님을 통해 하나님께 나아가고, 하나님께서 항상 지켜보고 계신다는 사실을 기억하며, 주님의 뜻에 합당하게 살도록 끊임없이 권면하고 격려하라.

변화

우리가 진정으로 예수님이 돌아섰는지는 우리의 삶 자체가 변했는지 살펴보면 확인할 수 있다. 예나 지금이나 조금도 변화한 모습이 없다면 진정으로 회심한 것이 아니다. 그러나 변화의 양상은 여러 모습으로 나타날 수 있다. 하나님께서 자신의 죄를 용서하셨음을 깨닫고 감사하거나 하나님의 뜻대로 살려고 애쓰는 것이 일례다. 진정한 회심은 머리로 아는 지식에 머물지 않고 반드시 '변화'를 추구하는 행동을 수반한다. 전도자들은 사람들이 깨닫는 수준에 머물지 않고 예수 그리스도의 제자가 되도록 촉구하며 격려하고 도와주어야 한다. 누구든지 예수님을 믿기만 하면 그 즉시 장성한 신앙의 분량에 이를 수 있다고 생각하는 것은 착각이자 무지다.

예수님이 어떤 분인지 깨닫고 단순히 그분에게 돌아서는 것과 예수님의 진정한 제자로 사는 것은 별개 문제다. 열심히 전도한 덕분에 많은 사람들을 명목상 기독교인으로 만드는 데는 성공했으면서도 정작 그들을 진정한 예수님의 제자로 만드는 데는 실패한 까닭이 바로 여기 있다. 앞서 대중 전도에 관해 논의하면서 살펴본 통계 수치는 이러한 문제점을 잘 드러내준다. 그러나 시공간적으로 전도 대상과 떨어진 채 전도하는 대중 매체를 통한 전도 방식뿐 아니라 그 밖의 모든 전도 방식에서도 새로운 결신자를 진정한 기독교인으로 변화시키기란 여간 어려운 일이 아니다.

새로운 결신자가 예수님의 참된 제자로 성장하도록 돕기 위해서는 다각적인 노력이 필요하다. 남아프리카 지역에서 아프리칸 엔터프라이즈(African Enterprise)와 함께 선교에 힘썼을 때 우리는 '예수님을 따르는 제자화 사역'을 위해 5단계 전략을 수립했다. 제1단계에는 새로운 결신자들에게 각종 소책자와 자료들을 발송했다. 그 자료에는 예수님을 따를 때 발생할 수 있는 여러 가지 문제점들을 해결하는 데 도움되는 안내서, 새로운 결신자들이 궁금해하는 특별한 의문 사항에 대한 답변서, 예수님의 제자가 된다는 것이 무엇을 의미하는지에 초점을 맞춘 성경 연구 시리즈[33] 등이 포함되었다. 제2단계에는 기독교인의 삶이란 어떤 것인지 공부할 수 있는 소그룹을 만들어 결신자들을 참여시켰다. 제3단계에는 역량 있는 교사들로 하여금 매주 '예수님을 따르는 제자화 사역'을 위한 특별 교육 프로그램을 진행케 했다. 제4단계에는 주말마다 결신자들과 기존 교회의 열심 있는 성도들이 함께 지내는 가운데 예수님을 따르는 삶이 어떤 것인지 자연스레 체득케 했다. 마지막 제5단계에는 기존 교회들이 결신자들을 영적으

33 이 성경 연구 시리즈를 두 출판사가 공동으로 발간했다. *Learning to Love God*, *Learning to Love Ourselves*, *and Learning to Love Others*, InterVarsity Press (Downers Grove, Ill., 1968) and Zondervan Publishing House (Grand Rapids, Mich., 1968).

로 양육하고 그들의 필요를 채워줄 수 있게 했다. 물론 이러한 5단계 전략이 모든 결신자들에게 충분한 효과를 발휘한 것은 아니다. 그리고 어떤 지역에서는 제1단계 전략이 효과적이었던 반면, 다른 지역에서는 제3단계 전략이 좀 더 효과적이었다.

결신자들이 예수님을 따르는 삶을 살도록 가르치는 방안이 무엇이냐는 그리 큰 문제가 아니다. 좀 더 중요한 것은 그런 지도를 소홀히 하지 않고 열심을 다하는 것이다. 이 지도 과정은 해도 되고 안 해도 되는 선택 사항이 아니다. 마가복음과 사도행전에 나타나듯이 '변화는 진정한 회심의 증거'임을 기억하라.

'만남 전도'는 결신자들을 예수님의 참된 제자로 성장시키는 데 그다지 효과적이지 않다. 통계 자료에 따르면, 대중 전도 집회에서 전도를 받고 진정한 기독교인으로 변화하는 사람들의 비율은 평균 10%에 지나지 않는다. 그렇다면 나머지 90%는 어떻게 된 것인가? 이러한 통계 수치만 보더라도 '만남 전도'가 비효율적인 전도 방식이란 사실을 분명히 알 수 있다.

모든 교회와 전도자들은 결과만을 중시해 통계 수치에 집착하는 태도를 반성해야 한다. 예를 들면, 대중 전도 집회를 연 주최측은 얼마나 많은 사람들이 집회에 참석했는지 촉각을 곤두세우며, 집회 결과 엄청난 수의 결신자를 거두었다고 홍보하기에 바쁘다. 그러나 과연 그 결신자들 모두가 진정으로 회심을 했는가? 정말 정확한 통계 수치가 필요하다면 명목상의 결신자가 아닌 진정으로 예수님의 제자가 된 사람들의 숫자를 파악해야 하지 않겠는가? 우리는 정녕 예수님의 제자가 되려는 사람들을 돕고 있는가? 오히려 그들의 영적 순례 여정을 방해하고 있는 것은 아닌가? 우리가 전도하고 있는 방식이 명목상의 결신자를 양산하는 데는 효과적이어도, 그들을 예수님의 참된 제자로 이끄는 데는 비효율적이지 않은가? 극소수에게나마 긍정적인 영향을 끼칠 수 있다면 다수에게 부정적인 영향이 가는 것을 감수해야 한다고 주장할 수 있는가?

명심할 사항

수많은 결신자들이 예수님의 참된 제자가 되지 못하는 다른 이유가 있다. 예수님께로 돌아서야 할 당위성을 그들에게 제대로 증거하지 못하기 때문이다. "무엇을 원하십니까? 당신이 원하는 것을 충족시켜줄 수 있는 분은 오직 예수님이시니 지금 즉시 주님께 나아오십시오"라고 전도하는 사람들이 많다. 사람들이 필요로 하는 것은 제각기 다르다. 어떤 사람은 영원한 정죄에서 벗어날 수 있는 구원을 필요로 하고, 또 어떤 사람은 고민하고 있는 당면 문제를 해결받기 원한다. 당신은 혹시 그들에게 이렇게 전도하고 있지 않은가? "무엇을 원하십니까? 재물, 건강, 성공, 권세입니까? 그렇다면 예수님께 나아오십시오. 주님이 당신의 꿈을 실현시켜주실 것입니다." 물론 예수님이 우리에게 구원, 새로운 삶,그 밖의 각종 은사를 베푸시지 않는다는 말이 아니다. 다만 예수님을 믿고 따르기보다 우리의 '필요'를 앞세워서는 안 된다는 것이다. 진정으로 예수님을 믿고 따른다면 주님께서 우리에게 꼭 필요한 것들을 채워주실 것이다.

예를 들어, 구원의 진정한 의미는 이 세상에서의 삶이 끝난 후 저 천국에 가서도 예수님과 함께하는 것이다. 그러므로 죽음조차도 우리와 예수님의 관계를 단절시킬 수 없다. 이러한 사실을 통해 예수님을 믿고 따르는 자들은 필연적으로 구원의 은혜를 받는다는 진리를 알 수 있다. 그 외 다른 은사들도 마찬가지다. 예수님의 부르심에 합당한 삶을 살기 위해 애쓰는 사람들에게서는 필연적으로 새로운 삶을 발견할 수 있다. 예수님이 내 죄를 용서해주셨음을 기억하고 감사하는 사람은 자연히 다른 사람의 허물을 용서해주기 마련이다. 예수님이 우리를 사랑하고 계신다는 사실을 아는 사람은 아무것도 두려워하지 않게 된다. 하나님을 진정으로 경외하는 사람은 날마다 기뻐하고 감사하며 살 수 있다. E. 스탠리 존스가 지적했듯이 필요로 하는 것을 얻기 위해 예수님을 믿고 따라서는 안 된다.[34] 다시 한번 말하지만, 진정으로 예수님을 믿고 따를 때 주님께서 우리에게 꼭 필요한 것들을 채워주신다. 예수님이 어떤 분이며, 자신이 어떠한 존재인지 분명히 이해하는 사람은 예수님의 제자가 된다. 그럼에도 불구하고 사람들을 전도할 때 예수님을 따르는 것보다 다른 무엇을 더 앞세우며 강조 하는 것은 진정한 회심을 가로막는 방해 행위임을 명심하라.

'만남 전도'에 대한 재고

본장의 요지를 오해하지 말고 정확하게 이해해야 한다. 지금까지 내가 말한 요점은 '만남 전도'가 바람직하지 못하므로 포기해야 한다는 의미가 아니다. '만남 전도'가 잘못되었거나 전혀 효과가 없거나 전적으로 불합리한 것이 아니다. 그런 식으로 생각하는 것은 지난 50여 년 동안 만남 중심의 전도 활동을 펼쳐온 수많은 사역자들의 헌신적인 수고와 성과를 깡그리 무시해버리는 일이다. 그러나 교회 안팎의 많은 사람들이 '만남 전도' 방식에 부정적인 평가를 내리고 있다는 사실 또한 간과할 수 없다. 그러므로 '만남 전도' 방식이 안고 있는 문제점이 무엇인지 신중히 검토해 시정할 필요가 있다. 그러기 위해서는 우선 대부분의 사람들이 점진적인 과정을 거쳐 예수님의 참된 제자가 된다는 사실을 깨닫고 보완책을 강구해야 한다. 그리고 '만남 전도'와 '과정 전도' 둘 중에 어느 하나를 선택해야 한다는 편협한 자세를 버려야 한다. 두 가지 전도 방식이 모두 필요하므로 각각의 장단점을 파악해 상호 보완해야 한다. 만남 중심의 전도자들은 모든 사람이 언제 어떤 상황에서든 즉각 예수님을 따르겠다고 다짐하지 않는다는 사실을 기억하라. 그래야만 구도자의 영적 순례 여정을 이해하고, 그들에게 각별한 관심을 기울이며, 그들이 예수님을 향해 올바로 나아가도록 도와

---

34 E. Stanley Jones, *A Song of Ascents: A Spiritual Autobiography* (Nashville: Abingdon, 1968)의 제10장(pp. 158-74)을 보라.

줄 수 있다. 과정 중심의 전도자들은 결정적인 순간에 구도자들에게 결단을 촉구해야 한다는 사실을 기억하라. 끊임없이 대화하며 탐구하는 것과 결단이 요구되는 순간에 결단하는 것은 별개 문제다. 예수님의 제자가 되기를 주저한 채 하염없이 영적 순례 여정만을 거닐고 있는 사람을 그냥 내버려두는 것은 바람직하지 못하다.

본장의 목적은 전통적인 전도 방식의 문제점이 무엇이며, 이를 어떻게 개선해야 하는지 숙고하고 해결책을 모색하는 데 있다. 사실, 우리의 시급한 과제는 '만남 전도' 방식이 안고 있는 문제점을 혁신해 많은 사람들이 예수님께 점점 더 가까이 나아갈 수 있게 하는 것이다. 교회가 판에 박은 듯한 말만 되풀이하는 무기력한 전도 방식을 넘어서 기존의 방식을 혁신적으로 보완한 개선책을 강구하기를 바란다. 이를 위해서는 신약성경에 나와 있는 두 가지 회심 패러다임을 분명히 이해해야 한다.

제12장
과정 전도: 이론

예수님이 부르신 열두 제자들은 오랫동안 주님과 함께 다니면서 온갖 체험을 한 끝에 온전한 믿음을 갖게 되었다. 처음 그들은 예수님을 피상적으로 알았지만 이런저런 체험을 하면서 마침내 예수님이 어떤 분이신지 정확히 이해했다. 마가복음을 읽다보면 우리도 열두 제자들처럼 예수님에 대해 미처 알지 못했던 사실들을 하나하나 깨달을 수 있다. 그리고 예수님을 막연히 아는 사람들이 그 분이 어떤 분이신지 정확히 이해할 수 있도록 도와주는 것도 전도 활동임을 인정하게 된다.

이 장에서는 '과정 전도'의 이론을 살피려 한다. 예수님의 제자가 되기 위한 영적 순례 노정에 있는 사람들을 도와주어야 하는데, 이를 위해서는 구체적이고도 효과적인 실천 방안을 모색해야 하기 때문이다. 이를 위해 두 가지 사항에 초점을 맞추겠다.

첫째, 오랜 시간에 걸쳐 마침내 온전한 믿음에 이르는 과정을 도식화해보겠다. 그 같은 과정을 영적 순례 여정에 비유해 살펴보면 좀 더 이해하기 쉽다. 각 노정을 하나하나 살펴보면 미처 알지 못했던 사실들을 이해하게 될 것이다. 사람들이 하나님과 예수님에 대한 이해의 폭을 넓힐 수 있도록 도와주어야 한다고 말만 해서는 아무 소용이 없다. 실제로 그들을 도우려면 우선 그들이 지금 영적 순례 여정의 어느 단계에 있는지 알아야 한다. 둘째, 사람들이 예수님을 정확히 알 수 있도록 돕기 위해 '마가의 여섯 가지 증언'을 살펴보겠다. 이 증언이 1세기 당시의 사람들과 열두 제자에게 매우 유용했듯이 현대인들에게도 예수님을 온전히 이해하는 데 큰 도움이 될 것이다.

영적 순례

'과정 전도'는 모든 사람이 영적 순례 노정을 걷고 있다는 사실을 기본으로 한다. 인간은 하나님의 형상으로 지음받았기 때문에(창 1:26-27) 하나님을 알 수 있다고 하는 것이 과정 전도자들의 견해다. 이는 곧 모든 사람에게 기본적으로 하나님의 존재와 영적 실체를 알고 싶어하는 열망이 있음을 의미한다. '과정 전도'는 사람들의 이같은 영적 열망에 주목해 그들이 하나님께 나아갈 수 있도록 도와주는 것을 기본 사역으로 삼고 있다.

그러나 모든 사람이 영적 순례 노정을 걷고 있다는 사실을 자각하는 것은 아니며, 하나님에 대한 영적 갈망을 이해하는 것도 아니다. 그들은 자신이 무언가를 끊임없이 갈망하고 있음을 인정하면서도 그것이 바로 하나님을 향한 영적 갈망임을 깨닫지 못한다. 내면에서 용솟음치는 갈급함을 인간이 본연적으로 느낄 수밖에 없는 고독감에서 비롯된 것으로 생각하거나, 그 갈급함을 충족시키기 위해 부단히 삶의 의미를 추구하는 사람들이 있다. 이웃을 위해 헌신적으로 봉사하면서도 그들을 사랑할 수 있는 능력의 원천이 어디에서 비롯되었는지 모르거나 한밤중에도 잠을 못 이룬 채 실존의 의미를 궁구하는 사람들도 있다. 자신의 내적 갈망의 원천을 알지 못해 영적인 차원에서 그것을 이해하려 하지 않고 다른 데서 해답을 찾는 사람들이 너무나 많다.

그러므로 전도자들은 그들의 내적 갈급함이 '하나님을 향한 영적 갈망'이며, 그들이 현재 영적 순례의 길을 걷고 있다는 사실을 깨닫게 해주어야 한다. 그리고 하나님과 예수 그리스도가 어떤 분이신지 이해하고, 주님의 부르심에 응답할 수 있도록 권면하고 격려하며 도와주어야 한다. 예수님이 어떤 분이신지 깨닫고, 주님을 통해 하나님 앞으로 나아가며, 주님의 부르심에 응답해 전적으로 그분을 의뢰할 수 있도록 사람들을 도와주는 것이 전도자의 사명이다.

당신은 현재 하나님을 갈망하고 있지 않은가? 하나님을 어떤 분으로 생각하는지 자문해보라. 하나님께 품은 여러 의문점들을 해결하려고 노력하며, 당신을 향한 하나님의 뜻이 무엇인지 헤아려보라. 하나님의 부르심에 응답해 회개하고 예수 그리스도를 믿으며 전적으로 하나님을 의뢰하라. 그러나 하나님의 존재를 확신하고 그분에게 나아가는 것은 말처럼 그리 쉬운 일은 아니다. 열정에 못이겨 열심히 하나님을 찾다가도 열심이 식어버리면 금방 모든 것에 무관심해져버리고 만다. 영적 순례의 길을 걷는 것은 미지의 세계를 탐험하는 것과 같아 자칫 샛길로 빠질 수 있다. 그러므로 우리는 궁극적으로 하나님의 도우심을 간구할 수밖에 없다. 사실, 구도자가 하나님의 진리를 깨닫고 믿고 회개하며 하나님의 부르심에 응답하도록 역사하시는 분은 성령 하나님이시다. 구도자의 친구이자 안내자로서 그들을 도와주는 전도자의 역할이 중요하긴 하지만 그것은 이차적인 것에 지나지 않는다.

순례 여정

구도자들을 도우려면 전도자 자신이 먼저 영적 순례 여정을 이해해야 한다. 나는 이미 다른 책에서 영적 순례 여정의 세 단계를 소개했다.[1] 순례 여정은 사람들이 하나님을 궁구하는 과정인 '탐구'로부터 예수님의 부르심에 응답하는 '의뢰' 단계로 진행된다. 그리고 예수님의 제자로서 하나님의 뜻대로 살려고 노력하는 '형성' 단계까지 이르게 된다. 이 세 단계 패러다임을 이해하고 나면 영적 순례 여정 중에 여러 가지 어려움을 겪고 있는 사람들의 고충을 헤아리며 그들을 위로하고 격려하며 도와줄 수 있다.

탐구

사람들은 탐구 단계에서 의미를 추구한다. 그들은 하나님의 존재와 본성을 찾으며 삶의 의미를 추구한다. 그들은 우주 만물이 어떻게 형성되었고, 그 모든 것을 주관하시는 하나님의 뜻이 무엇인지 이해하려고 노력한다. 이러한 탐구 과정에서 사람들은 지식적, 경험적으로 해답을 추구한다.

인간이 가장 궁금해하는 사항 중 하나는 과연 하나님께서 존재하시는가다. 하나님이 선하신 분이고 우주 만물을 주관하는 전능자시라면 왜 인간에게 온갖 재해와 고통을 허용하시는지는 아주 오랜 옛날부터 제기되어온 문제다. 많은 사람들이 이 문제로 고민하고 괴로워한다. 그런데 기독교회는 지금까지 2천여 년 동안 이 문제에 대한 성경적인 해답을 사람들에게 들려주고 있다. 그러므로 그토록 궁금해하는 문제의 답을 찾고자 한다면 얼마든지 찾을 수 있음을 기억하라. 기독교 신앙이 과연 진리인지 아닌지는 경험으로만 알 수 있다. 예수님의

1 *Pilgrimage: A Handbook on Christian Growth* (Grand Rapids: Baker, 1984), 특히 제2부를 보라.

신앙 안에서 궁극적인 삶의 의미를 찾을 수 있는가, 하나님께서 과연 우리 기도에 응답하시는가, 하나님을 의뢰하는 자는 영적 평안 (또는 기쁨, 사랑, 소망)을 누리는가 하는 문제 역시 마찬가지다. 그런데 이러한 문제에 대한 해답은 자신의 개인적 체험이 아닌, 다른 사람들 즉, 신실한 성도의 삶을 지켜보면서 얻는 경우가 종종 있다.

사람들은 기본적으로 필요와 열망 때문에 무언가를 탐구한다. 인간은 누구나 이런저런 문제로 고민한다. 예를 들면, 어떻게 깨진 인간관계를 회복할 수 있는가, 상한 심령을 치유할 수 있는 방법은 무엇인가, 잘못된 습관을 고칠 수는 없는가 등의 문제로 괴로워하고 과도한 스트레스를 받는다. 그런데 이런 문제를 해결하려고 노력하는 가운데 일부 사람들은 자신을 치유하고, 용서하며, 새로운 삶을 살 수 있게 해주시는 하나님의 능력을 깨닫는다. 전도자의 역할은 사람들이 자신의 문제에 대한 해결책을 하나님 안에서 찾을 수 있도록 서로를 연결시켜주는 것이다.

인간은 또한 삶의 의미를 추구한다. 부단히 자기 개발에 힘쓰며, 은사를 최대한 선용하려고 하며, 더 나은 세상을 구현하려고 노력하는 사람들이 많다. 우리는 그들을 하나님 앞으로 인도하고, 이 세상뿐 아니라 그들 개개인을 향한 하나님의 뜻을 깨달을 수 있도록 도와주어야 한다. 인간의 본분은 하나님을 영화롭게 하는 것이다. 그러므로 각자 하나님의 소명을 발견하고 자신의 역할을 충실히 감당하며 하나님나라의 백성으로서 살아가는 것이야말로 진정한 삶의 의미다. 예수님의 진정한 제자로서 그분을 따르며 살 때 우리의 열망이 충족될 수 있음을 기억하라.[2]

지금까지의 이야기는 전혀 새로운 내용이 아니다. 전도자들은 이미 오래 전

---

2 George Hunter는 인간의 필요가 아닌 열망에 기초해 사람들에게 전도할 수 있는 방법을 심도 깊게 다루었다. *The Contagious Congregation* (Nashville: Abingdon, 1979), pp. 48-51을 보라.

부터 사람들에게 예수 그리스도를 믿으라고 촉구하기 앞서 그들이 믿음을 갖는데 방해되는 문제부터 다루어야 한다는 사실을 알고 있다. 대학생 선교에 힘쓴 스티븐 닐 주교는 자신이 한 일을 '밀림 청소'라고 불렀다.[3] 그는 기독교 신앙을 받아들이는 데 방해가 되는 요소를 제거하고 나면 믿음이 싹튼다는 사실을 강조하기 위해 그 같은 표현을 사용했다. 이러한 사전 작업을 가리켜 '예비 전도 활동'이라고 한다. 그런데 여기서 반드시 명심할 점이 하나 있다. 우리는 흔히 의문이 풀리면 즉각 믿음을 갖게 될 것이라고 생각하지만 그렇지 않은 경우가 더 많다는 사실이다. 예수님의 열두 제자가 온전한 믿음을 갖게 되기까지 오랜 시간이 걸렸듯이 대부분의 사람들도 마찬가지다.

탐구 단계와 관련해 전도자들은 사람들이 고민하고 있는 문제가 무엇인지 항상 관심을 기울이며, 그들이 하나님 안에서 해결책을 강구할 수 있도록 권면해야 한다.

의뢰

영적 순례 여정의 두 번째 단계는 소위 '의뢰'다. 첫 번째 탐구 단계는 사람들이 하나님의 존재를 확신하고 그분에 대해 알기 원한다고 고백할 때 끝난다. 그 다음 단계에서 요구되는 것은 반응이다. 우리는 어떻게 하나님을 알 수 있는가? 하나님께 나아간다는 것은 무슨 의미인가? 어떻게 하나님을 알 수 있는지에 대한 성경적인 해답은 예수님을 믿는 믿음 안에서 발견할 수 있으므로 이제 논의의 초점을 주님께 맞추어야 한다.

그러나 무엇을 의뢰한다는 것 역시 말처럼 쉬운 일이 아니다. 쉽게 믿고 의지할 수 있는 것이 있는가 하면 그렇지 못한 것들도 있기 마련이다. 예를 들면, 교

---

3 그는 1960년대에 대학교 선교에 힘쓰면서 남아프리카공화국의 요하네스버그에서 경험한 일을 이렇게 표현했다.

회는 열심히 다니면서도 기독교 신앙의 기본 진리를 믿지 못하는 사람들이 있다. 반면 예수님의 가르침을 따라 도덕적으로 살려고 노력하면서도 교회 공동체에서 봉사 직분을 감당하는 것을 꺼리는 사람도 있다. 정부의 불의에 항거해야 하는 기독교인의 책임은 강조하면서도 예수님을 좇는 제자의 삶은 회피하는 사람들도 있다. 물론 교회에 열심히 다니고, 도덕적인 삶을 살며, 사회의 불의에 항거하는 것이 좋고 적극적으로 장려할 일이지만 기독교 신앙의 핵심은 예수 그리스도를 의뢰하는 것임을 잊어서는 안 된다.

영적 순례 여정에 비유하자면 미국인 중 상당수가 표면상 두 번째 '의뢰' 단계에 속한다. 조지 갤럽의 조사 결과에 따르면, 미국은 매우 종교적인 국가라고 할 수 있다. 미국인 95%가 하나님을 믿고 있으며,[4] 10명 중 9명은 하나님께 기도드린다고 고백하기 때문이다.[5] 그리고 10명 중 7명은 기독교인이거나 유대교인이며,[6] 1984년 한해 동안 성인 남녀 10명 중 4명이 부활절이나 추수감사절 같은 주요 절기에 교회나 회당에 출석한 것으로 조사되었다.[7] 미국인들 중 86%는 종교를 '중요한 것'으로, 56%는 '매우 중요한 것'으로 여기고 있으며,[8] 61%는 종교가 현대 사회의 거의 모든 문제점을 해결하는 원천이 될 수 있다고 응답했다.[9] 미국 성인 남녀 중 81%는 자신이 기독교인이라고 대답하며,[10] 4명 중 3명은 예수님이 하나님이시라고 믿고 있다.[11] 그리고 약 40%가 '중생'을 체험

---

4 George Gallup, "Religion in America: Fifty Years : 1935-1985," *Gallup Report* 286 (May 1985): 50.

5 Gallup, p. 45.

6 Gallup, p. 40.

7 Gallup, p. 42.

8 Gallup, p. 22.

9 Gallup, p. 18.

10 George Gallup Jr., and George O'Connel, *Who do Americans Say That I Am?* (Philadelphia: Westminster, 1986), p. 18.

11 Gallup, p. 51.

했다고 고백했다.[12]

그러나 갤럽 조사는 자신이 기독교인이라고 주장하는 사람들 중 기독교 신앙에 대해 제대로 알고 있는 사람은 그리 많지 않음을 지적했다.[13] 1978년에 실시한 갤럽 조사에 의하면, 십계명 가운데 다섯 가지 계명을 알고 있는 사람은 42%에 불과했다. 그리고 예수님이 니고데모에게 하신 "거듭나야 하겠다"(요 3:7)라는 말의 의미를 정확하게 알고 있는 사람은 10명 중 3명도 채 안 되었으며, 그분이 산상 설교를 하셨다는 사실을 알고 있는 사람도 5명 중 2명에 불과했다. 그리고 27권의 신약성경 가운데 처음 네 권의 이름을 아는 사람은 46%에 지나지 않았으며, 예수님이 베들레헴에서 탄생하셨다는 사실을 알고 있는 사람도 70%밖에 되지 않았다.[14]

이상의 통계 수치는 하나님을 믿고 영적으로 거듭났다고 주장하는 것은 쉬워도 전적으로 예수 그리스도를 의뢰하며 사는 것은 쉽지 않음을 잘 보여준다. 그리스도의 제자로서 전적으로 그분을 의뢰하는지 안 하는지는 그 사람의 생각과 감정, 행동을 주의 깊게 살펴보면 알 수 있다. 그러므로 전도자들은 예수 그리스도를 믿는다고 고백하는 사람들이 주님의 참된 제자가 될 때까지 믿음의 순례 여정을 계속 갈 수 있도록 도와주어야 한다. 바로 이것이 전도자의 사명 중 하나임을 기억하라.[15]

자칭 기독교인이라고 고백해도 그들의 신앙은 동일하지 않고 저마다 천차만별이다. 이러한 사실은 1세기에도 마찬가지여서 예수님은 서기관과 바리새인처럼 형식뿐인 종교인들을 준엄히 책망하셨다. 예수님은 그들을 위선자라고 칭하

---

12 Gallup, p. 38.

13 이 책 p. 409 n. 29을 참조하라.

14 Gallup and O'Connel, p. 62.

15 명목상의 기독교인들을 참된 기독교인으로 변화시키는 데 도움이 되는 정보를 원하는 사람은 Eddie Gibbs, *In Name Only: Tackling the Problem of Nominal Christianity* (Wheaton, Ill.: Victor Books/BridgePoint, 1994)을 보라.

시면서 겉은 아름답게 보여도 속에는 썩어 냄새나는 시체가 들어 있는 회칠한 무덤과 같다고 말씀하셨다.[16] 서기관과 바리새인들은 유대 종교지도자로서 누구보다 예수님을 의뢰해야 함에도 불구하고 그렇게 하지 못했다. 오늘날 우리 시대의 상황도 마찬가지여서 쇠렌 키르케고르는 '공식상의 기독교 신앙'과 '실질적인 기독교 신앙'을 엄격히 구분했다.

그러면 참된 신앙과 거짓 신앙, 전적 의뢰와 부분적 의뢰를 어떻게 구분할 수 있는가? 이와 관련해 마가복음에 기록되어 있는 예수님의 씨 뿌리는 비유(막 4:1-20)를 살펴보자. 그 비유는 우리에게 네 가지 경우를 일러준다. 첫째, 많은 사람들이 하나님의 말씀을 기쁨으로 받았지만 참된 믿음이 없으므로 환난이 닥칠 때 그냥 넘어지고 말았다. 둘째, 유대 종교지도자들처럼 완악한 심령의 소유자들은 말씀을 거역했기 때문에 결코 믿음의 뿌리를 내리지 못했다. 셋째, 어떤 사람들은 일시적으로 말씀을 받긴 했지만 세상 염려 때문에 열매를 맺지 못했다. 넷째, 예수님의 열두 제자들은 말씀을 받아 삼십 배, 육십 배, 백 배의 놀라운 결실을 거두었다. 이러한 비유에서도 알 수 있듯이 사람들의 신앙 정도는 저마다 다르다. 그러나 분명한 사실은 예수님을 진정으로 의뢰하는 것만이 참된 신앙이며 그 같은 신앙을 가진 사람만이 믿음의 열매를 맺을 수 있다는 점이다. 그러므로 사람들이 전적으로 예수님을 의뢰할 수 있도록 돕는 것이 전도자의 사명이다.

하버드 대학교 심리학 교수인 고든 앨포트는 전적 의뢰와 부분적 의뢰를 구분하기 위해 '내적 신앙'과 '외적 신앙'이란 용어를 사용했다. "외적인 신앙을 중심으로 하는 사람은 철저한 공리론자로서 자신의 안전, 사회적 지위, 위신 등을 우선시한다.…반면 내적인 신앙을 중심으로 하는 사람은 신앙 자체를 가장 중요시한다.…진실된 신앙이 그의 삶을 지배하는 원리이므로 그의 말과 행동은

---

16 마 23:2-28과 막 7:1-23을 보라.

철저히 신앙적이다. 그런 사람은 신앙을 이기심을 충족시키는 방편으로 삼지 않는다."[17] 앨포트와 로스는 사람들의 신앙을 가늠하는 참고 자료로 '종교적 성향 측정표'라는 설문지를 고안했다. 그들 외에도 신앙 공동체의 특징을 분석하기 위한 설문지를 만든 사람들이 있다. 그중에 대니얼 배스톤(C, Daniel Baston)의 설문지가 가장 주목할 만한데, 그 후 동료 패트리샤 쇤라드(Patricia Schoenrade)와 래리 벤티스(W. Larry Ventis)의 도움을 받아 증보 개정한 설문지가 있다. 그 설문지는 사람들의 종교 성향을 본질적, 비본질적, 내적, 외적, 회의론적, 정통적인 여섯 가지로 분류해 확인할 수 있게 만들었다.[18] 이 여섯 가지 범주는 '의뢰'라는 것이 누구에게나 획일적으로 나타나는 반응이 아니라 여러 형태로 나타나며, 오랜 시간에 걸쳐 바람직한 형태로 변화할 수 있는 것임을 보여준다.

그러므로 전도자들은 구도자들이 탐구 단계를 넘어 의뢰 단계로 이동하며 예수님의 참된 제자가 될 때까지 끊임없는 관심과 도움을 베풀어야 한다. 예수님을 전적으로 의뢰하는 가운데 그분과의 지속적인 관계를 유지하면서 살지 않고, 그저 교회에 출석하고, 기독교 교리를 믿으며, 윤리적으로 사는 것에 만족하는 사람들이 있다. 그러나 마가의 여섯 가지 패러다임은 진정한 회심이 예수님을 전적으로 의뢰하는 것임을 분명히 보여준다.

형성

영적 순례 여정은 극적이면서도 진실되게 예수님을 의뢰했느냐 안 했느냐에 상관없이 그저 의뢰 단계로만 끝나지 않고 새로운 단계로 이어진다. 그 세 번째

---

17 G. W. Allport, "The Religious Context of Prejudice," *Journal for the Scientific Study of Religion* 5 (1966): 455. 또한 이 개념에 대해 J. M. Ross와 공저한 다음 논문도 함께 참조하라. "Personal Religious Orientation and Prejudice," *Journal of Personality and Social Psychology* 5 (1967): 432-43.

18 이러한 범주는 다음 책에 수록되어 있다. *Religion and the Individual* (New York and Oxford: Oxford University Press, 1982, 1993), pp. 168-90.

단계는 소위 '형성' 단계다. 어느 누구도 이 세상에서는 그리스도의 장성한 분량까지 완전히 도달할 수 없으므로 우리가 사는 동안 형성 단계는 결코 끝나지 않는다. 처음으로 예수님을 의뢰한 사람들은 그분을 따르는 형성 단계에 첫 발을 내딛기 위해 꼭 필요한 도움을 받아야 하는데 그들을 돕는 것이 전도자의 임무다. 마가는 복음서에서 예수님의 제자가 된다는 것은 단순히 그분을 믿는 것이 아니라 믿고 따르는 것이라고 증거했다. 그런데도 우리가 새 신자들에게 예수님을 믿고 따르도록 지속적인 관심과 도움을 베풀지 않는다면 그들이 탐구와 의뢰 단계에만 머물고 주님의 참된 제자가 되는 형성 단계(마 28:19은 바로 이것이 주님께서 원하시는 뜻임을 보여준다)로 나아가지 못할 수 있음을 명심하라.

윌리엄 에이브러햄은 전도란 사람들이 하나님나라의 백성으로 살아갈 수 있도록 도와주는 일련의 과정임을 잊어선 안 된다고 말했다.[19] 그리고 넓은 의미에서 전도 활동에는 다음 여섯 가지가 포함된다고 했다.

- 회심—하나님을 의뢰하며 그분의 뜻대로 살겠다고 결단하는 것.
- 세례—예수님을 따르며 살겠다고 공식적으로 신앙고백하는 것.
- 도덕성—율법의 대강령인 사랑의 계명을 좇아 사는 것.
- 신조—기독교 신앙의 기본 교리를 이해하며 기독교적 세계관을 갖는 것.
- 영적 은사—하나님의 은혜와 소명을 깨닫고 섬김의 역할을 감당하는 것.
- 영적 훈련—일관되게 예수님을 좇으며 사는 것.

이상의 사실에 비추어볼 때 전도의 궁극적 목적은 단순히 사람들을 예수님에게 인도하는 것이 아니라, 주님의 참된 제자로 살아갈 수 있도록 도와주는 것

---

19 William J. Abraham, *The Logic of Evangelism* (Grand Rapids: Wm. B. Eerdmans Publishing Co., 1989), 특히 제5장(pp. 92-116). 이 책은 전도 활동에 대한 획기적인 신학적 성찰을 이룩했다.

임을 알 수 있다. 오늘날 전도자들이 명목상의 기독교인들만 양산할 뿐 예수님의 참된 제자를 제대로 길러내지 못하는 이유는, 지속적인 '과정 전도'의 중요성을 알면서도 '만남 전도'를 하는 데만 급급하기 때문이다.

전반적 이해

전반적인 순례 여정을 다시 한번 고찰해보자. 탐구 단계의 초점은 성부 하나님이시다. 탐구 단계에서 사람들은 하나님의 존재와 속성, 그분을 알 수 있는 방법, 영적인 삶의 의미 등에 관한 문제들로 고민하고 씨름한다. 의뢰 단계의 초점은 하나님의 아들이신 예수님이다. 의뢰 단계에 있는 사람들은 예수님의 부르심에 응답해 그분의 제자가 되는 문제로 고민하며 씨름한다. 마지막 형성 단계는 성령 하나님께 초점을 맞춘다. 형성 단계에 있는 사람들은 영적 성장의 원동력이신 성령 하나님의 뜻에 따라 거룩한 삶을 추구하는 문제로 고민하며 씨름한다. 전도자들은 이러한 사실을 잘 알고 있어야 각 단계의 사람들을 효과적으로 도와줄 수 있다.

탐구, 의뢰, 형성 단계로 구분할 수 있는 회심의 모든 과정을 제대로 이해할 때 좀 더 신중하고도 효과적인 전도 활동을 할 수 있다. 탐구 단계에서 예수님을 믿는다는 것이 무엇인지 잘 알지 못하는 사람에게 무조건 예수님을 믿으라고 강요하는 것은 바람직하지 못하다. 그런 사람에게는 그가 고민하고 있는 문제들에 초점을 맞추어야 한다. 그래야 자연스레 기독교 신앙에 대해 얘기해주고 그리스도를 믿는 신앙 안에서 그의 문제를 해결하도록 이끌어줄 수 있다.

만일 상대방이 이미 예수님을 알고 있어 그분을 믿을 수 있는 가능성이 충분하다면 주님을 이해하는 폭을 넓혀주며, 예수님을 의뢰할 수 있도록 도와주는 것이 효과적이다. 그들은 예수님을 비범한 종교지도자로 생각하지만 그의 죽음과 부활 사건 등은 자신과 아무런 관련이 없다고 생각하는 사람들이 있다. 그런 사람에게는 예수님의 대속 사역이 누구를 위한 것인지 설명해줌으로써 주님을 믿을 때, 생각과 행동이 변화될 수 있다는 자신감을 넣어주어야 한다. 구도자의 신앙이 성장할 수 있도록 영적으로 지도해야 할 책임은 물론 교회에 있지만 전도자에게도 동일한 책임이 있다. 그러므로 전도자는 구도자가 예수님을 탐구하는 첫 단계를 뛰어넘어 기독교인으로서 바람직한 삶을 살 수 있도록 계속 도와주어야 한다.

여기서 간과해서는 안 될 사실이 하나 있다. 영적 순례중이라고 해서 모든 사람이 반드시 같은 노정을 거치지 않는다는 사실이다. 예를 들면, 기독교 가정에서 성장해 자연스럽게 예수님을 믿게 된 사람들은 탐구 단계를 거치고 않고 곧바로 형성 단계로 나아갈 수 있다. 또한 예수님이 어떤 분이신지 깨닫고 즉각 좇는 사람이 있는가 하면 끝내 따르지 못하는 사람들도 있다. 그러므로 탐구, 의뢰, 형성이란 회심 과정을 획일적인 표준으로 삼아 모든 사람에게 적용해서는 안 된다. 그들이 현재 어떠한 순례 노정에 있는지 정확히 파악하기 위해서는 대화가 필요하며, 그들의 이야기에 귀를 기울여야 한다.

마가는 그의 복음서에서 사람들이 어떻게 예수님을 정확히 알며, 그분의 부르심에 응답할 수 있는지 집중적으로 다루었을 뿐 과연 하나님께서 계시는가 하는 문제는 언급하지 않았다. 또한 기독교인의 삶은 어떤 것이며, 어떠한 공동체를 이루어야 하는지도 거의 언급하지 않았다. 그러나 그의 복음서를 읽어보면 예수님을 좇는 모든 과정을 분명히 이해할 수 있다.

'과정 전도'의 모델

마가는 그의 복음서에서 예수님의 열두 제자가 어떻게 정확히 주님을 이해하고 전적으로 의뢰하게 되었는지 증거했다. 마가의 증언은 단지 1세기 당시 소수 유대인들에게 일어난 사건을 기술한 것이 아니라 21세기의 현대인들에게도 동일하게 발생할 수 있는 과정을 묘사한 것이다. 다시 말해, 마가가 기술한 회심 과정의 개요는 현대인들이 예수님을 알고 따르는 데 도움이 되며 충분히 적용할 수 있는 내용이다. 비록 모든 사람이 예수님에 대한 '여섯 가지 증언'을 제대로 다 이해하지 못할지라도 그 내용들은 모두 예수님을 새롭게 깨닫고 믿는 데 도움이 된다.

예수님에 대한 마가의 여섯 가지 증언을 하나하나 살펴봄으로써 오늘날 효과적으로 전도할 수 있는 방안을 모색해보자.[20] 마가의 증언은 우리에게 바람직한 '과정 전도'의 모델을 제공해준다.

위대한 선생이신 예수님

여론 조사의 결과를 100% 신뢰할 수 있다면, 오늘날 미국인들이 가장 존경하는 인물은 바로 예수님이다. 미국인 대다수가 예수님을 위대한 영적 선생으로 생각하고 있음은 의심할 여지가 없다. 그러나 예수님에 대한 이처럼 높은 관심에도 불구하고 정확히 그분을 아는 사람은 그리 많지 않다. 사실상 예수님의 가르침을 제대로 알고 있는 사람은 소수다. 이러한 현실은 전도자들이 어떠한 역할을 수행해야 하는지 일깨워주기에 충분하다. 우리는 예수님이 위대한 선생이시라는 전제를 두고 그분이 어떠한 가르침을 베푸셨는지 살펴보아야 한다. 이에 관한 대화를 전도자와 구도자 간의 접촉점으로 삼는다면 기대 이상의 결과를 얻을 수 있다.

일대일의 대화나 만남의 자리에서 어떠한 얘기를 해야 하는가? 우선 누구나 다 쉽게 이해하고 받아들일 수 있는 예수님의 가르침을 대화의 주제로 삼는 것이 효과적이다. 예를 들면, 하나님을 사랑하고 이웃을 사랑하라고 하신 가르침

20 미국 사회가 아닌 다른 문화권에서는 다른 방식을 적용해야 한다. 각각 상황에 걸맞는 적용법을 모색하는 것이 전도자의 과제다.

을 화젯거리로 삼을 수 있다. 이웃을 사랑해야 한다는 가르침은 대부분의 사람들이 공감하는 금언이다. 마찬가지로 하나님을 사랑해야 한다는 가르침에도 많은 사람들이 공감한다. 그러나 실제로 이웃을 사랑하는 것은 말처럼 그리 쉬운 일이 아니다. 이웃을 내 몸처럼 사랑하는 것은 시기와 질투, 미움, 이기심을 극복하기 위해 오랫동안 온갖 노력을 기울여야 가능한 일이다. 사회에서 각종 불의와 죄악을 일삼는 사랑스럽지 못한 사람들을 사랑한다고 하는 것은 너무나 힘든 일이다. 크리스마스 때 일시적으로 느끼는 외경심을 뛰어넘어 지속적으로 하나님을 사랑하는 것 역시 쉬운 일이 아니다. 그러므로 다른 사람에게 사랑의 계명을 이야기하기 위해서는 먼저 자신이 사랑을 실천하는 삶의 본보기를 보여주어야 한다. 하나님께서 우리를 사랑하신다는 사실을 깨닫는 자는 다른 사람을 사랑할 수 있다. 그러나 하나님의 지속적인 사랑을 확신하기 위해서는 그분과 정상적인 관계를 유지해야 한다. 하나님께서 우리를 사랑하신다는 사실은 우리가 전적으로 믿고 의지할 진리다. 우리가 일평생 동안 하나님과 사랑하는 정상적인 관계를 유지해야 한다고 하는 사실은 또 하나의 진리다. 예수님이 가르치시는 이같은 사랑의 진리를 이해하는 사람만이 복음의 진리를 깨닫고 우리를 사랑하사 우리의 삶을 권념하시는 하나님께로 신속히 나아갈 수 있다.

그러나 예수님의 가르침 중에는 이해하기 힘들거나 매우 당혹스러워 좀처럼 받아들이기 어려운 것들이 많다. 예를 들면, 주님이 가르쳐주신 기도(마 6:9-13)나 "만일 네 오른 눈이 너로 실족하게 하거든 빼어 내버리라 네 백체 중 하나가 없어지고 온 몸이 지옥에 던져지지 않는 것이 유익하며"(마 5:29)라는 가르침이다. 사람들은 이러한 가르침의 근본 의미를 깨닫고 바르게 반응할 수 있어야 한다. 그러기 위해서는 하나님나라를 이야기하며, 주님의 가르침이 하나님나라 백성이 가질 마땅한 삶에 관한 것임을 일깨워주어야 한다. 그렇게 할 때 비로소 사람들이 예수님의 부르심에 응답해 회개하고 복음을 믿어 하나님나라의 백성이 될 수 있다(막 1:15).

예수님의 비유를 살펴보는 것도 유익하다. 예수님의 제자들이 그분의 비유를 듣고 그 의미를 궁구하며 도전받은 것처럼, 현대인들도 그분의 비유를 붙들고 씨름하면서 같은 도전을 받을 수 있다. 전도자와 구도자가 예수님의 가르침을 함께 연구하며 그 의미를 고찰해나가다 보면 서로 간에 쌓인 벽이 허물어질 수 있다. 전도자와 구도자가 더 이상 '너와 나'로 구별되지 않고 '우리'라는 일체를 이루게 되는 것이다. 전도자와 구도자 모두 영적 순례를 하는 자들이며 예수님의 부르심에 응답해야 하는 자들임을 기억하라.

예수님을 발견하는 마가의 여섯 가지 과정은 바람직한 전도 모델을 제공한다. 영적 순례 노정의 '의뢰' 단계에 있는 사람들은 예수님의 가르침에 전적으로 공감할 수 있어야 한다. 이를 위해 그분의 가르침을 함께 연구하며 대화를 나누는 가운데 특별한 도전을 주라. 예수님이 위대한 선생이시라는 사실과 관련해 이런 질문을 던질 수 있다.

"예수님이 위대한 영적 선생이시라는 사실을 인정한다면 그분의 가르침대로 살아야 하지 않는가?" "예수님이 위대한 영적 선생이라는 사실을 인정하지 않으면서 어떻게 그분의 가르침대로 살 수 있단 말인가?" 이는 전도자가 부단히 제기해야 할 물음이다.

능력 있는 선지자이신 예수님

예수님은 위대한 선생이셨을 뿐 아니라 능력 있는 선지자셨다. 예수님이 강력한 능력을 지니신 분이라는 사실은 우리의 관심을 끌기에 충분하다. 오늘날 대다수 사람들이 자신을 괴롭히는 세력 앞에서 무력감을 느끼기 때문이다. 그런데 1세기 당시 사람들도 네 가지 세력 앞에서 현대인들과 동일한 무력감을 느꼈음이 분명하다. 그 네 가지는 모든 것을 일순간에 파괴해버리는 자연 재해, 인간을 괴롭히는 죄악 세력, 사람을 쇠약하게 만드는 질병, 인생과 결별케 하는 죽음으로서 21세기를 살아가는 현대인들 역시 이같은 속박의 굴레에서 벗어나지 못하고 있다.

물론 과학의 발달로 과거에 비해 자연 재해를 많이 예방하고 있기는 하지만 아직도 세계 곳곳에서 태풍, 홍수, 화산 폭발, 지진 등으로 인한 엄청난 피해를 겪고 있다. 죄악 세력 역시 마찬가지다. 세계 각국의 정부가 범죄 예방에 최선을 다하고 있음에도 불구하고 도처에 범죄 집단이 횡행하며 살인과 강도, 폭력을 일삼고 있다. 그리고 아직도 독재 정권이 무소불위의 권력을 휘두르는 바람에 숨죽이며 지내는 백성들이 있고, 인종 청소를 부르짖는 대량 학살과 전쟁의 포화가 세계 곳곳에서 그치지 않고 있다. 21세기의 의료 기술은 눈부시게 발달했다. 과거에는 상상도 할 수 없는 복강경 수술을 안전하게 실시하며, 강력한 효과를 발휘하는 각종 항생제를 개발하고 있다. 하지만 인류는 여전히 암과 같은 치명적인 질병을 정복하지 못하며 에이즈와 같은 신종 질병에 고통 당하고 있다. 죽음의 문제는 어떠한가? 인간의 평균 수명이 꾸준히 늘기는 하지만 육신의 죽음을 피할 수 있는 사람은 아무도 없다.

그러므로 1세기 당시의 사람들처럼 오늘날 우리 역시 능력 있는 선지자가 절대적으로 필요하다. 영적 순례 여정을 걷고 있는 우리는 자신의 무력함을 시인하고서 그 모든 문제를 능히 해결할 수 있는 전능자를 갈구해야 한다.

여러 세력 앞에서 인간이 느낄 수밖에 없는 무력감에 초점을 맞추어 예수님을 증거하는 것이 효과적이다. 그 일례로, 20세기에 들어 아프리카 지역의 교회가 꾸준히 성장하고 있는 이유 중 하나가, 사람들에게 예수님을 우주 만물의 주(Lord)로 선포하기 때문임을 들 수 있다. 온갖 영적 세력들이 인간에게 해악을 끼치고 있으며 그 같은 해악을 피할 수 없다고 여기던 아프리카인들에게 예수님이 '만물의 주'시라는 사실은 획기적인 복음이었다. 그들과 마찬가지로 미국인과 세계 모든 사람들이 자신의 문제, 고통, 무력감 등을 능히 해결해줄 수 있는 전능자를 갈구한다. 그러므로 예수님이 그 같은 능력을 지니신 분이라는 사실을 발견하는 것이야말로 복음이다.

그러나 이러한 문제를 언급할 때, 악의 세력을 과소 평가해선 안 되며 예수님을 마치 만병 통치약 같은 분으로 소개해서도 안 된다. 예수님은 분명히 만물을 주관하는 전능자시며 우리를 치유해주시지만, 언제 어디서나 모든 사람의 문제를 기적처럼 해결해주시지는 않는다. 1세기 당시 유대 군중 모두가 저마다 예수님의 신비한 능력을 체험하고 문제를 해결받은 것은 아님을 기억하라. 예수님은 우주 만물을 주장하는 분이시며, 자연 재해로부터 우리를 보호하실 수 있고 실제로 보호해주시는 분이지만 언제나 우리가 원하는 식으로는 아니다. 예수님은 우리의 생각 이상으로 강력한 능력을 지니신 분이지만 그분을 따르는 성도들 역시 죄악의 세력에 고통 당할 수 있다는 사실을 이해해야 한다. 죽음에서 부활하신 예수님은 '생명의 주'시지만 우리는 여전히 육신의 죽음을 피할 수 없으며, 장차 부활하리라는 사실을 알고 있으면서도 죽음을 맞는 것이 여간 고통스럽지 않다.

그렇다고 해서 하나님의 권능 자체를 제한해서는 안 된다. 하나님은 1세기에 살아 역사하신 것처럼 지금도 살아 역사하신다. 기적은 지금도 일어나고 있으며, 하나님께서는 우리의 기도에 응답하시고, 장래의 부활을 약속하시며, 우리의 믿음대로 보응하신다. 그러므로 우주 만물의 주이신 예수님을 전적으로 의뢰하는 사람은 우리의 삶을 끊임없이 괴롭히는 고통의 문제를 새롭게 인식하는 능력을 얻게 될 것이다.

사실, 하나님도 우리가 진정으로 예수님을 의뢰하는지 확인하기 위해 종종 우리를 시험하신다. 도널드 제이콥스는 동아프리카의 문화와 원주민들의 회심 사건을 언급하면서 이 사실을 지적했다.

> "사람이 예수 그리스도를 믿으면 어떤 변화가 일어난다고 생각하는가? 나는 예수 그리스도를 자신의 주로 인정하며 항상 그분을 경외하는 사람만이 진정으로 회심한 자라고 확신한다. 그러한 증거를 보이지 못하는 사람은 진정으로 회심한 것이

아니다.…상대방이 회심했는지 확인하려면 그 사람이 과연 예수 그리스도를 온 세상의 주로 인정하는지 살펴보아야 한다. 물론 상대방이 예수 그리스도를 어떤 분으로 생각하는지 파악하기란 쉽지 않다. 아마 세상의 모든 기독교인들은 예수님이 우리와 동일한 인간이셨다는 사실에 전적으로 동의할 것이다. 그러나 조사 결과에 의하면, 예수님이 근본 하나님이자 전능자시라는 사실을 전혀 의심하지 않는 사람은 그리 많지 않은 것으로 나타났다. 이토록 심각한 현상은 현대인들의 우주관에서 비롯된 것 같다."[21]

위의 내용을 볼 때, 회심 경험을 고백한다고 해서 누구나 동일한 신앙의 모습을 보이는 것은 아님이 분명하다. 그러므로 전도자 역시 구도자와 마찬가지로 예수님이 능력 있는 선지자이심을 인정하고 그분의 부르심에 응답해야 한다. 그러나 전도자는 구도자와 달리 탐구 단계가 아닌 형성 단계에 속한 자로서 그 같은 모습을 보여야 한다. 반면 예수님이 능력 있는 선지자이심을 인정하는 구도자는 그분을 전적으로 의뢰할 수 있는 자리로 더 가까이 나아가게 된다.

메시아이신 예수님

예수님이 메시아시라는 사실을 전면적으로 부인하는 사람들이 많다. 대부분의 사람들이 예수님이 위대한 선생이라는 사실에는 흔쾌히 동의하지만, 능력 있는 선지자시라는 주장에는 고개를 갸웃거린다. 그중에는 예수님을 능력 있는 선지자로 인정하면서도 자신에게는 아무런 의미가 없다고 생각하는 사람들도 있다. 메시아이신 예수님에 대한 설문 조사 결과는 더 심각하게 나왔는데, 그분을 메시아로 인정하는 사람은 소수에 불과했다. 그러나 예수님은 하나님께서

---

21 Donald Jacobs, "Culture and the Phenomena of Conversion: Reflections in an East African Setting," *Gospel in Context* 1, no. 3 (July 1978): 8.

이 세상을 구원하기 위해 택정하신 메시아시다. 장차 메시아가 강림하리라는 사실이 구약성경에 예언되어 있었기 때문에 1세기 유대인들은 그분의 도래를 학수고대했다. 사람들은 이 세상에 강림하실 메시아가 하나님의 모습을 하고, 하나님의 보냄을 받은 자로서 하나님의 일을 행하실 것이라고 알고 있었다.

그러나 오늘날 우리 사회에서 예수님이 유대 군중이 대망했던 메시아가 아니라, 구약성경이 예약한 바로 그 메시아라고 주장하면 많은 사람들이 코웃음을 친다. 그러한 주장은 현대인들의 의식과 상반되기 때문이다. 하지만 예수님이 구약에 예언된 메시아라는 사실은 신약성경이 분명히 증거하고 있다. 신약성경에는 예수님이 단지 우리와 다를 바 없는 인간이셨음을 증언할 뿐 메시아가 아니라고 증언한 구절은 하나도 없다. 그럼에도 불구하고 예수님이 메시아시라는 사실에 우리가 침묵한다면 그것은 하나님을 모독하는 행위다. 하나님께서 '길이요 진리요 생명'(요 14:6)이신 메시아 예수님을 통해서가 아니라 다른 방편으로 이 세상을 구원하려 하신다는 것은 복음의 진리가 아니다. 진리는 어디까지나 진리며 모든 진리는 하나님께 속한다. 하나님께서 예수 그리스도를 통해 구원의 진리를 분명히 선포하셨음을 기억하라.

하나님께서는 메시아이신 예수님을 통해 이 세상을 구원하는 대속 사역을 성취하셨다. 많은 사람들이 이 사실을 부인하려 들지만 태양이 있는 것처럼 명약관화한 사실을 손바닥으로 가릴 수는 없다. 영적 분별력이 있는 사람은 하나님께서 우리를 구원하시기 위해 인간 역사에 초월적으로 간섭하셨다는 사실을 인정하고 믿을 수 있다. 그러므로 전도자들은 사람들에게 구원의 진리를 밝히 선포해야 한다. 이 복음의 진리에 대해 좀 더 자세히 알고 싶은 사람은 신약성경을 탐독하라.

우리도 베드로처럼 예수님을 가리켜 "주는 그리스도시니이다"(막 8:29)라고 고백해야 한다. 그러나 하나님께서 영안을 열어주신 자만이 베드로가 했던 것과 같은 신앙고백을 할 수 있다. 이로 미루어보아 진정한 회심은 하나님께서 우리의 심령을 감동감화시키는 역사가 있지 않고서는 일어날 수 없음이 분명하다. 성령 하나님께서 심령에 역사하시는 자는 예수님을 위대한 선생이거나 능력 있는 선지자라고 고백하는 것이 사실이다. 한편 성령이 역사하지 않는 사람도 객관적 판단에 입각해 그러한 고백을 할 수 있다. 그러나 "예, 저는 예수님이 메시아이심을 믿습니다"라고 고백하는 것은 영적으로 각성하고 진정한 믿음을 가지지 않고서는 할 수 없다. 그러므로 그러한 고백은 곧 성령이 그 사람의 심령 속에서 역사하셨다는 증거가 된다.

그러나 예수님을 메시아로 고백하는 것과 그분이 메시아라는 사실의 의미를 이해하는 것은 별개다. 베드로는 예수님을 메시아로 고백하고서도 나중에서야 그 의미를 깨달았다. 그러므로 21세기에 살고 있는 우리들도 예수님을 전적으로 의뢰하기 위해서는 그분이 메시아시라는 사실의 의미를 분명히 이해하고 넘어가지 않으면 안 된다. 마가는 예수님이 메시아라는 사실의 의미를 설명하기 위해 마가복음서 중 절반이 넘는 분량을 할애했다.

인자이신 예수님

예수님이 인자(人子)라는 사실은 그의 대속 죽음과 깊은 연관이 있다. 하나님의 구속사를 이해하고 믿는 사람만이 예수님이 인자라는 사실을 쉽게 믿을 수 있다. 예수님이 지혜롭고 권능을 지니셨으며 우리에게 더없이 소중한 존재라는 사실은 확실히 그분을 매력적으로 보이게 한다. 예수님처럼 무엇이든지 다 알며 이 세상을 자기 뜻대로 주장할 수 있는 권능을 지닌 존재는 모든 사람의 숭배 대상이 된다. 그런 예수님은 오늘날 뮤지컬 배우들이 흉내내는 '지저스 크라이스트 슈퍼스타'인 셈이다. 그러나 그 같은 개념을 뛰어넘어 예수님이 담당하실 메시아의 본질을 살펴보면, 그분이 이 세상에 오신 목적이 대속 죽음을 당하시기 위해서였음을 알 수 있다. 즉, 예수님이 메시아시라는 사실은 우리를 위해 대신 죽으셔야 하심을 의미한다.

이처럼 복음의 핵심은 예수님이 "우리 죄를 속하기 위해 죽으셨다"에 있다.[22] 누구든 이같은 사실을 이해하고 인정할 때 비로소 예수님을 전적으로 의뢰하고 따르는 참된 제자가 될 수 있다. 그러므로 우리는 자신에게 진지한 물음을 던져야 한다. 과연 나는 슈퍼스타 예수 그리스도가 아닌 대속 죽음 당하신 메시아를 의뢰하길 원하는가? 마가가 복음서에서 제자도와 그에 따르는 희생에 관한 예수님의 가르침을 소개할 뿐 아니라 그분이 인자라는 사실을 강조한 것은 결코 우연이 아니다. 그는 예수님이 인자라는 사실과 그러한 주님을 따르는 것이 어떤 의미를 지니는지 밝히기 위해 결론적으로 예수님의 말씀을 소개했다. "너희 중에는 그렇지 않을지니 너희 중에 누구든지 크고자 하는 자는 너희를 섬기는 자가 되고 너희 중에 누구든지 으뜸이 되고자 하는 자는 모든 사람의 종이 되어야 하리라 인자가 온 것은 섬김을 받으려 함이 아니라 도리어 섬기려 하고 자기 목숨을 많은 사람의 대속물로 주려 함이니라"(막 10:43-45).

예수님은 전적으로 자신을 의뢰하는 사람들을 위해 자기 목숨을 대속물로 내어주신 메시아시다. 그분은 일반적인 의미에서 '이 세상 모든 사람'이 아닌 자신을 '믿고 의지 하는 자들'을 위해 대속 죽음을 당하셨다. 그러므로 예수님을 의뢰하는 사람들만이 그분의 대속 공로를 힘입어 죄를 용서받고 구원함을 얻어 영생에 이르게 될 것이다. 그런데 예수님을 믿고 따른다는 것이 그토록 영광스러운 일만은 아니다. 그것은 이 세상에서 다른 사람을 섬기는 종의 위치에 놓임을 의미한다. 예수님의 참된 제자는 섬김의 역할을 회피할 수 없다. 그러나 예수님을 전적으로 의뢰하지 않는 자들은 자기 십자가를 지거나 그분을 따르지 않고 형식적인 신앙만으로 만족하며 지낼 것이다.

마가가 정리한 회심의 개요를 제대로 이해할 때, 예수님을 피상적으로 아는

22 Harry L. Poe, *The Gospel and Its Meanning: A Theology for Evangelism and Church Growth* (Grand Rapids: Zondervan, 1996), 특히 제5장: "Death for Sins," pp. 134-62을 보라.

차원을 넘어 정말로 주님이 어떤 분인지 깨닫고 전적으로 의뢰할 수 있도록 사람들을 도와줄 수 있다. 열두 제자처럼 단지 예수님이 메시아라는 사실을 아는 것만으로는 충분치 않다. 그러므로 그분이 어떠한 메시아이며 그분을 따르는 것이 과연 무슨 의미인지 분명히 이해해야 한다. 그런 후에도 예수님을 따르기 위해서는 십자가를 부끄러워하지 말아야 하는데, 이것이 바로 믿음의 본질이다.

다윗의 자손이신 예수님

고난의 상징인 십자가는 한편으로 영광스러운 것으로서 그 의미를 '다윗의 자손'이라는 예수님의 호칭에서 찾을 수 있다. 다윗의 자손은 하나님나라의 의로운 왕으로서 만왕의 왕이자 만주의 주시다. 이러한 사실을 이야기할 때 초점은 공의다. 예수님은 성전에 들어가시어 환전상과 매매하는 자들을 보시고 분노해 그들을 내어쫓고 성전을 청결케 하셨다. 예수님이 의분을 발하신 일은 도처에서 목격된다. 그러므로 예수님을 전적으로 의뢰한다면, 우리 역시 하나님나라의 공의를 비웃고 온갖 불의를 일삼는 세력 앞에서 예수님처럼 의분을 발해야 한다는 중요한 사실을 기억하라.

물론 예수님은 우리에게 하나님을 사랑하고 이웃을 네 몸처럼 사랑하라고 명하셨다. 하나님나라는 사랑의 왕국이다.[23] 예수님이 행하신 사역은 사랑의 사역인 동시에 충돌을 빚으신 사역이었다. 그분은 유대 종교지도자들과 격렬히 논쟁하는 중에도 사랑의 계명을 언급하셨음을 기억하라. 예수님이 말씀하신 사랑의 대상에는 원수까지도 포함된다.

다윗의 자손이신 예수님을 따르는 것은 주님 안에서 자신의 행복과 평안만

---

23 이 주제에 대해서는 흔하지 않으면서도 탁월한 식견을 피력한 Edward John Carnell, *The Kingdom of Love and Pride of Life* (Grand Rapids: Wm. B. Eerdmans Publishing Co., 1960)을 참조하라. Carnell은 인생의 의미와 목적을 복음에서 찾을 수 있다는 사실을 변증적으로 논술했다.

을 추구하는 것을 의미하지 않는다. 예수님은 우리에게 이 세상에 사는 동안 불의가 아닌 공의를, 미움이 아닌 사랑을 실천하라고 요구하신다.

전도인들은 일상적으로 하나님께서 우리의 삶을 위한 놀라운 계획을 갖고 계시다는 사실을 강조한다. 우리는 하나님께서 온 인류를 무조건적으로 사랑하신다고 말한다. 우리는 사람들에게 값없이 주시는 하나님의 구원 은혜를 증거하면서 "지금 즉시 예수님을 믿으십시오. 그 길만이 행복해지는 비결입니다. 기회를 놓쳐서는 안 됩니다"라고 전도한다. 그러나 이러한 전도는 피상적이다. 많은 사람들이 그저 한쪽 귀로 듣고 흘려버리기에 알맞다. 물론 예수님은 우리 삶을 위한 놀라운 계획을 갖고 계시다. 주님께서 우리를 사랑하셔서 대속 죽음을 당하셨기 때문에 우리는 그분 안에서 구원의 길을 발견할 수 있다. 그러나 이 모든 것은 우리가 예수님의 부르심에 응답해 참된 제자가 될 때 누릴 수 있다. 예수님의 제자가 된다는 것은 주님이 가시는 곳이면 어디든지 뒤따르는 것으로 결코 쉬운 일이 아니다.

어네스트 베스트는 이러한 사실을 적절하게 표현한다.

> "예수님의 제자가 된다고 하는 것은 '나를 따르라'는 그분의 명령을 준행하는 것이다. 예수님의 제자가 되는 것은 좋기는 하지만 말처럼 쉬운 일이 아니다. 우리가 가고 싶은 길이 아니라 오직 주님이 가시는 방향으로 따라가는 것이 제자된 도리기 때문이다. '나를 따르라'는 단 한 번 지키면 되는 것이 아니라 일평생 동안 지켜야 할 명령이다. 이것은 또한 스토아 철학자들이 가르친 것과 같이 금욕주의를 실천하거나 단순히 이웃을 위해 희생하며 사는 것이 아니다. 하나님께 비의(秘儀)를 전수받아 거룩한 의식을 지켜 행하는 것은 더더욱 아니다. 예수님의 제자로서 자기 십자가를 진다는 것은 단순한 의식이 아니라 일평생 주님과 동행하면서 묵

묵히 그분의 뒤를 따르는 것을 의미한다."[24]

"나를 따르라"는 명령은 우리의 삶을 윤택하게 하기 위한 예수님의 부르심으로서 중요한 의미를 가지고 있다. 그러나 무엇이든 풍족해 부족한 것이 없다고 생각하는 사람들은 부르심에 응하지 않을 것이다. 그러므로 우리는 영적으로 갈급한 자들에게 호소해야 한다. 갈급한 심령으로 예수님께 나아오는 사람들은 인자이신 주님이 자신의 죄를 대속하기 위해 죽으셨다는 사실을 깨닫게 될 것이다. 삶의 진정한 의미와 목적을 깨닫기 위해 애타는 심정으로 예수님께 나아오는 사람들은 다윗의 자손이신 주님이 죄인은 용서하시되 불의는 결코 간과하지 않으신다는 사실을 깨닫게 될 것이다.

조지 헌터는 전도인들이 "당신은 하나님 앞에서 불쌍한 죄인입니다. 그러니 예수님께 나아오십시오"라고 전도하지만 물질적으로 풍요한 오늘날 스스로를 불쌍하다고 생각하지 않는 사람들은 그 말에 귀를 기울이지 않는다고 지적했다. 그러나 이 세상에는 인생의 여러 문제로 고민하며 해결책을 강구하려고 애쓰는 사람들이 아주 많다. 그들에게 다윗의 자손이신 예수님을 증거하고 그들이 예수님을 따르며 살 수 있도록 도와주라. 그러면 그들이 인생의 참된 의미와 목적을 깨닫고 영원한 가치를 지닌 하나님나라의 일들을 추구하게 될 것이다.[25]

하나님의 아들이신 예수님

우리가 전적으로 의뢰해야 할 예수님은 하나님의 아들이자 성육신한 하나님이시다. 하나님은 인간 예수님의 삶과 사역, 죽음, 부활을 통해 자신의 목적을

---

24 Earnest Best, "Discipleship in Mark: Mark 8:22-10:52," *Scottish Journal of Theology* 23 (August 1970): 329.

25 Hunter, pp. 48-51을 보라. Hunter는 사람들의 필요에 초점을 맞추어 전도하는 방식을 가리켜 소위 '귀납적 전도'라고 했다.

성취한 것이 아니라 그 자신이 직접 모든 일을 성취하셨다. 대제사장이 예수님에게 "네가 찬송받을 자의 아들 그리스도냐"라고 질문했을때, 주님은 "내가 그니라"고 대답하셨다(막 14:61-62). 예수님이 그 같은 질문에 침묵하지 않으셨듯이 우리도 그분이 하나님의 아들이란 사실을 함구해서는 안 된다. 메시아가 어떤 분인지 잘 알지 못하던 시대는 이미 지나갔다. 그러므로 이제 메시아가 어떤 분이신지 모든 사람 앞에서 밝히 증거해야 한다. 예수님은 메시아시며 메시아는 하나님의 아들이다. 마가는 그의 복음서에서 이 사실을 분명히 밝혔다. 예수님이 세례받으셨을 때와 변화산에서 그 모습이 변형되었을 때 엘리야와 모세의 하나님께서 이렇게 선포하셨다. "이는 내 사랑하는 아들이니 너희는 그의 말을 들으라"(막 1:11, 9:7).

예수님이 하나님의 아들이라는 사실의 핵심은 성육신 사건에 있다. 태초에 말씀이 계셨는데 그 말씀은 곧 하나님이셨으며 하나님께서 성육신해 이 세상에 오셨다(요 1:1-14). 그러나 이성(理性)을 중요하게 여기며, 이성에 따라 모든 것을 판단하는 현대인 중에는 이 사실을 믿지 않는 사람들이 많다. 그들은 이성으로는 도무지 설명할 수 없는 초자연적 현상 자체를 부인한다. '포스트모더니즘'을 이야기하면서 살아가는 현대인들이 하나님께서 성육신해 이 세상에 오셨다는 사실을 믿기란 그리 쉬운 일이 아닐 것이다. 그러나 수많은 사람들이 믿지 않는다고 해서 실제로 일어난 역사적 사건 자체를 부인할 수는 없다.

당신은 예수님이 하나님의 아들이라는 사실을 믿는가? 그러한 사실을 믿는다는 것은 곧 예수님이 근본 하나님이시며, 친히 우리 같은 인간이 되어 이 세상에 오셨음을 인정하는 것이다. 하나님은 이 세상을 괴롭히는 사악한 영적 존재가 아니라 인격적인 분이시다. 하나님은 우리가 전혀 알 수 없는 분이 아니라 분명히 알 수 있는 분이시므로 우리는 그분과 인격적 관계를 추구할 수 있다. 예수님이 어떤 분인지 지금까지 살펴본 사실들을 볼 때, 그분은 '하나님의 아들'이라는 한마디로 요약될 수 있다. 예수님이 위대한 선생, 능력 있는 선지자, 메시아, 우리의 죄를 대속하신 인자, 우주 만물의 주신 다윗의 자손이라는 사실은 놀라운 일이 아니다. 예수님이 바로 하나님이시기 때문이다. 예수님을 전적으로 의뢰한다는 것은 바로 이 사실을 믿고 그분을 따르는 것을 가리킨다.

예수님께로 돌이킴

마가는 '전도'가 우리의 생각 이상으로 중요하고 폭넓은 활동임을 일깨워준다. 예를 들어, 전도는 예수님에 대한 사람들의 편협한 생각을 변화시킨다. 또 개인의 안일을 추구하는 방편으로 예수님을 믿는 것이 아니라는 사실을 깨닫게 해준다. 그런데 마음이 급속히 변화되는 사람도 있지만 대부분의 사람들은 점진적인 변화의 양상을 보인다. 어쨌든 사람들이 회심하고 예수님이 정녕 어떠한 분이신지 깨닫도록 돕는 것이 전도자의 사명이다. 그 같은 깨달음의 과정은 사람에 따라 아주 오랜 기간이 걸릴 수도 있고 비교적 짧을 수도 있다. 바울이 다메섹 도상에서 예수님을 만났을 때 무슨 일이 일어났는가? 부활하신 예수님을 만난 바울은 즉각 회심하고서 주님이 어떤 분이신지 깨달았다. 그에 반해 대부분의 사람들은 예수님이 어떤 분이신지 오랫동안 탐구한 끝에 마침내 이해하고 믿을 수 있을 때 그분을 의뢰한다. 마가는 우리가 어떤 식으로 전도해야 하는지 일깨워준다. 신속하든 점진적이든 그 속도에 상관없이 사람들이 예수님을 알고 전적으로 그분을 의뢰하게 될 때까지 계속 관심을 기울이며 도와주어야 한다.

마가는 예수님이 누구신지 사람들이 깨달을 경우 어떻게 그분께로 돌아서는지도 증거한다. 참된 예수님의 모습을 발견한 사람들은 그분의 부르심에 응답해 회개하고, 믿고, 따른다. 마가의 패러다임이 아직 예수님을 믿지 않는 불신자들을 위한 것이라고 단정하고 싶겠지만 사실은 그렇지 않다. 그것은 이미 예수님을 믿는 우리들도 계속 걸어가야 할 노정을 일러주고 있다. 신앙 연륜이 오래된 교인 중에도 예수님을 단지 위대한 선생이나 능력 있는 선지자로만 알 뿐 완전하게 이해하지 못하는 사람들이 있다.

위더럽이 지적했듯이 구약 시대 당시 "회개하라"는 선지자의 메시지는 하나님의 백성에게 주어졌지 이방인들에게 주어진 것이 아니다.[26] 그러므로 구약 시대와 마찬가지로 오늘날 교회 안에 거하는 교인들 역시 진정으로 회심해야 한다. 명목상의 기독교인들에게서는 회개하는 역사가, 그 밖의 모든 기독교인들에게서는 예수님을 전적으로 의뢰하고 따르는 역사가 일어나야 한다. "구약성경에서 '회심'은 단회적 사건이 아니라 끊임없이 하나님께 되돌아가는 과정으로 묘사된다. 우리는 끊임없이 하나님과의 정상적인 관계에서 벗어나 그릇된 길로 나아가지만 하나님께서는 그때마다 우리를 올바른 길로 돌이키길 원하신다. 그러므로 하나님과 정상적인 관계를 항상 유지하기 위해서는 자신이 샛길로 빠졌다는 사실을 깨달을 때마다 바른 길로 돌아서는 '회심'이 필요하다"[27]라고 위더럽은 말했다.

신자와 불신자를 이원론적으로 구분해 불신자를 예수 그리스도께 인도하는 것이 전도 활동이라고 생각하는 기독교인들이 많다. 그러나 진정한 전도는 신자와 불신자, 참된 기독교인과 명목상의 기독교인, 전도자와 구도자를 가릴 것 없이 모든 사람이 언제나 하나님의 부르심에 응답할 수 있도록 촉구하고 권면하며 도와주는 것이다. 전도자 중에도 아직 예수님을 완전히 이해하지 못했거나 그분을 전적으로 의뢰하지 못하고 계속 영적 순례를 하는 사람이 있을 수 있다. 성직자, 평신도, 회의론자, 불가지론자를 막론하고 모든 사람은 예수님의 부르심에 응답해야 한다. 마가는 이러한 당위성을 가지고 우리가 무슨 일을, 어떻게 해야 하는지 일깨워준다.

26 Ronald D. Witherup, *Conversion in the New Testament* (Conegeville, Minn.: Liturgical Press, 1944), p. 18.

27 Witherup, p. 18.

제13장
과정 전도: 실천

대다수 사람들이 오랜 과정을 거쳐야 참된 믿음에 이른다는 사실을 이해한다고 해서 실제로 그런 사실에 맞는 전도 활동을 하게 되는 것은 아니다. 제11장에서는 그리스도를 믿겠다는 즉각적인 결단을 이끌어내는 데 주안점을 둔 만남 중심의 전도 활동으로 대중 전도, 개인 전도, 대중 매체를 통한 전도가 있음을 살펴보았다. 그렇다면 과정 중심의 전도 활동에는 어떤 것들이 있을까?

본장에서는 '과정 전도'의 대표적 방안인 소그룹 전도, 성장 중심의 전도, 영적 훈련을 통한 전도, 예배 전도를 살펴보려 한다. 이 네 가지는 '과정 전도'를 효과적으로 수행하는 다양한 방안들을 개발하는 데 참고할 수 있는 예일 뿐 모든 방안을 총망라한 것이 아니다. 더군다나 어느 것이 더 효과적인 방안일지는 전도 대상에 따라 제각기 다르다. 오늘날 구도자에게 남다른 관심을 보이는 교회들은 예배 전도에 치중하고 있다. 과거에 비해 많은 사람들이 관심을 보이고 있는 효과적인 방안 중의 하나는 소그룹 전도다. 그러나 사람들이 믿음에 이르는 과정은 제각기 다르고 복잡하므로 효과적이라고 해서 어느 한 방편만을 고집해서는 안 된다. 그러므로 제12장에서 살펴본 '과정 전도'의 이론을 참고해 더욱 다양하고 효과적인 방안들을 모색하기 바란다.

'과정 전도'의 네 가지 방안에 대해 하나하나 살펴보기 앞서 전반적인 사항을 개괄할 필요가 있다.

'과정 전도' 활동에 대한 개관

첫째, 영적 순례 중에 있는 사람들은 그 과정에서 여러 가지 문제에 직면한다. 그러므로 과정 중심의 전도자들은 그러한 문제에 대처할 수 있는 적절한 해결책을 끊임없이 모색하며 제시해주어야 한다. 그러나 꼭 과정 중심의 전도자가 아니더라도 모든 전도자는 항상 자신에게 다음과 같은 질문을 던져야 한다. "나는 과연 영적 순례 중에 있는 사람들이 직면하는 문제에 관심을 기울이며, 실질적인 도움을 베풀고 있는가?" 항상 문제를 골똘히 생각하는 사람만이 효과적이면서 새로운 전도 방법을 개발할 수 있다.

둘째, 어떤 사람들을 특정 전도 대상으로 삼느냐에 따라 전도 방식이 달라진다. 특정 대상에게 집중하는 '과정 전도'는 불특정 다수를 전도 대상으로 삼는 '만남 전도' 방식보다 확실히 효과적이다. 그러나 1차 대상에게 집중하다보니 2차 대상을 소홀히 대하거나 그들에게는 비효과적인 전도 방식일 수 있다는 약점을 지닌다. 예를 들어, 논리적 사고와 탐구를 중요시하는 대학생들에게는 신앙의 본질을 변증법적으로 논증하는 전도 방식이 효과적이지만 자녀 양육 문제로 고민하는 부모들에게는 효과적이지 못하다. 젊은 세대의 부모들은 '진리'에 대한 추상적인 논쟁보다 어린 자녀를 양육하는 데 도움되는 성경의 가르침을 배울 수 있는 소그룹 성경 공부에 더 관심을 기울일 것이다. 또한 포스트모더니즘 시대에 살고 있는 대학생들조차 기독교 신앙에 대한 논증보다는 죽어가는 지구를 살리기 위해 어떻게 해야 할지 성경적 해결책을 강구하는 일에 더 관심을 보일 것이다.

셋째, '과정 전도'는 대중 전도와 달리 특정 대상과 그들의 특별한 문제에 초점을 맞춘다. 대중 전도의 장점 중 하나는 한꺼번에 많은 사람들에게 전도할 수 있다는 점이다. 그러나 어느 방식이 좀 더 효과적인지는 각 지역과 문화적 환경에 따라 다르다. 예를 들면, 아프리카의 여러 나라에서는 대중 전도 방식이 상당한 효과를 거두고 있음에 반해 미국 사회에서는 그다지 효과를 거두지 못하고 있다. 사실상, 특정 대상을 위해 특별한 전도 방식을 모색하는 '과정 전도'가 대중 전도에 비해 보다 효과적이라고 볼 수 있다.

넷째, '과정 전도'는 사람들을 특별하게 인식하는 데서 비롯되었다. 영적 순례 중에 있는 사람들은 본인이 알든 모르든 간에 불신자가 아니라 '예비 신자'라는 것이 과정 전도자들의 견해다.[1] 교회에 출석하지 않는 사람들은 하나님나라에 대한 관심이 없으며, 하나님과 기독교인들에게 호의를 품고 있지 않는 자들이라는 것이 지금까지 알려진 보편적 인식이었다. 이러한 인식 때문에 교회 안 사람들과 교회 밖 사람들 사이에 대립이라는 장벽이 굳게 서 있었다. 그러나 교회 밖에 있는 사람 중에도 하나님을 알기 원하며, 하나님께 심지어 교회와 기독교 신앙에 대해서까지 호의적인 반응을 보이는 사람들이 많은데, 그들을 가리켜 '영적 순례 중에 있는 자들'이라고 칭할 수 있다. 게다가 다른 사람들을 예수 그리스도께 인도하는 일에 힘쓰고 있는 전도자 역시 영적 순례의 길을 걷고 있는 순례자다.

---

1 George Hunter는 '예비 신자'(Pre-Christian)라는 용어를 *Church for the Unchurched* (Nashville: Abingdon, 1966), p. 15에서 처음 사용했다. 이 개념은 1986년에 Dieter Zander가 창립한 이래 지금까지 청소년 전도에 주력하고 있는 캘리포니아주 웨스트코비나의 New Song Church 사역자들에게 많은 영향을 끼치고 있다.

이러한 사실을 분명히 인식할 때, 우리는 교회 밖의 사람들을 좀 더 다정하고 적극적인 자세로 대할 수 있다. 보편적으로 사람들이 하나님께 반감을 품고 있다고 생각하느냐, 아니면 관심을 갖고 있다고 생각하느냐에 따라 그들을 대하는 태도가 달라질 수밖에 없다. 그들이 하나님에 대한 일반인들의 반감을 극복하고 영적 세계에 관심을 가질 수 있도록 사역하는 것을 전도자의 사명으로 생각하는 사람들이 있다. 반면 누구든지 하나님께서 실제로 살아 계시며, 지금도 역사하신다는 사실을 알고 나면 자연스레 그분을 믿게 되리라고 생각하는 사람들도 있다. 이러한 관점의 차이에 따라 전도 방식 역시 달라지기 마련이다.

다섯째, '과정 전도'는 교회의 공적 예배 의식과 거의 모든 사역을 무한한 전도 가능성을 지닌 활동으로 이해한다. 교회 찬양대의 활동을 예로 들어보자. 교회 찬양대의 주요 임무는 공적 예배 때 하나님께 아름다운 찬양을 올려드리는 것이다. 그러한 찬양이 영적 순례 중에 있는 사람들의 마음을 감화시키며, 그들에게 큰 은혜를 끼친다는 사실을 이해하면 전도를 위한 찬양 집회를 모색할 수 있다. 찬양대원들이 하나님을 찬양하기 위해 함께 모여 연습하고 헌신하는 가운데 강한 연대 의식을 공유하게 되는 효과 또한 무시할 수 없다. 그들은 바쁜 일상 생활 중에도 시간을 내어 함께 모여 열심히 연습하고 주일 예배 때 다같이 찬양대에 서서 찬양하는 가운데 신앙의 동질성을 확인하며, 더욱더 주님께 헌신을 다짐하게 된다. 해마다 연말 연시가 되면 새로운 찬양대원을 모집하는 교회들이 많은데, 그러한 기회를 통해 새 신자들이 찬양대에 합류해 신앙 성장을 꾀할 수 있다는 사실 역시 고무적이다.

이러한 사실은 교회의 일반 사역과 구별되는 특별한 체계와 활동 방안을 필요로 하는 것이 '전도'라는 기존의 일반적 개념과 상치된다. 지금 이 시점에서 우리에게 필요한 것은 새로운 인식론이다. 우리는 교회의 여러 가지 사역들을 전도 활동과 연계해 얼마든지 활용할 수 있다. 그렇다고 해서 기존의 전도 방식을 포기해야 한다는 말은 아니다. 그러한 전도 활동은 여전히 중요하며 유효하다. 그러나 기존의 전도 방식과 교회의 일반 사역들을 연계해 새로운 체계와 전도 방법을 모색한다면 무한한 가능성을 도출해 낼 수 있다고 개인적으로 확신한다. 교회의 사역 방안 중에는 전도 프로그램으로 활용할 수 있는 것들이 많다. 그 같은 가능성을 깨닫고서 새로운 체계와 활동 방안을 강구하는 적극적인 자세와 노력이 필요하다. 그저 무한한 잠재력을 인식하는 것과 실제 행동으로 옮기는 것은 별개임을 명심하라.

1960년대와 1970년대에 많은 기성 교회들이 쇠퇴하는 가운데 전도의 중요성이 새롭게 인식되었다. 그때 "우리가 행하는 모든 일이 전도 활동"이라고 주창하는 사람들이 있었는데, 도리어 특별한 전도 활동이 중단되고 아무런 결실을 거두지 못하는 결과를 낳았다. 물론 교회의 모든 사역과 활동은 전도의 가능성을 지닌 것들이긴 하지만 그렇다고 해서 저절로 전도의 결실을 맺게 되는 것은 아니다. 무한한 가능성을 깨닫는 것도 중요하지만 보다 중요한 것은 가능성을 성취하기 위한 실제 행동이다. 예를 들어, 상대방에게 그가 영적 순례 중에 있다는 사실을 일깨워준다면 그 사람은 자신의 진짜 모습을 깨닫고 예수님의 부르심에 적절히 응답할 수 있다. 그러나 그러한 사역의 중요성을 미처 깨닫지 못하므로 사람들이 하나님께 나아가도록 도와줄 수 있는 자연스러운 기회를 놓쳐버릴 때가 너무나 많다. 사람들을 대하는 우리의 태도, 모든 일을 대하는 우리의 자세가 전도의 주요 관건임을 기억하라. 공적 예배에서부터 주일학교 교육, 목회 상담에 이르기까지 교회의 모든 사역이 무한한 전도 가능성을 지닌 활동임을 깨닫고 새로운 체계와 방안을 모색하는 것이 '과정 전도'의 과제다.

교회의 통상적인 사역을 전도 활동으로 보는 사람들은 별로 없으므로 그러한 사역을 십분 활용해 대상자에게 다가가는 것이 효과적이다. 그럴 경우, 그들은 경계심을 늦추고 편안한 마음으로 우리를 대하며, 우리가 전하는 복음에 별 거부감 없이 귀를 기울일 것이다.

여섯째, 상황에 따라 다양한 활동을 할 수 있는 '과정 전도'에는 한 가지 문제점이 있다. 특별한 대상을 위한 활동이 전도의 결실을 맺지 못하고 그냥 특별활동으로 끝날 수 있다는 사실이다. 오늘날 많은 사람들이 '영성 개발'에 관심을 갖고 있는 상황에서 그 주제와 관련된 세미나를 개최했다고 가정해보자. 수많은 사람들이 연일 그 세미나에 참석하고 있다는 신문 보도와는 달리 정작 복음의 도전을 받고 일생 일대의 중요 결단을 하는 사람들은 소수에 지나지 않을 수 있다. 물론 영성 개발, 잘못된 습관을 고치는 방법 등을 주제로 다루는 세미나를 개최하는 것도 중요하고 귀한 일이다. 그러나 모든 활동의 주안점은 사람들이 하나님과 자신과의 관계 및 예수님이 어떤 분이신지 깨닫고 회개한 후 주님께 나아가도록 촉구하는 데 있다.

이상으로 '과정 전도'에 대한 개관을 마치고. 이제 네 가지 대표적 방안인 소그룹 전도, 성장 중심의 전도, 영적 훈련을 통한 전도, 예배 전도를 살펴보려 한다. 이 네 가지는 '과정 전도'의 핵심을 이해하고 새로운 가능성을 모색하는 데 참고할 수 있는 것들이지 완전한 방안을 제시한 것은 아니다.

소그룹 전도

개개인의 필요와 문제에 초점을 맞추는 소그룹 전도는 '과정 전도'에 적합한 모든 요소를 지니고 있다. 개개인이 고민하는 문제를 충분히 논의하고 필요한 정보를 제공하며, 예수님이 성경에서 가르치신 내용을 세심하게 전해줄 수 있는 것이 소그룹 전도다. 또한 그 모든 정보를 각자의 삶에 적용하도록 도와준다. 소그룹 전도 방식을 통해 오랜 순례 여정 중에 있는 사람들은 이제 막 영적 순례를 시작한 사람들을 도와줄 수 있다. 소그룹 활동에 참여한 사람들은 저마다 새로운 결단을 하고, 새로운 믿음의 단계로 나아갈 수 있다. 소그룹 활동은 지속적인 모임 속에서 서로 돕고 공동체 의식을 함양하며 영적 성장을 꾀하는

데 효과적이다.

소그룹 전도는 헌신적인 기독교인들이 친구나 가족, 동료, 이웃과 함께 영적인 문제를 찾기 위해 모임을 시작하는 경우가 대부분이다. 그래서 대개 구성원들이 가장 관심을 갖고 있거나 해결책을 모색하고 싶어하는 문제가 논의거리가 된다. 이러한 모임에는 교인들과 불신자들이 공동으로 참여할 수 있지만 인원이 13명을 넘지 않는 것이 좋다. 참석자들이 자신의 이야기를 다른 사람과 나누면서 점차 연대 의식이 생긴다. 모임이 계속되면서 연구와 토론이 점차 활성화되고, 서로를 믿고 의지할 수 있는 분위기가 조성된다. 어느덧 참석자들 모두가 긍정적으로 기도한다. 대화의 주제가 예수님의 이야기로 점점 더 모아지면서 주님의 부르심에 응답해야 한다는 사실을 자각하는 사람들이 생긴다.[2]

마가복음으로 소그룹 성경 공부를 하는 것도 효과적인 '과정 전도'의 한 방안이 될 수 있다. 첫째, 오늘날 많은 사람들이 성경에 관심을 갖기 때문이다. 과거에는 성경 공부의 필요성을 깨닫지 못하고 "내가 왜 그따위 것에 관심을 보여야 하느냐?"라고 거부 반응을 보이는 사람들이 많았다. 그러나 이제 시대 상황이 많이 바뀌어 성경에 관심을 갖고 있는 사람들이 많아져 그들을 성경 공부 모임에 초대하면 아마 기꺼이 응할 것이다. 둘째, 마가복음은 예수님이 어떤 분이신지 명확히 증거하는 복음서여서 불신자나 초신자들이 주님을 이해하는 데 크게 도움이 되기 때문이다. 셋째, 모임 구성원 모두가 '예수님에 대한 마가의 여섯 가지 증언'을 학습하는데, 여섯 조로 나누어 위대한 선생, 능력 있는 선지자, 메시아, 인자, 다윗의 자손, 하나님의 아들이신 예수님에 대해 각기 연구하고 의견을 함께 나눌 수 있기 때문이다. 이러한 소그룹 성경 공부는 예수님이 누구신지 이제 막 탐구하기 시작한 사람뿐 아니라 이미 주님을 전적으로 의뢰한 사람

2 어떻게 소그룹 모임을 준비해야 할 것인지에 대해서는 Richard V. Peace, *Small Group Evangelism* (Downers Grove, Ill.: InterVarsity Press, 1985)을 보라.

들 역시 새로운 도전을 받는 계기가 될 수 있다. 예를 들면, 예수님이 능력 있는 선지자란 사실을 믿는 것이 우리 삶에 어떤 영향을 주는지 제대로 이해하지 못하는 기독교인이 많다. 당신은 예수님의 권능을 확신하고 전적으로 그분을 의뢰하는가? '예수님에 대한 마가의 여섯 가지 증언'을 공부하면 '예비 신자'뿐만 아니라 소그룹 성경 공부에 참석한 모든 사람이 영적 도전을 받을 수 있다. 넷째, 소그룹 성경 공부는 영적 순례길을 거닐고 있는 사람들을 교회로 인도하는 다리 역할을 해 영적 성장에 필요한 여러 가지 도움을 제공할 수 있기 때문이다.

소그룹 전도는 매우 효과적이며 가치 있다. 온갖 종류의 소그룹이 결성되는 현실이 이 사실을 뒷받침한다. 로버트 우트노와 조지 갤럽이 조사한 결과에 따르면, 미국 성인 남녀 중 40%가 소그룹에 정기적으로 참석하고 있다고 한다.[3] 이는 미국 성인 남녀 중 약 7,500만 명이 소그룹에 참석하고 있음을 의미하며, 매주 8,000만 명의 성인 남녀가 교회에 출석하고 있는 것과 비교하면 엄청난 비율이다.[4] 게다가 이들 소그룹은 대개 다 가치 있게 여겨지는 것들로서, 4명 중 3명은 이 모임이 자신에게 '중요하다', 약 30%는 '매우 중요하다'라고 응답했다.[5] 이들 소그룹의 63%는 종교 모임이거나 영적인 문제를 다루는 모임인 것으로 나타났다.[6] 이상의 통계 수치는 소그룹이 사람들에게 다가갈 수 있는 효과적인 방편임을 보여준다. 사람들의 관심을 쉽게 끌 수 있고, 영적인 문제들을 논의하기에 적합하며, 교회의 전통적인 예배 의식에 거부 반응을 보이는 사람조차 편안하게 여길 수 있는 것이 소그룹이다.

---

3 Robert Wuthnow, *Sharing the Journey: Support Groups and America's New Quest for Community* (New York: Free Press, 1994), p. 45. 미국에는 최소한 300만 개의 소그룹 이 있다. 인구 비례로 따지면 주민수가 50,000명 정도인 마을 사람들은 언제든지 600여 개 의 소그룹에 참석할 수 있는 셈이다.

4 Wuthnow, p. 52.

5 Wuthnow, p. 51.

6 Wuthnow, p. 55.

소그룹은 구성원들이 새로운 사실을 배울 수 있는 이상적인 환경이다. 참석자들은 새로운 자료와 정보를 나누며 각자 의견을 개진할 수 있다. 게다가 이러한 활동을 통해 구성원들 간에 강한 연대감을 가질 수 있다. 참석자 모두가 단순히 필요한 정보를 공유하는 단계에서 한 걸음 더 나아가 서로 사랑하고, 관심을 기울이며, 도와주고, 신뢰하면서 공동체 의식을 가진다. 그뿐 아니라 소그룹은 구성원들이 결단을 내리기 적절한 분위기다. 예를 들어, 영적 성장을 추구하는 사람들과 함께 지내다보면 이들처럼 새로운 선택과 결단을 내릴 수 있는 가능성이 크다. 그러므로 소그룹 전도는 '과정 전도'를 위한 이상적인 방안이다.

성장 중심의 전도

전도를 하다보면 사람들이 겪는 고통스런 문제를 다루어야 할 때가 있다. 사람들은 이 세상에 사는 동안 각종 문제 때문에 괴로워한다. 그중에는 누구나 한 번쯤은 필연적으로 겪는 일도 있다. 예를 들어, 사춘기는 누구나 견디기 힘들어 하는 시기여서 본인은 물론 부모와 가족들도 바짝 긴장한다. 그러나 사춘기는 청소년이 어른으로 성장하는 과정에서 반드시 겪어야 할 신체적, 정신적 발달 과정이다. 하지만 폭풍우 속을 뚫고 지나가야 하는 것과 같은 사춘기 시기를 맞아 많은 부모와 자녀들이 하나님의 도우심을 간구하게 된다. 그리고 그런 가운데 많은 십대 청소년들이 하나님을 발견한다. 조사 결과만 보더라도 사람들이 가장 많이 회심하는 때가 바로 사춘기다.[7]

십대 청소년 사역에 힘쓰고 있는 '영 라이프'(Young Life) 같은 단체는 아이들

7 Robert W. Crapps, *An Introduction to Psychology of Religion* (Macon, Ga.: Mercer University Press, 1986), p. 107.

이 성장하는 과정에서 겪는 여러 문제들을 이해하고 성경적 해결책을 제시해주어야 할 필요성을 잘 알고 있다. 그래서 아이들이 신체뿐만 아니라 영적으로도 성장할 수 있도록 세심하게 배려한다. 사춘기 자녀를 둔 부모들에게도 그 시기는 하나님을 발견할 수 있는 좋은 기회다. 교회가 주관하는 '십대 자녀를 둔 부모들을 위한 세미나 등에 참석하는 사람은, 하나님께서 자신을 사랑하신다는 사실을 깨닫고 같은 사랑을 자녀에게 전할 수 있다.[8] 그리고 스트레스를 받을 때 자신이 어떻게 반응하는지 돌이켜보고 하나님의 도우심을 간구할 수 있다. 이처럼 성장 중심의 전도란 사람들이 고민하고 있는 문제에 초점을 맞추어 그들이 영적으로 성장할 수 있도록 실질적인 도움을 준다.

성장 중심 전도의 일례로 신혼 부부에 초점을 맞춘 사역 활동이 있다. 신혼 부부에게는 '아름다운 가정을 이루는 방법'이란 주제의 세미나나 그들을 위한 소그룹 등이 실질적인 도움을 준다.[9] 결혼 생활을 오래 유지하지 못하는 십대 부부들이 점차 늘어나고 있는 상황에서 성경이 가르치는 정상적인 부부 생활의 교훈이 어느 때보다 절실하다. 1960-1979년에 미국인의 이혼율은 3배로 급증했으며, 1986년의 이혼율은 서방 세계에서 최고를 기록했다.[10] 25-29세의 남녀 중 결혼하지 않고 동거하는 사람들의 수도 계속 증가해 1970년에는 남자가 19%,

---

8 예를 들면, 소그룹 가이드북으로는 William Cutler and Richard Peace, *Parenting Adolescents: Easing the Way to Adulthood*, the Serendipity Support Group Series (Littleton, Colo.: Serendipity House, 1990). 그리고 비디오 테이프 2개, 소그룹 토론 지침서, 책 1권이 포함된 Kevin Huggins 주연의 소그룹을 위한 비디오 시리즈로는 Parenting Adolescent (Colorado Springs: NavPress, 1989)가 있다.

9 신혼 부부를 위한 소그룹 교재로는 David Brown과 함께 Richard Peace, Dietrich Gruen이 참여한 *Newly Married: How to Have a Great First Year*, Serendipity Support Group Series (Littleton, Colo.: Serendipity House, 1990)가 있다. 14단원으로 구성된 이 책은 부부간의 실질적인 문제를 다루는 단원(예를 들어, 1단원에서는 부모 슬하에서 지내다가 결혼해 배우자와 함께 사는 가정을 다룬다)과 이에 대한 성경적인 교훈을 다루는 단원(예를 들어, 2단원에서는 창세기 2장에 입각한 결혼이 갖는 의미를 다룬다)이 번갈아 나온다.

10 Jimmy Long, *Generating Hope: A Strategy for Reaching the Postmodern Generation* (Downers Grove, Ill.: InterVarsity Press, 1997), p. 43.

여자가 10%였던 것이 1988년에는 각각 43%와 29%로 조사되었다.[11]

신혼 부부 세미나에서는 그들에게 실제 도움이 되는 다양한 주제들을 다룰 수 있다. 예를 들면, 결혼이 주는 환상과 실제 생활, 부부 간의 불화를 극복하는 법, 남녀의 성별 차이 이해, 경제권 문제 등을 들 수 있다. 원만한 부부 관계를 유지하려면 무엇보다 서로를 이해하고 사랑하는 마음이 있어야 한다. 아무리 부부라 할지라도 서로를 존중하고 사랑하는 마음이 없는 한 한 지붕 밑에서 사는 것 자체가 고역일 것이다. 많은 사람들이 무조건적이고도 희생적인 사랑을 갈구하지만 오늘날 우리 사회에서 그 같은 사랑을 찾아보기는 힘들다. 사실, 이 같은 사랑을 할 수 있는 유일한 원천은 오직 하나님이시다. 그러므로 우리는 하나님의 사랑을 갈구하고, 배우자를 진정으로 사랑하기 위해서 하나님께서 덧입혀주시는 사랑의 능력을 힘입어야 한다. 이외에도 사람들이 고민하며 해결책을 강구하는 여러 문제가 있다. 정상적인 부부 관계를 회복하는 법, 어린 자녀들을 올바로 양육하는 법, 반항하는 아이들을 다루는 법 등이다. 중년층과 노년층의 사람들이 필연적으로 겪는 문제들도 있다. 사춘기 자녀들을 올바로 지도하는 법, 정년 퇴직 이후를 대비하는 법, 배우자와 사별하고 난 후 외로움을 극복하는 법 등이 그 예다. 사람들은 일평생 살면서 온갖 문제로 고민하고 괴로워하며 해결책을 강구한다.

당신은 지금 어떤 문제로 고민하는가? 실직, 사업 실패, 질병, 배우자, 자녀 문제 때문에 고통스러워하지 않는가? 건강을 유지하는 생활 방식도 사람들의 관심을 끌 수 있는 주제다. 이와 관련해 잘못된 식생활 개선, 다이어트 비결, 스트레스를 극복하는 방법 등에 대해 논의할 수 있다. 신약성경에서 발견할 수 있는 변화의 역동성에 기초한 '거룩함과 완전함을 추구하는 12단계 프로그램'도 교

11 Long, pp. 43-44.

회 보조 사역 프로그램으로 활용할 수 있다.[12]

그런데 성장 중심의 전도는 이상의 문제만 다루지도 않는다. 사람들이 추구하는 인생의 의미와 목적에 성경적 해답을 들려주고, 봉사하고 싶어하는 사람들의 열망을 채워주어야 한다. 그러기 위해서는 자신의 소명을 깨닫고, 재능과 은사를 분별하고, 봉사할 수 있는 일거리를 찾으며, 다른 사람을 도울 수 있도록 훈련시키는 사역이 필요하다. 인생의 의미를 추구하며 하나님을 탐구하는 사람들을 위해 여러 가지 영적 훈련 프로그램을 실시하는 것도 중요하다. 그러한 프로그램은 사람들이 영적으로 성장하는 데 큰 도움이 된다.

주제에 따라 다양한 프로그램을 실시할 수 있다는 것이 성장 중심 전도의 장점이다. 서로 정보를 교환하고 사례를 발표하며 논의하는 세미나 형태의 특별 활동에서 다루기 적합한 주제가 있는가 하면 소그룹에서 다루기 적합한 주제도 있을 것이다. 그리고 육체적인 훈련이 필요한 문제들은 전문 기관의 특별 프로그램을 받으면서 해결할 수도 있다.[13] 특별한 영적 묵상을 원하는 사람이라면 주말에 기도원에서 기도하며 성경을 본다든지 수련회에 참석하는 것이 도움이 될 것이다. 경우에 따라서 그룹 활동보다 개인 훈련이 효과적일 수도 있다. 예를 들어, 스트레스를 극복하기 위해서는 복합적인 요소가 필요하다. 첫째, 스트레스란 무엇이며, 어떻게 발생하며, 어떤 식으로 제어할 수 있는가 등의 정보가 필요하다.[14] 그러나 스트레스가 무엇인지 아는 것만으로는 충분하지 않으며, 자신

12 이러한 주장에 대해서, 그리고 회복을 위한 소그룹 모임 방법의 사례에 대해서는, Richard Peace, *Twelve Steps: The Path to Wholeness*, Serendipity Support Group Series (Littleton, Colo.: Serendipity House, 1990)을 보라.

13 그러한 문제들과 관련해 '어떻게 전도할 수 있느냐'라는 의문을 제기할 수 있다. 건강한 삶을 유지하기 위한 노력과 훈련은 평생 계속되어야 한다. 그런데 신체 단련만 한다고 건강이 유지되는 것은 아니다. 몸과 마음, 영혼이 조화를 이룰 때 건강을 유지할 수 있다. 이런 사실에 입각해, 신체적 훈련뿐 아니라 영적 훈련의 중요성을 강조하며 자연스럽게 복음을 전할 수 있다.

14 이에 관한 정보가 필요하다면 다음 책을 보라. Arch Hart, *Adrenaline and Stress* (Waco, Tex.: Word, 1986).

이 과도한 스트레스에 시달리는 이유가 무엇인지를 파악하는 것이 좀 더 중요하다. 둘째, 이를 위해 소그룹에 참여해 스트레스가 무엇이며, 제각기 스트레스에 시 달리는 원인에 어떠한 것들이 있는지 논의할 수 있다. 셋째, 스트레스를 극복하려면 단순한 이론이 아닌 행동이 필요하다. 성공적으로 스트레스를 극복한 사람들의 체험담을 듣고, 그러한 사람들의 모임에 참여하면 도움을 받을 수 있다. 실천 과정에서 묵상과 기도를 가르치고 훈련시키는 것이 필요하다. 묵상하며 기도하는 훈련을 하다보면 자연스레 영적 실체에 관심을 기울이며 그러한 주제로 대화를 나누게 될 것이다. 스트레스를 극복하는 법에 관한 세미나에는 교인뿐 아니라 불신자들도 많이 참석할 수 있다. 그 모임에서 스트레스를 성공적으로 극복할 수 있는 원동력이 '영성'에 있음을 심도있게 논의할 수 있다.

세미나를 통해 전도를 하려면 철저한 준비가 필요하다. 첫째, 세미나 강사들은 각 분야의 전문가로서 사람들에게 실질적인 정보와 도움을 줄 수 있어야 한다. 둘째, 주제 자체에서 충분히 논의할 수 있는 영적 진리를 자연스레 도출하며 사람들이 그 같은 진리에 관심을 기울이도록 유의해야 한다. 인간이 살아가면서 겪는 문제에는 영적 차원에서 이해하고 근본 해결책을 강구하는 것들이 많다. 예를 들어, 인생의 참된 목적을 깨닫고 의미 있는 삶을 살기 원하는 자들에게는 하나님에 대해 물으면서 그들이 창조주 하나님을 알고, 믿으며, 그분에게 순종하며 살아갈 수 있도록 이끌어야 한다.[15] 셋째, 성장 중심의 전도를 위한 제반 활동은 교회 공동체 사역과 긴밀히 연결되어야 한다. 단순히 교회의 공적 사역을 보조하는 차원에 머물거나 그저 일과성 행사로만 끝나서는 아무 의미가 없다. 그러한 행사를 통해 사람들을 교회 공동체의 일원으로 흡수시키고 계속 영적으로 성장할 수 있는 계기를 만들어야 한다. 필요한 지식 정보를 전달하는 것으로만 그치면 아무 소용없다.

---

15 거룩함과 온전함을 추구하는 12단계'에서는 '인간의 능력을 초월하는 전능자'(2단계) 곧 '하나님'(3, 5, 6, 11단계)이 계시다는 사실과 '우리가 하나님을 이해하고 믿을 때' 어떻게 해야 하는지(3, 11단계)를 강조한다.

영적 훈련을 통한 전도

오늘날 많은 사람들이 '영성'에 관심을 보인다. 잭 마일즈는 「뉴욕 타임즈」에 기고한 '재현되는 종교 부흥 현상'(Religion Makes a Comeback: Belief to Follow)이란 글에서 이렇게 언급했다.

> "미국 사회는 다시금 종교 부흥의 물결에 휩싸이고 있는가? 워싱턴에서 개최한 대중 전도 집회에 수많은 사람들이 운집했으며, 회교도의 절기에도 수많은 사람들이 모여 자신의 죄를 참회하곤 한다. 이제 텔레비전을 통해 〈세븐스 헤븐〉(Seventh Heaven), 〈터치드 바이 언 엔젤〉(Touched by an Angel), 〈낫싱 세크리드〉(Nothing Sacred) 같은 종교 프로그램을 시청하는 것은 너무나 자연스러운 일이 되어버렸다. 과거에는 서가에 꽂혀 먼지나 덮어쓰던 종교 서적들이 불티나게 팔리고 있으며, 교황으로부터 평신도에 이르기까지 많은 사람들이 베스트셀러 종교 서적들을 탐독하고 있다. 「타임」과 「뉴스위크」도 성자 예수님으로부터 달라이 라마에 이르기까지 그들에 관한 글을 싣기에 여념이 없다."[16]

상당수의 현대인들이 '영성'에 깊은 관심을 보인다. 고전적인 경건 서적이 새롭게 각광 받고 있는 사실이 이를 뒷받침한다. 많은 사람들이 테레사(Teresa) 같은 성자들에 관한 책[17]으로부터 불후의 명작에 이르기까지 다양한 종교 서적을 탐독한다. 캐슬린 노리스(Kathleen Norris)가 쓴 두 권의 신앙 서적은 일약 베스트셀러의 반열에 올랐다.[18] 이러한 사실은 경건한 기독교인들뿐 아니라 영성에 깊

---

16 이 글은 미국에서의 새로운 종교적 표현의 확산을 다룬 *New York Times Magazine* 특별판 (December 7, 1997, p. 56)에 실렸다. Miles는 퓰리처상을 수상한 *God: A Biography*의 저자다.

17 Rockport, Mass.: Element, 1994.

18 *Dakota: A Spiritual Geography* (Boston: Houghton Mifflin, 1994); *The Cloister Walk*

은 관심을 갖고 있는 사람들이 그 책을 사서 읽었음을 의미한다. 그러므로 교회는 영성에 남다른 관심을 갖고 있는 사람들을 지도하고 훈련시키는 프로그램을 개발해야 한다. 그러한 프로그램은 불신자들도 쉽게 흥미를 느끼며 참여할 수 있는 것이어야 한다. 영적 훈련을 통한 전도란 프로그램으로 사람들에게 다가가며 그들을 하나님께로 인도하는 것이다. 그러기 위해서는 영적 실체에 대한 탐구, 세례를 통한 신앙고백, 하나님과의 정상적인 관계 추구 등을 위한 다양한 프로그램이 필요하다.

나는 영적 훈련을 주제로 네 권의 책을 냈는데,[19] 각 책의 주제는 조금씩 다르다. 이 책들은 소그룹에서 6-14단원으로 나누어 공부할 수 있도록 만든 것이다. 특별한 영적 훈련을 하기 위해서는 소수 사람들이 기도원 같은 곳에 모여 며칠간 함께 지내는 것이 효과적이다. 주말마다 함께 모여 영적 훈련을 받는 것도 괜찮다. 오랜 신앙생활을 한 사람만이 이해할 수 있는 신학 용어 일색인 책은 그러한 모임에서 교재로 사용하기에 부적합하다. 영적 훈련을 위한 소그룹에는 교인들뿐만 아니라 불신자들도 참석할 수 있다. 내가 집필한 네 권의 책은 이러한 모든 사람들이 살아 계신 하나님을 만날 수 있도록 이끄는 지침서들이다. 영적 훈련을 위한 시리즈 중 첫 권 『영적 일지: 하나님께로 향한 당신의 여행 기록』(*Spiritual Journaling: Recording Your Journey toward God*)에서는 하나님께 나아가는 과정을 기술했다. 서점이나 문구점에서 새로 산 다이어리에 하루하루 영적 여정을 기록하는 일은 매우 흥미롭다. 아직 기록하는 습관이 몸에 배지 않은 사

(New York: Riverhead Books. 1996).

19 네 권의 책은 이러하다. *Spiritual Journaling: Recording Your Journey toward God* (Colorado Springs: NavPress/Pilgrimage Publications, 1995, 1998); *Spiritual Autobiography: Discovering and Sharing Your Spiritual Story* (Colorado Springs: NavPress/Pilgrimage Publications, 1996, 1998); *Contemplative Bible Reading: Experiencing God through Scripture* (Colorado Springs: NavPress/Pilgrimage Publications, 1996, 1998); *Meditative Prayer: Entering God's Presence* (Colorado Springs: NavPress, 1998).

람들은 하루 동안 묵상한 일보다는 사소한 일들을 기록하는 경우가 많을 것이다. 그러나 계속 기록하다보면 자신이 영적 순례를 하고 있다는 사실을 깨닫게 된다. 소그룹으로 모이는 사람들은 서로 기록을 돌려보고, 새롭게 깨달은 사실을 함께 나누며, 관찰자의 입장에서 개개인의 삶을 돌아보기 위해 함께 성경 공부를 하는 가운데 여러 가지 유익을 얻을 수 있다.

영적 훈련을 위한 모임에서는 여러 가지 주제를 다룰 수 있는데 그중 하나가 기도다. 하나님께 전적으로 의뢰하려면 문제가 발생했을 때만 주님의 도우심을 간구하는 것이 아니라 날마다 기도하는 경건의 훈련이 필요하다. 또한 지금까지 성경을 전혀 알지 못하고 아무런 흥미를 느끼지 못하는 사람들에게 성경에 대한 새로운 관심을 불러일으키며, 성경 공부 모임에 적극 참여할 수 있도록 유도해야 한다. 그런데 성경에서 단편적 지식만 얻는 것에 만족해서는 안 된다. 그들의 삶이 변해야 한다. 그러려면 일찍이 수도사들이 했던 명상적 성경 읽기가 효과적인 방법이다.

아우구스티누스의 『참회록』(*Confession*)부터 이블린 언더힐의 『신비주의』(*Mysticism*), 그리고 노리치의 줄리안의 『하나님의 사랑의 계시』(*Revelation of Divine Love*)에 이르기까지 고전적인 경건 서적을 함께 읽고 대화하는 독서 모임을 갖는 것도 좋다. 오늘날에도 유익한 교훈을 들려주는 주옥 같은 글을 쓰는 저자들이 많다. 토마스 머튼, 헨리 나우웬, C. S. 루이스 등이 쓴 저서는 소그룹에서 함께 읽고 토론하기에 알맞다. 리처드 포스터와 제임스 브라이언 스미스가 편찬한 『신앙 고전』(*Devotional Classics*)도 필독서로 꼽기에 충분하다.[20] 이 책은 50여 권의 고전에 대한 개요와 참고 성경 구절, 묵상을 위한 질문으로 구성되어 있다.

오늘날 수많은 사람들이 진정한 도움을 받을 수 있는 영적 지도자들을 찾

20 San Francisco: Harper San Francisco, 1991, 1992, 1993.

고 있다. 따라서 영적 지도자들은 그들에게 지속적인 관심을 기울이며 도움을 베푸는 가운데 그들을 하나님께로 인도할 수 있다. 벤 캠벨 존슨도 성직자들이 '영적 지도'를 통해 구도자들과 접촉할 수 있음을 지적했다.[21] 또 그는 오늘날 성직자들이 어떤 식으로 우리 사회의 수많은 불신자들을 그냥 방치해 두고 있는지 언급했다. 사실, 자기 교회 교인들을 관리하는 일에만 골몰할 뿐 교회 바깥에 있는 사람들에게는 별로 관심을 기울이지 않는 성직자들이 많다. 그러한 성직자들은 지금까지의 편협한 자세를 버리고 이들을 위해 자신이 감당해야 할 역할을 인식해야 한다. 세상 사람들은 성직자들을 하나님에 관한 '전문가'로 인정하며, 그들에게서 영적 조언과 도움, 지도를 받을 수 있다고 생각한다. '영적 지도'란 사람들에게 현재 자신이 영적 순례 중에 있다는 사실과 그를 향한 하나님의 뜻을 깨닫게 하는 것이다. 영적 지도를 통해 자연스레 전도의 열매를 맺을 수 있다.[22]

점차 많은 사람들이 찾고 있는 수양관이나 기도원 같은 곳도 '과정 전도'를 수행할 수 있는 장소다. 사람들은 주말에 그런 장소에 모여 중요한 문제들을 진지하게 논의하고 묵상하며 결단할 수 있다. 그런 모임에 참석한 사람들은 모든 문제를 영적 차원에서 다루어야 한다는 사실을 알고 있다. 그러므로 그들이 하나님과 정상적인 관계를 유지할 수 있도록 격려하며 조언해줄 필요가 있다.

---

21 Ben Campbell Johnson, *Speaking of God: Evangelism as Initial Spiritual Guidance* (Louisville: Westminster/John Knox, 1991), p. 10.

22 '영적 지도'(spiritual direction)란 하나님께서 사람에게 말씀하시는 바를 스스로 깨닫도록 도와주는 것이다.

예배 전도

대형 교회들은 예배 의식 자체가 전도에 중요한 영향을 미칠 수 있음을 인정한다. 구도자들에게 남다른 관심을 갖고 있는 이들 교회는 소위 '예비 신자'들의 관점에서 그들의 필요를 채워주고자 노력한다. 이들 교회는 현대인들이 좋아하는 음악을 주로 사용한다. 설교 시간에는 가능한 한 전문 신학 용어를 사용하지 않고 누구나 쉽게 이해할 수 있는 어휘를 구사한다. 교회는 오직 돈밖에 모른다는 불신자들의 비난을 불식시키기 위해 예배 시간에 헌금 드리는 순서도 생략한다. 그리고 예배 시간에 드라마나 대중 매체 등을 자유롭게 활용하며, 사람들이 고민하는 문제를 다루고 그들에게 영적인 삶이 왜 필요한지 일깨우기 위해 주중에도 복합 프로그램을 진행한다. 구도자를 위한 교회들은 건축 양식에서조차 불신자들이 아무런 거부감을 느끼지 않도록 현대 감각에 맞게 교회당을 설계하고 건립한다. 이들 교회의 대예배당은 마치 예술회관의 대강당처럼 꾸며져 교회를 상징하는 전통 상징물을 거의 찾아볼 수 없다. 다른 사람의 시선에 구애받지 않고 누구나 자유롭고 편리하게 예배당을 드나들 수 있도록 건축되어 있는 것이 이들 교회의 특징이다. 이처럼 구도자를 위해 특별히 설계된 교회당은 기성 교인들이 보기에는 무척 생소할 것이다.[23]

구도자를 위한 교회는 '과정 전도'가 어떠한 것인지 명확하게 이해한다. 이들 교회들은 '예수님을 위한 즉각적인 결단'을 기대하지 않고 구도자들이 끊임없이 탐구하고, 질문하는 가운데 참된 믿음을 갖도록 지도한다.

---

23 구도자를 위한 교회'라고 해서 특별히 정형화된 모델은 없다. 내가 얘기한 것은 몇몇 교회들의 특징을 언급한 것일 뿐이다. 이에 관한 정보를 더 얻기 원하는 사람은 다음 책을 보라. Ed Dobson, *Starting a Seeker Sensitive Service: How Traditional Church Can Reach the Unchurched* (Grand Rapids: Zondervan, 1993); Lynne Hybels and Bill Hybels, *Rediscovering Church: The Story and Vision of Willow Creek Community Church* (Grand Rapids: Zondervan, 1995); Rick Warren, *The Purpose Driven Church* (Grand Rapids: Zondervan, 1995).

구도자 중심 교회가 아직 얼마 안 되는 상황이기는 하지만 어느 교회든지 구도자들에게 깊은 관심을 보이며, 그들을 위한 방안을 강구할 수 있다. 처음 교회에 나온 사람에게 가장 강한 인상을 심어주는 요소가 바로 공적 예배 의식이다. 그들에게 긍정적인 인상을 심어줄 수만 있다면 전통적인 예배 의식을 개선하는 것도 그리 나쁘지 않을 것이다. 당신이 교회에 새로 나온 사람이라고 가정해보자. 교회 현관을 들어섰을 때, 예배당의 좌석을 보았을 때, 교회 게시판을 쳐다보았을 때, 예배에 참석해 설교를 들었을 때, 예배가 끝난 후 친교실에서 교인들과 함께 커피를 마셨을때 어떠한 느낌을 받겠는가? 긍정적인 평가를 내릴 수 있는 편안한 기분을 느끼는가, 아니면 그렇지 못하는가? 모든 예배 순서는 당신의 영적 기갈을 채워주기에 충분한가? 모든 것이 만족스러워 그 교회에 등록할 마음이 생기는가?

교회는 결혼식, 성례식, 장례식 같은 전통 의식을 통해서도 얼마든지 구도자들에게 다가갈 수 있다. 그러한 의식을 통해 그리스도를 증거하고 복음의 능력을 드러낼 수 있다. 물론 여기에는 세심한 주의와 노력이 필요하다. 예를 들어, 장례식 때 친구의 죽음을 슬퍼하는 불신자들 앞에서 예수님을 믿으라는 설교를 한다고 상상해보라. 그러한 설교는 듣는 사람들에게 아무런 감동을 주지 못한다. 반면 장례식에서 고인의 삶을 칭송하며, 그가 장차 부활할 것이라는 소망의 메시지를 들려준다면 예수님을 믿지 않는 유족과 친지, 친구들일지라도 기독교 신앙에 관심을 보이게 될 것이다.

교회는 특별한 절기 예배 의식을 통해서도 구도자들에게 다가갈 수 있다. 평소에는 교회에 나오지 않다가도 부활절과 성탄절 때만큼은 교회에 나오는 사람들이 있다. 그러므로 그들의 영성에 불을 붙일 수 있는 특별 행사와 예배 의식을 준비하면 된다. 일단 관심을 끄는 데 성공하면 지속적으로 접촉하는 가운데 그들을 하나님께 인도할 수 있기 때문이다. 기악대의 합주와 온교인이 참여할 수 있는 기념 예식, 성극 공연과 같은 다채로운 행사를 통해 구도자들이 영적으로 각성하고, 계속 교회에 출석하며, 복음의 진리를 깨달을 수 있다면 그보다 더 귀한 일은 없다.

결론

신약성경에 나온 두 가지 회심 패러다임은 전도의 새로운 가능성을 제시한다. 그런데 제대로 전도를 하기 위해서는 우선 그간 '전도'가 가지고 있는 오명을 불식시켜야 한다. 우리 사회에서 '전도'라고 하면 많은 사람들이 부정적인 생각을 떠올린다. 강제적이며, 사람들을 교묘하게 다루고, 정직하지 못한 행동을 일삼는 것이 '전도'라고 생각하는 사람들이 많다. '전도자'라고 하면 사람들 앞에서 거만하고 무례하게 행동하며 공공연히 적개심을 드러내는 자들을 연상한다. 최근에는 대중 매체를 이용하는 전도자들이 헌금을 착복하고 성추문을 일삼는 바람에 이들의 이미지가 더욱 부정적으로 굳었다.

많은 사람들이 전도를 부정적으로 인식한다는 점은 시사하는 바가 크다. 그것은 바로 예수님의 이름을 앞세우는 모든 전도 활동이 다 진정한 가치를 지닌 것이 아니라는 사실이다. 이는 우리가 성경적이지 못한 잘못된 전도를 할 때가 있음을 의미하는데 그 원인이 무엇인가? 21세기 미국 사회에서 전도자들이 성경적 패러다임이 아닌 문화적 패러다임에 입각한 전도 활동에 치중하고 있기 때문이다. 성경적 개념이 아닌 상업적 개념에 입각한 방법론을 주창하는 전도자들이 있는데 그들은 전도 활동을 물건을 사고파는 상행위로 이해한다. 그들에게 전도는 곧 고객의 구매 의욕을 자극하는 행위와 같다. 고객의 관심을 포착한 후 온갖 선전을 늘어놓아 '예수님'이란 물건을 사게 만드는 것이 그들의 주된 임무다. 물론 다소 과장해 말한 측면이 있기는 하다. 그러나 '전도' 가 필요한 고객에게 예수님을 파는 것과 같은 활동이 아님을 분명히 지적하고 싶다.

현대의 문화 패러다임에 익숙한 우리는 군대에서 사용하는 전략적 개념으로 전도 활동을 이해하기도 한다. 종종 스스로를 '복음의 십자군'이라고 칭하는 우리는 적진을 돌파해 성공적으로 정복할 수 있는 효과적인 전도 전략을 수립하느라 분주하다. 우리는 항상 적의 동태를 감시하는 일에 촉각을 곤두세운다. 물론 우리의 싸움은 사탄을 상대해야 하는 영적 싸움이기 때문에 전략이 필요하다. 그러나 그러한 개념에만 치중하다보면 오히려 성경적 개념과 거리가 먼 잘못된 전도 방법을 모색할 수 있다.

성경적 패러다임으로 볼 때, '전도'가 어떠한 활동인지 제대로 이해해야 올바른 방법론을 모색하며 자부심을 가질 수 있다. 지금까지 많은 사람들이 갖고 있는 전도에 대한 부정적인 이미지를 불식시키려면 오랜 시간과 각고의 노력이 필요하다. 그러한 노력을 계속적으로 경주하기 위해서는 우리 자신이 먼저 예수님을 전적으로 의뢰하며 그분을 위한 열정에 사로잡혀야 한다. 그리하여 항상 그분의 가르침에 귀를 기울이며 성경적 패러다임에 유의할 때 올바른 방법론을 모색하게 되고, 우리가 행하는 일이 진정으로 가치 있는 일임을 확신하며 예수님에 관한 복된 소식을 사람들에게 담대히 전할 수 있다. 그때 비로소 사람들은 우리가 전하는 복음을 진정 복된 소식이라 여길 것이다. 제11장에서 '회심'을 어떻게 생각하느냐에 따라 전도하는 여러 방식들이 달라진다는 사실을 강조하면서 본서 제3부를 시작했다. 그렇다. 바울과 예수님의 열두 제자가 어떻게 회심했는지를 정확하게 이해할 때, 우리는 이웃을 예수님께 인도하는 참된 전도를 할수 있다.

부록
사전식으로 요약한 회심

신약성경은 '에피스트로페'(*epistrophē*)를 '회심'으로 번역한다. 그러나 회심을 의미하는 단어에는 이 외에도 '에피스트로포'(*epistrophō*), '메타노에오'(*metanoeō*), '메타멜로마이'(*metamelomai*)가 있다. '에피스트로포'와 '메타노에오'는 동의어로 사용될 수 있는 단어로 '전환하다', '돌아서다', '반대 방향으로 향하다'라는 뜻을 지닌다. 그러나 두 단어를 엄밀히 구분하면 중요한 차이가 있다. '에피스트로포'는 보다 넓은 의미로 사용하는 단어로서 돌아서는 행위 자체를 강조하며, 회개(메타노에오)와 믿음(*pistis*)의 의미를 가지고 있다. 반면 '메타노에오'는 좁은 의미로 사용되는 단어로서 돌아서는 결단, 과거의 잘못을 시정하겠다고 하는 내면의 의지적인 결단을 강조한다.

회개(메타노에오)가 회심(에피스트로페)으로 이어지려면 반드시 믿음(피스티스)이 있어야 한다. '메타멜로마이'는 잘못을 저지른 것을 후회한다는 단어로서 과거의 죄, 잘못, 실수 등을 회개 개념과 연결시킨다. 성경에서 회심을 의미하는 단어로는 주로 '에피스트로포'와 '메타노에오'가 사용될 뿐 '메타멜로마이'는 자주 사용되지 않는다.

에피스트로페

회심(에피스트로페)의 개념은 기독교인이 아닌 헬라인 저자들의 글에서도 발견할 수 있다. "고대 철학서에서 '에피스트레포'와 '에피스트로페'는 신앙의 대상을 향해 돌아서는 것을 의미한다. 이러한 개념이 70인역을 통해 신약성경에 유입되었다."[1] 70인역에 나오는 '에피스트로페'와 비슷한 개념을 지닌 히브리어는 '슈브'(*Shubh*)로서, 구약성경에 1,000회 이상 사용되었다. '슈브'는 구약성경에서 열두 번째로 빈번히 사용되는 단어[2]로 '돌아서다', '돌이키다', '회복하다'라는 뜻을 가진다.[3] 룻기 1:16에서 볼 수 있듯이, 이 단어는 대개 돌아서는 신체 행동을 가리킨다. "내게 어머니를 떠나며 어머니를 따르지 말고 돌*아가라*(*lashuv*) 강권하지 마옵소서."[4] 이사야 55:7에서 볼 수 있듯이, 이 단어가 행동의 변화와 살아계신 하나님께로 돌아서는 신학적 의미로 사용된 경우는 120회에 이른다.[5]

> "악인은 그의 길을, 불의한 자는 그의 생각을 버리고 여호와께로 돌아오라 그리하면 그가 긍휼히 여기시리라."

---

1 F. Laubach,"*Epistrephō*," The *New International Dictionary of New Testament Theology*, ed. Colin Brown (Grand Rapids: Zondervan, 1975), vol. 1, p.354.

2 Jacob W. Heikkinen, "'Conversion': A Biblical Study," National Faith and Order Colloquium, World Council of Churches, June 12-17, 1966, p. 3.

3 Laubach,"*Epistrephō*," p. 354.

4 성경 인용문의 이탤릭체는 강조하기 위해 표시한 것이다.

5 Laubach,"*Epistrephō*," p. 354.

'슈브'에는 다양한 신학적 의미가 있다. 악에서 돌이켜(렘 18:8) 하나님께로 돌아서는 것(말 3:7), 하나님을 거역한 존재(호 5:4)가 하나님께 돌아서기로 결심하는 것(렘 31:18, 애 5:21), 돌아선 결과 용서받고(사 55:7) 진노를 면하며(욘 3:9 이하) 번영과 풍요(호 14:5 이하)와 생명을 얻는 것(겔 33:14 이하)을 뜻한다. 돌아서지 않을 때 오는 결과는 재앙(왕상 9:6-9, 호 11:5, 암 4:6-8)과 죽음이다(겔 33:9, 11). 민족 (신 4:30-31, 겔 11:19, 36:36-27, 37:14, 호 3:5, 욘 3:10, 말 4:5-6)과 개인(왕하 23:25, 렘 32:31, 겔 18:30-31)에게서 돌아서라는 촉구이기도 하다. '슈브'는 구약적 의미를 간직한 채 정통 유대주의와 헬라화된 유대주의 문헌에도 사용되었지만 관점상 한 가지 중요한 변화가 있다. 쿰란 공동체는 '돌아선 사람'만을 공동체 일원으로 인정했는데 여기서 '돌아서다'는 악으로부터(구약에 나와 있듯이) 모세 율법으로 돌아서는 것(구약에 나와 있듯이 하나님께로 돌아서는 것이 아니라)을 의미한다. 쿰란 공동체의 소속원들은 자신을 가리켜 '죄악에서 돌아선 자'라 칭했다.[6]

신약성경에서 '에피스트레포'는 36회 가량 사용되었는데 두 가지 의미 중 한 가지를 나타냈다. 이 단어는 마태복음 9:22에서 볼 수 있듯이 '돌아서는' 신체 행동을 가리키거나("예수께서 돌이켜 그를 보시며") 사도행전 3:19에서 볼 수 있듯이, 신학적 의미에서 '돌이켜 하나님을 따르는 것'을 가리킨다("그러므로 너희가 회개하고 돌이켜").

> "'에피스트레포'는 '돌아서다', '돌아오다', '돌이키다'라는 일반적인 의미로 18회(마 10:13, 벧후 2:22), 특히 사도행전과 서신서에서 볼 수 있듯이 신학적인 회심의 의미로 18회(막 4:12, 눅 1:16-17, 22:32, 행 15:19, 고후 3:16, 약 5:19-20) 사용되었다. 70인역과 달리 신약성경에서는 '메타노에오'가 종종 동의어로 사용되었다. 그리고 마

6 Laubach, "*Epistrephō*," pp. 354-55.

태복음 18:3과 요한복음 12:40에서만 '스트레포'(*strephō*)가 '회심'의 의미로 사용되었다. 사도행전 3:26에서는 '아포스트레포'(*apostrephō*)가 같은 의미로 사용되었고, '에피스트로페'는 신약성경 중 오직 사도행전 15:3에만 나온다."[7]

신약성경에 나오는 '에피스트레포'는 구약성경에 나오는 '슈브'와 유사한 의미를 지닌다. 즉, 악한 길(행 3:26)과 미혹한 길(약 5:20)에서 돌아서는 것, 어둠에서 빛으로, 사탄의 권세에서 하나님께로 돌아서는 것(행 26:18)이다. 헛된 일을 버리고 하나님께로 돌아오는 것(행 14:15), 우상을 버리고 하나님께로 돌아와 살아 계시고 참되신 하나님을 섬기는 것(살전 1:9), 타락한 길에서 영혼의 목자와 감독되신 이에게로 돌아오는 것(벧전 2:25), 주께로 돌아서는 것(행 9:35, 11:21, 15:19, 26:20, 고후 3:16)이다. 돌이키면 죄를 용서받고 새롭게 된다(행 3:19, 26:18). 이러한 일들은 공동체 내에서 발견된다(행 26:18). 돌이키면 치유를 받는 것이다(마 13:15, 막 4:12, 요 12:40, 행 28:27). 반면에 '에피스트레포'는 열등하고 천한 초등 학문으로 되돌아가거나(갈 4:9) 의의 도를 알고도 거룩한 명령을 저버릴 때(벧후 2:21)도 쓰인다.

이상의 성경 구절에서 보듯이, '에피스트레포'는 간혹 '…에서 돌이키다'라는 의미로도 사용되긴 하지만 대개 '…으로 돌이키다'라는 의미로 사용되었다. 즉, 이 단어는 하나님이나 주께로 돌아서는 것을 강조한다. '메타노에오'는 개인이나 민족이 지난 잘못을 깨닫고서 돌이키는 것을 의미한다. '메타멜로마이'는 하나님 앞에서 범죄한 사실에 대해 진심으로 뉘우치는 것을 의미한다.

'메타노에오'와 '에피스트레포'의 차이점은 다음 성경 구절에 드러난다. "그러므로 너희가 회개하고 돌이켜 너희 죄 없이 함을 받으라 이같이 하면 새롭게 되는 날이 주 앞으로부터 이를 것이요 또 주께서 너희를 위하여 예정하신 그리스

7 Laubach, "*Epistrephō*," p. 355.

도 곧 예수를 보내시리니"(행 3:19-20). "회개하고 하나님께로 돌아와서 회개에 합당한 일을 하라 전하므로"(행 26:20). 이들 구절에서 두 단어는 별다른 의미 없이 서로 엇갈려 사용된 것처럼 보이지만 그렇지 않다. 여기서 '에피스트레포'는 현재 위치에서 앞을 내다보며 주께로 나아가는 것을 의미하는 반면 '메타노에오'는 과거의 죄악을 돌아보는 것을 의미한다.

'에피스트레포'와 짝을 이루는 주요 단어는 '피스튜오'(*pisteuo*)다. 믿음과 회심이 한 쌍을 이루는 경우가 사도행전 11:21에 나타난다. "수많은 사람들이 믿고 주께 돌아오더라." 이처럼 신약성경은 회개하고 주를 믿는 것이 곧 회심임을 증거한다. '항상 믿음을 내포하는 '에피스트레포'는 '메타노에오'보다 넓은 의미로 사용되는 데 비해 '메타노에오'와 '피스튜오'는 양립하거나 서로를 보완하는 의미로 사용되었다."[8]

그러나 이들의 차이점을 명확히 이해하려면 줄리어스 쉬니빈트의 설명에 귀 기울여야 한다.

> "'회개하다'라는 말은 '전환하다'라는 의미다. 간혹 이 말은 '마음을 변화시키다'로 번역되기도 한다. 헬라 단어를 문자적으로 해석하면 이러한 번역이 가능하다. 그러나 신약성경 시대에도 정확히 이와 같은 의미로 이해되었는지는 불확실하다. 한편, 세례 요한과 예수님은 아람어를 사용하셨다. 아람어에서 '회개하다'라는 말은 루터의 구약성경 역본에서 항상 '회심하다'라는 의미로 번역된 것과 동일한 뜻을 지닌다. 그러나 '회개하다'라는 말은 '마음을 변화시키는 것' 이상의 의미를 지니고 있다. 보다 중요한 의미는 새로운 마음을 지니는 것이며, 스스로의 변화를 꾀하는 차원을 넘어서 하나님과의 정상적인 관계를 회복하는 데 강조점이 있다. 그러므로 회개란 회심과 같은 것으로서 그 이상도 이하도 아니라는 사실을 기억해야 한다. 루

---

8 Laubach,"*Epistrephō*," p. 355.

터는 회개하라는 말의 의미가 근본적으로 '회심하라'는 의미임을 깨달았다."[9]

메타노에오

고전 문헌에서 '메타노이아'(*metanoia*)란 단어류를 찾아보기란 그리 쉽지 않다. 그러나 동사 '메타노에인'(*metanoein*)이 '새로운 견해를 취하고 이전의 견해에 유감을 표명하다'라는 의미로 사용된 경우가 있다.[10] 고전 문헌에서 명사 '메타노이아'는 '마음의 변화'를 의미한다.[11] 경외서인 유대 문헌에서는 '마음의 변화와 후회'라는 두 가지 의미로 사용된다.[12] 70인역에서는 '메타노에인'이 '무엇을 후회하다'라는 의미의 히브리어 '니함'(*niham*)과 같은 용례로 사용되었는데[13] 실상은 '메타멜로마이'가 '니함'에 더 가까운 의미를 지닌다.[14] 그러나 '돌이켜 하나님께로 되돌아오다'라는 뜻인 히브리어 '슈브'에 가장 가까운 헬라어는 '에피스트레포'다. '메타노이아'라는 단어류가 신약성경에서 사용되기 이전의 상황을 잠시 살펴보자.

---

9 Julius Schniewind, "The Biblical Doctrine of Conversion," *Scottish Journal of Theology* 5 (September 1952): 270.

10 Richard J. Skiba, "The Call to New Beginnings: A Biblical Theology of Conversions," *Biblical Theology Bulletin* 11 (July 1981): 67.

11 Heikkinen, p. 4. 그는 크세노폰(Xenophon)의 글을 인용해 예를 들었다. "키루스가…백성에게 철권을 휘두르고 있다는 사실을 깨달았을 때…우리의 마음이 변화되었다"(Cyropaedia 1.1.3), p. 13.

12 Heikkinen, p. 13. 그는 다음과 같이 말한다. "필로(Philo)의 글에는 이런 내용이 나와 있다. '영혼이 정결하지 못하며, 자신의 죄악을 깨닫고서 변화하지 않으려는 사람이 어찌 감히 거룩하신 하나님께 나아갈 수 있겠는가?'(I,274) 시락서 48:15에는 이런 내용이 나온다. '이 모든 사건이 일어나는 동안에도 사람들은 목적을 바꾸지 않았으며, 죄에서 떠나지 않았다.' 팔레스타인 지방 사람들은 '메타노에인'(metanoein)이란 단어를 고전적 의미가 아니라 회개하며 목적을 바꾼다는 의미로 사용했다."

13 J. Goetzmann, "*Metanoia*," *The New International Dictionary of New Testament Theology*, ed. Colin Brown (Grand Rapids: Zondervan, 1975), vol. 1, p.357.

14 Heikkinen, p. 4.

"마음의 변화란 이전의 생각이 잘못되었음을 인정하고 후회하는 것을 함축한다. 그러나 '메타노이아'라는 단어류가 신약성경에서 삶의 급격한 변화 곧 회심을 의미하는 단어로 사용되기 전까지는 당시 헬라인 사이에서 정확히 '회심'의 의미로 사용된 적이 없다. 그러므로 회심의 개념은 헬라인의 사상이 아닌 다른 데서 비롯된 것임을 추정할 수 있다."[15]

쿰란 공동체의 견지에서 볼 때, '메타노이아'의 신약적 의미를 세례 요한의 외침에서 찾아볼 수 있다. 쿰란 공동체는 그것을 가리켜 '회개의 언약'(*berith teshuba*)이라고 칭했다. "광야에 나타난 세례 요한은 회개(메타노이아)의 세례를 전파했다. 그러므로 '메타노이아'는 구약의 대선지자들이 이스라엘 백성에게 회개하고서 하나님의 언약을 따르라고 선포했을 때 사용한 히브리어 '슈브'와 동일한 의미로 쓰인 단어임을 알 수 있다."[16] 다시 말해, 70인역의 역자들이 '슈브'를 '메타노에오'로 번역하긴 했어도 실상은 구약적 의미를 표현한 것이다.

흥미로운 사실은 세례 요한과 예수님이 동일한 메시지를 선포하셨다는 점이다. "회개하라 천국이 가까이 왔느니라."[17] 세례 요한은 예수님의 선구자로서 유대인들에게 하나님나라의 도래를 준비하고 기다리라고 선포했다. 그리고 예수님의 오심은 곧 그 나라의 시작을 의미했다. "그러므로 회개란 이제 율법이 아닌 주님께 복종함을 의미한다. 회개하라는 외침은 곧 주님의 제자가 되라고 하는 외침이다. 그러므로 '회개', '믿음', '제자됨'은 동일한 일의 제각기 다른 양상에 지나지 않다('회개하고 복음을 믿으라'—막 1:15)."[18]

"그러므로 '메타노이아'는 하나님의 심판과 통치를 선포하는 사람에게 마땅한 반응

15 Goetzmann, p. 357.

16 Heikkinen, p. 4.

17 세례 요한의 메시지(마 3:2)와 예수님의 메시지(마 4:17)가 동일하다.

18 Goetzmann, p. 358.

을 보이는 것을 의미한다. 하나님의 측면에서 볼 때, 완전히 돌아선다는 것은 언약의 하나님께 불순종한 잘못된 관계를 올바로 재정립하기 위해 지금까지와는 정반대 방향으로 돌아서는 것을 의미한다. 이처럼 돌아설 수 있는 힘은 선지자들의 외침을 듣고서 자신의 지난 잘못을 뉘우치는 가운데서 나온다. 또 한편으로는 종말의 일들을 예시해주는 현재 사건들을 직시하는 가운데 얻는다. 우리에게 놀라운 회개(메타노이아)의 능력을 제공하는 신약의 새로운 주제는 '하나님의 임박한 통치'다."[19]

메타멜로마이

'메타멜로마이'는 과거의 행동을 후회하며 달리 생각하는 것을 의미하므로 '메타노에오'와 유사한 단어다. 그러나 행동과 결단보다는 후회하는 감정 자체를 강조한다는 점에서 '메타노에오'와 구별된다. 즉 '메타멜로마이'는 과거의 행동을 후회할 뿐 그러한 행동을 결코 되풀이하지 않겠다는 의지적 결단을 함축하지는 않는다. 회심의 과정 중 반드시 요구하는 의지적 결단을 뜻하는 단어는 '메타멜로마이'가 아니라 '메타노에오'다.

그러나 고대 문헌과 구약성경 본문에서는 '메타멜로마이'와 '메타노에오'가 엄격히 구분되지 않으며 신약성경에 와서야 비로소 구별해 사용되었다. 로벅은 이러한 사실을 명확히 이해했다.

"예수님을 판 유다는 그분이 정죄 되심을 보고 스스로 뉘우쳤다(마 27:3). 그러나 유다가 진정으로 회개했다는 사실은 성경 어디에도 나와 있지 않다. 유다와 정반대되는 경우는 고린도후서 7:8-10에서 찾아볼 수 있다. 바울은 고린도 교인들에

19 Heikkinen, p. 5.

게 혹독한 책망의 편지를 써보낸 것을 후회하지 않았다. 고린도 교인들이 그 편지를 읽고 하나님께로 돌아서서 진실로 회개(메타노이아)를 했기 때문이다. 단순한 후회와 구원에 이르는 회개는 엄연히 다르다."[20]

성경에 나타난 회심

'회심'과 '회개'로 번역된 단어의 사전적 정의에서 몇 가지 결론을 얻을 수 있다. 첫째, 성경에서 신학적 의미로 사용된 단어들은 대개 항간에서 일반적인 의미로 사용되던 것들이다. '에피스트로페'와 '메타노이아'의 근본 의미는 '돌아서다'다. '회심'의 의미를 여러 가지로 정의할 수 있지만 근본적으로 '돌아서는 것'임을 부인할 수 없다. 둘째, 성경에서 이 단어들은 신학적 의미로 사용되었을 때, 돌아서는 것은 곧 하나님께로 돌이킴을 뜻한다. 즉 하나님과 그분의 뜻을 거스르던 것(죄, 우상, 어둠, 사탄)으로부터 하나님(주, 살아 계신 하나님)께로 돌이키는 것이 돌이킴이다. 회심은 항상 하나님과의 관계에서 찾아볼 수 있다. 셋째, 하나님 나라의 관점에서 볼 때 돌아선다고 하는 것은 그 나라의 일원이 되는 것을 의미함에도 불구하고 구약에서는 '하나님께로 돌아서라'는 메시지를 민족에게 주었다. 그에 반해 신약에서는 그러한 메시지가 개인에게 주어진 경우가 많다. 넷째, '에피스트레포'와 '메타노에오' 중 더 넓은 의미를 지닌 단어는 돌아서는 행동을 가리키는데 사용된 '에피스트레포'다. 두 단어는 동의어로 사용되기는 해도 '메타노에오'는 자신의 죄, 잘못, 실수 등을 돌아보며 돌이키기로 결단하는 것을 의미한다. 다섯째, '메타노에오'의 근본 의미는 마음에 작정하고서 결단하는 의지

20 F. Laubach, "*Metamelomai*," *The New International Dictionary of New Testament Theology*, ed. Colin Brown (Grand Rapids: Zondervan, 1975), vol. 1, p. 356.

적 선택이다. 사실상 회개(메타노이아)는 돌아서겠다는 의지적 결단에서 비롯된다. 여섯째, 그러나 돌아서겠다는 의지적 결단과 실제로 돌아서는 것은 다른 문제다. 결심한 바를 실제 행동으로 옮기기 위해서는 믿음(피스티스)이 필요하다. 자신의 잘못을 깨닫고 그릇된 길이나 거짓 신에게서 돌아서기로 결단하는 것이 바로 회개다. 예수님을 바라보며 자신의 죄를 용서해주실 분으로 확신하고 의지하는 것이 믿음이다. 그러므로 신약적 의미에서 회심은 회개와 믿음을 그 안에 포함하고 정의할 수 있다.

개략적이나마 인간의 행동 원리를 살펴보자. 인간은 어떤 목표(또는 신앙의 대상)를 추구하기 위해 부지런히 걷는다. 그런데 어떤 계기로 지금까지 자신이 걸어온 길이 잘못된 것이며, 아무런 의미가 없고, 자신의 삶에 오히려 악영향을 끼치는 것임을 깨닫는다. 그래서 지금까지 걸어온 길을 더 이상 추구하지 않기로 결단한다. 이것이 바로 회개다. 그런데 정반대 방향으로 가겠다고 결단만 하면 새로운 방향으로 나아갈 수 있는가? 새로운 길은 어디에 있는가? 과연 그는 지금까지의 잘못을 용서받을 수 있는가? 예수님이 생명에 이르는 길이라고 하신 복음을 아무런 의심 없이 기쁘게 받아들이는 것이 바로 믿음이다. 그래서 지금까지 걸어온 발걸음을 멈추고 정반대 방향으로 나아가는 것이다(죄에서 돌아서 예수 그리스도께로 향함). 이러한 돌이킴의 역사를 몸소 체험하는 것이 바로 회심이다.

이상의 사실을 유념하면 회개와 믿음의 결과, 회심을 경험하는 사람에게 자연히 초점을 맞추게 된다. 그러나 신약성경은 성령 하나님께서 우리 심령 가운데 역사하시지 않으면 누구도 회심할 수 없다고 증거한다. "영접하는 자 곧 그 이름을 믿는 자들에게는 하나님의 자녀가 되는 권세를 주셨으니 이는 혈통으로나 육정으로나 사람의 뜻으로 나지 아니하고 오직 하나님께로부터 난 자들이니라"(요 1:12-13). 이처럼 하나님께로 돌아서는 자들의 심령과 삶 가운데서 하나님께서 친히 역사하시는 것을 가리켜 신학적 용어로 '중생'(regeneration)이라 한다.

중생의 역사가 없는 회심은 자기 수양을 위한 인간의 노력에 불과하다. 성령이 역사하지 않는 한 우리의 전도 활동 역시 인간을 기만하는 행위로 끝날 뿐이다. 중생은 방대한 내용을 다루어야 하는 대주제다.[21] 본서의 집필 목적은 중생에 관해 논하는 것이 아니므로 이제 말을 맺으려 한다.

지금까지 인간적 측면에서 회심을 어떻게 이해해야 할지 살펴보았다. 하나님께서 우리 심령 가운데서 역사하셔야만 회심할 수 있는 것은 물론이고, 이러한 사실을 분명히 이해하고 믿게 되는 것 역시 하나님의 역사하심 덕분임을 명심하라.

21 중생에 관해 더 자세히 알려면 다음 책을 참조하라. Peter Toon, *Born Again: A Biblical and Theological Study of Regeneration* (Grand Rapids: Baker, 1987); Bernhard Citron, *New Birth: A Study of the Evangelical Doctrine of Conversion in the Protestant Fathers* (Edinburgh: University Press, 1951).

참고 문헌

Biblical and Theological Studies

Abraham, William J. *The Logic of Evangelism*. Grand Rapids: William B. Eerdmans Publishing Co., 1989.

Achtemeier, Paul J. *Mark*. Proclamation Commentaries. Philadelphia: Fortress, 1975.

_______. "An Exposition of Mark 9:30-37. " *Interpretation* 30 (1976): 178-83.

_______. "Mark as Interpreter of the Jesus Traditions." *Interpretatoin* 32 (October 1978): 339-45.

_______. "'And He Followed Him': Miracles and Discipleship in Mark 10:46-52." *Semeia* 11 (1978): 116-45.

_______. "'He Taught Them Many Things': Reflections on Marcan Christology. *Catholic Bilbical Quarterly* 42 (1980): 465-81.

Aingers, Geoffrey. "Conversion and Church Practice," *Study Encounter* 1 (1965): 102-5.

Aldrich, Joseph C. *Life-Style Evangelism*. Portland, Oreg.: Multnomah Press, 1981.

Arias, Mortimer. *Announcing the Reign of God: Evangelism and the Subversive Memory of Jesus*. Philadelphia: Fortress 1984.

Arn, Win. "Mass Evangelism: The Bottom Line." *Church Growth: America* 4, no.1 (1978): 4-7, 16-19.

"At Cross Purposes: Jesus and the Disciples in Mark." *Furrow* 33 (June 1982): 331-39.

Augustine, A. *The Confessions*. Gardemn City, N.Y.: Doubleday, 1960.

Aune, David E. "Magic in Early Christianity." In *Aufstieg und Niedergang der römischen Welt* II.23.2 (1980), pp. 1507-57.

Bacon, Benjamin W. "The Purpose of Mark's Gospel." *Journal of Biblical Literature* 29 (1910): 41-60.

Baillie, Jone. *Baptism and Conversion*. New York: Scribner, 1963.

Baird, William. "Mark 1:14-15." *Interpretation* 3 (October 1979): 394-98.

Barclay, William. *Turning to God: A Study of Conversion in the Book of Acts and Today*. Grand Rapids: Baker, 1973.

______, *The Gospel of Mark*. Rev. ed. Philadelphia: Westminster, 1975. 『마가복음』 기독교문사 역간.

Bama, George. *Evangelism That Works*. Ventura, Calif.: Regal, 1995.

Barrett, C. K. *New Testament Essays*. London: SPCK, 1972.

______. "The House of Prayer and the Den of Thieves." In *Jesus und Paulus*, edited by E. Earle Ellis and Erich Grässer, pp. 13-20. Göttingen: Vandenhoeck & Ruprecht, 1975.

Bauer, Walter. *A Greek-English Lexicon of the New Testament and Other Early Christian Literature*. Translated and adapted by William F. Arndt and F. Wilbur Gingrich from the 4th Ger. ed., 1952. Chicago: Unuiversity of Chicago Press, 1957.

Beavis, Mary Ann. "Mark's Teaching on Faith." *Biblical Theology Bulletin* 16 (October 1986): 139-42.

Beker, J. Christiaan. *Paul the Apostle: The Triumph of God in Life and Thought*. Philadelphia: Fortress, 1980. 『사도 바울』 한국신학연구소 역간.

Bernard, J. H. "A Study of St. Mark 10:38,39." *Journal of Theological Studies* 28 (1927): 262-70.

Bertram, Georg. "*Strephō*." In *Theological Dictionary of the New Testament*, edited by Gerhard Friedrich, translated and edited by Geoffrey W. Bromiley, vol. 7, pp.714-29. Grand Rapids: William B. Eerdmans Publishing Co., 1971.

Best, Ernest. *The Temptation and the Passion: The Markan Soteriology*. Cambridge: Unversity Press, 1965.

______. "Discipleship in Mark: Mark 8.22-10.52." *Scottish Journal of Teology* 23 (August 1970): 323-37.

______. "The Camel and the Needle's Eye (Mark 10:25)." *Expository Times* 82 (1970-71): 83-89.

______. "Mark 10:13-16: The Child as Model Recipient." In *Biblical Studies: Essays in Honour of William Barclay*, edited by Johnston R. McKay and James F. Miller, pp. 119-34. 209-14. London: Collins, 1976.

______. "The Role of the Disciples in Mark." *New Testament Studies* 23 (July 1977): 377-401.

______. *Following Jesus: Discipleship in the Gospel of Mark*. Sheffield: JSOT Press, 1981.

______. *Mark: the Gospel as Story*. Edinburgh : T. & T. Clark, 1983.

______. *Disciples and Discipleship: Studies in the Gospel according to Mark*. Edinburgh: T. & T. Clark, 1986.

Betz, Hans Dieter, ed. *Christology and a Modem Pilgrimage: A Discussion with Norman Perrin*. N.p.: Society of Biblical Literature, 1971.

Birdsall, J. Neville. "The Withering of the Fig-Tree (Mark 11:12-14, 20-22)." *Expository Times* 73 (1961-62): 191.

Blatherwik, David. "The Markan Silhouette?" *New Testament Studies* 17 (January 1971): 184-92.

Bligh, Philip H. "A Note on *Huios Theou* in Mark 15-39." *Expository Times* 80 (November 1968): 51-53.

Boozer, Jack. "A Biblical Understanding of Religious Experience." *Journal of Bible and Religion* 26, no. 4 (October 1958): 91-97.

Bornkamm, Günther. *Paul*. Translated by D. M. G. Stalker. New York: Harper & Row, 1971.

Borsch, F. H. "Mark 14:6 and I Enoch 62:5." *New Testament Studies* 14 (1967-68): 565-67.

Bowker, J. W. "'Merkabah' Visons and the Visions of Paul." *Journal of Semitic Studies* 16 (1971): 157-73.

Bratcher, Robert G. "A Note on *Huios Theou* (Mark 15:39)." *Expository Times* 68 (October 1956): 27-28.

______. "Mark 15:39: The Son of God." *Expository Times* 80 (June 1969): 286.

Bratcher, Robert G., and Eugene A. Nida. *A Translator's Handbook on the Gospel of Mark*. London: United Bible Societies, 1961.

Brauer, Jerald C. "Conversion: From Puritanism to Revivalism." *Journal of Religion* 58 (1978): 227-43.

Brett, Laurence F. X. "Suggestions for an Analysis of Mark's Arrangement." In *Mark:*

A New Translation with Introduction and Commentary, by C. S. Mann, pp. 174-90. Garden City, N.Y.: Doubleday, 1986.

Brow, Colin, ed. *The New International Dictionary of New Testament Theology*. 3 vols. Exeter: Paternoster, 1976.

Braw, David, with Richard Peace and Dietrich Gruen. *Newly Married: How to Have a Great First Year*. Serendipity Support Group Series. Littleton, Colo.: Serendipity House, 1990.

Bruce, F. F. *Paul: Apostle of the Heart Set Free*. Grand Rapid: Wm. B. Eerdmans Publishing Co., 1977. 『바울신학』 CLC 역간.

______. *The Epistle to the Galatians: A Commentary, on the Greek Text*. The New International Greek Testament Commentary. Grand Rapids: Wm. B. Eerdmans Publising Co., 1982.

Brueggemann, Walter. *Biblical Perspectives on Evangelism: Living in a Three-Storied Universe*. Nashville: Abingdon, 1993.

Buchanan, George Wesley. "Mark 14:54." *Expository Times* 68 (October 1956): 27.

Buck, Charles, and Greer Taylor. *Saint Paul: A Study of the Development of His Thought*. New York: Scribner, 1969.

Bultmann, Rudolf. *Theology of the New Testament*. Translated by Kendrick Brobel. New York: Scribner, 1965.

Burkill, T. A. "Strain on the Secret: An Examination of Mark 11:l-13:37." *Zeitschrift für die neutestamentliche Wissenschaft* (1960): 31-46.

______. *Mysterious Revelation: An Examination of the Philosophy of St. Mark's Gospel*. Ithaca, N. Y.: Cornell Unversity Press, 1963.

______. *New Light on the Earlist Gospel: Seven Markan Studies*. Ithaca, N. Y.: Cornell University Press, 1972.

Burkitt, F. C. "On Romans 9:5 and Mark 14:61." *Journal of Theological Studies* 5 (1904): 451-55.

Burrell, David B., C. S. C., and Franzita Kane, C. S. C., eds. *Evangelizaion in the Americn Context*. Notre Dame, Ind.: University of Notre Dame Press, 1976.

Burt, Robert L. *Good News in Growing Chruches*. New York: Pilgrim, 1990.

______. ed. *Affirming Evangelism: A Call to Renewed Commitment in the United Church of Christ*. Cleveland: United Church Board Homeland Ministries, 1993.

Callahan, Kennon L. *Twelve Keys to an Effective Church*. San Francisco: Harper & Row, 1983.

Calloud, Jean. "Toward a Structural Analysis of the Gospel of Mark." *Semeia* 16

(1980): 133-65.

Carl, William J., Ⅲ. "Mark 10:17-27 (28-31)." *Interpretation* 33 (1979): 283-88.

Carnell, Edward John. *The Kingdom of Love and the Pride of Life*. Grand Rapids: Wm. B. Eerdmans Publishing Co., 1960.

Carroll, Jackson, Carl Dudley, and William McKinney. *Handbook for Congregational Studies*. Nashville: Abingdon, 1986.

Cartwright, Michael G. "Common Witness and Proselytism: A Study of the Document." *Ecumenical Review* 23 (January 1971): 1-12.

Charlesworth, James H., ed. the *Old Testament Pseudepigrapha*. 2 vols. Garden City, N.Y.: Doubleday, 1983.

Citron, Bernhard. *New Birth: A Study of the Evangelical Doctrine of Conversion in the Protestant Fathers*. Edinburgh: University Press, 1951.

Conn, Walter E., ed. *Conversion: Perspectives on Personal and Social Transformation*.New York: Alba House, 1978.

Costas, Orlando. "Conversion as a Complex Experience." *Gospel in Context* 1 (1978) :14-24, 40.

Cousar, Charles B. "Eschatology and Mark's Theologia Crucis: A Critical Analysis of Mark 13." *Interpretation* 24 (1970): 321-35.

Cranfield, C. E. B. *The Gospel according to Saint Mark*. Cambridge: University Press, 1959.

______. *A Critical and Exegetical Commentary on the Epistle to the Romans*. Edinburgh: T. & T. Clark, 1975.

Crosby, Michael H. "The Biblical Vision of Conversion." In *The Human Experience of Conversion: Persons and Structures in Transformation*, edited by Francis A. Eigo, pp. 31 -74. Villanova, Pa.: Villanova University Press, 1987.

Cross, Whitney R. *The Burned-Over District: The Social and Intellectual History of Enthusiastic Religion in Western New York, 1800-1850*. New York: Harper & Row, 1950.

Culpepper, R. Alan. "Mark 11:15-19." *Interpretation* 34 (1980): 176-81.

Daube, David. *The New Testament and Rabbinic Judaism*. London: University of London, The Athlone Press, 1956.

______. "Responsibilities of Master and Disciples in the Gospel." *New Testament Studies* 19 (October 1972): 1-15.

Davis, W. D. *The Setting of the Sermon on the Mount*. Cambridge: Cambridge University Press, 1964.

DeGidio, Sandra, O. S. M. RCIA: *The Rites Revisited*. Minneapolis: Winston, 1984.

De Jonge, M. "The Use of the Word 'Anointed' in the Time of Jesus." *Novum Testamentum* 8 (1966): 132-48.

Derrett, J. Duncan M. "Law in the New Testament: The Palm Sunday Colt." *Novum Testamentum* 13 (1971): 241-58.

______. *The Making of Mark: The Scriptural Bases of the Earliest Gospel.* 2 vols. Shipston-on-Stour: P. Drinkwater, 1985.

Dewey, Joanna. *Markan Public Debate: Literary Technique, Concentric Structure, and Theology in Mark 2:1-3:6*. SBL Dissertation Series 48. Chico, Calif.: Scholars Press, 1980.

______. "Point of View and the Disciples in Mark." In *Society of Biblical Literature 1982 Seminar Papers*, edited by Kent Harold Richards, pp. 97-106. Chico, Calif.: Scholars Press, 1982.

______. "The Literary Structure of the Controversy Stories in Mark 2:1-3:6." in *The Interpretation of Mark*, edited by William Telford, pp. 109-18. Philadelphia: Fortress, 1985.

Dewey, Kim E. "Peter's Curse and Cursed Peter. In *The Passion in Mark: Studies in Mark 14-16*, edited by Werner H. Kelber, pp. 96-114. Philadelphia: Fortress, 1976.

______. "Peter's Denial Reexamined: John's Knowledge of Mark's Gospel." In *SBL Seminar Papers 16*, edited by Paul J. Achtemeier, pp. 109-12. Missoula, Mont.: Scholars Press, 1979.

Dixon, Bernard. *Journeys in Belief.* London: George Allen & Unwin, 1968.

Dobson, Ed. *Starting a Seeker Sensitive Service: How Traditional Churches Can Reach the Unchurched.* Grand Rapids: Zondervan, 1993.

Dodd, C. H. *The Epistle of Paul to the Romans*. The Moffatt New Testament Commentary. London: Collins, Fontana Books, 1959.

Donahue, John R. *Are You The Christ? The Trial Narrative in the Gospel of Mark*. SBL Dissertation Series 10. Missoula, Mont.: Scholars Press, 1973.

______. "Jesus as the Parable of God in the Gospel of Mark." *Interpretation* 32 (October 1978): 369-86.

Donaldson, James. "'Called to Follow': A Twofold Experience of Discipleship in Mark." *Biblical Theology Bulletin* 5 (February 1975): 67-77.

Drane, John. *Evangelism for a New Age: Creating Churches for the Next Century.* London: Marshall Pickering, 1994.

Dupont, Jacques. "The Conversion of Paul, and Its Influence on His Understanding of Salvation by Faith." In *Apostolic History and the Gospel*, edited by

W. Ward Gasque and Ralph P. Martin, pp. 176-94. Grand Rapids: Wm. B. Eerdmans Publishing Co., 1970.

Dymess, William A. *How Does America Hear the Gospel?* Grand Rapids: Wm. B. Eerdmans Publishing Co., 1989.

Engel, James F. "The Road to Conversion: The Latest Research Insights." *Evangelical Missions Quarterly* 26 (1990): 84-95.

Fackre, Gabriel. *Do and Tell: Engagement Evangelism in the '70s*. Grand Rapids: Wm. B. Eerdmans Publishing Co., 1973.

______. "Conversion." *Andover Newton Quarterly* 14 (1974): 171-89.

______. *Word in Deed: Theological Themes in Evangelism*. Grand Rapids: Wm. B. Eerdmans Publishing Co., 1975.

Farmer, William R. *The Last Twelve Verses of Mark*. Cambridge University Press, 1974.

Faw, Chalmer E. "The Outline of Mark." *Journal of Bible and Religion* 25 (1975): 19-23.

Fee, Gordon D. *The First Epistle to the Corinthians*. Grand Rapids: Wm. B. Eerdmans Publishing Co., 1987. 『NICNT 고린도전서』 부흥과개혁사 역간.

Ferch, Arthur J. *The Son of Man in Daniel 7*. Andrews University Seminary Doctoral Dissertation series, vol. 6 Berrien Springs, Mich.: Andrews University Press, 1979.

Firebaugh, Glenn. "How Effective Are City-Wide Crusades?" *Christianity Today*, March 27, 1981, pp. 412-17.

Fisher, Loren R. "'Can This Be the Son of David?'" In *Jesus and the Historian: Written in Honor of Ernest Cadman Colwell*, edited by F. Thomas Trotter, pp. 82-97. Philadelphia: Westminster, 1968.

Fletcher, Donald R. "Condemned to Die: The Logion on Cross-Bearing : What Does It Mean?" *Interpretation* 18 (1964): 156-64.

Fowler, Robert M. *Loaves and Fishes: The Function of the Feeding Stories in the Gospel of Mark*. SBL Dissertation Series 54. Chico, Calif.: Scholars Press, 1981.

______. "Who Is 'the Reader' of Mark's Gospel?" In *Society of Biblical Literature 1983 Seminar Papers*, edited by Kent Harold Richards, pp. 31-53. Chico, Calif.: Scholars Press, 1983.

France, R. T. "Mark and the Teaching of Jesus." In *Gospel Perspectives: Studies of Historyand Tradition in the Four Gospels*, edited by R. T. France and David Wenham. Vol. 1. Sheffield: University of Sheffield, 1980.

Freyne, S. *The Twelve: Disciples and Aposdes, a Study in the Theology of the First Three Gospels*. London: Sheed & Ward, 1969.

Fuller, Daniel P. *Easter Faith and History*. Grand Rapids: Wm. B. Eerdmans Publishing Co., 1965.

______. *Give the Winds a Mighty Voice: The Story of Charles E. Fuller*. Waco, Tex.: Word, 1972.

Galilea, Segundo. *The Beatitudes: To Evangelize as Jesus Did*. Translated by Robert R. Barr. New York: Orbis, 1984.

Gallup, George. "Religion in America: Fifty Years : 1935-1985." *Gallup Report* 286 (May 1985).

Gallup, George, Jr., and George O'Connel. *Who Do Americans Say That I Am?* Philadelphia: Westminster, 1986.

Gardner, Helen. "The Poetry of St. Mark." In *The Business of Criticism*. Oxford: Clarendon Press, 1959.

Gasque, W. Ward. "Apocalyptic Literature." In *Zondervan Pictorial Encyclopedia of the Bible*, pp. 200-204.1975.

Gaventa, Beverly Roberts. *From Darkness to Light: Aspects of Conversion in the New Testament*. Overtures to Biblical Theology. Philadelphia: Fortress, 1986.

Geddert, Timothy J. "Mark 13 in Its Markan Interpretative Context." Ph. D. diss., University of Aberdeen, 1986.

Gelpi, Donald. *Charisma and Sacrament: A Theology of Christian Conversion*. New York: Paulist, 1976.

______. "Conversion: The Challenge of Contemporary Charismatic Piety." *Theological Studies* (1982): 43:606-28.

______. "The Converting Jesuit." *Studies in the Spirituality of Jesuits* 18 (1986): 1-38.

______. "The Converting Catechumen." *Lumen Vitae* 42 (1987): 401-15.

______. "Religious Conversion: A New Way of Being." In *The Human Experience of Conversion: Persons and Structures in Transformation*, edited by Francis A. Eigo. Villanova, Pa.: Villanova University Press, 1987.

______. "Conversion: Beyond the Impasses of Individualism." In *Beyond Individualism*, edited by Donald J. Gelpi. South Bend, Ind.: University of Notre Dame Press, 1989.

Gerberding, G. *New Testament Conversion*. Philadelphia: Lutheran Press, 1889.

Gerhardsson, Birger. *Memory and Manuscript: Oral Tradition and Written Transmission in Rabbinic Judaism and Early Christianity*. Translated by E. J. Sharpe. Acta Seminarii Neotestamentici Upsaliensis 22. Uppsala: C. W. K.

Gleerup, 1961.

Gibbs, Eddie. *In Name Only: Tackling the Problem of Nominal Christianity.* Wheaton, Ill.: Victor Books/BridgePoint, 1994.

Gillespie, V. Bailey. *Religious Conversion and Personal Identity.* Birmingham, Ala.: Religious Education Press, 1979.

______. *The Dynamics of Religious Conversion: Identity and Transformation.* Birmingham, Ala,: Religious Education Press, 1991.

Glasson, T. F. "The Reply to Caiaphas." *New Testament Studies* 7 (1960-61): 88-93.

______. *The Second Advent.* 3rd rev. ed. London: Epworth Press, 1963.

______. "Mark 15:39: The Son of God." *Expository Times* 80 (June 1969): 286.

Goetzman, J. "*Metanoia.*" In *The New International Dictionary of New Testament Theology*, edited by Colin Brown, vol. 1, pp. 357-59. Grand Rapids: Zondervan, 1975.

Gowan, Donald E. *Bridge between the Testament: A Reppraisal of Judaism from the Exile to the Birth of Christianity.* Pittsburgh : Pickwick Press, 1976.

Graham, Helen R. "A Passion Prediction for Mark's Community: Mark 13:9-13." *Biblical Theology Bulletin* 16 (January 1986): 18-22.

Green, Michael. *Evangelism in the Early Church.* London: Hodder & Stoughton, 1970.『초대교회의 복음전도』 복있는사람 역간.

Green, Michael P. "The Meaning of Cross-Bearing." *Bibliotheca Sacra* 140 (1983): 117-33.

Griffin, Emilie. *Turning: Reflections on the Experience of Conversion.* Graden City, N. Y.: Doubleday, 1980.

Griffiths, J. Gwyn. "The Disciple's Cross." *New Testament Studies* 16 (1969-70): 358-64.

Guder, Darrell L. *Be My Witnesses: The Church's Misson, Message, and Messengers.* Grand Rapids: Wm. B. Eerdmans Publishing Co., 1985.

______. ed. *Missional Church: A Vision for the Sending of the Church in North America.* Grand Rapids: Wm. B. Eerdmans Publishing Co., 1998.

Guelich, Robert A. "'The Beginning of the Gospel': Mark 1:1-15." *Biblical Research* 27 (1982): 5-15.

______. *Mark 1-8:26.* Word Biblical Commentary, vol. 34a. Dallas: Word, 1989.

Gundry, Robert H. *Mark: A Commentary on His Apology for the Cross.* Grand Rapids: Wm. B. Eerdmans Publishing Co., 1993.

Guy, Harold A. "Son of God in Mark 15:39." *Expository Times* 81 (February 1970): 151.

Hadden, Jeffrey K., and Charles E. Swann. *Prime Time Preachers*. Reading, Mass.: Addision-Wesley, 1981.

Hahn, Ferdinand. *The Titles of Jesus in Christology*. London: Lutterworth Press, 1969.

Happel Stephen, and James J. Walter. *Conversion and Discipleship*. Philadelphia: Fortress, 1986.

Harrington, Daniel J. "A Map of Books on Mark (1975-1984)." *Biblical Theology Bulletin* 15 (January 1985): 12-16.

Hawkins, David J. "The Incomprehension of the Disciples in the Marcan Redaction." *Journal of Biblical Literature* 91 (1972): 491-500.

______. "The Symbolism and Structure of the Marcan Redaction." *Evangelical Quarterly* 49 (1977): 98-110.

Heikkinen, Jacob W. "'Conversion': A Biblical Study." National Faith and Orderolloquium, Word Council of Churches, June 12-17, 1966.

______. "Conversion to God and Service to Man." Central Committee Minutes, Heraklion, Greece, World Council of Churches, Geneva, 1967, pp. 155-66.

______. "Notes on '*Epistrepho*' and '*Metanoeo*'" *Ecumenical Review* 19 (July 1967): 313-16.

Hengel, Martin. *The Charismatic Leader and is Followers*. Translated by James C. G. Grieg. Edited by John Riches. Edinburgh: T. & T. Clak, 1981.

Hiebert, Paul G. "Conversion, Culture, and Cognitive Categories." *Gospel in Context* 1 (1978): 24-29.

Hiers, Richard H. "Purification of the Temple: Preparation for the Kingdom of God." *Journal of Biblical Literature* 90 (1971): 82-90.

Higgins, A. J. B. "St. Mark 10:36." *Expository Times* 52 (1940-42): 317-18.

______. *The Son of Man in the Teaching of Jesus*. Cambridge: Cambridge University Press, 1980.

Hofinger, Joannes. S. J. *Evangelization and Catechesis*. New York: Paulist, 1976.

Holladay, William L. *The Root Subh in the Old Testament with Particular Reference to its Usage in Convenantal Contexts*. Leiden: E. J. Brill, 1958.

Holmes, Urban T. *Turning to Christ: A Theology of Renewal and Evangelization*. New York: Seabury Press, 1981.

Hong Kong Call to Conversion, The. "Initial Report about the 'Consultation on Conversion.'" Hong Kong, January 4-8, 1988.

Hooker, Moma D. *The Son of Man in Mark*. London: SPCK, 1967.

______. "Trial and Tribulation in Mark 13." *Bulletin of the John Rylands University*

Library of Manchester 65 (1982): 78-99.

Howard, Virgil. "Did Jesus Speak about His Own Death?" *Catholic Biblical Quarterly* 39 (1977): 515-27.

Huggins, Kevin. *Parenting Adolescents*. Colorado Spring: NavPress, 1989.

Hulbosch, A. *The Bible on Conversion*. De Pere, Wis.: St. Norbert Abbey, 1966.

Humphrey, Hugh M. *A Bibliography for the Gospel of Mark: 1954-1980*. New York and Toronto: Edwin Mellen Press, 1981.

Hunter, George. *The Contagious Congregation*. Nashville: Abingdon, 1979.

______. *How to Reach Secular People*. Nashville: Abingdon, 1992.

______. *Church for the Unchurched*. Nashville: Abingdon, 1996.

Hurtado, Larry W. *Mark: A Good News Commentary*. San Francisco: Harper & Row, 1983.

Hybels, Lynne, and Bill Hybels. *Rediscovering Church: The Story and Vision of Willow Greek Community Church*. Grand Rapids: Zondervan,1995.

Inglis, G. J. "The Problem of St. Paul's Conversion." *Expository Times* 40 (1929): 227-31.

Jackson, Blomfield. "Note on Matt. 20:23 and Mark 10:40." *Journal of Theological Studies* 6 (1905): 237-40

Jacobs, Donald R. "Culture and the Phenomena of Conversion: Reflection in an East African Setting." *Gospel in Context*, no.3 (1978).

Jeremias, Joachim. *New Testament Theology*. Pt. 1, *The Proclamation of Jesus*. London: SCM Press, 1971.

Johnson, Ben Campbell. *Speaking of God: Evangelism as Initial Spiritual Guidance*. Louisville: Westminster/John Knox, 1991.

Johnson, E. S. "Mark 10:46-52: Blind Bartimaeus." *Catholic Biblical Quarterly* 40 (1978): 191-204.

______. "Mark 8:22-26: The Blind Man from Bethsaida." *New Testament Studies* 25 (1979): 370-83.

Jones, E. Stanley. *Conversion*. New York: Abingdon, 1959.

______. *A Song of Ascents: A Spiritual Autobiography*. Nashville: Abingdon, 1968.

Juel, Donald. *Messiah and Temple: The Trial of Jesus in the Gospel of Mark*. SBL Dissertation Series 31. Missoula, Mont.: Scholars Press, 1977.

Kähler, Martin. *The So-Called Historical Jesus and the Historic, Biblical Christ*. Translated by Carl E. Bratten. Philadelphia: Fortress, 1964.

Kasdorf, Hans. *Christian Conversion in Context*. Scottdale, Pa.: Herald, 1980.

Keck, Leander E. "The Introduction to Mark's Gospel." *New Testament Studies* 12

(1966): 352-70.

______. "Mark 3:7-12 and Mark's Christology." *Journal of Biblical Literature* 84 (1966): 341-58.

Kee, Howard Clark. "The Function of Scriptural Quotations and Allusions in Mark 11-16." In *Jesus und Paulus*, edited by E. Earle Ellis and Erich Grässer, pp. 165-88. Göttingen: Vandenhoeck & Ruprecht, 1975.

______. *Community of the New Age: Studies in Mark's Gospel*. London: SCM Press, 1977.

______. "Mark's Gospel in Recent Research." *Interpretation* 32 (October 1978): 353-68.

Kelber, Werner H. "Mark 14:32-42: Gethsemane. Passion, Christology, and Discipleship Failure." *Zeitschrift für die neutestamentiche Wissenschaft* 63 (1972): 166-87.

______. *The Kingdom in Mark: A New Place and New Time*. Philadelphia: Fortress, 1974.

______. "The Hour of the Son of Man and the Temptation of the Disciples (Mk 14:32-42)." In *The Passion in Mark: Studies in Mark 14-16*, edited by Werner H. Kelber, pp. 41-60. Philadelphia: Fortress, 1976.

______. *Mark's Story of Jesus*. Philadelphia: Fortress, 1979. 『마가가 전하는 예수 이야기』 감은사 역간.

______. "Mark and Oral Tradition." *Semeia* 16 (1980): 7-55.

______. ed. *The Passion in Mark: Studies on Mark 14-16*. Philadelphia: Fortress, 1976.

Kempthome, Renatus. "the Marcan Text of Jesus's Answer to the High Priest (Mark 14:62)." *Novum Testamentum* 19 (1977): 197-208.

Kennedy, D. James. *Evngelism Explosion*. Wheaton, Ill.: Tyndale House, 1970.

Kerr, Hugh T., and John M. Mulder, eds. *Conversions: The Christian Experience*. Grand Rapids: Wm. B. Eerdmans Publishing Co., 1983.

Kertelge, Karl. "The Epiphany of Jesus in the Gospel (Mark)." In *The Interpretation of Mark*, ed. William Telford, pp. 78-94. Philadelphia: Fortress, 1985.

Kim, Seyoon. *The Origin of Paul's Gospel*. Grand Rapids: Wm. B. Eerdmans Publishing Co., 1981. 『바울 복음의 기원』 두란노 역간.

Kingsbury, Jack Dean. "The Gospel of Mark in Current Research." *Religious Studies Review* 5 (April 1979): 101-7.

______. *The Christology of Mark's Gospel*. Philadelphia: Fortress, 1983.

Kittel, Gerhrd, and Gerhard Friedrich, eds. *Theological Dictionary of the New*

Testament. Translated and edited by Geoffrey W. Bromiley. 10 vols. Grand Rapids: Wm. B. Eerdmans Publishing Co., 1964-76.

Klaiber, Walter. *Call and Response: Biblical Foundations of A Theology of Evangelism*. Translated by Howard Perry-Trauthig and James A. Dwyer. Nashville: Abingdon, 1997.

Klausner, Joseph. *The Messianic Idea in Israel from Its Beginning to the Completion of the Mishnah*. London: George Allen & Unwin, 1956.

Knibb, M. A. "The Date of the Parables of Enoch: A Critical Review." *New Testament Studies* 25 (1979): 345-59.

Kolb, Robert. *Speaking the Gospel Today: A Theology of Evangelism*. St. Louis: Concordia, 1984.

Kolenkow, Anita Bingham. "Relationships between Miracle and Prophecy in the Greco-Roman World and Early Christianity." In *Aufstieg und Niedergang der römischen Welt* II.23.2 (1980), pp. 1470-1506.

Kraft, Charles H. *Communication Theory for Christian Witness*. Rev. ed. Maryknoll, N.Y.: Orbis, 1983, 1991.

Krailsheimer, A. J. *Conversion*. London: SCM Press, 1980.

Krass, Alfred C. *Five Lanterns at Sundow: Evangelism in a Chastened Mood*. Grand Rapid: Wm. B. Eerdmans Publishing Co., 1978.

______. "Conversion in the United States Today." *International Review of Missions* 68 (1979): 161-66.

______. *Evangelizing Neopagan North America: The Word That Frees*. Institute of Mennonite Studies, Missionary Studies, no. 9. Scottdale, Pa.: Herald, 1982.

Kümmel, W. G. *Introduction to the New Testament*. Translated by Howard C. Kee. Nashville: Abingdon, 1975.

Lambrecht, J. "Q-Influence on Mark 8,34-9,1." In *Logia: The Sayings of Jesus*, edited by Joël Delobel. Leuven: Leuven University Press, 1982.

Lane, William L. *The Gospel according to Mark*. Grand Rapids: Wm. B. Eerdmans Publishing Co., 1974.

______. "The Present State of Markan Studies." 1988. Typewritten.

Laubach, F. "*Epistrephō*." In *The New International Dictionary of New Testament Theology*, edited by Colin Brown, vol. 1, pp. 354-55. Grand Rapids: Zondervan, 1975.

______. "*Metamelomai*." In *The New International Dictionary of New Testament Theology*, edited by Colin Brown, vol. 1, pp. 356-57. Grand Rapids: Zondervan, 1975.

Laurence, David. "Jonathan Edwards, Solomon Stoddard, and the Preparationist Model of Conversion." *Harvard Theological Review* 72 (1979): 267-83.

Laws, Sophie. *A Commentary on the Epistle of James*, London: Adam & Charles Black, 1980.

Liefeld, Walter L. "The Wandering Preacher as a Social Figure in the Roman Empire." Ph.D. diss., Columbia University, 1967.

Lightfoot, R. H. *The Gospel Message of St. Mark*. London: Oxford University Press, 1950.

Lilly, Joseph L. "The Conversion of Saint Paul: The Validity of His Testimony to the Resurrection of Jesus Christ." *Catholic Biblical Quarterly* 6 (1944): 180-204.

Lincoln, A T. "'Paul the Visionary': the Setting and Significance of the Rapture to Paradies in II Corinthians XII. 1-10." *New Testament Studies* 25 (January 1979): 204-20.

Lindars, Barnabas. "Salvation Proclaimed VII. Mark 10:45: A Ransom for Many." *Expository Times* 93 (1981-82): 292-95.

Loffler, Paul. "The Biblical Concept of Conversion." *Study Encounter* 1 (1965): 93-101.

______. "Conversion-an Introduction." *Ecumenical Review* 19 (July 1967): 249-51.

______. "Conversion in an Ecumenical Context." *Ecumenical Review* 19 (July 1967): 252-60.

Lohfink, Gerhard. *The Conversion of St. Paul: Narrative and History in Acts*. Translated and edited by Bruce J. Malina Chicago: Franciscan Herald Press, 1976.

Lohse, Eduard. "Rabbi." In *Theological Dictionary of the New Testament*, vol. 6, pp. 961-65. 1968.

Long, Jimmy. *Generating Hope: A Strategy or Reaching the Postmodern Generation*. Downers Grove, Ill.: InterVarsity Press, 1997.

Lyons, Geore. *Pauline Autobiography: Toward New Understanding*. SBL Dissertation Series, no. 73. Atlantan: Scholars Press, 1985.

Malbon, Elizabeth Struthers. "Mythic Structure and Meaning in Mark: Elements of a Levi-Straussian Analysis." *Semeia* 16 (1980): 97-132.

______. "Fallible Followers: Women and Men in Mark's Gospel." *Semeia* 28 (1983): 29-48.

______. "Mark: Myth and Parable." *Biblical Theology Bulletin* 16 (October 1986): 8-17.

Malone, Daniel. "Riches and Discipleship: Mark 10:27-31." *Biblical Theology Bulletin*

9 (April 1979): 78-88.

Mann, C. S. *Mark: A New Translation with Introduction and Commentary*. Garden City, N. Y.: Doubleday, 1986.

Manson, T. W. "The Cleansing of the Temple." *Bulletin of the John Rylands Library* 33 (1951): 271-82.

______. *The Teaching of Jesus: Studies of Its Form and Content*. Cambridge: Cambridge University Press, 1951.

Marsh, Joel. *The Mystery of the Kingdom of God*. SBL Dissertation Series 90. Atlanta: Scholars Press, 1986.

Marsh, J. "Conversion." In *The Interpreter's Dictionary of the Bible*, edited by George A. Buttrick. Vol. 1 New York: Abingdon, 1962.

Marshall, I. Howard. *The Gospel of Luke*. The New International Greek Testament Commentary, Grand Rapids: Wm. B. Eerdmans Publishing Co., 1978.

Martin, Ralph. *Mark: Evangelist and Theologian*. Grand Rapids: Zondervan, 1973.

Marxsen, W. *Introduction to the New Testament: An Approach to Its Problems*. Translated by G. Buswell. Oxford: Basil Blackwel, 1968.

______. *Mark the Evangelist: Studies on the Redaction History of the Gospel*. Nashville: Abingdon, 1969.

Masuda, Sanae. "The good News of the Miracle of the Bread: The Tradition and Its Markan Redaction." *New Testament Studies* 28 (1982): 191-219.

Matera, Frank J. *The Kingship of Jesus: Composition and Theology in Mark 15*. SBL Dissertation Series 66. Chico, Calif.: Scholars Press, 1982.

Mays, James L. "Jesus Came Preaching: A Study and Sermon on Mark l:14-15." *Interpretation* 27 (January 1972): 30-41.

______. "An Exposition of Mark 8:27-9:1." *Interpretation* 30 (1976): 174-78.

McArthur, H. K. "Mark 14:62." *New Testament Studeis* 4 (1958): 156-58.

McGavran, Donald A. *Effective Evangelism: A Theological Mandate*. Phillipsburg, N.J.: Presbyterian and Reformed Publishing Co., 1988.

McGavran, D. A., et al. *Church Growth and Group Conversion*. Lucknow, U.P., India: Lucknow Publishing House, 1936.

McGlashan, Robin. "Conversion — a Comparative Study." Department of the Laity, World Council of Churches. Document no. VIII. July 1960.

McLoughlin, William G. *Modem Revivalism*. New York: Ronald Press, 1959.

Mead, Loren B. *Transforming Congregations for the Future*. Bethesda, Md.: Alban Institute, 1994.

Meagher, John C. *Clumsy Construction in Mark's Gospel: A Critique of Form- and*

Redaktionsgeschichte. New York: Edwin Mellen Press, 1979.

Meams, Christopher L. "Dating the Similitudes of Enoch." *New Testament Studies* 25(1979): 360-39.

Menoud, Philippe H. "Revelation and Tradition: The Influence of Paul's Conversion on His Theology." *Catholic Biblical Quarterly* 6 (1953): 131-41.

Meye, Rober P. *Jesus and the Twelve: Discipleship and Revelation in Mark's Gospel*. Grand Rapids: Wm. B. Eerdmans Publishing Co., 1968.

Miller, Donald. *Reinventing American Protestantism: Christianity in the New Millennium*. Berkeley: University of California Press, 1997.

Minear, Paul S. "The Needle's Eye." *Journal of Biblical Literature* 61 (1942): 157-69.

Moloney, Francis J. "The Vocation of the Disciples in the Gospel of Mark." *Salesianum* 43 (1981): 487-516.

Moo, Douglas J. *The Old Testament in the Gospel Passion Narratives*. Sheffield: Almond Press, 1983.

Moore, Robert L. "Pauline Theology and the Return of the Repressed: Depth Psychology and Early Christian Thought." *Zygon* 13 (Jume 1978): 158-68.

Morris, George E. *The Mystery and Meaning of Christian Conversion*. Nashville: Discipleship Resources, 1981.

Mott, Stephen Charles. "Greek Ethics and Christian Conversion: The Philonic Background of Titus II 10-14 and III 3-7." *Novum Testamentum* 20 (January 1978): 22-48.

Moule, C. F. D. *The Gospel according to Mark*. Cambridge: University Press, 1965.

Mowinckel, Sigmund. *He That Cometh: The Messianic Concept in the Old Testament and Later Judaism*. Translated by G. W. Anderson. Oxford: Basil Blackwell, 1956.

Navone, John. "The Story Told by Mark: God's Word of Love." *Clergy Review* 67 (June 1982): 199-203.

Neil, Stephen C. "Conversion." *Scottish Journal of Theology* 3 (December 1950): 352-62.

Neirynck, Frans. *Duality in Mark: Contributions to the Study of the Markan Redaction*.Bibliotheca Ephimeridum theologicarum Louvaniensium 31. Leuven: Leuven University Press, 1972.

Newbigin, Lesslie. "Context and Conversion." *International Review of Mission* 68 (1979): 301-12.

______. *Sign of the Kingdom*. Grand Rapids: Wm. B. Eerdmans Publishing Co., 1980.

______. *Foolishness to the Greeks*: The Gospel and Western Culture, Grand Rapids: Wm. B. Eerdmans Publishing Co., 1986.

______. *The Gospel in a Pluralistic Society*. Grand Rapids: Wm. B. Eerdmans Publishing Co., 1989.

______. *Truth and Authority in Modernity: Christian Mission and Modem Culture*. Valley Forge, Pa.: Trinity Press International, 1996.

Nineham, D. E. *The Gospel of St. Mark*. London: Adam & Charles Black, 1968.

Nissiotis, Nikos A. "Conversion and the Church." *Ecumenical Review* 19 (July 1967): 261-70.

Nock, A. D. *Conversion: The Old and the New in Religion from Alexander the Great to Augustine of Hippo*. London: Oxford University Press, 1933.

______. *St. Paul*. New York: Harper & Brothers, 1938.

Norborg, S. V. *Varieties of Christian Experience*. Minneapolis: Augsburg, 1937.

Norris, Kathleen. *Dakota: A Spiritual Geography*. Boston: Houghton Mifflin, 1994.

______. *The Cloister Walk*. New York: Riverhead Books, 1996.

Obersteiner, Jakob. "Messianism." In *Sacramentum Verbi: An Encyclopedia of Biblical Theology*, edited by Johannes B. Baurer, vol. 2, pp. 575-82. New York: Herder & Herder, 1970.

O'Brien, John A., ed. *Road to Damascus*. Garden City, N.Y.: Doubleday, 1955.

O'Grady, John F. "The Passion in Mark." *Biblical Theology Bulletin* 10 (April 1980): 83-87.

Otto, Rudolf. *The Idea of the Holy*. Translated by John W. Harvey. Harmondsworth, Middlesex, England: Penguin Books, 1917.

Pannell, William. *Evangelism from the Bottom Up: What Is the Meaning of Salvation in a World Gone Urban?* Grand Rapids: Zondervan, 1992.

Pamnder, E. G. "The Feeding of the Four Thousand: Mark 8:1-10." *Expository Times* 51 (May 1940): 397-98.

Parrott, H. W. "Blind Bartimaeus Cries Out Again." *Evangelism Quarterly* 32 (1960): 25-29.

Patte, Daniel. "Jesus' Pronouncement about Entering the Kingdom like a Child: A Structural Exegesis." *Semeia* 29 (1983): 3-42.

Peace, Richard. *Pilgrimage: A Workbook on Christian Growth*. Los Angeles: Acton House, 1976.

______. *Small Group Evangelism*. Downers Grove, Ill.: InterVarsity Press, 1985.

______. *Twelve Steps: The Path to Wholeness*. Serendipity Support Group Series. Littleton, Colo.: Serendipity House, 1990.

______. *Learning to Love God*. Colorado Springs: Navpress/Pilgrimage Publishing, 1994.

______. *Learning to Love Others*. Colorado Springs: Navpress/Pilgrimage Publishing, 1994.

______. *Learning to Love Ourselves*. Colorado Springs: Navpress/Pilgrimage Publishing, 1994.

______. *Spiritual Journaling: Recording Your Journey toward God*. Colorado Springs: Navpress/Pilgrimage Publications, 1995,1998.

______. *Contemplative Bible Reading: Experiencing God through Scripture*. Colorado Springs: Navpress/Pilgrimage Publications, 1996, 1998.

______. *Spiritual Autobiography: Discovering and Sharing Your Spiritual Story*. Colorado Springs: Navpress/Pilgrimage Publications, 1996, 1998.

______. *Meditative Prayer: Entering God's Presence*. Colorado Springs: Navpress/Pilgrimage Publications, 1998.

Peace, Richard, and William Cutler. *Parenting Adolescents: Easing the Way to Adulthood*. Serendipity Support Group Series. Littleton, Colo.: Serendipity House, 1990.

Peisker, C. H. "Prophet." In *The New International Dictionary of New Testament Theology*, vol. 3, pp. 74-84. 1978.

Perrin, Norman. *Christology and a Modem Pilgrimage: A Discussion with Norman Perrin*. Edited by Hans Dieter Betz. N.p.: Society of Biblical Literature, 1971.

______. "The Interpretation of the Gospel of Mark." *Interpretation* 30 (April 1976): 115-24.

Petersen, Jim. *Evangelism as a Lifestyle*, Colorado Springs: NavPress, 1980.

Petersen, Norman R. "'Point of View' in Mark's Narrative." *Semeia* 12 (1978): 97-121.

______. "The Composition of Mark 4:l-8:26." *Harvard Theological Review* 73 (1980): 185-217.

Pettit, Norman. *The Heart Prepared: Grace and Conversion in Puritan Spiritual Life*. 2nd ed. Middletown, Conn,: Wesleyan University Press, 1989.

Pippert, Rebecca. *Out of the Salt Shaker and into the World*. Downers Grove, Ill.: InterVarsity Press, 1979.

Poe, Harry L. *The Gospel and Its Meaning: A Theology for Evangelism and Church Growth*. Grand Rapids: Zondervan, 1996.

Posterski, Donald. *Reinventing Evangelism: New Strategies for Presenting Christ in Today's World*. Downers Grove, Hl.: InterVarsity Press, 1989.

Quesnell, Quentin. *The Mind of Mark: Interpretation and Method through the*

Exegesis of Mark 6:52. Analecta Biblica 38. Rome: Pontifical Biblical Institute, 1969.

Rahner, Karl. "Conversion." *Sacramentum Mundi* 2 (1968): 6.

Rainer, Thom S., ed. *Evangelism in the Twenty-First Century: The Critical Issues*. Wheaton, Ill.: Harold Shaw, 1989.

Reed, Ferry. "Lasting Fruit in Evangelism." *Journal of the Academy for Evangelism in Theological Educaiton* 11 (1995-96): 46-56.

Rengstorf, Karl H. "*Apostellō*." In *Theological Dictionary of the New Testament*, edited by Gerhard Kittel, translated and edited by Geoffrey W. Bromiley, vol. 1, pp. 398-447. Grand Rapids: Wm. B. Eerdmans Publishing Co., 1964.

______. "*Didaskō*." In *Theological Dictionary of the New Testament*, edited by Gerhard Kittel, translated and edited by Geoffrey W. Bromiley, vol. 2, pp. 135-65. Grand Rapids: Wm. B. Eerdmans Publishing Co., 1964.

______. "*Dōdeka*." In *Theological Dictionary of the New Testament*, edited by Gerhard Kittel, translated and edited by Geoffrey W. Bromiley, vol. 2, pp. 321-28. Grand Rapids: Wm. B. Eerdmans Publishing Co., 1964.

______. "*Manthanō*." In *Theological Dictionary of the New Testament*, edited by Gerhard Kittel, translated and edited by Geoffrey W. Bromiley, vol. 4, pp. 390-461. Grand Rapids : Wm. B. Eerdmans Publishing Co., 1967.

Rhoads, David, and Donald Michie. *Mark as Story: An Introduction to the Narrative of a Gospel*. Philadelphia: Fortress, 1982.

Richardson, Alan. "The Feeding of the Five Thousand." *Interpretation* 9 (1955): 144-49.

Rite of Christian Initiation of Adults: Provisional Text. Washington, D.C.: United States Catholic Conference, 1974.

Robbins, Vemon K. "The Healing of Blind Bartimaeus (10:46-52) in the Marcan Theology." *Journal of Biblical Literature* 92 (1973): 224-43.

______. "Summons and Outline in Mark : The Three-Step Progression." *Novum Testamentum* 23 (April 1981): 97-114.

______. "Mark 1:14-20: An Interpretation at the Intersection of Jewish and Graeco-Roman Traditions." *New Testament Studies* 28 (1982): 220-36.

______. "Pronouncement Stories and Jesus' blessing of the Children: A Rhetorical Analysis." *Semeia* 29 (1983): 43-74.

______. *Jesus the Teacher: A Socio-Rhetorical Interpretation of Mark*. Philadelphia: Fortress, 1984.

Robin, A. De Q. "The Cursing of the Fig Tree in Mark 11: A Hypothesis." *New*

Testament Studies 8 (April 1962): 276-81.

Robinson, J. A. *St. Paul's Epistle to the Ephisians*. 2nd ed. London: Macmillan, 1904.

Robinson, J. A. T. "The Second Coming — Mark 14:62." *Expository Times* 67 (1956): 336-40.

______. *Jesus and His Coming*. London: SCM Press, 1957.

Robinson, James M. *The Problem of History in Mark and Other Markan Studies*. Philadelphia: Fortress, 1982.

Roof, Wade Clark. *A Generation of Seekers: The Spiritual Journeys of the Baby Boom Generation*. San Francisco: Harper San Francisco, 1993.

Roth, Cecil. "The Cleansing of the Temple and Zechariah 14:21." *Novum Testamentum* 4 (1960): 174-281.

Roth, Wolfgang. *Hebrew Gospel: Cracking the Code of Mark*. Oak Park, Ill.: Meyer-Stone Books, 1988.

Roxburgh, Alan J. *Reaching a New Generation*. Downers Grove, Ill.: Inter Varsity Press, 1993.

Salter, Darius. *American Evangelism: Its Theology and Practice*. Grand Rapids : Baker, 1996.

Sample, Tex. *U.S. Lifestyle and Mainline Churches*. Philadelphia: Westminster, 1990.

Sanders, E. P. "Mark 10:17-31 and Parallels." In *Society of Biblical Literature 1971 Seminar Papers I*. pp. 257-70. Atlanta: Society of Biblical Literature, 1971.

______. *Jesus and Judaism*. London: SCM Press, 1985. 『예수와 유대교』 CH북스 역간.

Sandmel, Samuel. "Prolegomena to a Commentary on Mark." *Journal of Bible Religion* 31 (October 1963): 294-300.

Schilling, Frederick A. "What Means the Saying about Receiving the Kingdom of God as a Little Child (*Tēn Basileian Tou Theou Hōs Paidioi*)? Mark 10:15; Luke 18:17." *Expository Times* 77 (November 1965): 56-58.

Schmidt, Henry J., ed. *Conversion: Doorway to Discipleship*. Hillsboro, Kans.: Board of Christian Literature of the General Conference of Mennonite Brethren Churches, 1980.

Schniewind, Julius. "The Biblical Doctrine of Conversion." *Scottish Journal of Theology* 5 (September 1952): 267-81.

Scholem, Gershom. *The Messianic Idea in Judaism*. New York: Schocken Books, 1971.

Schürer, Emil. *The History of the Jewish People in the Age of Jesus Christ (175 B.C.-A. D. 135)*. Edited by Geza Vermes and Fergus Milar. Rev. ed. 3 vols. Edinburgh: T. & T. Clark, 1975.

Schweizer, Eduard. "The Son of Man Again." *New Testament Studies* 10 (1963): 256-61.

_______. *The Good News according to Mark*. Translated by Donald H. Madvig. London: SPCK, 1971.

_______. "The Portrayal of the Life of Faith in the Gospel of Mark." *Interpretation* 32 (October 1978): 387-99.

Scott, M. Philip. "Chiastic Structure: A Key to the Interpretation of Mark's Gospel." *Biblical Theology Bulletin* 15 (January 1985): 17-26.

Segal, Alan F. *Paul the Convert*. New Haven: Yale University Press, 1990.

Sena, Patrick J. "The Nature and Function of the Catholic Parish Mission." *Journal of the Academy for Evangelism in Theological Education* 4 (1988-89): 33-38.

Sheridan, Mark. "Disciples and Discipleship in Matthew and Luke." *Biblical Theology Bulletin* 3 (October 1973): 235-55.

Sklba, Richard J. "The Call to New Beginnings: A Biblical Theology of Conversion." *Biblical Theology Bulletin* 11 (July 1981): 67-73.

Smalley, Stephen. "Conversion in the New Testament." *Churchman* 78 (September 1964): 193-210.

Smart, James D. "Mark 10:35-45." *Interpretation* 33 (1979): 288-93.

Smith, Charles W. F. "No Time for Figs." *Journal of Biblical Literature* 79 (1960): 315-27.

Smith, John E. "The Concept of Conversion." World Council of Churches, Faith and Order Colloquium, June 1966.

Smith, Morton. *Clement of Alexandria and a Secret Gospel of Mark*. Cambridge: Harvard University Press, 1973.

_______. *Jesus the Magician*, San Francisco: Harper & Row, 1978.

Smith, Stephen Harry. "Structure, Redaction and Community in the Markan Controversy-Conflict Stories." Ph.D. diss., University of Sheffield, 1985.

Sparrow, G. Scott. *I Am with You Always: True Stores of Encounters with Jesus*. New York: Bantam Books, 1995.

Stalings, James O. *Telling the Story: Evangelism in Black Churches*. Valley Forge, Pa.: Judson Press, 1988.

Stanley, David M. "Paul's Conversion in Acts: Why the Three Accounts?" *Catholic Biblical Quarterly* 15 (1953): 315-38.

Steinhauser, Michael G. "Part of a 'Call Story'?" *Expository Times* 94 (1982-83): 204-6.

_______. "The Form of the Bartimaeus Narrative (Mark 10:46-52)." *New Testament*

Studies 32 (1986): 583-95.

Stendahl, Krister. *Paul among Jews and Gentiles*. Philadelphia: Fortress, 1976.

Stock, Augustine. *Call to Discipleship: A Literary Study of Mark's Gospel*. Dubline: Veritas Publications, 1982.

______. "Hinge Transitions in Mark's Gospel." *Biblical Theology Bulletin* 15 (January 1985): 27-31.

Stoffel, Ernest Lee. "An Expositon of Mark 10:46-52." *Interpretation* 30 (1976): 288-92.

Stonehouse, Ned B. *The Witness of Matthew and Mark to Christ*. Philadelphia: Presbyterian Guardian, 1944.

Stott, John R. W. *Christian Mission in the Modem World*. Sowners Grove, Ill.: InterVarsity Press, 1975.

Strachan, James. "Conversion." In *Encyclopedia of Religion and Ethics*, ed. James Hastings, vol. 4, pp. 104-10. New York : Scibner, 1914.

Strecker, Georg. "The Passion and Resurrection Predictions in Mark's Gospel." *Interpretation* 22 (1968): 421-42.

Swartley, Willard M. *Mark: The Way for All Nations*. Scottdale, Pa.: Herald, 1979.

______. The Structural Function of the Term 'Way' (*Hodos*) in Mark's Gospel." In *The New Way of Jesus: Essays Presented to Howard Charles*, edited by William Klassen, pp. 73-86. Newton, Kans.: Faith and Life Press, 1980.

Sweet, William Warren. *Revivalism in America: Its Origin, Growth, and Influence*. New York: Abingdon, 1944.

Synge, F. C. "Common Bread: The Craftsmanship of a Theologian." *Theology* 75 (1972): 131-35.

Tannehill, Robert C. *The Sword of His Mouth*. Semeia Supplements. 1. Philadelphia: Fortress; Missoula, mont.: Scholars Press, 1975.

______. "The Disciples in Mark: The Function of a Narrative Role." *Journal of Religion* 57 (1977): 386-405.

______. "The Gospel of Mark as Narrative Christology." *Semeia* 16 (1980): 57-95.

Taylor, Vincent. "The Apocalyptic Discourse of Mark 13." *Expository Times* 60 (1948): 94-98.

______. *The Gospel according to St. Mark*. New York: St. Martin's Press, 1966.

Telford, William R. *The Barren Temple and the Withered Tree*. Journal for the Study of the New Testament Supplement Series 1. Sheffield: JSOT Press, 1980.

______. ed. *The Interpretation of Mark*. Philadelphia: Fortress, 1985.

Terry, John Mark. *Evangelism: A Concise History*. Nashville: Broadman & Holman,

1994.

Thiede, Carsten Peter, and Matthew D'Ancona. *Eyewitness to Jesus*. New York: Doubleday, 1996.

Thompson, E. F. *Metanoeo and Metamelei in Greek Literature until 100 A.D.* Chicago: University of Chicago Press, 1908.

Tiede, David Lenz. *The Charismatic Figure as Miracle Worker*. Dissertation Series, no. 1. Missoula, Mont.: Society of Biblical Literature, 1972.

Todt, H. E. *The Son of Man in the Synoptic Tradition*. Translated by Dorothea M. Barton. London: SCM Press, 1965.

Toon, Peter. *Born Again: A Biblical and Theological Study of Regeneration*. Grand Rapids: Baker, 1987.

Towner, W. Sibley. "An Exposition of Mark 13:24-32." *Interpretation* 30 (1976): 292-96.

Traina, Robert A. *Methodical Bible Study: A New Approach to Hermeneutics*. Wilmore, Ky.: By the Author, Asbury Theological Seminary, 1952.

Trocmé, Étinne. *The Formation of the Gospel according to Mark*. Translated by Pamela Gaughan. London: SPCK, 1975.

Turner, C. H. "Marcan Usage: V. The Movements of Jesus and His Disciples and the Crowd." *Journal of Theological Studies* 26 (1925): 225-40.

Tyson, Joseph. "The Blindness of the Disciples in Mark." *Journal of Biblical Literature* 80 (1961): 261-68.

Vermes, Geza. *Jesus the Jew: A Historian's Reading of the Gospels*. London: Collins, 1973.

Via, Dan O. "Mark 10:32-52 — a Structural, Literary and Theological Interpretation." In *Society of Biblical Literature 1979 Seminar Papers Vol. II*, edited by Paul J. Achtemeier, pp. 187-203. Missoula, Mont.: Scholars Press, 1979.

Vincent, John J. "The Evangelism of Jesus." *Journal of Bible and Religion* 23 (1955): 266-71.

Wallis, Jimm. *The Call to Conversion: Recovering the Gospel for These Times*. San Francisco : Harper & Row, 1981.

Warren, Rick. *The Purpose Driven Church*. Grand Rapids: Zondervan, 1995. 『목적이 이끄는 교회』 디모데 역간.

Watson, David. *I Believe in Evangelism*. Grand Rapids: Wm. B. Eerdmans Publishing Co., 1976.

Webber, Robert E. *Celebrating Our Faith: Evangelism through Worship*. San Francisco: Harper & Row, 1986.

Weeden, Theodore J. *Mark — Traditions in Conflict*. Philadelphia: Fortress, 1971.

Weisberger, Bernard A. *They Gathered at the River: The Story of the Great Revivalists and Their Impact upon Religion in America*. Chicago: Quadrangle Books. 1958.

Wells, David F. *God the Evangelist: How the Holy Spirit Works to Bring Men and Women to Faith*. Grand Rapids: Wm. B. Eerdmans Publishing Co., 1987.

______. *Turning to God: Biblical Conversion in the Modem World*. Grand Rapids: Baker, 1989.

______. "Conversion." *Evangelism* 5 (August 1991): 172-77.

Wickham, E. R. "Conversion in a Secular Age." *Ecumenical Review* 19 (July 1967): 291-96.

Wiebe, Phillip H. *Visions of Jesus, Direct Encounters from the New Testament to Today*. New York and Oxford: Oxford University Press, 1997.

Wigram, George V. *Englishman's Greek Concordance of the New Testament*. London: Samuel Bagster and Sons, 1903.

Williams, James G. *Gospel against Parable: Mark's Language of Mystery*. Bible and Literature Series 12. Sheffield: Almond(JSOT Press), 1985.

Williamson, Lamar. "An Exposition of Mark 6:30-44." *Interpretation* 30 (1976): 169-73.

Winter, Paul. "The Marcan Account of Jesus' Trial by the Sanhedrin." *Journal of Theological Studies* 14 (1963): 94-102.

Witherup, Ronald D. *Conversion in the New Testament*. Collegeville, Minn.: Liturgical Press, 1994.

Wood, H. G. "The Conversion of St. Paul: Its Nature, Antecedents and Consequences." *New Testament Studies* 1 (1955): 276-82.

Wrede, W. *The Messianic Secret*. Translated by J. C. G. Greig. Greenwood, S.C. : Attic Press, 1971. 『윌리엄 브레데의 메시야의 비밀』 한들출판사 역간.

Wuthnow, Robert. *Sharing the Journey: Support Groups and America's New Quest for Community*. New York: Free Press, 1994.

Psychology

Alland, Alexander. "Possession in a Revivalistic Negro Church." *Journal for the Scientific Study of Religion* 1 (spring 1962): 204-13.

Allison, Gerold E. "Psychiatric Implications of Religious Conversion." *Canadian Psychiatric Association Journal* 12 (1967): 55-61.

Allison, Joel. "Recent Empirical Studies of Religious Conversion Experiences." *Pastoral Psychology* 17 (September 1966): 21-23.

______. "Adaptive Regression and Intensive Religious Experience." *Journal of Nervous Mental Diseases* 145 (1967): 452-63.

Allport, Gordon W. "The Roots of Religion." *Pastoral Psychology* 5 (April 1954): 13-24.

______. "Religion and Prejudice." *Crane Review* 2 (1959): 1-10.

______. *The Individual and His Religion: A Psychological Interpretation*. 2nd ed. New York: Macmillan, 1962.

______. "The Religious Context of Prejudice." *Journal for the Scientific Study of Religion* 5 (1966): 447-57.

Allport, Gordon W., and J. M. Ross. "Personal Religious Orientation and Prejudice." *Journal of Personality and Social Psychology* 5 (1967): 432-43.

Ames, Edward S. *The Psychology of Religious Experience*. Boston: Houghton and Mifflin, 1910.

Argyle, Michael. *Religious Behaviour*. London: Routledge & Kegan Paul, 1958.

Austin, R. L. "Empirical Adequacy of Lofland's Conversion Model." *Review of Religious Research* 18 (1977): 283-87.

Bartman, Paul. "The Relationship of Personality Modes to Religious Experience and Behavior." *Journal of the American Scientific Affiliation* 20 (1968): 27-30.

Batson, C. Daniel, Patricia Schoenrade, and W. Larry Ventis. *Religion and the Individual*. New York and Oxford: Oxford University Press, 1982, 1993.

Bauer, Raymond A. "Brainwashing: Psychology or Demonology." *Journal of Social Issues* 13 (1957): 41-47.

Beardsworth, Timothy. *A Sense of Presence*. Oxford: Religious Experience Research Unit, Manchester College, 1977.

Beck, Rovert N. "Hall's Genetic Psychology and Religion Conversion." *Pastoral Psychology* 15 (September 1965): 45-51.

Bergman, Paul. "A Religious Conversion in the Course of Psychotherapy." *American*

Journal of Psychotherapy 7 (January 1953): 41-58.
Boisen, Anton T. *The Exploration of the Inner World: A Study of Mental Disorders and Religious Experience*. New York: Harper & Row, 1936.
Bourguignon, Erika, ed. *Religion, Altered Sates of Consciousness, and Social Change*. Columbus: Ohio State University Press, 1973.
Bowker, John. *The Sense of God: Sociological, Anthropological, and Psychological Approaches to the Origin of the Sense of God*. Oxford: Clarendon Press, 1973.
Brandon, Owen. "Religious Conversion in the Context of Pastoral Work." *Church Quarterly Review* 159 (1958): 396-407.
______. *The Battle for the Soul: Aspects of Religious Conversion*. London: Hodder & Stoughton, 1960.
Brand, George. *The Religous Experience*. 2 vols. New York: Braziller, 1964.
Broch, Timothy C. "Implications of Conversion and Magnitude of Congnitive Dissonance." *Journal for the Scientific Study of Religion* 1 (spring 1962): 198-203.
Brown, J. A. C. *Techniques of Persuasion*. Harmondsworth, Middlesex, England: Penguin Books, 1963.
Brown, L. C., ed. *Psychology and Religion: Selected Readings*. Harmondsworth, Middlesex, England : Penguin Books, 1973.
Browning, Don S. *Atonement and Psychotherapy*. Philadelphia: Westminster, 1966.
Cesarman, F. C. "Religious Conversion of Sex Offenders during Psychotherapy: Two Cases." *Journal of Pastoral Care* 11 (1957): 25-35.
Christensen, Carl W. "Religious Conversion." *Archives of General Psychiatry* 9 (1963): 207-16.
______. "Religious Conversion in Adolescence." *Pastoral Psychology* 16 (September 1965): 17-23.
Clark, E. T. *The Psychology of Religious Awakening*. New York: Macmillan, 1929.
Clark, W. H. *The Psychology of Religion*. New York: Macmillan, 1958.
______. "William James: Contributions to the Psychology of Religious Conversion." *Pastoral Psychology* l6 (September 1965): 29-36.
______. *Chemical Ecstasy: Psychedelic Drugs and Religion*. New York: Sheed & Ward, 1969.
Clark, W. H., H. Newton Malony, James Daane, and Alan R. Tippett. *Religious Experience: Its Nature and Function in the Human Psyche*. The First John G. Finch Symposium on Psychology and Religion. Springfield, Ill.: Charles C.

Thomas, 1973.
Coe, George A. *The Spiritual Life: Studies in the Science of Religion*. New York: Eaton and Mains, 1900. Reprint, Philadelphia: Westminster, 1903.
______. *The Religion of a Mature Mind*. Chicago: Revell, 1902.
______. *The Psychology of Religion*. Chicago: University of Chicago Press, 1916.
Coles, Robers. *The Spiritual Life of Children*. Boston: Houghton Mifflin, 1990.
Conklin, Edmund S. *The Psychology of Religious Adjustment*. New York: Macmillan, 1929.
Conn, Walter, ed. *Conversion: Perspectives on Personal and Social Transformation*. New York: Alba House, 1978.
______. "Adult Conversion." *Pastoral Psychology* 34 (1986): 225-36.
______. *Christian Conversion: A Developmental Interpretation of Autonomy and Surrender*. New York: Paulist, 1986.
______. "Pastoral Counseling for Self-Transcendence: The Integration of Psychology and Theology." *Pastoral Psychology* 36 (1987): 29-48.
Conway, Flo, and Jim Siegelman. *Snapping: America's Epidemic of Sudden Personality Change*. Philadelphia: Lippincott, 1978.
Crapps, Robert W. *An Introduction to Psychology of Religion*. Macon, Ga.: Mercer University Press, 1986.
Cutten, George B. *The Psychological Phenomena of Christianity*. London: McGrawHill, 1946.
D'Arcy, M. *The Nature of Belief*. London: Sheed, 1931.
Davenport, F. M. *Primitive Traits in Religious Revivals: A Study on Mental and Social Evolution*. New York: Macmillan, 1906.
De Sanctis, Sante. *Religious Conversion*. New York: Harcourt, Brace & Co., 1927.
Dean, Stanley R., ed. *Psychiatry and Mysticism*. Chicago: Nelson-Hall, 1975.
Deutsch, Felix, ed. *On the Mysterious Leap from the Mind to the Body: A Workshop Study on the Theory of Conversion*. New York: International Universities Press, 1959.
Dimond, Sydney G. *The Psychology of the Methodist Revival*. London: Oxford University Press, 1926.
Douglas. William, and James Scroggs. "Issues in the Psychology of Religious Conversion." *Journal of Religion and Health* 6 (July 1967): 204-16.
Drakeford, John W. *Psychology in Search of a Soul*. Nashville: Broadman, 1964.
Elkind, David, and Sallly Elkind. "Varieties of Religous Experiences in Young Adolescents." *Journal for the Scientific Study of Religion* 2 (Fall 1962): 102-

12.

Ellis, Charles Calvert. *The Religion of Religious Psychology*. Los Angeles: Biola Book Room, 1928.

Ferm. Robert O. *The Psychology of Christian Conversion*. Westgate, N.J.: Revell, 1959.

Flower, J. C. *An Approach to the Psychology of Religion*. New York: Harcourt, Brace & Co., 1927.

Frank. Jerome D. *Persuasion and Healing*. Baltimore: Johns Hopkins University Press, 1961.

Frankl, Viktor. *The Will to Meaning*. New York: New American Library, 1969.

______. *The Unconscious God*. New York: Simon & Schuster, 1975.

Freud, Sigmund. "A Religious Experience." *Collected Papers 5* (1950): 244-45.

Fromm, Erich. *Psychoanalysis and Religion*. New York: Grosset and Dunlap, Bantam Books, 1967.

Furgeson, Earl H. "The Definition of Religious Conversion." *Pastoral Psychology* 16 (September 1965): 8-16.

______. "The Renewal of Interest in Religious Conversion." *Pastoral Psychology* 16 (September 1965): 5-7.

Gillespie, B. Bailey. *Religious Conversion and Personal Indenity*. Birmingham, Ala.: Religious Education Press, 1979.

______. *The Dynamics of Religious Conversion: Indenity and Transformaion*. Birmingham, Ala.: Religious Education Press, 1991.

Gilliland, A. R. "Changes in Religious Beliefs of College Students." *Journal of Social Religious Education Press* 37 (February 1953): 113-16.

Glock, C. Y., and P. E. Hammond, eds. *Beyond the Classics in the Scientific Study of Religion*. New York: Harper & Row, 1973.

Godin, Andre. *The Psychological Dynamics of Religious Experience*. Birmingham, Ala.: Religious Education Press, 1985.

Goodenough, Erwin R. *The Psychology of Religious Experiences*. New York: Basic Books, 1965.

Gordon, Albert J. *The Nature of Conversion: A Study of Forty-Five Men and Women Who Changed Their Religion*. Boston: Beacon Press, 1967.

Granberg, Lars I. "Some Issues in the Psychology of Christian Conversion." Paper delivered to the Eighth Annual Convention of the Christian Association for Psychological Studies, April 4, 1961.

Greeley, Andrew M. *Ecstasy: A Way of Knowing*. Englewood Cliffs, N.J. : Prentice-

Hall, 1974.
______. *The Sociology of the Paranormal: A Reconnaissance*. Beverly Hills, Calif.: Sage, 1975.

Greeley, Andrew M., and William C. McCready. "Are We a Nation of Mystics?" *New York Times Magazine*, January 25, 1975. pp. 12-25.

______. *The Ultimate Values of the American Population*. Sage Library of Social Research, vol. 23. Beverly Hills, Calif.: Sage, 1976.

Grensted, L. W. *Psychology of Religion*. New York: Oxford University Press, 1952.

Hardy, Alister. "A Scientist Looks at Religion." *Proceedings of the Royal Institution of Great Britain* 43 (August 1970): 205-23.

______. *The Spiritual Nature of Man: A Study of Contemporary Religious Experience*. Oxford: Clarendon Press, 1979.

Hart, Arch. *Adrenaline and Stress*. Waco, Tex.: Word, 1986.

Hay, David. "Religious Experience amongst a Group of Post-Graduate Students — A Qualitative Study." *Journal for the Scientific Study of Religion* 18 (1979): 164-82.

Hay, David, and Ann Morisy. "Report of Ecstatic, Paranormal or Religious Experience in Great Britain and the United States — a Comparison of Trens." *Journal for the Scientific Study of Religion* 17 (1978): 255-68.

Heirich, Max. "Change of Heart: A Test of Some Widely Held Theories about Religious Conversion." *American Journal of Sociology* 83 (1977): 653-80.

Helming, O. C. "Modern Evangelism in the Light of Modem Psychology." *Biblical World* 36 (November 1910): 296-306.

Hickman, Frank S. *Introduction to the Psychology of Conversion*. New York: Abingdon, 1926.

Hill, William S. "The Psychology of Conversion." *Pastoral Psychology* 6 (November 1955): 43-46.

Hiltner, Seward. "Toward a Theology of Conversion in the Light of Psychology." *Pastoral Psychology* 17 (September 1966): 35-42.

Hood, Ralph W., Jr. "Forms of Religious Commitment: An Intense Religious Experience." *Review of Religious Research* 15 (1963): 29-36.

Horton, Robin. "African Conversion." *Africa* 41 (1971): 85-108.

______. "On the Rationality of Conversion, Part I." *Africa* 45 (1975): 219-35.

______. "On the Rationality of Conversion, Part II" *Africa* 45 (1975): 373-99.

Hyde, Douglas. *Dedication and Leadership: Learning from the Communists*. London: Sands & Co., 1966.

Jackson, George. *The Fact of Conversion*. The Cole Lectures for 1908 at Vanderbilt University. New York: Revell, 1908.

Jacobs, Donald. "Culture and the Phenomena of Conversion: Reflections in an EastAfrican Setting." *Gospel in Context* 1, no. 3 (July 1978): 4-14,40.

James, William. *The Varieties of Religious Experience: A Study in Human Nature*. New York: Longmans, Green and Co., 1902. Reprint, New York: Random House, The Modem Library, n.d.

Janis, Irving L. "Personality Correlates of Susceptibility to Persuasion." *Journal of Personality* 22 (June 1954): 504-18.

Jeeves, Malcolm A. *Contemporary Psychology and Christian Belief and Experience*. London: Tydale Press, 1960.

Johnson, Paul E. *Psychology of Religion*. New York: Abingdon, 1954.

______. *Personality and Religion*. Nashville: Abingdon-Cokesbury, 1957.

______. "Conversion." *Pastoral Psychology* 10 (1959): 51-56.

Jones, Barbara E. "Conversion: An Examination of the Myth of Human Change." Ph. D. diss., Columbia University, 1969.

Jones, W. L. *A Psychological Study of Religious Conversion*. London: Epworth Press, 1937.

Jordan, G. J. *A Short Psychology of Religion*. New York: Harper, 1927.

Jules-Rosette, Benneta. "The Conversion Experience: The Apostles of John Maranke." *Journal of Religion in Africa* 7 (1976): 132-64.

Jung, Carl G. *Modem Man in Search of a Soul*. Translated by W. S. Dell and Cary F. Baynes. New York: Harcourt, Brace & World, 1933.

______. *Psychology and Religion: West and East*. Vol. 2 of The Collected Works. Bollingen Series 20. 2nd ed. Princeton, N.J.: Princeton University Press, 1969.

Kasdorf, Hans. *Christian Conversion in Context*. Scottdale, Pa.: Herald, 1980.

Kildahl, J. P. "Personality Correlates of Sudden Religious Converts Contrasted with Persons of Gradual Religious Development." Ph.D. diss., New York University, 1957.

______. "The Personalities of Sudden Religious Converts." *Pastoral Psychology* 16 (September1965): 37-44.

Klausner, Samuel Z. *Psychiatry and Religion*. Glencoe, Ill.: Free Press, 1964.

Knudson, A. C. *The Validity of Religious Experience*. New York: Abingdon, 1937.

Kotsuji, Abraham. *From Tokyo to Jerusalem*. New York: Geis, 1946.

Lang, L. Wyatt. *A Study of Conversion*. London: George Allen & Unwin, 1931.

Laski, Marghanita. *Ecstasy: A Study of Some Secular and Religious Experiences*. New York: Greenwood, 1968.

Leuba, James H. "A Study in the Psychology of Religious Phenomena." *American Journal of Psychology* 7 (April 1896): 309-85.

______. "Introduction to a Psychological Study of Religion." *Monist* 2 (January 1901): 195-225.

______. *The Psychological Origin and the Nature of Religion*. London: A. Constable & Co., 1909.

______. *The Psychological Study of Religion*. New York: Macmillan, 1912.

______. *The Belief in God and Immortality: A Psychological, Anthropological, and Statistical Study*. Boston: Sherman, French & Co., 1916.

______. *The Psychology of Religion Mysticism*. London: Kegan Paul. Trench, Trubner & Co., 1925.

Levinson, Henry S. *Science, Metaphysics, and the Chance of Salvation: An Interpretation of the Thought of William James*. Missoula, Mont.: Scholars Press, 1978.

Leys, Wayne A. R. "Soul-Saving in the Light of Modem Psychology." *Religious Education* 25 (April 1930): 340-45.

Liebman, Joshua L., ed. *Psychiatry and Religion*. Boston: Beacon Press, 1948.

Lifton, Robert J. "Thought Reform of Chinese Intellectuals: A Psychiatric Evaluation." *Journal of Social Issues* 13 (1957): 5-20.

______. *Thought Reform and the Psychology of Totalism: A Study of "Brainwashing" in China*. New York: Norton, 1961.

______. *Boundaries: Psychological Man in Revolution*. New York: Random House,1967.

Linn, L., and L. W. Schwary. *Psychiatry and Religious Experience*. New York: Random House, 1958.

Lloyd-Jones, M. *Conversion: Spiritual and Psychological*. London: InterVarsity Press, 1959.

Loder, James E. *The Transforming Moment: Understanding Convictional Experiences*. San Francisco: Harper & Row, 1981.

Loftland, John. "'Becoming a World-Saver' Revisited" *American Behavioral Scientist* 20 (1977): 805-18.

______. *Doomsday Cult: A Study of Conversion, Proselytization, and Maintenance of Faith*. New York: Wiley, 1977.

Loftland, John, and Morman Skonovd. "Conversion Motifs." *Journal for the*

Scientific Study of Religion 20 (1981): 375-85.

Loftland, John, and Rodney Stark. "Becoming a World-Saver: A Theory of Conversion to a Deviant Perspective." *American Sociological Review* 30 (1965): 862-75.

MacDonald, D. J. "Psychological Factors in Conversion." *American Ecclesiatical Review* 88 (April 1933): 337-51.

MacIntosh, Douglas Clyde. *Personal Religion*. New York: Scribner, 1942.

MacMurray, John. *The Structure of Religious Experience*. 2nd ed. New York: Hillary House, 1956.

Malony, H. Newton, and Samuel Shouthard, eds. *Handbook on Conversion*. Birmingham,Ala.: Religious Education Press, 1992.

Maslow, Abraham H. *Religions, Values, and Peak-Experiences*. New York: MikingPress, 1963.

______. *Personal Renewal through Christian Conversion*. Kanas City, Mo.: Beacon Hil, 1969.

McKenzie, J. Gl., Jr. *Psychology, Psychotherapy, and Evangelicalism*. New York: Macmillan, 1941.

Meehl, Paul, Richard Klann. Alfred Schmieding, Kenneth Breimeier, and Sophie Schroeder-Slomann. *What, Then, Is Man?* A Symposium of Theology, Psychologyand Psychiatry. St. Louis: Concordia, 1958.

Moore, John M. *Theories of Religious Experience: With Special Reference to James, Otto, and Bergson*. New York: Round Table Press, 1938.

Mudge, E. Leigh. *The God-Experience: A Study in the Psychology of Religion*. Cincinnati: Caxton Press, 1923.

Myers, David G. *The Human Puzzle: Psychological Research and Christian Belief.* New York: Harper & Row, 1978.

Neil, Stephen. *A Genuinely Human Existence*. Garden City, N.Y.: Doubleday, 1959.

Nicholi, Armand M. "A New Dimension of the Youth Culture." *American Journal of Psychiatry* 131 (April 1974): 396-401.

Oates, Wayne. *What Psychology Says about Religion*. New York: Association Press, 1958.

______. *The Psychology of Religion*. Waco, Tex.: 1973.

Olt, R. *An Approach to the Psychology of Religion*. Boston: Christopher Press, 1956.

Pahnke, Walter N., and William A. Richards. "Implications of LSD and Experimental Mysticism." *Journal of Religion and Health* 5 (1966): 175-208.

Paterson, W. P. *Conversion*. New York: Scribner, 1940.

Pettersson, Thorleif. *The Retention of Religious Experiences*. Acta Universitatis Upsaliensis, Psychologia Religionum, 3. Uppsala: n.p., 1975.

Pratt, James Bissett. *The Psychology of Religious Belief.* New York: Macmillan, 1921.

______. *The Religious Consciousness*. New York: Macmillan, 1921.

Prince, Morton. "The Psychology of Sudden Religious Conversion." *Journal of Abnormal Psychology* 1 (1906): 42-54.

Pruyser, Paul W. *A Dynamic Psychology of Religion*. New York: Harper & Row, 1968.Reprint, 1976.

______. *Between Belief and Unbelief.* New York: Harper & Row, 1974.

Ramage, Ian. *Battle for the Free Mind*. London: George Allen & Unwin, 1967.

Rambo, Lewis R. "Current Research on Religious Conversion." *Religious Studies Review* 8 (April 1982): 146-59.

______. *Understanding Religious Conversion*. New Haven: Yale University Press, 1993.

Roberts, D. E. *Psychotherapy and the Christian View of Man*. New York: Scribner, 1950.

Robers, F. J. "Some Psychological Factors in Religious Conversion." *British Journal of Social Clinical Psychology* 4 (1965): 185-87.

______. "Psychopathology and the Religious Belief of Families." *British Journal of Social Psychiatry* 1 (1967): 147-50.

Robinson, Edward. *The Priginal Vision: A Study of the Religious Experience of Childhood*. Oxford: Religious Experience Research Unit, 1977.

______. *Living the Question*. Oxford: Relgious Experience Research Unit, 1978.

______. ed. *The Time-Bound Ladder*. Oxford: Religious Experience Research Unit, 1978.

Routley, Erik. *Conversion*. Philadelphia: Muhlenberg Press, 1960.

______. *What Is Conversion?* Derby, Pa.: Peter Smith, 1965.

Rudin, Josef. *Psychotherapy and Religion*. Translated by Elisabeth Reinecke and Paul C.Bailey, C.S.C. London: University of Notre Dame Press, n.d.

Salzman, Leon. "The Psychology of Religous and Ideological Conversion." *Psychiatry* 16 (1953): 177-87.

______. "The Psychology of Regressive Conversion." *Journal of Pastoral Care* 8 (1954): 61-75.

______. "Spiritual and Faith Healing." *Journal of Pastoral Care* 11 (1957): 146-55.

______. "Types of Religious Conversion." *Pastoral Psychology* 17 (September 1966): 8-20.

Sargant, William. *Battle for the Mind*. Baltimore: Pelican Books, 1961.

______. *The Mind Possessed: A Physiology of Possession, Mysticism, and Faith Healing*.New York: Lippincott, 1974,

Schaer, Hans. *Religion and the Card of Soul in Jung's Psychology*. London: Routledge & Kegan Paul, 1951.

Schaub, Edward L. "The Psychology of Religion in America during the Past Quarter Century." *Journal of Religion* 6 (March 1926): 113-34.

Schein., E. H. "The Chinese Indoctrination Program for Prisoners of War." *Psychiatry* 19 (1956): 149.

______. "Reaction Patterns to Sever, Chronic Stress in American Army Prisoners of War of the Chinese." *Journal of Social Issues* 13 (1957): 21-30.

Scobie, Goeffrey E. W. *Psychology of Religion*. New York: Wiley, 1975.

Segal, Julius. "Correlates of Collaboration and Resistance Behavior among U.S. Army P.O.W.'s in Korea." *Journal of Social Issues* 13 (1957): 31-40.

Selbie, W. B. *The Psychology of Religion*. Oxford: Clarendon Press, 1924.

Silverstein, Steven M. "A Study of Religious Conversion in North America." *Genetic, Social, and General Psychology Monographs* 114 (1988): 261-305.

Snow, David A., and Richard Machalek. "The Convert as a Social Type." In *Sociological Theory 1983*, edited by Randall Collins. San Francisco: Jossey-Nass, 1983.

______. "The Sociology of Conversion." *Annual Review of Sociology* 10 (1984), 167-90.

Snow, David A., and Richard Machalek, and Cynthia L. Phillips. "The Lofland-Stark Contributory Factor in Religious Conversion." *Journal of Consulting Clinical Psychology* 36 (April 1971): 245-47.

Spinks, C. Stephen. *Psychology and Religion: An Introduction to Contemporary Views*. Boston: Beacon Press, 1967.

Starbuck, Edwin Diller. "A Study of Conversion." *American Journal of Psychology* 8 (January 1897): 268-308.

______. *The Psychology of Religion*. New York: Scribner, 1899.

______. "The Psychology of Conversion." *Expository Times* 25 (1914): 219-23.

Stewart, Charles W. "The Religious Experience of Two Adolescent Giris." *Pastoral Psychology* 17 (September 1966): 49-55.

Stratton, George Malcolm. *Psychology of the Religious Life*. London: George Allen & Co., 1911.

Strickland, Francis L. *Psychology of Religious Experiences: Studies in the*

Psychological Interpretation of Religious Faith. New York: Abingdon-Cokesbury, 1924.

Strunk, Orlo, Jr., ed. *Readings in the Psychology of Religion*. Nashville: Abingdon, 1959.

______. *Religion: A Psychological Interpretation*. Abingdon, 1962.

Tawney, G. A. "The Period of Conversions." *Psychological Review* 2 (1904): 210-16.

Thomas, W. B. *The Psychology of Conversion*. London : Allenson, 1935.

Thouless, Robert H. *An Introduction to the Psychology of Religion*. New York: Macmillan, 1923.

Tiebout. Harry M. "Conversion as a Psychological Phenomenon in the Treatment of the Alcoholic." *Pastoral Psychology* 2 (April 1951): 28-34.

Tippett., A. R. "Religious, Group Conversion in the Non-Westem Society? Researching-in-Progress. Pamphlet Series No. 11. Fuller Theological Seminary School of World Missions, Pasadena, Calif., 1967.

Turner, Victor W. *The Ritual Process: Structure and Anti-Structure*. Chicago: Aldine,1969.

Underhill, Evelyn. *Mysticism*. New York : Dutton, 1961.

Underwood, A. C. *Conversion: Christian and Non-Christian*. New York: Macmillan, 1925.

Unger, Johan. *On Religious Experience: A Psychological Study*. Translated by David C. Minagh. Acta Universitatis Upsaliensis, Psychologia Religionum 6, Uppsala: n.p., 1976.

Uren, A. Rudolph. *Recent Religious Psychology*. Edinburgh: T. & T. Clark, 1924.

Valentine, Cyril H. *Modem Psychology and the Validity of Christian Experience*. London: SPCK, 1926.

Wach, Joachim. *Types of Religious Experiences: Christian and Non-Christian*. London: Routledge & Kegan Paul, 1951.

Wallace, A. F. C. "Revitalization Movements." *American Anthropologist* 58 (1956): 264-81.

Weininger, Benjamin."The Interpersonal Factor in the Religious Experiences." *Psychoanalysis* 3 (1955): 27-44.

White, Ernest. *Christian Life and the Unconscious*. New York: Harper & Brothers, 1955.

White, Victor, O.P. *God and the Unconscious*. London: Fontana Books, I960. Originaled., London: Harviil Press, 1952.

Whitney, Harold J. "The Place of Emotion in Evangelism with Specific Reference to the Studies of William Sargant." M.Th. diss., Melbourne College of Divinity, Australia, 1964.

Windemiller, Duane Arlo. "The Psychodynamics of Change in Religious Conversion and Communist Brainwashing: With Particular Reference to the Eighteenth Century Evangelical Revival and the Chinese Thought Control Movement." Ph.D. diss., Boston University, 1960.

Winter, Terry W. R. "Effective Mass Evangelism: A Study of Jonathan Edwards, George Whitefield, Charles Finney, Dwight L. Moody and Billy Graham." Doctor of Pastoral Theology diss., Fuller Theological Seminary, Pasadena, Calif.,1968.

Wise, Carroll A. "Conversion." *Journal of Pastoral Care* 2 (1957): 40-42.

Witherington, Henry C. *Psychology of Religion*. Grand Rapids: Wm. B. Eerdmans Publishing Co., 1955.

Woodbume, A. S. "The Psychological Study of Conversion in India." *Journal of Religion* (1921): 641-45.

Zaehner, R. C. *Mysticism: Sacred and Profane*. London: Oxford University Press, 1957.

______. *Zen, Drugs, and Mysticism*. New York: Pantheon Books, 1972.

Zangwill, D. L. *Review of Battle for the Mind*, by William Sargant. *British Journal of Medical Psychology* (1958): 60-62.

Zetterberg, H. L. "The Religious Conversion as a Change of Social Roles." *Sociology and Social Research* 36 (1952): 159-66.

Zilboorg, Gregory. *Psychoanalysis and Religion*. Edited by Margaret Stone Zilboorg. New York: Farrar, Straus & Cudahy, 1962.